Reihe *Praxis Deutsch*
Herausgegeben von Jürgen Baurmann und Clemens Kammler

Jürgen Baurmann, Clemens Kammler, Astrid Müller (Hg.)

Handbuch Deutschunterricht

Theorie und Praxis des Lehrens und Lernens

Klett | Kallmeyer

Bibliografische Information der Deutschen Nationalbibliothek
Die Deutsche Nationalbibliothek verzeichnet diese Publikation in der Deutschen Nationalbibliografie; detaillierte bibliografische Daten sind im Internet über http://dnb.d-nb.de abrufbar.

Impressum

Jürgen Baurmann, Clemens Kammler, Astrid Müller (Hg.)
Handbuch Deutschunterricht
Theorie und Praxis des Lehrens und Lernens
In der Reihe Praxis Deutsch
Herausgegeben von Jürgen Baurmann und Clemens Kammler

3. Auflage 2022

Redaktion: Sebastian Thede, München
Realisation: Stefan Zielasko
Druck: BELTZ Grafische Betriebe GmbH, Bad Langensalza
Printed in Germany

ISBN: 978-3-7727-1072-8

Reihe *Praxis Deutsch*
Herausgegeben von Jürgen Baurmann
und Clemens Kammler

Jürgen Baurmann, Clemens Kammler, Astrid Müller (Hg.)

Handbuch Deutschunterricht

Theorie und Praxis des Lehrens und Lernens

Klett | Kallmeyer

Vorwort

Das vorliegende Handbuch erörtert Aspekte des Lehrens und Lernens im Deutschunterricht aller Schulstufen. Es wendet sich vor allem an Lehrpersonen, die das Fach unterrichten, einschließlich jener, die als Deutschlehrerinnen und -lehrer am Berufsanfang stehen, und nicht zuletzt an Studierende. Dank der 87 Beiträge von ausgewiesenen Expertinnen und Experten erfahren Leserinnen und Leser in übersichtlicher und kompakter Form, welche Grundlagen und Forschungsergebnisse gegenwärtig die Theorie und Praxis des Deutschunterrichts tragen und welche Anregungen sich daraus für die Praxis ergeben.

Was ein Handbuch auszeichnet, deuteten Jacob und Wilhelm Grimm bereits im *Deutschen Wörterbuch* (1854 ff.) an, wenn sie es als „ein buch von mäszigem umfang, zum leichten gebrauch" bezeichnen. Ist nun das vorliegende Handbuch wirklich von „mäszigem Umfang"? Auf den ersten Blick wohl nicht, bei näherem Hinsehen allerdings schon, werden doch in Kurzbeiträgen viele wichtige Fragen jenes Faches beantwortet, das für Schule und Bildung allenthalben als besonders relevant angesehen wird.

Und was ermöglicht Leserinnen und Lesern bei der Lektüre den „leichten gebrauch"? Schon die Gliederung des Handbuchs hilft, wenn in acht Kapiteln (A bis H) die Kompetenzbereiche der vertrauten Bildungsstandards aufgenommen werden und diese mit guten Gründen ausdifferenziert, stellenweise auch ergänzt werden. So folgt auf die Kapitel *Sprechen und Zuhören* (A) und *Schreiben* (B) die Auffächerung jenes Bereichs, der in den Bildungsstandards als *Lesen – mit Texten und Medien umgehen* bzw. *Sich mit Medien und Texten auseinandersetzen* bezeichnet wird: Fragen des literarischen Lehrens und Lernens werden unter *Lesen* (C), *Umgang mit Texten* (D) und *Umgang mit Medien* (E) erörtert. Auf diese Weise wird nicht nur die Bedeutung basaler Lesefähigkeiten sowie der Umgang mit Texten und Medien ausführlich berücksichtigt, sondern auch die Wechselbeziehungen zwischen den genannten Teilkapiteln C bis E angesprochen.

Ausführungen zum *Rechtschreiben* (F) werden – anders als in den Bildungsstandards – in einem eigenen Kapitel erläutert. Das ist bei der Nähe dieses Gegenstands sowohl zum *Schreiben* (B) als auch zum Kompetenzbereich *Sprache und Sprachgebrauch untersuchen* (G) eine nachvollziehbare Entscheidung, können doch auf diese Weise ausgewählte Aufgaben und Ziele des Schreibens und der Sprachreflexion aufeinander bezogen werden.

Das Gerüst im Bereich G *Sprache und Sprachgebrauch untersuchen* bilden Wortbildung und Wortschatz, Wortgruppen, Sätze und Texte sowie sprachliche Varietäten, wobei geeignete Zugangsweisen sowie Erwägungen zum Ort und Zeitpunkt der Behandlung im Unterricht nachdrücklich beachtet werden. Die fachspezifischen Kapitel (A bis G) werden stets durch einführende Überblicksartikel eingeleitet, die den didaktischen Stellenwert und Ort des jeweiligen Kompetenzbereichs darstellen und zu den darauffolgenden Einzelbeiträgen hinführen.

Über die genannten vertrauten Lern- bzw. Kompetenzbereiche hinaus werden in diesem Handbuch abschließend *Übergreifende Themen* (H) aufgenommen, die für den Deutschunterricht im Ganzen relevant sind oder gegenwärtig vorgenommenen Profilierungen des Faches Rechnung tragen (etwa *Methoden, Lernaufgaben und Leistungsaufgaben* bzw. *Deutschunterricht und berufliche Bildung, inklusiver Deutschunterricht*).

Neben dieser didaktisch-inhaltlich motivierten Grundstruktur erleichtern weitere Hilfen eine rasche Orientierung im Gesamtwerk – so ein ausführliches Register, die allenthalben vorhandenen Querverweise auf weitere Artikel, knappe Literaturangaben unter jedem Beitrag sowie die Griffleiste auf dem Vorderschnitt des Bandes (gegenüber dem Buchrücken). Register und Querverweise verdeutlichen die vielfältigen Vernetzungen, die zwischen Teilthemen und Aufgaben des Deutschunterrichts über die einzelnen Kompetenzbereiche hinaus bestehen.

Dass sich dieses Handbuch zum Deutschunterricht bei aller Pluralität und Vielfalt der erörterten Aspekte durchgängig einem gegenwärtig allseits akzeptierten Ziel des Deutschunterrichts verpflichtet weiß (nämlich dem sprachlichen und literarischen Lehren und Lernen im Deutschunterricht), ist der Expertise, dem Engagement und der Disziplin der Beiträgerinnen und Beiträger zu verdanken. Sie haben sich von Anfang an gegenüber der entwickelten Konzeption offen gezeigt, eigene Überlegungen zum gesamten Vorhaben beigetragen und sich beim Verfassen ihrer Beiträge verlässlich an die inhaltlichen und formalen Vorgaben gehalten. Wo es seitens der Herausgeber oder der Redaktion zusätzliche Anregungen zu einzelnen Beiträgen gab, sind Autorinnen und Autoren auf solche Wünsche bereitwillig und konstruktiv eingegangen.

Schließlich gilt unser Dank Frau Dr. Holzmann, die als zuständige Programmleiterin des Verlags das gesamte Vorhaben initiiert und fachkundig begleitet hat. Herr Dr. Thede als zuständiger Redakteur hat zusammen mit Herrn Herrmann dafür gesorgt, dass aus den vielen Manuskripten ein Buch zum leichten Gebrauch (siehe oben) geworden ist.

Velber, im Juni 2017
Jürgen Baurmann
Clemens Kammler
Astrid Müller

A

SPRECHEN & ZUHÖREN

A Sprechen und Zuhören

Jürgen Baurmann

Didaktischer Ort

Sprechen und Zuhören sind Aktivitäten, die in Unterricht und Schule ständig präsent sind, wobei sich Kinder und Jugendliche in ihren Fähigkeiten erheblich unterscheiden. Es ist Aufgabe des Deutschunterrichts, ab der Primarstufe Grundlagen des Sprechens und Zuhörens didaktisch reflektiert zu vermitteln, dabei zugleich alle Kinder ihren individuellen Möglichkeiten entsprechend zu fördern. Das bis in die jüngere Vergangenheit vertraute Konzept der Sprecherziehung betonte im Sinne einer Erziehung zum Sprechen vornehmlich den produktiven Aspekt, der dann durch die „Didaktik und Methodik der mündlichen Kommunikation" eine erhebliche, notwendige Ausweitung erfuhr. Die Grundfähigkeiten (Sprechen und Zuhören) werden seitdem umfassender im Deutschunterricht berücksichtigt.

Ins Zentrum des Unterrichts rückt die Hinführung zur „Gesprächskompetenz", die nach Becker-Mrotzek (2012a, S. 79 ff.) folgende Teilfähigkeiten auf vielfältige Weise fördert:

- die „Fähigkeit zur thematischen Entfaltung": Sprecher sind in der Lage, aufgrund ihrer kommunikativen Vorerfahrungen, mit anderen zu sprechen und dabei „das gemeinsame Thema dadurch voranzutreiben, dass ... eigenes Wissen verständlich verbalisiert und das vom Koaktanten [Gesprächspartner, J. B.] verbalisierte Wissen in das eigene integriert wird" (Becker-Mrotzek 2012a, S. 79 ff.).
- die „Fähigkeit zur Identitätsgestaltung": Gesprächsteilnehmer verfügen über diese Fähigkeit, wenn es ihnen gelingt, sich unabhängig von den konkreten Bedingungen (Anzahl der Teilnehmer, deren Grad der Vertrautheit untereinander) und den jeweiligen „Rollenvorgaben" als Teilnehmer, Gesprächsleiter oder als Zuhörer angemessen zu entsprechen.
- die „Fähigkeit zur Realisierung" von „Handlungsmustern": Gesprächsteilnehmer beherrschen zunehmend unterschiedliche kommunikative Handlungsmuster – zunächst einfache, zumeist gut überprüfbare (Beispiel: mündliche Weitergabe eines gelesenen Textes), dann auch komplexere, im Voraus weniger vorhersehbare Gesprächsbeiträge (Beispiel: Bewerten von Vorschlägen zur bevorstehenden Klassenfahrt).
- die „Fähigkeit zum Einsatz von Unterstützungsverfahren": Solche Verfahren helfen, kommunikative Schwierigkeiten im Gespräch rasch zu erkennen und zu deren Klärung beizutragen (Rückfragen stellen, Umformulierungen vornehmen u. dgl.).

Hinsichtlich dieser Teilfähigkeiten kommen im Laufe der Schulzeit anspruchsvollere „Dialogformen" (→ A 2) hinzu, die von den Schülerinnen und Schülern als

Sprecher oder Hörer zu meistern sind. Nun gibt es in der Realität nicht nur mehr oder minder geglückte Gespräche, sondern auch solche, in denen Gesprächsteilnehmer gelegentlich (oder ständig) aneinander vorbeireden, sich wechselseitig kaum akzeptieren oder sogar einander verletzen. Solche Missgeschicke oder Störungen können häufig auf einer metakommunikativen Ebene überwunden oder ausgeräumt werden. Es sind aber auch Situationen denkbar, in denen ein möglichst taktvoller Abbruch des Gesprächs nicht zu umgehen ist. Angesichts der Tatsache also, dass Sprechen und Zuhören trotz aller Bemühungen misslingen kann, spricht einiges dafür, den beschriebenen Ansatz zur mündlichen Kommunikationskompetenz zu ergänzen. Geißner (2000, S. 77 f.) folgert aus solchen Beobachtungen, dass es „keine Gesprächsfähigkeit ohne Konfliktfähigkeit gibt" [Umstellung durch J. B.].

Diese Wahrnehmung verpflichtet Sprecher und Hörer des Weiteren dazu, Möglichkeiten und Grenzen des kommunikativen Austauschs auf die jeweiligen Gesprächspartner hin verantwortungsvoll zu bedenken und in besonders belastenden Situationen „Schutz, Schonung und Rücksicht" Priorität gegenüber dem Durchsetzen eigener Intentionen einzuräumen. Wer dies tut, praktiziert nach Geißner (2000, S. 77) „Verantwortungsfähigkeit". Gesprächskompetenz, ergänzt um die hier genannten Aspekte, ist dann nach Geißner (2000) als Gesprächsfähigkeit aufzufassen, die den Deutschunterricht aller Schulstufen stützt und auf diese Weise als Lerngegenstand und Lernmedium den Unterricht und das Schulleben insgesamt prägt.

Sprechen und Zuhören in den Bildungsstandards

Die Bildungsstandards aller Schulstufen (vgl. KMK 2003 ff.) nehmen für das Fach Deutsch wichtige Grundlagen der beschriebenen Konzeptualisierung auf und berücksichtigen in ihren curricularen Vorgaben entsprechende Impulse und Anregungen. Die folgende Übersicht zeigt deutlich, dass dabei zwischen den aufgeführten, in der Benennung zumeist übereinstimmenden Teilkompetenzen der verschiedenen Schulstufen Zusammenhänge bestehen, die schließlich unter den Bezeichnungen „dialogische und monologische Gesprächsformen" zusammengeführt werden (vgl. KMK 2012; → A 2):

Primarbereich	**Sekundarstufe I**	**Sekundarstufe II (Allgemeine Hochschulreife)**
Gespräche führen zu anderen sprechen verstehend zuhören szenisch spielen über Lernen sprechen	mit anderen sprechen zu anderen sprechen verstehend zuhören vor anderen sprechen szenisch spielen	dialogische Gesprächsformen: mit anderen sprechen monologische Gesprächsformen: vor anderen sprechen

Für die aufgeführten Teilkompetenzen ergeben sich damit konkret folgende Aufgaben:

- die Vermittlung von Grundlagen des Sprechens und verstehenden Zuhörens (vorwiegend im Sinne sprechtechnischer und rhetorischer Grundfähigkeiten; → A 1),
- die Realisierung auch anspruchsvollerer „dialogischer Gesprächsformen", in denen Sprecher und Hörer gemeinsam Text und Sinn herstellen, dabei „Sprechdenken" mit verstehendem Zuhören verbinden (nach Geißner 2000, S. 115 ff.; → A 3),
- die Gestaltung „monologischer Gesprächsformen" bis hin zu „umfangreicheren Redebeiträgen" (→ A 1 sowie *Referieren und Präsentieren* → A 5),
- die Befähigung zum gestaltenden Vorlesen und Vortragen (→ A 4) und zu vielfältigen Formen des szenischen Spielens (→ A 6), die durch interaktive Vorformen vorbereitet werden (etwa zur Schulung der Körper- und Raumwahrnehmung, zu Gestik, Mimik).

Hinweise zur Realisierung im Unterricht

Sprechen und Zuhören als Kompetenz wird im Unterricht in mehrfacher Hinsicht berücksichtigt – innerhalb des Kompetenzbereichs selbst (1) und in weiteren Lernbereichen des Deutschunterrichts sowie sonstiger Fächer (2).

Zu (1): Vorrangig im Kompetenzbereich *Sprechen und Zuhören* werden ab Schuleintritt die jeweils bereits vorhandenen kommunikativen Fähigkeiten und Erfahrungen der Kinder aufgenommen und umsichtig weiterentwickelt. So werden Grundschulkinder zu kleineren, eigenständigen Redebeiträgen (erzählen, berichten, beschreiben) hingeführt, die von den Mitschülern aktiv zuhörend verarbeitet werden. Was das zuletzt Gesagte betrifft, sei vor allem auf neuere Ergebnisse und Vorschläge zum „verstehendes Zuhören" hingewiesen. Dieser Aspekt wurde lange Zeit in der Theorie und Praxis des Deutschunterricht – da als selbstverständlich vorausgesetzt – vernachlässigt, doch ist er in den letzten Jahren erfreulicherweise verstärkt bearbeitet worden. Nach Behrens/Eriksson (2009, S. 43) ist demzufolge die durchdachte und kontinuierliche Schulung des Zuhörens wichtig, die dazu führt, dass Höreindrücke sicher wahrgenommen, gemäß ihrer jeweiligen Relevanz gefiltert und situationsangemessen verarbeitet werden. Einzelne Sprech- und Hörhandlungen werden dann bei einer angemessenen Einschätzung der Situation und der beteiligten Sprecher zuverlässig rezipiert (nach Imhof 2003 in Behrens/Eriksson 2009, S. 56). Auf dieser Grundlage können dann ab der Sekundarstufe I anspruchsvollere monologische und dialogische Gesprächsformen folgen.

In welche Richtung dabei Ziele und Aufgaben insgesamt inhaltlich zu fundieren sind, hat Paul (2012, S. 184 ff.) didaktisch überzeugend dargestellt und begründet. Im Sinne der curricularen Vorgaben (siehe oben) bietet es sich an, Themen und Inhalte so auszuwählen, dass sie bei konkreten inhaltlichen Erfahrungen und Interessen der Schülerinnen und Schüler ansetzen, die dann in Schule und Unterricht ergänzt und reflektiert werden. Insbesondere ältere Schülerinnen und Schüler werden dabei über zusätzliche außerschulische Kontakte (Erkundungen, Besichtigungen und Praktika) die Arbeitswelt mit ihren Anforderungen in Beruf, Studium und Weiterbildung ebenso näher kennenlernen wie Formen und Bedingungen öffentlicher Diskurse (→ A 3 und H 2).

Zu (2): Aufgaben zum Sprechen und Zuhören reichen auch in die übrigen Kompetenzbereiche des Deutschunterrichts. Im Bereich *Schreiben* gilt dies etwa bei Formen des Überarbeitens, die auf kommunikativen Austausch hin angelegt sind (wie das Überarbeiten im Dialog, die Lektorenrunde oder die Schreibkonferenz → H 5). Beim Umgang mit Medien und Texten gilt Ähnliches für das literarische Lernen (→ D 2), etwa das literarische Gespräch und die szenische Interpretation (→ D 5). Für den Bereich *Reflexion über Sprache und Sprachgebrauch* (einschließlich des Rechtschreibens) sei auf Gespräche über Wörter und Wendungen in Texten (→ G 2) verwiesen oder auf das gemeinsame Nachdenken über (mögliche) Schreibungen und Schreibvarianten, die mit Gewinn in Rechtschreibgesprächen erörtert werden.

In Fächern wie dem Sachunterricht, Geschichte, Biologie, Physik und selbst im Sport sowie den musischen Fächern kommen Aufgaben zum Sprechen und Zuhören hinzu, die wegen ihrer fachspezifischen Anteile (Wortschatz, Satzstrukturen) besondere Anforderungen stellen. Im Sport werden es beispielsweise Bezeichnungen und sprachliche Wendungen für Übungsteile beim Gerätturnen sein (etwa zum Bodenturnen: verlangsamte Radwende mit Hilfestellung).

Insgesamt empfiehlt es sich, für die konkrete Ausgestaltung im Unterricht von Fall zu Fall eines der folgenden drei Formate zu wählen (vgl. Abraham 2016, S. 143 ff.):

- „Lehrgespräche“ als Gespräche, die Schülerinnen und Schüler unter Leitung der Lehrperson zu vermehrtem Wissen und/oder neuen Einsichten führen, bieten sich an, wenn aktuelle oder künftig wohl relevante Themen und Fragen aufgenommen und sachangemessen erörtert werden. Solche Kontexte motivieren Schülerinnen und Schüler, sich am Gespräch zu beteiligen. Sind Kinder und Jugendliche mit diesem Format vertraut, werden Lehrpersonen, die in der Regel Lehrgespräche leiten und strukturieren, sich selbst zurücknehmen und etwa die Erteilung des Rederechts, das Zulassen von Rückfragen einzelner Sprecher u. dgl. an Schülerinnen und Schüler delegieren.
- „Lerngespräche“ setzen bei der Partner- und Gruppenarbeit an. In diesem überschaubaren Rahmen werden Schülerinnen und Schüler zunächst Lerninhalte sprechend und zuhörend erarbeiten. Das kooperative Lernen mit seinem „Grundprinzip“ (Denken, Austauschen, Vorstellen; so Brüning/Saum 2006, S. 17) eröffnet hierbei vielfältige Möglichkeiten im Deutschunterricht, die in Partner- oder Gruppenarbeit erzielten Ergebnisse anschließend weiteren Gruppen oder der Klasse mitzuteilen (vgl. Baurmann 2007). Im Unterricht

werden dabei zusätzlich unterschiedliche Vorgehensweisen beim Lernen zur Sprache kommen, die dann gemeinsam reflektiert und auf ihre Brauchbarkeit hin bewertet werden (vgl. dazu KMK 2012, S. 127).

- „Prüfungsgespräche" schließlich dienen dazu, den bisherigen Stand oder Zwischenstand von Lernprozessen abzurufen, wobei sich eher informelle von stark strukturierten Varianten unterscheiden. Prüfungs- und Vorstellungsgespräche, die mit der Bewertung eines Schulabschlusses oder der Vergabe eines Ausbildungsplatzes verbunden sind, werden im Unterricht vorab erprobt und ggf. verbessert (→ A 3).

Zur Beurteilung

Beurteilungen im Kompetenzbereich *Sprechen und Zuhören* sind in der Regel nicht einfach vorzunehmen, sondern stoßen schnell an Grenzen. Das liegt an der Flüchtigkeit der kommunikativen Handlungen, an deren Komplexität und inhärenten Interaktivität. Trotz dieser allenthalben schwierigen Sachlage gibt es einige tragfähige Möglichkeiten des Beurteilens, die sowohl für das Sprechen als auch für das verstehende Zuhören geeignet sind. Denkbar sind:

- Globalbeurteilungen unmittelbar rezipierter Gesprächsbeiträge und Präsentationen, die Schülerinnen und Schüler – ggf. auf Notizen gestützt – vornehmen.
- der Einsatz von Beurteilungsbögen, die zunächst von der Lehrperson vorgegeben, zunehmend unter Beteiligung der Schülerinnen und Schüler vorab entwickelt werden. Die Vorschläge zur Erarbeitung von Kriterienkatalogen bei Müller (2012, S. 136 ff.) bieten dafür ebenso brauchbare Anregungen wie die konkreten „gesprächsanalytisch fundierten" Fragen „zur Beurteilung argumentativer Äußerungen" bei Grundler / Vogt (2012, S. 509 f.).
- Beurteilungen einfacher, eng umrissener kommunikativer Fähigkeiten, die Behrens / Eriksson (2009, S. 62 ff.) exemplarisch für das Bewerten des „Hörens und Lauschens" vorschlagen (Erraten von Geräuschen, Weitergabe von Gehörtem beim Spiel *Stille Post*). Beurteilungen zum Verständnis von Text-inhalten (bei Hörszenen, Liedtexten) oder Beurteilungen zu mündlich präsentierten Anleitungen, die Schritt für Schritt handelnd nachvollzogen werden, (Kochrezept, Bastelanleitung) gehören ebenso dazu. Bei diesen Formen der Vorgangsbeschreibung kann sich die Beurteilung an der Frage orientieren, in welchem Maße es Zuhörern gelingt, das Gehörte angemessen in konkrete Handlungen umzusetzen.

Literaturhinweise

Abraham, Ulf 2016: Sprechen als reflexive Praxis. Mündlicher Sprachgebrauch in einem kompetenzorientierten Deutschunterricht. Überarbeitete und erweiterte Neubearbeitung. Stuttgart.

Baurmann, Jürgen 2007: Kooperatives Lernen im Deutschunterricht. Basisartikel. In: Praxis Deutsch. H. 205. S. 6-11.

Becker-Mrotzek, Michael 2012a: Mündliche Kommunikationskompetenz. In: Ders. (Hg.): Mündliche Kommunikation und Gesprächsdidaktik. 2. Auflage. Baltmannsweiler. S. 66-83.

Becker-Mrotzek, Michael 2012b: Unterrichtskommunikation als Mittel der Kompetenzentwicklung. In: Ders. (Hg.): Mündliche Kommunikation und Gesprächsdidaktik. 2. Auflage. Baltmannsweiler. S. 103-115.

Behrens, Ulrike / Birgit Eriksson 2009: Sprechen und Zuhören. In: Albert Bremerich-Vos / Dietlinde Granzer/Ulrike Behrens / Olaf Köller (Hg.): Bildungsstandards für die Grundschule: Deutsch konkret. Mit CD-ROM (14 Arbeitsblätter). Berlin, S. 43-74.

Brüning, Ludger / Tobias Saum 2006: Erfolgreich unterrichten durch Kooperatives Lernen. Strategien der Schüleraktivierung. Essen.

Geißner, Helmut K. 2000: Kommunikationspädagogik. Transformationen der ‚Sprech'-Erziehung. St. Ingbert.

Grundler, Elke / Rüdiger Vogt 2012: Diskutieren und Debattieren: Argumentieren in der Schule. In: Michael Becker-Mrotzek (Hg.): Mündliche Kommunikation und Gesprächsdidaktik. Baltmannsweiler. 2. Auflage. S. 487-511.

Kultusministerkonferenz (Hg.) 2003 ff.: Themen - Deutsch - Bildungsstandards. In: https://www.kmk.org/themen/allgemeinbildende-schulen/unterrichtsfaecher/deutsch.html, recherchiert am 19. 1. 2017.

Kultusministerkonferenz (Hg.) 2012: Bildungsstandards im Fach Deutsch für die Allgemeine Hochschulreife. In: https://www.kmk.org/themen/allgemeinbildende schulen/unterrichtsfaecher/deutsch.html, recherchiert am 19. 1. 2017.

Müller, Karla 2012: Hörtexte im Deutschunterricht. Poetische Texte hören und sprechen. Seelze.

Paul, Ingwer 2012: Bildungsstandards für die Sekundarstufe II. In: Michael Becker-Mrotzek (Hg.): Mündliche Kommunikation und Gesprächsdidaktik. 2. Auflage. Baltmannsweiler. S. 179-190.

A 1 Sprechen zu oder vor anderen

Tilman von Brand

Das Sprechen zu oder vor anderen umfasst gleich zwei der fünf in den Bildungsstandards ausgewiesenen Teilkompetenzen des Kompetenzbereichs *Sprechen und Zuhören* (vgl. KMK 2003, S. 10). Während das Sprechen *zu* anderen vor allem auf Kompetenzen abzielt, ist das Sprechen *vor* anderen stärker gegenstandsorientiert, indem es Texte, Referate oder auch Darstellungsmedien in den Blick nimmt. Beides ist eng verzahnt mit dem Vorlesen und Vortragen (→ A 4) sowie dem Referieren und Präsentieren (→ A 5) und soll daher hier vor allem unter dem Blickwinkel der Ausbildung und Förderung rhetorischer Fähigkeiten dargestellt werden.

Als wichtige Parameter des Sprechens gelten Sprechmelodie, Stimmklang, Lautstärke, Sprechtempo, Sprechpausen, Rhythmus und Zuhörerkontakt (vgl. Günther 2012, S. 92), mit denen variabel, flexibel und funktional umzugehen, zu den wichtigen Aufgaben des Sprechunterrichts gehört. In Hinblick auf Rhetorik als Kunst der Rede vor und zu anderen kommt die Fähigkeit zur Vorbe-

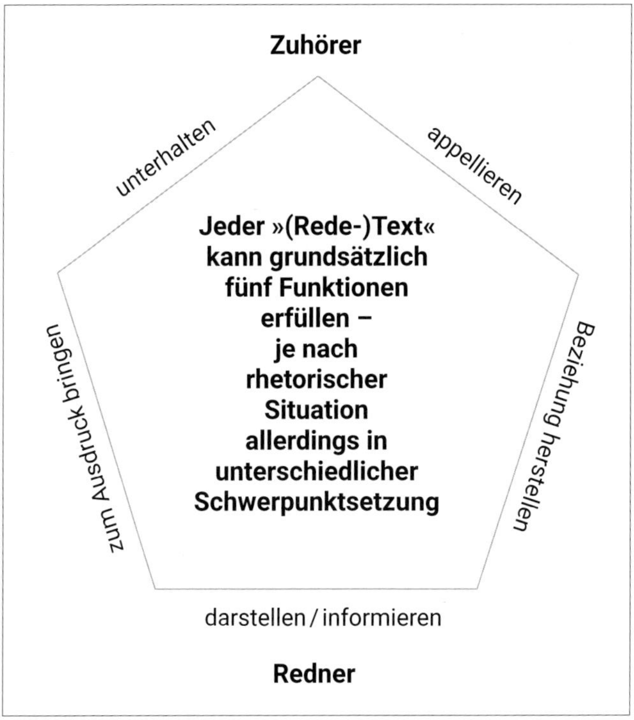

Abb. 1: Funktionen der Rhetorik (aus: Gora 2010, S. 38)

reitung von Formulierungen oder Formulierungsversatzstücken ebenso hinzu wie die Überwindung von Rede- oder Auftrittshemmungen und der bewusste Einsatz des Körpers.

Funktionen

Das nicht-dialogische Sprechen vor Publikum dient im Deutschunterricht der Ausbildung wesentlicher kommunikativer, aber auch argumentativer und rhetorischer Kompetenzen sowie der Steigerung von Souveränität beim Auftreten vor anderen. Das Sprechen selbst kann dabei unterschiedliche Funktionen in Hinblick auf die Zuhörerinnen und Zuhörer erfüllen (vgl. Abb. 1), was Einfluss auf Inhalt und Gestaltungsweise des Vortrags, aber auch auf die damit verbundenen Zielsetzungen im Unterricht haben kann. In an Rollen- oder Simulationsspiele angelehnten Reden (z. B. politische Rede, Laudatio) wird vor allem in Form von Probehandeln geübt, frei zu sprechen, andere zu überzeugen bzw. zu unterhalten und sich der eigenen Wirkungsweisen bewusst zu werden. In eher sprachspielerisch angelegten Vorträgen (z. B. Zungenbrecher, Reizwortgeschichten, Rede mit Tabuwörtern) kann gezielt daran gearbeitet werden, ausgewählte Sprechfertigkeiten und -fähigkeiten zu erweitern (vgl. von Brand 2016).

Rhetorik

Unabhängig vom Redeanlass, lassen sich für das Sprechen vor und zu anderen verschiedene Aspekte benennen, die erheblichen Einfluss auf die Güte und damit die Wirkungskraft eines Vortrags haben (vgl. auch → A 4) und die sich gezielt im Unterricht vermitteln und einüben lassen.

Sicherheit: Eine wesentliche Voraussetzung für einen überzeugenden Auftritt besteht zunächst darin, die bei vielen vorhandene „Sprechängstlichkeit" (Wagner 2006, S. 83) zu überwinden und Selbstsicherheit zu gewinnen. Die umgangssprachlich als Lampenfieber bezeichnete, meist als unangenehm empfundene Aufregung kann sich kognitiv-emotional (z. B. Angst und Vermeidungsverhalten), physiologisch (z. B. Bauchschmerzen, Schwindelgefühl) und motorisch-behavioral (z. B. verkrampfte Haltung, Stammeln) auswirken (vgl. ebd., S. 85–87). Sind die Schwierigkeiten erkannt, lassen sie sich auch gezielt überwinden. Kognitiv-emotional kann man sich mit der eigenen Angst auseinandersetzen: Wovor genau besteht die Angst? Besteht die Angst zu Recht? Welche Strategien helfen in der konkreten Situation, um mit dieser umzugehen? Physiologisch helfen vor allem Entspannungsübungen: Atemübungen, Progressive Muskelentspannung, Lockerungsübungen. Die motorisch-behavioralen Störungen lassen sich vor allem durch Übungen in der konkreten Sprechsituation abstellen. Dazu achtet man gezielt auf Symptome und versucht, diese in der Redesituation abzustellen.

Ideen: Die „Ideenfindung“ (Spinner 1997, S. 19) kann in vielen Fällen die Stoff- oder Materialsammlung ersetzen, da sie stärker prozessorientiert und persönlicher ist und damit heutigen Redeanlässen eher gerecht wird. Als Methoden schlägt Spinner dazu das Brainstorming, aber auch Clustering und Mind-Mapping vor. Diese eher assoziativen Vorgehensweisen sollen dabei helfen, zu erkunden, welche Vorstellungen und welche Botschaft man vermitteln möchte (vgl. ebd.).

Formulierungen: Die Formulierungen einer Rede sind in der Regel konzeptionell schriftlich, auch wenn sie medial mündlich vorgetragen werden. Denn von improvisierten Ansprachen einmal abgesehen, die im Unterricht meist nur Übungscharakter haben, werden Reden im Allgemeinen schriftlich fixiert und oft vielfach überarbeitet. Dabei kommt es meist zum Einsatz rhetorischer Stilfiguren (→ B 9), an die konkrete Wirkungsabsichten gebunden sind. Zur Erlernung eines sinnvollen Einsatzes bieten sich vor allem die Analyse von Audio- oder Videoaufnahmen wirkungsmächtiger Reden an, für eine stärkere Konzentration auf die textlichen Merkmale auch entsprechende Manuskripte.

Atmung: Die richtige Atmung entspannt nicht nur den Redner / die Rednerin, sondern auch die Rede und damit die Zuhörerinnen und Zuhörer. Sie taugt als „Gradmesser für das Gelingen oder Misslingen einer guten und korrekten Aussprache und für eine wohlklingende und sympathische Stimme“ (Günther 2012, S. 98). Für eine gute Rede wird die sogenannte Vollatmung, eine Kombination aus Brustatmung, Flankenatmung und Bauchatmung, benötigt. Dazu sollte die Haltung entspannt und die Kleidung bequem sein, und das Einatmen sollte möglichst durch die Nase erfolgen. Gute Atmung ist schon dadurch gekennzeichnet, dass sie nicht störend auffällt (z. B. durch Kurzatmigkeit oder plötzliches Luftanhalten) und kann gezielt geübt werden (vgl. Wagner 2006, S. 107 – 109).

Körperhaltung/-sprache: Beim Reden wird „ein körperlich-räumliches Verhältnis zu den Zuhörenden“ (Spinner 1997, S. 18) hergestellt. Das heißt, dass nicht nur der Körper selbst eine eigene Sprache spricht, sondern auch die Positionierung im Raum Einfluss auf die Wirkung des Gesprochenen hat. Gestik, Mimik und Blickverhalten unterstützen dies, wirken aber noch stark auf die Bildung der Beziehungen zu den Zuhörerinnen und Zuhörern ein. Didaktisch bedeutsam ist weniger die normative Vermittlung körpersprachlicher Gütekriterien (aufrechte Körperhaltung, Blickkontakt) als vielmehr die Entwicklung des Bewusstseins für die Wirkung von Körpersprache an sich sowie insbesondere die Wirkung einzelner Aspekte der eigenen Körpersprache auf andere.

Stimme: Die Stimme gibt dem Sprechen Klangfarbe, Tonlage und Lautgebung, also Intonation (vgl. Günther 2012, S. 108). Sie erzeugt einen wesentlichen Teil der Stimmung einer Rede. Für jeden Menschen gibt es einen bestimmten Tonhöhenbereich, in welchem er ohne großen Kraftaufwand mit gutem Klang sprechen kann, den „Hauptsprechtonbereich“ (Wagner 2006, S. 112). Diesen sollte man kennen und nutzen, um die Stimme einerseits zu schonen, andererseits deshalb, weil hier die größten Modulationsmöglichkeiten liegen. Außerdem sollte auf den richtigen Stimmeinsatz (die Bandbreite reicht vom Hauchen bis zum Pressen) sowie die Variation der Lautstärke geachtet werden. Die genannten Komponenten tragen so zur angemessenen Prosodie bei (→ A 4).

Aussprache: Auch in Hinblick auf die Aussprache gibt es nur wenige Normen, wie beispielsweise eine deutliche und formal richtige Artikulation, an denen man sich unbedingt orientieren sollte. Wiederum ist vielmehr die Wirkungsabsicht entscheidend, ob etwa bestimmte Wörter oder Sätze überreguliert ausgesprochen werden oder ob zum Beispiel eine Ansprache im Dialekt für einen speziellen Anlass angemessen erscheint.

Fünf-Satz-Methode

Eine gute Möglichkeit, um in mündlicher Rede adressengerecht zu strukturieren und zu formulieren, ist die Fünf-Satz-Methode (vgl. von Brand 2016, S. 17 f.). Diese ist aus der antiken Redetradition abgeleitet, wird ausdrücklich in den Bildungsstandards als Strategie vorgeschlagen (vgl. KMK 2003, S. 11) und ist insbesondere dort nützlich, wo Menschen von etwas überzeugt werden sollen. Die Realisierung erfolgt in drei bzw. fünf Schritten: Zunächst wird in einem Einleitungssatz die Ausgangssituation benannt, in den anschließenden drei Sätzen wird begründet, erläutert und veranschaulicht. Schließlich wird in einem letzten Satz die Schlussfolgerung aus dem bisher Gesagten gezogen. Als Einstieg bietet sich eine Gliederung wie die folgende an:

1. Einstiegssatz (Warum spreche ich?)
2. Erklärungssatz 1 (Was ist?)
3. Erklärungssatz 2 (Was müsste sein?)
4. Erklärungssatz 3 (Wie lässt sich das erreichen?)
5. Folgerung (Zwecksatz, also z. B. Aufforderung zum Handeln)

Die Fünf-Satz-Methode ist nicht zwingend auf fünf Sätze im grammatischen Sinne beschränkt. Allerdings bietet es sich zu Übungszwecken an, diese Beschränkung zunächst vorzugeben, damit den Schülerinnen und Schülern die Grundstruktur transparenter wird.

Die Fünf-Satz-Methode lässt sich sowohl spontan bzw. improvisierend durchführen als auch geplant und mit vorab verfasstem Skript. Während letztere Variante dabei hilft, sich des logischen Aufbaus bewusst zu werden und diesen einzuüben, ist erstere als Argumentationsfigur eine sinnvolle Technik für Diskussionen und Debatten.

Literaturhinweise

Abraham, Ulf 2016: Sprechen als reflexive Praxis. Mündlicher Sprachgebrauch in einem kompetenzorientierten Deutschunterricht. Überarbeitete und erweiterte Neubearbeitung. Stuttgart.

Brand, Tilman von 2016: Sprechen und Zuhören. In: Jürgen Baurmann/Tilman von Brand/Wolfgang Menzel/Kaspar H. Spinner (Hg.): Methoden im Deutschunterricht. Exemplarische Lernwege für die Sekundarstufe I und II. 2. Auflage. Seelze. S. 15 - 54.

Gora, Stephan 2010: Praktische Rhetorik. Rede- und Gesprächstechniken in der Schule. Seelze.

Günther, Herbert (unter Mitarbeit von Sibylle Buchholz und Anja Haßdenteufel) 2012: Sprechen und Zuhören. Wie Lehrerinnen und Lehrer Sprachunterricht ökonomisch und effektiv planen und durchführen. Baltmannsweiler.

Kultusministerkonferenz (Hg.) 2003: Bildungsstandards im Fach Deutsch für den Mittleren Schulabschluss. In: http://www.kmk.org/fileadmin/Dateien/veroeffentlichungen_beschluesse/2003/2003_12_04-BS-Deutsch-MS.pdf, recherchiert am 24. 10. 2016.

Spinner, Kaspar H. 1997: Reden lernen. Basisartikel. In: Praxis Deutsch. H. 144. S. 16 - 22.

Wagner, Roland 2006: Mündliche Kommunikation in der Schule. Paderborn u. a.

A 2 Dialogische Gesprächsformen: Sprechen mit anderen

Jürgen Baurmann

Dialogische Gesprächsformen in den Bildungsstandards

Sprechen mit anderen – so die Bezeichnung in den Bildungsstandards aller Schulstufen für das Fach Deutsch – umfasst vielfältige Arten des Sprechens und Zuhörens. Sprechen mit anderen im Unterricht setzt bei spontanen Gesprächen an und reicht schließlich bis hin zu anspruchsvollen „dialogischen Gesprächsformen" (→ A Überblicksbeitrag). Was nun die Berücksichtigung „dialogischer Gesprächsformen" im Deutschunterricht konkret betrifft, zeichnet die Bildungsstandards im Ganzen eine durchdachte curriculare Progression aus (vgl. KMK 2003 ff.). In der Grundschule werden vielfältige schulische und außerschulische Anlässe zu Gesprächen in der Kleingruppe und im Klassenverband genutzt. Dabei gelingt es vielen Grundschülerinnen und -schülern zunehmend, sich bei ihren Äußerungen Gesprächspartnern zuzuwenden, selbst anderen aufmerksam zuzuhören und einfache Gesprächsregeln zu beachten. Ziel des Unterrichts in der Sekundarstufe I ist dann die Entwicklung hin zu einem „respektvollen Gesprächsverhalten", das sich in der Beherrschung „verschiedener Gesprächsformen" zeigt. Konkret gilt dies etwa für Diskussionen, Debatten und Streitgespräche, die von Schülerinnen und Schülern auch selbst „moderiert, geleitet, beobachtet und reflektiert" werden. In der Sekundarstufe II werden diese Ansätze vertieft, dazu ergänzt durch Hinweise auf die „mündliche Prüfungsaufgabe" im Abitur und auf künftige Anforderungen in Beruf und Studium (vgl. KMK 2012). Konkret setzt dies den sicheren Umgang mit den Formaten „Prüfungs- und Bewerbungsgespräch" voraus (→ A 3).
Aus dieser knappen Skizzierung der curricularen Vorgaben ergibt sich, dass dem mündlichen Argumentieren und den damit verbundenen Gesprächsformen in den Sekundarstufen I und II erhebliche Bedeutung zukommt. Dabei wird zu Recht erwartet, dass insbesondere im Deutschunterricht die genannten Aufgaben zum Sprechen und Zuhören fachkundig vermittelt werden.

Argumentieren: Diskutieren und debattieren

Argumentieren bietet sich dort an, wo offene Fragen oder unterschiedliche, strittige Annahmen gründlich zu erörtern sind. Argumentieren „als komplexe, dialogisch sprachliche Handlung" zeichnet sich dadurch aus, dass die am Gespräch Beteiligten wechselseitig „verbale Begründungshandlungen ... einfordern" (Grundler/Vogt 2012, S. 490). Das Behaupten, Begründen und Belegen sind in diesem Rahmen die vertrauten Teilhandlungen (vgl. Helten-Pacher/Taubinger 2013, S. 15). Abraham (2016, S. 170 f.) nennt dazu Möglichkeiten, wie Behauptungen gestützt werden – etwa durch „‚erzählbare' Beispiele" („Neulich habe ich beobachtet ..."), „Erfahrungswerte" („einige Schülerinnen und Schüler wählen bei Verspätungen immer die gleichen Ausreden") oder eine „stringente Beweisführung" („Druck erzeugt Gegendruck"). Damit „‚Streiten' über Strittiges" (Geißner 2000, S. 131) gelingt, ist es hilfreich, wenn die Gesprächsteilnehmer solche Möglichkeiten kennen und in ihrer Relevanz einzuschätzen wissen. Was den Ablauf von argumentativ gerichteten Gesprächen betrifft, ist es wichtig, dass zuvor vereinbarte Regeln vertraut sind und beachtet werden (z. B. andere aussprechen lassen, auf Gesprächsbeiträge anderer eingehen, beim Thema bleiben, Rückfragen stellen und solche bei Gesprächspartnern zulassen). Werden Leitung und Moderation von Gesprächen – im Sinne der Förderung der Mündigkeit – zunehmend Schülerinnen und Schülern übertragen, folgen für die Beteiligten daraus weitere anspruchsvolle Aufgaben.

Grob lassen sich zwei Formate des Argumentierens unterscheiden, die vornehmlich im Deutschunterricht der Sekundarstufe I eingeführt, dort und in weiteren Fächern kontinuierlich erweitert und vertieft werden – nämlich Formen des Diskutierens und des Debattierens.

Diskutieren im erweiterten Verständnis bedeutet nach Grundler / Vogt (2012, S. 488 ff.), dass ein Gespräch von unterschiedlichen Auffassungen der Beteiligten zu einem Thema ausgeht. Denkbar als Impuls sind „offene Fragen" zu einem mehr oder minder vertrauten Sachverhalt. Infolgedessen wird nicht in jedem Fall der Konsens das Ziel der Diskussion sein; denkbar ist auch ein allseits akzeptierter Dissens am Ende des kommunikativen Austauschs.

Debattieren hebt sich vom Diskutieren deutlich ab. Nach Abraham (2016, S. 205 ff.) wird in der Debatte als inszenierte komplexe Handlung weder ein Konsens noch ein akzeptierter Dissens angestrebt; es geht vielmehr darum, dass Sprecher bestimmte Rollen zu gegensätzlichen Standpunkten übernehmen und diese pointiert einbringen.

Exkurs zur Streiterei / zum Streit und zur Streitschlichtung: Streit unter Kindern und Jugendlichen bewegt sich mitunter außerhalb des hier beschriebenen, tolerierbaren Rahmens. So kommt es auch in der Schule zu mehr oder minder heftigen Auseinandersetzungen, die von spontanen Hänseleien über beleidigende Tabubrüche bis hin zu heftigen Streitereien führen. Häufen sich solche Vorkommnisse, dann resultieren daraus erhebliche Belastungen des kommunikativen Austauschs insgesamt, wodurch das soziale Klima in der Klasse oder in Lerngruppen erheblich beeinträchtigt wird (vgl. Baurmann / Feilke / Vos 2002, S. 6 ff.). Da in den beschriebenen (und vergleichbaren Fällen) ein emotional übermotivierter Einsatz sprachlich-sprecherischer Mittel vorherrscht und bestimmte Sprechakte (wie Fragen, Beschuldigen, Bewerten u. dgl., siehe Spiegel 2012, S. 517) aggressiv geäußert werden, sind solche Situationen in der Schule anzusprechen, um ihnen gemeinsam umsichtig begegnen zu können. Folgende didaktisch-methodische Zugänge haben sich u. a. bewährt (vgl. Baurmann / Feilke / Voss 2002, S. 10 ff.; Spiegel 2012, S. 518 ff.):

- „konfliktlösende Gespräche" ggf. gestützt durch zuvor erarbeitete, auf ein Ziel gerichtete Fragen (denkbare Hilfe: „Fragekompass"),
- der regelmäßig tagende „Klassenrat" zu aktuell anstehenden „Anliegen und Problemen",
- die etablierte „Streitschlichtung" durch eigens ausgebildete Streitschlichter als Mediatoren.

Berücksichtigt werden sollte übrigens dabei, dass so manches „Gezänk" und „Gezeter" in der Schule oft nur als Provokation gemeint ist. In Fällen, in denen damit gar eine „poetische Dimension" einhergeht (Baurmann / Feilke / Voss 2002, S. 14, nach Nothdurft 1993 bzw. 2000), bietet es sich an, solche Formen des Streitens mit einem Augenzwinkern in Rollenspielen oder Sketchen szenisch ausspielen zu lassen (Beispiele: Eulenspiegel-Schwänke oder Sketche zu Vorkommnissen in der Schule). Auf diesem Weg kann zweierlei erreicht werden: das Vertrautwerden mit plakativ eingesetzten kommunikativen Mitteln und zugleich die Relativierung eines auf den ersten Blick bedrohlich wirkenden Konfliktpotenzials. Derlei spielerische Reaktionen entspannen so manche verfestigte Konstellation und tragen zudem zu Empathie und Rollendistanz, schließlich zu „entwickelter Streitfähigkeit" bei.

Zur Förderung des mündlichen Argumentierens

Seit Völzing (1981) ist bekannt, dass bereits Vorschulkinder in der Lage sind, mündlich zu argumentieren. Über welche sprachlichen und gedanklichen Fähigkeiten einzelne Kinder bereits verfügen, zeigt der folgende kleine Dialog zwischen O (= Mutter) und C (= Kind, 3;11 Jahre alt):
„C und O beim Kaffeetrinken
O: nachher gehn wir in den kindergarten und da wollen wir mal kucken, wie viele Kinder da sind.
C: du bist aber dumm, mama. Du warst doch gestern im kindergarten (*am Tag zuvor war Elternabend*) ... so viele mamas da warn, so viele kinder kommen auch."
(Völzing 1981, S. 161)
Solche frühen kommunikativen Erfahrungen können ab Schuleintritt aufgenommen, positiv verstärkt und kontinuierlich in den weiteren Schuljahren gefördert werden. Das eröffnet dann Zugänge zu „unterrichtlichen Arrangements" wie den folgenden (vgl. Grundler / Vogt 2012, S. 495 ff.):

- „Diskutieren üben": Die Lehrperson fordert die Schülerinnen und Schüler auf, zu einem kindgemäßen strittigen Thema Argumente und Gegenargumente zu nennen.
- „Über ein (strittiges) Thema ins Gespräch kommen": Wenn sich im Unterricht unvermittelt unterschiedliche Positionen (Einschätzungen) zu einem Sachverhalt auftun, regt die Lehrperson dazu gezielt weitere Schüleräußerungen an.

- „Gemeinsam Probleme lösen": Im Unterricht werden explizit Themen aufgenommen (Ziel des Klassenausflugs, kleinere alltägliche Konflikte), die auf eine Lösung hin diskutiert werden.
- „Diskussionen kommentieren": Wenn Schülerinnen und Schüler hinreichend Erfahrungen mit dem Diskutieren und Debattieren gesammelt haben, sollten ausgewählte Handlungsabläufe oder kritische Stellen aus Argumentationen schriftlich dokumentiert und anschließend analysiert werden – nicht zuletzt mit dem Ziel, gelungene argumentative Vorgehensweisen für die Zukunft zu stärken und weniger gelungene zu verbessern.

Literaturhinweise

Abraham, Ulf 2016: Sprechen als reflexive Praxis. Mündlicher Sprachgebrauch in einem kompetenzorientierten Deutschunterricht. Überarbeitete und erweiterte Neubearbeitung. Stuttgart.

Baurmann, Jürgen / Helmuth Feilke / Elisabeth Vos 2002: Streit und Konflikt. Basisartikel. In: Praxis Deutsch. H. 174. S. 6–15.

Becker-Mrotzek, Michael 2012: Mündliche Kommunikationskompetenz. In: Ders. (Hg.): Mündliche Kommunikation und Gesprächsdidaktik. 2. Auflage. Baltmannsweiler. S. 66–83.

Geißner, Helmut K. 2000: Kommunikationspädagogik. Transformationen der ‚Sprech'-Erziehung. St. Ingbert.

Grundler, Elke / Rüdiger Vogt 2012: Diskutieren und Debattieren: Argumentieren in der Schule. In: Michael Becker-Mrotzek (Hg.): Mündliche Kommunikation und Gesprächsdidaktik. 2. Auflage. Baltmannsweiler. S. 487–511.

Helten-Pacher, Maria-Rita / Wolfgang Taubinger 2013: Schreiben in allen Fächern. Vom wissenschaffenden Schreiben zum vorwissenschaftlichen Schreiben. Stadtschulrat. Wien.

Kultusministerkonferenz (Hg.) 2003 ff.: Themen – Deutsch – Bildungsstandards, https://www.kmk.org/themen/allgemeinbildende schulen/unterrichtsfaecher/ deutsch.html, recherchiert am 19. 1. 2017

Kultusministerkonferenz (Hg.) 2012: Bildungsstandards im Fach Deutsch für die Allgemeine Hochschulreife. https://www.kmk.org/themen/allgemeinbildende schulen/unterrichtsfaecher/ deutsch.html, recherchiert am 19.1. 2017

Nothdurft, Werner 1993: Gezänk und Gezeter. Über das verbissene Streiten von Nachbarn. In: Johannes Janota (Hg.): Vielfalt der kulturellen Systeme und Stile. Band 1. Tübingen. S. 67–80.

Nothdurft, Werner 2000: Ausbildung zur Gesprächsfähigkeit – kritische Betrachtungen und konstruktive Vorschläge. In: Hansjörg Witte / Christine Garbe / Karl Holle / Jörn Stückrath / Heiner Willenberg (Hg.): Kompetenzerwerb und Persönlichkeitsentwicklung. S. 251–269.

Spiegel, Carmen 2012: Streitschlichtung. In: Michael Becker-Mrotzek (Hg.): Mündliche Kommunikation und Gesprächsdidaktik. 2. Auflage. Baltmannsweiler. S. 512–524.

Völzing, Paul-Ludwig 1981: Kinder argumentieren. Die Ontogenese argumentativer Fähigkeiten. Paderborn u. a.

A 3 Vorstellungsgespräch und Prüfungsgespräch

Wolfgang Taubinger

Die Mündlichkeit spielte im Deutschunterricht lange Zeit eine untergeordnete Rolle. Sie stand nicht nur im Schatten der Schriftlichkeit, Sprechen galt als etwas „Naturwüchsiges" (Abraham 2016, S. 143), das schwerpunktmäßig zu lehren als nicht notwendig angesehen wurde.

Die kommunikative Wende des Deutschunterrichts Anfang der Siebzigerjahre wertete den Lernbereich der mündlichen Kommunikation auf, sodass er seitdem in den Lehrplänen gleichberechtigt neben dem Schreiben, der Sprachreflexion und dem Umgang mit Texten steht. In der Praxis scheint die Förderung der beiden untrennbar miteinander verbundenen Kompetenzen Sprechen und Zuhören aus den angeführten Gründen vielfach noch immer zu kurz zu kommen, obwohl Entwicklungen im Bereich der neuen Medien die Bedeutung der Mündlichkeit erhöhten (vgl. Rupp 2014, S. 356 f.).

Als „Prototyp der mündlichen Kommunikation" (Papst-Weinschenk 2013, S. 111) wird das Gespräch sowohl in den Bildungsstandards der Kultusministerkonferenz im Fach Deutsch für den Hauptschulabschluss und den Mittleren Schulabschluss (vgl. KMK 2003 und 2004) als auch in den österreichischen Bildungsstandards für das Fach Deutsch der achten Schulstufe (vgl. Bundesministerium für Unterricht, Kunst und Kultur 2009) im Kompetenzbereich Sprechen und Zuhören explizit angeführt.

Der Bezug zur Lebenswelt der Schülerinnen und Schüler ist wohl der Grund dafür, dass sich das Vorstellungsgespräch als zu thematisierende Gesprächsform in sämtlichen Erläuterungen dazu findet. Aus demselben Grund überrascht es allerdings, dass das schulische Prüfungsgespräch unerwähnt bleibt. Auch die fachdidaktische Literatur setzt sich damit kaum auseinander. Lediglich Abraham (2016) beschäftigt sich ausführlicher damit.

Wichtige Merkmale von Vorstellungs- und Prüfungsgesprächen

In Prüfungsgesprächen sollen die Lernenden nachweisen, ob und inwiefern sie sich im Unterricht bzw. in einer Lehrveranstaltung ein bestimmtes Wissen und bestimmte Kompetenzen angeeignet haben. Die Lehrperson eröffnet das Gespräch, stellt die Fragen, lenkt das Gespräch und beendet es. Die sprachliche Tätigkeit der Schülerinnen und Schüler besteht hauptsächlich in der Beantwortung von Fragen. Nachfragen werden sie höchstens dann, wenn sie eine Frage nicht verstanden haben. Am Ende der Prüfung beurteilt die Lehrperson die Leistung.

In einem Vorstellungsgespräch (vgl. Beste 2007, S. 143 f.) versucht eine Bewerberin oder ein Bewerber eine Organisation davon zu überzeugen, für einen Ausbildungsplatz, einen anspruchsvollen Auftrag oder eine berufliche Tätigkeit bestmöglich geeignet zu sein. Die Person, die die Organisation vertritt, eröffnet, leitet und schließt das Gespräch. Der Bewerber wird seine fachlichen und persönlichen Qualitäten möglichst überzeugend präsentieren.

In beiden Gesprächsformen ist das „Machtgefälle" (Abraham 2016, S. 177) zwischen den Gesprächspartnern deutlich. Die Kommunikation verläuft asymmetrisch bzw. komplementär, weil die Kommunikationspartner bei aller Ungleichheit zwischen ihnen einander ergänzen. Im Prüfungsgespräch kommt der Beziehungsebene deswegen eine besondere Rolle zu, weil Lehrperson und Prüfling einander in den meisten Fällen seit längerer Zeit kennen und dies eine Prüfung unterschiedlich beeinflussen kann.

Neben Kommunikationssituation und Rollenverteilung der Gesprächsteilnehmer kennzeichnen beide Gesprächsformen eine Reihe von Merkmalen, die für Gespräche im Allgemeinen gelten (vgl. Papst-Weinschenk 2013, S. 111 f.):

- Teilnahme von mindestens zwei Personen, die gemeinsam das Erreichen des Gesprächszieles verantworten
- Verwendung paraverbaler und körpersprachlicher Mittel zum Zweck der Kommunikation
- Sprecherwechsel
- Einhaltung von Gesprächsregeln
- Bezugnahme der einzelnen Gesprächsbeiträge aufeinander
- Themenzentriertheit eines Gespräches
- Einflussnahme von „Situationsfaktoren" wie Ort und Zeitpunkt (Linke / Sitta 1987, S. 17)

Aufgrund der dargestellten Besonderheiten werden Vorstellungs- und Prüfungsgespräch vor allem jenen Gesprächsformen zugeordnet, die durch den jeweiligen Zweck bestimmt sind bzw. in denen die Rollen der Teilnehmerinnen und Teilnehmer feststehen (vgl. Papst-Weinschenk 2013, S. 112 f.).

Die Behandlung des Vorstellungs- und Prüfungsgespräches im Unterricht

Für beide Gesprächsformen haben sich in mehrfacher Hinsicht Konventionen – Handlungsmuster – herausgebildet (vgl. Fiehler 2012, S. 25), die in der jeweiligen Situation realisiert werden. Vorstellungs- und Prüfungsgespräche können daher als „Sprechtextsorten" (Rupp 2014, S. 378) bezeichnet werden. Die Kenntnis solcher kommunikativen Gattungen und ihrer Sprachmuster entlastet die Sprecherinnen und Sprecher, weil sie sich an diesen „bewährten Ordnungen" (Ossner 2008, S. 104) orientieren können. Deswegen sollte der Deutschunterricht in der Sekundarstufe I die Lernenden damit vertraut machen, sodass sie ihre Kommunikationsfähigkeit erhöhen. Die erlernten Muster helfen ihnen, vergleichbare Situationen zu bewältigen.

In der Lern- und Übungsphase ermöglicht die Dreiteilung des Verlaufs der beiden Gesprächsformen in Gesprächsanfang, -mitte und -ende ein kleinschrittiges

Vorgehen und eine Reduktion der Komplexität des Gegenstandes. Die Gesprächsdauer sowie die Anzahl der teilnehmenden Personen sind dabei ebenfalls zu bedenken (vgl. Becker-Mrotzek 2008, S. 61 f.).

Für Gesprächsanfang und -ende (vgl. Brinker / Sager 2006, S. 100 ff.) sammeln die Schülerinnen und Schüler verschiedene Strategien, die sie im Rollenspiel erproben und hinsichtlich ihrer situativen Angemessenheit bewerten.

Unterschiedliche Fragetechniken spielen in der Gesprächsmitte eine wichtige Rolle. Eine Möglichkeit zur Unterscheidung verschiedener Frageformen (offen, geschlossen, Alternativ- und Suggestivfragen) bietet sich bei Ratespielen oder im Rahmen fiktiver Interviews (vgl. Rütimann / Thöny 1987, S. 38).

Konzentriertes aktives und verstehendes Zuhören verringert bei beiden Gesprächsformen die Gefahr von Missverständnissen und des Aneinander-vorbei-Redens. Vorschläge dazu präsentiert von Brand (2015, S. 43 ff.). Köster (2016, S. 74) listet die bei mündlichen Prüfungen gängigen Operatoren auf. Sind die Lernenden damit vertraut, erhöht das ihre Sicherheit in der Gesprächssituation.

Auf großes Interesse bei den Schülerinnen und Schülern stößt erfahrungsgemäß die Behandlung des nonverbalen Verhaltens in Gesprächen. Linke (1987, S. 50 f.) führt die wichtigsten Aspekte mit hilfreichen Beschreibungen an. Zu ergänzen sind sie um den Hinweis, wie kulturabhängig die Bedeutung eines nonverbalen Zeichens sein kann.

Am Ende der Übungsphase münden die Erprobung und Analyse der „Bausteine“ in die Gestaltung ganzer Vorstellungs- und Prüfungsgespräche. Im Normalfall übernehmen die Lernenden in diesen Rollenspielen alle Rollen. Berthold (2000, S. 216) weist zu Recht darauf hin, dass es realitätsnäher ist, wenn Lehrende die Übungsprüfung abwickeln und „sachkundige Eltern die Rolle der möglichen Arbeitgeber / innen übernehmen“. Im Rahmen einer solchen komplexen Herausforderung wird darauf zu achten sein, dass die Schülerinnen und Schüler sich angemessen ausdrücken und die Standardsprache gebrauchen.

Um die Anschlusskommunikation hinsichtlich der vorgeführten Gespräche vorzubereiten, eignet sich die Fishbowl-Methode sehr gut (vgl. von Brand 2015, S. 37 f.). Entsprechende Beobachtungsaufträge des nicht aktiv am Gespräch beteiligten Teiles der Klasse dienen als Reflexionsgrundlage. „Basisfragen“ dafür finden sich bei Papst-Weinschenk (2010, S. 171 bzw. S. 236 ff.) ebenso wie sehr praxisorientierte Überlegungen zur Evaluierung und Bewertung von Gesprächen.

Literaturhinweise

Abraham, Ulf 2016: Sprechen als reflexive Praxis. Mündlicher Sprachgebrauch in einem kompetenzorientierten Deutschunterricht. Überarbeitete und erweiterte Neubearbeitung. Stuttgart.

Becker-Mrotzek, Michael 2008: Gesprächskompetenz vermitteln und ermitteln. In: Albert Bremerich-Vos / Dietlinde Granzer / Olaf Köller (Hg.): Lernstandsbestimmung im Fach Deutsch. Weinheim und Basel. S. 52 – 77.

Brand, Tilman von 2016: Sprechen und Zuhören. In: Jürgen Baurmann / Tilman von Brand / Wolfgang Menzel / Kaspar H. Spinner: Methoden im Deutschunterricht. 2. Auflage. Seelze. S. 15 - 53.

Berthold, Siegwart 2000: Im Deutschunterricht Gespräche führen lernen. Essen.

Beste, Gisela 2007: Sprechen und Zuhören. In: Dies. (Hg.): Deutsch Methodik. Handbuch für die Sekundarstufe I und II. Berlin. S. 140 -171.

Brinker, Klaus / Sven F. Sager 2006: Linguistische Gesprächsanalyse. Berlin.

Fiehler, Reinhard 2012: Mündliche Kommunikation. In: Michael Becker-Mrotzek (Hg.): Mündliche Kommunikation und Gesprächsdidaktik. 2. Auflage. Baltmannsweiler. S. 25 - 51.

Köster, Juliane 2016: Aufgaben im Deutschunterricht. Wirksame Lernangebote und Erfolgskontrollen. Seelze.

Kultusministerkonferenz (Hg.) 2003: Bildungsstandards im Fach Deutsch für den Mittleren Schulabschluss. Beschluss vom 4. 12. 2003. In: https://www.iqb.hu-berlin.de/bista/subject, recherchiert am 14.9.2016.

Kultusministerkonferenz (Hg.) 2004: Bildungsstandards im Fach Deutsch für den Hauptschulabschluss. Beschluss vom 15. 10. 2004. In: https://www.iqb.hu-berlin.de/bista/subject, recherchiert am 5. 10. 2016.

Linke, Angelika 1987: Nonverbales und verbales Verhalten in Gesprächen. In: Praxis Deutsch. H. 83. S. 48 - 52.

Linke, Angelika / Horst Sitta 1987: Gespräche: Miteinander reden. Basisartikel. In: Praxis Deutsch. H. 83. S. 14 - 25.

Ossner, Jakob 2008: Sprachdidaktik Deutsch. Eine Einführung für Studierende. Paderborn.

Pabst-Weinschenk, Marita 2013: Gespräch. In: Björn Rothstein / Claudia Müller (Hg.): Kernbegriffe der Sprachdidaktik Deutsch. Ein Handbuch. Baltmannsweiler. S. 111–116.

Pabst-Weinschenk, Marita 2010: Besser sprechen und zuhören. Gesammelte Aufsätze zur mündlichen Kommunikation in der Schule 1. Alpen.

Rütimann, Hansheinrich / Reto Thöny 1987: Miteinander reden: Gespräche, Spiele, Übungen. In: Praxis Deutsch. H. 83. S. 38.

Rupp, Gerhard 2014: Deutschunterricht lehren weltweit. Basiswissen für Master of Education-Studierende und Deutschlehrer/innen. Baltmannsweiler.

Wagner, Roland W. 2006: Mündliche Kommunikation in der Schule. Paderborn u. a.

Verordnung der Bundesministerin für Unterricht, Kunst und Kultur über Bildungsstandards im Schulwesen: 2. Teil: 8. Schulstufe der Volksschuloberstufe, der Hauptschule, der Neuen Mittelschule und der allgemein bildenden höheren Schule, 1. Abschnitt: Deutsch. In: https://www.ris.bka.gv.at/GeltendeFassung.wxe?Abfrage=Bundesnormen&Gesetzesnummer=20006166, recherchiert am 5. 10. 2016.

A 4 Vorlesen und Vortragen

Jürgen Baurmann

Lange Zeit war die kontinuierliche Förderung des Vorlesens und Vortragens fraglos eine wichtige Aufgabe im Deutschunterricht. Gegenwärtig ist dies keineswegs mehr selbstverständlich. Vorlesen und Vortragen werden heute bei Schülerinnen und Schülern zu rasch als gegeben vorausgesetzt und kaum nachhaltig gefördert. Nun belegen Beobachtungen in der Praxis und Ergebnisse zahlreicher Studien und Untersuchungen im Gegensatz dazu, dass Kinder und Jugendliche oft nicht hinreichend über basale Lesefähigkeiten verfügen.

Erfreulicherweise haben sich Rosebrock / Nix / Rieckmann / Gold (2011) mit dieser wenig befriedigenden Situation auseinandergesetzt, die reichhaltige Literatur zu Lautleseverfahren ausgewertet und tragfähige Vorschläge zur Verbesserung der Leseflüssigkeit entwickelt (→ C 1). Auf diesen Grundlagen kann die Befähigung zum Vorlesen und Vortragen aufbauen.

Hintergrund dafür ist die vertraute und anerkannte Sprecherziehung, die sich dank texttheoretisch und rezeptionstheoretisch motivierter Impulse weiterentwickelt hat. So hat das Plädoyer für einen „offenen Textbegriff" dazu beigetragen, das „sprecherische" Interpretieren zu beleben (vgl. Pabst-Weinschenk 2004, S. 180 ff.) und vermehrt handlungs- und produktionsorientierte Verfahren im Deutschunterricht einzubeziehen. Das kann vom Experimentieren mit unterschiedlichen Arten des Vorlesens (geheimnisvoll flüstern, pathetisch auftrumpfen u. dgl.) oder zur musikalischen Begleitung des Vortragens bis hin zu „szenischen Gestaltungen" reichen, bei denen Gesprochenes unter Einsatz von Mimik und Gestik begleitet wird (vgl. Haas / Menzel / Spinner 1994, S. 24 sowie → D 18).

Situationen des Vorlesens und Vortragens zeichnet insgesamt aus, dass Sprecher einen Text sicher und gekonnt vorlesen bzw. vortragen, auf diese Weise Aufmerksamkeit für das Vorgetragene und zugleich Wirkung bei den Hörern erzielen. Vorlesen und Vortragen sind also Kulturtechniken und Ausdruck „ästhetischer Kommunikation" zugleich (Geißner 2000, S. 141 ff.). Nach Form und Funktion lassen sich dabei drei Varianten beschreiben (nach Baurmann / Menzel 2006, S. 7 ff.), bei denen sich die Anteile (Kulturtechnik – ästhetische Kommunikation) jeweils unterscheiden.

Vorlesen als lautes Lesen

Im Unterricht gibt es täglich Situationen, in denen diese Form des Vorlesens gefordert wird – so bei Arbeitsaufträgen und einfachen Texten innerhalb der Partnerarbeit, beim kooperativen Lernen oder bei der Vermittlung zuvor erarbeiteter Ergebnisse an die gesamte Lerngruppe. Neben angemessenem Lesetempo ist bei solchen Anlässen ein deutlich artikuliertes und gliederndes Sprechen der vorgegebenen Wortgruppen und Sätze notwendig. Gezielte Vorbereitungen aufs Vorlesen, ggf. ergänzt durch Notationen im Text (etwa für Pausen, Betonungen, Lesetempo und Stimmstärke), und Rückmeldungen der Hörer geben Vorlesern zunehmend Sicherheit (vgl. zum Erstgesagten die differenzierte Darstellung von Müller 2012, S. 120 f., auch Claussen 2016, S. 14).

Deutendes Vorlesen

Deutendes Vorlesen als anspruchsvolle Weiterentwicklung des lauten Vorlesens eröffnet Schülerinnen und Schülern Möglichkeiten, sich durch Vorlesen experimentierend solchen Texten zu nähern, die sich inhaltlich und formal nicht auf den ersten Zugriff erschließen. Auf Beispiele vertrauter Kurzprosa und lyrische Texte (Kinderreime, Naturgedichte, Balladen u. dgl.) trifft dieses Merkmal zu. Deutendes Vorlesen gelingt hier, wenn Schülerinnen und Schüler über eine intensive Auseinandersetzung mit dem Text zu einem angemessenen „Sprechausdruck“ finden, der „rhythmische, dynamische und methodische Aspekte“ text- und hörerangemessen verbindet (Ockel 2000, S. 19 ff.). Daraus resultierende Vorgehensweisen führen zu Ergebnissen, die zum einen dem Text entsprechen und des Weiteren Zuhörer erreichen: Verschiedene Vorgehensweisen führen zu annehmbaren Ergebnissen. Erste Vorleseversuche werden in diesem Zusammenhang als Annäherungen an den Text verstanden und durch Varianten weiterer Sprecher angereichert, ggf. relativiert oder korrigiert. Unterschiedlich geglückte Realisierungen zeigen dann nachvollziehbar den Deutungsspielraum vorgelesener Texte an.

Szenisches Vortragen

Szenisches Vortragen reicht über das deutende Vorlesen hinaus, sind doch hierbei „sinnlich ästhetische Erfahrungen“, „Imaginationsfähigkeit“ und „rhetorische Fähigkeiten“ gefordert (Spinner 2000, S. 106–107). Szenisches Vortragen setzt eine gründliche Auseinandersetzung mit der Textvorlage ebenso voraus wie einen daraus entwickelten Einsatz sprecherischer Mittel (siehe unten). Eine eher sparsame Verwendung körpersprachlicher Möglichkeiten (Mimik, Gesten), die Nutzung von Raum, Beleuchtung und Requisiten verstärken häufig die Wirkung szenischen Vortragens.

Zur Gestaltung des Vorlesens und Vortragens

Es ist deutlich geworden, dass bei allen individuellen Unterschieden von Sprechern (in Stimmlage, Stimmvolumen und Stimmqualität) eine angemessene Gestaltung des Vorlesens und Vortragens vom Einsatz sprechgestaltender Mittel abhängt. Was dies bedeutet, soll für Intonation, Akzentuierung und Tempo als

Komponenten der Prosodie konkret veranschaulicht werden. Ausgangspunkt ist das folgende Satzpaar, vor allem dessen erster Satz:

Al – lerAnfang ' ist sch w e r. | *Eine solche Erfahrung macht jeder.*

Die Intonation verläuft im ersten Satz von einem Hochton am Anfang zu einem Tiefton am Ende des Satzes, wobei das Wort „Aller" häufig etwas langsamer gesprochen und dann bei zunehmendem Tempo mit dem nächsten Wort nahezu verschmilzt (zur Verteilung von Hochton und akzentuiertem Tiefton Baurmann / Menzel 2006, S. 9). Danach erfolgt eine kleine Pause (ein Atemstau), das letzte Wort wird dann akzentuiert gedehnt. Nach einer Atempause schließt sich der folgende Satz an. In ihm wird das Wort „solche" akzentuiert. Dadurch wird im Sinne des Fortschreitens die Beziehung vom bereits Bekannten zum Neuen markiert (Thema-Rhema-Gliederung).

Die beschriebene Gestaltung beider Sätze stellt gewiss eine naheliegende Lösung dar; sie darf nun allerdings nicht als feste Norm verstanden werden. Je nach Kontext und konkreter Aussageabsicht sind Varianten denkbar.

Zur Förderung des Vorlesens und Vortragens im Unterricht

Vorlesen und Vortragen werden ab der Primarstufe vornehmlich im Deutschunterricht vorbereitet, dort erprobt und gesichert, in der Sekundarstufe I dann fortgeführt. Neben dem Deutschunterricht bieten dabei auch Sachfächer hinreichend Anlässe und Fördermöglichkeiten. Wer überzeugend vorlesen und wirkungsvoll vortragen kann, verfügt über den Text. Insbesondere zu Grundvoraussetzungen der Stimmbildung, zur Körpersprache, einschließlich Mimik und Gestik, zur Atmung und zum Sprechen hat Klüver (2016) praktikable Vorschläge für Lehrpersonen erarbeitet, die abgewandelt auch für Schülerinnen und Schüler geeignet sind. Speziell zum „hörenden Lesen" überzeugen die Unterrichtsmaterialien, die Siebauer / Lösener (2008) erarbeitet haben.

Schülerinnen und Schüler werden schon ab der Grundschule mit „einfachen Techniken" des Vorlesens und Vortragens vertraut gemacht (Ockel 2000, S. 24 ff.). Zu denken ist dabei an das „deutliche und gliedernde Vorlesen", das Einhalten von „Pausen und Zäsuren" sowie an einen reflektierten Wechsel zwischen gespanntem und entspanntem Sprechausdruck. Sind diese Techniken gefestigt, schließen sich ab der Sekundarstufe I „komplexe Techniken" an. Ockel (2000, S. 37 ff.) fächert sie als „vorausschauendes, mitteilendes und vollziehendes Vorlesen" auf. Die Umsetzung dieser Modi betont, dass Vorlesen und Vortragen stets *für* andere geschieht, letztlich mit dem Ziel, dass sich Rezipienten Vorgelesenes und Vorgetragenes mit Vergnügen aneignen. Wie Lehrpersonen Sprechgestaltungen im Unterricht planen und in Lernsituationen mit Schülerinnen und Schülern erarbeiten können, zeigt Müller (2012, insbes. S. 116 –121) ausführlich und anregend an ausgewählten Beispielen.

Angewandt werden kann das Gelernte bei Feiern in der Klasse oder Schule, ebenso bei außerschulischen Veranstaltungen (Präsentationen, Vorlesewettbewerbe).

Auf solche Weise können geübte Leser vorleseschwächeren Schülerinnen und Schülern als Paten oder Lesehelfer zur Seite stehen. Tipps zum Einprägen von Textstellen oder Texten sowie der Austausch von Erfahrungen der Mitschülerinnen und Mitschüler begünstigen das Vorlesen und Vortragen ebenso. Dass und wie Schülerinnen und Schüler auch zum freiwilligen „Auswendigsprechen" ermutigt werden können, lässt sich den Ausführungen von Müller (2012, S. 124 – 125) entnehmen. Werden beim Vorlesen und Vortragen ergänzend Medien und mediale Techniken und Angebote genutzt (Mikrophon bzw. Bild- und Musikeinspielungen) oder zur Rezeption Hörmedien eingesetzt, erfordert deren Einsatz und Koordinierung eine fachkundige Anleitung durch medienvertraute Mitschüler oder Lehrpersonen (Näheres zu Hörmedien, siehe → D 13).

Literaturhinweise

Baurmann, Jürgen / Wolfgang Menzel 2006: Vorlesen – Vortragen. Basisartikel. In: Praxis Deutsch. H. 199. S. 6 –13.

Claussen, Claus 2006: Tipps fürs Vorlesen. In: Praxis Deutsch. H. 199. S. 14.

Geißner, Helmut K. 2000: Kommunikationspädagogik. Transformationen der ‚Sprech'-Erziehung. St. Ingbert.

Haas, Gerhard/Wolfgang Menzel/Kaspar H. Spinner 1994: Handlungs- und produktionsorientierter Literaturunterricht. Basisartikel. In: Praxis Deutsch. H. 123. S. 17–25.

Klüver, Maike 2016: Überzeugend auftreten. Stimmbildung und rhetorische Übungen für Lehrerinnen und Lehrer. Beilage zum Friedrich Jahresheft 2016. Seelze.

Müller, Karla 2012: Hörtexte im Deutschunterricht. Poetische Texte hören und sprechen. Seelze.

Ockel, Eberhard 2000: Vorlesen als Aufgabe und Gegenstand des Deutschunterrichts. Hohengehren.

Pabst-Weinschenk, Marita 2004: Ästhetische Kommunikation. In: Dies. (Hg.): Grundlagen der Sprechwissenschaft und Sprecherziehung. Baltmannsweiler. S. 180 – 208.

Rosebrock, Cornelia / Daniel Nix / Carola Riekmann / Andreas Gold 2011: Leseflüssigkeit fördern. Lautleseverfahren für die Primar- und Sekundarstufe. Seelze.

Siebauer, Ulrike / Hans Lösener 2008: Unterrichtsmaterialien zum hörenden Lesen. In: http://www.loesener.de/uebungen, recherchiert am 5. 7. 2016.

Spinner, Kaspar H. 2000: Szenisches Vortragen von Gedichten. In: Claus Ensberg (Hg.): Deutschunterricht: Zugang zu den Lernenden finden. Braunschweig. S. 101–113.

A 5 Referieren – Präsentieren

Matthis Kepser

Referieren gehört schon lange zu den erwerbenden Kompetenzen und etablierten Aufgabenformaten im Deutschunterricht. Zu denken ist hier beispielsweise an Buchvorstellungen, an Kurzreferate zu diversen Themenfeldern oder das Referat im Kontext der mündlichen Abiturprüfung. Ergänzt, ja geradezu ersetzt worden ist das Referat mittlerweile durch das Aufgabenformat der Präsentation, das neben dem mündlichen Vortrag auch den begleitenden Einsatz (audio-)visueller Medien vorsieht. So verlangen die „Bildungsstandards für den mittleren Schulabschluss im Fach Deutsch“ (2004, S. 10) die Nutzung von „Medien zur Präsentation“, wozu Präsentationssoftware wie *MS PowerPoint* (oder alternativ *Prezi, Keynote, Impress*) verwendet werden soll. In vielen Bundesländern (z. B. Hamburg, Berlin, Baden-Württemberg) ist die Präsentation Teil der Abiturprüfungen geworden. Analog zum Format „Jugend debattiert“ gibt es seit 2012 den bundesweiten Wettbewerb „Jugend präsentiert“ (vgl. Kramer (Hg.) 2014).

Präsentieren als komplexe Kompetenz

Wissenschaftlich untersucht worden ist die Präsentation bislang vor allem durch die Wissenssoziologie (vgl. Schnettler / Knoblauch Hg. 2007; Lorenzen 2009) und die Sprachwissenschaft (vgl. z. B. Lobin 2009). Hier wird allerdings oft übersehen, dass Präsentationen nicht nur informieren sollen (z. B. über Probleme der Literaturgeschichtsschreibung), sondern auch der Meinungsbildung dienen können (z. B. bei einer Filmkritik), u. U. an die Anwesenden appellieren (z. B. bei der Erörterung eines gesellschaftlichen Problems) und nicht zuletzt unterhaltend sein können (z. B. bei einer Reportage zur letzten Klassenfahrt auf einem Elternabend). Einig ist man sich darin, dass es sich um eine äußerst komplexe Kommunikationssituation handelt, deren Beherrschung ebenso komplexer Fähigkeiten und Fertigkeiten bedarf.

Für den Deutschunterricht bietet es sich an, das Präsentieren unter einem theatralen Blickwinkel zu betrachten: Ein oder mehrere Redner bzw. Rednerinnen (Schauspieler) treten in einem bestimmten schulischen Raum (Theater) vor einer Gruppe von Menschen (Publikum) auf, um einen Text (Drama) zu inszenieren. Dabei agieren sie an einer mehr oder weniger genau definierten Stelle (Bühne), ggf. mit Computer bzw. Laptop, Lautsprechern, Beamer oder interaktivem Whiteboard ausgestattet (Bühnentechnik), vor projizierten Bildern oder Plakaten (Kulisse) und unter Verwendung von Hilfsmitteln wie Rednerpult oder Laserpointer (Requisiten). Dies alles geschieht unter den Bedingungen eines kleinen OFF-Theaters in Personalunion: Die Vortragenden haben ihre „Sprechvorlage“ (vgl. Berkemeier 2009, S. 44 – 56) selbst verfasst. Sie treten persönlich auf, um mit ihrer Stimme und Körpersprache das Publikum für sich und ihre Sache zu gewinnen. Präsentationsfolien oder Plakate sind von ihnen selbst gestaltet. Erwartet wird auch die Beherrschung der „Bühnentechnik“ (Computer, Software etc.) möglichst ohne fremde Hilfe. Die Schüler und Schülerinnen sind also Autoren, Performer, Mediengestalter und Medientechniker gleichermaßen. Um diesen vielfältigen Ansprüchen Genüge tun zu können, müssen sie systematisch von der Grundschule an (vgl. dazu v. a. Berkemeier 2009) bis zum Schulabschluss kontinuierlich und in wachsender Komplexität darauf vorbereitet werden.

Teilprozesse der Präsentation

Vielfach werden in der einschlägigen Literatur mehrere Schritte ausgemacht (vgl. z. B. Berkemeier 2009), die im Wesentlichen denen der klassischen Rhetorik folgen (vgl. Knape 2009): Am Anfang steht die Analyse der Kommunikationssituation und Aufgabenstellung (intellectio). Sofern letztere von der Lehrkraft vorgegeben wird, sollte sie möglichst problemorientiert formuliert sein, um die Lernenden nicht zum Plagiieren zu verführen. Es folgen die Recherche, Sammlung und Auswahl relevanter Inhalte sowie ggf. geeigneter Anschauungsmaterialien (inventio). Für die „Sprechvorlage“ sind sie in eine sinnvolle, d. h. logische und für das Publikum nachvollziehbare Ordnung zu bringen (dispositio). Üblicherweise wird das Anlegen von Stichwortzetteln oder Karteikarten empfohlen, mit deren Hilfe später der Vortrag in freier Rede erfolgt. Aber auch die ausformulierte Rede unter Berücksichtigung medialer Mündlichkeit und Beachtung des Publikumsbezugs ist eine durchaus erwägenswerte Option, weil sie den bewussten Einsatz rhetorischer Mittel erleichtert. Parallel zur Sprechvorlage werden unterstützende Medien wie Plakate oder PowerPoint-Folien erstellt. Sie sind so auf die Sprechvorlage abzustimmen, dass sie Informationen möglichst nicht wortwörtlich doppeln, sondern veranschaulichen oder vertiefend paraphrasieren. Im Idealfall bilden mündlicher Vortrag und Medienunterstützung ein in sich verschränktes Ganzes (elocutio). Anschließend ist die verbale Gestaltung (Artikulation, Sprechtempo und -lautstärke, Betonung) und nonverbale (Blickkontakt, Zeigegesten und andere Körperbewegungen) in Verbindung mit der jeweiligen Präsentationskulisse zu üben und zur Aufführung zu bringen (actio). Meist folgt noch eine Diskussion mit dem Publikum, in der Fragen geklärt werden und konstruktives Feedback gegeben wird.

Probleme der Mediengestaltung

In der einschlägigen Literatur findet man oft nur sehr unterkomplexe Antworten auf Gestaltungsfragen. Sie betreffen die dargebotene Informationsmenge (nicht zu viel Text auf Plakaten oder Präsentationsfolien; Vermeidung von langen Bulletpoint-Listen), Schriftgrößen (nicht kleiner als 16 Pkt.) und Schriftarten (maximal zwei verschiedene, möglichst serifenlos), die Verwendung von (kurzen) Zitaten unter Angabe der Quellen, die Beachtung von Farbkontrasten (sie können die Lesbarkeit beeinträchtigen) und den allgemeinen Ratschlag, passende Bilder und Graphiken einzubinden. Unter dem Stichwort Visualisierung werden weiterhin verschiedene Formen der Wissensrepräsentation vorgestellt wie Tabellen, Mind-Maps, Säulen-, Torten- und Flussdiagramme oder Relationendarstellungen mit Pfeilen bzw. Linien (vgl. dazu z. B. Berkemeier 2009, S. 103–109; Wagner 2010).

Visualisierung wird damit aber nur unvollständig erfasst, denn zur Mediengestaltung gehören auch künstlerische Aspekte. Konfektionierte Designs, wie sie alle Präsentationsprogramme anbieten, berücksichtigen weder das spezielle Thema des Vortrags noch die Redesituation im Ganzen.

Große Zurückhaltung wird allgemein empfohlen, was den Einsatz von Folienübergängen und Animationen angeht. Die angemessene didaktische Antwort auf überbordenden Effekteinsatz ist aber nicht der Ratschlag zur Abstinenz, sondern ein differenziertes und (sprach-)reflexives Vorgehen: So können weiche Übergänge von Folie zu Folie (Blende) inhaltliche oder thematische Zusammenhänge anzeigen. Textbausteine von rechts nach links ins Bild zu schieben, wird vom Publikum als fortschreitende Ergänzung eines zusammenhängenden Sachverhalts interpretiert und daher kaum bewusst wahrgenommen. Fliegen sie aber von unten nach oben oder umgekehrt ein, bindet das die Aufmerksamkeit ungleich mehr. Vortragende können so einen besonderen Akzent setzen, aber auch bei unangemessenem Einsatz Verwirrung stiften. Dies gilt umso mehr, als solche „Cinemorphe" (Umberto Eco) unter Umständen kulturspezifisch konnotiert sind: Aufsteigende Bewegungen werden im Allgemeinen positiv gewertet, absteigende negativ. Was und wie viel an Effekten vom Publikum goutiert wird, ist nicht zuletzt eine Frage des Redeanlasses. Damit erweist sich der angemessene Umgang mit solchen Gestaltungsmöglichkeiten als analog zu dem mit rhetorischen Figuren (vgl. dazu Kepser 2006).

Bewertung von Präsentationen

In allen Phasen der Erstellung und Durchführung von Präsentationen ist es sinnvoll, das (bisher) Geleistete im Hinblick auf das Kommunikationsziel zu reflektieren. Das kann in Partner- oder Gruppenarbeit, aber auch im Klassenverband als Ganzes geschehen und **Überarbeitungsprozesse** anleiten. Eine besondere Situation liegt vor, wenn Präsentationen als Prüfungsleistung benotet werden sollen.

Für diese Zwecke sind in der Literatur verschiedentlich Kriterienraster vorgestellt worden, die sich auf den Inhalt sowie die sprachliche, sprecherische, performative und mediale Gestaltung beziehen (vgl. z. B. Berkemeier 2009, S. 81–82, 102, 112–114; Baurmann / Berkemeier 2014, S. 11). Wie schon bei den zahlreichen Vorschlägen zur kriteriengeleiteten Beurteilung schriftlicher Texte liegt ein Problem in der oft mangelhaften Operationalisierbarkeit und damit Transparenz für die Lernenden: Was sind treffende und abwechslungsreiche Wörter? Welche Bilder sind lediglich schmückendes Beiwerk? Wie erkennt man einen engagierten Referenten? Sinnvoll ist es, wenn die Lehrkraft dazu konkrete Beispiele aufzeigt oder – noch besser – mit den Lernenden erarbeitet.

Literaturhinweise

Baurmann, Jürgen / Anne Berkemeier 2014: Präsentieren multimedial. Basisartikel. In: Praxis Deutsch. H. 244, S. 4–11.

Berkemeier, Anne 2009: Präsentieren lehren. Vorschläge und Materialien für den Deutschunterricht. Baltmannsweiler.

Kepser, Matthis 2006: Rhetorik des Effekts. Sprachbewusster Umgang mit MS-Powerpoint im Deutschunterricht. In: Gudrun Marci-Boencke / Matthias Rath (Hg.): BildTextZeichen lesen. München. S. 55–65.

Knape, Joachim 2007: Powerpoint in rhetoriktheoretischer Sicht. In: Bernt Schnettler / Hubert Koblauch (Hg.) 2007: Powerpoint-Präsentationen. Neue Formen der gesellschaftlichen Kommunikation von Wissen. Konstanz 2007. S. 53–66.

Kramer, Olaf (Hg.) 2014: Jugend präsentiert kompakt. Eine Einführung für Lehrkräfte der Sekundarstufe I und II. Heidelberg.

Kultusministerkonferenz (Hg.) 2004. In: http://www.kmk.org/fileadmin/veroeffentlichungen_beschluesse/2003/2003_12_04-BS-Deutsch-MS.pdf, recherchiert am 15. 7. 2016.

Lobin, Henning 2009: Inszeniertes Reden auf der Medienbühne. Zur Linguistik und Rhetorik der wissenschaftlichen Präsentation. Frankfurt a. M.

Lorenzen, Jule-Marie 2009: Powerpoint-Präsentationen in der Schule – aus soziologischer Perspektive. In: Rüdiger Vogt (Hg.): Erklären. Gesprächsanalytische und fachdidaktische Perspektiven. Tübingen. S. 66–76.

Praxis Deutsch 2014. Präsentieren multimedial, hg. von Jürgen Baurmann und Anne Berkemeier. H. 244.

Schnettler, Bernt / Hubert Koblauch (Hg.) 2007: Powerpoint-Präsentationen. Neue Formen der gesellschaftlichen Kommunikation von Wissen. Konstanz 2007.

Wagner, Wolf-Rüdiger 2010: Vorsicht PowerPoints. Überlegungen zur Präsentationsrhetorik. In: Der Deutschunterricht. H. 5. S. 82–88.

A 6 Szenisches Spielen, Interaktionsspiel, Rollenspiel, Planspiel

Tilman von Brand

Das Szenische Spielen fristet in der fachdidaktischen Diskussion ein Schattendasein. In den Bildungsstandards ist es zwar als eigene Teilkompetenz des Kompetenzbereichs *Sprechen und Zuhören* beispielsweise dem Sprechen mit anderen gleichgestellt, doch bleiben selbst dort die differenzierenden Erläuterungen auffällig vage. In den Standards für den Mittleren Schulabschluss werden lediglich zwei Teilkompetenzen benannt: „eigene Erlebnisse, Haltungen, Situationen szenisch darstellen“ sowie „Texte (medial unterschiedlich vermittelt) szenisch gestalten“ (KMK 2003, S. 13). Szenisches Spiel soll im Unterricht allerdings mehr als etwas abbilden („darstellen“), es geht hier vor allem um die Ausbildung wichtiger kommunikativer und sozialer Kompetenzen sowie Selbstkompetenz. Um dies zu betonen, wird oftmals auch vom Interaktionsspiel gesprochen, da nicht nur die Rollen bedeutsam sind, sondern das soziale Handeln aus diesen heraus.

Das szenische Gestalten von Texten wiederum kann in Form des Darstellenden Spiels – mit zahlreichen spezifisch zu entwickelnden Kompetenzen – erfolgen oder aber dient als szenische Interpretation (→ D 13) dem verstehenden Umgang mit literarischen Texten. Diese Differenzierung in textgebundene und ungebundene Formen des szenischen Spiels, die auch Abraham verwendet, indem er Konfliktrollenspiel und literarisches Rollenspiel unterscheidet (vgl. Abraham 2016, S. 113 ff.), erweitert Belgrad noch um zwei weitere Dimensionen: Er fächert den Begriff des Spiels in Hinblick auf die Spielformen auf, indem er stärker auf das Verstehen ausgerichtete Rollenspiele von deutlich auf das Gestalten zielenden darstellenden Spielen unterscheidet (vgl. Belgrad 2012, S. 286 f.).

Konkrete Realisierungen im Unterricht können an einem beliebigen Punkt des folgenden Schaubildes angesiedelt sein, da sowohl auf der horizontalen als auch auf der vertikalen Achse fließende Übergänge existieren. Läge also bei der

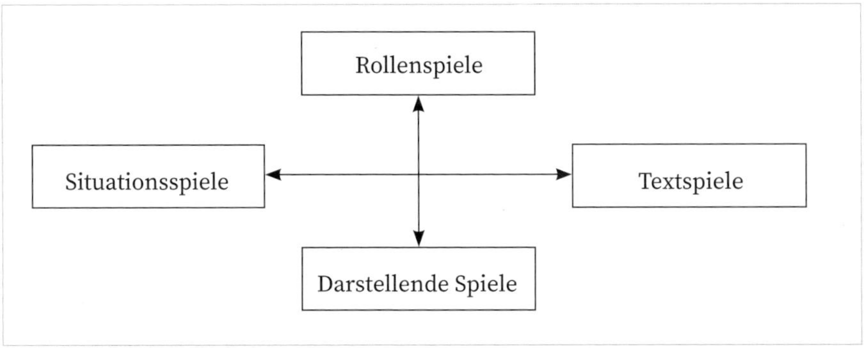

Abb. 2: Spielformen der szenischen Kommunikation (nach: Belgrad 2012, S. 287)

Darstellung einer Alltagssituation beispielsweise der Fokus stärker auf der Nachahmung bestimmter Verhaltensweisen, so würde es sich um ein Situationsspiel handeln, welches stärker als Darstellendes Spiel angelegt wäre. Sollten hingegen Handlungsalternativen erarbeitet werden, würde man es als Rollenspiel anlegen.

Im Folgenden sollen lediglich Situationsspiele in den Blick genommen werden, also solche Spielszenen, die nicht der Erschließung fiktionaler Texte dienen (Textspiele).

Rollenspiele

Im Situationsspiel werden „sprachliche, metasprachliche oder auch Aspekte des Zwischenmenschlichen erprobt und reflektiert" (von Brand 2016, S. 47). Probehandeln und Interaktion sind dabei wesentliche Voraussetzungen für nachhaltige Lernerfolge. Als Rollenspiel angelegt, zielen sie auf Realitätsbewältigung, stellen eine solche aber noch nicht dar (vgl. Abraham 2016 mit Verweis auf Kochan, S. 119). Es werden „Lebenswelten erprobend gestaltet und verpönte, utopische, schablonisierte, kreative Lebensentwürfe in Szene gesetzt" (Belgrad 2012, S. 280). Dies kann in größerer Nähe oder größerer Distanz zur Lebenswelt oder auch zur konkreten Situation der Lernenden geschehen. Im Konfliktrollenspiel (oder auch Konfliktspiel) beispielsweise können unterschiedliche Lösungsansätze für tatsächliche Probleme in der Lerngruppe erarbeitet werden. In einem stärker am Planspiel orientierten Versuch, die Argumentationen verschiedener Interessengruppen in einer politischen Auseinandersetzung zu entwickeln und anschließend in Form einer Podiumsdiskussion zu inszenieren, ist das Ziel eher, Verständnis für unterschiedliche Rollen zu entwickeln und Argumentationsstrategien zu entwerfen und umzusetzen. Gleichwohl haben derartige Rollenspiele gleiche übergeordnete (Kompetenz-)Ziele, die Lothar Krappmann bereits 1972 formulierte (vgl. Abraham 2016, S. 120):

- **Empathie**: Sowohl die Spielerinnen und Spieler als auch die Zuschauerinnen und Zuschauer benötigen die Fähigkeit, sich in andere hineinzuversetzen, um die jeweiligen Verhalten antizipieren und beurteilen zu können. Gleichzeitig wird die Empathiefähigkeit durch das Spiel fortlaufend weiterentwickelt.
- **Rollendistanz**: Alle Beteiligten müssen in der Lage sein, zwischen Darstellerinnen bzw. Darstellern und eingenommenen Rollen unterscheiden zu können. Außerdem müssen sie fähig sein, die Rollen kritisch zu reflektieren und ggf. eingenommene Rollen auch zu revidieren.
- **Ambiguitätstoleranz**: Gerade die spielenden Schülerinnen und Schüler müssen mit der Andersartigkeit der Rollen ihrer Mitspielerinnen und Mitspieler konstruktiv umgehen und Abweichungen von eigenen Werten und Überzeugungen ertragen.
- **Kommunikative Kompetenz**: Dies umfasst vor allem die Fähigkeiten, im Spiel wie auch in der anschließenden Reflexion desselben sprachlich und sozial zu interagieren.

Bezogen auf das konkrete Spiel betont Belgrad außerdem vier inhaltliche Teilkompetenzen, die für eine erfolgreiche Umsetzung erforderlich sind: 1. Inszenierungs- und dramaturgische Kompetenzen, 2. Sprecherische Kompetenzen, 3. Körperliche Kompetenzen und schließlich 4. Mediale Kompetenzen (vgl. Belgrad / Eriksson / Pabst-Weinschenk / et al. 2008, S. 35; Belgrad 2012, S. 288 ff.).

Darstellende Spiele

Wie oben bereits benannt, steht beim Darstellenden Spielen die Art der Darbietung im Vordergrund, was, sofern es nicht um die Inszenierung von Texten geht, oftmals mit der Notwendigkeit guter Wahrnehmungsfähigkeiten einhergeht. Denn vielfach sollen besondere Merkmale von Personen oder Figuren, wie z. B. Charaktereigenschaften, sprachliche, gestische oder mimische Besonderheiten oder auch typische Verhaltensweisen von Mitgliedern einer sozialen Gruppe zunächst erfasst und dann dargestellt werden. Die Palette möglicher Darstellungsformen ist dabei deutlich breiter als beim Rollenspiel und reicht vom Schattenspiel über Pantomime, Puppenspiel, Parodie bis hin zur szenischen Erzählung (vgl. von Brand 2016, S. 52 f.). Auch im populären Poetry Slam hat die ästhetische Gestaltung bzw. die Darstellung der Slammer-Figur oftmals eine wesentliche Bedeutung, hinter die der Autor oder die Autorin mehr oder weniger stark zurücktritt.

In der fachdidaktischen Diskussion wird der Begriff Darstellendes Spiel jedoch meist verengt für die schulische Inszenierung von Theaterstücken besetzt. Diese Verengung zeigt sich auch darin, dass es entsprechend fokussierte Studiengänge an den Hochschulen wie auch das Schulfach Darstellendes Spiel zunehmend in den Schulen gibt.

Realisation

Rollenspiele verlaufen meist in vier Phasen (vgl. von Brand 2016, S. 50 f.), Darstellende Spiele in drei (die Phase der Rollendistanz fällt dann weg):

1. Rollenvorbereitung: Nachdem die Situation, die gespielt werden soll, geklärt ist und die Rollen verteilt sind, bereiten sich die Lernenden auf ihre Rollen vor: Was macht die Figur / Person aus? Welche Interessen vertritt sie? Wie steht sie zu den anderen Personen / Figuren? Wie spricht sie?

2. Durchführung: Das Spiel sollte einen klaren Auftrag haben, der mehr oder weniger offen formuliert sein kann (z. B. eine konkrete Situation darstellen, eine abstrakte Situation darstellen, einen Kompromiss zu einem Konflikt finden). Das Spiel endet, wenn der Auftrag erfüllt wurde, ein vorher festgesetzter Zeitrahmen überschritten ist oder die Lehrkraft das Spiel beendet. Abraham (2016, S. 125) ergänzt darüber hinaus noch drei mögliche Interaktionsformen:

(a) Spiel anhalten und Spielerinnen und Spieler einrichten: Das Spiel kann von den Zuschauerinnen und Zuschauern z. B. durch Klatschen angehalten und ein-

gefroren werden. Dann dürfen Mimik und Gestik einzelner Spielerinnen und Spieler verändert werden.
(b) Spiel anhalten und Spielerinnen und Spieler ersetzen: Nach dem Anhalten (s. o.) können sich Zuschauerinnen und Zuschauer einwechseln, um zu demonstrieren, wie eine Rolle ihrer Ansicht nach dargestellt werden könnte.
(c) Alter-Ego-Technik: Die Rollen werden von vornherein doppelt besetzt. Darsteller-Doubles, die sich hinter den eigentlichen Darstellerinnen und Darstellern befinden, können diesen während des Spiels etwas einflüstern.
3. Rollendistanz: In dieser Phase sollen die Lernenden, gerade nach dem Spielen schwieriger oder konfliktträchtiger Rollen, wieder zurück in ihre eigene Person finden. Zugleich sollen alle Beteiligten sich (noch mal) bewusst machen, dass es sich um ein Spiel aus dargestellten Rollen heraus gehandelt hat und nicht um z. B. reale Konflikte. In dieser Phase können sich die Beteiligten beispielsweise darüber austauschen, was besonders schwierig oder auch belastend war.
4. Reflexion: Das Spiel wird in der Reflexionsphase vor allem von den Beobachterinnen und Beobachtern ausgewertet: Hat es seinen Zweck erfüllt? Waren die Rollen authentisch? usw.

Literaturhinweise

Abraham, Ulf 2016: Sprechen als reflexive Praxis. Mündlicher Sprachgebrauch in einem kompetenzorientierten Deutschunterricht. Überarbeitete und erweiterte Neubearbeitung. Stuttgart.

Belgrad, Jürgen 2012: Szenisches Spiel. In: Michael Becker-Mrotzek (Hg.): Mündliche Kommunikation und Gesprächsdidaktik. 2. Auflage. Baltmannsweiler. S. 278 – 296.

Belgrad, Jürgen / Birgit Eriksson / Marita Pabst-Weinschenk / Rüdiger Vogt 2008: Die Evaluation von Mündlichkeit. Kompetenzen in den Bereichen Sprechen, Zuhören und Szenisch Spielen. In: Didaktik Deutsch. Sonderheft. S. 20 – 45.

Brand, Tilman von 2016: Sprechen und Zuhören. In: Jürgen Baurmann / Tilman von Brand / Wolfgang Menzel / Kaspar H. Spinner: Methoden im Deutschunterricht. Exemplarische Lernwege für die Sekundarstufe I und II. Seelze. S. 15 – 54.

Kultusministerkonferenz (Hg.) 2003: Bildungsstandards im Fach Deutsch für den Mittleren Schulabschluss. In: http://www.kmk.org/fileadmin/Dateien/veroeffentlichungen_beschluesse/2003/2003_12_04-BS-Deutsch-MS.pdf, recherchiert am 23. 10. 2016.

Praxis Deutsch 2001. Spielszenen im Deutschunterricht, hg. von Kaspar H. Spinner. H. 28.

Renk, Herta-Elisabeth (Hg.) 1986: Szenisches Spiel – Spielprozesse.

B

SCHREIBEN

B Schreiben als Verfassen von Texten

Jürgen Baurmann

Didaktischer Ort

Dem Schreiben als Verfassen von Texten kommt in der Schule auf mehrfache Weise besondere Bedeutung zu: In einem eigenen Kompetenzbereich des Deutschunterrichts werden von der Grundschule bis zum Ende der Sekundarstufe II die schriftsprachlichen Grundlagen vermittelt, die Schülerinnen und Schüler dazu befähigen, zunehmend selbstständig „Texte anspruchsvoll zu gestalten und kommunikativ erfolgreich zu realisieren" (Feilke/Pohl 2014, S. XIII). Im Mittelpunkt des Unterrichts steht dabei die Hinführung zu wichtigen Schreibfunktionen und Textformen (erzählen, berichten, beschreiben und argumentieren → B 3 bis B 6). Textprozeduren als „stabile und wiederkehrende Elemente in Schreibprozessen" (Feilke 2010, auch → B 1, B 7) vermögen dabei, die Erarbeitung eines Textes an vielen Stellen zu entlasten. An welchen Rahmenbedingungen sich Lehrpersonen bei der unterrichtlichen Planung schulischen Schreibens insgesamt orientieren können (und sollten), belegen Befunde zur Entwicklung der Schreibkompetenz (→ B 2).

Das Verfassen von Texten schließt die kontinuierliche Verknüpfung mit den übrigen Kompetenzbereichen des Deutschunterrichts mit ein. Somit ist „das Schreiben von Texten das ... am stärksten integrative Handlungsfeld des Deutschunterrichts" (Feilke/Pohl 2014, S. XIII).

Schulisches Schreiben reicht zusätzlich über das Fach Deutsch hinaus. So ergeben sich in fast allen anderen Fächern und auch zu außerschulischen Anlässen weitere anspruchsvolle Möglichkeiten zum Verfassen von Texten – etwa in Vorhaben, Projekten u. dgl. Darüber hinaus hat das Verfassen von Texten eine epistemische Funktion, die im gesamten Unterricht noch viel nachhaltiger als bisher genutzt werden könnte, hat es doch für das gesamte Lernen einen hohen Wert (→ B 7). Steinhoff (2014) spricht in diesem Zusammenhang vom „Lernen durch Schreiben".

Schreiben als Verfassen von Texten in den Bildungsstandards

Die curricularen Vorgaben der Bildungsstandards (Primarbereich bis Sekundarstufe I) stellen zwei Aspekte besonders heraus: Das Planen, Schreiben (im Sinne des schriftlichen Formulierens) und Überarbeiten sowie die Anwendung erworbener handschriftlicher und rechtschriftlicher „Fertigkeiten" (siehe hierzu und zum Folgenden KMK 2003 ff.). Die Standards „für die Allgemeine Hochschulreife" bündeln dann unter dem Absatz „2.2.1 Schreibstrategien anwenden" die in den Bildungsstandards vorherrschende prozessorientierte Sicht, wobei der Gebrauch des Begriffs Schreibstrategie hier von der allgemein üblichen Verwendung abweicht (siehe dagegen unten).

Insgesamt spiegeln die Bildungsstandards die seit Jahren lebendige Diskussion in der Schreibdidaktik wider. Schulisches Schreiben zeichnet demnach von der Primarstufe bis zur Sekundarstufe II sowohl in prozess- als auch produktorientierter Sicht eine erhebliche Vielfalt aus. Bereits in der Primarstufe und dann verstärkt in der Sekundarstufe I werden die Teilprozesse Planen und Überarbeiten berücksichtigt und das Schreiben insgesamt mit weiteren Kompetenzbereichen des Deutschunterrichts verknüpft. Insgesamt ist damit eine erhebliche Ausweitung des schulischen Schreibens verbunden. Das gilt beim Umgang mit Texten für die Berücksichtigung heute zunehmend vertrauter neuer Medien (→ B 11) und für das kreative Schreiben (→ B 8). Die Bildungsstandards erweitern diese Ansätze im Blick auf die wissenschaftspropädeutische Bedeutung des Schreibens. Konkretisiert wird dies in Anregungen zu „Fach- und Seminararbeiten" (KMK 2003 ff.).

Schreiben in der Wahrnehmung von Lehrpersonen, Schülern und Eltern

Was beim schulischen Schreiben didaktisch intendiert ist und konkret geschieht, wird von Lehrpersonen, Schülern und Eltern aufmerksam wahrgenommen. Befragungen und Erhebungen deuten dabei ermutigende Veränderungen an, die sich in den letzten Jahren ergeben haben. Erste Ergebnisse der IMOSS-Studie (Neumann 2012) belegen im Vergleich zu den Resultaten von Merz-Grötsch (2001) einen Wandel: Während um die Jahrtausendwende Schülerinnen und Schüler der Sekundarstufe I das Verfassen von Texten weder für lehr- noch lernbar hielten, weisen die Befunde der IMOSS-Studie nun in eine andere Richtung. Danach stellen Kinder und Jugendliche besonders drei Momente zum schulischen Schreiben positiv heraus: Ausgewählte Settings im Unterricht (wie Instruktionen seitens der Lehrpersonen, das Überarbeiten von Texten in Partnerarbeit oder Schreibkonferenzen, auch die Präsentation verfasster Texte) sowie die Berücksichtigung vertrauter und beliebter Schreibaufgaben (Einladungen, schriftliches Argumentieren, Äußerungen zu einem Gedicht). Diese Ergebnisse werden durch konkrete Aussagen zur vor- bzw. außerschulischen Beachtung des Schreibens verstärkt. Viele Kinder werden bereits vor Schulbeginn zum eigenen Schreiben angeregt – etwa dadurch, dass sie nahestehende Erwachsene (vor allem die Eltern) als Schreiber erleben. Fast die Hälfte der Befragten erfährt sogar gemeinsames Schreiben mit Eltern oder älteren Geschwistern. Auch sprechen Eltern mit ihren Kindern über unterrichtsrelevante Aspekte des Schreibens (so über Ausdruck / Stil, über Formulierungsalternativen, über rechtschriftliche und grammatische Details).

Perspektiven des Schreibens: prozess- und produktorientiert

Otto Ludwigs gründliche und materialreiche Geschichte des Schulaufsatzes zeigt, dass die produktorientierte Sicht das schulische Schreiben über lange Zeit weitgehend dominiert hat (vgl. Ludwig 1988, S. 1). Seit den 1980er-Jahren erfolgte dank der kognitionstheoretisch fundierten Schreibforschung dann jedoch eine einschneidende Veränderung: Nun fanden prozessorientierte Konzepte zunehmend Beachtung, die das schulische Schreiben nachhaltig prägen. Gegenwärtig vollzieht sich eine erwünschte, didaktisch begründete Verknüpfung beider Perspektiven. So beschreibt das differenzierte Modell der Schreibkompetenz von Baurmann / Pohl (2011, S. 96) die Teilkompetenzen, die sowohl die komplexe Sprachhandlung differenziert beschreiben als auch das Sprachwerk als deren Ergebnis (→ B 2). Das Planen als dem ausführenden Schreiben vorgelagerter Teilprozess setzt an ersten Überlegungen zum Auswählen und Strukturieren von Inhalten an. Beim Schreiben als Formulieren steht die Wahl angemessener Gestaltungs- und Formulierungsmöglichkeiten im Vordergrund. Das Überarbeiten eröffnet Möglichkeiten, einzelne Textstellen oder Textfassungen zu revidieren.

Beim Schreiben folgen die genannten Teilprozesse (Planen, Schreiben und Überarbeiten) nun aber nicht fortwährend nacheinander (= sukzessiv); einzelne Handlungen pendeln vielmehr zwischen den Teilprozessen hin und her (= interaktiv) oder werden bei Bedarf auch wieder aufgenommen (= iterativ). Schreiberinnen und Schreiber, die zunehmend diesen Prozessmerkmalen (nach Ludwig 1983) gerecht werden, verfügen über Planungs-, Formulierungs- und Überarbeitungskompetenz.

Richtet man den Blick beim Verfassen von Texten – produktorientiert – auf das entstandene Sprachwerk, dann werden folgende Momente offenbar: Auf der Ausdruckseite ist für die Produktion eines gelungenen Textes der durchdachte Einsatz lexikalischer und syntaktischer Mittel nötig (Ausdruckskompetenz). Dazu wird vom Schreiber verlangt, dass er eine aus sich selbst heraus verständliche Textwelt aufbaut (Kontextualisierungskompetenz), und auf diese Weise mögliche Leser und deren denkbare Reaktionen vorweg einzuschätzen weiß (Antizipationskompetenz). Für den Schreiber (und auch für den künftigen Leser) ist es schließlich hilfreich, wenn der Text nachvollziehbar geordnet ist und sich von Fall zu Fall angemessen an einer passenden Textsorte orientiert.

Was hier aus prozess- und produktorientierter Perspektive zum Schreiben ausgeführt worden ist, lässt sich in einem Kompetenzmodell bündeln (Abb. 1 nach Baurmannn / Pohl 2011, S. 96). Die hier beschriebene prozess- und produktionsorientierte Sicht lässt sich darüber hinaus stärken, wenn im Sinne eines Know-how des Schreibens explizit Schreib- und Textprozeduren vermittelt werden (→ B 1).

Unterrichtliche Leitlinien

Zwei Fragen liegen nahe, wenn Leitlinien für den Unterricht bedacht werden: Welche Vorgehensweisen bieten sich bei einzelnen Schreibvorhaben an? Und welche Methoden (→ H 5) können die Teilprozesse (siehe oben) wirksam anregen und nachhaltig begleiten?

Schreibstrategien als komplexe Vorgehensweisen beim Verfassen von Texten lassen sich mit Ortner (2000, S. 351 ff.) als „erprobte und bewährte Verfahren

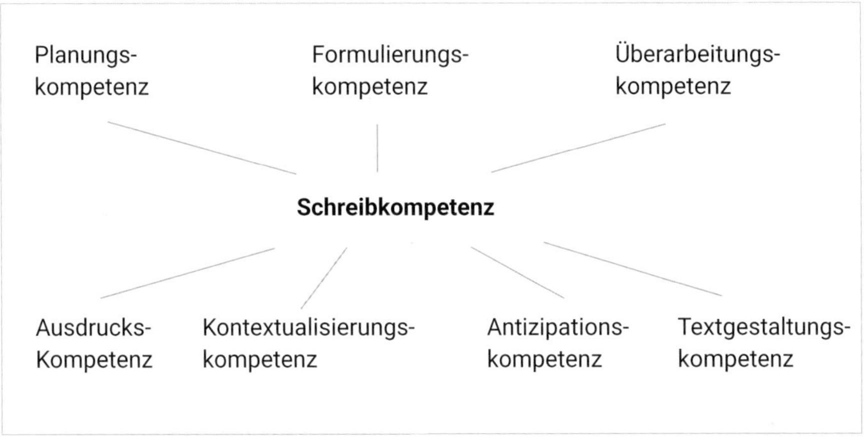

Abb. 1: Kompetenzmodell zum Schreiben

(zur Bewältigung spezifischer Schreibanlässe und potentieller Schreibschwierigkeiten in spezifischen Schreibsituationen" begreifen. Auf der Grundlage dieser Definition nimmt Ortner eine Dreiteilung für insgesamt zehn unterschiedliche Schreibstrategien vor: Neben einem „(scheinbar) nicht zerlegenden Schreiben" („Schreiben in einem Zug") stellt er Formen „aktivitätszerlegenden" sowie „produktzerlegenden Schreibens" vor (Beispiele: planendes Schreiben auf der Grundlage einer Gliederung / einer Stichwortsammlung gegenüber dem Herstellen von Textbausteinen als einem extrem zerlegenden Verfahren). Wenn auch Ortner sein Konzept aus Befragungen professioneller Schreiber entwickelt hat, so sind doch Ergebnisse seiner Studie auf das schulische Schreiben übertragbar. Entsprechungen und mögliche Modifikationen einzelner Schreibstrategien werden sich von Fall zu Fall durch die konkrete Schreibsituation, den Status des Geschriebenen (etwa Notiz, Entwurf, fortgeschrittene Textfassung) entwickeln, dabei nicht unabhängig von den jeweils individuell gegebenen Fähigkeiten, Schreiberfahrungen und Präferenzen. Es wird Schreiberinnen und Schreibern helfen, wenn sie zunehmend mögliche Passungen zwischen einer Aufgabe, einzelnen Strategien und ihrem eigenen Schreibprofil entdecken. Das gemeinsame Nachdenken und Sprechen über Vorgehensweisen beim Schreiben in der Lerngruppe wird darüber hinaus das Verfassen von Texten nachhaltig anregen und fördern.

Bewährte und erfolgversprechende Lernmethoden (→ H 5) als „(mehr oder weniger) geregelte, wiederholbare und transferable [= übertragbare, J. B.] Abläufe und Verfahren" (von Brand 2011, S. 1) stehen für die Teilprozesse des Schreibens (siehe oben) hinreichend zur Verfügung. Die folgende Übersicht deutet solche Möglichkeiten an (vgl. hierzu Baurmann 2016, S. 147 ff.).

Teilprozess	Zielsetzung der Lernmethoden	Verfahren (Beispiele)
Planen	Anregen und Stützen erster Planungen	Brainwriting, Thesentopf, Mind-mapping
Schreiben als Formulieren	von spielerischen Formen des Formulierens zum Ausprobieren und Wählen jeweils passender Textelemente	„automatisches Schreiben" (vgl. Hornung 1993), Wortschatz aus der Werkzeugkiste, Sprachmuster-Koffer (vgl. Baurmann 2016, S, 156 ff.)
Überarbeiten	Auffälligkeiten im Text entdecken, analysieren und ändern	Fragelawine, Textlupe, Text-Hand-Verfahren (Leßmann 2012)

Zur Beurteilung von Schülertexten

Dem Beurteilen von Schülertexten kommen vor allem zwei Funktionen zu. Beurteilungen durch Lehrpersonen, Mitschüler und durch Schreiber selbst tragen erheblich zur Optimierung geschriebener Texte und zur Schreibentwicklung bei (→ B 2). Zusätzlich wird für eine begrenzte Anzahl von Aufsätzen durch die Vergabe von Noten oder Punkten der jeweilige aktuelle Leistungsstand von Schülerinnen und Schülern ermittelt (→ H 8).

Was kann beim Schreiben bewertet werden? Aus produktorientierter Sicht kommen erarbeitete Endfassungen in Betracht, aus prozessorientierter Perspektive auch oder zusätzlich erste Entwürfe und auch Überarbeitungen von vorliegenden Texten. Die dabei festgestellten Unzulänglichkeiten, Mängel oder Fehler erfordern unterschiedlich anspruchsvolle Revisionshandlungen – nämlich Korrekturen, Verbesserungen, Umsetzungen und/oder Neufassungen von Textteilen (Baurmann 2013, S. 94 f.).

Das Beurteilen (Bewerten) von Schülertexten in der Form vertrauter Schulaufsätze bis hin zur gegenwärtig zunehmenden schriftlicher Erarbeitung einzelner Schreibaufgaben (etwa beim materialgestützten Schreiben → B 10), wird zu Recht als schwierig eingeschätzt (→ H 8). Es verwundert insofern nicht, dass sich die Beurteilungsforschung seit Jahrzehnten besonders mit Verfahren zur Beurteilung von Aufsätzen befasst. Welche ihrer Ergebnisse erscheinen für die Praxis als besonders hilfreich?

Aus fachspezifischen und testtheoretischen Erwägungen überzeugen vor allem drei Beurteilungsverfahren:
(a) Der Einsatz von Kriterienkatalogen
(b) Die Mehrfachbeurteilung nach globalem Ersteindruck
(c) Das Beurteilen anhand einer Textkollektion

(a) Kriterienkataloge bewähren sich bei der Beurteilung dann, wenn bestimmte, aus der Forschung resultierende Ergebnisse bei deren Entwicklung und Anwendung beachtet werden (vgl. den Überblick in Baurmann 2013, S. 125 ff. und Vorschläge zum Erwerb des „schriftlichen Beurteilens" bei Jost/Lehnen/Rezat et al.

2011). Gelungene Kriterienkataloge kennzeichnet eine mittlere Anzahl an Kriterien vergleichbaren Gewichts (beispielsweise 15) mit jeweils einer begrenzten Zahl von Ausprägungen (erfüllt – teilweise erfüllt – nicht erfüllt, → H 8).
(b) Hinsichtlich der Testgütekriterien (Objektivität und Reliabilität) ist die „Mehrfachbeurteilung nach globalem Ersteindruck“ (vgl. Baurmann 2013, S. 127 ff.) dem Einsatz von Kriterienkatalogen statistisch überlegen. Hierbei beurteilen etwa vier Beurteiler unabhängig voneinander Schülertexte im Schnellverfahren und erteilen Noten oder Punkte, die dann im Team gemittelt werden. Dass sich dieses auf den ersten Blick fragwürdig erscheinende Verfahren hinsichtlich der Gütekriterien bewährt, lässt sich aus fachlicher Sicht so begründen: Die unterschiedlichen Zugangsweisen und Einschätzungen mehrerer Beurteiler tragen der Tatsache Rechnung, dass bei der Beurteilung eines Aufsatzes sowohl das Ganze als auch dessen Teile gesehen und beurteilt werden.
(c) Das Beurteilen anhand einer Textkollektion schließt an einer Vorgehensweise an, die vielen Lehrpersonen beim Beurteilen von Aufsätzen vertraut ist: Sie ermitteln bei einem ersten Beurteilungsdurchgang jeweils einen guten, durchschnittlichen und nicht mehr ausreichenden Schülertext (entspricht den Noten 1–2, 3 – 4 und schwächer als 4). Alle weiteren Schülertexte werden nun passend einem Stapel der Textkollektion zugeordnet (Baurmann 2013, S. 129 f.) Dieses Verfahren gewinnt an Güte, wenn die Textkollektion auf der Grundlage eines Kriterienkatalogs oder einer Mehrfachbeurteilung entwickelt wird.

Welche Folgerungen ergeben sich aus der Beschreibung der drei Verfahren für die Praxis? Es ist sinnvoll, Aufsätze auf der Grundlage von Kriterienkatalogen zu beurteilen. Aus didaktischen Erwägungen bietet es sich zudem an, Kriterienkataloge vorab im Unterricht für jede konkrete Schreibaufgabe (am besten gemeinsam mit Kolleginnen und Kollegen) zu entwickeln und mit den Schülerinnen und Schülern zu besprechen. Bei zunehmender Vertrautheit mit diesem Beurteilungsverfahren können die Schreiberinnen und Schreiber an der Erstellung von Kriterienkatalogen beteiligt werden.

Die oben skizzierte „Mehrfachbeurteilung nach globalem Ersteindruck“ wird wegen des erheblichen Mehraufwands nur bei der Bewertung einzelner strittiger Schülertexte infrage kommen (etwa im Blick auf die Zeugnisnote).

Aus didaktischer Sicht spricht infolgedessen vieles für die Verfahren (a) und (c). Beurteilungen mithilfe eines Kriterienkatalogs oder einer Textkollektion basieren auf schreibtheoretischen und -didaktischen Diskursen, deren Wert für die fachliche Kooperation auf der Ebene von Jahrgangsklassen oder Fachkonferenzen nicht hoch genug einzuschätzen ist.

Literaturhinweise

Abraham, Ulf/Jürgen Baurmann 2010: Kriterien für Texte entwickeln – das Schreiben nach Vorgaben fördern. Basisartikel. In: Praxis Deutsch. H. 223. S. 4–11.

Baurmann, Jürgen 2016: Schreiben als Verfassen von Texten. In: Ders./Tilman von Brand/Wolfgang Menzel/Kaspar H. Spinner (Hg.): Methoden im Deutschunterricht. Exemplarische Lernwege für die Sekundarstufe I und II. 2. Auflage. Seelze. S. 145–173.

Baurmann, Jürgen 2017: Schreiben – Überarbeiten – Beurteilen. Ein Arbeitsbuch zur Schreibdidaktik. 5. Auflage. Seelze.

Baurmann, Jürgen/Thorsten Pohl 2011: Schreiben – Texte verfassen. In: Albert Bremerich-Vos/Dietlinde Granzer/Ulrike Behrens/Olaf Köller (Hg.): Bildungsstandards für die Grundschule: Deutsch konkret. Mit CD-ROM (14 Arbeitsblätter). 3. Auflage. Berlin. S. 75–10.

Brand, Tilman von 2011: Methoden und Arbeitstechniken. Klassenstufen 8–10. Praxis Deutsch. Sonderheft. Seelze.

Feilke, Helmuth 2006: Entwicklung schriftlich-konzeptualer Fähigkeiten. In: Ursula Bredel/Hartmut Günther/Peter Klotz/Jakob Ossner/Gesa Siebert-Ott (Hg.): Didaktik der deutschen Sprache. Bd. 1. 2. Auflage. Paderborn u. a. S. 178–192.

Feilke, Helmuth 2010: „Aller guten Dinge sind drei" – Überlegungen zu Textroutinen & literalen Prozeduren. In: Iris Bons/Thomas Gloning/Dennis Kaltwasser (Hg. und betreut): Fest-Platte für Gerd Fritz. Gießen 17. 5. 2010. In: http://www.festschrift-gerd-fritz.de/files/feilke_2010_literale-prozeduren-und-textroutinen.pdf, recherchiert am 11. 8. 2016.

Feilke, Helmuth/Thorsten Pohl 2014: Vorwort. In: Dies. (Hg.): Schriftlicher Sprachgebrauch – Texte verfassen. Deutschunterricht in Theorie und Praxis. Bd. 4. Baltmannsweiler. S. XIII–XIV.

Hornung, Antonie 1993: Einen Vorgang beschreiben. Wie automatisches Schreiben Aufsätze verändert. In: Praxis Deutsch. H. 119. S. 48–51.

Jost, Jörg/Katrin Lehnen/Sara Rezat/Kirsten Schindler 2011: Schriftliches Beurteilen lernen. In: Gerd Bräuer/Kirsten Schindler (Hg.): Schreibarrangements für Schule, Hochschule, Beruf. Freiburg i. Br. S. 221–239.

Kultusministerkonferenz (Hg.) 2003 ff.: Themen – Deutsch – Bildungsstandards, https://www.kmk.org/themen/allgemeinbildende schulen/unterrichtsfaecher/deutsch.html, recherchiert am 9. 7. 2016.

Leßmann, Beate 2012: Überarbeiten lernen in authentischen Schreibkontexten – mit der Text-Hand. In: Christoph Jantzen/Petra Hüttis-Graff (Hg.): Überarbeiten lernen – Überarbeiten als Lernen. Stuttgart. S. 289–305.

Ludwig, Otto 1983: Einige Gedanken zu einer Theorie des Schreibens. In: Siegfried Grosse (Hg.): Schriftsprachlichkeit. Düsseldorf. S. 37–73.

Ludwig, Otto 1988: Der Schulaufsatz. Seine Geschichte in Deutschland. Berlin u. a.

Merz-Grötsch, Jasmin 2001: Schreiben als System. Band 2: Die Wirklichkeit aus Schülersicht. Eine empirische Analyse. Freiburg i. Br.

Neumann, Astrid 2012: Blick(e) auf das schulische Schreiben. Erste Ergebnisse aus IMOSS. In: Didaktik Deutsch. H. 32. S. 63–85.

Ortner, Hanspeter 2000: Schreiben und Denken. Tübingen.

Pohl, Thorsten 2014: Schriftliches Argumentieren. In: Helmuth Feilke/Thorsten Pohl (Hg.): Schriftlicher Sprachgebrauch – Texte verfassen. Deutschunterricht in Theorie und Praxis. Bd. 4. Baltmannsweiler. S. 287–315.

Steinhoff, Torsten 2014: Lernen durch Schreiben. In: Helmuth Feilke/Thorsten Pohl (Hg.): Schriftlicher Sprachgebrauch – Texte verfassen. Deutschunterricht in Theorie und Praxis. Bd. 4. Baltmannsweiler. S. 331–346.

B 1 Schreib- und Textprozeduren

Helmuth Feilke

Prozeduren – das Know-how des Schreibens

Das Schreiben von Texten teilt in vieler Hinsicht die Eigenschaften auch anderer anspruchsvoller Tätigkeiten: Es ist auf ein komplexes Ergebnis bezogen und entsprechend aus vielen Teilhandlungen zusammengesetzt, es vollzieht sich in der Zeit und kostet Zeit, es ist aufwändig und oft mühevoll, und es kann Spaß machen, wenn das Ergebnis mit den Zielvorstellungen übereinstimmt. Unter diesem Aspekt funktioniert Schreiben ähnlich wie das Reparieren eines Fahrrads oder der Bau einer Kräuterspirale im eigenen Garten. Meister ihres Fachs fangen dabei nicht jedes Mal von vorn an. Sie wissen, was zu tun ist. Sie haben das erforderliche Know-how, ein Erfahrungswissen, das aus wiederholten Prozessen der Problembearbeitung entsteht. Wer schon öfter ein Fahrrad erfolgreich repariert hat, der traut sich zu, das auch wieder tun zu können: prüfen, ob der Schlauch dicht ist, den Mantel aufziehen, die Felgenbremse nachspannen usw. Solche Prozeduren sind enorm wichtig. Sie stützen den schwierigen Weg zwischen den jedes Mal situativ anders bestimmten Prozessen des Problemlösens einerseits und dem Produkt andererseits.

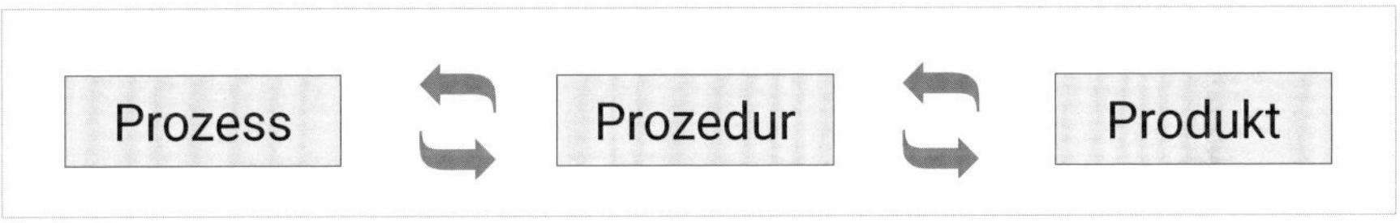

Abb. 2: Vom Prozess zum Produkt

Weil es dabei um ein Können geht, kann man auch von einer prozeduralen Kompetenz sprechen. Sie ist eine Grundlage für die sogenannte Selbstwirksamkeitserwartung, eine der wichtigsten Größen für den Lernerfolg in unterschiedlichen Gebieten (vgl. Bandura 1997). Wer eine hohe Selbstwirksamkeitserwartung hat, kann sagen: „Ich weiß, wie das geht!"

Für alles sprachliche Können und damit auch für die Schreib- und Textkompetenz kommt ein wichtiger Unterschied zum Reparieren von Fahrrädern und Ähnlichem hinzu: Sprachgebrauch ist eine soziale Tätigkeit. Der Erfolg hängt vom Adressaten ab. Er bemisst sich daran, ob und wie der entstehende Text mit seinen Komponenten von den Adressaten verstanden wird. Das heißt, was zu gutem Verstehen beiträgt, eignet sich besonders für die Prozeduralisierung. Für die Textproduktion kann man didaktisch deshalb sehr sinnvoll zwischen Schreibprozeduren einerseits und Textprozeduren andererseits unterscheiden. Schreibprozeduren betreffen die Prozessorganisation des Schreibens, Textprozeduren betreffen demgegenüber die Organisation wichtiger sprachlicher Komponenten, die das Verstehen des Textes erleichtern.

Textprozeduren und Schreibprozeduren

Schreibprozeduren sind vor allem auf das Schreiben als Prozess bezogen. Sie stützen das Planen, das Niederschreiben und Überarbeiten. Im Blick auf diese Anforderungen entsteht ein Schreiberfahrungswissen, das oft auch mit dem Terminus Schreibstrategien gefasst wird: einen Zeitplan aufstellen, ins Unreine schreiben, Bausteine schreiben. Dies sind Verfahrensweisen, die zunächst einmal den Schreibprozess und seine Organisation betreffen. Sie stützen als Strategien das Schreiben weitgehend unabhängig vom jeweiligen Textinhalt und Textziel. Zu den Schreibprozeduren in diesem Sinn gehören der Umgang mit Stichwortlisten, Mindmaps und Tabellen als Planungsinstrumenten oder die Kenntnis des Grundmusters beim Überarbeiten, das der Unterricht methodisch stützen kann (→ H 5, vgl. Baurmann 2013, S. 88 ff.).

Textprozeduren unterscheiden sich von den Schreibprozeduren dadurch, dass sie nicht auf den Schreibprozess, sondern auf den jeweils entstehenden Text und seinen Aufbau bezogen sind. Erzählen funktioniert anders als Argumentieren, und ein anleitender Text, z. B. ein Kochrezept, hat einen anderen Aufbau als etwa der Bericht über ein Fußballspiel. Der englische Ausdruck „composition“ macht – besser als der traditionelle Terminus „Aufsatz“ – darauf aufmerksam, dass Texte beim Schreiben nicht entstehen, indem man ein fertiges Textmuster ausfüllt, sondern dass beim Schreiben stets Textbausteine verfasst und komponiert werden: Wie soll der Titel/die Überschrift lauten? Wie fange ich an? Wie gestalte ich den Schluss? Wie kann ich beim Erzählen Spannung erzeugen? Wie baue ich beim Argumentieren Zitate ein? Wie löst man es sprachlich, wenn man dem Adressaten ein Zugeständnis machen, die eigene Position aber nicht schwächen möchte? Dies sind Text-Fragen. Sie betreffen die sprachlichen „Werkzeuge des Schreibens“ (Bachmann/Feilke 2014), die prozedurale Textkompetenz. Textprozeduren haben wenig mit globalen Mustern und sie haben wenig mit dem einzelnen zu schreibenden Satz zu tun, dafür aber sehr viel mit dem, was auf der Absatzebene für Texte geleistet werden muss. Es geht bevorzugt um die mittlere Ebene zwischen dem Text und dem einzelnen Satz. Textprozeduren sind Prozeduren des lokalen Textaufbaus (vgl. Smith 2003).

Prozedurenorientierte Schreibdidaktik

Für die Schreibdidaktik folgen aus dem bisher Gesagten zwei wichtige neue Gesichtspunkte:

1 Aufmerksamkeit für die mittlere Ebene stärken: Vor allem für Lernaufgaben zum Schreiben sollte sehr viel stärker diese lokale Ebene berücksichtigt werden:

das Setting einer Erzählung, das Androhen von Konsequenzen in einem Reklamationsbrief, das Formulieren verschiedener Deutungshypothesen (z. B. für ein Gedicht oder zu einer empirischen Beobachtung) etc. Hierbei kann dann didaktisch verstärkt auch der Zusammenhang des jeweiligen Handlungsschemas mit den dazu passenden sprachlichen Mitteln im Unterricht zum Thema werden.

2 Zusammenhang von Lesen und Schreiben stärken: Textprozeduren sind sprachliche Verfahren der Textkomposition, die sich dadurch bewährt haben, dass sie das Lesen und Verstehen von Texten wirksam strukturieren. Eine zentrale Rolle für eine an Textprozeduren orientierte Didaktik spielt deshalb das gemeinsame textvergleichende Lesen und die Herstellung von Sprachaufmerksamkeit. Wie geht Schreiber A, wie Schreiber B auf mögliche Gegenargumente ein? Welche Variante wird als besser beurteilt? Wie unterscheiden sich die entsprechenden Passagen sprachlich? Hier kommt es darauf an, im Sinn kognitiver Aktivierung didaktisch kontrastiv zu arbeiten. Dafür können Experten-Laien-Kontraste, aber auch – wenn es um Positivbeispiele geht – Schülertexte aus der Klasse herangezogen werden. Im Folgenden soll an drei Bereichen beispielhaft gezeigt werden, was unter Textprozeduren verstanden werden kann.

Textprozeduren des Erzählens

Viele grimmsche Märchen beginnen mit „Es war einmal ...". Das ist ein gutes Beispiel für Textprozeduren. So wenig aussagekräftig diese Wendung sein mag, sie weist Leser oder Zuhörer schon auf die Textsorte Märchen hin. Textprozeduren organisieren Erwartungen von Lesern, und umgekehrt können Schreiberinnen und Schreiber damit das Verstehen der Leser steuern. Das funktioniert, weil der typische Ausdruck in der Kompetenz durch Spracherfahrung einem Handlungsschema (hier: Eröffnung eines Märchens) zugeordnet ist. Textprozeduren haben immer zwei Seiten: Der typische Ausdruck verweist auf ein Handlungsschema. Für viele narrative Textprozeduren gibt es in diesem Sinn bereits bekannte Bezeichnungen, z. B. episches Präteritum, szenisches Präsens, epische Vorausdeutung. So bezieht sich das Präteritum in dem Satz „Morgen war Weihnachten" gar nicht auf Zeitverhältnisse; Weihnachten liegt hier in der Zukunft. Vielmehr versetzt das Präteritum den Leser in eine Erzählwelt. Das ist das Handlungsschema. Man erkennt an einem solchen *epischen* Präteritum vor allem, dass erzählt wird. Auch einem Beispiel wie „Nichts Böses ahnend, öffnete ich den Brief" liegt ein narratives Handlungsschema zugrunde. Hier geht es um die epische Vorausdeutung. Obwohl gesagt wird: „nichts Böses ahnend", erwarten Leserinnen und Leser genau deshalb, dass etwas Schlimmes geschieht. Das Verstehen der Textprozedur ist schon zur Routine geworden. Das kann man sich auch für das Schreiben zunutze machen. Es wird Spannung erzeugt, indem ein unerwartetes Ereignis im Fortgang der Geschichte angedeutet wird.

Textprozeduren des Beschreibens

Textprozeduren können die wichtigsten Stützen der gesamten Textorganisation sein. Das gilt vor allem für solche Prozeduren, die sehr eng mit für den jeweiligen Texttyp zentralen Handlungen zusammenhängen. Bei Raumbeschreibungen z. B. (→ B 5) ist es u. a. sehr wichtig, einen Betrachterstandpunkt zu markieren, von dem aus z. B. nach dem Schema eines wandernden Blicks der Raum beschrieben werden kann. In Zimmerbeschreibungen von Schülern gewinnt der ganze Text an Ordnung und Struktur, wenn darin erstmals Sätze wie „Wenn man in mein Zimmer kommt, steht links ein Regal …" auftauchen. Hier wird durch den Konditionalsatz mit „wenn" ein Betrachterstandpunkt geschaffen. Der Wenn-Satz ist dabei empirisch die typische Form im Erwerb (vgl. Steinhoff 2009, Augst / Disselhoff / Henrich et al. 2007, S. 176 ff.), ein Muster, das sich deshalb auch für eine didaktische Unterstützung des Erwerbs anbietet. Es finden sich aber auch Formulierungen wie: „Bei Betreten des Zimmers, sieht man links …" oder: „Kommt man in mein Zimmer, sieht man links …" oder: „Rechts neben der Eingangstür steht direkt mein Bett …" Sie leisten dasselbe. Entscheidend ist das Handlungsschema *Konstruktion eines Beobachterstandpunkts,* von dem aus das Beschreiben erfolgt. Nur dann kann der Leser den Raum in seiner Vorstellung nachbilden (Feilke 2008). Auch bei Landschaftsbeschreibungen gibt es in aller Regel einen solchen Beobachterstandpunkt: „Weit öffnete sich die Landschaft vor ihm. Überall glänzten Wasserflächen, Einbrüche des Flusses in hundert Windungen, Sümpfe und Teiche mit unzähligen Inselchen. Aber mitten hindurch führte das starke, stetige Stromband, und in der Ferne zeichnete sich, das dunkle Haupt in Wolkenfetzen gehüllt, der Berg ab." (Tolkien 1995, S. 241)

Hier ist die Betrachtung bzw. Darstellung, auf „den Berg" zulaufend, zentralperspektivisch organisiert. Vom Betrachterstandpunkt aus wird der Zusammenhang der einzelnen beschriebenen Elemente (Wasserflächen und Inseln, Stromband, Berg) wie bei der Zimmerbeschreibung mittels deiktischer Ausdrücke („vor ihm", „überall", „mitten hindurch", „in der Ferne") hergestellt.

Textprozeduren des Argumentierens

Der Erfolg des Argumentierens hängt stark davon ab, ob man die Perspektive des Adressaten in die eigene Argumentation integrieren kann (vgl. Feilke 2010). Wer es schafft, einen „common ground", eine gemeinsame Basis für die Argumentation, zu schaffen, hat bessere Aussichten, den Anderen zu gewinnen und zu überzeugen. Zentral, auch für das schriftliche Argumentieren, ist deshalb die Fähigkeit, mögliche Gegenargumente vorwegzunehmen, sie aufzugreifen und zu integrieren. Das ist die Textprozedur des Konzedierens.

Tobias schreibt seinen Brief an einen Professor, der sich für die Abschaffung von Hausaufgaben ausgesprochen hatte. Die unterstrichene Passage seines Textes zeigt eine aufschlussreiche Überarbeitung. Der Satzanfang lautet zunächst: „Ich

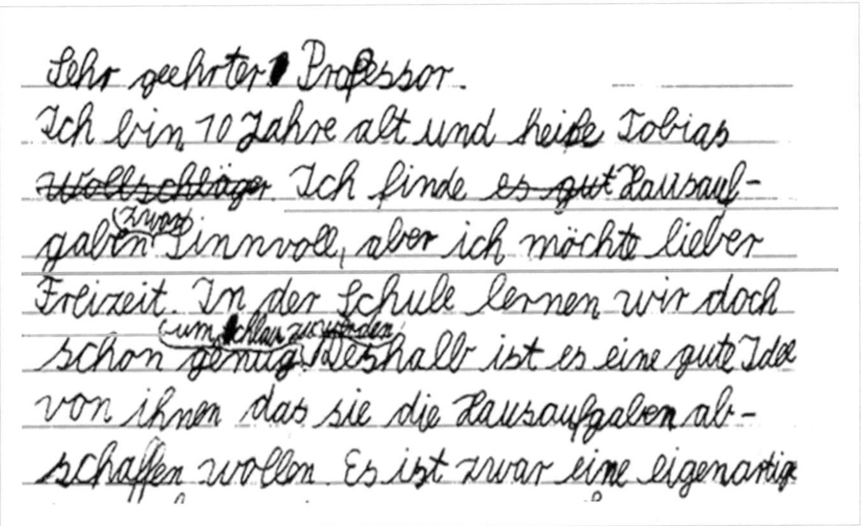
Sehr geehrter Professor.
Ich bin 10 Jahre alt und heiße Tobias
~~Wollschläger~~ Ich finde ~~es gut~~ Hausauf-
gaben (zwar) sinnvoll, aber ich möchte lieber
Freizeit. In der Schule lernen wir doch
schon (um schlau zu werden) ~~genug~~. Deshalb ist es eine gute Idee
von ihnen das sie die Hausaufgaben ab-
schaffen wollen. Es ist zwar eine eigenartig

Abb. 3: Überarbeitung, Konzessive Textprozedur (Brief 4. Schuljahr, Auszug)

finde es gut …". Die in den meisten Texten Zehnjähriger zu findende Fortsetzung ist ein Komplementsatz: „… dass Sie die Hausaufgaben abschaffen wollen". Tobias verwirft aber diese Möglichkeit und greift stattdessen auf eine konzessive Textprozedur zurück: „Ich finde Hausaufgaben **zwar** sinnvoll, **aber** ich möchte lieber Freizeit." Mit „zwar" antizipiert er eine mögliche Gegenposition, mit „aber" leitet er die Formulierung seiner eigenen Päferenz ein. „Zwar" und „Aber" bilden ein konzessives Muster: Wer „zwar" sagt, muss auch „aber" oder etwas Ähnliches sagen. Tobias zeigt hier noch keine starke Argumentation, aber er zeigt bereits den Gebrauch einer Textprozedur, über die selbst viele ältere Schreiber kaum verfügen.

Rezat (2011) hat in einer empirischen Untersuchung (3., 4., 8., 9. Schuljahr) herausgefunden, dass zwar viele Schüler – weil dies auch schulisch gefordert wird – Gegenargumente in ihrem Text anführen, aber selbst bei Gymnasialschülern die Fähigkeit, die Gegenargumente dann auch konzessiv zu integrieren, kaum ausgebildet ist. Hier hilft es, geteilte Aufmerksamkeit zu schaffen; viele Schüler kennen vor allem auch vom Lesen argumentierender Texte her passiv die entsprechenden Prozeduren. Macht man sie darauf aufmerksam, wird gewissermaßen ein „Schalterpotential" (Rezat 2014, S. 193) freigesetzt, sodass die Bereitschaft steigt, die Prozeduren in das eigene aktive Repertoire zu übernehmen. Rezat (2014, S. 185 ff.) hatte für ihre Untersuchung im 10. Schuljahr sogenannte „Formulierungshilfen" zur Unterstützung konzessiven Formulierens angeboten. Es zeigt sich, dass die Schüler die Formulierungen zu einem großen Teil nicht einfach abschreiben und reproduzieren, sondern die angebotenen Hilfen für eigene konzessive Argumentationen nutzen.

Textprozeduren im Unterricht

Eine Didaktik der Textprozeduren zielt in diesem Sinn auf die Förderung des impliziten prozeduralen Sprach- und Textwissens der Schüler und versucht, es ihnen explizit für die Gestaltung ihrer Texte verfügbar zu machen. Den zugrundeliegenden Prozess, in dem es darum geht, aus der unterrichtlich strukturierten Spracherfahrung Schreibkompetenzen zu generieren, versucht die folgende Graphik abzubilden.

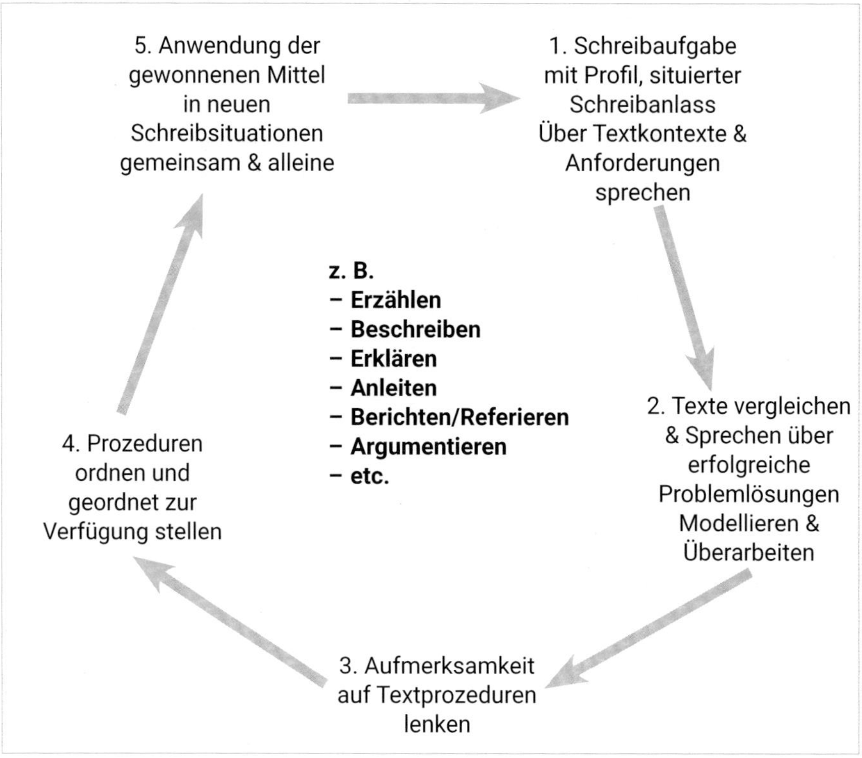

Abb. 4: Schreibdidaktischer Zirkel

Das gemeinsame vergleichende Lesen von Texten kann die Sprachaufmerksamkeit für Textprozeduren stärken. Dabei profitieren Lerner insbesondere vom Vergleich eher schwacher und eher starker Texte. An Experten- und Modelltexten kann viel gelernt werden. Auch dann aber „springen" Textprozeduren nicht ins Auge; sie sind ein Gegenstand, der im Unterricht herausgestellt und modelliert werden muss. So sind viele Konzessionen an der Oberfläche argumentierender Texte nur schwer zu erkennen, weil sie vor allem inhaltlich bestimmt sind. Für die Lernbarkeit aber kann das Funktionieren von Konzessionen am Beispiel der „zwar-aber-Konstruktion" deutlich werden. Sie ist ein Modell für konzessives Argumentieren. Das im Anschluss an Lese- und Reflexionsphasen erfolgende Ordnen und Modellieren von Textprozeduren ist deshalb eine wichtige Aufgabe für den Unterricht. Es gibt im fremd- aber auch im muttersprachlichen Unterricht alte Traditionen des Pattern-Drills, indem sprachliche Formulierungsmuster auswendig gelernt und eingeübt werden. Genau dies sollte eine Didaktik der Textprozeduren unter allen Umständen vermeiden. Textprozeduren bestehen in erster Linie in den zugrundeliegenden Handlungsschemata. Sie sind die Voraussetzung dafür, dass ein Formulierungsmuster überhaupt verstanden und genutzt werden kann. Was eine Konzession beim Argumentieren beispielweise ist, und wozu sie eingesetzt werden kann, was eine epische Vorausdeutung im Erzählen oder was ein Betrachterstandpunkt für das Beschreiben ist und leistet, das muss im Unterricht erst im Umgang mit Texten thematisiert und erarbeitet werden, bevor Formulierungsmuster greifen können. Eine vorrangige Aufgabe ist deshalb die Erarbeitung und Stützung der prozeduralen Handlungsschemata (Rüßmann / Steinhoff / Marx et al. 2016).

Literaturhinweise

Augst, Gerhard / Katrin Disselhoff / Alexandra Henrich / Thorsten Pohl / Paul-Ludwig Völzing 2007: Text–Sorten–Kompetenz. Eine echte Longitudinalstudie zur Entwicklung der Textkompetenz im Grundschulalter. Frankfurt a. M. u. a.

Bachmann, Thomas / Helmuth Feilke (Hg.) 2014: Werkzeuge des Schreibens. Beiträge zu einer Didaktik der Textprozeduren. 2. Auflage. Stuttgart.

Bandura, Albert 1997: Self-Efficacy. The Exercise of Control. New York.

Baurmann, Jürgen 2017: Schreiben – Überarbeiten – Beurteilen. Ein Arbeitsbuch zur Schreibdidaktik. 5. Auflage Seelze.

Feilke, Helmuth 2008: Raumstationen. Sprache und Raum. In: Praxis Deutsch. H. 207. S. 34 – 42.

Feilke, Helmuth 2010: Kontexte und Kompetenzen – am Beispiel schriftlichen Argumentierens. In: Peter Klotz / Paul R. Portmann-Tselikas / Georg Weidacher (Hg.): Kontexte und Texte. Soziokulturelle Konstellationen literalen Handelns. Tübingen. S. 147–167.

Feilke, Helmuth 2014: Argumente für eine Didaktik der Textprozeduren. In: Thomas Bachmann / Helmuth Feilke (Hg.): Werkzeuge des Schreibens. Beiträge zu einer Didaktik der Textprozeduren. 2. Auflage. Stuttgart. S. 11 – 34.

Rezat, Sara 2011: Schriftliches Argumentieren. Zur Ontogenese konzessiver Argumentationskompetenz. In: Didaktik Deutsch. H. 31. S. 50 – 67.

Rezat, Sara 2014: Textprozeduren als Instrumente des Schreibens. In: Thomas Bachmann / Helmuth Feilke (Hg.): Werkzeuge des Schreibens. Beiträge zu einer Didaktik der Textprozeduren. 2. Auflage. Stuttgart. S. 177 – 197.

Rüßmann, Lars / Torsten Steinhoff / Nicole Marx / Anne Kathrin Wenk 2016: Schreibförderung durch Sprachförderung? Zur Wirksamkeit sprachlich profilierter Schreibarrangements in der mehrsprachigen Sekundarstufe I unterschiedlicher Schulformen. In: Didaktik Deutsch. H. 40. S. 41 – 59.

Smith, Carlota S. 2003: Modes of Discourse. The Local Structure of Texts. Cambridge.

Steinhoff, Torsten 2009: Der Wortschatz als Schaltstelle des schulischen Spracherwerbs. In: Didaktik Deutsch. H. 27. S. 33 – 52.

Tolkien, John Ronald Reuel 1995: Der kleine Hobbit. München.

B 2 Entwicklung der Schreibkompetenz

Thorsten Pohl

Lange Zeit hat man das Schreiben von Texten im Rahmen der „traditionellen" Aufsatzdidaktik stark produktorientiert gelehrt und bewertet: Man hat an ausgewählten Textsortenmerkmalen die betreffende Textsorte vermittelt und anschließend die so entstandenen Texte von Schülerinnen und Schülern, also lediglich ihre Schreibprodukte, nach eben diesen Merkmalen – neben inhaltlichen Aspekten – benotet. Aufgrund von Impulsen, wie sie in den Achtzigerjahren insbesondere durch die US-amerikanische Schreibforschung in der hiesigen Schreibdidaktik aufgenommen wurden, kamen Prozessaspekte direkt in zweifacher Hinsicht in den Blick: einmal mit Bezug auf den – sehr komplexen – Schreibprozess (→ B Überblicksbeitrag) und zum andern hinsichtlich der zur Ausbildung von Schreibkompetenzen eigentlich notwendigen Schreibentwicklungsprozesse. Um Letztere soll es im Folgenden gehen.

Anforderungen der Textproduktion

Im Gegensatz zu einer face-to-face-Kommunikationssituation, für die gilt, dass die beiden Kommunikationspartner sich gegenseitig wie auch die sie umgebende Umwelt sinnlich wahrnehmen können, vermitteln Texte in „zerdehnten" Kommunikationssituationen (Ehlich 2007). Für diese gilt, dass die beiden Kommunikationspartner räumlich und zeitlich voneinander getrennt sind, sich gegenseitig nicht wahrnehmen und keinen gemeinsamen Wahrnehmungsraum teilen. Diese Konstellation ist für Schreibnovizen, die aus den Bedingungen des Erstspracherwerbs die face-to-face-Kommunikation gewöhnt sind, aber auch für fortgeschrittene Schüler und Schülerinnen besonders herausfordernd: Der Sender bzw. der Autor eines Textes kann nicht mit seiner Körperlichkeit kommunizieren; Gestik, Mimik, Stimme etc. sind für den Empfänger bzw. den Leser aufgrund der raumzeitlichen Trennung nicht wahrnehmbar. Und auch umgekehrt kann der Textschreibende vom Leser keine unmittelbaren Rückmeldesignale empfangen, ob z. B. etwas unverständlich ist. Zudem ist der Kommunikationskontext aufgrund der Trennung für die Kommunikationspartner jeweils ein unterschiedlicher; unmittelbares Deuten in die Welt (z. B.: „da drüben") ist nicht möglich.

Damit Kommunikation mittels Texten trotz dieser Widrigkeiten erfolgreich sein kann, bedarf es bestimmter Leistungen aufseiten des Textproduzenten, sodass der Text trotzdem verstanden wird (vgl. Baurmann / Pohl 2011): „Kontextualisierungskompetenz" bedeutet in diesem Zusammenhang die Fähigkeit, einen Verstehenskontext im Text herstellen zu können. „Ausdruckskompetenz" bedeutet die Fähigkeit, mit rein verbalen und grammatischen Mitteln sich selbst auszudrücken und dabei u. a. auf Gestik und Mimik verzichten zu können. „Antizipationskompetenz" bedeutet die Fähigkeit, das Vorwissen des Lesers wie auch seine potenziellen Reaktionen in der Textproduktion berücksichtigen zu können. Neben der „Textgestaltungskompetenz“ (einen längeren Beitrag gezielt im Sinne einer Textfunktion und -sorte gestalten zu können) kommen prozessbezogene Teilkompetenzen hinzu (→ B Überblicksbeitrag).

Grundannahmen zur Schreibentwicklung

Weil Forschungsarbeiten gezeigt haben, dass bei Schreibentwicklungsprozessen weniger das biologische Alter oder die Klassenstufe maßgeblich sind, spricht man in der Literatur vom sogenannten „Schreibalter“. Gemeint sind damit „die praktische Schreiberfahrung und die Dauer der Auseinandersetzung mit den Normen einer literalen Kultur“ (Feilke 1996, S. 1181). Die Schreibentwicklung wird positiv von „exogenen“ wie auch von „endogenen“ Faktoren beeinflusst (vgl. Pohl 2014): Mit den ersteren sind im vorliegenden Kontext insbesondere didaktische Maßnahmen im Schreibunterricht gemeint, also u. a. der Einsatz spezifisch schreibdidaktischer Methoden oder auch eines bestimmten Schreibcurriculums. Die Schreibentwicklung wird aber maßgeblich auch durch „endogene“ Faktoren vorangetrieben, die also im lernenden Individuum selbst liegen. Diese betreffen u. a. Erfahrungen, die ein Schüler mit Texten insgesamt, aber auch mit seinen individuellen Schreibversuchen, macht. Die Erforschung von Schreibentwicklungsprozessen hat zudem gezeigt, dass der Erwerb „pragmatisch situiert“ sein muss. Das heißt, nur dort vollzieht sich Schreibentwicklung, wo die Lernenden auch tatsächlich zu entsprechenden Schreibleistungen herausgefordert sind. In diesem Sinne plädieren Bachmann und Becker-Mrotzek für „profilierte Schreibaufgaben“ (2010), bei denen der Schreibauftrag die Schüler und Schülerinnen in ein kommunikativ plausibles Schreibarrangement versetzt und die Lerner kommunikative Rückmeldung zu ihrem Schreibprodukt erhalten.

Übergreifende Entwicklungstendenzen

Mit Blick auf die prozessbezogenen Teilkompetenzen (Planungs-, Formulierungs- und Überarbeitungskompetenz) hat die nationale wie internationale Forschung gezeigt, dass Entwicklungsprozesse stark im Zusammenhang mit der Ausbildung des Langzeit- und des Arbeitsgedächtnisses stehen (vgl. z. B. McCutchen 2006). Entsprechend führt die Entwicklung bei den Planungs- und Überarbeitungsprozessen von jeweils eher lokalem Fokus (z. B. Planung von Satz zu Satz, Überarbeitung einzelner Rechtschreibfehler) zu globaleren Strategien (Textplanung ausgehend vom textsortenspezifischen Ziel, Überarbeitung ganzer Textteile). Hinsichtlich der textproduktbezogenen Teilkompetenzen lassen sich folgende – textsortenübergreifende – Entwicklungstendenzen feststellen (vgl. Baurmann / Pohl 2011, S. 98):

- **Ausdruckskompetenz:** von emotional involviertem Schreiben zu emotional involvierendem Schreiben

- **Kontextualisierungskompetenz:** von kontextuell eingebettetem Schreiben zu kontexterzeugendem Schreiben
- **Antizipationskompetenz:** von kontextuell eingebettetem Schreiben zu kontexterzeugendem Schreiben
- **Textgestaltungskompetenz:** von assoziativer oder reihender Textgestaltung zu schema- oder textsortengeleiteter Textordnung

Übergreifend ist die Schreibentwicklung gekennzeichnet von 1. einer immer stärkeren Hinwendung zu genuin schriftsprachlichen Ausdrucksmitteln, 2. einer Dezentrierung und Integration von Perspektiven auf den Schreibgegenstand und 3. von einer hinsichtlich der angestrebten Textsorte und -funktion immer spezifischer werdenden Gestaltung.

Textsortenspezifische Entwicklungstendenzen

Augst (2010) untersucht den Fortgang der Schreibentwicklung von narrativen Schreibkompetenzen während der Sekundarstufe I. Er kommt zu dem Ergebnis, dass in der zweiten und dritten Klasse noch ein pränarratives, rudimentäres Erzählen vorherrscht, dessen für den Erzählton spezifische „Mittel memorierte Elemente: feste Fügungen; Floskeln; Interjektionen" sind (S. 93). Für die Phase von ca. der 4. bis 7. Klasse erkennt er „narrativ-konventionelles" Erzählen mit den Mitteln: „wörtliche Rede; szenisch; qualifizierende Attribute", bevor erst spät in der Sekundarstufe I, ab ca. der 9. Klasse, ein „literar-ästhetisch-individuelles" Erzählen mit „individuellen Stilmerkmalen" einsetzt, wobei Augst die Typen „Epiker", „Dramatiker" und „Stilist" unterscheidet.

Mit Blick auf instruierende Schreibkompetenzen unterscheidet Becker-Mrotzek (1995) drei aufeinander aufbauende Phasen des Erwerbs: Die erste Phase der „Vorgangsbeschreibungen" (ebd., S. 26 f.) ist dominiert durch die „wahrnehmbaren Aspekte[] des Vorgangs", unsichtbare Aspekte wie „Handlungsziele und Absichten" spielen für die Textgestaltung keine Rolle. Im Stadium der „Praktischen Instruktionen" (ebd., S. 27 f.) wird von der „Sachverhaltsperspektive" umgeschaltet auf eine Orientierung am vorgestellten Benutzer. Es kommt zu expliziten Aufforderungen an den Lesenden und zu begründenden und erklärenden Schritten im Anleitungsvorgang. Das Stadium der „zweckorientierten Instruktionen" (1995, S. 30 f.) kehrt in gewisser Weise wieder zum Sachverhalt zurück, aber im Gegensatz zum Stadium der Vorgangsbeschreibungen dergestalt gewandelt, dass im Fokus der schriftlichen Aktivitäten der „allgemeine Zusammenhang zwischen Messzwecken und erforderlichen Tätigkeiten bzw. resultierenden Folgen" steht (ebd., S. 31).

Bezüglich argumentierender Schreibkompetenzen unterscheiden Augst/Faigel (1986) vier verschiedene „Textordnungsmuster", die sich ansatzweise auch als Phasen oder Entwicklungsniveaus auffassen lassen (ebd., S. 115 ff.): Zu Beginn steht das „linear-entwickelnde Textordnungsmuster" (in subjektiver Erlebnisperspektive primär chronologisch-episodisch geordnet), gefolgt vom „material-systematische[n] Textordnungsmuster“ (durch Orientierung an der Struktur des Schreibgegenstands geordnet), dann kommt das „formal-systematische Textordnungsmuster“ (durch Orientierung an der Textgestalt mittels Strukturierungsstereotypen, wie etwa Pro-Kontra-Schema, geordnet), bis schließlich zum „linear-dialogische[n] Textordnungsmuster“ (durch Orientierung am adressierten Leser mit Mitteln der Leseradressierung und konzessives Argumentieren geordnet).

Unterrichtspraktische Konsequenzen

Die Schreibentwicklungsforschung lässt erkennen, dass sich Schreibkompetenzen nicht im Rahmen eines Hauruck-Verfahrens vermitteln lassen. Die Lernenden benötigen 1. sinnvolle und schreibdidaktisch herausfordernde Schreibarrangements, 2. wiederholte Schreib- und Übungsgelegenheit (also schlicht: Entwicklungszeit), was beides 3. durch gezielte schreibdidaktische Methoden flankiert werden sollte. Für die Letzteren gilt, dass sie als exogene Maßnahmen auf die endogenen Faktoren abzustimmen sind, also auf den jeweiligen (individuellen) Entwicklungsstand in Abhängigkeit zu einer bestimmten Textsorte als Ziel.

Literaturhinweise

Augst, Gerhard 2010: Zur Ontogenese der Erzählungskompetenz in der Primar- und Sekundarstufe. In Thorsten Pohl / Torsten Steinhoff (Hg.): Textformen als Lernformen. Duisburg. S. 63 – 95.

Augst, Gerhard / Peter Faigel 1986: Von der Reihung zur Gestaltung. Untersuchungen zur Ontogenese der schriftsprachlichen Fähigkeiten von 13 – 23 Jahren. Frankfurt a. M.

Bachmann, Thomas / Michael Becker-Mrotzek 2010: Schreibaufgaben situieren und profilieren. In Thorsten Pohl / Torsten Steinhoff (Hg.): Textformen als Lernformen. Duisburg. S. 191 – 209

Baurmann, Jürgen / Thorsten Pohl 2011: Schreiben – Texte verfassen. In: Albert Bremerich-Vos / Dietlinde Granzer / Ulrike Behrens / Olaf Köller (Hg.): Bildungsstandards für die Grundschule: Deutsch konkret. Mit CD-ROM (14 Arbeitsblätter). 3. Auflage. Berlin. S. 75 –103.

Becker-Mrotzek, Michael 1995: Wie entwickelt sich die Schreibfertigkeit? In: Diskussion Deutsch. H. 141. S. 25 – 35.

Ehlich, Konrad 2007 [1984]: Zum Textbegriff. In: Konrad Ehlich (Hg.): Sprache und sprachliches Handeln. Bd. 3. Berlin. S. 531 – 550.

Feilke, Helmuth 1996: Die Entwicklung der Schreibfähigkeiten. In Hartmut Günther / Otto Ludwig (Hg.): Schrift und Schriftlichkeit. Writing and its Use. Bd. 2. Berlin & New York. S. 1178 –1191.

McCutchen, Deborah 2006: Cognitive Factors in the Development of Children's Writing. In: Charles A. MacArthur / Steve Graham / Jill Fitzgerald (Hg.): Handbook of Writing Research. New York. S. 115 –130.

Pohl, Thorsten 2014: Entwicklung der Schreibkompetenzen. In Helmuth Feilke / Thorsten Pohl (Hg.): Schriftlicher Sprachgebrauch – Texte verfassen. Deutschunterricht in Theorie und Praxis. Bd. 4. Baltmannsweiler. S. 101–140.

B 3 Erzählen

Helmuth Feilke

Was ist „Erzählen“?

Wenn man absieht von der Bedeutung des Verbs „erzählen“ i. S. von „etwas mitteilen oder berichten“, geht es beim Erzählen immer um eine tatsächliche oder fiktional imaginierte Geschichte (vgl. Martinez / Scheffel 2009, S. 9 ff.), in der Menschen oder wie Menschen handelnden Figuren etwas Besonderes widerfährt. Das Erzählen ist auf die Einbeziehung des Zuhörers oder Lesers in die erzählte Geschichte hin angelegt. Eindrucksvoll ist z. B. der Anfang von Wolfgang Herrndorfs Roman *Tschick*: „Als erstes ist da der Geruch von Blut und Kaffee. Die Kaffeemaschine steht drüben auf dem Tisch, und das Blut ist in meinen Schuhen. Um ehrlich zu sein, es ist nicht nur Blut.“ (2011, S. 7) Hier wird kunstvoll mit Gegensätzen (Kaffee und Blut, hier und dort) und Andeutungen (nicht nur Blut) gearbeitet. Die Gestaltung ist spannend, der Leser gepackt. Spannung ist schulisch vielfach stereotypisiert im Sinn von „Gänsehaut“-Geschichten. Für eine gute Erzählung reicht es allerdings, wenn man gespannt auf die Geschichte ist. Das Erzählen hat unterschiedliche Funktionen, die sich nach einem auch sonst didaktisch produktiven Schema (vgl. z. B. Baurmann / Pohl 2009, S. 76 ff.) nach Karl Bühler (1934) systematisieren lassen, der drei Funktionen sprachlicher Zeichen unterscheidet:

Abb. 5: Funktionen des Erzählens (Feilke 2013, S. 6)

- Erzählen hat erstens eine Ausdrucksfunktion: Hier geht es um den Ausdruck von Empfindungen und die Gestaltung von persönlich bedeutsamen Inhalten.
- Zweitens hat jedes Erzählen eine Appellfunktion: Jede gute Erzählung enthält ein dramatisches, spannendes Element. Sie bezieht den Leser in die Geschichte ein, appelliert an seine Fähigkeit zur Empathie und fordert seine Vorstellungsfähigkeit heraus. Dabei regeln z. B. die Erzählperspektive, der Tempusgebrauch und die Redewiedergabe die Einbindung des Lesers in das erzählte Geschehen.
- Drittens schließlich geht es um die Darstellungsfunktion des Erzählens. Die Erzählung entwickelt und entwirft eine Welt von Schauplätzen und Milieus der Figuren und ihrer Geschichten. Sie schafft symbolische Sinnwelten (vgl. Bruner 1997).

Dies geschieht in der sprachlichen Gestaltung einer Erzählwelt, in die der Erzähler den Leser versetzt. Nur im Erzählen kann es z. B. einen Satz geben wie „Morgen war Weihnachten". Niemand in der realen Welt und keine Figur in der Geschichte könnte ihn sagen. Es ist ein Erzählsatz. Das Präteritum als Versetzungssignal „beamt" den Leser in die erzählte Welt. Das ist ganz unabhängig von der Frage, ob diese Welt „real" oder „erfunden" ist.

Erzählerwerb und Erzählkompetenz

Erzählkompetenz ist das Ergebnis eines sozial geprägten Erwerbsprozesses, für den der Dialog, der Unterricht und die eigene Texterfahrung eine wichtige Rolle spielen.

- **Dialog:** Das Erzählen wird zunächst im Dialog erworben. Warum weinst du? Was ist denn passiert? Ermunternde Signale, Nachfragen und Reformulierungen erwachsener Zuhörer zeigen dem Kind, worauf es beim Erzählen ankommt. In diesem Wechselspiel lösen sich die Kinder langsam von der dialogischen Stützstruktur und entwickeln die Fähigkeit, zunehmend eigenständig zu erzählen (vgl. Ohlhus 2014).
- **Schulische Prägung:** Kinder ersetzen anfangs isolierte, additive Sequenzen von Sätzen zunehmend durch die Grundstruktur einer Geschichte mit einer Vorher-Nachher-Struktur. Die zeitliche Sequenz wird abgelöst von einer auf den Leser gerichteten Erzählstruktur (vgl. Augst/Disselhoff/Henrich et al. 2007). Unterrichtliche Erzählformen (vgl. Becker 2001) favorisieren Muster der Höhepunkt- und Pointenerzählung: „Als ich einmal Angst hatte", steht oben auf der Liste möglicher Erzählanlässe, die schulisch stereotyp wiederholt werden (vgl. Maiwald 2011).
- **Literale Spracherfahrung:** Lange vor der eigenen Schreib- und Lesefähigkeit entwickeln Kinder ein Interesse an fiktionalen Erzählungen und ihren Figuren, die sie aus der Vorleseerfahrung oder aus sonstiger Medienerfahrung

kennen. Auch das sprachliche Lernen wird durch die Formen des schriftlichen Erzählens angetrieben (vgl. Schmidlin 1999, Dannerer 2012). Kinder verwenden vielfach schon in fiktionalen Erzählungen des 2. Schuljahrs nicht das im Alltag dominierende Perfekt, sondern das aus der schriftsprachlichen Erfahrung stammende Präteritum (vgl. Quasthoff 2002). Sie kennen es als Mittel zur Markierung der Versetzung in einen fiktionalen Erzählraum. Behindert wird der Erwerb aber, wenn die Schule das Präteritum zur festen Vorschrift macht, anstatt die Gestaltungsmöglichkeiten auszuprobieren (vgl. Uhl 2015). Viele Gestaltungselemente sind in schriftlichen Erzähltexten stärker ausgebaut als im Mündlichen, viele – etwa ein in medias res-Anfang oder der innere Monolog – kommen nur im schriftlichen Erzählen vor. Diese Prägnanz der Form kann den Erwerb fördern.

Didaktische und methodische Aspekte

Die Didaktik schriftlichen Erzählens profitiert von einer Kultur des Umgangs mit fremden und eigenen Texten, die das Lernen in den Bereichen Lesen, Reflexion über Sprache und Schreiben verbindet. Die Vielfalt der Gestaltungsmöglichkeiten kann durch Konzentration auf Teilaufgaben und Einheiten des Erzählens strukturiert werden. Ein integrativer, kompetenzorientierter Schreibunterricht lenkt den Blick auf beim Lesen auffällige und für das Schreiben produktive Schreib- und Textprozeduren (vgl. Feilke 2014). Mögliche Ansatzpunkte für das Entdecken von Mitteln des Erzählens liefern die Erzählstruktur, die Inhaltsformen und die Ausdrucksformen.

- **Erzählstruktur:** Ein erster didaktischer Bezugspunkt ist die Erzählstruktur. Alternativen zur Höhepunkterzählung liegen hier vor allem in einer Ausrichtung der Aufmerksamkeit auf Teilkomponenten. Weniger kann hier didaktisch oft mehr sein! Welche Möglichkeiten gibt es z. B., die Einleitung (Situation, Örtlichkeit, Handelnde etc.) einer Erzählung auszubauen?
- **Inhaltsformen:** Diese „Was"-Ebene des Erzählens (vgl. Martinez/Scheffel 2009, S. 108 ff.), bilden z. B. „Geschichten", „Figuren" und „Motive". Die „Geschichte" ist der Rohstoff des Erzählens: Wer ist die Hauptfigur? Was passiert? Wie können Lösungen aussehen? Figuren sind dann die treibenden Kräfte der Geschichte. Für Schüler ist es wichtig zu lernen, dass sie Figuren „schaffen" und gestalten können. „Eine Figur wird lebendig durch bestimmte Szenen, die zu dieser Figur gehören und sie auf einzigartige Weise porträtieren" (Ortheil 2008, S. 67). Die Figuren wiederum stehen nicht für sich, sondern sind ihrerseits Komponenten wiederkehrender Erzählmotive, z. B. in der Kinder- und Jugendliteratur Minderwertigkeit und Selbsterprobung, Fliegen und Freiheit der Räume, verbotene Orte, das Böse, Tod und Leben (vgl. Spinner 2010).
- **Ausdrucksformen:** Hier geht es um die sprachliche Seite des Erzählens. Elementar ist die Erzählperspektive (z. B. Hauptfigurensicht vs. Sicht eines beteiligten Beobachters vs. Sicht eines unbeteiligten Erzählers). Sie bietet viel-

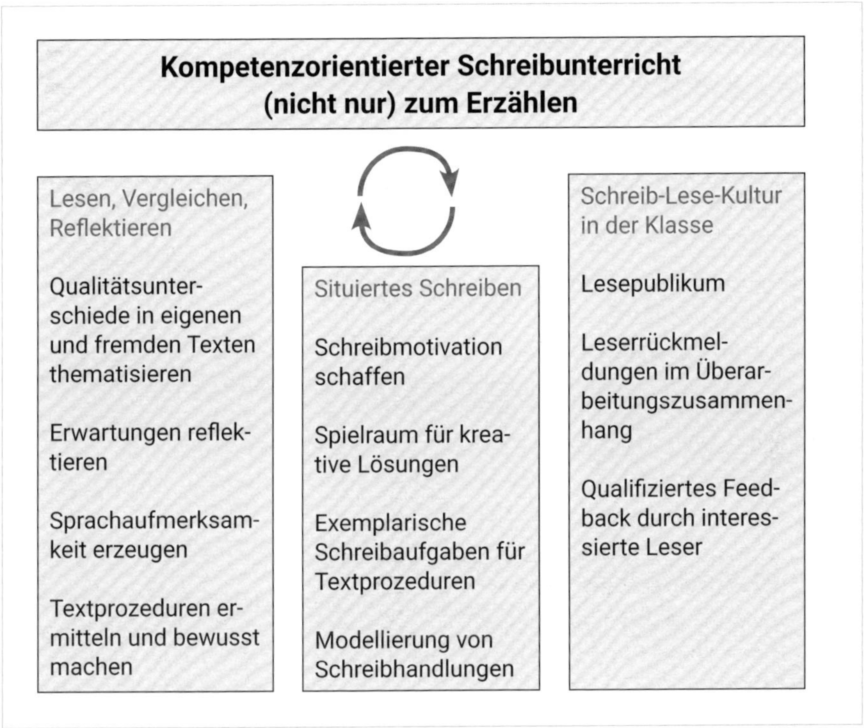

Abb. 6: Drei Säulen des Unterrichts zum schriftlichen Erzählen

fache Gestaltungsmöglichkeiten. So überblickt ein auktorialer Erzähler zwar aus der Distanz die Motive aller Handelnden, ist aber deshalb auch weniger authentisch. Mit diesen Möglichkeiten können auch Schüler arbeiten. Didaktisch interessant ist auch die Zeitgestaltung. In wenigen Sätzen kann ein wochen- und jahrelanges Geschehen überblickt werden, mittels der epischen Vorausdeutung wird ein Blick in die Zukunft geworfen, und Bruchteile von Sekunden können für den Leser zu langen Zeiträumen ausgedehnt werden. Parallelen zum Film bieten sich an: Zeitraffer und slow motion. Das sind auch Schreibweisen des Erzählens.

In einem didaktischen Zirkel des Erzählens können Lesen, Textuntersuchungen und eigenes Schreiben ineinandergreifen. Der Unterricht baut auf diesen drei Säulen eines Genre-Cycles auf (vgl. Martin 2009, S. 16). Das Lesen, auch das Vorlesen, fremder und eigener Erzähltexte schafft die Grundlage für den Aufbau von Erzählschemata, Figurenkonzeptionen, exemplarischen Konflikten etc. Gefördert wird dies durch das vergleichende Sprechen über Textqualitäten. Textprozeduren des Erzählens (z. B. Erzählperspektiven, Formen der Redewiedergabe,

Tempusschemata) werden im Blick auf ihre sprachliche Struktur und im Blick auf ihre Möglichkeiten und Grenzen thematisierbar. Das schafft Motive und sprachliche Ressourcen für das eigene Schreiben. In werkstattähnlichen Arbeitsformen können direkte Hinweise, gemeinsames Planen und Formulieren und das Ausprobieren und Vormachen von Gestaltungsvarianten didaktisch produktiv werden. Zu diesen beiden Säulen gehört eine Schreib-Lese-Kultur, in der die Rückmeldekontexte (Schreibkonferenz, Vorleserunde etc.) auch das Interesse an den entstehenden Texten wecken.

Literaturhinweise

Augst, Gerhard / Katrin Disselhoff / Alexandra Henrich / Thorsten Pohl / Paul-Ludwig Völzing 2007: Text–Sorten–Kompetenz. Eine echte Longitudinalstudie zur Entwicklung der Textkompetenz im Grundschulalter. Frankfurt a. M. u. a.

Baurmann, Jürgen / Thorsten Pohl 2009: Schreiben – Texte verfassen. In: Albert Bremerich-Voss / Dietlinde Granzer / Ulrike Behrens / Olaf Köller (Hg.): Bildungsstandards für die Grundschule: Deutsch konkret. Mit CD-ROM (14 Arbeitsblätter). 3. Auflage. Berlin. S. 75–103.

Becker, Tabea 2001: Kinder lernen erzählen. Baltmannsweiler.

Bruner, Jerome S. 1997: Sinn, Kultur und Ich-Identität. Heidelberg.

Bühler, Karl 1982 [1934]: Sprachtheorie. Stuttgart u. a.

Dannerer, Monika. 2012: Narrative Fähigkeiten und Individualität. Tübingen.

Feilke, Helmuth 2013: Schriftlich erzählen. Basisartikel. Praxis Deutsch. H. 239. S. 4–12.

Feilke, Helmuth 2014: Argumente für eine Didaktik der Textprozeduren. In: Thomas Bachmann / Helmuth Feilke (Hg.): Werkzeuge des Schreibens. Stuttgart. S. 11–34.

Herrndorf, Wolfgang 2011 [2010]: Tschick. Roman. Berlin.

Maiwald, Klaus 2011: Erzählt wird im Präteritum. In: Oliver Ernst / Jan Claas Freienstein / Lina Schaipp (Hg.): Populäre Irrtümer über Sprache. Stuttgart. S. 59–72.

Martin, J. R. 2009: Genre and Language Learning. In: Linguistics and Education 20. S. 10–21.

Martinez, Matias / Michael Scheffel 2009: Einführung in die Erzähltheorie. 8. Auflage. München.

Ohlhus, Sören 2014: Schriftliches Erzählen. In: Helmuth Feilke / Thorsten Pohl (Hg.): Schriftlicher Sprachgebrauch – Texte verfassen. Baltmannsweiler. S. 216–232.

Ortheil, Hanns-Josef / Klaus Siblewski 2008: Wie Romane entstehen. München.

Quasthoff, Uta 2002: Tempusgebrauch von Kindern zwischen Mündlichkeit und Schriftlichkeit. In: Corinna Peschel (Hg.) Grammatik und Grammatikvermittlung. Frankfurt a. M. S. 179–197.

Schmidlin, Regula 1999: Wie Deutschschweizer Kinder schreiben und erzählen lernen. Tübingen.

Spinner, Kaspar H. 2010: Grundmotive und Symbole der Kinder- und Jugendliteratur. In: Dagmar Grenz (Hg.): Kinder- und Jugendliteratur. Baltmannsweiler. S. 31–41.

Uhl, Benjamin 2015: Tempus – Narration – Medialität. Baltmannsweiler.

Waldmann, Günter / Katrin Bothe 1992: Erzählen. Erzählen. Eine Einführung in kreatives Schreiben und produktives Verstehen von traditionellen und modernen Erzählformen. Stuttgart.

B 4 Berichten

Helmuth Feilke

Zur Relevanz des Berichtens

Berichte informieren Adressaten über den „Stand der Dinge“ zu einem für sie relevanten Thema. Sie sind in diesem Sinn stets resultatorientiert: Es geht – schematisch vereinfacht – um Erfahrungen (Praktikumsbericht, Reisebericht etc.), um Ereignisse, ihre Ursachen und Folgen (Katastrophenbericht, Unfallbericht, Sportbericht etc.) und um Ergebnisse der Recherche zu Sachverhalten und Problemen (Arztbericht, Wetterbericht, Forschungsbericht). Dafür spielen die Erwartungen der Adressaten eine zentrale Rolle. Gehört Privates in die politische Berichterstattung? Dürfen Berichte unterhaltsam sein? Darf der Berichterstatter Partei nehmen? Die gesellschaftlichen Ansprüche an das Berichten bestimmen, was als kompetentes Berichten gilt. Im Deutschunterricht besteht das Berichten vielfach in lebensfremden Übungen, denen eine Kontrolle durch interessierte Leser fehlt (vgl. Feilke 2006, Dix 2017). Das gilt für die schulisch beliebten Unfallberichte oder auch für Berichte, die im Klassensatz von sogenannten schulischen Unternehmungen handeln (Sportfest, Klassenprojekt etc.), an denen die möglichen Adressaten in aller Regel auch noch selbst beteiligt waren. Dabei können Berichte – auch als didaktische Form – durchaus kommunikativ funktional eingesetzt werden. Von schulischen Berichten sollte man nicht weniger erwarten als von solchen, die man selbst gerne lesen würde.

Erwartungen an das Berichten

Die Erwartungen an das Berichten lassen sich aus der Fachdiskussion rekonstruieren und unter sieben Stichworten zusammenfassen (vgl. Feilke 2014).

- **Wahrheit**: Berichte sollten faktenorientiert sein. Fakten können dabei Sachverhalte ebenso wie Einstellungen zu diesen Sachverhalten (z. B. Angst, Verzweiflung etc.) sein.
- **Neutralität**: Berichte sollten das berichtete Geschehen distanziert und unparteiisch darstellen. Das schließt eine Teilnehmerperspektive nicht aus.
- **Relevanz**: Was ist relevant für die Leser. Was sind berichtenswerte Themen? Wo besteht Informationsbedarf?
- **Aktualität**: Berichte sollten Neues bringen und aktuell sein.
- **Informativität**: Wie ist der Sachstand? Wie kann er erklärt werden? Welche Folgen hat er?
- **Exklusivität**: Nur wer etwas berichtet, das sonst noch niemand berichtet hat, kann auf das Interesse des Publikums zählen.
- **Authentizität**: Berichte sollten glaubwürdig sein. Wie kann das Berichtete belegt werden? Wie beurteilt der Berichterstatter die Verlässlichkeit der Quellen?

„Maßgeblich für die Charakterisierung eines Textes als Bericht im alltagssprachlichen Sinn ist [...] die Erfüllung zweier Kriterien: eine neutrale Perspektive auf das Dargestellte und der Wahrheitsanspruch in Bezug auf das Gesagte" (vgl. Stutterheim/Kohlmann 2003, S. 445). Ein Erfahrungsbericht, z. B. eines Patienten über seine Erkrankung, enthält zwangsläufig eine subjektive Perspektive, an der die Adressaten möglicherweise gerade sogar interessiert sind. Das ändert aber nichts an der Erwartung der Faktenorientierung – das Gesagte soll wahr und glaubwürdig sein –, woraus sich auch Ansprüche an die Neutralität ergeben. Wer alle Ärzte verflucht, dessen Bericht wird kaum Gehör finden. Entscheidend ist, dass die Fakten für die Adressaten relevant sind. Dass man nach dem Unfall „nassgeschwitzt" war, ist für den Freundeskreis relevant, nicht aber für den Bericht an die Versicherung. Aktualität, Informativität und Exklusivität sind typische Berichtserwartungen: Es geht um Neuigkeiten, an denen der Adressat ein Interesse hat und deren Bedeutung er beurteilen können möchte. Einem Fußballbericht möchte der Leser nicht nur entnehmen können, dass Tore gefallen sind, sondern auch, wer sie wann und wie geschossen hat (Informativität). Authentizität wird vor allem dann zu einer auch sprachlich sehr anspruchsvollen Erwartung, wenn aus zweiter oder dritter Hand berichtet wird, wenn sich der Berichterstatter also auf Beobachtungen anderer und fremde Quellen stützt. Hier kommt es darauf an, den Unterschied zwischen eigener und fremder Beobachtung, zwischen dem eigenen Text und dem, was andere gesagt haben, deutlich machen zu können, damit der Bericht insgesamt glaubwürdig bleibt. Diese Erwartungen an Berichte sind alles andere als selbstverständlich. Ihre Bedeutung herauszuarbeiten, ist – noch vor der Schreibförderung im Detail – eine wichtige Teilaufgabe jeder Didaktik des Berichtens.

Sprachliche Form von Berichten

Mit den Erwartungen hängen auch die sprachlichen Mittel des Berichtens zusammen. Exemplarisch kann man sich das am Verhältnis zum Erzählen (→ B 3) verdeutlichen: Das Erzählen soll spannend sein. Der Leser wird in das Geschehen hineingezogen und kann in der Vorstellung daran teilhaben (vgl. Ohlhus 2014). Dazu tragen z. B. die detaillierte Ausgestaltung der Szene, wörtliche Rede, der Gebrauch des szenischen Präsens, die Wahrnehmungssimulation des Erzählers („ich sehe gerade noch ..." etc.) bei. Vom Aufbau her ist die Darstellung auf Dramatisierung und einen Kontrast hin angelegt.

Das sieht schon beim Ereignisbericht ganz anders aus: „Die Ereignisse werden abstrakt (mit höherstufigen Handlungsbeschreibungen, Resultatsangaben usw.) wiedergegeben, nicht szenisch in einem Vorstellungsraum vergegenwärtigt." (Zifonun/Hoffmann/Strecker 1997, S. 127) Dem entspricht z. B. die indirekte und vor allem die berichtete Rede, die Distanz in der Wiedergabe signalisiert und Inhalte zusammenfassend referiert. Dazu passt die kategorisierende Einordnung von Ereignissen, z. B. ein Sportunfall, ein Regionalligaspiel. Das gilt auch für die wiederum resultatsorientierte Bewertung der Ereignisse nach normierten Sche-

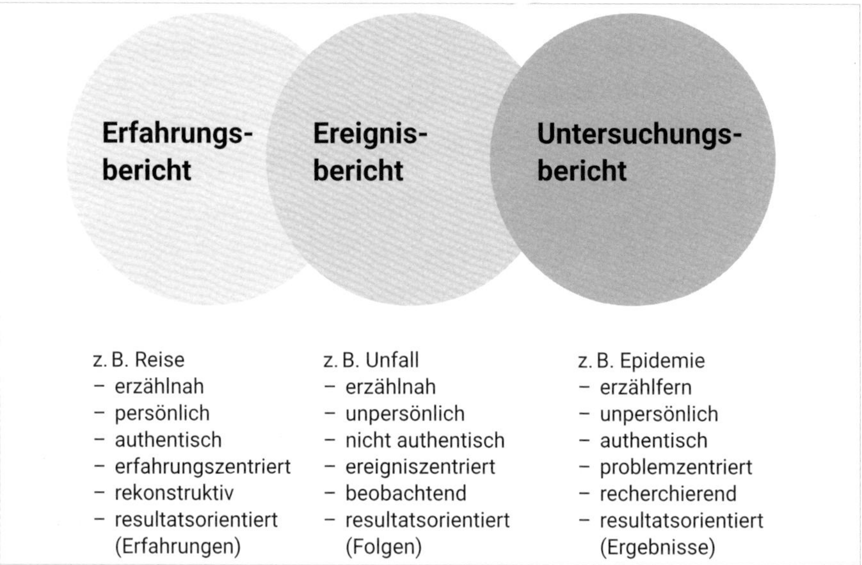

Abb. 7: Didaktische Berichtsformen (nach Feilke 2014, S. 238)

mata (Sachschaden in Höhe von X, schwere Gesichtsverletzung, langanhaltende Niederschläge, umstrittener / einstimmiger Beschluss, der Zustand hat sich stabilisiert / verbessert / verschlechtert etc.). Dies macht die zitierte „Höherstufigkeit“ aus. Auch der Tempusgebrauch ist in diesem Sinn funktional: Das Berichtstempus Präteritum markiert die zeitliche Distanz des Beobachters, wenn das Geschehen zurückliegt. Das Plusquamperfekt markiert die Referenz auf Hintergründe des berichteten Geschehens, und das Präsens kommt ins Spiel, wenn es um die Gegenwarts- und Zukunftsbedeutung des Berichteten geht: „Im Präsens erscheinen festgestellte Sachverhalte mit Zukunftswirkung“ (Zifonun / Hoffmann / Strecker 1997, S. 129), z. B.: „Nach der Wahl vom vergangenen Wochenende wird die Situation in der CDU als schwierig eingeschätzt.“ Zwar gibt es bestimmte normative Muster des Berichtens (z. B. der sogenannte Lead-Stil, der Informationen nach ihrer Wichtigkeit ordnet), oder das bekannte W-Fragen-Schema, empirisch aber weisen Berichte schon im Zeitungsbereich eine große Formenvielfalt auf. Es gibt nicht den Bericht als bestimmte Textsorte – stattdessen sind Berichte in der Regel aus vielfältigen variablen Bausteinen mithilfe unterschiedlicher Textprozeduren komponiert (vgl. Schröder 2003, Feilke 2014).

Didaktische Formen des Berichtens

Elementar für jede Berichtsdidaktik ist die Klärung der Erwartungen. Hier spielt die Auseinandersetzung mit Berichtstexten, guten und schlechten, die vergleichend gelesen werden, eine wichtige Rolle. Die im Deutschunterricht dominierende Rolle der sogenannten W-Fragen sollte demgegenüber deutlich reduziert werden. Sie sind auf den Typ des sogenannten Ereignisberichts (z. B. Unfallberichte, Sportberichte) zugeschnitten und hier nur auf die Erwartung der Informativität bezogen. Das ist nicht unwichtig, doch die Relevanz für die Adressaten oder auch die Authentizitätserwartung kann z. B. mit den W-Fragen didaktisch nicht erarbeitet werden (vgl. Dix 2017). Berichtsanlässe müssen beim Typ des Ereignisberichts fast zwangsläufig künstlich geschaffen werden. Eine Alternative bieten hier Erfahrungsberichte (z. B. Praktikumsbericht, Reisebericht) einerseits und Untersuchungsberichte andererseits. Abbildung 6 (siehe S. 69) grenzt die Formen voneinander ab.

Untersuchungsberichte bieten viele Chancen für eine Berichtsdidaktik, die die Paradoxien schulischer Ereignisberichte vermeidet (vgl. Feilke 2006, 2014). Sie geraten mit dem Erzählen gar nicht erst in Konflikt und nutzen die funktionale und strukturelle Selbständigkeit des Berichtens auch für die Motivation der Lernenden. Der Ansatzpunkt liegt bei Themen, für die sich die Lernenden als Schreiber wie als Leser interessieren: eine aktuelle epidemische Erkrankung und ihre Ursachen, die Ursachen und Folgen der aktuellen Absatzkrise eines Handy-Herstellers, die Hintergründe einer aktuellen kulturellen, politischen oder ökonomischen Debatte (z. B. vegane Ernährung). Solche Themen liefern Aktualität und Exklusivität als zentrale Berichtsmotive gleich mit, und zwar ohne dass dafür, wie beim Ereignisbericht, immer etwas passiert sein muss. Untersuchungsberichte eröffnen die Chance für eine arbeitsteilige, projektartige Berichtsdidaktik, in der die Schülerinnen und Schüler zugleich zum Adressaten (Lesepublikum, Präsentationspublikum) der entstehenden Berichte werden.

Literaturhinweise

Dix, Annika 2017: Berichte und Berichten als didaktische Gattung. Eine Textform zwischen Erwerb und schulischer Norm. Baltmannsweiler (i. Dr.).

Feilke, Helmuth 2006: Der Stand der Dinge. Berichte und Berichten. Basisartikel. In: Praxis Deutsch. H. 195. S. 6–16.

Feilke, Helmuth 2014: Schriftliches Berichten. In: Ders. / Thorsten Pohl (Hg.): Schriftlicher Sprachgebrauch – Texte verfassen. Deutschunterricht in Theorie und Praxis. Bd. 4. Baltmannsweiler. S. 233–252.

Ohlhus, Sören 2014: Schriftliches Erzählen. In: Helmuth Feilke / Thorsten Pohl (Hg.): Schriftlicher Sprachgebrauch – Texte verfassen. Deutschunterricht in Theorie und Praxis, Bd. 4. Baltmannsweiler. S. 216–232.

Schröder, Thomas 2003: Die Handlungsstruktur von Texten. Tübingen.

Stutterheim, Christiane von / Ute Kohlmann 2003: Erzählen und Berichten. In: Gert Rickheit / Theo Herrmann / Werner Deutsch (Hg.): Psycholinguistik. Ein internationales Handbuch. Berlin u. a. S. 442–453.

Zifonun, Gisela / Ludger Hoffmann / Bruno Strecker 1997: Grammatik der deutschen Sprache. Bd. 1. Berlin u. a.

Zifonun, Gisela 2000: Textkonstitutive Funktionen von Tempus, Modus und Genus Verbi. In: Klaus Brinker / Gerd Antos / Wolfgang Heinemann / Sven F. Sager (Hg.): Text- und Gesprächslinguistik. Berlin u. a. S. 315–330.

B 5 Beschreiben

Helmuth Feilke

Was ist Beschreiben?

Wie Erzählen, Berichten, Argumentieren ist das Beschreiben ein „kommunikatives Elementarmuster“ (Fritz 2013, S. 658). Die Muster sind Bausteine bei der Komposition von Texten. Sie unterscheiden sich in ihrem Handlungswert (Illokution), aber auch in der spezifischen Formung des Wirklichkeitsbezugs. Schon Gottsched gilt das Beschreiben nach einem alten Denkmodell als „eine Sache, darin man durch die Erwähnung der Eigenschaften einer Sache derselben ganze Beschaffenheit dem Zuhörer oder Leser gleichsam lebhaft vor Augen malet“ (Gottsched 1754/56, zit.n. Ludwig 1988, S. 173). Auch in der Textlinguistik wird das Beschreiben als „ein Zeichnen mit sprachlichen Mitteln“ (Heinemann/Viehweger 1991, S. 279ff.) charakterisiert. Dies ist eine bildkräftige Analogie, aber sie kann den Handlungswert des Beschreibens nicht angemessen erfassen.

Das wird schlagartig deutlich, wenn man das Beschreiben einmal auf etwas nicht Sichtbares, z.B. die Sprache, bezieht: Erkennen Sie, welchen Sprachlaut Eisenbergs Grammatik im Folgenden beschreibt? „Man hört die einzelnen Schläge der Zunge als Bestandteil eines Kontinuums, begleitet von einem tiefen Brummton.“ (2013, S. 46). Das ist die Beschreibung des sogenannten Zungenspitzen-[r]. Das Erkennen des Lautes funktioniert, indem wir der Beschreibung folgen, d.h., heißt, sie als Anleitung zur Bildung des Lautes verstehen. Gute Beschreibungen funktionieren in diesem Sinn als Anleitungen zur praktischen oder imaginativen Nachkonstruktion, sei es eines Lautes, eines Weges, einer realen oder fiktiven Landschaft, eines Raumes, eines Tieres oder einer Person usw. Das zeigen z.B. auch Vorgangsbeschreibungen: beschreiben, wie man eine Schlaufe bindet; beschreiben, wie die Katze eine Maus fängt; beschreiben, wie ich das Wort „sprechen“ ausspreche etc. In allen diesen Fällen fordert die Beschreibung, die Zerlegung des Vorgangs und seine begriffliche Fassung. „In diesem Sinn kann jedes Beschreiben als eine Form des Erklärens gekennzeichnet werden.“ (Heinemann 2000, S. 362) Ein Zimmer zu beschreiben, heißt dann z.B., dem Leser zu erklären, wie er sich das Zimmer vorstellen kann. „Beschreiben ist Zeigen“, schreibt Klotz (2013, S. 25). Es ist didaktisch produktiv, das Beschreiben nicht als sprachliche Abbildung einer sichtbaren Wirklichkeit, sondern vielmehr pragmatisch als Anleitung zur Vorstellungsbildung und oft auch zum Handeln zu verstehen.

Sprachliche und textliche Mittel des Beschreibens

„Das Ergebnis der Tätigkeit des Beschreibens kann man eine Beschreibung nennen“ (Ossner 2014, S. 252). Das Elementarmuster betrifft die grammatische Ebene ebenso wie die textliche Ebene. Beschreibende Prozeduren finden sich bereits in allen Akten der Bezeichnung, sei es die Determinierung (der Mann, ein Mann, alle Männer) oder die charakterisierende Attribuierung von Nomina oder auch die adverbiale Bestimmung des Prädikats. Klotz (2013, S. 79) nennt als grundlegende grammatische Prozeduren u. a. das Benennen, das Attribuieren, das Prädizieren, das Aufzählen und ganz besonders das Vergleichen. Die grammatischen Prozeduren unterstützen auch das Beschreiben als Textmuster, aber eben nicht nur das Beschreiben, sondern durchaus auch das Erzählen, das Instruieren, das Erklären und das Argumentieren.

Heinemann (2000, S. 363) bezeichnet die Beschreibung deshalb als „Mischform" und als eine „prozedurale Strategiekomponente zur Textkonstitution" (ebd. S. 358). Es gibt ein breites und vielfältiges Spektrum von Texten, in denen Beschreibungen eine wichtige Rolle spielen. Das gilt für Erzählungen und Argumentationen, aber auch für dominant deskriptive Texte, z. B. Lexikonartikel, Bedienungsanleitungen, Versuchsbeschreibungen, Raumbeschreibungen etc. Die „Beschreibung" als eigene Textsorte aber gibt es fast ausschließlich als schuldidaktische Aufsatzform.

Beim Schreiben spielt „die Informationsentfaltung von Äußerung zu Äußerung" (Klein / Stutterheim 1992, S. 68) eine wichtige Rolle. Hier lassen sich für das Beschreiben unterschiedliche Entfaltungstypen unterscheiden. Relativ abstrakt sind z. B.:

- Relevanzprinzip: von Wichtigem zu weniger Wichtigem
- Ganzheitsprinzip: vom Allgemeinen zum Besonderen, vom Ganzen zu den Teilen

Der Anfang der Beschreibung eines Eichelhähers in einem Buch für Jäger lautet z. B.: „Der Eichelhäher wird von den Weidmännern als Waldpolizei bezeichnet. Sobald sich im Wald ein Mensch oder sonstiger Feind zeigt, erhebt der Eichelhäher sein Warngeschrei." Die Beschreibung beginnt mit einer Information zum Verhalten des Hähers, die für Jäger besonders relevant ist. Hierzu dient das metaphorische Kompositum „Waldpolizei". Diese Prinzipien würden auch für die Beschreibung eines abstrakten Konzepts, wie „Bundesrepublik Deutschland" in einem Lexikon, greifen. Ossner (2014, S. 258) weist darauf hin, dass Beschreibungen in ihrem Aufbau begrifflich strukturiert sind:

- **Begriffshierarchien:** Beschreibungen gehen von abstrakten Oberbegriffen aus, die eine Groborientierung ermöglichen, und nutzen dann stärker sensorische Unterbegriffe. Wer z. B. eine Nussecke beschreiben soll, würde vermutlich eingangs erwähnen, dass es ein Gebäck ist und erst später auf die Form, die Farbe und den Geschmack eingehen.

Wichtig für das Beschreiben ist aber freilich auch das optische Feld und dessen textliche Strukturierung. Hier lassen sich die folgenden Verfahrensweisen zuordnen:

- **Blickschema:** Anleitung zur Betrachtung, Herstellung geteilter Perspektive
- **Nachbarschaftsprinzip:** Benachbartes wird im Zusammenhang behandelt.
- **Wanderungsschema:** wandernder Blick, Verzeitlichung von Raumbeschreibungen

Wie wird das Beschreiben erworben?

Der am besten untersuchte Bereich für den Erwerb des Beschreibens sind Zimmerbeschreibungen. Augst / Disselhoff / Henrich et al. (2007) schlagen ein Stufenmodell vor, das im Sinn eines kompetenzorientierten Schreibunterrichts (vgl. Baurmann / Pohl 2013, S. 85) Orientierung bieten kann.

1) Aufzählung der Gegenstände im Zimmer. In der Regel wird hier nach dem Muster „In meinem Zimmer habe ich ..." verfahren.
2) Cluster und Gruppenbildung in Nachbarschaft befindlicher Gegenstände des Zimmers. Hier kommen lokale Adverbien und Präpositionen zum Einsatz: „Ein Schrank steht neben den Fenstern. Neben dem Schrank ist die Tafel. Anschließend kommt das Waschbecken." (Augst / Disselhoff / Henrich et al. 2007, S. 175)
3) Perspektive ohne Globalorientierung. Z. B.: „In meinem Zimmer steht auf der rechte Seite ..."
4) Perspektive mit Globalorientierung. Typisch hierfür ist, dass die Schüler für den Leser einen Beobachtungsstandpunkt konstruieren, von dem aus die Perspektive auf den ganzen Raum entwickelt wird: „Wenn man in mein Zimmer kommt, steht links ein Regal ... Wenn man geradeaus guckt, ist da ein Fenster ... Davor ist ... " (ebd., S. 176). Diese Form findet sich im vierten Schuljahr nach Augst u. a.. bei ca. 23% aller Schüler.

Die Ergebnisse lassen sich mit dem Schreibentwicklungsmodell Bereiters verbinden. Einem anfänglich vom Schreibprozess bestimmten assoziativen Vorgehen folgt eine zunehmende Orientierung an Produktnormen und schließlich am Leser, wobei die Ebenen Prozess, Produkt, Leser zunehmend integriert werden. Der Erwerb ist dabei zum einen als Prozess der Berücksichtigung zunehmend komplexer kognitiver Verhältnisse zu verstehen, wobei die sozialkognitive Ebene des Adressaten erst spät in den Blick kommt. Zugleich ist diese kognitive Entwicklung nur denkbar in einem bestimmten kulturellen Umfeld, (z. B. Unterricht), das durch Aufgaben und Anregungen den Erwerb fördert.

Didaktik des Beschreibens

Für die Schreibdidaktik einflussreich ist das Konzept der profilierten Schreibaufgaben (vgl. Bachmann / Becker-Mrotzek 2010): Durch Vorgabe eines konkreten Adressaten und eines motivierenden Schreibanlasses sowie durch kooperative

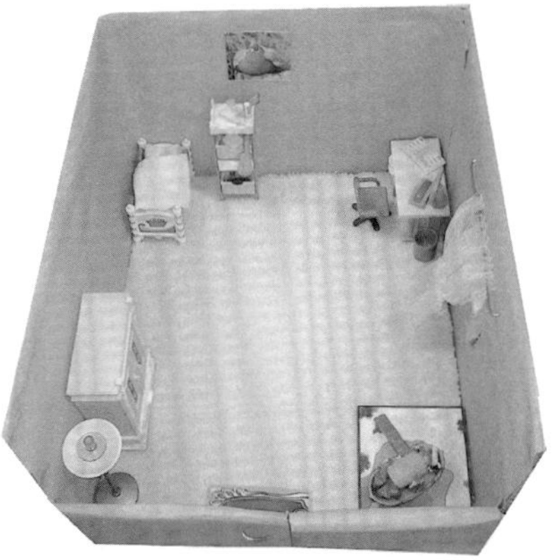

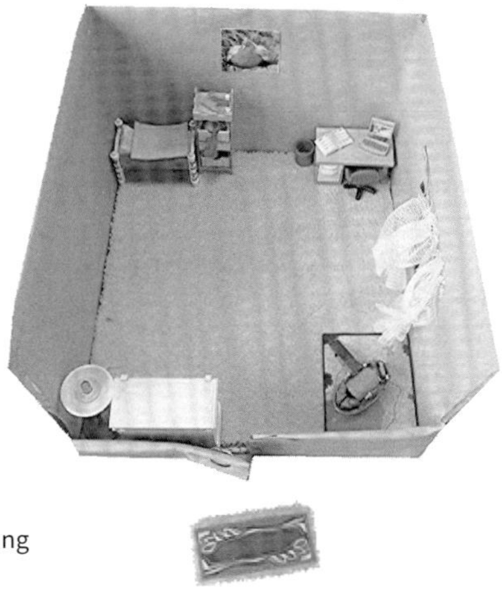

Abb. 8 und Abb. 9: Beispiele für nach der Beschreibung aufgebaute Zimmer

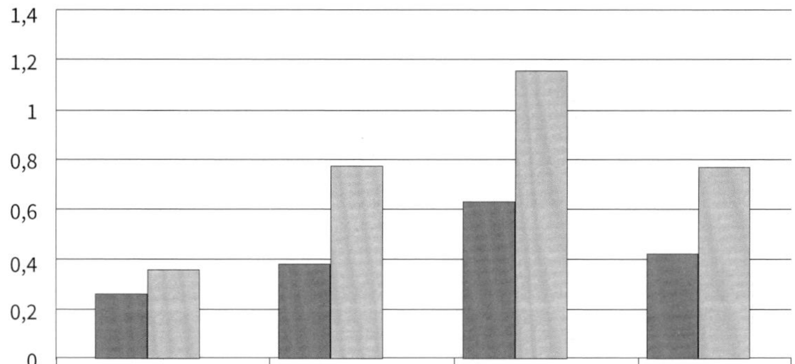

	schwach profiliert	profiliert	sprachprofiliert	alle
Erstfassung	0,26	0,38	0,63	0,42
Endfassung	0,36	0,78	1,16	0,77

Abb. 9: Zimmerbeschreibung; durchschnittliche Anzahl Perspektivierungsprozeduren je 100 Wörter (Anskeit / Steinhoff 2014, S. 146 f.)

Textüberarbeitung und die Kontrolle der Ergebnisse durch die Adressaten werden Effekte des Peer-Learnings und des situierten Lernens genutzt. Dieses Konzept haben Anskeit / Steinhoff (2014) nach der Grundidee der Textprozedurendidaktik (vgl. Feilke 2014) durch ein sprachprofiliertes Aufgabenarrangement beim Beschreiben ergänzt: Grundschüler erhielten den Auftrag, ein Playmobil-Zimmer, ihr „Traumzimmer", in einem Schuhkarton aufzubauen und es dann für einen Briefpartner zu beschreiben, sodass dieser es nachbauen kann (vgl. Abbildungen 7 und 8).

Dieses Arrangement wurde unter drei Bedingungen im 4. Schuljahr (Korpus 360 Briefe) getestet:

- schwachprofiliert (nur Material plus Hinweis auf Prozedurenschemata)
- profiliert:
  - plus ausdrücklicher Hinweis auf Funktion des Textes
  - plus Austausch mit Partner
  - plus Rückmeldung des Adressaten über Nachbaufoto
- sprachprofiliert: plus Formulierungstipps mit Ausdrucksliste

Die Ergebnisse der Untersuchung (vgl. Abbildung 9) zeigen einen starken positiven Effekt des sprachprofilierten Arrangements, also z. B. Schema des wandernden Blicks / Rundgang plus Prozedurausdruck / Formulierungstipp: „Wenn du in mein Zimmer kommst, siehst du ..." Die Lernenden profitieren also beim Beschreiben deutlich von situierten (kommunikativer Kontext), prozessorientierten (gemeinsame Überarbeitung) und sprachlich prozedurorientierten Aufgaben.

Literaturhinweise

Anskeit, Nadine / Torsten Steinhoff 2014: Schreibarrangements für die Primarstufe. In: Thomas Bachmann / Helmuth Feilke (Hg.): Werkzeuge des Schreibens. Beiträge zu einer Didaktik der Textprozeduren. Stuttgart. S. 129 –155.

Augst, Gerhard / Katrin Disselhoff / Alexandra Henrich / Thorsten Pohl / Paul Völzing 2007: Text–Sorten–Kompetenz. Frankfurt a. M. u. a.

Bachmann, Thomas / Michael Becker-Mrotzek 2010: Schreibaufgaben situieren und profilieren. In: Thorsten Pohl / Torsten Steinhoff (Hg.): Textformen als Lernformen. S. 191 – 210. http://koebes.phil-fak.uni-koeln.de/sites/koebes/user_upload/koebes_07_2010.pdf, recherchiert am 23.03.2017.

Baurmann, Jürgen / Thorsten Pohl 2011: Schreiben – Texte verfassen. In: Albert Bremerich-Vos / Dietlinde Granzer / Ulrike Behrens / Olaf Köller (Hg.): Bildungsstandards für die Grundschule: Deutsch konkret. Mit CD-ROM (14 Arbeitsblätter). 3. Auflage Berlin. S. 75 –103.

Eisenberg, Peter 2013: Grundriss der deutschen Grammatik. Das Wort. Unter Mitarbeit von Nanna Fuhrhop. 4., aktualisierte und überarbeitete Auflage. Stuttgart u. a.

Feilke, Helmuth 2003: Beschreiben und Beschreibungen. Basisartikel. In: Praxis Deutsch. H. 182. S. 6 –14.

Feilke, Helmuth 2014: Argumente für eine Didaktik der Textprozeduren. In: Ders. / Thomas Bachmann (Hg.). Werkzeuge des Schreibens. Stuttgart. S. 11– 34.

Fritz, Gerd 2013: Dynamische Texttheorie. Gießen.

Heinemann, Wolfgang 2000: Vertextungsmuster Deskription. In: Klaus Brinker / Gerd Antos / Wolfgang Heinemann / Sven F. Sager (Hg.): Text- und Gesprächslinguistik. Bd. 1. Berlin u. a. S. 356 – 369.

Heinemann, Wolfgang / Dieter Viehweger 1991: Einführung in die Textlinguistik. Tübingen.

Klein, Wolfgang / Christiane von Stutterheim 1992: Textstruktur und referentielle Bewegung. In: Zeitschrift für Literaturwissenschaft und Linguistik. H. 96. S. 65 – 92.

Klotz, Peter 2013: Beschreiben. Grundzüge einer Deskriptologie. Berlin.

Ludwig, Otto 1988: Der Schulaufsatz. Seine Geschichte in Deutschland. Berlin u. a.

Ossner, Jakob 2014: Schriftliches Beschreiben. In: Helmuth Feilke / Thorsten Pohl (Hg.): Schriftlicher Sprachgebrauch – Texte verfassen. Deutschunterricht in Theorie und Praxis, Bd. 4. Baltmannsweiler. S. 252 – 269.

B 6 Argumentieren

Iris Winkler

Schriftliches Argumentieren ist eine Form sprachlichen Handelns, die vor allem im gymnasialen Deutschunterricht traditionell einen großen Stellenwert hat. Als Paradeform und Ausweis eines fortgeschrittenen Leistungsvermögens galt lange Zeit die Erörterung. Statt der Fokussierung auf eine einzelne schulische Aufsatzart prägen heute Schreibprozess- und Kompetenzorientierung (→ Überblicksbeitrag B) auch die didaktische Diskussion um das schriftliche Argumentieren. Das Spektrum der Textsorten, die für das schriftliche Argumentieren im Deutschunterricht als geeignet gelten, ist breiter geworden und umfasst u. a. Essay, Buch- und Filmbesprechung, Glosse, Leserbrief, Forumsbeitrag (vgl. Feilke 2008a, S. 11).

Die Bildungsstandards der KMK halten fest, dass Lernende zum Zeitpunkt ihres Schulabschlusses – gleich, ob Hauptschulabschluss, Mittlerer Schulabschluss oder Abitur – in der Lage sein sollen, argumentierende Texte zu schreiben. Bereits in den Bildungsstandards für die Primarstufe wird in den Aufgabenbeispielen der Anspruch gesetzt, dass Lernende im 4. Jahrgang kurze begründete Stellungnahmen schreiben. Die Vorgaben setzen also ein klares Signal gegen die „eingespielte Tradition didaktischer Nichtbehandlung schriftlichen Argumentierens“ außerhalb des Gymnasiums (vgl. Feilke 2008b, S. 153).

Merkmale von Argumentationen

Voraussetzung für das Argumentieren ist das Vorliegen eines strittigen Themas. Denn nur wenn die Unwiderlegbarkeit eines Sachverhalts oder die Richtigkeit einer Handlung infrage stehen, wird es erforderlich, Argumente anzuführen. Für den Deutschunterricht heißt das: Themenstellungen sollten für die Lernenden kontrovers und ansprechend sein.

Das Argumentieren kann dann die Funktion haben, zur Klärung einer strittigen Frage beizutragen (heuristisches Argumentieren) oder aber ein Gegenüber von einer bestimmten Position zu überzeugen (persuasives Argumentieren). Pohl (2014, S. 296) führt als weitere Funktion des Argumentierens die exaktere „Profilierung und Konturierung der eingenommenen Position“ an. Für die schulische Erörterung lässt sich feststellen, dass diese oft keine der genannten Funktionen erfüllt; denn in den Augen von Schülerinnen und Schülern ist beim Erörtern eher die Wiedergabe der Lehrermeinung als selbstständige Meinungsbildung verlangt (vgl. Winkler 2003, Feilke 2008a).

Im Deutschunterricht gibt es die Tendenz, schriftliches Argumentieren auf formal-strukturelle Merkmale von Argumentationen auszurichten. Diese Tendenz zeigt sich, wenn ein einziges starres Gliederungsmuster beim Erörtern zentral gesetzt wird (vgl. z. B. Winkler 2003) oder wenn schematisch auf den Dreischritt von These, Argument und Beispiel fokussiert wird (vgl. dazu Winkler 2006). Pragmatische Aspekte von Argumentationen, also die Einbettung des Argumentierens in Handlungszusammenhänge, werden dabei vernachlässigt. Mit Blick auf die pragmatische Dimension des Argumentierens genügt es beispielsweise nicht, dass für eine Behauptung ein Argument angeführt wird. Es kommt darauf an, dass zwischen These und Argument ein inhaltlicher Zusammenhang besteht, der vom Adressaten anerkannt wird.

Im Handlungszusammenhang ist Argumentieren auf „Dialog, Perspektivenwechsel, Perspektivenintegration" (Feilke 2008b, S. 156) angelegt; d. h., es müssen mögliche abweichende Auffassungen antizipiert und in die Argumentation so einbezogen werden, dass es dem Argumentationsziel dient. Werden Gegenargumente eingeräumt, spricht man von konzessivem Argumentieren (vgl. Rezat 2011). Pohl (2014, S. 298 ff.) weist darauf hin, dass auch beim vermeintlich monologischen Erörtern die Einbeziehung potenzieller Gegenargumente erforderlich ist. So betrachtet, hat das Erörtern ebenfalls dialogischen Charakter (wenn auch nicht im pragmatischen Sinn). Ein Gliederungsschema, welches lediglich das listenartige Abarbeiten von Pro- und Kontra-Argumenten befördert, steht der dialogischen Auseinandersetzung mit anderen Perspektiven jedoch entgegen; denn es verhindert geradezu, dass gegenläufige Argumente inhaltlich wie sprachlich zueinander in Beziehung gesetzt werden.

Anforderungen beim schriftlichen Argumentieren

Für das schriftliche wie mündliche Argumentieren wie für Schreibaufgaben generell gilt: Um etwas Relevantes zum jeweiligen Thema schreiben zu können, brauchen Lernende das nötige inhaltliche Wissen. Im Kontext von Lernaufgaben besteht die Gelegenheit, im Rahmen des Textproduktionsprozesses inhaltlich zum Thema zu recherchieren. Bei Leistungsaufgaben sind Lernende allein auf das zur Verfügung gestellte Material angewiesen, wenn sie selbst kein Wissen zum Thema mitbringen. Der Aufgabentyp des materialgestützten Schreibens (→ B 10) bietet hier neue Möglichkeiten, aber auch zusätzliche Anforderungen.

Mit Feilke (2008b, S. 157 ff.) lässt sich das Verfügen über das erforderliche inhaltliche Wissen zu den sog. argumentativen Grundkompetenzen zählen, die bei schriftlichem wie mündlichem Argumentieren gleichermaßen erforderlich sind. In diese Kategorie gehört auch die Kenntnis von Werten und Normen, in deren Rahmen sich Argumentationen bewegen, ebenso wie argumentationsrelevantes sprachliches Wissen und das Wissen über potenziell mögliche Argumente sowie über die Struktur von Argumenten (ebd.). Besonders anspruchsvoll wird das schriftliche Argumentieren durch die spezifischen Anforderungen, die durch das Medium der Schriftlichkeit bedingt sind: Beim Schreiben ist die Einbeziehung der Adressatenperspektive schwierig, weil der Adressat abstrakt und nicht in der Situation präsent ist. Neben der Antizipationskompetenz sind beim schriftlichen Argumentieren auch die anderen Facetten von Schreibkompetenz gefordert – auf der Produktseite also Ausdrucks-, Kontextualisierungs- und Textgestaltungskompetenz (→ Überblicksbeitrag B). Hinsichtlich der Textgestaltungskompetenz, d. h., was die Schaffung einer nachvollziehbaren Textordnung betrifft, können Gliederungsschemata eine Hilfestellung sein, sofern ihr Einsatz letztlich auf eine flexible Handhabung zielt.

Entwicklung schriftlichen Argumentierens

Die allgemeinen Linien der Schreibentwicklung (→ B 2) gelten auch für das schriftliche Argumentieren, wenngleich sich Textgestaltungskompetenz bei anderen Textsorten früher entwickelt (zusammenfassend Pohl 2014, S. 300 ff.). Die Einbeziehung der Leserperspektive beim schriftlichen Argumentieren wird auch von erwachsenen Schreibern nicht selbstverständlich gemeistert. Allerdings sind durchaus manche Lernenden schon im 7. Jahrgang in der Lage, die Leserper-spektive homogen in den Text zu integrieren (vgl. Feilke 1988).

Konzessives Argumentieren zeigt sich vereinzelt bereits in Texten von Lernenden in der Grundschule, tritt verstärkt aber erst in Schülertexten am Gymnasium auf (vgl. Rezat 2011; untersucht wurden hier Texte aus dem 8./9. Jahrgang). Auffällig ist, dass bei Lernenden in der Hauptschule konzessives Argumentieren nicht zum Repertoire gehört, was Rezat mit deren fehlender schriftbezogener Spracherfahrung begründet (ebd., S. 63 f.).

In der Normierungsstudie zu den Bildungsstandards im Bereich Schreiben (vgl. KMK 2014) hat sich für das Argumentieren gezeigt, dass es im 9. Jahrgang noch rund einem Viertel der Schülerinnen und Schüler nicht gelingt, annähernd kohärente argumentierende Texte unter Berücksichtigung des Adressatenbezugs zu schreiben. Im 10. Jahrgang erreichen immerhin rund vier Fünftel der Lernenden mindestens den Regelstandard, zeigen also auf jeden Fall deutlich ausbaufähige Ansätze, wenn es darum geht, themenbezogene Argumente zu finden, anzureichern und unter Berücksichtigung des Adressatenbezugs zur Stützung einer Position zu nutzen.

Zur Förderung schriftlichen Argumentierens

Um Schreibkompetenz spezifisch im Bereich des Argumentierens zu fördern, rücken insbesondere die Berücksichtigung des Adressatenbezugs und konzessive literale Prozeduren in den Blick. Für beide Aspekte gilt es als zweckdienlich, Aufgabenstellungen so zu konzipieren, dass sich die zu schreibenden Texte an einen konkreten Adressaten richten, in die man sich als Verfasser hineinversetzen kann. Mit der bewussten Variation des Adressaten kann Bewusstsein für die Relevanz der Adressatenperspektive geschaffen werden (vgl. Winkler / Heublein / Theel 2009). Auch das Sammeln von Argumenten für die andere und gegen die eigene Position zielt auf typische Schwierigkeiten beim schriftlichen Argumentieren (vgl. Feilke 2008b, S. 155 f.). Die Gelegenheit zur Einübung von Teilaspekten hat sich zwar als didaktisch ertragreich erwiesen, sollte aber um subjektiv herausfordernde, realitätsnahe Anlässe zum schriftlichen Argumentieren ergänzt werden (ebd., S. 161 f.). Generell ist anzunehmen, dass sich häufigere und frühere Gelegenheiten des Umgangs mit schriftlichen Argumentationen – rezeptiv wie produktiv – positiv auswirken.

Literaturhinweise

Feilke, Helmuth 1988: Ordnung und Unordnung in argumentativen Texten. Zur Entwicklung der Fähigkeit, Texte zu strukturieren. In: Der Deutschunterricht. H. 3. S. 65 – 81.

Feilke, Helmuth 2008a: Meinungen bilden. Basisartikel. In: Praxis Deutsch. H. 211. S. 6 –13.

Feilke, Helmuth 2008b: Schriftlich argumentieren. In: Eva Burwitz-Melzer / Wolfgang Hallet / Michael K. Legutke / Franz-Joseph Meißner / Joybrato Mukherjee (Hg.): Sprachen lernen – Menschen bilden. Baltmannsweiler. S. 153 –164.

Kultusministerkonferenz (Hg.) 2014: Kompetenzstufenmodelle zu den Bildungsstandards im Kompetenzbereich Schreiben, Teilbereich freies Schreiben, für den Mittleren Schulabschluss. Beschluss der Kultusministerkonferenz (KMK) vom 13. / 14. 3. 2014. In: https://www.iqb.hu-berlin.de/bista/ksm, recherchiert am 14. 10. 2016.

Pohl, Thorsten 2014: Schriftliches Argumentieren. In: Helmuth Feilke / Thorsten Pohl (Hg.): Schriftlicher Sprachgebrauch. Texte verfassen. Deutschunterricht in Theorie und Praxis, Bd. 4. Baltmannsweiler. S. 287–315.

Rezat, Sara 2011: Schriftliches Argumentieren. Zur Ontogenese konzessiver Argumentationskompetenz. In: Didaktik Deutsch. H. 31. S. 50 – 67.

Winkler, Iris 2003: Argumentierendes Schreiben im Deutschunterricht. Theorie und Praxis. Frankfurt a. M.

Winkler, Iris 2006: Argumentierendes Schreiben im Deutschunterricht im Spiegel von Aufgaben für Lern- und Leistungssituationen. In: Elke Grundler / Rüdiger Vogt (Hg.): Argumentieren in Schule und Hochschule. Interdisziplinäre Studien. Tübingen. S. 145 –154.

Winkler, Iris / Karoline Heublein / Stefanie Theel 2009: Nicht immer auf das Ganze schauen. Teilkompetenzen beim argumentierenden Schreiben überprüfen und fördern. In: Praxis Deutsch. H. 214. S. 34 – 43.

B 7 Epistemisches Schreiben

Torsten Steinhoff

Das Schreiben hat nicht nur eine soziale, sondern auch eine kognitive Funktion: Man schreibt für sich (vgl. Ortner 2000). Eine der wichtigsten Erfahrungen, die man dabei machen kann, ist das Lernen: Das Schreiben führt dazu, dass man sein Wissen und sein Verhaltenspotenzial erweitert. Es erfüllt also eine epistemische Funktion (griech.: das Wissen, die Erkenntnis betreffend). Das epistemische Schreiben ist ein „schlafender Riese" (Thürmann / Pertzel / Schütte 2015), weil es ein hohes Lernpotenzial für den Deutsch- und den Fachunterricht besitzt, aber nur selten gelehrt und didaktisch wenig reflektiert wird.

Schreiben und Lernen

Dass das Schreiben das Lernen begünstigt, kann auf seine medialen und konzeptionellen Bedingungen zurückgeführt werden (vgl. Pohl / Steinhoff 2010, S. 9 ff.). In medialer Hinsicht ist das Schreiben durch den Gebrauch der Schrift und deshalb durch Langsamkeit, Vorläufigkeit und Objektivation geprägt. Weil das Schreiben langsam ist, kann man seine Äußerungen in Ruhe planen und externe Wissensquellen, etwa Lexika, hinzuziehen. Weil es vorläufig ist, kann man seine Äußerungen fortwährend überdenken und überarbeiten. Und weil es objektivierend ist, d. h. Sprache in Form von Zeichen dinghaft macht, kann man seine Äußerungen sehen und folglich sehr gut reflektieren. In konzeptioneller Hinsicht ist das Schreiben v. a. durch die Notwendigkeit geprägt, das Fehlen einer von Sprecher und Hörer geteilten Situation, wie sie für Gespräche typisch ist, durch besonders explizite sprachliche Mittel zu kompensieren. Die Auseinandersetzung mit diesen medialen und konzeptionellen Bedingungen bewirkt eine ausgeprägte Selbst-, Sach- und Sprachreflexion und forciert so das Lernen.

Epistemisches Schreiben im weiteren und engeren Sinne

Da das Schreiben prinzipiell immer Lerneffekte haben kann, ist es sinnvoll, zwischen einem epistemischen Schreiben im weiteren und engeren Sinne zu unterscheiden (vgl. Steinhoff 2014, S. 333 f.). Das epistemische Schreiben i. w. S. betrifft mehrere Wissensarten (Welt- und Fachwissen, Sprachwissen, metakognitives Wissen), vollzieht sich nicht zwingend bewusst und wird von allen Schreibenden genutzt. Wer beim argumentierenden Schreiben beiläufig lernt, wie man ein Gegenargument entkräftet, schreibt epistemisch i. w. S. Das epistemische Schreiben i. e. S. bezieht sich dagegen allein auf das Welt- und Fachwissen, erfolgt intendiert und wird vorwiegend von relativ erfahrenen Schreibenden praktiziert. Wer ein Exposé verfasst, schreibt epistemisch i. e. S. Die Unterschiede zwischen dem epistemischen Schreiben i. w. S. und i. e. S. sind graduell: Das Welt- und Fachwissen kann mehr oder weniger zum Gegenstand gemacht werden, die Bewusstheit mehr oder weniger ausgeprägt sein und der Schreibende mehr oder weniger Expertise besitzen.

Förderung des epistemischen Schreibens

Um das epistemische Schreiben im Unterricht zu fördern, müssen geeignete Schreibarrangements, d. h. Lehr-Lern-Schreibsettings, entwickelt werden. Dafür sind u. a. die folgenden Aspekte von Bedeutung.

- **Interdisziplinarität:** Da das epistemische Schreiben in der Schule vorwiegend dem fachlichen Lernen dient, ist seine Förderung nicht nur Aufgabe des Deutsch-, sondern auch des Fachunterrichts. Die Schülerinnen und Schüler sollten in verschiedenen Fächern die Erfahrung machen können, dass und wie sich das Schreiben als Lernwerkzeug einsetzen lässt, entweder in fachspezifischen oder fachübergreifenden Kontexten (vgl. Becker-Mrotzek / Schramm / Thürmann et al. (Hg.) 2013).
- **Schreiblernende:** Jedes epistemische Schreibarrangement setzt bei den Fähigkeiten der Lernenden an (→ B 2). Grob gesprochen, fixieren wenig erfahrene Schreibende ihr Wissen so, wie sie es nach und nach aus dem Gedächtnis abrufen („knowledge telling"), während erfahrene Schreibende ihren Schreibprozess so kontrollieren können, dass sie ihr Wissen je nach Schreibziel zu modifizieren vermögen („knowledge transforming") (vgl. Bereiter / Scardamalia 1987). Daraus lässt sich nicht ableiten, dass das epistemische Schreiben ausschließlich Expertensache ist, wohl aber, dass es sehr anspruchsvoll ist und gerade jüngere und leistungsschwächere Lernende deshalb entsprechend unterstützt werden müssen.
- **Schreibfunktion:** Der Dreh- und Angelpunkt des epistemischen Schreibens ist die Schreibfunktion (→ B 1). Für die Schülerinnen und Schüler muss erkennbar und erfahrbar sein, dass sie schreiben, um etwas zu lernen. Diese Funktion kann noch genauer gefasst werden, z. B. in Bezug darauf, ob es um das Entfalten, Strukturieren, Verstehen, Einprägen, Reflektieren oder Kritisieren von Ideen geht (vgl. Fix 2008, S. 12 f.). Um die Schreibmotivation zu erhöhen und den Schreibprozess zu strukturieren, ist es zudem bisweilen sinnvoll, die epistemische durch eine soziale Funktion zu rahmen, also z. B. eine reale oder fiktive Person adressieren zu lassen, der das Wissen fehlt, um das es geht.
- **Schreibprozess:** Ein epistemisches Schreibarrangement muss einen Schreibprozess initiieren und begleiten, der es den Lernenden erlaubt, sich intensiv mit den medialen und konzeptionellen Bedinungen des Schreibens auseinanderzusetzen, insbesondere mit den Teilprozessen des Planens, Formulierens und Überarbeitens (vgl. Wrobel 2014, S. 87 ff.). Das bedeutet, dass der Schreibprozess hinreichend komplex sein und genug Zeit zur Verfügung

stehen muss. Zu diesem Zweck können ggf. Schreibstrategien eingesetzt werden, d.h. klar strukturierte Vorgehenspläne (vgl. Philipp 2012, S. 61 ff.). Ein besonderes Lernpotenzial des Schreibprozesses liegt in der Interaktion des Schreibens mit dem Lesen fremder Texte. So entsteht eine lernförderliche intertextuelle Dynamik, die z. B. beim materialgestützten Schreiben genutzt wird (→ B 10). Ein gutes Beispiel ist die Formulierung einer Paraphrase, durch die es dem Schreibenden gelingt, eine zunächst nur passiv rezipierte Information aktiv in sein Wissen zu integrieren.

- **Textformen:** Für das epistemische Schreiben sind funktional angemessene Textformen von Bedeutung, d.h. Schreib- und Textformate, die eigens für Lehr-Lern-Kontexte konstruiert werden (vgl. Pohl/Steinhoff 2010). Sie können sich auf bestimmte epistemische Teilfunktionen beziehen (z. B. Mind-Map oder Cluster) oder komplexer angelegt sein (z. B. Exzerpt oder Protokoll). Zwei prototypische epistemische Textformen sind das Prozess-Portfolio und das Lesetagebuch (vgl. Steinhoff 2014, S. 340 ff.). Sie werden über einen längeren Zeitraum erstellt und zielen darauf ab, das individuelle Lernen zu dokumentieren und zu reflektieren. Das Prozess-Portfolio ist eine Sammelmappe, die neben den verschiedenen Schreibprodukten auch Entwürfe, Zwischenergebnisse und die verwendeten Materialien umfasst. Bei einem Lesetagebuch handelt es sich dagegen um eine Sammlung von Einträgen, die sich in persönlicher, analytischer oder produktiver Form auf literarische Texte beziehen.
- **Textprozeduren:** Da sich epistemische Effekte häufig beim Formulieren einstellen, bietet sich der Einsatz von sprachlichen Hilfen an, die das Formulieren anregen und strukturieren. Dazu gehören z. B. Textprozeduren, d. h. Wörter und Wendungen, die für die jeweiligen Schreibanlässe relevant sind, etwa argumentative Formulierungen wie „zwar ... aber“ oder „einerseits ... andererseits“ (→ B 1). Es muss allerdings darauf geachtet werden, dass die Textprozeduren zur Schreibaufgabe passen, und darauf, dass nicht nur die Ausdrücke aufgelistet werden, sondern auch transparent gemacht wird, welche Funktionen sie für den Schreibprozess und das Schreibprodukt haben.
- **Schreibmedien:** Bei der Konzipierung jedes epistemischen Schreibarrangements muss eine Entscheidung für ein bestimmtes Schreibmedium getroffen werden. Dafür bietet sich neben dem Schreiben mit Stift und Papier auch das Schreiben mit neuen Medien an (→ B 11). Wenn die Schülerinnen und Schüler über eine entsprechende Medienkompetenz verfügen, kann das computergestützte und ggf. auch internetbasierte Schreiben den Lernprozess erheblich unterstützen und wesentlich voranbringen (z. B. Textverarbeitungsprogramme oder Formate wie E-Portfolios und Wikis).
- **Kooperation:** Ein epistemisches Schreibarrangement sollte in eine schreib- und lernförderliche Kooperationskultur eingebettet sein (Baurmann 2017, S. 100 ff.). Das epistemische Schreiben ist zwar auf den Schreibenden selbst bezogen, profitiert aber auch vom sozialen Austausch mit Peers und Lehr-

personen. Dies kann sich beispielsweise darin zeigen, dass die Peers zusammen epistemisch schreiben (z. B. Schreibkonferenz), oder darin, dass die Peers oder die Lehrpersonen Rückmeldungen zu epistemischen Schreibprodukten geben, oder auch darin, dass die Lehrpersonen ihr eigenes epistemisches Schreiben laut denkend vorführen und mit den Lernenden darüber diskutieren.

Literaturhinweise

Baurmann, Jürgen 2017: Schreiben – Überarbeiten – Beurteilen. Ein Arbeitsbuch zur Schreibdidaktik. 5. Auflage. Seelze.

Becker-Mrotzek, Michael / Karen Schramm / Eike Thürmann / Helmut J. Vollmer 2013 (Hg.): Sprache im Fach. Sprachlichkeit und fachliches Lernen. Fachdidaktische Forschungen. Bd. 3. Münster u. a.

Bereiter, Carl / Marlene Scardamalia 1987: The Psychology of Written Composition. Hillsdale, NJ.

Fix, Martin 2008: Lernen durch Schreiben. In: Praxis Deutsch. H. 210. S. 6–15.

Ortner, Hanspeter 2000: Schreiben und Denken. Tübingen.

Philipp, Maik 2012: Besser lesen und schreiben. Wie Schüler effektiver mit Sachtexten umgehen lernen. Stuttgart.

Pohl, Thorsten / Torsten Steinhoff, 2010: Textformen als Lernformen. In: Dies. (Hg.): Textformen als Lernformen. Kölner Beiträge zur Sprachdidaktik (KöBeS). Bd. 7. Duisburg. S. 5–26.

Steinhoff, Torsten 2014: Lernen durch Schreiben. In: Helmuth Feilke / Thorsten Pohl (Hg.): Schriftlicher Sprachgebrauch – Texte verfassen. Deutschunterricht in Theorie und Praxis. Bd. 4. Baltmannsweiler. S. 331–346.

Thürmann, Eike / Eva Pertzel / Anna Ulrike Schütte 2015: Der schlafende Riese: Versuch eines Weckrufs zum Schreiben im Fachunterricht. In: Sabine Schmölzer-Eibinger / Eike Thürmann (Hg.): Schreiben als Medium des Lernens. Kompetenzentwicklung durch Schreiben im Fachunterricht. Fachdidaktische Forschungen. Bd. 8. Münster u. a. S. 17–45.

Wrobel, Arne 2014: Schreibkompetenz und Schreibprozess. In: Helmuth Feilke / Thorsten Pohl (Hg.): Schriftlicher Sprachgebrauch – Texte verfassen. Deutschunterricht in Theorie und Praxis. Bd. 4. Baltmannsweiler. S. 85–100.

B 8 Kreatives Schreiben

Kaspar H. Spinner

Was man unter kreativem Schreiben versteht, lässt sich am besten anhand der Herkunft des Begriffs erläutern (vgl. Ruf 2016). Er ist eine Lehnübersetzung des englischen creative writing, das seit Ende der 1970er-Jahre in der Schreibpädagogik der deutschsprachigen Länder aufgegriffen worden ist. In den angelsächsischen Ländern ist das kreative Schreiben, vor allem das Verfassen von Gedichten, Kurzgeschichten u. Ä., seit langem in den Schulen und Hochschulen verankert. In den deutschsprachigen Ländern ist das kreative Schreiben in den Schulen vor allem als Gegenmodell zu einem Schreiben, das sich auf tradierte Aufsatzformen und alltagsnahe Textsorten beschränkt, aufgegriffen worden. Dabei war auch der Einfluss der psychologischen Kreativitätsdiskussion wichtig.

Typisch für das kreative Schreiben ist, dass es auch außerhalb von Schule und Unterricht verbreitet ist. Man spricht von einer Schreibbewegung in den 1980er-Jahren; Schreiben wurde dabei meist unter dem Aspekt der Auseinandersetzung mit eigenen Lebenserfahrungen und der Identitätsvergewisserung betrachtet und hatte zugleich geselligen Charakter mit Schreibspielen in der Gruppe. Es ging nicht in erster Linie um die Erfüllung literarischer Ansprüche. Oft wird dem kreativen Schreiben eine therapeutische Wirkung zugeschrieben. Hilfreich für das Begriffsverständnis ist die Abgrenzung zu benachbarten schreibdidaktischen Konzepten, wobei allerdings die Übergänge fließend sind.

Kreatives Schreiben und freies Schreiben

Besonders nahe steht das kreative Schreiben dem freien Schreiben. Dieses ist etwa zur gleichen Zeit wie das kreative Schreiben in der Schreibdidaktik wichtig geworden, geht allerdings auf eine ältere Tradition, auf die Reformpädagogik, zurück. Der Überschneidungsbereich von freiem und kreativem Schreiben ist groß; der wesentliche Unterschied besteht darin, dass beim freien Schreiben, wenigstens in seiner Reinform, die Schülerinnen und Schüler frei entscheiden, wann, worüber und wie (etwa hinsichtlich der Textsorte) sie schreiben wollen. Es geht also um ein völlig individualisiertes Vorgehen, ausgehend von der Überzeugung, dass die Verläufe der Schreibentwicklung individuell verschieden sind. Beim kreativen Schreiben scheut man sich dagegen nicht, Schreibimpulse zu geben, ausgehend von der Auffassung, dass man kreative Prozesse gezielt anregen und anstoßen kann. Die Methodik des kreativen Schreibens stützt sich dabei auf Erkenntnisse der Kreativitätspsychologie. Einige Methoden des kreativen Schreibens, z. B. Techniken des Brainstormings zur Ideenfindung, werden auch für das Schreiben von Sach- und Fachtexten eingesetzt, etwa in Kursen für wissenschaftliches Schreiben an Hochschulen.

Kreatives Schreiben und literarisches Schreiben

Beim kreativen Schreiben bedient man sich meist literarischer Schreibmuster; man schreibt Gedichte, kurze Prosatexte, Erzählungen u. Ä. Aber es werden auch andere Textsorten realisiert, z. B. Tagebucheinträge, Erinnerungen, Beschreibungen. Mit dem Begriff des literarischen oder poetischen Schreibens, der seit einigen Jahren verstärkt in die Didaktik eingedrungen ist, wird ein eindeutiger Bezug zur Literatur hergestellt (vgl. Gans / Prenting 2012, Abraham 2014). Man könnte deshalb sagen, dass das literarische Schreiben ein Teilbereich des kreativen Schreibens sei. Allerdings unterscheiden sich die beiden Begriffe auch durch eine unterschiedliche Akzentuierung in der Zielsetzung. Beim literarischen Schreiben im Unterricht geht es um die Entwicklung der Fähigkeit, literarische Texte schreiben zu können. Dabei steht die Aneignung literarischer Techniken deutlicher im Vordergrund als beim kreativen Schreiben.

Kreatives Schreiben und handlungs- und produktionsorientierter Literaturunterricht

Überschneidungen gibt es auch mit den handlungs- und produktionsorientierten Verfahren (→ D 18). Sie gelten als eine Methode des Literaturunterrichts. Entsprechend stehen bei ihnen literaturdidaktische Zielvorstellungen im Vordergrund, während das kreative Schreiben schreibdidaktisch orientiert ist. Wenn Lernende z. B. zu einem unvollständig ausgegebenen Erzähltext eine Fortsetzung schreiben sollen, kann dies im Sinne des kreativen Schreibens der Förderung schriftlicher Erzählfähigkeit dienen, im Sinn des literarischen Lernens der vertieften Auseinandersetzung mit dem Ausgangstext, den die Lernenden für das Schreiben einer angemessenen Fortsetzung sorgfältig lesen müssen und mit dem die Schülerfortsetzungen nach dem Schreiben verglichen werden können. Meist verbinden sich allerdings schreib- und literaturdidaktische Zielsetzung.

Kreatives Schreiben und prozessorientierte Schreibdidaktik

Seit Ende der 1980er-Jahre hat der prozessorientierte Ansatz der Schreibdidaktik immer größere Bedeutung gewonnen. Heute kann er als der dominierende Ansatz gelten. Auffallend ist, dass in der Fachdiskussion das Verhältnis des kreativen Schreibens zur prozessorientierten Schreibdidaktik wenig diskutiert wird. Einerseits ist die Didaktik des kreativen Schreibens durchaus auch von einem Interesse an Schreibprozessen geprägt, andererseits gibt es auch Unterschiede zwischen den Konzeptionen. Die prozessorientierte Schreibdidaktik ist stärker kognitiv ausgerichtet, was sich u. a. in der Bedeutung zeigt, die bei ihr dem Planen und dem Überarbeiten von Texten zukommt. Beim kreativen Schreiben spielen Imagination und Intuition eine größere Rolle. Zu viel Planen kann nach Auffassung von Vertretern des kreativen Schreibens zu Schreibblockaden führen.

Methoden des kreativen Schreibens

Als leitendes Grundprinzip für Anregungen und Vorgaben zum kreativen Schreiben können die drei Begriffe Irritation, Expression und Imagination dienen (Spinner 2015, S. 108). Irritation spielt grundsätzlich eine Rolle beim Auslösen kreativer Prozesse. Die Störung automatisierter Wahrnehmungsweisen und Handlungsmuster kann zu neuen Sichtweisen, Ideen und Lösungsmöglichkeiten führen. So kann auch für das kreative Schreiben Irritation zum Ausgangspunkt werden. Durch entsprechende Vorgaben, z. B. durch Phantasiewörter, zu denen eine Geschichte erfunden werden soll, können kreative Texte angeregt werden. Das Grundprinzip der Expression bezieht sich dagegen darauf, dass kreatives Schreiben eine Möglichkeit ist, eigene Erfahrungen und Wünsche zum Ausdruck zu bringen. Entsprechende Anregungen können z. B. durch Brainstormingverfahren, durch die Vorgabe, zu einem geliebten Gegenstand zu schreiben, durch Phantasiereisen oder durch literarische Texte, in denen eine Erinnerung gestaltet ist, gegeben werden. Das dritte Grundprinzip, die Imagination, bezieht sich darauf, dass für kreatives Schreiben die Vorstellungsbildung wichtig ist. Auch sie kann durch entsprechende Vorgaben angeregt werden, z. B. durch Bilder oder Musik, zu denen geschrieben werden soll. Es gibt Schreibaufgaben, die deutlich nur an einem der drei Prinzipien ausgerichtet sind; bei sprachspielerischen Unsinnstexten steht z. B. die Irritation im Vordergrund, beim Aufschreiben einer persönlichen Erinnerung die Expression. Die Prinzipien können sich aber auch in einem Zusammenspiel wechselseitig verstärken. Irritation kann Imagination auslösen, Imagination kann persönliche Erinnerungen lebendig werden lassen. Die methodischen Möglichkeiten, die sich für kreatives Schreiben in der Schule anbieten, sind ausgesprochen vielfältig. Als wichtigste Methodengruppen für Schreibimpulse und Aufgabenstellungen können die folgenden genannt werden (vgl. Böttcher 2013, S. 22 ff.):

- **Assoziative Verfahren:** Besonders verbreitet ist das vor allem durch Gabriele L. Rico bekannt gewordene Cluster-Verfahren, bei dem zu einem Wort, das in die Mitte eines leeren Blattes geschrieben wird, weitere Wörter assoziiert und als Ideennetz aufgeschrieben werden. Sehr bekannt ist auch das automatische Schreiben, bei dem zunächst alles, was einem zu einem Stichwort einfällt, ohne Rücksicht auf Syntax und Orthographie hingeschrieben wird.
- **Schreibspiele:** Hier wird der gesellige Aspekt des kreativen Schreibens besonders deutlich. Es wird z. B. reihum eine angefangene Geschichte weitergeschrieben oder die Gruppenteilnehmer schreiben drei originelle Wörter auf Zettel, die eingesammelt und neu verteilt werden; die Teilnehmenden müssen mit den Wörtern, die sie nun erhalten, einen Text schreiben.
- **Schreiben zu Gegenständen, Bildern, Fotos, Musik:** Dies kann in unterschiedlicher Weise inszeniert werden. Die Lehrenden können z. B. einen Koffer mit kleinen Gegenständen mitbringen; die Teilnehmenden wählen einen Gegenstand und schreiben dazu. Oder es werden Reproduktionen von Gemäl-

den ausgelegt, von denen die Teilnehmenden eine auswählen und dazu schreiben.

- **Schreiben an besonderen Lernorten:** Durch das Schreiben außerhalb des Klassenzimmers, z. B. in einer Einkaufsstraße, in einem Museum, nahe einer Burgruine, können der atmosphärische Eindruck und einzelne Beobachtungen Impulse zum Schreiben auslösen.
- **Schreiben nach formalen Regeln:** Hier sind vor allem Gedichtformen wie das Akrostichon, das Haiku, das Rondel oder das speziell für Schreibwerkstätten entwickelte, mittlerweile überstrapazierte Elfchen beim kreativen Schreiben beliebt.
- **Imitatives Schreiben:** Literarische Texte werden vorgegeben; die Schülerinnen und Schüler schreiben angeregt von der Vorlage einen ähnlichen Text.
- **Verfremdendes Schreiben:** Ein Text dient als Vorlage, um eine parodierende Variante zu erstellen; das kann sowohl als lustvolles Spiel mit stilistischen Möglichkeiten als auch in kritischer Absicht erfolgen.

Verfahren aus den verschiedenen Methodengruppen können miteinander kombiniert werden. Das ist z. B. der Fall, wenn für das Schreiben im Museum die Anregung gegeben wird, zu einem Bild ein Rondel zu schreiben.

Literaturhinweise

Abraham, Ulf 2014: „Kreatives" und „poetisches" Schreiben. In: Helmuth Feilke / Thorsten Pohl (Hg.): Schriftlicher Sprachgebrauch. Texte verfassen. Deutschunterricht in Theorie und Praxis. Bd. 4. Baltmannsweiler. S. 364–381.

Böttcher, Ingrid (Hg.) 2013: Kreatives Schreiben. 8. Auflage. Berlin.

Gans, Michael / Ruth Prenting (Hg.) 2012: Textwerkstätten. Literarisches Schreiben in Schule, Hochschule und Freizeit. Baltmannsweiler.

Ruf, Oliver 2016: Kreatives Schreiben. Eine Einführung. Tübingen.

Spinner, Kaspar H. 2015: Kreativer Deutschunterricht. Identität – Imagination – Kognition. Seelze.

B 9 Schreiben: Stilarbeit

Ulf Abraham

Stil und Stilistik im Deutschunterricht

Von Stil kann man überall sprechen, wo es verschiedene Möglichkeiten gibt, etwas auszudrücken oder zu gestalten – in der Architektur ebenso wie in der Mode, in der bildenden Kunst wie in der Literatur. Einzelne Autoren, in gewissen Grenzen auch ganze Epochen, lassen sich nicht nur durch ihre Vorliebe für bestimmte Themen, Gattungen oder Medien voneinander unterscheiden, sondern auch durch ihre sprachlichen Eigenheiten – ein Text Kafkas ist von einem Thomas Manns auf den ersten Blick zu unterscheiden, und Kleist erkennt man (auch) an dessen Vorliebe für lange hypotaktische Sätze.

Obwohl Stilbeobachtungen im Literaturunterricht also lohnend wären, hat der Deutschunterricht die Stilistik traditionell weniger dort als im Bereich des Aufsatz- bzw. Schreibunterrichts verortet: „Stylübungen“ waren im 19. Jahrhundert für diesen so zentral, dass der Begriff fast zum Synonym für Aufsatzlehre wurde (vgl. Abraham 2011, S. 9 ff.). Noch bis in die 1960er-Jahre hat allerdings Ludwig (1988, S. 384 ff.) eine problematische „Ausgrenzung der Stilübungen“ aus dem Aufsatzunterricht beobachtet.

Ging es einst recht normativ um gutes (Schrift-)Deutsch, so betont die Sprach-/Schreibdidaktik heute die Fähigkeit der Wahrnehmung und Beherrschung verschiedener Sprachstile. In diesem Sinn sind vier Perspektiven für die Thematisierung von Stil(en) zu unterscheiden:

- In Bezug auf das Medium (Mündlichkeit/Schriftlichkeit) ist Stil Entscheidung für eine Sprache der Nähe/Sprache der Distanz. Schon hier gibt es aber nicht nur ein Entweder-Oder, sondern die Möglichkeit einer Abstufung. (Man kann mehr oder weniger schriftsprachlich reden oder schreiben.)
- In Bezug auf den Gegenstand ist Stil Folge von Entscheidungen für oder gegen Prägnanz, und damit gegen oder für Ausführlichkeit. (In Randbemerkungen wie „zu breit“ / „etwas knapp“ steckt die richtige Vorstellung, dass auch in diesem Bereich Grade oder Abstufungen vorkommen.) Abhängig ist das einerseits von Thema und Textsorte, andererseits vom Autor.
- Auf der Ebene der Kommunikationsmuster ist Stil die Einwahl in eine Textsorte. (Auch diese ist graduell, d. h. die Textsorte kann sehr deutlich oder eher weniger dezidiert erfüllt werden.)
- Auf der Ebene der Intention ist Stil Zeichen oder An-Zeichen: Auf dieser Ebene konkreter Markierungshandlungen macht sozusagen die Dosierung den Sprecher oder die Schreiberin aus. (Wie viele markierte und damit originelle oder expressive Formulierungen riskiert er oder sie?)

Diese Liste versteht sich als top-down-Bewegung – von den zum Teil medial bedingten stilistischen insgesamt bis herunter zum Sinn einzelner stilistischer Entscheidungen im konkreten gesprochenen oder geschriebenen Text.

Stilkönnen und Stilverstehen als Kompetenzen

Kompetenzorientiert gedacht, ist als Referenzgröße für stilistische Entscheidungen die Textsorte unverzichtbar: Sie ist als anzunehmende Erwartungsnorm der kommunikative Rahmen für die je konkrete Handlung, ermittelbar aus der Frequenz bestimmter sprachlicher Erscheinungen auf lexikalischer, idiomatischer und syntaktischer Ebene. Häufig hat allerdings ein Text mehrere Textsorten als Referenzgrößen. Zum andern ist daher Stil, im Sinn einer Abweichungsstilistik, als expressive Devianz zu fassen, d. h. nicht als Erfüllung, sondern als Abweichung von einer Erwartungsnorm. Deskriptiv ist dagegen nichts einzuwenden, normativ kann es zum Problem werden: Das Ausmaß, in dem man beim Schreiben ein ästhetisches Wagnis eingeht, sollte jedenfalls nicht unter Berufung auf die Textsorte von vornherein unter den Verdacht mangelnder Stilkompetenz gestellt, sondern hermeneutisch gewürdigt werden: Abweichungen können intentional sein; (nur) als solche haben sie stilistischen Zeichenwert. Stil ist janusköpfig, insofern er sowohl Einheitlichkeit als auch Varianz impliziert und sowohl eine sprachliche Norm als auch die Möglichkeit des Abweichens von ihr voraussetzt (vgl. ausführlich Eroms 2014, S. 11–42).

Stilistische Kompetenz setzt aber nicht nur die Kenntnis von Textsortennormen voraus, sondern auch das Verfügen über Ausdrucksalternativen und das Reflektieren früherer Kommunikationserfahrungen beim Formulieren. Stile sind, wenn das Ziel der Kompetenzförderung erreicht werden soll, differenzierter wahrzunehmen als nach dem noch im 19. Jahrhundert zentralen Konzept der sprachlichen Angemessenheit. Einschätzen zu können, was angemessen ist, darf man zwar Erwachsenen zutrauen, erst recht, wenn sie erfahrene Leserinnen und Leser bzw. Schreiberinnen und Schreiber sind. Lernende dagegen lässt die Belehrung, der Stil müsse angemessen sein, erfahrungsgemäß oft ratlos zurück: Sie müssen einen Maßstab dafür erst noch entwickeln. Es nützt auch nur bedingt, ihnen sprachliche Merkmale zu nennen, die im Rahmen einer bestimmten Textsorte (z. B. eines Berichts) als angemessen gelten können (zu Alternativen, vgl. das folgende Unterkapitel). Das stiltheoretisch durchaus erkannte, aber praktisch kaum bearbeitete Problem ist, dass Stil ein ganzheitlich wahrgenommenes Phänomen ist (vgl. Abraham 2009a).

Dass die Konsensfähigkeit negativer Urteile über stilistisches Gelingen größer ist als die positiver Urteile (vgl. Abraham 2009b), ist eine Beobachtung an Lehrerkorrekturen, die praktische Folgen haben sollte. Obwohl niemand bestreitet, dass die Rezeption und Produktion von Stil eine Aufgabe des Deutschunterrichts ist, klafft in neueren Überlegungen zur Vermittlung von Kompetenzen im Fach Deutsch eine Lücke, wo von Stilkönnen (Fähigkeit der Stilvariation) und

Stilverstehen (Fähigkeit der Stilwahrnehmung) die Rede sein müsste: Da die Bildungsstandards der KMK alle Lernbereiche des Deutschunterrichts abdecken, müsste man erwarten, dass Stil vielleicht noch nicht in den Standards für die 4. Jahrgangsstufe auftaucht und nicht unbedingt in den Standards für den Hauptschulabschluss (Klasse 9), aber doch wohl in denen für den Mittleren Bildungsabschluss (Klasse 10). Tatsächlich ist Stilkompetenz auch dort so gut wie nicht vorhanden (vgl. Abraham 2011, S. 340).

Methodische Möglichkeiten der Stilarbeit

Die im vorigen Abschnitt umrissene stilistische Kompetenz zeigt sich im sprachlichen Handeln, d. h. in einer Folge mehr oder weniger bewusst getroffener Formulierungsentscheidungen beim Sprechen und Schreiben. Insofern solche Entscheidungen (für/gegen Ausdrucksalternativen, Satzbaumuster usw.) bewusst fallen, kann von (Stil-)Gestalten gesprochen werden. Die Frage ist nun, wie ein solches – und zwar vor aller Bewertung! – im Unterricht wahrgenommen und beschrieben werden kann. Jeder Text lässt sich dann variierbar auf den vier Achsen des folgenden Rasters verorten:

- prägnant vs. explizit: Grad der sprachlichen Ausführlichkeit
- konstant vs. variant: Grad der sprachlichen Einheitlichkeit
- nahe vs. distant: Grad der Schriftsprachlichkeit
- neutral vs. markiert: Ausdrucksstärke

Stilarbeit ist so betrachtet Arbeit an der Wahrnehmung (Textrezeption) und Gestaltung (Textproduktion) der damit bezeichneten stilistischen Möglichkeiten der Sprache. Tradition in der Geschichte des kreativen Schreibens hat die Beschäftigung mit Raymond Queneaus Klassiker *Stilübungen* (1961, erw. u. neu übers. 2016). Als aktuellere Realisierung desselben Grundgedankens stilistischer Variation einer banalen Begebenheit hat sich *Die Minute mit Paul McCartney* von F. C. Delius (2008) bewährt (vgl. Abraham 2009b). Lernende vergleichen die inhaltlich recht ähnlichen, aber sprachlich sehr unterschiedlichen Kurztexte miteinander und erkennen, dass man die kleine Geschichte von Paul McCartney, der seinen Hund im Park ausführt, aus verschiedenen Perspektiven und mit entsprechend differenten Stilmitteln erzählen kann, aber nicht in keinem Stil. Prosatexte aus der Geschichte und Gegenwart der Literatur lassen sich nach dieser Erfahrung sprachlich genauer wahrnehmen und beschreiben; der Textvergleich ist dabei ein wichtiges Mittel der Stilarbeit.

Eine wichtige Rolle für die Stilarbeit spielt aber neben der Rezeption und Beschreibung von Texten und Textauszügen auch eigenes Schreiben. Nicht nur ist Queneaus Erzählexperiment jederzeit anhand von Alltagsgeschichten im Klassenzimmer reproduzierbar; Schreibunterricht ist immer auch Stilarbeit: Beschreiben erfordert andere Stilmittel als Erzählen oder Argumentieren. Insbesondere die Phase des Überarbeitens ist der Stilarbeit sehr zugänglich, wenn

Lernende dazu angehalten werden, sich in Einschätzungen und Rückmeldungen zu Textentwürfen nicht nur auf Inhalte und Ideen, sondern immer auch auf Sprache und Stil zu beziehen (zur Überarbeitung journalistischer Texte unter diesem Aspekt, vgl. z. B. Rau 2014, S. 142–157, zu erzählenden Texten Wörner / Rau / Noir 2012, S. 109–138).

Insgesamt ist Stil eine sprach- und literaturdidaktisch wichtige, in der Deutschdidaktik der vergangenen vierzig Jahre aber eher stiefmütterlich behandelte Kategorie der Wahrnehmung und Gestaltung von Texten: Stil ist ein didaktisch fruchtbarer und methodisch gut zugänglicher Verständigungsbegriff sowohl für den Literatur- als auch den Schreibunterricht.

Literaturhinweise

Abraham, Ulf 2009a: Stil als ganzheitliche Kategorie: Gestalthaftigkeit. In: Ulla Fix / Andreas Gardt / Joachim Knape (Hg.): Rhetorik und Stilistik / Rhetoric and Stylistics. Ein internationales Handbuch historischer und systematischer Forschung. An International Handbook of Historical and Systematic Research. 2. Halbband. Berlin u. a. S. 1348–1367.

Abraham, Ulf 2009b: Sprech- und Schreibstile Lernender fördern und beurteilen. In: DU 61. H. 1. S. 57–69.

Abraham, Ulf 2011: Stil lehren? Die Wahrnehmung der Stilqualität von Texten als didaktische Herausforderung in Schule und Hochschule. In: Ulrich Breuer / Bernhard Spies (Hg.): Textprofile stilistisch. Beiträge zur literarischen Evolution. Bielefeld. S. 337–364.

Delius, Friedrich Christian 2008: Die Minute mit Paul McCartney. München.

Eroms, Hans-Werner 2014: Stil und Stilistik. Eine Einführung. 2. Auflage. Berlin.

Ludwig, Otto 1988: Der Schulaufsatz. Seine Geschichte in Deutschland. Berlin u. a.

Queneau, Raymond 2016 [1961]: Stilübungen. Erweitert und neu übersetzt von Frank Heibert und Hinrich Schmidt-Henkel. Berlin.

Rau, Tilman 2014: Journalistisches Schreiben im Unterricht. Themenfindung, Recherchen, Textformen. Seelze.

Wörner, Ulrike / Tilman Rau / Yves Noir 2012: Erzählendes Schreiben im Unterricht. Werkstätten für Skizzen, Prosatexte, Fotografie. Seelze.

B 10 Materialgestütztes Schreiben

Helmuth Feilke

Eine neue Herausforderung für den Deutschunterricht

Was ist materialgestütztes Schreiben? Einige Beispiele:

- Schülerinnen und Schüler eines fünften Schuljahrs verfassen auf der Grundlage einer Sammlung von Interviews, Berichten und Zeichnungen ein Spielebuch zu den Spielen ihrer Eltern und Großeltern.
- Die Lernenden eines 10. Schuljahrs erarbeiten für nachfolgende Jahrgänge auf der Grundlage von Praktikumsberichten, dem Jugendschutzgesetz und Prospekten verschiedener Praktikumsbetriebe der Region einen Praktikumsleitfaden.
- Für eine Facharbeit zum Thema „Bestimmt die Sprache die Wahrnehmung der Umwelt?" hat ein Schüler der 12. Schuljahrs unterschiedliche Fachtexte und Materialien (Graphiken, Tabellen etc.) zur Sapir-Whorf-Hypothese, zur Farblexik in verschiedenen Sprachen und zur Farbwahrnehmung zusammengetragen.

Die Schreibsituationen sind durch einen engen Zusammenhang von Schreiben und Lesen bestimmt. Schreibanforderungen dieser Art sind im alltäglichen und beruflichen Schreiben verbreitet. Sie bestimmen das Schreiben in vielen Fächern und Wissenschaften. Die didaktische Herausforderung beschreibt der englische Terminus „discourse synthesis" (Segev-Miller 2007) treffend: Gemeint ist die Fähigkeit, heterogene Materialien und Texte für die Synthese eines eigenständigen kohärenten Zieltextes verwerten zu können. Was genau ist daran neu?

- Traditionell steht im Deutschunterricht ein einziger zu lesender, meist literarischer Text im Zentrum. Inhaltsangabe, Textanalyse und Textinterpretation sind als schulische Schreibformen in dieser Reihenfolge auf diesen einen Text bezogen. Diesen monotextuellen Fokus zeigen auch die in der Didaktik etablierten Lesemodelle. Materialgestütztes Schreiben verlangt ein multitextuelles Lesen (vgl. Schüler 2017). Welchen Anforderungen soll es entsprechen und wie verhalten sich dabei philologische Ansprüche an die Textanalyse zu den textanalytischen Anforderungen für das Schreiben?
- Das materialgestützte Schreiben erfordert eine für den Deutschunterricht neue Sichtweise auf das Verhältnis von Lesen und Schreiben: Es wird nicht mehr nur wegen des Lesens geschrieben, sondern es wird nun auch wegen des Schreibens gelesen. Lese- und Schreibdidaktik müssen ineinandergreifen, wenn das Lesen zum integralen Bestandteil der eigenen Schreibplanung wird.
- Damit hängt schließlich eine letzte hochaktuelle, aber im Deutschunterricht stark vernachlässigte Frage zusammen. Materialgestütztes Schreiben ist ein

Schreiben mit fremden Texten und über fremde Texte. Wie kann Eigenes und Fremdes didaktisch ins Verhältnis gesetzt werden? Wie können konkret die Formen intertextueller Bezugnahme im Spannungsfeld von Plagiat und eigenem Schreiben gefördert, erfasst und bewertet werden?

Materialgestützt informieren, erklären und argumentieren

Die Bildungsstandards unterscheiden textbezogenes Schreiben (Interpretation, Analyse, textgebundene Erörterung) und informierendes und argumentierendes materialgestütztes Schreiben (vgl. KMK 2012, S. 24). Das informierende materialgestützte Schreiben ist sachverhaltsorientiert. Dafür werden vornehmlich berichtend und beschreibend Inhalte aus den Materialien schriftlich referiert. Bei vielen Sachverhalten liegen unterschiedliche Erklärungen vor und es gibt kontroverse Auffassungen: Wie beeinflusst die Sprache das Denken? Welchen Bildungswert hat das Schreiben mit der Hand? Usw. Hier setzt die Erklärung der Sachverhalte ein Erklären der Kontroverse voraus. Solches Erklären liegt zwischen Informieren und Argumentieren. Ausdrücklich fordern die Standards, dass die Kontroverse dann „nachvollziehbar" darzustellen ist (ebd., S. 33). Das argumentierende materialgestützte Schreiben enthält stets informierende und erklärende Anteile, aber es geht darüber hinaus. Die Schreiberinnen und Schreiber sollen selbst Position beziehen. Auch dies soll für die Leserinnen und Leser nachvollziehbar geschehen. Das heißt, informierende, erklärende und argumentative Sprachhandlungen greifen beim materialgestützten Schreiben ineinander und stützen sich im Sinn aufeinander aufbauender und zunehmend komplexer werdender Anforderungen.

Bausteine materialgestützten Schreibens

Man könnte denken, materialgestütztes Schreiben beginne mit dem Lesen der Materialien. Aber das Lesen erfolgt im Hinblick auf den zu schreibenden Text; vorgelagert ist in der „kommunikativen Planung" (Feilke/Lehnen/Rezat et al. 2016, S. 37 ff.) die Klärung der Schreibaufgabe selbst (vgl. Abb. 10):

- **Klärung** der Schreibaufgabe: Für wen schreibe ich? Was soll mit dem Schreiben erreicht werden? Welche Textform/Textsorte soll das Schreiben haben?
- **Lesen:** Materialgestütztes Schreiben fordert ein text- und materialvergleichendes Lesen. Es hat bereits die Materialauswahl und die Synthese von unterschiedlichen Inhalten im Blick.

Abb. 10: Bausteine materialgestützten Schreibens (Feilke/Lehnen/Rezat et al. 2016, S. 28)

- **Planen:** Dabei zwingt die Vielfalt und Unterschiedlichkeit der Materialien die Schreiberinnen und Schreiber zu Auswahlentscheidungen: Was soll aus den Materialien ausgewählt und wie soll es im eigenen Text zusammengeführt werden? Erfahrene Schreiber planen im Regelfall immer auch explizit; gerade beim materialgestützten Schreiben gibt es dafür gute Gründe, denn der Plan bereitet das Material für den Schreibprozess auf. Kompetenzen, z. B. die Materialerschließung, können anhand solcher Planungsschritte beurteilt werden. Feilke/Lehnen/Rezat et al. (2016, S. 37 ff.) unterscheiden zwischen Inhaltsplanung und Textplanung. Bei der Inhaltsplanung geht es darum, Inhalte aus den Materialien im Blick auf die Fragestellung zu strukturieren und zu ordnen, bei der Textplanung geht es darum, die Auswahl im Sinn einer Partitur im Blick auf die Reihenfolge der Bearbeitung im eigenen Text zu ordnen.
- **Formulieren:** Auch sprachlich fordert materialgestütztes Schreiben eigenständige Kompetenzen. Materialgestützt verfasste Texte müssen den Bezug auf die Materialien explizit machen und mit kommunizieren. Vergleichen, Kontrastieren, Zitieren, Verweisen, das sind explizite intertextuelle Textprozeduren, für die man die entsprechenden Formulierungsmittel erst einmal kennenlernen muss (vgl. Feilke/Lehnen/Rezat et al.2016, S. 41 ff., 132 f.).
- **Überarbeiten:** Sinnvoll ist das kooperative Überarbeiten von Inhalts- und Textplänen im Unterricht. Haben die Schüler die Materialien verstanden? Wurden zentrale Informationen, Thesen, Argumente erfasst? Diese Fragen darf der Unterricht nicht im Beliebigen lassen. Eine Möglichkeit, sie zu bearbeiten, ist die Schreibkonferenz zu Inhalts- und Textplänen. Sie dient gleichermaßen dem Rückblick auf die Rezeption der Materialien wie der Konsolidierung der Inhalts- und Textplanung. Die gemeinsame Entwicklung und Begründung von Bewertungskriterien wird gestützt.

Aufgabenentwicklung und Aufgabennutzung

Für den Unterricht wäre es eine Chance, wenn das materialgestützte Schreiben nicht als ein weiteres schreibdidaktisches Teilthema aufgefasst würde, sondern als eine Arbeits- und Lernform im Deutschunterricht und für den Deutschunterricht. Die Entwicklung materialgestützter Schreibaufgaben ist aufwändig: Geeignete Themen finden, Materialrecherche, situierte Schreibaufgaben formulieren. Die Arbeit lohnt sich, wenn die entstehende Aufgabe als komplexe Lernaufgabe für den Unterricht und nicht nur als singulärer Schreibauftrag genutzt wird.

Genuine Themen des Deutschunterrichts können mit dem Aufgabenformat i. S. des Lernens durch Schreiben bearbeitet werden. Beispiele dafür sind etwa Autorenporträt (vgl. Thürmann/Schütte 2015, Feilke/Lehnen/Rezat et al. 2016, S. 136 ff., 150 ff.), literarische Stadtreise (vgl. Rezat 2015), Epochenerschließung (vgl. Jander 2015, Pertzel/Schütte 2015a, Feilke/Lehnen/Rezat et al. 2016, S. 218 ff.) verschiedene Themen der Sprachreflexion (vgl. ebd., S. 108 ff., 188 ff., 246 ff.) und Medienreflexion (vgl. ebd., S. 122 ff., 174 ff., 261 ff.). Konzeptionelle Beiträge zur

Diskussion mit Beispielen für den Unterricht, liegen u. a. vor in Abraham / Baurmann / Feilke (2015), Pertzel / Schütte (2015b), Feilke / Lehnen / Rezat et al. (2016), Feilke / Tophinke (2017).

Eine komplexe Lernaufgabe ermöglicht die Generierung unterschiedlicher „kleiner Aufgaben“ zur „großen Aufgabe“ (vgl. Feilke / Lehnen / Rezat et al. 2016, S. 51 ff.): Diskussionsaufgaben, Textvergleiche, sprachanalytische Aufgaben, ausgewählte Formulierungsübungen z. B. zur Redewiedergabe etc. Mit einer guten materialgestützten Aufgabe kann man mehrere Stunden im Unterricht arbeiten. Inzwischen hat sich eine Art Standard herausgebildet, in dem zwischen 5 und 8 Materialien zu einer komplexen Lernaufgabe gehören. Für das Abitur spricht Schumacher (2013, S. 18) von „mindestens zwei Texten begrenzten Umfangs (maximal 1500 Wörter), die linear oder diskontinuierlich (z. B. Diagramme, Grafiken, Tabellen) sind“. Aus didaktischer Perspektive gibt es gute Argumente dafür, drei Materialien als Minimum für sinnvolle materialgestützte Aufgaben anzunehmen (vgl. Schüler 2017). Die Zahl verschiedener Materialien stärkt die Notwendigkeit für den eigenen strukturierenden Zugriff. Das Material enthält in der Regel verschiedene expositorische Texte, Zitate, Interviews, Graphiken und Tabellen. Diese Formenvielfalt fordert die Transformationsfähigkeiten der Schüler. Es kann nicht einfach abgeschrieben werden; verlangt ist die Umwandlung in eigenen Text. Die Quantität und Differenziertheit der Materialien fördert Selektivität und ermöglicht eine gezielte Auswahl für didaktische Lernarrangements.

Literaturhinweise

Abraham, Ulf / Jürgen Baurmann / Helmuth Feilke (Hg.) 2015: Materialgestütztes Schreiben. Basisartikel. Praxis Deutsch. H. 251. S. 4 –11.

Feilke, Helmuth / Katrin Lehnen / Sara Rezat / Michael Steinmetz 2016: Materialgestütztes Schreiben lernen. Grundlagen – Aufgaben – Materialien. Braunschweig.

Feilke, Helmuth / Doris Tophinke 2017: Materialgestützt argumentierendes Schreiben. Praxis Deutsch. H. 262.

Jander, Simon 2015: Wie aktuell ist die (Früh-)Romantik? In: Praxis Deutsch. H. 251. S. 52 – 60.

Kultusministerkonferenz (Hg.) 2012: Bildungsstandards im Fach Deutsch für die Allgemeine Hochschulreife.

Pertzel, Eva / Anna Ulrike Schütte 2015a: Über expressionistische Lyrik informieren. In: Deutschunterricht. H. 1. S. 34 – 40.

Pertzel, Eva / Anna Ulrike Schütte 2015b: Materialgestütztes informierendes Schreiben. In: Deutschunterricht. H. 1. S. 4 –10.

Rezat, Sara 2015: Berlin entdecken. In: Praxis Deutsch. H. 251. S. 13 – 22.

Schüler, Lisa 2017: Materialgestütztes Schreiben argumentierender Texte. Baltmannsweiler. (i. Dr.).

Schumacher, Arne 2013: Die neuen Aufgabenarten im schriftlichen Abitur. In: Rundbrief 45/2013. Fachverband Deutsch im DGV. Landesverband Schleswig-Holstein. Hamburg. S. 17– 26.

Segev-Miller, Rachel 2007: Cognitive Processes in Discourse Synthesis: The Case of Intertextual Processing Strategies. In: Gert Rijlaarsdam (Hg.): Writing and Cognition: Research and Applications, Amsterdam. S. 231– 250.

Thürmann, Eike / Anna-Ulrike Schütte 2015: Generisches Schreiben – Das Autorenporträt. In: Deutschunterricht. H. 1. S. 24 – 30.

B 11 Schreiben und neue Medien

Katrin Lehnen

Medialer Wandel

Mit der fortschreitenden Digitalisierung fast aller Lebensbereiche sind literale Praktiken des Recherchierens, Lesens und Schreibens wie insgesamt des Kompetenz- und Wissenserwerbs einem grundlegenden Wandel unterworfen. Neben das gesteuerte institutionelle Lernen in der Schule treten ungesteuerte, informelle Diskurse mediengestützter Wissensaushandlung und -aneignung: Schülerinnen und Schüler beraten einander in Schülerforen, beobachten Best Practicer auf Youtube, recherchieren auf Wikipedia, verhandeln Probleme im Chat und äußern sich auf Facebook. Kennzeichnend für diese Beispiele ist der hohe Anteil schriftlich-visueller Kommunikation. Das Schreiben hat mit dem Aufkommen neuer Medien eine Renaissance erfahren. Kinder und Jugendliche sind überwiegend online und damit überwiegend im Modus des Lesens und Schreibens bzw. „tippen, klicken, wischen" (Radvan 2016) unterwegs. Wird aus dem Computer ein Laptop, Tablet oder Handy, wie in den letzten Jahren geschehen, dann kann das Schreiben theoretisch überall stattfinden. Und das tut es auch, wenn man Kinder, Jugendliche und auch Erwachsene beim Bahnfahren, im Café oder auf dem Gehweg beobachtet. Schreiben ist, wie Gnach und Perrin (2017) es formulieren, „beiläufig" (S. 152) geworden. Damit aber verändern neue Medien unmerklich die traditionelle Lese- und Schreibpraxis auch der Schule. Es entstehen qualitativ andere Handlungs- und Möglichkeitsräume, die das Produzieren von Texten zunehmend zu einem interaktiven, vernetzten, multimodalen Ereignis machen (vgl. Dürscheid / Frick 2016). Für einen medienintegrativen Deutschunterricht (vgl. Wermke 1997) besteht die Herausforderung, wie Albrecht (2014) formuliert, „v. a. in der Etablierung einer differenzierten Wertung und in der Berücksichtigung medialer Wechselseitigkeit bei der Erschließung unterschiedlicher medialästhetischer Zeichensysteme" (S. 135). Diese medialästhetischen Zeichensysteme unterliegen eigenen Rezeptions-, Bewertungs- und Produktionsnormen, die für das schulische Schreiben und die dort etablierten didaktischen Gattungen (Erzählung, Bericht etc.) vergleichsweise neu und immer noch fremd sind. Sie verlangen eine medienspezifische Schreibdidaktik, die das Schreiben mit dem Computer wie auch neue Formate digitaler Schriftlichkeit aufnimmt und reflektiert (vgl. Lehnen 2014). In den letzten Jahren liegen vermehrt Konzepte und Unterrichtsmodelle dafür vor (vgl. z. B. Knopf / Abraham (Hg.) 2016).

Computer als Schreibmedium – digitales Schreiben

Wenngleich der Computer und die Nutzung des Internets eine weithin etablierte, professionelle Textproduktionspraxis darstellen, bilden sie für den Deutschunterricht immer noch „mediale Leerstellen“ (Frederking 2014, S. 359) und sind selten Gegenstand bzw. Arbeitswerkzeug (vgl. ebd., S. 363 ff.). Für das schulische Schreiben ergeben sich mit Computer und Digitalisierung weitreichende Möglichkeiten, die „als äußerst anspruchsvolle Problemlöseprozesse“ aufzufassenden Textproduktionen (→ B Überblicksbeitrag) zu entlasten, zu unterstützen und qualitativ anders auszurichten. Dabei sind v. a. folgende Potenziale für eine digitale, computergestützte schulische Schreibdidaktik hervorzuheben:

- Automatisierung
- prozessorientiertes Schreiben
- kooperatives, vernetztes und interaktives Schreiben
- multimodales Schreiben

Automatisierung: Instrumentell betrachtet automatisiert und beschleunigt der Computer das Schreiben, sofern grundlegende Schreiberfahrungen (wie etwa das Drucken von Wörtern und Sätzen) bereits vorliegen. Der Computer sorgt für ein gleichbleibendes Schriftbild und entlastet die Lernenden von den Mühen einer anstrengenden graphisch-motorischen Kontrolle der händischen Zeichenproduktion. Dies kommt v. a. den Lernenden zugute, die sich mit einer lesbaren Handschrift schwertun. Je nach Tipproutine ist die Tastatur der Handschrift auf Dauer überlegen, weil sie die mit dem Handschreiben fast zwangsläufige Verlangsamung zu fixierender Inhalte zu überwinden hilft. Kognition und Motorik können besser koordiniert werden. Automatisierungsprozesse kennzeichnen nicht nur das Schrift-, sondern das komplette Textbild, weil Funktionen des Programms die Einrichtung von Schriftart, Schriftgröße, Zeilenabständen, Absätzen, Überschriften, kurzum: des gesamten Layouts übernehmen – bis hin zur Kon-trolle von Rechtschreibung und Grammatik. Daraus resultieren Entlastungen für die Schreibenden, die sich auf die inhaltliche Ausführung konzentrieren können.

Prozessorientierung: Das Schreiben am Computer begünstigt die Auseinandersetzung mit ausgewählten Problemlöseprozessen beim Schreiben. So sind Formulierungs- und Überarbeitungsprozesse besonders gut mit dem Computer zu bewältigen, weil jedes Schreiben vorläufig bleiben darf und schon im Formulierungsprozess selbst Überarbeitungsprozesse einsetzen können. Entgegen der traditionellen handschriftlichen Textproduktion im Unterricht können einmal erstellte Textteile wiederholt überarbeitet werden. Sie lassen sich durch einfache Copy and paste-Strategien umstellen und modifizieren und bleiben im Produktionsprozess verfügbar. Während die besondere Stärke des Computers für Überarbeitungsprozesse in unterschiedlichen Arbeiten herausgestellt wird, stehen Planungsprozesse beim Schreiben eher selten im Fokus medienspezifischer

Überlegungen. Skizzen, Stichwörter, Notizen und andere Planungstexte werden traditionell eher mit dem Stift auf dem Papier fixiert. Aber auch hier unterstützen inzwischen eigene Programme das Planen und Strukturieren von Texten und öffnen den Blick für alternative Formen der Textkonzeption. Stichwörter und Notizen können aber auch einfach in den laufenden Produktionsprozess integriert werden und müssen nicht – wie beim handschriftlichen schulischen Schreiben in der Regel beobachtbar – in eigene, meist vorab produzierte Planungstexte ausgelagert werden. Die computergestützte Textproduktion macht damit vor allem die Rekursivität von Teilprozessen sichtbar und unterstützt das mehrfache Durchlaufen von Planungs-, Formulierungs- und Überarbeitungsprozessen beim Schreiben. Sie unterstützt damit unterschiedliche Schreibstrategien und Schreibertypen, wie sie bei bestimmten Schreibaufgaben naheliegen.

Kooperatives, interaktives und vernetztes Schreiben: Schreiben im digitalen Zeitalter ist durch interaktive Schreibaktivitäten geprägt. Die Textproduktion ist, v. a. im Netz selber, eng mit dem Kommentieren durch andere Personen verknüpft (Kallas 2015). Auf diese Weise rücken Schreibende und Lesende enger zusammen, ihre Rollen verschmelzen. Das digitale Schreiben ist, so Ruf (2014, S. 67), „das postmoderne Regime der Autoren-Leser und Leser-Autoren, der Co-Autoren und Kommentatoren". Auch wenn dieses Regime für das schulische Schreiben nicht vorherrschend ist, weil es stärker auf die Herausbildung individueller Schreib- und Textkompetenzen ausgelegt ist, so ist das Grundverständnis eines Schreibens als soziale Praxis für die Schule hoch anschlussfähig – es wird traditionell über vielfältige methodische Ansätze gemeinsamer Textarbeit zum Ausdruck gebracht (Schreibkonferenz, Textlupe etc.). Computergestützte, digitale Schreibumgebungen eröffnen erweiterte Möglichkeiten einer interaktiven und rückmeldeorientierten Schreibdidaktik, da Austausch und wechselseitiges Kommentieren von Texten durch spezifische Kommentar- und Überprüfungsfunktionen der Textverarbeitungsprogramme erleichtert und besser sichtbar gemacht werden. Kooperatives Schreiben ist mit der Digitalisierung – zumindest technisch – leicht geworden, die Textproduktion ist zeitlich und räumlich entgrenzt und erlaubt zunehmend synchrones Arbeiten am gleichen Text (vgl. Passig 2012, S. 102).

Gleichzeitig liefern medienspezifische Formate wie Wikis, Foren oder Blogs Schreibumgebungen, die unmittelbar auf Interaktion und die Aushandlung von Wissen (Beißwenger / Storrer 2010) gerichtet sind. Sie sind, etwa Foren und Blogs, im Kern dialogisch ausgerichtet. Damit begünstigen sie teils einen konzeptionell mündlichen Sprachgebrauch und sind in diesem Sinne für die Planung von geschlosseneren Argumentationen (Erörterungen) interessante Hybridformen bzw. Planungstools. Mit Blick auf die für das Schreiben differenzierten Teilkompetenzen „Kontextualisierungskompetenz" und „Antizipationskompetenz" (→ B Überblicksbeitrag) ergeben sich mit diesen dialogisch bestimmten schriftlichen Formaten Anforderungen, die weniger in der Hervorbringung einer eigenen, geschlossenen und „aus sich selbst heraus verständliche(n) Textwelt" (ebd.) als vielmehr in der Fähigkeit liegen, rasch und umstandslos auf Äußerungen (mehrerer) anderer so zu reagieren, dass ein Dialog entsteht und aufrecht erhalten wird. Der schriftliche Handlungsraum ist hier entgegen der schulischen Norm nicht mehr nur auf konzeptionelle Schriftlichkeit ausgelegt. Für die Schule erwachsen aus den digitalen Schreibumgebungen Möglichkeiten, das Schreiben insgesamt projektförmiger und langfristiger anzulegen.

Multimodales Schreiben: Lesen und Schreiben sind im digitalen Zeitalter durch die Nutzung unterschiedlicher Zeichensysteme gekennzeichnet: Graphiken, Tabellen, Bilder, Töne und Filme machen das Lesen und Schreiben zu einer multimodalen Praxis. Schmitz (2003) spricht von „Lesebildern" als „(n)eue Koalitionen und Metamorphosen zwischen Text und Bild". Das bricht die traditionelle Orientierung des Deutschunterrichts am geschlossenen Ganztext auf und erfordert Kompetenzen der Komposition und Integration unterschiedlicher „Materialien" (→ B 10). Nicht-lineare Darstellungsformen, wie sie für digitale Texte, etwa Hypertexte mit ihren vielfachen Verlinkungen, kennzeichnend sind, bilden bisher noch ein Stiefkind der schulischen Schreibdidaktik. Geeignete Formen der Kompetenzanbahnung bilden Präsentationen, die schulisch etabliert sind und als Anwendungsfall nichtlinearer, multimodaler Textproduktion didaktisch gut eingebunden sind (vgl. Baurmann / Berkemeier (Hg.) 2014).

Digitale Schreibkompetenz

Es liegen bisher kaum Befunde vor, die Gegenstands- und Anforderungsbereiche für ein Konstrukt *Digitale Schreibkompetenz* theoretisch modellieren, empirisch rekonstruieren und didaktisch bestimmbar machen. Ein wesentlicher Unterschied digitalen Schreibens zum herkömmlichen Schreiben liegt in der medialen Verfertigung selbst: In dem Moment, wo sich das Schreiben auf eine Tastatur und die Nutzung eines Textverarbeitungsprogramms verlagert, sind grundlegende Fertigkeiten des Tastaturschreibens und der Handhabung von Textverarbeitungssoftware notwendig. Die Koordination von Teilprozessen im komplexen Problemlöseprozess unterliegt der technischen Steuerung. Dies ist nicht trivial, da einerseits das Tastaturschreiben motorisch anspruchsvoll ist und nur bei hoher Automatisierung und Geschwindigkeit kognitive Ressourcen freigesetzt werden. Zugleich bedingt die Nutzung von Programmen vertiefte Kenntnisse einschlägiger Funktionen. Erst dann entfalten sich die besonderen Gestaltungs-, Überarbeitungs- und Kooperationsmöglichkeiten der digitalen Textproduktion. Tastaturschreiben und Programmkenntnisse können im schulischen Alltag nicht vorausgesetzt werden, sondern sie müssen als Gegenstand des Lernens mitbedacht werden. Die damit beschriebenen Lernerfordernisse gelten ebenso für die anderen bisher skizzierten Potenziale: Junge Schreiber planen und überarbeiten generell nicht viel und lediglich oberflächenorientiert. Das Planen wie auch das Überarbeiten müssen vermittelt werden. Dies gilt ebenso für Formen des Kooperierens bei gemeinsamer Textarbeit. Dabei dürften sich neue Medien aber als besondere Stütze im Erwerb erweisen. Die beschriebene, stärker ausgebaute Prozessorientierung beim Schreiben mit dem Computer wie auch die gemeinsame Textarbeit führen die Handwerklichkeit und potenzielle Unabgeschlossenheit des Schreibens, das Umarbeiten und Verfassen mehrerer Textversionen, vermutlich besser vor Augen als das singuläre Schreiben von Texten mit der Hand. Mit dem Aufkommen neuer Dienste und Scheibformate mit überwiegend kommunikativer Funktion (WhatsApp, Facebook etc.) lassen sich konzeptionelle Unterschiede gesprochener und geschriebener Sprache im Deutschunterricht besonders fruchtbar und zum systematischen Gegenstand der Sprachreflexion machen.

Insgesamt begünstigen der Umgang und die Auseinandersetzung mit neuen Medien beim Schreiben Formen der Sprachreflexion und Sprachbewusstheit, weil sie an die Praxis von Schülerinnen und Schülern anknüpfen und damit vielleicht interessante Anlässe zum Nachdenken schaffen.

Literaturhinweise

Albrecht, Christian 2014: Fachspezifische mediendidaktische Konzeptionen. In: Volker Frederking / Axel Krommer / Thomas Möbius (Hg.): Digitale Medien im Deutschunterricht. Baltmannsweiler. S. 134–149.

Beißwenger, Michael / Angelika Storrer 2010: Kollaborative Hypertextproduktion mit Wiki-Technologie. Beispiele und Erfahrungen im Bereich Schule und Hochschule. In: Eva-Maria Jakobs / Katrin Lehnen / Kirsten Schindler (Hg.): Schreiben und Medien. Schule, Hochschule, Beruf. Frankfurt a. M. S. 13–36.

Dürscheid, Christa / Karina Frick 2016: Schreiben digital. Wie das Internet unsere Alltagskommunikation verändert. Stuttgart.

Frederking, Volker 2014: Mediale Leerstellen. Empirische Befunde zum Einsatz analoger und digitaler Medien im Deutschunterricht. In: Ders. / Axel Krommer / Thomas Möbius (Hg.): Digitale Medien im Deutschunterricht. Baltmannsweiler. S. 359–379.

Kallas, Kestin 2015: Schreiben in der Wikipedia. Prozesse und Produkte gemeinschaftlicher Textgenese. Wiesbaden.

Lehnen, Katrin 2014: Schreibdidaktik und neue Medien. In: Helmuth Feilke / Thorsten Pohl (Hg.): Schriftlicher Sprachgebrauch. Texte verfassen. Deutschunterricht in Theorie und Praxis. Bd. 4. Baltmannsweiler. S. 432–450.

Knopf, Julia / Ulf Abraham (Hg.) 2016: Deutsch Digital in der Primarstufe. Baltmannsweiler.

Passig, Kathrin 2012: Öffentlicher schreiben, privater lesen. Neue Techniken und Praktiken. In: Deutsche Akademie für Sprache und Dichtung. Jahrbuch 2012. S. 101–108.

Perrin, Daniel / Alexandra Gnach 2017: Vom fokussierten zum beiläufigen Schreiben. Sprachgebrauchswandel in journalistischer Nachrichtenproduktion. In: Dagmar Knorr / Katrin Lehnen / Kirsten Schindler (Hg.): Schreiben im Übergang von Bildungsinstitutionen. Frankfurt a. M. u. a. S. 151–167.

Praxis Deutsch 2014. Präsentieren – multimedial, hg. von Jürgen Baurmann und Anne Berkemeier. H. 244.

Radvan, Florian 2016: Lesen, tippen, klicken, wischen, löschen. Digitale Textausgaben im Deutschunterricht. In: Der Deutschunterricht. H. 5. S. 68–78

Ruf, Oliver 2014: Wischen & Schreiben. Von Mediengesten zum digitalen Text. Berlin.

Schmitz, Ulrich 2003: Lesebilder im Internet. Neue Koalitionen und Metamorphosen zwischen Text und Bild. In: Zeitschrift für Germanistik. Neue Folge XIII. H. 3 / 2003. S. 605–628.

Wermke, Jutta 1997: Integrierte Medienerziehung im Fachunterricht. Schwerpunkt: Deutsch. München.

C LESEN

C – E Lesen – mit Texten und Medien umgehen

Clemens Kammler

Didaktischer Ort

Im Kompetenzbereich *Lesen – mit Texten und Medien umgehen* sollen den Schülerinnen und Schülern von der Primarstufe bis zur Erlangung der allgemeinen Hochschulreife vielfältige Fertigkeiten und Fähigkeiten vermittelt werden. Zusammengefasst geht es darum, ihnen die Möglichkeit zu geben, fiktionale und nicht-fiktionale Texte sowie mediale Artefakte zu verstehen und in den höheren Jahrgangsstufen zunehmend in gesellschaftliche, kulturelle und historische Zusammenhänge einzuordnen. Dem entspricht eine Reihe zwar miteinander zusammenhängender, in der Deutschdidaktik jedoch zunehmend ausdifferenzierter (Teil-)Kompetenzen. Von der allgemeinen Lesekompetenz (→ C 2; vgl. Groeben/Hurrelmann (Hg.) 2002) über die spezifisch literarischen Kompetenzen bzw. das Literarische Lernen (→ D 2; vgl. Spinner 2006, Kammler (Hg.) 2012, Schilcher/Pissarek 2015) bis hin zu spezifischen Medienkompetenzen wie der „Visual literacy" (vgl. Abraham 2016).

Vielfältig ist die Verknüpfung dieses Bereichs mit den anderen Kompetenzbereichen des Deutschunterrichts. Hierfür einige Beispiele: Sei es im Umgang mit Sachtexten (→ D 12), mit literarischen Texten, mit Hörbüchern (→ E 6), mit Filmen (→ E 3), mit Theateraufführungen (→ E 4) oder mit Internetseiten (→ E 8): Immer wird im Unterricht die „Anschlusskommunikation" über das Gelesene, Gesehene oder Gehörte eine wichtige Rolle spielen, um das Textverständnis zu intensivieren. Neben dem *Sprechen und Zuhören* (→ A) ist auch das *Schreiben* (→ B) notwendiger Bestandteil des Literatur- und Medienunterrichts. Das gilt sowohl für traditionelle Formate wie die Inhaltsangabe oder die Textinterpretation wie auch für produktionsorientierte Schreibformen. Ebenso ist die Untersuchung von Sprache und Sprachgebrauch (→ G), die Reflexion über Sprache, notwendiger Bestandteil des Literaturunterrichts. Legt man einen erweiterten Sprachbegriff zugrunde, so gilt das selbstverständlich auch für den Umgang mit auditiven und audiovisuellen Medien.

Der Kompetenzbereich in den Bildungsstandards

Die curricularen Vorgaben der Bildungsstandards für den Primarbereich unterscheiden vier Aspekte des Lesens bzw. des Umgangs mit Texten und Medien (vgl. hierzu und zum Folgenden KMK 2005, S. 11 ff.): Die Schülerinnen und Schüler sollen am Ende der vierten Klasse erstens über grundlegende „Lesefähigkeiten verfügen", d. h. „altersgemäße Texte sinnverstehend lesen" können. Auch die Vorstellungsbildung beim Lesen und Hören literarischer Texte wird als zu erwerbende Teilkompetenz genannt. Zweitens sollen sie über „Leseerfahrungen“ sowohl im Umgang mit Sachtexten als auch mit den verschiedenen literarischen Gattungen verfügen. Hinzu kommt die Fähigkeiten zur Orientierung innerhalb eines Spektrums altersangemessener Literatur- und Medienangebote. An dritter Stelle folgen Teilkompetenzen, die unter der Überschrift Texte erschließen zusammengefasst sind. Hierzu gehören grundlegende Operationen des Textverstehens, der Wiedergabe eigener Beobachtungen und Gedanken im Text sowie des handelnden Umgangs mit Texten („z. B. Illustrieren, inszenieren, umgestalten, collagieren“). Im vierten Teilbereich (*Texte präsentieren*) geht es um das Vorlesen, Vortragen (→ A 4) und Vorstellen von Texten, auch unter Zuhilfenahme unterschiedlicher Medien.

Grundsätzlich an dieser Struktur orientiert, aber stärker ausdifferenziert, sind die Teilkompetenzen in den Bildungsstandards für den Mittleren Schulabschluss (vgl. hierzu und zum Folgenden KMK 2004, S. 13 ff.). Hier werden zu erwerbende Lesetechniken und -strategien (→ C 3) konkreter benannt, z. B. Verfahren zu Textstrukturierung, wie „wesentliche Textstellen kennzeichnen“ oder „Bezüge zwischen Textstellen herstellen“, ebenso analytische und produktive Verfahren zum „Verstehen und Nutzen“ von literarischen, Sach- und Gebrauchstexten sowie Medien. Auch spezifische „Methoden und Arbeitstechniken“, wie das Zusammenfassen, Gliedern, Exzerpieren, Zitieren und Veranschaulichen werden aufgeführt.

Anders als die Standards für die Grundschule und die Sekundarstufe I, unterscheiden die Standards für die Allgemeine Hochschulreife (vgl. hierzu und zum Folgenden KMK 2012, S. 19 ff.) zwischen einem „prozessbezogenen“ Kompetenzbereich „Lesen“ und einem „domänenspezifischen Kompetenzbereich“ unter der Überschrift „Sich mit Texten und Medien auseinandersetzen“. Geht es im ersten Bereich um den Erwerb von „Strategien und Techniken“, so im zweiten um Textverstehen unter „reflektierter Nutzung von fachlichem Wissen“. Unterschieden wird hier auch zwischen einem „grundlegenden“ und einem „erhöhten Niveau“. Auf dem ersten sollen die Schülerinnen und Schüler z. B. „die besondere ästhetische Qualität eines literarischen Produktes aufgrund eines breit angelegten literarischen Vorwissens erfassen“ (ebd., S. 20), auf letzterem „den besonderen poetischen Anspruch und die ästhetische Qualität literarischer Texte vor dem Hintergrund ihrer Kenntnisse in den Bereichen Poetologie und Ästhetik erläutern“ (ebd., S. 21). Man kann sich fragen, ob solche Erwartungen realistisch sind, die inhaltliche Systematik oder, in Bezug auf die literarische Bildung, das Konzept der Standards als solches infrage stellen (zur Kritik der Bildungsstandards für den Mittleren Schulabschluss, vgl. Kammler 2014; Lösener 2014). Unabhängig von solchen Monita stellen die Bildungsstandards auch in diesem Kompetenzbereich einen nützlichen Orientierungsrahmen für die Unterrichtspraxis dar.

Inhaltliche Ausdifferenzierung des Kompetenzbereichs

Betrachtet man die neuere Geschichte des Kompetenzbereichsbereichs, so kann man feststellen, dass sich das Spektrum der Gegenstände, die der Deutschunterricht hier behandeln soll, in den vergangenen zwei bis drei Jahrzehnten erheblich erweitert hat. So spielte die Auseinandersetzung mit Medien in den Lehrplänen der 1980er-Jahre noch ebenso eine randständige Rolle wie die Unterscheidung zwischen Lesen als Technik des Informationserwerbs auf der einen und der auf spezifische Gegenstände bezogenen Beschäftigung mit unterschiedlichen Textsorten auf der anderen Seite. In der Zwischenzeit hat sich nicht nur die Mediendidaktik neben der Sprach- und Literaturdidaktik als „dritte Säule der Deutschdidaktik" (Frederking / Krommer / Maiwald 2012, S. 9) etabliert, sondern auch eine Lesedidaktik (vgl. Rosebrock / Nix 2008) als mehr oder weniger eigenständige Ergänzung zur Literaturdidaktik. Letztere ist einerseits den Arbeiten zur Lesesozialisation und Literarischen Sozialisation geschuldet, durch die seit den 1990er-Jahren von der Deutschdidaktik verstärkt empirische Forschungsimpulse aufgenommen wurden (vgl. Eggert / Garbe 2003; Groeben / Hurrelmann (Hg.) 2002). Andererseits handelt es sich um eine Reaktion auf die schlechten Leseleistungen deutscher Schüler der Sekundarstufe I nach der Veröffentlichung der ersten internationalen PISA-Studie im Jahr 2001. Den genannten Entwicklungen trägt die Untergliederung des Kompetenzbereichs in die unter C, D und E behandelten Teilbereiche Rechnung.

In der Vielfalt der in diesen drei Unterkapiteln behandelten Themen und Gegenstände spiegelt sich der kulturelle und mediale Wandel wider, der sich in den vergangenen drei Jahrzehnten vollzogen hat. So begann man beispielsweise in den 1970er- und 80er-Jahren zwar zögerlich, Comics als Unterrichtsgegenstand zu akzeptieren, subsumierte sie aber grundsätzlich unter die Kategorie Trivialliteratur. Da sich dieses Genre in der Zwischenzeit in inhaltlicher, formaler und qualitativer Hinsicht erheblich weiterentwickelt hat (→ E 2), wäre eine solche Zuordnung heute nicht mehr angemessen. Das Internet (→ E 8) als der Allgemeinheit zugängliches Medium gab es vor dreißig Jahren noch nicht einmal, der Film wurde im genannten Zeitraum nur zögerlich als vollwertiger Unterrichtsgegenstand nobilitiert usw.

Konzepte und Methoden

Von „Konzepten" des Lese-, Literatur- und Medienunterrichts lässt sich in dreifacher Hinsicht sprechen. Kepser / Abraham unterscheiden zwischen fächerintegrativen, lernbereichsintegrativen und gegenstandsspezifischen Konzepten (2016, S.157–222). Gehen erstere über den Deutschunterricht hinaus (so kann man literarische Texte z. B. im Geschichtsunterricht einsetzen), so beziehen sich die zweiten auf die mögliche Verwendung von Literatur im Sprachunterricht. Die gegenstandsspezifischen Konzepte betreffen literarische „Subsysteme" wie die

Kinder- und Jugendliteratur (→ D 10, D 11) oder die Gegenwartsliteratur (→ D 9) und die literarischen Gattungen (→ D 4 – 8). Als gegenstandsspezifisch können auch die unter E versammelten Artikel zum Umgang mit Medien bezeichnet werden. Von Konzepten im weiteren Sinne kann man ebenso im Zusammenhang mit dem *Literarischen Lernen* (→ D 2) oder jener „Arbeit am Kanon" sprechen, um die es im Teilkapitel D 1 geht wie bei der *Leseförderung* (→ C 4) oder der Intermedialität (→ E 5).

Wie vielfältig die mit diesem Kompetenzbereich verbundenen Zielvorstellungen sind und auf welch immenses Feld von Diskursen und Texten sie sich beziehen, verdeutlichen die den einzelnen Teilkompetenzen vorangestellten Leitvorstellungen der Bildungsstandards für die Allgemeine Hochschulreife, die gleichsam das Ziel eines abgeschlossenen schulischen Bildungsganges in diesem Bereich benennen: Die Schülerinnen und Schüler „verfügen über ein literaturgeschichtliches und poetologisches Überblickswissen, das Werke aller Gattungen umfasst, und stellen Zusammenhänge zwischen literarischer Tradition und Gegenwartsliteratur auch unter interkulturellen Gesichtspunkten her" (KMK 2012, S. 21). Außerdem nützen sie „für den eigenen Erkenntnisprozess vielschichtige, voraussetzungsreiche Sachtexte, darunter auch wissenschaftsnahe und berufsbezogene Fachtexte aus unterschiedlichen Domänen" (ebd., S. 22). Schließlich analysieren sie „die spezifische Gestaltung von Texten unterschiedlicher medialer Form, erläutern ihre Wirkung und beurteilen die ästhetische Qualität" (ebd., S. 24). Dazu gehört die fachgerechte Auseinandersetzung mit „exemplarischen Theaterinszenierungen, Hörtexten Filmen".

Diese enorme Komplexität spiegelt sich in der Vielfalt der Methoden wider, die sich die Lernenden in diesem Kompetenzbereich aneignen sollen – von Methoden des Lautlesens über die Verbesserung der Lesekompetenz (→ C 1) und das Zusammenfassen bis hin zur literarischen Stilanalyse oder der Verwendung digitaler Plattformen (vgl. hierzu Baurmann / von Brand / Menzel et al. 2016).

Zur Beurteilungsproblematik

Beurteilungen im Kompetenzbereich *Lesen – Umgang mit Texten und Medien* unterliegen teilweise einer mehr oder weniger starken „Bewertungsroutine", so z. B. bei einem Format wie der Inhaltsangabe. Grundsätzlich aber weisen alle Formate schriftlicher Leistungsüberprüfung in diesem Bereich einen „systematischen Mangel an Validität" (Zabka 2010, S. 60) auf, weil sich die Überprüfung von Verstehenskompetenzen mit derjenigen von Schreibkompetenzen mischt. In der Beurteilungspraxis kann diesem Problem dadurch begegnet werden, dass zur Prüfung rezeptiver Fähigkeiten mitunter auch geschlossene und halboffene Aufgabenformate eingesetzt werden. In der Praxis bewährt haben sich auch Erwartungshorizonte und Kriterienkataloge, bei denen allerdings das Risiko besteht, dass angesichts der Unterschiede zwischen einzelnen Interpretationsaufgaben und den gelegentlich unerwarteten Lösungen der Schülerinnen und Schüler der Bewertungsspielraum zu sehr eingeengt wird. Entsprechend sollte in Kriterienkatalogen zwischen verbindlichen (z. B. in einem Text explizit enthaltenen Informationen) und lediglich optionalen Lösungsvorschlägen (z. B. Deutungsmöglichkeiten eines Symbols (→ E 15), unterschiedlichen Lesarten des gesamten Textes) unterschieden werden (vgl. Baurmann / Kammler 2012).

Kontrovers diskutiert wird in der Deutschdidaktik seit Längerem die Bewertung poetischer Schreibversuche, wobei es hier darum geht, die Balance zwischen philologischen, prozessorientierten und pädagogischen Bewertungskriterien zu finden (vgl. hierzu den Kriterienkatalog von Kepser / Abraham 2016, S. 288). In ähnlicher Weise kann bei der Bewertung mündlicher Schülerleistungen verfahren werden. Eine Zusammenfassung des fachdidaktischen Diskussionsstandes zur Beurteilungsproblematik im Literaturunterricht findet sich in Kepser / Abraham 2016 (S. 283 – 296; zur Beurteilungsproblematik im Deutschunterricht insgesamt → H 8).

Literaturhinweise

Abraham, Ulf 2016: Filme im Deutschunterricht. 3. Auflage. Seelze.

Baurmann, Jürgen / Clemens Kammler 2012: Interpretationsaufgaben stellen – Interpretationen bewerten. In: Praxis Deutsch. H 234. S. 4–12.

Baurmann, Jürgen / Tilman von Brand / Wolfgang Menzel / Kaspar H. Spinner 2016: Methoden im Literaturunterricht. Exemplarische Lernwege für die Sekundarstufe I und II. 2. Auflage. Seelze.

Eggert, Hartmut / Christine Garbe 2003: Literarische Sozialisation. 2. Auflage. Stuttgart u. a.

Frederking, Volker / Axel Krommer / Klaus Maiwald 2012: Mediendidaktik Deutsch. Eine Einführung. 2. neu bearb. und erw. Auflage. Berlin.

Groeben, Norbert / Bettina Hurrelmann (Hg.) 2002: Lesekompetenz. Bedingungen, Dimensionen, Funktionen. Weinheim. S. 11–24.

Kammler, Clemens (Hg.) 2012: Literarische Kompetenzen – Standards im Literaturunterricht. 2. Auflage. Seelze.

Kammler, Clemens 2014: Präzisiert die Bildungsstandards Deutsch! Vergleichende Anmerkungen zum mittleren Schulabschluss und zum Hauptschulabschluss. In: Didaktik Deutsch. H. 36. S. 13–15.

Kepser, Matthis / Ulf Abraham 2016: Literaturdidaktik Deutsch. Eine Einführung. 4. Auflage- Berlin.

Kultusministerkonferenz (Hg.) 2004: Bildungsstandards im Fach Deutsch für den Mittleren Schulabschluss.

Kultusministerkonferenz (Hg.) 2005: Bildungsstandards im Fach Deutsch für den Primarbereich.

Kultusministerkonferenz (Hg.) 2012: Bildungsstandards im Fach Deutsch für die Allgemeine Hochschulreife. Beschluss der Kultusministerkonferenz vom 18.12.2012. In: http://www.kmk.org/fileadmin/Dateien/veroeffentlichungen_beschluesse/2012/2012_10_18-Bildungsstandards-Deutsch-Abi.pdf, recherchiert am 13.04.2016.

Lösener, Hans 2014: Die Bildungsstandards und das literarische Lernen. In: Didaktik Deutsch. H. 36. S. 17–19.

Rosebrock, Cornelia / Daniel Nix 2008: Grundlagen der Lesedidaktik und der systematischen schulischen Leseförderung. 5. Auflage. Baltmannsweiler.

Schilcher, Anita / Markus Pissarek (Hg.) 2015: Auf dem Weg zur literarischen Kompetenz. Ein Modell literarischen Lernens auf semiotischer Grundlage. 3. Auflage. Baltmannsweiler.

Spinner, Kaspar H. 2006: Literarisches Lernen. Basisartikel. In: Praxis Deutsch. H. 200. S. 6–16.
Zabka, Thomas 2010: Texte über Texte als Form schriftlicher Leistungsüberprüfung. Nacherzählung, Inhaltsangabe, Analyse, Interpretation und benachbarte aufgaben. In: Michael Kämper-van den Boogaart / Kaspar H. Spinner (Hg.): Lese- und Literaturunterricht. Teil 3. Baltmannsweiler. S. 60–88.

C 1 Leseflüssigkeit

Cornelia Rosebrock

Mit Leseflüssigkeit wird die Fähigkeit beschrieben, gängige Wörter und Wortfolgen rasch und fehlerfrei zu erkennen. Leseflüssigkeit gehört zu den basalen Lesefähigkeiten innerhalb des Konstrukts Lesekompetenz. Einen Text flüssig zu lesen, heißt, ihn etwa in der Geschwindigkeit und der Intonation (vor-)lesen zu können, wie frei gesprochen wird.

Leseflüssigkeit ist eine Diagnose- und eine Förderdimension des Lesens. Sie setzt sich aus den vier Komponenten Automatisierung, Genauigkeit, Geschwindigkeit und Sequenzierungsfähigkeit zusammen.

1) Automatisierung betrifft die Wortebene und bedeutet, dass geschriebene Wörter oder Teile davon als ganze rasch erkannt werden. 2) Genauigkeit bedeutet, dass Fehllesungen selten sind und prozessbegleitend wahrgenommen und korrigiert werden. 3) Auf der Satzebene gehört zum flüssigen Lesen ein Lesetempo, das die normale Sprechgeschwindigkeit nicht wesentlich unterschreitet. 4) Prosodische Sequenzierung meint, dass während des Lesens die in ihrer Bedeutung zusammengehörigen Wörter (Propositionen) mental zusammengeschlossen werden (vgl. Rosebrock / Nix / Rieckmann et al. 2011).

Die Entwicklung der Leseflüssigkeit ist am Ende der Grundschule nicht abgeschlossen. Mit der zunehmenden Komplexität der Lesestoffe in der Schullaufbahn wachsen auch die Anforderungen an Leseflüssigkeit. In den ersten Jahren der weiterführenden Schulen lesen fast alle Kinder noch stockend bei den relativ schwierigen Texten. In den Schulformen jenseits des Gymnasiums bleiben Probleme bei der Leseflüssigkeit oft bis zum Schulabschluss auch bei relativ einfachen Texten bestehen.

Einer schon älteren Studie zufolge lesen Kinder des 4. Schuljahrs im Durchschnitt 130 Wörter pro Minute bei zwei unkorrigierten Verlesungen und damit recht flüssig. Allerdings ist das ein Durchschnittswert; von 11 Prozent der Viertklässler wird nicht das durchschnittliche Flüssigkeitsniveau der 2. Klasse (80 Wörter bei knapp 4 Fehlern) erreicht, bei den Drittklässlern bleiben 21 Prozent mindestens ein Jahr hinter dem Durchschnitt zurück (vgl. Klicpera / Gasteiger-Klicpera 1993, S. 51).

Die Bedeutung der Leseflüssigkeit für die Textverarbeitung

In der deutschsprachigen Lesedidaktik wurde die Bedeutung der Leseflüssigkeit für das Textverstehen lange unterschätzt. Doch Leseflüssigkeit hat Voraussetzungscharakter für die komplexeren Textverstehensleistungen.

Dieser Zusammenhang zwischen den eher technischen Fertigkeiten des flüssigen Lesens und dem Textverstehen wird folgendermaßen erklärt: Wer (noch) nicht flüssig liest, muss sich erstens immer wieder auf das Dekodieren einzelner Wörter konzentrieren. Dann stockt der Lesefluss wiederholt. Das betreffende Wort ist in seiner graphischen Gestalt noch nicht im Sichtwortschatz (mentales Lexikon) gespeichert und mental mit seiner Bedeutung verbunden, sodass es nicht erkannt wird. Zudem unterlaufen nicht-flüssigen Lesern viele Lesefehler, beispielsweise falsche Endungen von Wörtern, Auslassungen oder Worterersetzungen, die allesamt nicht unmittelbar korrigiert werden, wie es bei flüssig Lesenden der Fall ist. Insgesamt lesen die nicht-flüssigen Leserinnen häufig zu langsam. Wer zu langsam liest, hat den Beginn des Satzes nicht mehr präsent, wenn er am Ende angelangt ist, denn die Kapazitäten des menschlichen Kurzzeitgedächtnisses sind generell eng begrenzt. Schließlich fokussieren sich nicht-flüssige Leser und Leserinnen nicht auf den Zusammenhang des Satzes oder Satzteils, sie verarbeiten also das Gelesene nicht ausreichend zu größeren Bedeutungseinheiten weiter. Die Prosodie solcher Lesungen ist weit entfernt vom natürlichen Sprachfluss.

Nicht-flüssige Leser und Leserinnen müssen ihre Aufmerksamkeit (auch) auf basale Komponenten des Lesens richten, auf die Identifikation von Wörtern und Sätzen. Darin unterscheiden sie sich von flüssigen Lesern, die diese Teilfähigkeiten automatisiert haben, sodass sie ohne bewusste Anstrengung vollzogen werden. Den schwachen Leserinnen und Lesern verbleiben wegen dieser Fokussierung auf die basalen Komponenten zu wenige kognitive Ressourcen für die kognitive Weiterverarbeitung, d.h., ihre aktive Textverarbeitung ist erheblich behindert.

Dieser theoretische Zusammenhang von Leseflüssigkeit und Textverstehen ist durch zahlreichen Studien empirisch bestätigt (vgl. NICHD 2000). Tatsächlich lässt sich durch eine Förderung der Leseflüssigkeit bei schwachen Leserinnen und Lesern zugleich das Textverstehen wirkungsvoll verbessern, wie auch im deutschsprachigen Raum gezeigt werden konnte (vgl. Rosebrock / Nix / Rieckmann et al. 2010).

Diagnose von Leseflüssigkeit

Die vier Komponenten des Konstrukts Leseflüssigkeit können recht einfach durch ein sogenanntes Lautleseprotokoll überprüft werden. Dafür lässt sich die Lehrperson vorlesen und zählt aus, wie viele Wörter in einer Minute gelesen wurden. Allein die Komponente Geschwindigkeit ist ein guter Indikator für Flüssigkeit, weil Stockungen, die auf mangelnde Automatisierung weisen, ebenfalls den Lesefluss verlangsamen. Bis weitere Studien für den deutschsprachigen Raum vorliegen, sollte man davon ausgehen, dass eine Geschwindigkeit von unter 100 Wörtern pro Minute das Textverstehen gefährdet, sodass ein Training der Leseflüssigkeit angezeigt ist.

Allerdings versuchen gerade schwache Leser häufig, Geschwindigkeit auf Kosten der Genauigkeit zu erreichen. Deshalb sollte die Lehrperson während des

Lautleseprotokolls die unverbesserten Fehllesungen notieren. In der Forschung geht man davon aus, dass eine Fehlerquote über 5% das Textverstehen tendenziell verunmöglicht. In diesem Fall sollte bei der Förderung der Flüssigkeit (s. u.) insbesondere auf die Genauigkeit Wert gelegt und zunächst ein niedrigeres Tempo in Kauf genommen werden.

Mit etwas Übung in der Beurteilung des Lautlesens wird es der Lehrperson auch gelingen, zusätzlich noch die Prosodie in ihre Diagnose einzubeziehen. Dafür muss während des Lautleseprotokolls notiert werden, wo Pausen im Lesefluss entstehen. Schülerinnen und Schüler, die über Zweiwortgruppen selten hinauskommen oder Wörter nicht sinngerecht gruppieren, brauchen einschlägige Förderung.

Unter Umständen zeigen Schülerinnen nur in einer oder zwei der vier Komponenten deutliche Probleme – sie lesen beispielsweise fast fehlerfrei und zügig, aber ohne die Wörter stimmlich zusammenzubinden. Auch dann ist die Förderung der Leseflüssigkeit angezeigt, denn alle vier Komponenten müssen ein gutes Niveau erreichen, um die Orientierung auf das Textverstehen während des Leseprozesses und damit das Lernen aus Texten zu ermöglichen.

Natürlich spielt die Komplexität der Texte, die für Lautleseprotokolle zugrunde gelegt werden, eine erhebliche Rolle. Für diagnostische Zwecke sollten Texte Verwendung finden, die der Leser problemlos verstehen würde, wenn sie ihm oder ihr vorgelesen würden.

Zur Förderung der Leseflüssigkeit im Unterricht

Die Automatisierung von Handlungen wird generell durch Üben erreicht; so ist es auch bei der Leseflüssigkeit. Entsprechend zeigen intensive kindliche Freizeit-Leserinnen und -Leser hier kaum Defizite. Nicht flüssig lesende Schülerinnen und Schüler brauchen dagegen gezieltes Üben im schulischen Kontext. Ziel der Übungen ist, dass der schwache Leser bzw. die Leserin neue Wörter mit Aufmerksamkeit zunächst ggf. stockend erliest und dann festigend in einer Re-Lektüre wiedererkennt. Nach derzeitigem Stand des Wissens muss ein Wort etwa vier Mal mit etwas zeitlichem Abstand in dieser Weise fokussiert werden, um Aufnahme in den Sichtwortschatz zu finden (vgl. Hiebert/Martin 2009). Deshalb sollte möglichst wiederholend gelesen werden. Damit das tatsächlich geschieht, sollten die Lesungen kontrolliert werden, es muss also laut gelesen werden. Schließlich ist ein Lesemodell sinnvoll, an dessen Prosodie sich der schwache Leser orientieren kann.

Es gibt eine Anzahl von Verfahrensweisen, in denen das geschehen kann; sie reichen von der individuellen Förderung eines leseschwachen Kindes, das im Wechsel oder gemeinsam mit einem Erwachsenen liest, über kooperative Verfahren bis zum chorischen Lautlesen in der ganzen Klasse (für einen Überblick, vgl. Rosebrock/Nix/Rieckmann et al. 2011, S. 33–52).

Für die Förderung im Klassenverband haben sich im deutschsprachigen Raum als Methode die sogenannten Lesetandems bewährt. Für sie wird zunächst die Lesegeschwindigkeit aller Kinder erhoben. Dann wird jeweils ein besser und ein schlechter lesendes Kind bzw. Jugendlicher zu einem Tandem zusammengesetzt. Diese Tandems lesen gemeinsam, also chorisch, von nur einer Vorlage halblaut Texte oder Textabschnitte von etwa 200 bis 300 Wörtern jeweils vier Mal, wobei der besser lesende Partner eine Tutor-Funktion erhält: Er passt seine Lesegeschwindigkeit dem schwächer Lesenden an und fordert seinen Tutanden bei Fehllesungen zu Korrekturen auf. Zu der Routine gehört noch ein Alleine-Lesen-Zeichen, mit dem der Tutand seinem Tutor zu verstehen gibt, dass er sich sicher genug fühlt, um den Text nun allein weiterzulesen. Wenn er stockt oder einen unverbesserten Fehler macht, setzt wieder das chorische Lesen ein. Mit adaptiven Textvorlagen gelingt es auch den schwachen Schülerinnen und Schülern, im vierten Durchgang eine flüssige Lesung zu erreichen und (fast) nicht mehr zu stocken. Bedingung ist, dass das Lesematerial angemessen einfach ist, also annähernd keine unbekannten Begriffe enthält und keine komplexen Bedeutungszuweisungen fordert (vgl. die detaillierte Darstellung der Routine in Rosebrock / Nix / Rieckmann et al. 2011).

Lautlesetandems sind eine Form des kooperativen Lernens, sie werden von Kindern und Jugendlichen gern angenommen. Allerdings müssen alle Verfahren des Trainings der Leseflüssigkeit in kleinen Portionen (etwa 15 Minuten) regelmäßig über einen längeren Zeitraum durchgeführt werden, um mindestens die frequenten Wörter und Wendungen des Deutschen zu etablieren. Das kann über anregende Projekte geschehen – etwa die Produktion einer gemeinsamen Hör-CD –, besser aber noch durch Integration einer Lautlese-Routine in den regulären Unterricht in den Fächern: Wenn Lektüre ansteht, kann sie beispielsweise abschnittsweise kooperativ erlesen werden. Auf diese Weise wird sichergestellt, dass jedes Kind, jeder Jugendliche den Text flüssig erlesen hat und die Voraussetzungen für sein eigenständiges Textverstehen gegeben sind.

Literaturhinweise

Hiebert, Elfrida H. / Leigh Ann Martin 2009: Opportunity to Read. In Elfrida H. Hiebert (Hg.): Reading More, Reading Better. New York. S. 3 – 29.

Klicpera, Christian / Barbara Gasteiger-Klicpera 1993: Lesen und Schreiben – Entwicklung und Schwierigkeiten. Die Wiener Längsschnittuntersuchung über die Entwicklung, den Verlauf und die Ursachen von Lese- und Schreibschwierigkeiten in der Pflichtschulzeit. Bern.

NICHD – National Institute of Child Health and Human Development 2000: Report of the National Reading Panel: Teaching Children to Read – An Evidence-Based Assessment of the Scientific Research Literature on Reading and its Implications for Reading Instruction. Washington, DC.

Rosebrock, Cornelia / Carola Rieckmann / Daniel Nix / Andreas Gold 2010: Förderung der Leseflüssigkeit bei leseschwachen Zwölfjährigen. In: Didaktik Deutsch. H. 28. S. 33 – 58.

Rosebrock, Cornelia / Daniel Nix / Carola Rieckmann / Andreas Gold 2011: Leseflüssigkeit fördern. Lautleseverfahren für die Primar- und Sekundarstufe. Seelze.

C 2 Lesekompetenz

Gerhard Rupp

Lesekompetenz (oder Lesefähigkeit / Leseverstehen, reading literacy, vgl. zur Begrifflichkeit zuletzt Philipp 2015) bedeutet, Wörter, Sätze und Texte flüssig zu lesen bzw. vorzulesen und zu verstehen. PISA definiert Lesekompetenz als die Fähigkeit, „geschriebene Texte zu verstehen, zu nutzen und über sie zu reflektieren, um eigene Ziele zu erreichen, das eigene Wissen und Potenzial weiterzuentwickeln und am gesellschaftlichen Leben teilzunehmen" (Baumert / Klieme / Neubrand et al. 2001, S. 80).

Lesen umgreift den Prozess der Aufnahme von Geschriebenem, seine Verarbeitung und seine Umsetzung in eigenen sozialen Handlungen. Weitere hieran anschließende Modellentwicklungen (vgl. u. a. Beck / Klieme (Hg.) 2007) arbeiten sowohl die Subskalen als auch die Kompetenzstufen weiter aus.

Nach Hurrelmann (2003, S. 5) kommt der Lesefähigkeit

> besonderes Gewicht zu, da von ihr die Möglichkeit zum Lernen in allen anderen Bereichen wesentlich abhängt. In dieser allgemeinen Bedeutung ist das Lesen durch PISA im internationalen Rahmen als Schlüsselkompetenz definiert worden. [...] Lesen ist auch in der Mediengesellschaft eine Basiskompetenz, deren Vermittlung langfristig alle Aufmerksamkeit verdient.
> Hurrelmann (2003, S. 5)

PISA „unterscheidet grob textimmanente von wissensbasierten Verstehensleistungen" (Baumert / Klieme / Neubrandet al. 2001, S. 82). Aus der „theoretischen Struktur der Lesekompetenz" werden die drei Subskalen „Informationen ermitteln, Textbezogen interpretieren und Reflektieren und Bewerten" (ebd., S. 83) abgeleitet. Diese Subskalen bezeichnen Aspekte des Lesens, aus denen Aufgaben für die Ermittlung und die Messung des Leseverständnisses konstruiert werden. Daraus gewinnt man eine Fähigkeitsskala der Lesekompetenz, die in fünf Stufen aufgeteilt und für die drei Subskalen am Beispiel ausgewählter Stufen spezifiziert wird:

Subskalen und Kompetenzstufe(n) der Lesekompetenz (eigene Systematisierung)

Subskalen / Kompetenzstufen	Informationen ermitteln	textbezogen interpretieren	Reflektieren und Bewerten
Stufe I	explizite Informationen lokalisieren	auffällige Hauptgedanken wiedergeben	Verbindung zu Alltagswissen herstellen
Stufe III	Beziehungen erkennen	Textteile integrieren	Text(-merkmale) bewerten
Stufe V	versteckte Informationen entnehmen	Detailverstehen bei unvertrauten Themen	kritisch zum Text Stellung nehmen

In der ersten Erhebung der PISA-Studie konnte so der alarmierende Befund empirisch erhoben werden: „Der Anteil an Risikoschülern (auf und unter Kompetenzstufe I) ist in allen Ländern der Bundesrepublik sehr hoch und macht in der Hälfte der 14 am Vergleich teilnehmenden Lander jeweils über 25 Prozent der Gesamtgruppe der 15-Jährigen aus." (ebd. S. 19) Dabei bezeichnet Kompetenzstufe I „lediglich elementare Lesefähigkeiten". Die Schülerinnen und Schüler auf dieser Kompetenzstufe I werden „als potenzielle Risikogruppe bezeichnet. Die Leistungen dieser Schülerinnen und Schüler im PISA-Test legen nahe, dass sie beim Übergang ins Berufsleben Probleme haben werden" (ebd. S. 17).

Lesekompetenz ist von Domänen abhängig. Im Deutschunterricht lassen sich die drei Domänen der informatorischen, der literarischen und der diskontinuierlichen Texte unterscheiden, die entsprechenden Formen der Lesekompetenz zugeordnet werden können (vgl. Artelt / Schlagmüller 2004, Baurmann 2009 und Schnotz / Dutke 2004). Als vierte Domäne „werden elektronische Texte seit PISA 2009 als eigenständiger Kompetenzbereich berücksichtigt" (Hentschel 2013, S. 13). Die informatorische (sachtextbezogene) Lesekompetenz umgreift das Verstehen von informierenden, argumentierenden und regulativen Sachtexten. Die literarische Lesekompetenz bezieht sich auf das Verstehen der Texte der drei großen Literaturbereiche Lyrik, Drama und Prosa. Sie wird heutzutage durch das Buch, aber auch durch Filme, Hörspiele, -bücher und -kassetten sowie durch Computerspiele erworben (vgl. Boelmann / Seidler 2012). Das heißt, ihr Erwerb ist nicht an die (printgebundene) Schriftlichkeit gebunden und beginnt weit vor der Alphabetisierung. Die diskontinuierliche Lesekompetenz bezieht sich auf Tabellen und sog. Infographiken. Im Zentrum steht hier nicht das Verstehen eines fortlaufenden Textes, sondern das Verstehen von Listen, Plänen und Schaubildern im Kontext mit Legenden und Bildunterschriften. Sie hat neben der visuellen aber auch Schnittmengen mit der literarischen Kompetenz, wie das Beispiel von Bildgeschichten (Comic, in Buchform Graphic Novel) zeigt.

Besonders den Fachdidaktiken geht es darum, auch motivationale und emotionale Bestandteile in einen weit gefassten Begriff der Lesekompetenz einzubringen, der z. B. Anschlusskommunikation umfasst (vgl. Abraham / Bremerich-Vos / Frederking et al. 2003, Groeben 2002). Verschiedene Lesezwecke und -intentionen sowie unterschiedliche Formen des jeweiligen Lesetextes erfordern modifizierte Konstrukte, die wiederum Einfluss auf Form und Inhalt der Kompetenzerfassung nehmen (Alderson 2000, S. 116 ff.).

Die für die Vorhersage der Lesekompetenz relevanten Aspekte werden nach dem sogenannten Tetraedermodell von Jenkins 1979 systematisiert. Dies sind „‚Merkmale des Lesers / der Leserin' und ‚Aktivitäten des Lesers / der Leserin' als leserbezogene und ‚Leseanforderungen' und ‚Beschaffenheit des Textes' als textbezogene Kategorien" (Artelt / McElvany / Christmann et al. 2007, S. 13):

Tetraedermodell nach Jenkins

	Merkmale des Lesers / der Leserin Vorwissen, lexikalischer Zugriff, Wortschatz Motivation, Einstellungen Kenntnis von Textmerkmalen, Lernstrategiewissen	
Aktivitäten des Lesers / der Leserin Adaptiver Einsatz von Lesestrategien, Verstehensüberwachung, Selbstregulation		Leseanforderung Verstehendes Lesen Kritisches Lesen Reflexives Lesen Involviertes Lesen
	Beschaffenheit des Textes Inhaltsorganisation und Strukturierung (Kohärenz, Bilder / Diagramme, Sequenzielles Arrangieren, Vorwissensaktivierung)	

Leserseitig ist inhaltliches Vorwissen „in dem Inhaltsbereich, dem ein Text zuzurechnen ist“ ein herausragender Prädiktor für ein gutes Leseverständnis und „kann den negativen Einfluss schlechter Lesefähigkeiten auf das allgemeine Leseverständnis sogar teilweise kompensieren“ (ebd. S. 13). In ähnlicher Weise fungiert der Wortschatz als Voraussetzung für einen effizienten lexikalischen Zugriff. Weiterhin beeinflusst eine sowohl intrinsische wie extrinsische und im Idealfall habituelle Lesemotivation die Lesekompetenz positiv. Die Kenntnis von Textmerkmalen wie Geschichtengrammatiken oder dem Aufbau von Sachtexten sowie die richtige Einschätzung, welche Lesestrategien unter welchen Bedingungen zielführend sind, gehören leserseitig zu den kognitiven Bedingungsfaktoren der Lesekompetenz. Davon unterschieden werden Aktivitäten des Lesers und der Leserin, die in der tatsächlichen, im Idealfall dem Lesetext angepassten, also adaptiven Nutzung von Lesestrategien besteht. Dabei sind kognitive Strategien zu unterscheiden, die in der Wiederholung, Organisation und Elaboration bestehen, also dem mehrmaligen Lesen und Einprägen, dem Ordnen von Text-informationen und ihrer Ausarbeitung und Differenzierung. Weitere (metakognitive) Strategien dienen der Überwachung des Verstehensprozesses durch die vorgängige Planung, die Kontrolle und die Steuerung des Lesens.

Textseitig gliedern sich die Anforderungen, die an Leserinnen und Leser gestellt werden, in verstehendes (informationsverarbeitendes) Lesen, das in den Aufbau eines Situationsmodells mündet, und in kritisches Lesen, in das Bewertungsprozesse und analytisches Denken einfließen. Eher auf literarische Texte ausgerichtet sind das reflexive Lesen, das Gegenstands- und Selbstreflexion miteinander verbindet, und das involvierte Lesen, das „vor allem auch emotional-motivationale Aspekte akzentuiert“ (ebd. S. 23) und sich auf genussvolles Lesen von Literatur bezieht. An der Textoberfläche ist die Lesekompetenz von einer lokal und global kohärenten Inhaltsorganisation abhängig, die u. a. durch ein hierarchisch-sequenzielles Arrangement von hoch-abstrakt bis detailliert reicht (vgl. ebd. S. 27).

Literaturhinweise

Abraham, Ulf / Albert Bremerich-Vos / Volker Frederking / Petra Wieler (Hg.) 2003: Deutschdidaktik und Deutschunterricht nach PISA. Freiburg i. Br.

Alderson, John Charles 2000: Assessing Reading. Cambridge.

Artelt, Cordula / Matthias Schlagmüller 2004: Der Umgang mit literarischen Texten als Teilkompetenz im Lesen? Dimensionsanalysen und Ländervergleiche. In: Ulrich Schiefele / Cordula Artelt / Wolfgang Schneider / Petra Stanat (Hg.): Struktur, Entwicklung und Förderung von Lesekompetenz. Vertiefende Analysen im Rahmen von PISA 2000. Wiesbaden. S. 169 –196.

Artelt, Cordula / Nele McElvany / Ursula Christmann / Tobias Richter / Norbert Groeben / Juliane Köster / Wolfgang Schneider / Petra Stanat / Christian Ostermeier / Ulrich Schiefele / Renate Valtin / Klaus Ring / Henrik Saalbach 2007: Förderung der Lesekompetenz. Expertise. Bundesministerium für Bildung und Forschung (BMBF). Bonn u. a. In: https://www.bmbf.de/pub/Bildungsforschung_Band_17.pdf, recherchiert am 18. 9. 2016.

Baumert, Jürgen / Eckhard Klieme / Michael Neubrand / Manfred Prenzel / Ulrich Schiefele / Wolfgang Schneider / Petra Stanat / Klaus-Jürgen Tillmann / Manfred Weiß 2001: PISA 2000. Basiskompetenzen von Schülerinnen und Schülern im internationalen Vergleich. Opladen.

Baurmann, Jürgen 2009: Sachtexte lesen und verstehen. Grundlagen, Ergebnisse, Vorschläge für einen kompetenzfördernden Unterricht. Seelze.

Beck, Bärbel / Eckhard Klieme (Hg.) 2007: Sprachliche Kompetenzen. Konzepte und Messung. DESI-Studie (Deutsch-Englisch-Schülerleistungen-International). Weinheim u. a.

Boelmann, Jan / Andreas Seidler (Hg.) 2012: Computerspiele als Gegenstand des Deutschunterrichts. Frankfurt a. M.

Groeben, Norbert 2002: Zur konzeptuellen Struktur des Konstrukts „Lesekompetenz“. In: Ders. / Bettina Hurrelmann (Hg.): Lesekompetenz. Bedingungen, Dimensionen, Funktionen. Weinheim. S. 11 – 24.

Henschel, Sofie 2013: Effekte motivationaler und affektiver Merkmale auf das Verstehen von literarischen und faktualen Texten. Inauguraldissertation Freie Universität Berlin. In: *www.diss.fu-berlin.de/diss/servlets/MCRFileNodeServlet/.../Dissertation-Henschel.pdf,* recherchiert am 2. 9. 2016.

Hurrelmann, Bettina 2003: Lesen. Basiskompetenz in der Mediengesellschaft. In: Schüler 2003. Lesen und Schreiben. Seelze. S. 4 –11.

Jenkins, James 1979: Four Points to Remember: A Tetrahedral Model and Memory Experiment. In: Laird S. Cermak und Fergus I. M. Craik (Hg.): Levels of Processing in Human Memory. Hillsdale, NJ. S. 429 – 446.

Philipp, Maik 2015: Lesekompetenz – zur inhaltlichen und historisch veränderlichen Modellierung eines Hochwertbegriffs. In: Ulrich Riegel / Sigrid Schubert / Gesa Siebert-Ott / Klaus Macha (Hg.): Kompetenzmodellierung und Kompetenzmessung in den Fachdidaktiken. Münster. S. 29 – 41.

Schnotz, Wolfgang / Stefan Dutke 2004: Kognitionspsychologische Grundlagen der Lesekompetenz: Mehrebenenverarbeitung anhand multipler Informationsquellen. In: Ulrich Schiefele / Cordula Artelt / Wolfgang Schneider / Petra Stanat (Hg.): Struktur, Entwicklung und Förderung von Lesekompetenz. Vertiefende Analysen im Rahmen von PISA 2000. Wiesbaden. S. 61–100.

C 3 Lesestrategien

Juliane Dube

Neben den Konzepten Leseförderung und Literarische Bildung hat sich in den letzten Jahren ein übungsorientierter Leseunterricht (Lesetraining) von der Primar- bis zur Sekundarstufe II etabliert (vgl. Kruse 2007, S. 177). Ziel dieses Unterrichts ist es, die Informationsentnahme, die Identifizierung von Hauptgedanken und die Erschließung der Textintension durch die Förderung basaler und strategischer Lesefähigkeiten zu fördern (vgl. Rosebrock / Nix 2012, S. 60). In der Didaktik (vgl. Bönnighausen / Winter (Hg.) 2012) und der Praxis des Deutschunterrichts (vgl. Willenberg 2004) besitzt der Einsatz von Lesestrategien inzwischen eine hohe Bedeutung, zunehmend erhalten sie auch überfachlich Relevanz (vgl. hierzu die Arbeiten des LISUM 2011).

Obgleich eine einheitliche Definition zu Lesestrategien bisher fehlt, werden sie überwiegend als „mentale Werkzeuge“ (Rosebrock / Nix 2012, S. 59) zur Textarbeit beschrieben, die eine automatisierte, aber auch bewusste und systematische Erschließung des Textes im Hinblick auf die Erreichung eines Leseziels ermöglichen. In mehrphasigen Lesestrategieprogrammen, die in zahlreichen Abwandlungen vor allem auf der SQR3-Methode (**S**urvey, **Q**uestion, **R**ead, **R**ecite und **R**eview) von F. P. Robinson (1978) und ihren Erweiterungen beruhen, sollen die Lernenden ein Repertoire an kognitiven, metakognitiven und motivationalen Strategien erwerben, die in Abhängigkeit von Text und Aufgabe flexibel einsetzbar sind. Zielgruppe dieser Programme sind vor allem Lernende mit unzureichendem Leseverständnis, denen jener zielbezogene und variable Strategieeinsatz, trotz guter Lesefertigkeiten, nicht gelingt. Zur Darstellung der Vielfalt an Lesestrategien soll auf die ursprünglich von Dansereau (1978) vorgenommenen Kategorisierung von Lern- und Denkstrategien in kognitive Primärstrategien, metakognitive (exekutive) Kontrollstrategien und affektiv-motivationale Stützstrategien zurückgegriffen werden, die zahlreichen späteren Arbeiten als Vorlage diente (vgl. Abb. 1). Die in der Abbildung aufgenommenen Strategien stehen dabei jeweils exemplarisch für eine Vielzahl weiterer möglicher Vorgehensweisen.

Kognitive Primärstrategien

Primärstrategien, die direkt auf die zu verarbeitenden Informationen wirken und dadurch zur Veränderung kognitiver Prozesse und Strukturen führen, werden in den meisten Fällen, in Anlehnung an den Aufsatz von Weinstein und Mayer (1986), in Organisations-, Elaborations-, und Wiederholungsstrategien unterschieden. Angewendet verfolgen sie alle das Ziel, Informationen aus einem Text leichter herauszufiltern, besser zu verstehen, zu behalten, abzurufen oder leichter zu transferieren (vgl. Abb. 1). Während Organisationsstrategien dazu dienen, den Text zu strukturieren und auf die wesentlichen Aussagen zu reduzieren, gehen Elaborationsstrategien über die Textoberfläche hinaus, indem sie die herausgearbeiteten Textinformationen mit individuellen Erfahrungen, Gefühlen und Meinungen verbinden bzw. neues und altes Wissen miteinander vernetzen (vgl. hierzu auch einzelne Artikel in Praxis Deutsch 2004, H. 187). Wiederholungsstrategien werden hingegen eingesetzt, um Verstehens- und Behaltensleistungen zu vertiefen (vgl. Gold 2007, S. 48 ff.).

Metakognitive Kontrollstrategien und affektiv-motivationale Stützstrategien

Um den kognitiven Leseprozess zu planen und diesen an die jeweiligen Lernsituationen und -fortschritte anzupassen sowie seine Qualität zu bewerten (vgl. ebd. 2007, S. 52), hat die Vermittlung von metakognitiven Kontrollstrategien in den letzten Jahren großen Zuspruch erfahren. Damit Leseprozesse jedoch überhaupt erst eingeleitet und dann auch aufrechterhalten werden, bedarf es bei der Texterschließung fortwährend auch des Einsatzes von affektiv-motivationalen Strategien. Diese sollten bei der Arbeit mit leseschwachen Lernenden, die in den meisten Fällen bereits mehrfach Misserfolgserlebnisse im Lesen erlebt haben, daher eine besondere Berücksichtigung finden.

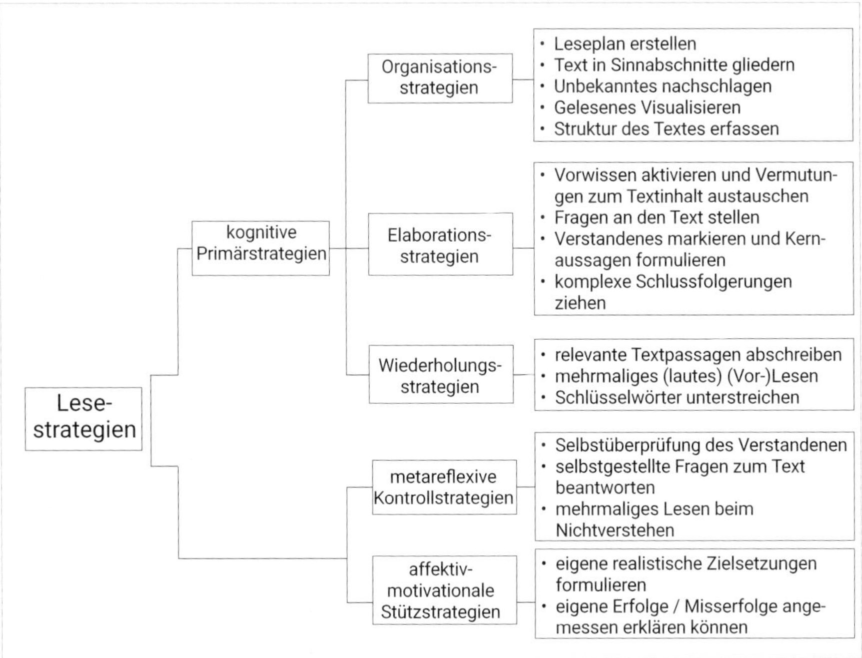

Abb. 1: Übersicht Lesestrategien

Für die Vermittlung von Lesestrategien gilt, so Rosebrock / Nix (2012, S. 59), diese fachübergreifend niemals isoliert, sondern nur im curricular aufgebauten Verbund zu vermitteln. Dafür muss im Kollegium eine gemeinsame Basis zu den Fragen geschaffen werden: 1. Welche Texte ausgewählt, 2. welche Strate-gien vermittelt, 3. anhand welcher Aufgaben diese eingeübt werden sollen und 4., wie der Kompetenzstand bzw. -zuwachs diagnostiziert werden kann (vgl. Leisen 2007, S. 197).

Aufgrund der unzureichenden Passung zwischen klassischen Lesestrategien und literarischen Texten, z. B. im Hinblick auf narrative Strukturen, wird einerseits die Arbeit mit gattungsspezifischen Textstrategien (vgl. Leubner / Saupe 2016) und andererseits mit Fragestrategien aus unterschiedlichen Analysefeldern vorgeschlagen (vgl. Schilcher / Pissarek (Hg.) 2015). Ziel der Strategievermittlung ist es, die Schülerinnen und Schüler im selbstständigen Umgang mit literarischen Texten zu unterstützen, indem sie helfen, den Blick der Lernenden für den Text und seine verstehensrelevanten Inhalte (semantische Räume, Figuren, Zeit, formale und sprachliche Strukturen, Vermittlungsebene und Kontext) zu schärfen (vgl. ebd.). So lauten z. B. die Fragestrategien für die häufig in Texten zentral und konstitutiv verankerten literarischen Figuren:

- Wie entwirft die Erzählinstanz eine Figur?
- Wie sieht sich die Figur selbst?
- Wie wird die Figur von anderen Figuren wahrgenommen? (vgl. ebd.)

Analog zu den klassischen Lesestrategien sind Strategien zur Erschließung von literarischen Texten gleichfalls eng an metareflexives Wissen und Motivation gebunden.

Methodische Aspekte

Die Erforschung zum Einsatz und zur Effektivität von Lesestrategien zeigt, dass deren Umsetzung auch Hürden birgt (vgl. u. a. Gold 2007). So beeinflussen nicht nur die fehlende Habitualisierung erlernter Strategien, sondern auch leserseitige Merkmale wie Wortschatz und Lesegeschwindigkeit den Programmerfolg. Für den Einsatz im Unterricht reicht es zudem nicht aus, allein das Wissen zu Strategien zu vermitteln. Vielmehr dürfen diese nur in überschaubarer Zahl bei der Textarbeit zum Einsatz kommen, insbesondere wenn die Lerngruppe überwiegend aus schwachen Lernenden besteht. Zudem empfiehlt es sich, die Strategien in sinnstiftenden Kontexten zu vermitteln, in denen sie eine Handlungsrelevanz erhalten (vgl. Kruse 2007, S. 184). Dies kann einerseits über die Textauswahl erreicht werden, die neben pragmatischen auch literarische Texte umfassen und sich an Vorwissen, Kompetenz und Interesse der Lernenden orientieren sollte. Andererseits kann aber auch die Explizierung der Bedeutung jener strategischen Denk- und Handlungsschritte im Kontext der „kognitiven Meisterlehre“ (apprenticeship learning) unterstützend wirken (vgl. Schoenbach / Cziko / Gaile et al. (Hg.) 2006). Dabei werden neue Lesestrategien zunächst mit der Methode des Lauten Denkens durch die Lehrperson eingeführt. Anschließend kommentieren und reflektieren die Lernenden unter Beobachtung der Lehrperson in dialogischen Lernarrangements selbst ihren Strategieeinsatz, der sich mit wachsender Sicherheit zunehmend autonom gestaltet. Bei der Explizierung von Denk- und Handlungsstrategien im Rahmen des Lauten Denkens ist jedoch Vorsicht geboten. Viele Strategien laufen bei routinierten Leserinnen und Lesern unbewusst ab, sodass sie erst durch Selbstbeobachtung wieder ins Bewusstsein geholt werden müssen.

Wenngleich inzwischen eine Vielzahl von Lesestrategie-Programmen vorliegt, wissen wir über Output-orientierte Forschungsdesigns hinaus bisher nur wenig über die individuelle Entwicklung von (domänenspezifischen) Lesestrategien und Lernprozesshürden in Förderverfahren. Demzufolge ist nicht nur die Vermittlung von Lesestrategien eine über alle Schulstufen hinweg geltende Aufgabe, sondern auch ihre domänenspezifische Erforschung.

Literaturhinweise

Bönnighausen, Marion / Katja Winter (Hg.) 2012: Lesen(d) lernen. Texte besser verstehen. Ein Trainingsprogramm. Bottrop.

Dansereau, Donald 1978: The Development of a Learning Strategy Curriculum. In: Harold F. O'Neill (Hg.): Learning Strategies. New York. S. 1–29.

Gold, Andreas 2007: Lesen kann man lernen. Lesestrategien für das 5. und 6. Schuljahr. Göttingen.

Kruse, Gert 2007: Das Lesen trainieren. Zu Konzepten von Leseunterricht und Leseübung. In: Andrea Bertschi-Kaufmann (Hg.): Handbuch Lesen. Lesekompetenz, Leseleistung, Leseförderung. Zug. S. 178–190.

Landesinstitut für Schulen und Medien Berlin-Brandenburg (LISUM) (Hg.) 2011: Lesen in den Naturwissenschaften. Das ProLesen-Länderprojekt Berlin und Brandenburg. Ludwigsfelde-Struveshof.

Leisen, Josef 2007: Lesen in allen Fächern. In: Andrea Bertschi-Kaufmann (Hg.): Lesekompetenz, Leseleistung, Leseförderung. Grundlagen, Modelle und Materialien. Seelze. S. 189–197.

Leubner, Martin / Anja Saupe 2016: Textverstehen im Literaturunterricht und Aufgaben. 2. Auflage. Baltmannsweiler.

Praxis Deutsch 2004. Lesestrategien, hg. von Heiner Willenberg. H. 187.

Robinson, Francis Pleasant 1978 [1948]: Effective Study. 2. Auflage. New York.

Rosebrock, Cornelia / Daniel Nix 2012: Grundlagen der Lesedidaktik und der systematischen schulischen Leseförderung. 5. Auflage. Baltmannsweiler.

Schilcher, Anita / Markus Pissarek (Hg.) 2015: Auf dem Weg zur literarischen Kompetenz. Ein Modell literarischen Lernens auf semiotischer Grundlage. 3. Auflage. Baltmannsweiler.

Schoenbach, Ruth / Christine Cziko / Dorothee Gaile / Cynthia Greenleaf / Lori Hurwitz (Hg.) 2006: Lesen macht schlau. Berlin.

Weinstein, Claire F. / Richard F. Mayer 1986: The Teaching of Learning Strategies. In: Merlin C. Wittrock (Hg.). Handbook of Research in Teaching. New York. S. 315–327.

C 4 Leseförderung

Andrea Bertschi-Kaufmann
Natalie Plangger

Leseförderung ist ein Sammelbegriff. Er steht für verschiedene Angebote, welche die Entwicklung der Lesefähigkeit von Kindern, Jugendlichen und Erwachsenen sowie deren Lesemotivation unterstützen. Dabei geht man davon aus, dass es sich beim Lesen um ein Verhalten handelt, welches Heranwachsende nach und nach aufbauen und mit dem sie Anschluss an schriftliche Kommunikationen aller Art erhalten, speziell auch an fiktionale Texte. Kinder und Jugendliche müssen sich an die Lesetätigkeit erst einmal gewöhnen, mit Büchern und anderen Lesemedien vertraut werden und sich in verschiedenen und durchaus lustvollen Situationen selber als Leserinnen und Leser erleben. Leseförderung setzt deshalb zum einen auf die Habitualisierung des Lesens als eine kulturelle Praxis und zum anderen auf die Entwicklung positiver Einstellungshaltungen gegenüber dem Lesen sowie einer eigenständig gestalteten Leseaktivität, welche für die Bewältigung der verschiedenen Texte günstig sind.

Die wichtigsten Ziele der Leseförderung

Das allererste Ziel der Leseförderung gilt dem Zugänglichmachen von Schrift und Schriftlichkeit, der Vermittlung von *Literacy* (Barton 1994), sodass Kinder, Jugendliche und Erwachsene Texte in alltäglichen Zusammenhängen verstehen und nutzen können. Der Erwerb und die Vermittlung von Lesekompetenz, wie sie als Bedingung für den Bildungserfolg in industriellen Gesellschaften u. a. im Kontext der PISA-Studien definiert wurde (vgl. Baumert / Klieme / Neubrand et al. 2001), gehört in diesen Zusammenhang. Ein weiteres, nicht weniger wichtiges Ziel besteht in der Ausbildung sowohl der kognitiven als auch der emotionalen Prozesse, die das Lesen, Verstehen und die innere Teilnahme am Gelesenen ermöglichen und damit den individuellen Gewinn des Lesens ausmachen (vgl. Hurrelmann 1994). Und schließlich geht es bei der Leseförderung um den Aufbau eines stabilen Leseverhaltens, sodass Lesen bei den Heranwachsenden zur Gewohnheit wird, mit der sie sich in dem zunehmend größer werdenden Angebot von Texten zurechtfinden.

Leseförderung und ihre Bedeutung für die sprachliche Entwicklung

Lesen ist für die sprachliche Entwicklung besonders wichtig – dieser Zusammenhang ist im Verlauf der letzten Jahrzehnte für die frühe Kindheit und den Spracherwerb mehrfach belegt. So haben Ninio / Bruner (1978) auf der Grundlage von Videoaufzeichnungen zur frühen Mutter-Kind-Kommunikation festgestellt, dass die Vorlesesituation für den Spracherwerb des Kleinkindes weitaus ergiebiger ist als andere Alltagssituationen. Spätere Untersuchungen haben insbesondere die vorteilhafte Wirkung des dialogischen Lesens auch in der außerfamiliären frühen Bildung, zum Beispiel in Kindertagesstätten, aber auch im Kindergarten aufgezeigt (vgl. Whitehurst / Falco / Lonigan et al. 1988). Kern des dialogischen Lesens ist das Gespräch zwischen erwachsener Person und Kind, wobei die Kinder als Erzählende tätig sind und der oder die Erwachsene die Rolle der oder des aktiven Zuhörenden übernimmt, offene Fragen stellt, die Aussagen des Kindes ergänzt, erweitert und laufend zu weiteren Versprachlichungen ermutigt.

Leseförderung vs. Literarische Bildung

Lesefähigkeit gilt als eine Schlüsselkompetenz für die Bewältigung von Alltagsanforderungen und die Teilhabe am gesellschaftlichen Leben. Konkret ist damit die Dechiffrierfähigkeit im Umgang mit Schrift gemeint, das Leseverstehen auf Wort- und Satzebene sowie das Verstehen des gesamten Textzusammenhangs, das Herstellen der sogenannten globalen Kohärenz (Van Djik / Kintsch 1983). Als kulturelle Basiskompetenz ist Lesekompetenz zentral für die Aneignung und die Weiterentwicklung von Wissen und Fähigkeiten in verschiedenen Inhaltsbereichen (→ C 2).

Literarische Bildung setzt Lesefähigkeit nicht zwangsläufig voraus, denn auch im Umgang mit gesprochenen Versen, beim Hören von Geschichten und beim Sehen von filmischen Erzählungen oder von Theaterstücken lassen sich literarästhetische Erfahrungen machen. Die Rezeption literarischer Texte, beim Hören ebenso wie beim Lesen, verlangt allerdings eine spezifische Wahrnehmung dessen, was die ästhetisch geformten Texte ausmacht: die Deutungsoffenheit der Texte, deren poetische Gestaltung mit Mitteln von Symbolen und Metaphern, mit Lautmalerei und Sprachrhythmus (Rosebrock 1999). Während Leseförderung erst einmal auf den Aufbau der Lesefähigkeit mit verschiedensten Texten zielt, dabei fiktionale Texte wie auch Sachtexte einbezieht und die Textauswahl stärker mit Bezug auf die Interessen der Lernenden erfolgt, spielt für die literarische Bildung die Qualität der Texte eine entscheidende Rolle. Letztere sollen mit Spielformen bekannt machen und literarische Tradition vermitteln.

Familiäre und schulische Handlungsfelder für die Leseförderung

Die Familie spielt im Leben der Kinder nicht nur die früheste, sondern auch die wirksamste Rolle für die Leseentwicklung. Die Bedeutung, welche das Vorlesen im frühen Kindesalter, die elterlichen Lesevorbilder und insgesamt das sogenannte Leseklima in der Familie (Hurrelmann / Hammer / Niess 1993) haben, ist in verschiedensten Studien nachgewiesen. Aus den Voraussetzungen erfolgreicher Lesesozialisation in der Familie lassen sich für die Schule allerdings wichtige Förderoptionen ableiten. Zu diesen gehört

- das Einplanen von kontinuierlichen Lesezeiten, während derer sich die Schülerinnen und Schüler in der Grundschule und auf der Sekundarstufe in Lektüren vertiefen können, dafür auch Rückzugsmöglichkeiten erhalten während derer sie von Lehrkräften begleitet werden,
- ein anregendes Leseangebot insbesondere aus der Kinder- und Jugendliteratur, wobei Texte und Medien unterschiedlicher Formate und Inhalte zur Verfügung stehen, und mit dem die verschiedenen Entwicklungsstände der Schülerinnen und Schüler berücksichtigt werden,
- und schließlich konkrete Anregungen für Lektüren, auf welche die Schülerinnen und Schüler aufmerksam gemacht und mit denen sie zum Lesen ermuntert werden (vgl. Bertschi-Kaufmann 2017).

Eine umfassende Leseförderung bezieht zudem alle Fächer mit ein, insbesondere auch das Lesen von Sachtexten im Fach Geschichte oder im naturwissenschaftlichen Unterricht (vgl. Schmellentin / Gilg 2016). Und schließlich ist die Leseförderung dann besonders wirksam, wenn sie durch ein Lesetraining ergänzt wird, sodass der Erwerb von Lesefertigkeiten und Lesestrategien möglichst bei allen Schülerinnen und Schülern systematisch unterstützt wird (vgl. Philipp / Schilcher 2012).

Heterogene Voraussetzung und individualisierte Leseförderung

Die Lesefähigkeiten von Kindern oder Jugendlichen einer Schulklasse liegen in der Regel weit auseinander. Zum Umgang mit der Heterogenität gehört deshalb auch ein differenziertes Leseangebot für die starken Leserinnen und Leser sowie für jene Schülerinnen und Schüler, die auf einfache Texte und auf eine enge Lesebegleitung angewiesen sind (vgl. mit internationalem Bezug Allington 2013). Dabei stehen vor allem drei Ziele im Vordergrund: das Erkennen von Stärken und Schwächen, das Ermutigen zu nächsten Lernschritten und schließlich eine den Interessen und Leistungsmöglichkeiten angepasste Förderung.

Leseförderung in der Zusammenarbeit Schule und Bibliothek

Bibliotheken sind wichtige Orte der Leseförderung. Deshalb ist es wichtig, den Kindern ihre Benutzung näher zu bringen, um ihnen den Zugriff auf die vielfältige Auswahl von Büchern zu ermöglichen und sie in das gezielte Suchen nach Informationen einzuführen. Man spricht dabei von der sogenannten „Information Literacy“ (Lux 2007, S. 200 f.). Im Idealfall ist die Bibliothek mit entsprechendem Fachpersonal ausgestattet, das in der Vermittlung von „Information Literacy“ geschult ist. Im angelsächsischen Bereich hat sich für dieses Fachpersonal der Begriff „Teacher Librarian“ etabliert (Sühl-Strohmenger 2016). Dabei hat sich gezeigt, dass sich die Zusammenarbeit von Lehrkräften und Fachpersonen der Bibliothek positiv auf die Leseaktivität der Schülerinnen und Schüler auswirkt (Lux 2007, S. 210).

Literaturhinweise

Allington, Richard L. 2013: What Really Matters When Working with Struggling Readers. In: The Reading Teacher 66,7. S. 520 - 530.

Barton, David 1994: Literacy. An Introduction to the Ecology of Written Language. Oxford u. a.

Baumert, Jürgen / Eckhard Klieme / Michael Neubrand / Manfred Prenzel / Ulrich Schiefele / Wolfgang Schneider / Petra Stanat / Klaus-Jürgen Tillmann / Manfred Weiß 2001: PISA 2000. Basiskompetenzen von Schülerinnen und Schülern im internationalen Vergleich. Opladen.

Bertschi-Kaufmann, Andrea 2017 [2006]: Das Lesen anregen, fördern, begleiten. Seelze.

Hurrelmann, Bettina / Michael Hammer / Ferdinand Niess 1993: Lesesozialisation. Bd. 1: Leseklima in der Familie. Eine Studie der Bertelsmann Stiftung. Gütersloh.

Hurrelmann, Bettina 1994: Leseförderung. In: Praxis Deutsch. H. 21, 127. S. 17 - 26.

Lux, Claudia 2007: Information Literacy in der Zusammenarbeit von Bibliothek und Schule. In: Andrea Bertschi-Kaufmann (Hg.): Lesekompetenz, Leseleistung, Leseförderung. Grundlagen, Modelle und Materialien. Seelze. S. 198 - 215.

Ninio, Anat / Jerome Bruner 1978: The Achievement and Antecedents of Labeling. Journal of Child Language 5,1. S. 1–15.

Philipp, Maik / Anita Schilcher (Hg.) 2012: Selbstreguliertes Lesen. Ein Überblick über wirksame Leseförderansätze. Seelze. S. 198 - 213.

Rosebrock, Cornelia 1999: Zum Verhältnis von Lesesozialisation und literarischem Lernen. Didaktik Deutsch. 4,1. S. 57 - 68.

Schmellentin, Claudia / Eliane Gilg 2016 [2007]: Lesen im schulischen Fachunterricht. In: Andrea Bertschi-Kaufmann (Hg.): Lesekompetenz, Leseleistung, Leseförderung. Grundlagen, Modelle und Materialien. Seelze. S. 198 -212.

Sühl-Strohmenger, Wilfried 2016: Handbuch Informationskompetenz. Unter Mitarbeit von Martina Straub. 2. Auflage. Boston u. a.

Whitehurst, Grover J. / Francine L. Falco / Christopher J. Lonigan / Janet E. Fischel / Barbara D. DeBaryshe / Marta C. Valdez-Menchaca / Marie B. Caulfield 1988: Accelerating Language Development Through Picture Book Reading. Developmental Psychology 24. S. 552 - 558.

Van Djik, Teun / Walter Kintsch 1983: Strategies of Discourse Comprehension. New York.

LESEN

C 5 Lesesozialisation / Literarische Sozialisation

Dieter Wrobel

In der Fachdidaktik bezieht sich *Literarische Sozialisation* auf die „Frage, wie jemand im Zeitalter von Computer und Fernsehen dauerhafte Lesegewohnheiten ausbildet“ (Eggert / Garbe 2003, S. 1). Dabei sind zwei Perspektiven möglich: Zum einen bezieht sich dies auf literarisches Lesen in einer Rezeptionskonkurrenz mit anderen Medien, zum anderen steht das literarische Lernen eher im Mittelpunkt. In beiden Fällen sind begleitete und strukturierte Situationen erforderlich, um Heranwachsende an Texte, an ihre Rezeption und an ihr zunehmendes Verstehen heranzuführen. Das gilt ganz sicher für das Lernen und Lehren in der Schule, aber auch für informelles Lernen, denn literarische Sozialisation „schließt alle Gelegenheiten ein, bei denen Kinder und Jugendliche mit Literatur in Berührung kommen – auch die zufälligen und auch die medial vermittelten“ (Abraham 1998, S. 12).

Lesen bzw. Lesekompetenz gilt besonders und gerade unter den Bedingungen der Mediengesellschaft als eine zentrale „Schlüsselqualifikation“ (Groeben / Hurrelmann 2004, S. 440 ff.) bzw. als elementare Kulturtechnik, die keinesfalls ausschließlich, aber vorrangig im Deutschunterricht erworben und erweitert werden soll. Wichtige, in den 1990er-Jahren entwickelte Konzepte, die Phasen und Akteure des Erwerbsprozesses dieser Schlüsselqualifikation beschreiben, sind das der Lesesozialisation und der literarischen Sozialisation. Trotz großer Schnittmengen sind diese Konzepte nicht identisch, sie nehmen partiell unterschiedliche Zielsetzungen in den Blick: Lesesozialisation meint v. a. im Anschluss an B. Hurrelmann (1999) neben der grundlegenden Fähigkeit, einen Text (im Sinne eines weiten Textbegriffs) dekodieren zu können, auch den Erwerb von Einstellungen, die sich auf den Umgang mit jeglichen Printmedien, also auch mit nicht-literarischen Texten, auswirken. Das Konzept der literarischen Sozialisation, das näher an der Zieldimension der literarischen Bildung liegt, ist dagegen deutlicher auf die Untersuchung „verschiedener Lektüreformen und -funktionen in lebensgeschichtlicher Perspektive“ (Eggert / Garbe 2003, S. 7) und auf Rezeptionshandlungen zu fiktionalen bzw. ästhetischen Texten ausgerichtet, unabhängig davon, in welcher medialen Repräsentationsform sie vorliegen. Während Forschungen zur Lesesozialisation sich hauptsächlich empirischer Methoden bedienen, versteht sich das Konzept der literarischen Sozialisation stärker als eine historisch-hermeneutische Disziplin mit enger Anbindung an die Literaturwissenschaft (vgl. ebd., S. 8). Mittlerweile sind weniger (inhaltliche wie methodische) Abgrenzungen sichtbar; vielmehr hat sich „der Begriff der Lesesozialisation allgemein als Oberbegriff etabliert“ (Garbe / Holle / Jesch 2009, S. 170).

Beide Konzepte basieren auf der Sozialisationstheorie, die v. a. aus der Soziologie stammend in die Fachdidaktik übertragen wurde. Im Mittelpunkt steht dabei

die Frage, welche äußeren Einflüsse in Abhängigkeit von inneren, personellen Dispositionen sich positiv oder auch negativ auf die Leseentwicklung eines Menschen auswirken und seine lese- bzw. literaturbezogenen Einstellungen und Praxen steuern (vgl. zur Sozialisationstheorie grundlegend K. Hurrelmann / Bauer 2015). Gefragt wird danach, wie eine lesebezogene Persönlichkeitsentwicklung unter Berücksichtigung sowohl von individuellen Merkmalen und Anlagen als auch von Umwelteinflüssen verläuft. Anders formuliert: Es wird nach dem geschaut, was im „Überschneidungsbereich von Literatur- und Erziehungssystem geschieht" (Hurrelmann 1998, S. 48). Lesesozialisation wird mittlerweile üblicherweise als ein ko-konstruktiver „Prozess des Kompetenzerwerbs" verstanden, der „als Wechselwirkung zwischen sozialen und individuellen Voraussetzungen" gedacht ist (Hurrelmann 2006, S. 19).
Jener „Überschneidungsbereich" verändert sich im Lebenslauf vor allem in Abhängigkeit der beteiligten Sozialisationsagenturen (Familie – Kindergarten / Schule – peer group – Medien). Hieraus ergeben sich Hinweise, die sich zu einer idealtypischen Lesebiographie verdichten lassen, in der lesebegünstigende wie -erschwerende Faktoren in Beziehung zueinander stehen. Dabei lässt sich die Dimension der Sozialisationsagenturen ergänzen um Leseinhalte, um die Ausübungen von Lesepraxen und schließlich um unterschiedliche Lesemodi (vgl. Graf 2004). Diese wiederum werden durch die individuelle Motivation, zu lesen und entsprechende Texte auszuwählen, ebenso beeinflusst, wie von den Gratifikationen, die ein Leser sich von der Lektüre eines bestimmten Textes verspricht. Hier reicht das Spektrum vom versunkenen Lesen fiktionaler Texte bspw. bis zum informatorischen Lesen v. a. von Sachtexten.

Lesesozialisation findet nach dem Mehrebenen-Modell auf der Makroebene (Gesellschaft), der Mesoebene (Sozialisationsagenturen) und der Mikroebene (Individuum) statt (vgl. Hurrelmann 2006, S. 24). Die Lesesozialisation beginnt lange vor dem Schuleintritt. Die Bedeutung der primären Sozialisationsagentur Familie weist bereits auf einen engen Zusammenhang zwischen sozialer Herkunft und Bildungsperspektiven hin, der von Leseuntersuchungen (bspw. PISA) immer wieder bestätigt wird. Im Rahmen frühkindlicher und vorschulischer Lebensphasen trägt das familiale Umfeld in doppelter Weise zur Lesesozialisation bei: Zum einen werden ganz basale und informell vermittelte Wertungen und Prägungen weitergegeben; dies betrifft vor allem Einstellungen zum „kulturellen Kapital" (Bourdieu) und zur Positionierung gegenüber der (Schrift- bzw. Lese-)Kultur. Neben dieser wertungs- und einstellungsbezogenen Ebene nimmt die Familie auch durch den Umfang des alltäglichen praktischen Umgangs mit Texten Einfluss auf die Lesesozialisation eines Kindes. Hierzu zählen neben der häuslichen Ausstattung mit Texten (materiale Ebene) auch die elterlichen Lesegewohnheiten (Vorbildfunktion) sowie vor allem die gemeinsame Befassung mit Texten in der Phase der „prä- und paraliterarischen Kommunikation" (B. Hurrelmann 2006, S. 29). Das gemeinsame Lesen von Bilderbüchern, das Erzählen und Nacherzählen von mündlichen Texten (bspw. Märchen), gesprächsförmig begleitete Rezeption von Hör- oder Fernsehtexten zählen zu den familialen Operationen, die den Übergang von Mündlichkeit zur Schriftlichkeit anbahnen bzw. begleiten (vgl. Wieler 1997). Wichtig hierbei ist auch eine geschlechtsspezifische Perspektive: Überwiegend sind es Mütter, die in dieser Phase aktiv werden, während Väter als Lesevorbilder, Vorleser etc. deutlich weniger in Erscheinung treten. Insofern werden bereits in der Sozialisationsagentur Familie geschlechtsbezogene Lesebilder vermittelt.

Daher können Agenturen der sekundären (Lese-)Sozialisation, also Kindergarten und Schule, auf mehr oder eben weniger ausgeprägte Vorerfahrungen im Umgang mit Texten und Anschlüssen an Lesekultur zurückgreifen. Entsprechend dieser Heterogenität müssen die Möglichkeiten zur (schulischen) Leseförderung angelegt und differenziert werden. Wiederum ist die Geschlechtsperspektive relevant: In Kindergärten und Grundschulen sind überwiegend weibliche (Lese-)Bezugspersonen tätig, was nicht ohne Auswirkungen auf das Leserollenverständnis vieler Jungen bleibt. Nicht nur die quantitative Dominanz weiblicher Lesevorbilder und -vermittler ist zu nennen, auch inhaltlich hat dies Auswirkungen. Weibliche Lehrkräfte tendieren unbewusst zur Auswahl von Schullektüren, die den Lesepräferenzen von Mädchen eher entsprechen als denen von Jungen. Mit einiger Vorsicht kann im Anschluss an Garbe (2008) von einer Feminisierung des Lesens gesprochen werden. Als gesichert kann gelten, dass der Verlauf der Lesesozialisation geschlechtsspezifisch v. a. hinsichtlich der Lesequantität und -frequenz, der der Lesestoffe und Lektürepräferenzen, der Leseweisen und Lektüremodalitäten, der Lesefreude und -neigung sowie der Lesekompetenz differenziert (vgl. Philipp/Garbe 2007). Dies ist dann bei der Konzeption einer nachhaltigen und differenzierten schulischen Leseförderung stets mitzudenken.

Im Rahmen des Ablösungsprozesses von der Familie orientieren sich Heranwachsende zunehmend an der peer group, der tertiären Sozialisationsagentur. Diese selbst gewählten Bezugsgruppen haben erheblichen Einfluss auf Einstellungen zum Lesen wie auch auf konkrete Lesepraxis von Jugendlichen (vgl. Philipp 2008). Hieraus lässt sich mit Blick auf Leseförderung insbesondere ableiten, dass in der Schule Möglichkeiten der Peer-Education (vgl. Nörber 2004) noch viel konsequenter eingesetzt werden müssten, denn der Einfluss der peers ist immens und kann dazu beitragen, dem Leseknick, den vor allem Jungen im Rahmen der Pubertät zeigen, entgegenzuwirken.

Die quartiäre Sozialisationsagentur, die unter dem Sammelbegriff Medien gefasst wird, läuft gleichsam prozessbegleitend mit und ist, repräsentiert durch unterschiedliche Textformate und Rezeptionsgewohnheiten, in allen Lebensphasen relevant und auch für Ansätze der Leseförderung heranzuziehen.

Literaturhinweise

Abraham, Ulf 1998: Übergänge. Literatur, Sozialisation und literarisches Lernen. Opladen u. a.

Eggert, Hartmut / Christine Garbe 2003: Literarische Sozialisation. 2. Auflage. Stuttgart u. a.

Garbe, Christine 2008: „Echte Kerle lesen nicht!?" – Was eine erfolgreiche Leseförderung für Jungen beachten muss. In: Michael Matzner / Tischner Wolfgang (Hg.): Handbuch Jungen-Pädagogik. Weinheim u. a. S. 301–315.

Garbe, Christine / Karl Holle / Tatjana Jesch 2010: Texte lesen. Lesekompetenz – Textverstehen – Lesedidaktik – Lesesozialisation. 2. Auflage. Stuttgart.

Graf, Werner 2004: Der Sinn des Lesens. Modi der literarischen Rezeptionskompetenz. Münster.

Groeben, Norbert / Bettina Hurrelmann, 2004: Fazit: Lesen als Schlüsselqualifikation? In: Dies. (Hg.): Lesesozialisation in der Mediengesellschaft. Ein Forschungsüberblick. Weinheim u. a. S. 440–465.

Hurrelmann, Bettina 1998: Kinderliteratur – Sozialisationsliteratur? In: Karin Richter / Bettina Hurrelmann (Hg.): Kinderliteratur im Unterricht. Theorien und Modelle zur Kinder- und Jugendliteratur im pädagogisch-didaktischen Kontext. Weinheim u. a. S. 45–60.

Hurrelmann, Bettina 1999: Sozialisation. In: Norbert Groeben (Hg.): Lesesozialisation in der Mediengesellschaft: Zentrale Begriffsexplikationen. Köln. S. 105–115.

Hurrelmann, Bettina 2006: Ko-Konstruktion als Theorierahmen historischer Lesesozialisationsforschung: sozialisationstheoretische Prämissen. In: Dies. / Susanne Becker / Irmgard Nickel-Bacon: Lesekindheiten. Familie und Lesesozialisation im historischen Wandel. Weinheim u. a. S. 15–30.

Hurrelmann, Klaus / Bauer, Ulrich 2015: Einführung in die Sozialisationstheorie. 11. Auflage. Weinheim.

Nörber, Martin 2004: Peer Education. Bildung und Erziehung von Gleichaltrigen durch Gleichaltrige. Weinheim.

Philipp, Maik 2008: Lesen, wenn anderes und andere wichtiger werden. Empirische Erkundungen zur Leseorientierung in der peer group bei Kindern aus fünften Klassen. Hamburg u. a.

Philipp, Maik / Christine Garbe 2007: Lesen und Geschlecht – empirisch beobachtbare Achsen der Differenz. In: Andrea Bertschi-Kaufmann (Hg.): Lesekompetenz – Leseleistung – Leseförderung. Grundlagen, Modelle und Materialien. Zug u. a. S. 66–83.

Wieler, Petra 1997: Vorlesen in der Familie. Fallstudien zur literarisch-kulturellen Sozialisation. Weinheim.

C 6 Lesemodelle

Gerhard Rupp

Lesemodelle sind idealtypisch vereinfachte und meist graphisch visualisierte Vorstellungen von Lesen und Lesekompetenz, von Lesekompetenzstufen sowie von Entwicklungen der Lesekompetenz.

Lesen als Prozess: Modelle von Textverarbeitungsprozessen

Bei den modellhaften Vorstellungen des Lesens unterscheidet man das Lesen als Prozess, das Ziel des Lesens als Leseverständnis und die auf das Lesen folgenden kommunikativen Anschlusshandlungen. Lesemodelle werden durch leserseitige Prozesse der Textverarbeitung und durch textseitige Bestimmungsmomente gebildet.

Mit Philipp (2015) lässt sich Lesen als „aktives, kognitives, motivationales (und soziales) Handeln" fassen, zugleich aber auch als „intentionale, tiefe mentale Repräsentation von Textinhalten" (ebd., S. 35). Lesen ist weniger ein rezeptiv-reproduktiver als vielmehr ein produktiv-konstruktiver Akt.

Gleichzeitig mit dem Erkennen und Dekodieren des einzelnen Wortes, des Satzes usw. bildet man beim Lesen Hypothesen über die Bedeutung von Absätzen und des Textes als Ganzem. Durch vorauseilende und zurückgehende Blicksprünge werden Textzusammenhänge auf einer höheren (globalen) Ebene hergestellt (vgl. zu weiteren Modellvorstellungen der Texterarbeitung u. a. Artelt / McElvany / Christmann et al. 2007, S. 18).

Nach der kognitionspsychologischen Theorie der Textverarbeitung verläuft das Textverstehen in einer hierarchisch aufsteigenden Progression, an deren Beginn z. B. die mündliche oder schriftliche Zusammenfassung der wichtigsten Aussagen eines Textes steht. Dabei wird ein Text Satz für Satz durchgegangen, und die Informationen über die im Text behandelten Sachverhalte werden in einer sogenannten Propositionenliste festgehalten. Textseitig ist der Leseprozess durch Gliederungs- und Gattungsstrukturen sowie durch weitere Makro- und Superstrukturen beeinflusst. Durch die Nutzung ihres Alltags- und Inhaltswissens bilden Leserinnen und Leser die mentale Repräsentation bzw. das mentale Modell oder das Situationsmodell eines Textes mit den Aktanten, den Räumen und dem Handlungsverlauf.

Lesemodelle zeigen eine dynamisch-hierarchische, von punktuell-lokalen zu global-abstrakten Ebenen aufsteigende Struktur. Dies gilt auch für Modellvorstellungen für analytisches Lesen, die textseitig bestimmt werden. Nach Rupp (2014, S. 490) verläuft das analytische Lesen in vier Phasen: Durch die Erstellung von Basisdaten werden der Inhalt rekonstruiert und die Textsorte bestimmt, danach folgen sprachlich-formale Analysen, schließlich die semantische Wortfeld-Erschließung und die Intentionsbestimmung des Textes.

Zielvorstellungen des Lesens: Modelle von Verstehensanforderungen bzw. Lesekompetenz

Durch das Konzept der Reading Literacy werden „inhaltliche Verstehensanforderungen“ (Henschel 2013, S. 13) modelliert. In der „theoretischen Struktur der Lesekompetenz in PISA“ werden die Nutzung textinterner Informationen und die Heranziehung externen Wissens miteinander verbunden (Baumert / Klieme / Neubrand et al. (Hg.) 2001, S. 82). Beides geht in die drei Subskalen „Informationen ermitteln“, „textbezogenes Interpretieren“ und „Reflektieren und Bewerten“ ein. Bezüglich der Textsorten wird zwischen linearen und nicht-linearen, sog. diskontinuierlichen sowie elektronischen (Hyper-)Texten unterschieden (vgl. dazu OECD 2012). In weiteren Studien mit unterschiedlichen Populationen und Zielrichtungen sind weitere Kompetenzmodellierungen vorgenommen worden. So unterscheidet die IGLU-Grundschulstudie ähnlich wie PISA zwischen vier Verstehensprozessen vom „Erkennen und Wiedergeben explizit angegebener Informationen“ bis zum „Prüfen und Bewerten von Inhalt und Sprache“ (Bos / Hornberg / Arnold et al. (Hg.) 2007, S. 86), während die DESI-Studie die Prozesse der Identifikation einfacher Lexik, der lokalen Lektüre, der verknüpfenden Lektüre und des Bildens mentaler Modelle zugleich als Kompetenzniveaus beschreibt (Willenberg 2007, S. 111).

LESEN

Erweiterte Modellierungen von Lesekompetenz

Erweiterte Modellierungen von Lesekompetenz greifen neben den bisher besprochenen kognitiven Anforderungen emotionale, motivationale, volitionale und kommunikative Aspekte auf. Dies führt zu einer thematischen Aufschlüsselung von Arten und von Funktionen des Lesens über das analytische Lesen hinaus zum phantasiebetonten, identifikatorischen und genussvollen Lesen (zu diesen Lesemodi vgl. Graf 2002, S. 57 f.). Nach dem Mehrebenenmodell werden eine Prozessebene des Lesens, eine Subjekt-Ebene des Lesers und der Leserin und eine soziale Ebene der Anschlusskommunikation unterschieden (Rosebrock / Nix 2008, S. 16). Ebenfalls nach dem Mehrebenenmodell verfährt die soziologische Modellierung einer „Schichtenontologie der für Lesesozialisation relevanten Individual- und Systemebenen“ (Groeben 2004, S. 147), die ko-konstruktive Interaktionen zwischen der Mikro-Ebene des Individuums, der Meso-Ebene von Familie, Schule und Bildungssystem und der Makro-Ebene des Gesellschafts-systems und der (Bildungs-)Normen annimmt. Weitere Modellierungen elaborieren personale und soziale Funktionen des Lesens für die Persönlichkeitsbildung sowie für die kulturelle Praxis der Gesellschaft (vgl. Rupp / Heyer / Bonholt 2004).

Modellierungen von Lesekompetenzstufen

Die Modellierungen von Lesekompetenzstufen kann man aus der statistischen und der theoretisch-normativen Perspektive betrachten. Bei den statistischen

Modellierungen basieren die jeweils gebildeten Stufen „auf Informationen darüber, wie häufig die einzelnen Aufgaben von den Schülerinnen und Schülern gelöst wurden“ (Baumert / Klieme / Neubrand et. al (Hg.) 2001, S. 88). Der gesetzte Mittelwert 500 kann so nachträglich „inhaltlich interpretiert“ und eine fünfstufige Skala vom elementaren über das grobe bis zum logischen, detaillierten und flexiblen Textverständnis errichtet werden (vgl. Artelt / Baumert / Klieme et al. 2001, S. 16 f.). Theoretisch-normative Modellierungen entwerfen u. a. Bildungsstandards für den Mittleren Schulabschluss und unterscheiden dabei zwischen Mindest-, Regel- und Optimalstandards, die ihrerseits dann metrischen Stufengrenzen zugeordnet werden können (vgl. KMK 2004, S. 4 und 11).

Modellierungen der Lesesozialisation

Der Verlauf der Lesesozialisation wird in fünf bis sechs Phasen nach dominanten biographischen Ereignissen der ontogenetischen Entwicklungsphase vom Vorschulalter und der frühen Kindheit bis zur Ausbildung und dem Beruf modelliert. Diesen Phasen sind Akteure bzw. Anregungen aus der sozialen Umwelt zugeordnet (vgl. Philipp 2008, S. 15, Garbe / Holle / Jesch 2010, S. 206). Die Lesesozialisation beginnt mit einer primären literarischen Initiation durch das Vorlesen von Mutter oder Vater, an die sich in der Grundschule der Schriftspracherwerb und danach die lustvolle (eigene) Kinderlektüre anschließt. Diese gerät in der literarischen Pubertät im Alter von 10 – 12 Jahren durch die „Diskrepanz zwischen Schul- und Freizeitlektüre“ (Pieper 2010, S. 108) in eine Krise und es kommt zu einer sekundären literarischen Sozialisation in der Adoleszenz mit der Ausbildung von Lesemodi von der Pflichtlektüre bis zum intimen Lesen.

Literaturhinweise

Artelt, Cordula / Jürgen Baumert / Eckhard Klieme / Michael Neubrand / Manfred Prenzel / Ulrich Schiefele / Wolfgang Schneider / Dirk Schümer / Petra Stanat / Klaus-Jürgen Tillmann / Manfred Weiß 2001: PISA 2000 – Zusammenfassung zentraler Befunde. Schülerleistungen im internationalen Vergleich. Max-Planck-Institut für Bildungsforschung. Berlin. In: https://www.mpib-berlin.mpg.de/Pisa/ergebnisse.pdf, recherchiert am 27. 9. 2016.

Artelt, Cordula / Nele McElvany / Ursula Christmann / Tobias Richter / Norbert Groeben / Juliane Köster / Wolfgang Schneider / Petra Stanat / Christian Ostermeier / Ulrich Schiefele / Renate Valtin / Klaus Ring / Henrik Saalbach 2007: Förderung der Lesekompetenz. Expertise. Bundesministerium für Bildung und Forschung (BMBF). Bonn u. a. In: https://www.bmbf.de/pub/Bildungsforschung_Band_17.pdf, recherchiert am 18. 9. 2016.

Baumert, Jürgen / Eckhard Klieme / Michael Neubrand / Manfred Prenzel / Ulrich Schiefele / Wolfgang Schneider / Petra Stanat / Klaus-Jürgen Tillmann / Manfred Weiß 2001: PISA 2000. Basiskompetenzen von Schülerinnen und Schülern im internationalen Vergleich. Opladen.

Bos, Wilfried / Sabine Hornberg / Karl-Heinz Arnold / Gabriele Faust / Lilian Fried / Eva-Maria Lankes / Knut Schwippert / Renate Valtin (Hg.) 2007: IGLU 2006. Lesekompetenzen von Grundschulkindern in Deutschland im internationalen Vergleich. Münster u. a.

Garbe, Christine / Karl Holle / Tatjana Jesch 2010: Texte lesen. Lesekompetenz – Textverstehen – Lesedidaktik – Lesesozialisation. 2. Auflage. Paderborn.

Graf, Werner 2002: Literarische Sozialisation. In: Klaus-Michael Bogdal / Hermann Korte (Hg.): Grundzüge der Literaturdidaktik. München. S. 49 – 60.

Groeben, Norbert 2004: (Lese-)Sozialisation als Ko-Konstruktion. Methodisch-methodologisches Problem-(lösungs-)Perspektiven. In: Norbert Groeben / Bettina Hurrelmann (Hg.): Lesesozialisation in der Mediengesellschaft. Ein Forschungsüberblick. Weinheim. S. 145 – 168.

Henschel, Sofie 2013: Effekte motivationaler und affektiver Merkmale auf das Verstehen von literarischen und faktualen Texten. Inauguraldissertation. Berlin, recherchiert am 2. 9. 2016.

Kultusministerkonferenz (Hg.) 2014: Integriertes Kompetenzstufenmodell zu den Bildungsstandards für den Hauptschulabschluss und den Mittleren Schulabschluss im Fach Deutsch für den Kompetenzbereich Lesen – mit Texten und Medien umgehen. In: https://www.iqb.hu-berlin.de/bista/ksm, recherchiert am 26.09.2016.

OECD 2012: Education at a Glance 2012. OECD Indicators. In: https://www.oecd.org/edu/EAG%202012_e-book_EN_200912.pdf; http://dx.doi.org/10.1787/eag-2012-en, recherchiert am 26.09.2016.

Philipp, Maik 2008: Lesen, wenn anderes und andere wichtiger werden. Empirische Erkundungen zur Leseorientierung in der peer group bei Kindern aus fünften Klassen. Hamburg u. a.

Philipp, Maik 2015: Lesekompetenz – zur inhaltlichen und historisch veränderlichen Modellierung eines Hochwertbegriffs. In: Ulrich Riegel / Sigrid Schubert / Gesa Siebert-Ott / Klaus Macha (Hg.): Kompetenzmodellierung und Kompetenzmessung in den Fachdidaktiken. Münster. S. 29 – 41.

Pieper, Irene 2010: Lese- und literarische Sozialisation. In: Michael Kämper-van den Boogaart / Kaspar H. Spinner (Hg.): Lese- und Literaturunterricht. Bd. 1. Baltmannsweiler. S. 87 – 149.

Rosebrock, Cornelia / Daniel Nix 2008: Grundlagen der Lesedidaktik und der systematischen schulischen Leseförderung. 5. Auflage. Baltmannsweiler.

Rupp, Gerhard 2014: Deutschunterricht lehren weltweit. Basiswissen für Master of Education-Studierende und Deutschlehrer/innen. Baltmannsweiler.

Rupp, Gerhard / Petra Heyer / Helge Bonholt 2004: Folgefunktionen des Lesens – Von der Fantasie-Entwicklung zum Verständnis des sozialen Wandels. In: Norbert Groeben / Bettina Hurrelmann (Hg.): Lesesozialisation in der Mediengesellschaft. Ein Forschungsüberblick. Weinheim. S. 95–144.

Willenberg, Heiner 2007: Lesen. In: Bärbel Beck / Eckhard Klieme (Hg.): Sprachliche Kompetenzen. Konzepte und Messung; DESI-Studie (Deutsch-Englisch-Schülerleistungen-International). Weinheim u. a. S. 107 – 117.

C 7 Textkomplexität

Cornelia Rosebrock

Textkomplexität bestimmt sich in didaktischer Perspektive durch den Anforderungsgrad des Textes an die verfügbaren Wissensbestände und Lesestrategien der Rezipienten.

In der historischen Literaturpädagogik begegnete man der Frage nach Textschwierigkeit mit der klassischen Idee der Lesealtersstufen, derzufolge bestimmbare Themen im Verbund mit entsprechenden Darstellungsweisen für jeweilige Lesealter geeignet sind (zuerst Bühler 1958). Auch gegenwärtig grundieren solche beobachtungs- und erfahrungsbezogenen Stufungen die Textauswahl im Literaturunterricht und in den Sachfächern (vgl. zu einem aktuellen Lesealter-Modell Witte / Rijlaarsdam / Schram 2012). In systematischer Perspektive sind solche intuitiv-ganzheitlichen Klassifizierungen von Textkomplexität unbefriedigend, weil sie die unterschiedlichen Dimensionen der textseitigen Anforderungen nicht differenzieren und wegen ihrer primär auf Motive und Themen orientierten Kriterien kaum auf verschiedene Textsorten anwendbar sind.

Textkomplexität lässt sich spiegelbildlich zu Textverstehen in einem Mehrebenenmodell beschreiben. Denn Leser reagieren auf die verschiedenen textseitigen Anforderungen durch unterscheidbare Verarbeitungsprozesse von der basalen Identifikation der Zeichen über verschiedene Stufen der Bedeutungsbildung bis hin zu textüberschreitenden Reflexionen. Auf jeder dieser Ebenen sind die textseitigen Anforderungen als mehr oder weniger komplex kategorisierbar, indem sie jeweils spezifische Wissensbestände und Verarbeitungsstrategien einfordern, sodass sich vielfältige Gemengelagen zwischen Einfachheit und Komplexität auch innerhalb einzelner Texte ergeben.

Ausgehend von den leserseitigen Kategorien des Textverstehens und auf der Basis der Textverständlichkeitsforschung (vgl. Groeben 1982, Christmann 2008), werden im Folgenden sechs Ebenen der Textkomplexität skizziert (vgl. Sander / Rosebrock 2016) und jeweils Hinweise auf ihre Bedeutung bei prototypischen Sach- und literarischen Texten gegeben (vgl. Rosebrock 2016).

Komplexität auf der Ebene der sprachlichen Oberfläche

Ungebräuchliche bzw. lange Wörter und Wendungen sind ein offensichtliches Komplexitätsmerkmal, ebenso lange gegliederte Sätze. Diese Lesbarkeit genannte Oberflächen-Komplexität eines Textes lässt sich durch Formeln berechnen, z. B. durch den Lesbarkeitsindex (LIX), der den Anteil an langen Wörtern ins Verhältnis zur durchschnittlichen Satzlänge setzt (Bamberger / Vanecek 1984). Das Vokabular und die Syntax von Sachtexten sind typischerweise anspruchsvoller als bei literarischen Texten, was sich deutlich in den höheren Lesbarkeitswerten selbst einfacher Sachtexte zeigt. Domänenspezifische Fachbegriffe und bildungssprachliche Stilelemente fordern entsprechendes Vorwissen. Für Schüler und Schülerinnen, deren Leseflüssigkeit sich noch entwickelt, sind lange Wörter und Sätze ein gravierender Komplexitätsfaktor, ebenso wie lange Texte.

Komplexität auf der Ebene kleinräumiger Bedeutungszusammenhänge

Wenn ein Text wesentliche Informationen explizit formuliert, ist er einfacher als wenn er Schlüsse (Inferenzen) anfordert, um inhaltliche Zusammenhänge auf Satzebene bilden zu können. Die linguistische Textverständlichkeitsforschung hat für Sachtexte eine große Anzahl von Merkmalen semantischer und syntaktischer Art isoliert, die lokale Kohärenzbildung in Texten unterstützt und die Textverständlichkeit dadurch erhöht (vgl. Christmann 2008). Auch auf dieser Ebene spielen bildungssprachliche Konventionen eine bedeutende Rolle.

Explizitheit der Bezüge zwischen den Sätzen vereinfacht natürlich auch literarische Texte, Uneigentlichkeit erschwert die Bildung lokaler Kohärenz. Literarische Texte spielen allerdings oft mit Inkohärenzen auch schon auf dieser kleinräumigen Ebene. Beispielsweise fordert Lyrik oft assoziatives Denken, um bei semantisch unverständlichen Versfolgen doch lokale Kohärenz und damit Relevanz bilden zu können. Schüler und Schülerinnen können diese Anforderungen dann bewältigen, wenn sie über die entsprechenden ästhetisch orientierten Lesestrategien verfügen.

Komplexität auf der Ebene des globalen inhaltlichen Zusammenhangs

Gute Sachtexte nennen schon in der Überschrift ihr Thema, sodass der Leser über den globalen Textzusammenhang der einzelnen Textaussagen orientiert ist. Andererseits fordern Sachtexte domänenspezifisches Wissen, um es zu ergänzen oder sogar seine Neuorganisation zu fordern – in dem Fall lernen Lesende aus Sachtexten. Die Passung der leserseitigen Wissensbestände zu den entsprechenden textseitigen Anforderungen ist bei Sachtexten ein entscheidender Komple-xitätsfaktor.

Bei literarischen Texten ist im Gegensatz dazu der globale Textzusammenhang, in den Detailaussagen eingeordnet werden, oft nicht textseitig expliziert, stattdessen muss er typischerweise durch reflexive Schritte gebildet werden. Die konstitutionelle Mehrdeutigkeit literarischer Texte verlangt entsprechend mehr Toleranz gegenüber Unbestimmtheiten auch bezüglich der globalen inhaltlichen Aussagen des Textes, sodass leserseitig Strategien gefordert sind, die dieser thematischen Offenheit gerecht werden. Spezifisches sachfachliches Wissen fordern literarische Texte im Vergleich zu Sachtexten weniger, wohl aber verstärkt kulturelles Wissen um literarische Darstellungsstrategien.

Komplexität auf der Ebene der Textrhetorik

Die Textordnung, also die Art und Weise, in der die Textinhalte gruppiert und aufeinander bezogen sind, ist eine weitere Ebene von Komplexität. Kulturell etablierte Ordnungsmuster sind Textsorten.

Ordnungsformen für Sachtexte werden in der Schreibdidaktik thematisch (Berichten, Erklären, Argumentieren usw.). Gute Sachtexte zeichnen sich dadurch aus, dass sie ihre rhetorische Ordnung explizieren, beispielsweise in einem einführenden Absatz. Literarische Textsorten werden z. T. explizit schulisch gelehrt.

Die Deutlichkeit, mit der sich ein Text leserseitig einem bekannten Textmuster zuordnen lässt, ist ein wesentliches Kriterium seines Komplexitätsgrades. Anspruchsvolle Literatur durchbricht allerdings oft konventionelle Muster, was sie schwieriger macht als beispielsweise serielles Erzählen, das solche Muster spurt und lediglich inhaltlich variiert.

Komplexität auf der Ebene der Zugänglichkeit von Bedeutungshorizonten

Im Unterschied zu Sachtexten verlangen die kommunikativen Handlungen, die literarische Texte vollziehen, oft ihrerseits nach Deutung. Beispielsweise fordert eine bestimmte Erzählerhaltung, wahrgenommen zu werden, ohne dass sie expliziert wird. Einfache literarische Texte, wie Märchen, nutzen dagegen basale literarische Regeln und markierten sie prägnant, beispielsweise durch Symbole oder Oppositionen (Gut–Böse). Sie können so komplexe Bedeutungsräume durch eine begrenzte Zahl an elementaren poetischen Mitteln aufrufen, ohne dass diese notwendig in der Rezeption bewusst werden müssen (vgl. Lypp 1984). Komplexere literarische Texte verlangen typischerweise Interpretationen, die sowohl personale als auch soziale und kulturelle Reflexionen beinhalten. Denn literarische Texte rekurrieren weniger auf Echtweltwissen, sie fordern stattdessen die Bildung intern formierter Eigenwelten und insofern kulturelles Wissen um deren Gesetzmäßigkeiten an. Das unterscheidet sie von deklarativen Sachtexten, deren Funktion in der Darstellung, Erörterung, Erklärung usw. von Tatsachen besteht.

Diese Ebene der Textkomplexität betrifft also primär literarische Texte. Sie lässt sich durch das Ausmaß der textseitig angebotenen Zugänglichkeit derjenigen Deutungshorizonte bestimmen, auf die der Text verweist und die in den Lektüreprozess einzubringen mehr oder weniger erforderlich für die Bildung von Kohärenz und Relevanz ist. Dieses „Mehr oder Weniger“ bestimmt das Ausmaß der Textschwierigkeit auf dieser Ebene.

Komplexität auf der Ebene der motivationalen Stimulanz

Sachtexte, z. B. in den Schulbüchern der Fächer, vermitteln oft Wissen, das nicht oder nur oberflächlich (in Form eines Aufhängers) an Alltagserfahrungen angebunden ist. Wenn ein Text durch eine solche Anbindung oder durch andere Verfahren Interesse und Neugier erregen kann, erhöht sich die leserseitige Bereitschaft, sich ihm intensiv zu widmen, und damit seine Verständlichkeit. Unterfordernde und langweilige Texte werden schlechter verstanden als angemessen herausfordernde. Auch inhaltliche Überraschungen können die Textrezeption unterstützen – es gibt durchaus wünschenswerte Erschwernisse beim Lesen (vgl., allerdings für das Lernen generell, Lipowsky / Richter / Borromeo-Ferri et al. 2016).

Bei literarischen Texten sind Spannung und Komik für Kinder die am stärksten motivierenden Merkmale. Für ausdifferenzierte literarische Lesehaltungen Erwachsener lassen sich solche universalen motivierenden Stilmittel nicht angeben.

Diese sechs unterschiedlichen Ebenen der Textverständlichkeit fordern jeweils eigene Skalen der Komplexität, die miteinander interagieren können und so zu sehr spezifischen Mischungen in der Gesamtheit der Anforderungen eines Textes an die leserseitigen Wissensbestände, Kompetenzen und Motivationslagen führt. Deshalb ist Textkomplexität nicht auf einer eindimensionalen Skala abbildbar.

Je nach Funktion der Lektüre zwischen Lernen, Unterhaltung und Erfahrung muss ein literarischer Text nicht in jeder dieser sechs Dimensionen eine Passung seiner Komplexität an das Wissen und die lesestrategischen Fähigkeiten der Lernenden aufweisen, um eine erfolgreiche Lektüre zu ermöglichen. Beispielsweise zeigen die Grimm-Märchen eine komplexe sprachliche Oberfläche, kompensiert diese leserseitige Schwierigkeit aber durch einfache Textrhetorik, Zugänglichkeit der Bedeutungshorizonte und motivationale Aspekte. Deshalb können sie Vorschulkindern mit Gewinn vorgelesen werden, während für Grundschulkinder wegen der langen Sätze, den veralteten Wendungen und der Textlänge die eigenständige Lektüre zumindest schwierig ist. Umgekehrt kann ein Gedicht mit sehr einfacher sprachlicher Oberfläche eine höhere Klasse im Literaturunterricht ratlos machen – als Song-Text im Freizeit-Kontext aber hohe Zustimmung und personale Relevanz gewinnen, ohne dass Textkohärenz von den Hörern expliziert werden kann und muss. Generell bleibt Toleranz gegenüber spontaner Unverständlichkeit ein Merkmal literarischen Lesens; sie wird akzeptabel durch Zugänglichkeit auf anderen Ebenen des Textes. Für das Lernen aus Sachtexten im schulischen Kontext ist im Gegensatz dazu eine möglichst optimale Passung zu den Wissensbeständen und dem lesestrategischen Können der Schülerschaft auf allen Komplexitätsebenen wichtig für den Lernerfolg.

Sogenannte *Leichte Sprache* (Bredel / Maaß 2016) reduziert vorrangig die Komplexität der sprachlichen Oberfläche und expliziert lokale und globale Textkohärenz. Allerdings machen Übersetzungen in leichte Sprache die Texte insgesamt länger. Ob sie sich als verständlichkeitsförderlich auch für Texte erweist, deren Schwierigkeit nicht auf den Ebenen der sprachlichen Oberfläche, der lokalen oder der globalen Kohärenz angesiedelt ist, muss die Forschung noch erweisen.

Literaturhinweise

Bamberger, Richard / Erich Vanecek 1984: Lesen – Verstehen, Lernen, Schreiben. Die Schwierigkeitsstufen von Texten in deutscher Sprache. Wien u. a.

Bredel, Ursula / Christiane Maaß 2016: Leichte Sprache. Theoretische Grundlagen, Orientierung für die Praxis. Berlin.

Bühler, Charlotte 1958 [1918]: Das Märchen und die Phantasie des Kindes. In: Charlotte Bühler / Hildegard Hetzer: Das Märchen und die Phantasie des Kindes. München. S. 17 – 71.

Christmann, Ursula 2008: Rhetorisch-stilistische Aspekte moderner Verstehens- und Verständlichkeitsforschung. In: Ulla Fix / Andreas Gardt / Joachim Knape (Hg.): Rhetorik und Stilistik. Ein internationales Handbuch historischer und systematischer Forschung. Berlin u. a. S. 1092 –1106.

Groeben, Norbert 1982: Leserpsychologie: Textverständnis – Textverständlichkeit. Münster.

Lipowsky, Frank / Tobias Richter / Rita Borromeo-Ferri / Mirjam Ebersbach / Martin Hänze 2015: Wünschenswerte Erschwernisse beim Lernen. In: Schulpädagogik heute: Außerschulische Lernorte. H.11. S. 1– 10.

Rosebrock, Cornelia 2016: Anforderungen von Sach- und Informationstexten, Anforderungen literarischer Texte. In: Andrea Bertschi-Kaufmann (Hg.): Lesekompetenz – Leseleistung – Leseförderung. 6. Auflage. Seelze. S. 58 – 75.

Sander, Julia / Cornelia Rosebrock 2016: Komplexität literarischer Texte als didaktische Kategorie. In: Literatur im Unterricht: Schwierige Texte. H. 2. S. 143 –156.

Witte, Theo / Gert Rijlaarsdam / Dick Schram 2012: An Empirically Grounded Theory of Literary Development. Teachers' Pedagogical Content Knowledge on Literary Development in Upper Secondary Education. In: http://eric.ed.gov/?id=ED562547, recherchiert am 5. 10. 2016.

D

UMGANG MIT TEXTEN

D 1 Literaturgeschichte und Literaturkanon

Karlheinz Fingerhut

Literaturgeschichte als Gegenstand der Literaturdidaktik

Lebendiges Wissen, bezogen auf Literatur der Vergangenheit, verbindet deklaratives Wissen um Autoren, Epochen, Werke, operatives Wissen um Textsorten, Schreibweisen, Erzählperspektiven mit einer emotionalen Beteiligung der Lesenden an der Lektüre. Diese umfasst auch die Bereitschaft, erworbenes Wissen einzusetzen, um zu einem eigenen Urteil zu kommen, dabei die Mühen des Textverstehens für wichtig zu halten und sich auch mit schwierigeren Werken auseinanderzusetzen. Die fachdidaktische Diskussion um die Bedeutung der Literaturgeschichte für den Deutschunterricht wird auch um die Frage des literarischen Kanons geführt: Kanon ist dabei definiert als flexible Zusammenstellung von epochentypischen Werken, an denen Lernende den Wandel des Denkens, von Wertvorstellungen und Normen erfahren können. Durch das Zentralabitur werden in vielen Bundesländern zyklisch wechselnd Kanon-Texte eingesetzt, deren Kenntnis dann „prüfungsrelevant" ist.

Literaturdidaktiker sind davon überzeugt, dass durch ein durchdachtes Arrangement von Materialien und Tätigkeiten eine Haltung (ein Habitus) bei den Lernenden erzielt werden kann, der historische und literarische Bewusstheit umfasst. Empirische Untersuchungen, die hier oft erschreckende Defizite zutage fördern, werden immer wieder durch Vorschläge konterkariert, die Erarbeitung der Gegenstände im Unterricht mit einer Stärkung der emotionalen Beteiligung zu kombinieren (vgl. Graf et al. 2016). Hermann Korte (1996) hat an diesem Punkt auf die Chancen hingewiesen, die die Beziehungen zwischen den Fachdidaktiken Deutsch und Geschichte bieten könnten. Geschichte kann, wie Literatur, als „imaginäre Gegenwelt" begriffen und aus Orientierungsmotiven heraus rezipiert werden. Zwar sei es unwahrscheinlich, dass der schulische Umgang mit Literatur oder der mit Geschichte unmittelbar einen „Bausteinkasten jugendlicher Wert- und Daseinsorientierung" erbringe, aber das zu erwerbende Orientierungswissen könne doch als subjektiv bedeutsame Information über vergangene kulturelle Praxis oder über Muster menschlichen Verhaltens wahrgenommen werden. Zwei Forderungen an die schulische Arbeit im Umgang mit historischen, kulturhistorischen und literarischen Gegenständen resultieren daraus:

- Die Beschäftigung mit der geschichtlichen Dimension literarischer Lerngegenstände soll „Bereitschaft zur Veränderung" – etwa in der Einstellung gegenüber Fremdem – freisetzen, indem Brücken zwischen Vergangenheit und Gegenwart geschlagen werden.

- Erinnerung braucht Orientierungswissen, um an der Stelle bloßer Betroffenheit Einsicht entstehen zu lassen.

Wie dieser doppelten Anforderung in der Praxis entsprochen werden kann, ist offen. Alle Überlegungen der Literaturdidaktik stemmen sich gegen den Trend der Bildungspläne, nur Restbestände von Literaturgeschichte (Einbezug in obligatorische Ganzschriftenbesprechungen in der Sekundarstufe II) vorzusehen, im Abitur aber (vgl. KMK 2012, S. 18 f.) zu verlangen, „diachrone und synchrone Zusammenhänge zwischen literarischen Texten [zu] ermitteln". Literaturdidaktiker konzentrieren sich mehr und mehr auf selbstständiges Lernen, Lernen vor Ort, Lernen in fächerverbindenden Projekten und eine Modellierung der Lesekompetenz über die Mediengrenzen hinweg. Der jüngste Vorschlag von Frank Janle (2015) nimmt die „Prototypikalität" bedeutender Werke als Basis für kompetenz-orientiertes Lernen. An „besten Beispielen" sollen Lernende ein „differenziertes mentales Straßen- und Wegesystem" durch die Literaturgeschichte erwerben können. Die Schul-Literaturgeschichte selbst hat im Rahmen solchen exemplarischen und kompetenzorientierten Lernens weitgehend den Status eines „freien Ergänzungsangebots", d. h. viele Schulen stellen Lernenden einbändige Schul-Literaturgeschichten zur Verfügung, in denen sie nach Bedarf nachlesen können (vgl. Stein / Stein 2008, Deutschbuch Literaturgeschichte 2010).

Kompetenzorientierung – Erfolgsmessung

Die kompetenzorientierte Argumentation wird durch neuere Erkenntnisse der Lesedidaktik gestützt. Als „wissensbezogene Reflexion" sei auch die literarische Lesekompetenz erfassbar, etwa als Kompetenz, Lesebedürfnisse und Leseangebot aufeinander abzustimmen. Die komplexeren Leseleistungen, die im Deutschunterricht als „Interpretation" literarischer Texte eingefordert werden, sind – so die DESI-Studie – mit einem langfristig aufgebauten Leser-Habitus und darüber hinaus mit einem punktuell erworbenen fachspezifischen Orientierungswissen besser zu erbringen (Willenberg 2007, S. 11–23).

Dabei tritt allerdings das Problem der „textangemessenen Deutung" auf: Wer entscheidet – nach der Dekonstruktion eines allgemein gültigen „ästhetischen Deutungskanons" – anhand welcher Kriterien darüber, was als „richtig und angemessen" zu gelten hat? (Heydebrandt 1998) Bei Verfilmungen oder im Theater entscheidet der Regisseur, ob Schillers *Kabale und Liebe* ein Ständedrama, ein bürgerliches Liebesdrama, ein Drama über missglückende Identitätsbildung oder über die Macht der Bilder vom Anderen in den Köpfen ist. Literaturgeschichtliche Informationen zum jungen Schiller, zu dem Verhältnis der Geschlechter, der Generationen oder der Stände im ausgehenden 18. Jahrhundert sind erforderlich, um im Chaos der Lektüre-, Inszenierungs- und Deutungsvorschläge zu einem eigenen Urteil zu kommen. Kompetenzorientierte Didaktik, die an einer Verknüpfung von Distanz und Involviertheit interessiert ist, bietet im Aufgabenpaket oft solche Informationen, empfiehlt, die ästhetische Polyvalenz als Textmerkmal festzustellen – und damit der eigenen Urteilsbildung eine Grundlage zu schaffen (vgl. Winkler 2015).

Ein weiteres Problemfeld des kompetenzorientierten Umgangs mit Literaturgeschichte sind die Überschneidungen mit dem historischen Lernen, das vornehmlich in der Geschichtsdidaktik entwickelt wurde. Hier geht es um den Beitrag literarischer Texte zu historischem Verstehen. Die Frage ist, wie literarische Texte zur Information über historische Sachverhalte genutzt werden können und wie sie andererseits auch zur Legendenbildung über Vergangenheit dienen können (Rüsen 2008). Wie das Kompetenzmodell zu historischem Lernen mit dem des literarischen Lernens vernetzt werden kann und welche Rolle Literaturgeschichte, Epochenbegriffe oder intertextuelle Bezüge innerhalb der Literatur dabei spielen, ist allerdings immer noch weitgehend offen (vgl. von Brand 2016).

Literaturgeschichte in unterschiedlichen Konzeptionen des Deutschunterrichts

In Lehrplänen der neuesten Generation wird die „literarische Lesekompetenz“ als Teil der „Lesesozialisation“ gesehen. Dadurch etablieren sich neben der literaturgeschichtlich fundierten Besprechung kanonisierter literarischer Ganzschriften auch in der Sekundarstufe II thematisch-problemorientierte Unterrichtseinheiten. Die Planungsgröße „Unterrichtsvorhaben“ rückt die literarischen Werke in einen Problemhorizont, der gleichzeitig von Sachtexten und Medientexten aus angegangen wird.

Folgt man der Argumentation der „produktiven Literaturdidaktik“, so scheint es, als würde durch die Verbindung mit Kriterien wie Lese-„Erlebnis“ oder Lektüre-„Erfahrung“ die historische Situierung der Texte eher marginalisiert. Infolgedessen kann heute in der Schule schreibend in Werke des Kanons eingegriffen werden, um ein subjektives Verständnis zur Geltung zu bringen, ohne dass die Schreibentscheidungen des Autors historisch verortet werden müssten.

Neben das thematisch-problemorientierte und das produktive tritt das lerntheoretisch fundierte Planungsprinzip des integrierten Deutschunterrichts. Dieses verlangt vom Lehrer, Sprachprobleme (z. B. Sprachbarrieren, die die Literatursprache der klassischen Dramen für heutige jugendliche Leserinnen und Leser enthält) und Aspekte der Sprachbewusstheit (z. B. Kommunikationsstile) in die Arbeit an literarischen Texten einzubeziehen. Literaturgeschichte verbindet dann eine historische mit einer auf den Erwerb von Teilkompetenzen (Sprachkompetenz, kommunikative Kompetenz) bezogenen Perspektive. Leseproben aus dem Originaltext (etwa des barocken *Simplizissimus*) werden durch einen Lernbaustein „Sprachgeschichte“ ergänzt. Dabei geraten allerdings literaturgeschichtliche Orientierungsbegriffe wie Barock, Klassik oder Romantik oftmals aus dem Blick. Sie unterscheiden sich als Fachbegriffe ohnehin deutlich vom alltagssprachlichen Gebrauch der entsprechenden Adjektive. Der Lernweg in die deutschsprachige Literatur und ihre Geschichte (vgl. Janle 2015) endet damit bei einem didaktisch aufbereiteten Zugang zu unterschiedlichen literarischen Darstellungsmodalitäten. Die „Spezifik des Wirklichkeitsbezuges“ etwa gilt als zentrales Kriterium, um Prototypen und Varianten realistischen Erzählens über zeitliche Entwicklungen hinweg zu beobachten.

Literaturgeschichte als Gegenstand forschenden Lernens

Solange im Zentrum des Literaturunterrichts das literarische Kunstwerk als Repräsentant seiner Epoche stand, erschien es den Schülerinnen und Schülern als eine in sich geschlossene Größe mit einer Botschaft, die es – mit Hilfe der Epochenzuordnung – zu erschließen galt. Wird das Werk hingegen im Rahmen einer thematischen Unterrichtseinheit behandelt, so steuert es eine Auffassung zu einem Problem bei, das auch in anderen Texten aufgegriffen wird. Es kommt dementsprechend nicht mehr darauf an, Goethes *Werther* als „typisch für die Naturauffassung des Sturm und Drang“ zu erweisen, sondern kritisch auf die Haltung der literarisch entworfenen Figuren zu achten, auf ihre Art, miteinander zu kommunizieren oder mit ihren eigenen Gefühlen oder mit Gedanken ihrer Zeit (etwa der Frage der Verfügung über die Natur oder über das eigene Leben) umzugehen. Maximilian Nutz hat bereits 1997 vorgeschlagen, in diesem Sinne Literaturgeschichte als „entdeckendes Lernen“ in den Unterricht zu bringen, und erhofft sich davon Ansätze zu einer reflektierten Erinnerungskultur. Ein solcher Anschluss der Literaturgeschichte an die Methode des forschenden Lernens würde auch der Diskussion um Kanonentscheidungen, z. B. um Literaturvorgaben und thematische Rahmungen im Curriculum der Sekundarstufe II sinnvollen Platz im Unterricht geben. Lernende könnten dann beobachten, wie sich kulturelle Entscheidungen durchsetzen. Sie lernen auch, die Steuerungsfunktion der Auswahlentscheidungen zum Zentralabitur kritisch zu sehen. Durch solche Arbeit am Kanon und an Kanonisierungsprozessen (vgl. Fingerhut 1997) lernen Schülerinnen und Schüler den Umgang mit widersprüchlichen Deutungen. Ob sie das gern tun und wie erfolgreich sie das tun, ist eine bislang offene Frage. Es gehört aber ohne Zweifel zum Programm eines wissenschaftspropädeutischen Lernens.

Als Konsens der Fachdidaktik kann dabei gelten, dass zum Erfolg des historischen Lernens an und mit Literatur Wissenserwerb mit Formen der Wertung, der subjektiven Stellungnahme zusammengeführt werden müssen und dass das am besten fachübergreifend und projektorientiert geschieht. Die Kooperation von Literatur- und Geschichtsdidaktik ist hier in besonderer Weise gefordert (vgl. Gautschi 2012). Auch die Museumspädagogik hat in den letzten Jahren viele Vorschläge entwickelt. Sie konzentrieren sich vor allem auf das Problem: Weckung von Interesse für historische Gegenstände durch aktive Formen der Begegnung mit ihnen (vgl. Dücker / Schmidt 2011).

TEXTE

Literaturhinweise

Abraham, Ulf / Marja Rauch 2011: Eine eigene Kompetenz für Literaturgeschichte als Vermittlungsauftrag des Deutschunterrichts? In: Didaktik Deutsch. H. 30. S. 57 – 73.

Borries, Bodo von 2003: Nicht-nur-kognitive Motive des Geschichtsumgangs als Chancen des Literaturunterrichts? In: Der Deutschunterricht 48. H. 6. S. 12 – 22.

Brand, Tilman von 2016: Historisches Lernen im Literaturunterricht. In: Praxis Deutsch. H. 259. S. 4 – 11.

Brüggemann, Jörn 2008: Literarizität und Geschichte als literaturdidaktisches Problem. Eine Studie am Beispiel des Mittelalters. Frankfurt a. M.

Deutschbuch Literaturgeschichte 2010. Erarbeitet von Karlheinz und Margret Fingerhut. Berlin.

Dücker, Burkhard / Thomas Schmidt (Hg.) 2011: Lernort Literaturmuseum. Beiträge zur kulturellen Bildung. Göttingen.

Fingerhut, Karlheinz 1997: Kanon, Kommentar und Schulkultur. Didaktische Arbeit am Kanon unter den Bedingungen der Postmoderne. In: Der Deutschunterricht 50. H. 4. S. 180 – 191.

Fingerhut, Karlheinz 2002: Didaktik der Literaturgeschichte. In: Klaus-Michael Bogdal / Hermann Korte (Hg.): Grundzüge der Literaturdidaktik. München. S. 147–165.

Gautschi, Peter 2012: Geschichte lehren. Lernwege und Lernsituationen für Jugendliche. 4. Auflage. Aargau.

Graf, Günter / Urban Büchel / Karlheinz Fingerhut / Dieter Schrey / Roland Jost (Hg.) 2016: Facetten eines kompetenzorientierten Literaturunterrichts in der Sekundarstufe II. Am Beispiel aktueller Pflichtlektüren des Zentralabiturs. Baltmannsweiler.

Heydebrandt, Renate von (Hg.) 1998: *Kanon Macht Kultur*. Theoretische, historische und soziale Aspekte ästhetischer Kanonbildung. Stuttgart u. a.

Janle, Frank 2015: Prototypikalität als Weg in die Literaturgeschichte. Entwurf einer didaktischen Phänomenologie. Berlin.

Kammler, Clemens / Bettina Noack 2010: Literaturgeschichte und Kanon im Zentralabitur 2008–2010. In: Der Deutschunterricht 62. H. 1. S. 5 – 12.

Korte, Hermann 1996: ‚Früher'. Zeiterfahrung und historisches Verstehen im Literaturunterricht. In: Joachim S. Hohmann / Johann Rubinich (Hg.): Wovon der Schüler träumt. Leseförderung im Spannungsfeld von Literaturvermittlung und Medienpädagogik. Frankfurt a. M. S. 188 – 201.

Kultusministerkonferenz (Hg.) 2012: Bildungsstandards im Fach Deutsch für die Allgemeine Hochschulreife. In: www.kmk.org/themen/qualitaetssicherung-in-schulen/bildungsstandards.html, recherchiert am 25. 3. 2017.

Müller-Michaels, Harro 1996: Kanon – Denkbilder für das Gespräch zwischen Generationen und Kulturen. In: Mitteilungen des Deutschen Germanistenverbandes 43. H. 3. S. 44 – 51.

Nutz, Maximilian 1997: Historisches Verstehen durch Literaturgeschichte? Plädoyer für eine reflektierte Erinnerungsarbeit. In: Didaktik Deutsch. H. 2. S. 35 – 53.

Rüsen, Jörn 2008: Historisches Lernen. Grundlagen und Paradigmen. Schwalbach.

Stein, Peter / Hartmut Stein 2008: Chronik der deutschen Literatur. Daten, Texte, Kontexte. Stuttgart.

Thielking, Sigrid 2003: Didaktik der Literaturgeschichte als permanente Umbaulandschaft. Zum Beispiel ‚Poetischer Realismus'. In: Der Deutschunterricht 55. H. 6. Literaturgeschichte entdecken. S. 44 – 53.

Willenberg, Heiner 2007: Kompetenzhandbuch für den Deutschunterricht. Auf der empirischen Basis des DESI-Projekts. Baltmannsweiler.

Winkler, Iris 2015: Subjektive Involviertheit und genaue Wahrnehmung miteinander ins Spiel bringen. Überlegungen zur Spezifikation eines zentralen Konzepts für den Literaturunterricht. In: Leseräume. Zeitschrift für Literalität in Schule und Forschung. H. 2. S. 155 – 168.

D 2 Literarisches Lernen in Verbindung mit literarischen Kompetenzen

Kaspar H. Spinner

Unter literarischem Lernen versteht man die Lernprozesse, die zusätzlich zur Entwicklung einer allgemeinen Lesekompetenz für die Beschäftigung mit fiktionalen, poetischen Texten wichtig sind und die sich auch auf nichtschriftlich vermittelte Literatur beziehen (z. B. Hörbücher). Was literarisches Lernen allerdings konkret umfasst, wird in der Fachdidaktik unterschiedlich gesehen. So wird die Frage diskutiert, ob unter literarischem Lernen der Erwerb überprüfbarer Kompetenzen verstanden werden soll. Auf diese Frage gibt es deshalb unterschiedliche Antworten, weil die Rezeption von literarischen Texten in der Regel geprägt ist von Imagination und emotionalem Angesprochensein, also von subjektiven psychischen Prozessen, die nur beschränkt beobachtbar sind und in einem gewissen Spannungsverhältnis zur heute dominierenden Kompetenzorientierung stehen. Einen Versuch, literarische Kompetenzen ohne Anspruch auf Überprüfbarkeit zu beschreiben, hat Kaspar H. Spinner mit seinen vielzitierten elf Aspekten literarischen Lernens vorgelegt (vgl. Spinner 2006):

1. Beim Lesen und Hören Vorstellungen entwickeln
2. Subjektive Involviertheit und genaue Wahrnehmung miteinander ins Spiel bringen
3. Sprachliche Gestaltung aufmerksam wahrnehmen
4. Perspektiven literarischer Figuren nachvollziehen
5. Narrative und dramaturgische Handlungslogik verstehen
6. Mit Fiktionalität bewusst umgehen
7. Metaphorische und symbolische Ausdrucksweise verstehen
8. Sich auf die Unabschließbarkeit des Sinnbildungsprozesses einlassen
9. Mit dem literarischen Gespräch vertraut werden
10. Prototypische Vorstellungen von Gattungen / Genres gewinnen
11. Literaturhistorisches Bewusstsein entwickeln

Der Diskussion dieser Aspekte hat die Zeitschrift „Leseräume“ ein ganzes Heft gewidmet (vgl. Lösener (Hg.) 2015). Dort finden sich Vorschläge zur Erweiterung des Modells und auch Kritik.

Ein anderes Modell literarischen Lernens haben Anita Schilcher und Markus Pissarek entwickelt; es ist eindeutiger am Kompetenzbegriff orientiert und geht davon aus, dass sich „literarisches Lesen und Verstehen [...] als eine kognitive Problemlösefähigkeit modellieren lässt, die durch systematische Übung und durch Training gesteigert werden kann“ (Schilcher / Pissarek 2015, S. 19); wie die elf Aspekte, ist auch dieses Modell theoretisch entwickelt und nicht aus Ergebnissen empirischer Forschung abgeleitet:

TEXTE

1. Explizite und implizite Textbedeutung verstehen
2. Grundlegende semantische Ordnungen erkennen
3. Überstrukturierung poetischer Texte: Metrik, Rhetorik, Mythologie
4. Merkmale der Figur erkennen und interpretieren
5. Zeitliche Gestaltung rekonstruieren und beschreiben
6. Handlungsverläufe beschreiben und interpretieren
7. Die Vermittlungsebene von Texten analysieren
8. Mit fiktionalen Weltmodellen bewusst umgehen
9. Kultureller Kontext – Kulturelle Situierung

(vgl. Schilcher / Pissarek 2015)

Beide Modelle erheben den Anspruch, literarisches Lernen für alle Klassenstufen zu beschreiben. Sie sind vor allem an narrativen Texten ausgerichtet; für die Lyrik müssten sie modifiziert werden. Ein Vergleich zeigt, dass es Parallelen und Unterschiede zwischen den beiden Modellen gibt. Bei Schilcher / Pissarek fehlen Aspekte, deren Umsetzung in konkrete Lernaufgaben schwierig ist, wie das bei den Aspekten „Beim Lesen und Hören Vorstellungen entwickeln" oder „Sich auf die Unabschließbarkeit des Sinnbildungsprozesses einlassen" der Fall ist. Andererseits sind bei Schilcher / Pissarek strukturbezogene Analyseprozesse stärker ausdifferenziert. Beide Modelle, sowohl das von Spinner wie das von Schilcher / Pissarek, beziehen sich auf Lernprozesse, die ein vertieftes Verstehen literarischer Texte unterstützen. Die Beschäftigung mit Literatur im Unterricht hat allerdings auch darüber hinausgehende Funktionen, die man als Lernen (oder Erziehung) durch Literatur bezeichnen kann. In diesem weiteren Sinn kann man die folgenden Aspekte ebenfalls zum literarischen Lernen zählen:

- **Identitätsbildung:** Leserinnen und Leser können in literarischen Texten eigene Erfahrungen, Gefühle, Wünsche wiederfinden und sich mit ihnen auseinandersetzen. Literatur kann so zum Sich-selber-Verstehen beitragen.
- **Psychologisches Verstehen:** Durch die Innensicht, die mit literarischen Texten vermittelt wird, und durch die Gestaltung zwischenmenschlicher Konflikte, von denen narrative Texte immer wieder handeln, kann Empathiefähigkeit und Perspektivenübernahme unterstützt werden. Literarisches Lesen ist in dieser Hinsicht eine Schule der Psychologie.
- **Moralische Urteilskraft:** Geschichten handeln immer wieder von Figuren in moralischen Entscheidungssituationen und regen so zum Nachdenken über Recht und Gerechtigkeit, über moralische Normen und ethische Entscheidungen sowie über Schuld und Verzeihung an.
- **Phantasie und Vorstellungsfähigkeit:** Geschichten, Gedichte und Theaterstücke regen die Phantasie und Kreativität an. Sie laden dazu ein, sich andere Welten auszumalen und sich vorzustellen, was über die eigene Erfahrungswelt hinausgeht. Bei Kindern ist – z. B. bei ihren Rollenspielen – besonders deutlich zu beobachten, wie Geschichten Anregung für eigene Phantasieentwicklung geben.

- **Erweiterung des Weltwissens:** Durch literarische Texte werden Vorstellungen von anderen Zeiten vermittelt, von Lebensverhältnissen in fremden Ländern, von Tieren und Landschaften und von vielem anderem, was für die Leserinnen und Leser neu ist.
- **Ästhetische Wahrnehmungsfähigkeit:** Durch Beschreibungen können literarische Texte die ästhetische Wahrnehmungsfähigkeit bezogen auf die reale Umwelt unterstützen. Das Spektrum reicht von der Aufmerksamkeit für besondere Einzelheiten bis zu atmosphärischen Gesamteindrücken. Naturdarstellungen in literarischen Texten können so auch einen Beitrag zu einer ökologischen Einstellung leisten.

Diese erweiterten Zielsetzungen bauen auf den Aspekten bzw. Kompetenzen, die in den Modellen von Spinner und Schilcher / Pissarek genannt sind, auf.

Ergänzend zu den genannten Aspekten, kann man auch die literarästhetische Produktionskompetenz (vgl. Kepser / Abraham 2016, S. 77–81) zum literarischen Lernen zählen, also die Fähigkeit, literarische Texte selbst schreiben zu können. In der Grundschule sind entsprechende Unterrichtsangebote mit dem Schreiben von Phantasieerzählungen und Gedichten verbreitet, in den weiterführenden Schulen findet man sie am ehesten im Zusammenhang mit dem kreativen Schreiben.

Schließlich ist zu erwähnen, dass literarisches Lernen auch auf Bildgeschichten, Bilderbücher, Comics, Filme, narrative Computerspiele u. Ä. bezogen wird. Hier geht es darum, Bild und Text in ihrer Wechselwirkung zu erfassen (vgl. Frederking / Krommer / Maiwald 2012, S. 135).

Zu Recht ist in der Diskussion um das literarische Lernen darauf hingewiesen worden, dass auch Sachtexte wie Literatur gelesen werden können, z. B. Biographien, Reportagen, geschichtliche Darstellungen. Man könnte deshalb sagen, dass sich literarisches Lernen genau genommen auf eine bestimmte, nämlich literarische, Leseweise beziehe, die sich abgrenzt z. B. von einem informationsentnehmenden Lesen. Beide Leseweisen sind bei literarischen und bei Sachtexten möglich.

Da Literatur nicht nur gelesen, sondern auch gehört und, z. B. bei Verfilmungen, audiovisuell rezipiert wird, setzt literarisches Lernen schon vor dem Schriftspracherwerb ein. Frühe Begegnungen mit lyrischen Texten ergeben sich vor allem durch das Hören von Liedern, Abzählversen, Kniereitern; Vertrautheit mit narrativen Strukturen entsteht, wenn Kindern Geschichten vorgelesen werden, und durch das Sehen von Videoclips, Filmen im Fernsehen u. Ä. In der Literaturdidaktik für die Grundschule wird deshalb betont, dass man im Anfangsunterricht auf literarische Vorerfahrungen zurückgreifen kann und soll (vgl. Pompe (Hg.) 2014) und dass literarisches Lernen auch in der Vorschulerziehung wichtig ist. Bei diesen frühen Formen der Begegnung mit Literatur wird besonders deutlich, dass literarisches Lernen nicht nur ein gezielter, bewusster Aneignungsprozess ist, sondern dass es auch implizit erfolgt. Durch das Hören von Märchen eignen sich Kinder z. B. ein narratives Grundmuster an, das sich oft in ihren eigenen Phantasiegeschichten, die sie schreiben, wiederfindet. Auch in Gedichten von Kindern findet man eine Vielzahl von poetischen Strukturen, die die Kinder zwar schreibend realisieren, aber nicht benennen und erklären können. Solche impliziten Lernprozesse beim Umgang mit Literatur werden oft unterschätzt, weil sie nur indirekt beobachtbar sind.

Diskutiert wird in der Didaktik, wie sich der Begriff des literarischen Lernens zu dem der literarischen Bildung verhält (vgl. Kepser / Abraham 2016, S. 108 ff.). Letzterer meint eine Vertrautheit mit der literarischen Tradition, also z. B. die Kenntnis kanonischer Werke, eine Aufgeschlossenheit für gegenwärtige literarische Entwicklungen und auch die Bereitschaft, am kulturellen Leben teilzunehmen, wie es z. B. in den Feuilletons von Zeitungen greifbar ist und durch Angebote von Theateraufführungen, Lesungen, Poetry-Slam-Veranstaltungen usw. gesellschaftlich verankert ist. Ferner wird mit dem Begriff der literarischen Bildung die Erinnerungskultur verbunden; der Schule wird in diesem Zusammenhang die Aufgabe zugeschrieben, die in der Literatur niedergelegten Erfahrungen früherer Zeiten wach zu halten. Neben diesem gegenstandsbezogenen Verständnis ist mit dem Begriff literarischer Bildung zugleich gemeint, dass sich das Subjekt bildet; bezogen auf den Unterricht heißt das, dass die Schülerinnen und Schüler durch die Literatur in ihrer Persönlichkeitsentwicklung gestärkt werden sollen. Dazu passen die Begriffe des Lernens und des Kompetenzerwerbs nicht mehr so recht; im Vordergrund steht bei einem personalen Bildungsbegriff, dass die Schülerinnen und Schüler Erfahrungen mit Literatur machen, die für ihre innere Entwicklung bedeutsam sind. Der Bildungsbegriff kann Aspekte der Bedeutung von Literatur im Bewusstsein halten, die bei den Begriffen des literarischen Lernens und der literarischen Kompetenz der Gefahr einer Marginalisierung unterliegen.

Literaturhinweise

Frederking, Volker / Axel Krommer / Klaus Maiwald 2012: Mediendidaktik Deutsch. Eine Einführung. 2., neu bearb. und erw. Auflage. Berlin.

Kepser, Matthis / Ulf Abraham 2016: Literaturdidaktik Deutsch. Eine Einführung. 4. Auflage. Berlin.

Lösener, Hans (Hg.) 2015: Elf Aspekte des literarischen Lernens auf dem Prüfstand. Leseräume. Zeitschrift für Literalität in Schule und Forschung. H. 2.

Pompe, Anja (Hg.) 2014 [2012]: Literarisches Lernen im Anfangsunterricht. Theoretische Reflexionen. Empirische Befunde. Unterrichtspraktische Entwürfe. Baltmannsweiler.

Schilcher, Anita / Markus Pissarek (Hg.) 2015: Auf dem Weg zur literarischen Kompetenz. Ein Modell literarischen Lernens auf semiotischer Grundlage. 3. Auflage. Baltmannsweiler.

Spinner, Kaspar H. 2006: Literarisches Lernen. Basisartikel. In: Praxis Deutsch. H. 200. S. 6 –16.

D 3 Literarische Wertung

Thomas Zabka

Bei der Rezeption von Literatur erfolgen automatisch Wertungen des Gelesenen, Gehörten oder Gesehenen. Das aktivierte Vorwissen umfasst Einstellungen, Erwartungen und Vorlieben, die emotional grundiert sind und an denen das neu Wahrgenommene spontan gemessen wird. Die Stärke der evozierten positiven und negativen Emotionen bestimmt den Grad der entsprechenden Wertung. Diese richtet sich zunächst auf den Gegenstand, „ohne dass weitergehende bewusste Prozesse" (van Holt 2013, S. 23), wie etwa eine willentliche Steuerung oder metakognitive Kontrolle, ablaufen. Es ist die Aufgabe des Literaturunterrichts, spontane Wertungen zu akzeptieren und sogar zu fördern. Wollte man sie verhindern oder eindämmen, so müsste man die Emotionen als motivationale Basis der Rezeption abbauen. Dies widerspräche den didaktischen Richtzielen der Lesemotivation und der subjektiven Involviertheit in Fiktionen (vgl. Spinner 2006).

TEXTE

Gegenstände literarischer Wertung

Wertungen können sich zum einen auf den dargestellten Textinhalt beziehen, wenn man z. B. das Handeln einer Figur als moralisch verwerflich oder als zu zögerlich beurteilt, einen Konflikt interessant oder einen beschriebenen Ort öde findet. Häufig enthalten literarische Texte wertende Äußerungen in Figurenrede, Erzählerkommentaren oder Aussagen des lyrischen Sprechers, oder sie stellen Emotionen dar, die Wertungen implizieren. Solche „Wertungen im Dargestellten" (Grzesik 2005, S. 314) werden beim ersten Lesen oft spontan und unreflektiert übernommenen oder führen im Gegenteil zu spontanen Abneigungen gegenüber dem Inhalt oder der Darstellung. Ein Beispiel ist die protokollierte Reaktion einer Schülerin (Jahrgang 8) auf Textstellen in Marieluise Kaschnitz' Erzählung *Lange Schatten*, in der eine junge Frau, die als Identifikationsfigur angelegt ist, verächtlich über die eigene Familie nachdenkt. Die Schülerin hält solche Gedanken offenbar für anstößig und macht sofort ihre emotionale und wertende Distanz deutlich (vgl. Stark 2012).

Wertungen können sich zum anderen auf die ästhetische Darstellung beziehen. Damit verbunden sind sogenannte „Artefakt-Emotionen" (van Holt 2013, S. 23) wie z. B. Überraschung, Spannung und Neugier (vgl. Brewer 1985, S. 169) oder Emotionen, die mit der Anmutung von Wörtern und Formulierungen oder mit dem Eindruck der Stimmigkeit oder Unstimmigkeit der Gestaltung verbunden sind.

Häufig führt das Gefallen oder Missfallen am dargebotenen Inhalt auch zu einer positiven oder negativen Wertung der ästhetischen Darstellungsweise, so wie umgekehrt eine als eingängig oder sperrig empfundene Darstellung die Wertung der Inhalte beeinflussen kann. Beispielsweise kann die ungewohnte sprachliche Gestaltung von Balladen wie Schillers *Die Bürgschaft* oder C. F. Meyers *Die Füße im Feuer* unerfahrenen Lesern die Wahrnehmung und Empfindung der Spannung verstellen, die hier narrativ erzeugt wird. Entscheidend ist auch die wechselseitige Abhängigkeit von Werten und Verstehen. Lückenhaftes, falsches oder ungenaues Verstehen kann unangemessene Wertungen verursachen. Umgekehrt steuern spontane Wertungen die weitere Rezeption und bewirken oft selektive und verfälschende Verstehensprozesse. Im oben erwähnten Beispiel der Kaschnitz-Erzählung meint die Schülerin, dass die negativen Gedanken über die Familie nicht von der jungen Frau selbst stammen können, sondern von einem externen männlichen Erzähler, dessen negative Sicht sie als Leserin ablehnen kann – doch ein solcher Erzähler existiert überhaupt nicht (vgl. Stark 2012).

Komponenten literarischer Werturteile

Die spontane Wertung ist also mit Gefahren verbunden, die ihre Revision und die Überführung in bewusste und begründete Werturteile erfordern. „Automatische Prozesse sind anfällig für Verzerrungen durch Erwartungseffekte etwa infolge von Stereotypen und Vorurteilen", die durch „reflexive Prozesse [...] zurückgedrängt und überformt werden" müssen (van Holt 2013, S. 24). Das spontan Empfundene soll dabei nicht außer Kraft gesetzt, wohl aber geprüft, begrifflich präzise gefasst und gegebenenfalls revidiert werden. Die so gebildeten literarischen Werturteile bestehen aus vier Komponenten:

(1) Ein Werturteil enthält mindestens einen „Wertausdruck", der „explizit" oder „implizit" wertend sein kann (Heydebrand / Winko 1996, S. 67 ff.). Beispielsweise kann man ein Buch ausdrücklich als „spannend" oder „langweilig" bezeichnen oder aber die Lektüre mit einer „Achterbahnfahrt" oder der „Einnahme einer Schlaftablette" vergleichen (zum Spektrum der Wertausdrücke, vgl. Pfohlmann 2008, S. 43 ff.). Das mit einem Wertausdruck Gemeinte schreibt man dem Gegenstand als „Werteigenschaft" oder „attributiven Wert" zu (Heydebrand / Winko 1996, S. 63 ff.). Indem der Unterricht an einer Differenzierung und Erweiterung der Wertausdrücke arbeitet, soll er die Lernenden zugleich „von den Extremen des Wertens und Fühlens zu fein abgestimmten Graden" führen (Grzesik 2005, S. 313), also etwa von pauschalen Beurteilungen des gesamten Textes zur unterschiedlichen Wertung von Aspekten.

(2) Werturteile beziehen sich auf Merkmale des Gegenstands, die ihm unabhängig von der Wertung zukommen und daher als „natürliche Eigenschaften" bezeichnet werden können (Steinfath 2001, S. 164). So muss man die sprachliche Gestaltung einer Erzählung und die Beschaffenheit ihres Plots mit nicht-wertenden Ausdrücken beschreiben können, wenn man die Wertung explizieren und

begründen will. Das Werturteil bezieht die Werteigenschaften auf die „natürlichen Eigenschaften“, etwa mit dem Satz: „Der Krimi X ist spannend, weil mehrere unerwartete Ereignisse die Auflösung verzögern.“ Aufgabe des Unterrichts ist es in diesem Zusammenhang, das Verstehen gewerteter Textinhalte und Gestaltungseigenschaften zu fördern, damit unzureichendes Verstehen nicht die Wertung beeinflusst, so wie es in unserem Beispiel der missverstandenen Erzählperspektive der Fall ist: Hier müsste die Schülerin durchschauen, dass tatsächlich eine weibliche Identifikationsfigur so herabsetzend über die eigene Familie denkt. Sie müsste ihre negative Wertung dieser Gedanken auf die Figur der jungen Frau richten und als Leserin den eigenen inneren Konflikt zwischen Identifikation und Abgrenzung austragen.

(3) Die positive oder negative Wertung von Inhalten und Gestaltungseigenschaften hängt von sogenannten „Zuordnungsvoraussetzungen“ ab (Heydebrand / Winko 1996, S. 44), insbesondere von soziokulturellen Bedingungen und individuellen Erfahrungen. Ob – in unserem Krimi-Beispiel – jemand die Häufung unerwarteter Ereignisse als eher spannend oder eher eintönig beurteilt, liegt an Gewohnheiten, Vorlieben und Erwartungen. Deren Stärke macht die Wertung ästhetischer Gegenstände zu einem wichtigen Ort der Vergewisserung von personaler und kollektiver Identität. Entsprechend bekenntnishaft können positive Wertungen, entsprechend verletzend negative Wertungen sein. Die Reflexion unterschiedlicher Vorerfahrungen kann Toleranz gegenüber der Tatsache fördern, dass andere Personen aufgrund anderer Vorerfahrungen zu anderen Wertungen gelangen. Auch die Erweiterung der Zuordnungsvoraussetzungen durch das Kennenlernen unterschiedlicher literarischer Inhalte und Gestaltungsweisen ist ein zentrales Bildungsziel. Geringe und einseitige Textkenntnis können zu „negativen oder positiven Wertungen ohne hinreichende Sachkompetenz“ (Grzesik 2005, S. 309) und zu Wertungs-Intoleranz führen.

(4) Jedem Werturteil liegt implizit ein „Wertmaßstab“ oder „axiologischer Wert“, zugrunde (Heydebrand / Winko 1996, S. 65 f.), der die Struktur einer „bipolaren Skala“ (Grzesik 2005, S. 300) mit graduellen Abstufungen zwischen dem positiven und dem negativen Extrem hat. Die Maßstäbe, die man selbst und andere implizit verwenden, lassen sich durch das Nachdenken über Wertausdrücke erkennen und benennen. Der Bestand an Maßstäben ästhetischer Wertung verändert sich historisch nur langsam. Die Gewichtung unterschiedlicher Maßstäbe und die graduelle Wertung von Texten auf ein und derselben Werteskala unterliegen hingegen einem beständigen Wandel, und in beiden Punkten gibt es meist extreme Differenzen unter Zeitgenossen. Was gestern als inhaltlich bedeutsam angesehen wird, kann heute als abseitig ideologisch gelten; was der eine für ästhetisch stimmig erklärt, kann dem anderen als Kitsch erscheinen. Ein markantes Beispiel dafür sind die extrem unterschiedlichen Wertungen,

TEXTE

die bekannten Romanen Hermann Hesses entgegengebracht wurden und werden – auch und gerade von Literaturexperten.

Literarische Wertung im Deutschunterricht

Spontane Wertungen entstehen im Literaturunterricht vor allem bei der Textbegegnung. Zum Ausdruck kommen sie in Anschlusshandlungen wie der Aussprache über das Gehörte oder Gelesene, bei Buchvorstellungen, bei Textvergleichen, bei mündlichen und schriftlichen Äußerungen über die inhaltliche Relevanz für die Gegenwart und das eigene Leben sowie in Situationen des Feedbacks und der Reflexion von Unterricht. Auch Verfahren der Lektüreauswahl auf der Grundlage erster Eindrücke bieten sich für die Explikation von Wertungen an (vgl. Müller 2013).

Was aber kann eine Schülerin oder einen Schüler dazu motivieren, die eigene Wertung zu revidieren und in ein bewusst begründendes Werturteil zu überführen? Hier gilt Ähnliches wie für das Textverstehen. Wertung und Verstehen sind automatisch sich einstellende mentale Ereignisse, die man erst dann hinterfragt und in aktive Operationen überführt (Interpretation, bewusste Bewertung), wenn man mit abweichenden Äußerungen anderer Leser oder mit abweichenden Eindrücken bei der eigenen Re-Lektüre konfrontiert wird. Daraus ergeben sich zwei Konsequenzen für geeignete Unterrichtsverfahren (vgl. Zabka 2013): Zum einen sollte das wiederholte prüfende Lesen verlangt werden, zum andern sollten Verfahren in (realen oder simulierten) kommunikativen Zusammenhängen situiert sein. Mögliche Formen sind Gespräche, Schreibgespräche, dialogische Lesetagebücher (vgl. Heins 2013, S. 18–23), Beiträge für Internet-Foren oder soziale Netzwerke, Buchvorstellungen oder Rezensionen für bestimmte oder unbekannte Adressaten (vgl. Bräuer 2012, S. 51–57).

Statt einer Auflistung zentraler Bildungsziele und Kompetenzen (vgl. Zabka 2013, ders. 2017), seien abschließend einige Lernentwicklungen im Bereich der literarischen Wertung skizziert (vgl. auch Grzesik 2005, S. 313 f.). Wünschenswerte Entwicklungen verlaufen

1. von der spontanen, rein emotionsgesteuerten Wertung über die bewusste Text- und Selbstwahrnehmung hin zur bewussten Explikation von Werturteilen;
2. von der Undifferenziertheit und Implizitheit der Wertausdrücke hin zu differenzierten und expliziten Ausdrücken;
3. von der primär inhaltsbezogenen Wertung zur Verbindung mit Wertungen der ästhetischen Gestaltung;
4. von Formen des Ausdrucks und des Behauptens hin zur differenzierten Begründung der Urteile anhand von Gegenstandsmerkmalen, Wertmaßstäben und individuellen Vorerfahrungen;
5. von der Konfrontation eigener und fremder Wertungen hin zum Verstehen und Tolerieren abweichender Wertungen;

6. von der kommunikativen Funktion des subjektiven Bekenntnisses hin zu appellativen Funktionen (z. B. Aufruf zur Rezeption oder zur positiven Bewertung des Gegenstands);
7. von der mündlich-direkten Kommunikation mit bestimmten Adressaten über die schriftliche Kommunikation mit bestimmten Adressaten hin zur schriftlichen Kommunikation mit einer unbekannten Adressatengruppe.

Literaturhinweise

Bräuer, Christoph 2012: Literaturkritik. Von der professionellen Rezension zur eigenen Kritik. In: Praxis Deutsch. H. 231. S. 51–57.

Brewer, William F. 1985: The Story Schemata. Universal and Culture-Specific Properties. In: David R. Olson / Nancy Torrance / Angela Hildyard (Hg.): Literacy, Language, and Learning. Cambridge. S. 167–194.

Grzesik, Jürgen 2005: Texte verstehen lernen. Münster u. a.

Heins, Jochen 2013: Förderung der Wertungskompetenz in der Arbeit mit Lesetagebüchern. In: Praxis Deutsch. H. 241. S. 16–23.

Heydebrand, Renate von / Simone Winko 1996: Einführung in die Wertung von Literatur. Systematik – Geschichte – Legitimation. Paderborn.

Holt, Nadine van 2013: Psychologische Werttheorien. In: Gabriele Rippl / Simone Winko (Hg.): Handbuch Kanon und Wertung. Theorien, Instanzen, Geschichte. Stuttgart u. a. S. 19–24.

Müller, Christian 2013: „Ist das Buch gut?" Mit der App *zehnSeiten* Literatur nach schülerorientierten Wertungen auswählen. In: Praxis Deutsch. H. 241. S. 41–45.

Pfohlmann, Oliver 2008: Literaturkritik und literarische Wertung. 11.–13. Schuljahr. Hollfeld.

Spinner, Kaspar H. 2006: Literarisches Lernen. Basisartikel. In: Praxis Deutsch. H. 200. S. 6–16.

Stark, Tobias 2012: Zum Perspektivenverstehen und zum Umgang mit Fiktionalität beim literarischen Verstehen. Ausgewählte Ergebnisse einer qualitativen Untersuchung. In: Irene Pieper / Dorothee Wieser (Hg.): Fachliches Wissen und literarisches Verstehen. Frankfurt a. M. S. 153–169.

Steinfath, Holmer 2001: Orientierung am Guten. Praktisches Überlegen und die Konstitution von Personen. Frankfurt a. M.

Worthmann, Friederike 2004: Literarische Wertungen. Vorschläge für ein deskriptives Modell. Wiesbaden.

Zabka, Thomas 2013: Literarische Texte werten. Basisartikel. In: Praxis Deutsch. H. 241. S. 4–12.

Zabka, Thomas 2017: Wertungskompetenz anbahnen und fördern – einige Unterrichtsziele. In: Die Grundschulzeitschrift. H. 301. S. 13.

D 4 Lyrik

Clemens Kammler

Gedichte spielen im kulturellen Leben von Kindern und Jugendlichen eine wichtige Rolle (z. B. als Songtexte der Popmusik) und haben auch im Deutschunterricht einen festen Platz. Einblicke in literaturgeschichtliche Zusammenhänge sind anhand von Lyrikreihen mit vergleichsweise übersichtlichem Textkorpus leichter zu vermitteln als im Umgang mit anderen Gattungen, und was die Wahl ihrer Inhalte anbetrifft, so ist die Lyrikdidaktik auf der Höhe der Zeit. Auch wenn es einen heimlichen Kanon von lyrischen Texten gibt, der von Joseph Guggenmos und James Krüss als bevorzugten Autoren für die Grundschule über Goethe, Eichendorff und Droste-Hülshoff bis zu Klassikern der Moderne wie Brecht, Bachmann oder Jandl reicht (vgl. Korte 2002, S. 208), finden sich in letzter Zeit doch verstärkt Ansätze zur Berücksichtigung neuester Gegenwartslyrik (vgl. Bekes 2007), aber auch von Texten populärer Musik, Poetry Slam, Rap oder anderen Formen medialer Inszenierung lyrischer Texte (vgl. Anders 2013).

Besonderheiten lyrischer Texte

Die Frage, was man unter einem lyrischen Text genau zu verstehen habe, ist nicht einfach zu beantworten. Nach Burdorf bestehen Gedichte aus Versen, sind also „durch zusätzliche Pausen bzw. Zeilenumbrüche von der normalen rhythmischen oder graphischen Erscheinungsform der Alltagssprache abgehoben“ und sind außerdem „kein Rollenspiel, also nicht auf szenische Aufführung hin angelegt“ (1997, S. 20 f.). Petersdorff fügt diesen beiden Merkmalen ein drittes hinzu, wenn er betont, dass Gedichte „keinen Handlungszusammenhang enthalten“ (2008, S. 7). Probleme ergeben sich hier aber bereits mit der lyrischen Untergattung der Ballade, die ja eine Geschichte erzählt, häufig dramatische Dialoge enthält und deshalb als Grenzfall gilt. Ein weiterer Grenzfall sind sogenannte Prosagedichte, die aber, solange sie nicht in Versform verfasst sind, „eindeutig Prosa“ bleiben (Burdorf 1997, S. 15).

Zu den genannten Merkmalen kommen akzidentelle: die relative Kürze, die Abweichung von der Alltagssprache (z. B. durch Reim, Metrum, Lautmalerei, Inversion, Rhythmisierung), die besondere Verdichtung durch leitmotivische Wiederholungen und gezielte Variation, die besondere Häufigkeit und Bedeutung bildlicher Rede und schließlich die Nähe zur Musik, die schon im Begriff der Lyrik anklingt (das griechische Wort „lyra“ bezeichnet ein Saiteninstrument). Für die Begründung schulischen Lyrikunterrichts sind diese Bestimmungen wichtig. So bietet der spielerische Umgang mit Sprache eine besondere Chance zu kreativem, eigene Sinndimensionen auslotendem Lernen, und die Tatsache, dass sich viele Gedichte gegen eindeutige Sinnzuweisungen sperren, stellt eine besondere Herausforderung an das literarische Verstehen dar. Im Umgang mit lyrischen Texten kann man die Erfahrung machen, dass die Faszination poetischer Sprache im Zusammenspiel mehrerer Ebenen entsteht (Laut, Metrum, Rhythmus, Bildlichkeit) und dass aus diesem Zusammenspiel Mehrdeutigkeit resultiert.

Noch ein weiteres prominentes Merkmal vieler, wenn auch nicht aller lyrischen Texte sei hier genannt. Seit frühesten Zeiten und verstärkt seit Mitte des 18. Jahrhunderts haben Gedichte als Medium der Auseinandersetzung mit Subjektivität gewirkt. Entsprechend heißt es in Hegels *Vorlesungen über die Ästhetik*, Lyrik befriedige das Bedürfnis des Subjekts, „sich auszusprechen und das Gemüt in der Äußerung seiner selbst zu vernehmen", während die Epik auf das umgekehrte Bedürfnis reagiere, „die Sache zu hören, die sich für sich als eine objektiv in sich abgeschlossene Totalität dem Subjekt gegenüber entfaltet" (Hegel 1970, S. 418). Auch wenn gegen die Einseitigkeit dieser Bestimmung aufgrund der historischen Vielfalt - nicht zuletzt moderner - lyrischer Formen berechtigte Einwände erhoben wurden (vgl. Friedrich 1988, Lamping 1989), ist sie doch bis in die Gegenwart einflussreich geblieben.

TEXTE

Unterrichtssziele im Umgang mit Lyrik

Unmittelbar mit diesem Gebrauchswert hängt ein weiteres wichtiges Bildungsziel des Lyrikunterrichts zusammen. In Goethes *Prometheus*, Hölderlins *Hälfte des Lebens*, Eichendorffs *Sehnsucht* oder Benns *Nur zwei Dinge* wird - wie in vielen andere Gedichten - „um Identität gerungen und gekämpft" (Petersdorff 2008, S. 9). Kaspar H. Spinner leitet u. a. daraus die besondere Bedeutung der Gattung für den Unterricht in der Sekundarstufe I ab. Gerade pubertierenden Schülern biete sich hier die Chance, „Eigenes im Text wiederzufinden [...], sich damit auseinanderzusetzen, sich selbst gegenüberzutreten und zugleich auch fremde subjektive Befindlichkeiten nachzuvollziehen und zu befragen" (Spinner 2005, S. 17). Zwar dürfte damit eher eine Möglichkeit als die Realität alltäglichen Unterrichts beschrieben sein. Dennoch sind entwicklungspsychologische Überlegungen, wie die genannten, für den Umgang mit Lyrik im Deutschunterricht relevant. So haben Kinder im Grundschulalter noch ein starkes Interesse an klanglichen und rhythmischen Figuren, das in der Sekundarstufe I dem Interesse an einer „interessanten Aussage" weicht. Erst Jugendlichen erschließt sich wiederum der Sinn für symbolische und parabolische Bedeutungsdimensionen, für komplexere psychische Zusammenhänge und für die Infragestellung tradierter Wertvorstellungen. Auch wenn sich aus solchen Beobachtungen keine schematischen Planungsvorgaben ableiten lassen, sind dies doch wichtige Hinweise auf Möglichkeiten und Grenzen des Umgangs mit Lyrik in den unterschiedlichen Jahrgangsstufen.

Grundsätzlich gilt für die Arbeit mit lyrischen Texten also, dass sie geeignet ist, vielfältige Kompetenzen zu fördern, deren Vermittlung sich der Deutschunterricht zum Ziel gesetzt hat. Dies betrifft nicht nur den Umgang mit Texten, sondern ebenso alle anderen Lernbereiche: Lyrische Texte fordern zum mündlichen Vortrag und zur Reflexion über Sprache heraus (vgl. exemplarisch Abraham / Feilke 2014). Darüber hinaus sind sie bevorzugter Gegenstand poetischen Schreibens im Deutschunterricht, das sich an formalen Vorgaben orientiert.

Methoden des Lyrikunterrichts

Seit den 1970er-Jahren ist eine Ausweitung des Methodenrepertoires im Lyrikunterricht zu beobachten, das zum Erreichen dieses Ziels genutzt werden kann. Texterschließende Verfahren sind etwa das Bestimmen formaler Merkmale, das Zusammenfassen der Textaussage mit eigenen Worten, das abschnittweise Erlesen und Strukturieren, das Erläutern schwieriger Textstellen, das Sammeln von Informationen über Autor, Entstehungsbedingungen und Wirkung oder der Gedichtvergleich. Auch aus der Sprachdidaktik bekannte Verfahren wie die Ersatz-, Umstell-, Weglass-, Ergänzungs-, und Klangprobe zur Untersuchung hochcodierter, semantisch vielschichtiger Texte der Gegenwartslyrik dienen primär der Texterschließung, weil sie auf die Beurteilung der Differenzen zum Original abzielen.

Gerade im Lyrikunterricht spielen auch die handlungs- und produktionsorientierten Verfahren eine wichtige Rolle (vgl. Waldmann 1999). Hierzu gehören das aktive und produktive Lesen, Hören und Sehen (z. B.: Betrachtungen von Illustrationen oder Verfilmungen zu einem Gedicht, Wiederherstellen von zerschnittenen, Ergänzen von unvollständigen Gedichten), die visuelle Konkretisation (z. B.: die szenische Interpretation, das Erstellen eigener Illustrationen oder Videoclips zu Gedichten), lyrische Schreibspiele (z. B.: Metaphernspiele, Verfassen eigener Gedichte nach vorgegebenem Schema wie „Elfchen" oder „Haikus"), produktive Veränderungen (z. B.: das Verändern sprachlich-stilistischer Elemente, des Aufbaus, der Perspektive, das Verfremden, oder Parodieren von Gedichten) oder das Verfassen eigener Gedichte nach Vorgaben und Mustern. Eine Renaissance erlebt in jüngster Zeit das seit den 1970er-Jahren weitgehend marginalisierte Auswendigsprechen von Gedichten, das in den Bildungsstandards der Kultusministerkonferenz bislang zwar nur für den Bereich der Primarstufe als Methode der Textpräsentation verbindlich vorgeschrieben ist, dessen Bildungs- und Lernpotenziale für alle Jahrgangsstufen aber gegenwärtig wiederentdeckt werden (vgl. Lösener 2007). Diese beschränken sich nicht auf die Förderung des Gedächtnisses, sondern betreffen ebenso die Bereiche des Sprechens und Hörens. In einer stimmigen Sprechfassung findet der Sprechende einen persönlichen Zugang zum Text und erlebt sich gleichzeitig in seiner Wirkung auf die Zuhörer.

Um die Auseinandersetzung mit unterschiedlichen Lesarten von Gedichten zu fördern, bieten sich – neben dem als Ort der Entwicklung unabschließbarer Sinndeutungen unverzichtbaren Unterrichtsgespräch – eine Reihe von weiteren methodischen Möglichkeiten an: So kann die Auseinandersetzung mit verschiedenen Sprechfassungen, Vertonungen oder Illustrationen eines Gedichtes wie auch die mit unterschiedlichen Interpretationen (einschließlich problematischen, die z. B. von Schülern im Internet veröffentlicht wurden) in die Reflexion differenter Lesarten münden. Die Analyse von (ggf. auch von den Schülern selbst verfassten) Gegentexten und/oder Parodien eines Gedichts ermöglicht den Vergleich mit dem Ausgangstext und das Gespräch über die Frage, welche Lesart des Ausgangstextes dem Gegentext zugrunde liegt.

Literaturhinweise

Abraham, Ulf/Helmuth Feilke 2014: Ringelnatz, Morgenstern & Co. mische Lyrik. Basisartikel. In: Praxis Deutsch. H. 243. S. 4–12.
Anders, Petra 2013: Lyrische Texte im Deutschunterricht. Grundlagen, Methoden, multimediale Praxisvorschläge. Seelze.
Bekes, Peter 2007: Wege zur Gegenwartslyrik. In Deutschunterricht. H. 6. S. 4–9.
Burdorf, Dieter 1997: Einführung in die Gedichtanalyse. Stuttgart u. a.
Friedrich, Hugo 1988 [1956]: Die Struktur der modernen Lyrik. Von der Mitte des neunzehnten bis zur Mitte des zwanzigsten Jahrhunderts. Reinbek b. Hamburg.
Hegel, Georg Wilhelm Friedrich 1970 [1832–1845]: Vorlesungen über die Ästhetik III. In: Ders.: Werke in 20 Bänden. Bd. 15. Frankfurt a. M.
Kammler, Clemens (Hg.) 2013: Lyrik im Deutschunterricht. Praxis Deutsch. Sonderheft. Seelze.
Korte, Hermann 2002: Lyrik im Unterricht. In: Klaus-Michael Bogdal/Hermann Korte: Grundzüge der Literaturdidaktik. München. S. 203–216.
Lamping, Dieter 1989: Das lyrische Ich. Definition zur Theorie und Geschichte der Gattung. Göttingen.
Lösener, Annegret 2007: Gedichte sprechen. Ein didaktisches Konzept für alle Schulstufen. Baltmannsweiler.
Petersdorff, Dirk von 2008: Geschichte der deutschen Lyrik. München.
Spinner, Kaspar H. 2005: Umgang mit Lyrik in der Sekundarstufe I. Baltmannsweiler.
Waldmann, Günter 1999: Produktiver Umgang mit Lyrik. Baltmannsweiler.

D 5 Drama

Clemens Kammler

Zur Geschichte des Dramenunterrichts

Dramatische Texte gehören seit dem späten 19. Jahrhundert zum festen Bestandteil des schulischen Literaturkanons. Lange erfolgte die Textauswahl vorwiegend nach moralpädagogischen Gesichtspunkten. Standen dabei zunächst noch die antiken Werte des Schönen, Edlen und Harmonischen im Vordergrund, so rückten bald andere Ziele an deren Stelle. Schon zur Zeit des Wilhelminismus wurden die Charaktere klassischer Dramen für eine Moral instrumentalisiert, die den Großmachtbestrebungen des Deutschen Reichs dienen sollte. Auf die Spitze getrieben wurde diese Instrumentalisierung während des Nationalsozialismus, als man beispielsweise Kleists *Penthesilea* zur Verkörperung eines neuen Frauen-ideals erklärte, Iphigenies Tat von einer humanen zu einer deutschen umdeutete und dem greisen Landgewinner Faust „echtes Führertum" attestierte (vgl. Hegele 1996, S. 85). Außerdem entfernte man bedeutende Dramen wie Lessings *Emilia Galotti* oder Schillers *Wilhelm Tell* aus dem Literaturkanon, da ihre Protagonisten für bürgerlichen Individualismus und gegen Führerprinzip und völkisch-nationale Ideologie standen.

Kanonfragen

Noch in der Bundesrepublik der 1950er-Jahre wurden vor allem diejenigen Dramen ausgewählt, „bei denen die erzieherischen Neigungen der Autoren den pädagogischen Zeigefinger der Lehrer zu rechtfertigen versprachen" (Bogdal / Kammler 2004, S. 178). So bezeichnet Robert Ulshöfer das Drama als „Weltanschauungsdichtung" (Ulshöfer 1952, S. 5). Als solche fungierte es auch im Lehrplan der DDR, in dem die Auffassung vorherrschte, dass sozialistische Moral „an den ethischen Maßstäben der Figuren bürgerlicher Literatur" (*Nathan der Weise, Iphigenie auf Tauris, Wallenstein, Faust*) gewonnen werden kann (Müller-Michaels 1980, S. 109).

Im heutigen Deutschunterricht gibt es einen Kernbestand dramatischer Texte, der seit den späten 1960er-Jahren kaum Veränderungen erfahren hat (vgl. Kammler 2007). Lessing, Schiller, Goethe, Büchner, Brecht und Dürrenmatt sind unangefochtene Schulklassiker. Fast alle Abiturienten und vermutlich auch die meisten Absolventen der Sekundarstufe I dürften im Verlauf ihrer Schulzeit einen oder mehrere ihrer Texte im Unterricht behandelt haben. Dabei reduziert sich die Zahl ihrer hochgradig kanonisierten Dramen meist gerade einmal auf zwei pro Autor: *Emilia Galotti* oder *Nathan der Weise, Faust* oder *Iphigenie auf Tauris, Woyzeck* oder *Dantons Tod, Die Physiker* oder *Der Besuch der alten Dame* (vgl.

Kammler / Noack 2010). Versuche, diesen Kanon durch Stücke von Gegenwartsdramatikern zu ergänzen, haben es schwer (vgl. Kammler 2003), auch wenn einzelne Werke wie Urs Widmers *Top Dogs* es gelegentlich auf eine Lektüreliste für das Zentralabitur schaffen. Im Bereich des Kinder- und Jugenddramas ist diese Lage sogar „besonders desolat" (Kepser / Abraham 2016, S. 195). Als Grund kann unter anderem die schwierige Publikationslage angenommen werden (die Stücke sind im Buchhandel oft nicht oder nur in teuren Ausgaben erhältlich). Hinzu kommt die meist kurzfristige Bühnenpräsenz selbst erfolgreicher Gegenwartsdramen wie denjenigen von Lutz Hübner oder Yasmina Reza. Auch die Tendenz zum postdramatischen Theater, in dem die nicht-verbalen Zeichenebenen immer mehr Eigenständigkeit gegenüber dem dramatischen Text erhalten, dürfte für diese Entwicklung mitverantwortlich sein.

Neuere dramen- und theaterdidaktische Konzepte

TEXTE

In den 1960er- und 70er-Jahren werden in der Bundesrepublik Deutschland ideologische Vorstellungen pädagogischer Einflussnahme immer mehr zurückgedrängt. An deren Stelle treten zunächst Konzepte der Historisierung (Dramen als Paradigmen unterschiedlicher Literaturepochen, z. B. Schillers *Die Räuber* als Beispiel für den Sturm und Drang) sowie der „Gattungslehre" (Denk / Möbius 2010, S. 84). Gegen Ende der 1970er-Jahre setzt dann Kritik an einem Unterricht ein, der den für das Theater verfassten dramatischen Text auf ein bloßes Lesedrama reduziert. Gefordert wird eine angemessene Berücksichtigung des Prinzips Theatralität, d. h. eine Verbindung von literarischem und medienästhetischem Lernen. Dabei geht es vor allem um die verschiedenen Ebenen theatraler Kommunikation: Bühnenbild, Beleuchtung, Körper-(sprache), Bewegungsabläufe, Kostüme, Mimik, Sprechweise, Musik. In diesem Zusammenhang steht das Ziel einer „aufführungsanalytische[n] Alphabetisierung" (Roth-Lange 2004, S. 3), die durch die exemplarische Beschäftigung mit vorliegenden Inszenierungen erreicht werden und bereits in der Primarstufe einsetzen soll.

Insgesamt lassen sich heute – teils mit Bogdal / Kammler 2004, S. 183 ff., Kepser / Abraham 2016, S. 200 und Denk / Möbius 2010, S. 84 – 97) – vier Hauptkonzepte im Umgang mit Drama und Theater unterscheiden. Nicht berücksichtigt sind in dieser Auflistung solche Ansätze, die „auf praktische Weise in das Theaterspielen einführen wollen" (Denk / Möbius 2010, S. 91 ff.), jedoch keine spezifischen Konzepte zur Gestaltung des Dramenunterrichts darstellen:

- Gattungstheoretische Konzepte, die sich an „grundlegenden Strukturen des Dramatischen" wie Handlung, Figur, Konflikt, Ort, Dialog und Zeit orientieren (Müller-Michaels 1975, S. 17). Nach dem Prinzip zunehmender Komplexität sollen diese Strukturelemente in einem Lehrgang vermittelt werden, der in der Grundschule mit der einfachen Konstellation Protagonist / Antagonist (z. B. im Kasperlspiel) beginnt und in der gymnasialen Oberstufe in die Betrachtung komplex determinierter Figuren (wie Shen-Te / Shui-

Ta oder Faust) mündet. Im Rahmen dieses Ansatzes spielt in Lehrbüchern für die gymnasiale Oberstufe auch die Auseinandersetzung mit dramentheoretischen Positionen wie Lessings *Hamburgischer Dramaturgie*, Schillers *Die Schaubühne als moralische Anstalt betrachtet* und Brechts Epischem Theater eine wichtige Rolle.

- Theater- und spielpädagogische Konzepte versuchen, das Prinzip Theatralität auf unterschiedliche Weise im Dramenunterricht umzusetzen. Bei Beimdick (1980) dominiert die Wissensvermittlung über den professionellen Theaterbetrieb, Ingo Schellers *Szenische Interpretation* gelangt dagegen durch den Einsatz darstellender Verfahren zur Textinterpretation (vgl. Scheller 2010). Indem sie sich den Text mittels szenischer Verfahren erarbeiten (z. B. durch Standbilder, Erprobung von Sprechhaltung, Körperhaltung, Gestik und Mimik der Figuren), sollen sich die Schülerinnen und Schüler ihre inneren Inszenierungen bzw. Haltungen zu diesem bewusstmachen und mit ihren Mitschülern darüber ins Gespräch kommen.
- Produktionsorientierte Ansätze lassen sich von szenischen Verfahren nicht strikt trennen, da szenische Realisation und Schreiben auch bei letzteren Hand in Hand gehen und Erstere die szenische Umsetzung nicht „negieren" (vgl. Denk / Möbius 2010, S. 94). Dennoch kann man von dominant produktionsorientierten Konzepten reden. So begreift Harald Frommer (1995) das Lesen dramatischer Texte als produktive Tätigkeit, die im Unterricht durch Schreibaufgaben konkretisiert werden soll. Dazu gehört u. a. das Verfassen sogenannter Untertexte (z. B. innerer Monologe), in denen Unausgesprochenes zur Sprache kommen kann. Günter Waldmann (1999) entwickelt ein umfangreiches Methodenkompendium produktiver Umgangsformen mit dem dramatischen Text, wobei er zwischen Methoden der „Konkretisation" (z. B. Dramatisieren von Vorgängen, von denen im Text nur berichtet wird), „Veränderung" (z. B. des Helden in eine Feindfigur) und „angeleiteter und freier Produktion" ganzer Dramentexte unterscheidet.
- Aufführungsanalytische Konzepte (vgl. Roth-Lange 2004; Paule 2009) gehen von der „Eigenständigkeit der Inszenierung als Kunstwerk" (Paule 2009, S. 141 f.) aus, wobei es das Ziel ist, die performativen Qualitäten einer Theateraufführung zu erschließen. Der Unterricht soll den Blick für die theatereigene Formensprache schärfen, die Fähigkeit vermitteln, die „Korrespondenzbedeutung" zu erfassen, die sich aus dem Zusammenspiel der einzelnen Zeichen ergibt (vgl. ebd., S. 262). Methodische Varianten sind u. a. das Erinnerungsprotokoll, das gezielte Lesen theatraler Zeichen in einem spezifischen Bereich (z. B. Bühnenbild, Körpersprache, Bewegung im Raum, Licht) oder der Inszenierungsvergleich. Auch wenn beides eng miteinander zusammenhängt, ist streng genommen zwischen der Aufführungsanalyse, die sich auf das konkrete Theaterereignis und der Inszenierungsanalyse, die sich auf das Konzept der Inszenierung bezieht, zu unterscheiden (vgl. Kepser / Abraham 2016, S. 199 f.).

Zusammenfassend kann festgehalten werden, dass ein zeitgemäßer Unterricht über Drama und Theater dem Prinzip des medienintegrativen Lernens verpflichtet sein sollte. So sind Inszenierungs- und Aufführungsanalyse zum einen dem Bereich der Mediendidaktik zuzuordnen (→ E 4), zum anderen werden sie in der Regel im „Kontext unterrichtlicher Dramenlektüre" stattfinden (Paule 2009, S. 251). Vor diesem Hintergrund haben alle der genannten neueren Konzepte ihre Berechtigung - vorausgesetzt, man verbindet sie sinnvoll miteinander.

Literaturhinweise

Bogdal, Klaus-Michael / Clemens Kammler 2004 [2002]: Dramendidaktik. In: Klaus-Michael Bogdal / Hermann Korte (Hg.): Grundzüge der Literaturdidaktik. S. 177–189.
Beimdick, Walter 1980: Theater und Schule. Grundzüge einer Theaterpädagogik. 2. Auflage. München.
Denk, Rudolf / Thomas Möbius 2010 [2008]: Dramen- und Theaterdidaktik. Eine Einführung. Berlin.
Frommer, Harald 1995: Lesen und Inszenieren. Produktiver Umgang mit dem Drama auf der Sekundarstufe. Stuttgart.
Hegele, Wolfgang 1996: Literaturunterricht und literarisches Leben in Deutschland (1880-1990). Historische Darstellung - Systematische Erklärung. Würzburg.
Kammler, Clemens 2003: Zeitgenössische Theaterstücke. In: Praxis Deutsch. H. 181. S. 6-13.
Kammler, Clemens 2007: Klassische Theaterstücke. In: Praxis Deutsch. H. 204. S. 6-13.
Kammler, Clemens / Bettina Noack, 2010: Literaturgeschichte und Kanon im Zentralabitur 2008–2010. In: Der Deutschunterricht. H. 1. S. 5-12.
Kepser, Matthis / Ulf Abraham 2016: Literaturdidaktik Deutsch. Eine Einführung. 4. Auflage. Berlin.
Müller-Michaels, Harro 1975: Dramatische Werke im Deutschunterricht. Stuttgart.
Müller-Michaels, Harro 1980: Positionen der Deutschdidaktik seit 1949. Königstein i. Ts.
Paule, Gabriela 2009: Kultur des Zuschauens. Theaterdidaktik zwischen Textlektüre und Aufführungsrezeption. München.
Roth-Lange, Friedhelm 2004: Theaterdidaktik. In: Der Deutschunterricht. H. 2. S. 2-4.
Scheller, Ingo 2010: Szenische Interpretation. Theorie und Praxis eines handlungs- und erfahrungsbezogenen Literaturunterrichts in Sekundarstufe I und II. 3. Auflage. Seelze.
Ulshöfer, Robert 1952: Zur Einführung. In: Der Deutschunterricht. H. 1. S. 5.
Waldmann, Günter 1999: Produktiver Umgang mit dem Drama. Eine systematische Einführung in das produktive Verstehen traditioneller und moderner Dramenformen und das Schreiben in ihnen. Baltmannsweiler.

D 6 Erzählung

Peter Bekes

Angesichts der Vielfalt von unterschiedlichen Erzählformen empfiehlt es sich, von dem umfassenden neutralen Gattungsbegriff der Erzählung als bedeutender Untergattung der Epik auszugehen: „Eine Erzählung [...] ist eine Darstellung in einem sprachlichen und / oder visuellen Medium, in deren Zentrum eine oder mehrere Erzählfiguren anthropomorpher Prägung stehen, die in zeitlicher und räumlicher Hinsicht existenziell verankert sind und (zumeist) zielgerichtete Handlungen ausführen (Handlungs- oder Plotstruktur)." (Fludernik 2008, S. 15) Sie bezeichnet einen Text mittlerer Länge, deren Umfang zwischen 5.000 und 50.000 Wörtern liegt.

Unter diesen Begriff lässt sich ohne Probleme auch die Erzählform der Novelle subsumieren. Das ist – über die Messbarkeit hinaus – auch „sachlich begründbar, insofern die Novelle jenen Verwendungszusammenhängen entspringt, die hauptsächlich durch den Umfang motiviert sind (Zeitungen, Taschenbuch, [...])" (Aust 1999, S. 8). Der Norm-Komparativ „mittlerer" besitzt den Vorteil, dass er die Erzählung zu anderen benachbarten epischen Formen in Beziehung setzt. Er grenzt sie von Kurzformen der Prosa, wie z. B. Fabel, Parabel, Anekdote usw. und von der epischen Großform des Romans ab. Von diesem unterscheidet sie sich, bedingt durch ihren kürzeren Umfang, in der Regel durch die überschaubare Anzahl der Figuren und durch geringere Komplexität in der Handlung und im Ideengehalt. Dagegen erscheint die Erzählung welthaltiger und differenzierter in der Figurengestaltung und Handlungsführung als die kurzen epischen Formen.

Kontrovers in der Forschung wird das Verhältnis von Erzählung und Novelle diskutiert. Partiell grenzt man die Novelle aufgrund ihrer geschlossenen Formgebung und ihrer schärferen poetischen Profilierung von Figuration und Handlung von den gewöhnlichen Erzählungen ab. Gleichwohl sind auch hier die Übergänge fließend. Der Begriff der Novelle lässt sich nicht durch eine unhistorische Matrix von Merkmalen bestimmen, wie z. B. einer einsträngigen auf eine unerhörte Begebenheit zielenden Handlung, einem überraschenden Wendepunkt, der konzentrierten, pointierten Darstellung, einer Silhouette bzw. einem „Falken" etc. oder von ihrer vielfach zyklischen Präsentationsform her, der Rahmengeschichte, fassen. Zumal in der Gegenwartsliteratur werden „diese Gattungsmerkmale nicht selten durch Ironie, Parodie, unzuverlässige Erzähler" (Kammler 2016, S. 5) dekonstruiert. Die Novelle schlechthin existiert nicht. Erzählungen bzw. Novellen bewegen sich nachgerade im Spannungsfeld von geschichtlicher Individuation und schematisierbaren Formelementen (vgl. Bekes 2015, S. 23).

Kompetenzerwerb im literarischen Curriculum

Nach wie vor besteht eine erhebliche Diskrepanz zwischen den Textsorten, die die Kinder und Jugendlichen in verschiedenen Altersstufen lesen, und dem, was ihnen Lehrpläne an Lektüren verordnen. In ihrer Freizeit lesen sie nur selten Kurzgeschichten und Novellen, in der Regel bevorzugen sie umfangreiche Werke aus dem Bereich der Kinder- und Jugendliteratur und der Unterhaltungsliteratur. Umgekehrt stellt sich das Verhältnis im Deutschunterricht dar: Hier herrscht noch die Tendenz vor, Erzählungen und Novellen eine Brückenfunktion im didaktischen Transfer von epischen Kurzformen bis zum Roman zu verleihen, d. h. diese erst in den mittleren und oberen Jahrgängen der Sekundarstufe I zu behandeln. Für Leseförderung, die Stärkung der Lesemotivation und den kontinuierlichen Kompetenzerwerb im literarischen Lernen bieten sich allerdings schon in der Unterstufe spannende Erzählungen mittlerer Länge aus dem Bereich der Kinderliteratur an, die mit den elementaren Bedingungen von Fiktion und Perspektivik vertraut machen. Anreize für die Lektüre und Behandlung erzeugen hier vor allem solche Erzähltexte, die Spannung im Handlungsverlauf aufbauen, mit ihrer Bezugnahme auf jugendliche Lebenswelten Betroffenheit und Anteilnahme auf Seiten der Schülerinnen und Schüler auslösen, ihnen Optionen anbieten, sich in Figuren und ihre Probleme einzufühlen oder sich von ihnen abzugrenzen.

Das bedeutet in struktureller Hinsicht nicht, dass Geschehnisse in simpler episodischer Reihung und in schematischer Figurengestaltung angeboten werden. Spannungserzeugend auch für jüngere Schüler sind gerade solche Erzählungen, deren Verfasser mit Vorausdeutungen und Rückblenden, mit überraschenden Perspektivwechseln und Schnitten arbeiten. Ansatzweise kann die Behandlung von Erzählungen schon in der Unterstufe die Aufmerksamkeit der Kinder für die Verwendung von Motiven, metaphorische Verklammerungen sowie die Gestaltung von symbolischen Verweisungszusammenhängen schärfen. Die Kompetenzen, die hier erworben werden, stellen eine solide hermeneutische Basis für die spätere Auseinandersetzung mit komplexeren, ästhetisch ambitionierten Erzählungen und Novellen des 19. und 20. Jahrhunderts dar, etwa mit Texten von E. T. A. Hoffmann (*Der Sandmann*), Heinrich von Kleist (*Das Erdbeben in Chili*), Annette von Droste-Hülshoff (*Die Judenbuche*), Theodor Storm (*Der Schimmelreiter*), Franz Kafka (*Die Verwandlung*), Thomas Mann (*Mario und der Zauberer*), Friedrich Dürrenmatt (*Der Tunnel*) und Günter Grass (*Im Krebsgang*). Neben diesen kanonisierten Werken eignen sich weniger bekannte novellistische Erzählungen aus dem Bereich der unmittelbaren Gegenwartsliteratur mit ihrem Bezug auf alltagskulturelle Themen (*Sommerhaus später* von Judith Hermann), mit ihren provozierenden Fragestellungen und Verweigerungshaltungen (z. B. *Nichts* von Janne Teller und *Zweier ohne* von Dirk Kurbjuweit) und visionären Endzeit-Szenarien (*Frühling der Barbaren* von Jonas Lüscher) für die Behandlung im Unterricht (vgl. Kammler 2016). Ein Großteil dieser Texte ermöglicht Einsichten in

Raumsemantik und Zeitstrukturen, in Realisierungsvarianten der Handlungsführung und komplexe Techniken der Figurengestaltung. Hier wird es vor allem darum gehen, den Verstehenshorizont der Schülerinnen und Schüler für literarische Sinnbildungsprozesse zu öffnen, an deren Ende keine bündigen Lösungen stehen. Darüber hinaus laden die Erzählungen die Jugendlichen dazu ein, im Rückgriff auf Kriterien wie z. B. Exemplarität und den Polyvalenzgrad, das zeitdiagnostische Potenzial und ästhetische sowie geschichtliche Reflexivität Fragen der literarischen Wertung zu erörtern (vgl. Pfäfflin 2007).

Aneignung von Gattungs- und Genrewissen

So kontrovers die Subsumption von epischen Texten unter bestimmte Gattungsbegriffe wie Erzählung und Novelle in Literaturwissenschaft und in der Literaturdidaktik diskutiert wird – im Deutschunterricht spielen diese nach wie vor eine wichtige Rolle. Gattungsbegriffe dienen hier der Verständigung und Erkenntnis, sind Ordnungs- und Orientierungskriterien für literarisches Lernen, dienen als Verstehenshilfen und manchmal sogar als Leseanleitungen für die Schülerinnen und Schüler (Pfeiffer 2010, S. 55). In dieser Richtung wird in den meisten Lehrplänen die Fähigkeit, Gattungen begrifflich und in ihrer Funktionalität zu unterscheiden, als Kompetenzerwartung formuliert. So signalisiert der Begriff der Erzählung der Lerngruppe – bei aller Abstraktheit – die narrative Konstitution des Textes, mithin eine Form der Fiktionalisierung, und die Gattungsbezeichnung Novelle weist sie auf die authentische, exzeptionelle Darstellung eines neuartigen, unerhörten Ereignisses hin. Wenn die Untersuchung von Erzählungen und Novellen im Unterricht auf einen unhistorischen Kanon von Merkmalen reduziert wird, verlieren diese ihre poetische Eigenheit und die Schüler ihre Lust, sich mit ihnen zu beschäftigen (vgl. Spinner 2006, S. 13).

Bauformen des Erzählens

Konstitutiv für die systematische Analyse von Erzählungen bzw. Novellen im Unterricht ist die Unterscheidung von zwei Perspektiven: Geschichte und Diskurs. Die erste richtet sich auf das, was erzählt wird; die zweite orientiert sich an Aspekten, die um das Wie des Erzählens zentriert sind. Beide ergänzen einander und tragen in integraler Vermittlung zu deren Verstehen und Deuten bei. Die Rekonstruktion der Handlungsdramaturgie und mit ihr das Erfassen von Prinzipien, die die Verknüpfung der Ereignisse bestimmen, ist für die Schülerinnen und Schüler die entscheidende hermeneutische Voraussetzung, Einsichten in Genres, Bauformen, Strukturen und Verfahren des Erzählens, wie z. B. Erzählhaltungen, Redeformen und Collagetechniken, zu gewinnen und damit eine wichtige Teilfunktion literarischen Lernens zu realisieren. Dass Schülerinnen und Schüler diese Kompetenzen im Unterricht nicht nur auf analytischem Wege, sondern vor allem anhand von produktiven Schreibaufgaben im Hinblick auf die erzählerische Gestaltung der Figuren, des Raumes und der Zeit in Erzählungen erwerben können, zeigen mittlerweile mannigfaltige kreative Lernarrangements im handlungs- und produktionsorientierten Literaturunterricht. Durch das Ausfüllen von Leerstellen und das Konkretisieren von Unbestimmtheitsstellen soll z. B. die literarische Vorstellungsbildung der Schülerinnen und Schüler stimuliert und erweitert werden (vgl. Spinner 2006, S. 8), durch das Umgestalten von Erzählungen und das Verfassen eigener Geschichten erhalten sie Gelegenheit, diese in ihrem Verhältnis zum Autor und Leser, d. h. im Sinne einer produktiven Hermeneutik in ihrem Produziertsein zu verstehen (vgl. Waldmann / Bothe 1992, S. 6).

Integratives medienästhetisches Lernen

Schülerinnen und Schüler begegnen unterschiedlichen Erzählformen nicht nur in der Literatur, sondern auch in spezifischen medialen Spielarten und Kontexten: dem Comic und der Graphic Novel, der Radio- und Fernseherzählung, den Serienfilmen und Computerspielen. Neben der Frage, welche Arten von Geschichten, welche Ereignisse hier erzählt werden, ist im Deutschunterricht vor allem der Aspekt von Interesse, wie medial erzählt wird, d. h. Geschehnisse und die Handlungen der in sie involvierten Figuren visuell oder durch interaktive Beteiligung der Kinder und Jugendlichen in Geschichten transformiert werden. Dem korrespondiert die Frage, wie durch das Wechselverhältnis von Sprache, Bildern, Gesten und Bewegungen konventionelle erzählerische Muster adaptiert oder durch gezielte Verwendung narrativer Strategien attraktive neue Mutationen und Symbiosen entstehen und bestimmte Wirkungen erzielt werden. Dazu gehören dramaturgische Verfahren wie die Strukturierung des Geschehens mit Hilfe sinnstiftender Plot-Elemente (Einleitungstypen und Schlussvarianten, Wende- und Höhepunkte) und Prozessen der Handlungsführung (Komplikationen und Auflösung), die aus dem Gezeigten erst eine Geschichte entstehen lassen.

Literaturhinweise

Aust, Hugo 1999: Novelle. 3. Auflage. Stuttgart.
Bekes, Peter 2015: Novellen und Erzählungen. Grundlagen, Methoden, Unterrichtsvorschläge. Stuttgart.
Fludernik, Monika 2008: Erzähltheorie – eine Einführung. Darmstadt.
Kammler, Clemens 2016: Novellistische Erzählungen der Gegenwart. In: Praxis Deutsch. H. 255. S. 4–10.
Pfäfflin, Sabine 2012: Auswahl für Gegenwartsliteratur im Deutschunterricht. Baltmannsweiler.
Pfeiffer, Joachim 2010: Literarische Gattungen im Literaturunterricht. In: Volker Frederking / Axel Krommer / Christel Meier (Hg.): Taschenbuch des Deutschunterrichts. Bd. 2. Literatur- und Mediendidaktik. Baltmannsweiler. S. 54–70.
Spinner, Kaspar H. 2006: Literarisches Lernen. Basisartikel. In: Praxis Deutsch. H. 200. S. 6–16.
Waldmann, Günter / Katrin Bothe 1992: Erzählen. Eine Einführung in kreatives Schreiben und produktives Verstehen von traditionellen und modernen Erzählformen. Stuttgart.

D 7 Kurze Prosaformen

Peter Bekes

Kurzprosa ist ein Sammelbegriff, unter den sich die traditionellen epischen Textformen geringen Umfangs wie Fabel, Parabel, Witz, Aphorismus, Anekdote, Kalendergeschichte, Schwank und Kurzgeschichte subsumieren lassen. Im Zuge der literarischen Moderne ist dieses Inventar an Formen modifiziert und beträchtlich erweitert worden; durch Adaption und Verfremdung, Variation und Kombination haben Autoren wie Kafka, Musil und Brecht ihnen neue Ausdrucks- und Wirkungsmöglichkeiten erschlossen.

Kurzprosa tritt in unterschiedlichen Mischformen und Brechungen auf: in skizzenartigen Impressionen (z. B. Robert Walser), in parabolischen Geschichten (z. B. Günter Kunert), Momentaufnahmen und Denkbildern (z. B. Botho Strauß), in faktographisch geprägten Texten, in parodisierenden und satirischen Formen, in der Verbindung von Erzählung und Montage, lyrisch grundierten Miniaturen, Bagatellen und Kürzestgeschichten (z. B. von Heimito von Doderer, Peter Bichsel).

Konstitutiv für diese Literatur ist der Begriff der Kürze als markante ästhetische Kategorie. Sie zwingt den Autor zu thematischer Konzentration, zur Fokussierung auf eine Begebenheit, zur Reduktion von Raum und Situation, zur punktuellen Wahrnehmung und Darstellung von Augenblicken. Die Anzahl der agierenden Figuren ist hier begrenzt; maximal sind es vielleicht zwei oder drei Figuren, die in das erzählte Geschehen involviert sind, das selbst zügig entfaltet wird. Epische Kürze und Konzentration sind aber oft nicht Aspekte einer endogenen poetischen Entwicklung und Ausprägung von Gattungsformen, sondern resultieren häufig aus den medialen Bedingungen ihrer Entstehung. Kennzeichnend dafür ist z. B. das Feuilleton in Zeitungen und Zeitschriften, das durch einen konkreten Zeitbezug geprägt ist und deshalb schneller und punktueller auf aktuelle Ereignisse, Probleme und Tendenzen zu reagieren vermag, nicht allein, um diese reportagehaft widerzuspiegeln, sondern durch Verwendung spezifischer erzählerischer Verfahren, durch satirische Verfremdung und Übersteigerung exemplarisch werden zu lassen (vgl. Texte von Alfred Polgar und Kurt Tucholsky). Solche produktionsästhetischen Bedingungen implizieren bestimmte Rezeptionsformen. Die Kürze, Dichte und Prägnanz von Erzählen und Erzähltem, aber auch das vorgeblich Beiläufige und Skizzenhafte, Inkohärenzen und Leerstellen, Verfremdungen und Sinnverweigerungen fordern die reflektierte Mitarbeit der Leser ein, beflügeln ihre Imagination und laden sie zur Entwicklung von mannigfaltigen Deutungshypothesen ein (vgl. die Keuner-Geschichten von Bertolt Brecht und die Entdeckungsparabeln von Franz Kafka).

Curriculum kurzer Prosaformen

Verschiedene Formen der Kurzprosa werden kontinuierlich in kleineren oder größeren Unterrichtsreihen im Deutschunterricht von der 5. bis zur 12. bzw. 13. Jahrgangsstufe behandelt. Bewährt hat sich ein literarisches Curriculum, das von einfachen Fabeln, Märchen und Sagen in der Unterstufe über Anekdoten und Kurzgeschichten bis zu Parabeln und Kürzestgeschichten in der Oberstufe reicht. Das schließt nicht aus, komplexere epische Kurzformen, wie z. B. romantische Kunstmärchen oder Anti-Märchen (z. B. das Märchen der Großmutter in Georg Büchners *Woyzeck*), Aphorismen und Fabeln im Rahmen von Epochendiskursen in späteren Jahrgängen und kurze parabolisch bzw. surreal gestaltete Geschichten für Kinder und Jugendliche (z. B. von Jörg Schubiger, Franz Hohler), in der Unter- bzw. in der Orientierungsstufe zu behandeln.

Didaktische Eignung

Aufgrund ihrer Kürze und Prägnanz lässt sich die kurze Prosaform gut in einer Einzel- bzw. Doppelstunde besprechen. Ihre inhaltliche Konzentration und sprachliche Reduktion bindet in hohem Maße die Aufmerksamkeit der Schülerinnen und Schüler, aktiviert ihr Vorwissen und veranlasst sie zu konzentriertem Lesen. In der Auseinandersetzung mit kleinen Formen erhalten sie immer wieder Gelegenheit, ihr Textverständnis konkret darzulegen und ihre eigenen Verstehensleistungen zu überprüfen. Zentrale inhaltliche Konstitutionselemente der erzählten Welt wie Handlung, Figur, Raum, Zeit und Konflikte, aber auch Kategorien und Modi des Erzählens, können im Unterricht anhand von kurzen epischen Texten ohne hohen Zeitaufwand in ihren besonderen Funktionsweisen und Wirkungsqualitäten erarbeitet werden. Das gilt auch für poetologische Strukturuntersuchungen und Analysen von sprachlichen und rhetorisch-stilistischen Gestaltungsformen. Aber auch spezifische poetische Ausdrucks- und Darstellungsformen, wie etwa das Spiel mit Motiven und Symbolen in den Kurzgeschichten von Wolfgang Borchert, Heinrich Böll, Botho Strauß oder Peter Stamm, Verfremdungs- und Pointierungstechniken in den Keuner-Geschichten von Bertolt Brecht und in der Kurzprosa von Franz Hohler, lassen sich hier in übersichtlichen und konzentrierten Lernarrangements effizient analysieren.

Literarisches Lernen

Die Behandlung von kurzen Prosaformen im Unterricht bietet für die Schülerinnen und Schüler in allen Lernbereichen didaktische Optionen emotionaler Beteiligung und Gelegenheiten zum Mit- und Nachdenken im Lektüre- und Schreibprozess, im literarischen Gespräch und im szenischen Spiel. Kurze epische Texte bieten sich für das Vorlesen an, z. B. Märchen für das Erzählen und Nacherzählen, Fabeln und Anekdoten für den pointierten Vortrag. Diese Präsentationsformen erzeugen Konzentration, lenken die Aufmerksamkeit der Kinder und Jugendlichen auf den Text und aktivieren ihre Vorstellungen und Phantasie. Dabei können durch Unterbrechungen die Möglichkeiten verzögerter Rezeption genutzt werden, durch entsprechende Fragestellungen Erwartungshaltungen aufgebaut, Perspektivübernahmen angebahnt und mögliche Konflikte und Problemlösungen auf der Handlungsebene antizipiert werden.

Produktions- und handlungsorientierte Methoden

Flankierend zu den analytischen Zugriffen, können Formen der Kurzprosa im Unterricht handlungs- und produktionsorientiert erarbeitet werden. Ihre Tendenz zur Verdichtung und Verkürzung, Andeutung und Parabolik evoziert Offenheit und damit Optionen für die Schülerinnen und Schüler, sich mit ihnen kreativ auseinanderzusetzen. Sie können durch gestaltendes Sprechen und szenisches Spiel, durch Nach- und Weitererzählen, durch das Auffüllen von Leerstellen und durch intervenierende Schreibprozesse Sinnzusammenhänge anschaulich und transparent machen und dabei eigene Erfahrungen und Gefühle einbringen, die im literarischen Gespräch ausgetauscht und reflektiert werden (vgl. Spinner 2015, S. 10 f.). Das Umschreiben einer Erzählperspektive in einer Kurzgeschichte von Wolfgang Borchert oder Heinrich Böll kann dabei genauso ergiebig sein wie das Umformen einer Kalendergeschichte von Johann Peter Hebel in eine Anekdote im Stile Heinrich von Kleists bzw. das eigenständige Verfassen von Fabeln und Parallelgeschichten nach bestimmten thematischen Vorgaben und poetischen Mustern von Äsop und Lessing. Alle diese Verfahren regen die Vorstellungsbildung der Schülerinnen und Schüler an und beflügeln ihre Phantasie, im Rekurs auf die globale semantische Kohärenz des Textes eigenständige Deutungshypothesen und Problemlösungen zu entwickeln.

Historische Orientierung

Der Zugriff auf Formen der Kurzprosa und ihre vergleichende Betrachtung kann in historischer, poetologischer und medialer Hinsicht geschehen. Der Reiz und die Ergiebigkeit des historischen Ansatzes liegen in der vergleichenden Betrachtung des vorgeblich Unvereinbaren und Heterogenen, in der Auseinandersetzung mit Formen der Kurzprosa aus unterschiedlichen geschichtlichen Kontexten, d. h. in der Konfrontation alter und neuer Erzählformen. Nach wie vor bietet die Beschäftigung mit ausgewählten Kurzgeschichten von 1945 bis 1965 für ein solches Vorgehen ein reiches Reservoir an möglichen Schlüsselthemen und -motiven und narrativen Mustern, die diachron oder synchron in ihrem Verhältnis zur gesellschaftlich-politischen Entwicklung anhand der Texte untersucht werden können.

Von Bedeutung ist in diesem Zusammenhang die Produktion von kürzeren Geschichten im Kontext der Kinder- und Jugendliteratur seit 1970. Deren Autoren konfrontieren die Schülerinnen und Schüler mit gesellschaftlichen Problemen, mit prekären Sozialisationsbedingungen von Kindern und Jugendlichen, mit Isolationserfahrungen und Entfremdungsschäden, mit Konfliktsituationen in der Familie, Schule und Arbeitswelt, mit Erfahrungen von Gewalt und Unterdrückung (z. B. Andreas Steinhöfel, Burkhard Spinnen, Peter Stamm, Ingo Schulze).

Poetologische Orientierung

Ein zentrales Lernziel besteht darin, den Schülerinnen und Schülern grundlegende Kenntnisse in Bezug auf Gattungen und Textsorten zu vermitteln. In funktionaler Hinsicht steuern Gattungsmerkmale als Schemata und Sinngebungsmuster die literarische Kommunikation und erleichtern den Schülerinnen und Schülern den Bedeutungsaufbau in kurzen epischen Formen. Werden diese im Unterricht z. B. mit unterschiedlichen Fabeln konfrontiert, entwickeln sie proto-typische Vorstellungen von dieser Textform. Zugleich sollen sie aber auch in späteren Jahrgangsstufen ein Bewusstsein dafür gewinnen, dass Gattungswissen und literarische Praxis in einem produktiven Wechselverhältnis zueinander stehen, das sich gegen starre Klassifikationen wehrt.

Mediale Orientierung

Ein Deutschunterricht, der mit seinen Lernarrangements ausschließlich auf Formen literarischer Vermittlung zielt, wird der gegenwärtigen Lebenswelt der Kinder und Jugendlichen nicht gerecht. Diese rezipieren in ihrer Freizeit eine Vielfalt von kurzen erzählerischen Formen in unterschiedlichen medialen Spielarten und Kontexten: den Comic, den Kurz- und Zeichentrickfilm, den Videoclip, die Anekdote in Nachrichtensendungen und Talkshows. Selbst Werbespots sind häufig narrative Muster eingeschrieben. Bemühungen, Filmdidaktik als Teil einer allgemeinen Narrationsdidaktik zu verstehen, existieren derzeit nur in Ansätzen (vgl. Leubner / Saupe 2009, S. 231). Hier gilt es, nicht nur medienästhetisches und literarisches Lernen im Unterricht miteinander zu verknüpfen, sondern auch die Kenntnisse und Fähigkeiten der Schülerinnen und Schülern, zu erweitern und zu vertiefen, filmsprachliche Mittel und narrationsspezifische Darstellungverfahren in ihren bedeutungsgenerierenden Funktionen und Wirkungen zu erfassen.

Literaturhinweise

Bekes, Peter 2010: „Extrakte des Lebens“ – Kurzprosa im Deutschunterricht. In: Deutschunterricht. H. 2. S. 4–10.

Leubner, Martin / Anja Saupe 2009: Erzählungen in Literatur und ihre Didaktik. Baltmannsweiler.

Praxis Deutsch 2015. Neue Kurzprosa, hg. von Kaspar H. Spinner. H. 249.

Rosebrock, Cornelia 2007: Neue kurze Prosa. In: Praxis Deutsch. H. 206. S. 6–16.

Spinner, Kaspar H. 2012: Kurzgeschichten – Kurze Prosa. Grundlage – Methoden – Anregungen für den Unterricht. Seelze.

D 8 Roman

Peter Bekes

Literaturwissenschaftliche Versuche, den Roman poetologisch zu bestimmen, orientieren sich in der einfachsten Form am Kriterium des Umfangs. Für E. M. Forster ist der Roman jede „freie Prosadichtung von über 50.000 Worten" (Forster 1962, S. 14); im Anschluss daran versteht Hartmut Steinecke unter dem Roman einen Sammelbegriff für umfangreiche, in der Regel als Buch veröffentlichte fiktionale Erzählwerke (vgl. Steinecke 2003, S. 317). Zumindest in inhaltlicher, funktionaler und formalästhetischer Hinsicht sind diese Definitionen ergänzungsbedürftig. Konkretere Aussagen über den Begriff des Romans lassen sich vor allem über seine Differenzierung in Untergattungen und in der Abgrenzung von benachbarten epischen Formen gewinnen. Man unterscheidet Romanformen nach inhaltlichen (z. B. Kriminal-, Liebes- oder Abenteuerroman) oder formalen Gesichtspunkten (z. B. Brief- oder Tagebuchroman), nach dem Darstellungsmodus (z. B. satirischer Roman) oder nach der Publikationsform (z. B. Fortsetzungsroman, Heftchenroman). Deutlich wird in solchen Unterkategorisierungen die Offenheit des Romans für empirische Welt- und Lebensfülle und für die ihr zugeschriebenen Leserbedürfnisse.

Die Vielfalt vor allem inhaltsbezogener Definitionen macht es unmöglich, Eigenschaften einer idealtypischen Romanform zu bestimmen. Der Roman schlechthin existiert nicht: Es gibt nur – wider ein systematisch-normatives Gattungsverständnis – Romane in unterschiedlichen historischen Kontexten. Akzeptanz in einem pragmatischen Sinne findet indes die funktionale Bestimmung der Publikation als Roman, etwa im Untertitel des Textes oder in Bibliothekskatalogen.

Paradigmenwechsel in der Romandidaktik

Seitdem Rolf Geißler 1972 von dem Roman als „Stiefkind der Didaktik" (Geißler 1972, S. 323) sprach, haben sich die Erkenntnisinteressen in didaktischer Theorie und Praxis erheblich verändert, sodass man heute dieser Diagnose nicht mehr zustimmen kann. Derzeit existiert für beide Sekundarstufen eine Fülle an didaktischen Konzepten, methodischen Handreichungen und Unterrichtsmodellen zur diachronen Entwicklung und zu wirkungsmächtigen Paradigmen der Romanliteratur vom Barock zur Gegenwart (vgl. Dörfler 1988, Schardt 1998, Wrobel 2013). Seit den 1970er-Jahren ist zudem die Bereitschaft und das Interesse der institutionellen Literaturdidaktik und Lehrkräfte stetig gestiegen, über die Behandlung kanonisierter Romane hinaus die verschiedenen Genres der Trivial- und Unterhaltungsromane didaktisch zu legitimieren bzw. sich bevorzugt in den verschiedenen Klassenstufen der Sekundarstufe I mit Romanen aus dem Bereich der aktuellen Kinder- und Jugendliteratur auseinanderzusetzen. Erkennbar ist hier das Bemühen, die außerschulischen Lesegewohnheiten der Kinder- und Jugendlichen ernst zu nehmen und auch Texte in den Unterricht einzubeziehen, die von ihnen in der Freizeit gelesen werden und ihre Leselust befördern (vgl. Hurrelmann (Hg.) 1995, Merkelbach (Hg.) 2000). In diesem Zusammenhang spielt auch die Behandlung von postmodernen Romanen, die konventionelle Erzählmuster vielstimmig mit intertextuellen Arrangements verbinden, eine immer größere didaktische Rolle (vgl. Pfeiffer 2002, S. 199). Hier finden die Schülerinnen und Schüler in ihrer intellektuellen und emotionalen Entwicklung attraktive thematische Anregungen für ihre Auseinandersetzung mit vergangenen Lebenswelten und Problemkonstellationen (z. B. Patrick Süskinds *Das Parfüm*, Daniel Kehlmanns *Die Vermessung der Welt*, Marcel Beyers *Flughunde*) und irritierende poetische Konzepte, die die literarischen Muster und Wertvorstellungen des herkömmlichen Bildungs- und Entwicklungsromans konterkarieren. (z. B. Christian Krachts *Faserland*, Wolfgang Herrndorfs *Tschik*).

TEXTE

Didaktische Progression

Die wachsende Bedeutung von Kinder- und Jugendromanen, später von Adoleszenzromanen im Prozess des literarischen Lernens, hat die konventionelle didaktische Forderung nach einem linearen Curriculum widerlegt, das – analog zum fortschreitenden Umfang der epischen Texte, sukzessiv von der Fabel über die Kurzgeschichte und Novelle bis zum Roman – eine Behandlung des Romans in späteren Jahrgangsstufen vorsieht. Der Umfang allein ist kein Kriterium für didaktische Progression im Sinne kumulativen Lernens; entscheidend ist die thematische, strukturelle und erzählerische Komplexität des Textes: Eine ästhetisch hochkodierte, symbolisch verdichtete Kurzgeschichte stellt für Lerngruppen eine weitaus höhere didaktische Herausforderung dar als ein linear und anschaulich erzählter Jugendroman.

Erzählerische Bauformen

Kompetentes literarisches Verstehen von Romanen setzt nicht nur die Rekonstruktion des Handlungsverlaufes voraus, sondern impliziert das Herstellen von intertextuellen Bezügen und deren erzählerische Vermittlung (Stimme, Fokalisierung, Zeitstruktur, Redeformen). Für eine solche Orientierung des literarischen Lernens anhand von Kategorien der Narrativität bietet die Geschichte der Romanliteratur anregende Beispiele für eine exemplarische Behandlung im Deutschunterricht, etwa Franz Kafkas *Der Process*, Alfred Döblins *Berlin Alexanderplatz*, Wolfgang Koeppens *Tauben im Gras* und Jurek Beckers *Jakob der Lügner*.

So wichtig das Kennenlernen von erzählerischen Bausteinen des Romans ist, so entschieden wird indes davor gewarnt, diesen im Unterricht zum Exerzierfeld einer angewandten Poetik zu instrumentalisieren und dabei zu vergessen, dass die Romanlektüre den Heranwachsenden Freude bereitet und ihr Interesse an weiteren Texten wecken soll (vgl. Wangerin, S. 588).

Literarhistorisches Lernen

Die Romanbehandlung im Unterricht kann nicht nur auf die Untersuchung erzählerischer, kompositioneller Aspekte der Textkonstitution zielen, sie muss nach ihren inhaltlichen Funktionen und historischen und kulturellen Bedingungen fragen. Ein solches Vorgehen findet seinen passenden didaktischen Ort in der Auseinandersetzung mit Romanen aus der Vergangenheit, wie z. B. Goethes *Die Leiden des jungen Werthers*, Fontanes *Effi Briest*, Heinrich Manns *Der Untertan* und Günter Grass' *Die Blechtrommel*. Deren historische Differenz zur gegenwärtigen gesellschaftlichen Praxis fordert eine kritisch-reflektierte Lesehaltung, die in der Begegnung mit dem Fremden, mit individuellen Formen der Lebensführung aus früherer Zeit, mit anderen Werteordnungen und spezifischen Weltbildern aus anderen Kulturen die je eigenen Erfahrungen in den Blick nimmt und diese zu erweitern sucht und damit zur Bildung eines kritisch kulturellen Gedächtnisses beiträgt. Fremdaufklärung bedeutet hier auch zugleich Selbstaufklärung.

Lektüre

Die Didaktik des Romans hat sich in den letzten Jahren verstärkt mit dessen Lektüremodus beschäftigt. Zwei Lektürezugänge bieten sich für seine Erschließung im Unterricht an: die ganzheitliche, häusliche Lektüre und die verzögerte Rezeption im Unterrichtszusammenhang. Wenn die Geschichte verständlich, spannend und anschaulich erzählt wird, dürfte es den Schülerinnen und Schülern auch kaum Probleme bereiten, sie vollständig zu Hause zu lesen. Behandelt man indes komplexere Romane, so muss man mit erheblichen Irritationen rechnen. Viele Schülerinnen und Schüler sind schlechterdings überfordert, eine Ganzschrift in häuslicher Lektüre allein zu bewältigen. Deshalb ist es ratsam, sich ästhetisch ambitionierten Romanen mit der Methode verzögerter Rezeption zu nähern. In der Konsequenz bedeutet dies, die Leseprozesse der Schülerinnen und Schüler konstruktiv zu begleiten. Es empfiehlt sich, Textnähe durch Hilfe, Gespräch und Beratung herzustellen, d. h., über Verstehensprobleme der Schülerinnen und Schüler zu sprechen, sprachliche und inhaltliche Schwierigkeiten der Romanlektüre zu thematisieren, zu erörtern und zu versuchen, sie zu beheben. Gleichzeitig sollen ihnen aber auch Spielräume geöffnet werden, kreativ mit dem Text umzugehen (z. B. durch Gespräche über Titel, Untertitel und Titelbilder, Antizipation von Handlungsverläufen, Entwicklung von Romanfiguren) (vgl. Bekes 2012, S. 160 ff.). Dies stärkt ihre Lesemotivation und bildet eine solide Basis für die Initiierung weiterer literarischer Lernprozesse.

Fragwürdig bleiben indes solche Verfahren, die den Leseprozess der Schüler dadurch zu erleichtern suchen, dass statt vollständiger Texte eine Art Lightversion von kanonisierten Romanen angeboten wird. Das gilt auch größtenteils für solche Zugriffe, die im Stile einer „Häppchen-Didaktik" darauf zielen, ohne Kenntnis des gesamten Romans Auszüge anhand bestimmter thematischer Fragestellungen zu untersuchen. Das mag noch seine Berechtigung haben, wenn in Lesebüchern Romananfänge präsentiert werden, an denen unterschiedliche Formen der narrativen Vermittlung bzw. das Verhältnis von Erzähler und Leser in vergleichender Weise analysiert werden.

Lesetagebuch und Portfolio

Bei der Behandlung von Ganzschriften wie dem Roman im Deutschunterricht hat es sich bewährt, die Schülerinnen und Schüler bei der Erarbeitung der Lektüre ein Lesetagebuch bzw. ein Portfolio führen zu lassen. Das Lesetagebuch kann von ihnen als Ausdrucks-, Lern- und Mitteilungsmedium genutzt werden. Dieses begleitet ihren Leseprozess und ermöglicht ihnen über weite Strecken selbstständiges Arbeiten und individuelles literarisches Lernen. Hier erhalten sie Gelegenheit, „über das Gelesene nachzudenken und es besser zu verstehen, sich eine eigene Meinung zu bilden, sich vertieft mit dem Inhalt und den Handlungsträgern des Buches auseinanderzusetzen und sich später daran zu erinnern" (Hintz 2008, S. 3).

Mediale Zugänge

Einen anregenden Zugang zu epischen Ganzschriften ermöglichen auch die vielfältigen medialen Bearbeitungen von Romanstoffen und Umsetzungen einzelner Romane. Dazu zählen filmische Adaptionen, Fernsehspiele, Hörbücher, Comics und Graphic novels. Sie erschließen neue Domänen und Kombinationen des Erzählens in differenten Kommunikationszusammenhängen, erweitern und modulieren in der Verknüpfung von literarischem und medienästhetischem Lernen die Vorstellungsfähigkeit der Schülerinnen und Schüler. Diese nehmen die Wechselwirkungen und ästhetischen Differenzen zwischen den Medien wahr und erkennen, wie etwa durch Hypertextstrukturen, überraschende Perspektivwechsel, Simultantechniken, Schnitte und Einfügungen von faktographischen Elementen in modernen Romanen mediale Strategien adaptiert werden, die ihnen selbst neue Wahrnehmungs- und Erfahrungsräume öffnen. Darüber hinaus gehen Internet und erzählende Literatur produktive mediale Symbiosen ein, etwa in den Formen der Handy- und Web-Romane. Diese heben die konventionelle Arbeitsteilung zwischen Produktion und Rezeption auf, indem sie den Nutzern im Rahmen einer medialen Partizipationskultur Möglichkeiten zur Kommentierung und Kritik sowie – partiell in der Verbindung mit spielerischen Verfahren – Foren zum Mit- und Weiterschreiben anbieten.

Literaturhinweise

Bekes, Peter 2012: Lernen fördern. Deutsch. Unterricht in der Sekundarstufe I. Seelze.

Dörfler, Heinz 1988: Moderne Romane im Unterricht. Modelle und Materialien zu: *Tauben im Gras* von Wolfgang Koeppen. *Horns Ende* von Christoph Hein. *Das Parfum* von Patrick Süskind. *Kassandra* von Christa Wolf. *Das Treffen in Telgte* von Günter Grass. *Brandung* von Martin Walser. Frankfurt a. M.

Forster, Edward Morgan 1962: Ansichten des Romans. Frankfurt a. M.

Geißler, Rolf: 1972: Der Roman im Unterricht. In: Erich Wolfrum (Hg.): Taschenbuch des Deutschunterrichts. Grundfragen und Praxis der Sprach- und Literaturpädagogik. Stuttgart. S. 323 – 329.

Hintz, Ingrid 2008: Das Lesetagebuch: intensiv lesen, produktiv schreiben, frei arbeiten. Bestandsaufnahme und Neubestimmung einer Methode zur Auseinandersetzung mit Kinder- und Jugendbüchern im Deutschunterricht. 3. Auflage. Baltmannsweiler.

Hurrelmann, Bettina (Hg.) 1995: Klassiker der Kinder- und Jugendliteratur. Frankfurt a. M.

Merkelbach, Valentin (Hg.) 2000: Romane im Unterricht. Baltmannsweiler.

Pfeiffer, Joachim 2002: Romane und Erzählungen im Unterricht. In: Klaus Michael Bogdal / Hermann Korte (Hg.): Grundzüge der Literaturdidaktik. München. S. 190 – 202.

Schardt, Friedel 1998: Wertorientierung durch Literatur? Entwicklungsromane im Deutschunterricht. Stuttgart u. a.

Steinecke, Hartmut 2003: Roman. In: Georg Braungart / Harald Fricke / Klaus Grubmüller / Jan-Dirk Müller / Friedrich Vollhardt / Klaus Weimar (Hg.): Reallexikon der deutschen Literaturwissenschaft. Bd. 3. Berlin u. a. S. 317.

Wrobel, Dieter 2013: Romane von Kafka bis Kehlmann. Literarisches Lernen in der Sekundarstufe I und II. Seelze.

D 9 Gegenwartsliteratur

Clemens Kammler

Eine Beschäftigung mit Gegenwartsliteratur wird heute in den Bildungsstandards und Lehrplänen für den Deutschunterricht explizit verlangt. Doch hinter dieser vermeintlichen Selbstverständlichkeit verbergen sich zwei Fragen: Was genau ist unter Gegenwartsliteratur zu verstehen und wie ist ihr Einsatz im Unterricht zu rechtfertigen?

Zum Gebrauch des Begriffs in der Literaturwissenschaft

Die Antworten auf die erste Frage fallen unterschiedlich aus. In der heutigen Literaturwissenschaft dienen meist politisch-gesellschaftliche Umbrüche dazu, die Trennungslinie zwischen Geschichte und Gegenwart zu ziehen. So beginnt die literarische Gegenwart in der Regel 1945, 1968 oder 1989/90 – mit dem Neubeginn nach dem Ende der nationalsozialistischen Herrschaft, dem durch die Studentenbewegung eingeleiteten kulturellen Wandel oder der „Wende" und der sich in ihrer Folge durchsetzenden Globalisierung. Auch wenn sich seit Beginn des 21. Jahrhunderts das letzte der drei Daten durchzusetzen scheint, kann von einem einheitlichen Gebrauch des Begriffs Gegenwartsliteratur aber auch heute nicht die Rede sein. Ebenfalls umstritten ist die Gleichsetzung von Gegenwartsliteratur und postmoderner Literatur, da „die postmoderne Zersplitterung geschlossener Sinnzentren [...] eine tragende Erfahrung schon zu Beginn der Moderne war" (Grimminger 1995, S. 18) und somit eine klare Abgrenzung schwierig erscheint.

TEXTE

Literaturdidaktische Debatten

Auch die Frage, welchen Beitrag zur literarischen Bildung die Beschäftigung mit Gegenwartsliteratur leisten kann, wurde in den vergangenen Jahrzehnten kontrovers diskutiert. Bereits in den 1920er-Jahren wurde in der sogenannten Klassikertod-Debatte gefordert, mit dem Bildungsidealismus traditioneller Literaturvermittlung zu brechen und sich der literarischen Moderne zu öffnen, was auf konservativer Seite zu vehementen Attacken gegen die vermeintliche Preisgabe „ewiger Werte" führte (vgl. zusammenfassend Kammler 2004, S. 166 f.). Während des Dritten Reiches gaben die NS-Literaturdidaktiker der zeitgenössischen Literatur zwar mehr Raum „als alle ihre Vorgänger" (Hegele 1996, S. 88). Vertreten waren in den von ihnen herausgegebenen Lesebüchern aber nur „Autoren und Texte aus dem ‚nationalen' Literaturblock" (ebd.), während Exilautoren wie Brecht oder Thomas Mann als Vertreter einer „entarteten Moderne" verfemt wurden. Nach Ende des Zweiten Weltkriegs setzte man im östlichen Teil Deutschlands auf die

„Aneignung" des „bürgerlichen und sozialistischen Erbes", dem man das Potenzial zuschrieb, an der Erziehung „sozialistischer Persönlichkeiten" mitzuwirken (vgl. zusammenfassend Müller-Michaels 1980, S. 92–99). Entsprechend favorisierte der staatlich verordnete Literaturkanon „einerseits die neuere sozialistische Literatur (Gorki, N. Ostrowski, Seghers, Bredel, H. Kant usw.), zum anderen die bürgerlich-humanistische Literatur (Lessing, Goethe, Schiller, Heine, H. und T. Mann usw.). Insgesamt musste daraus für die Schüler der Eindruck entstehen, als ob Literatur sich fast ausschließlich bejahend-optimistisch zur gegebenen Wirklichkeit verhalte. Einen Text von Franz Kafka musste man z. B. im DDR-Deutschunterricht vergeblich suchen." (Emmerich 1997, S. 47)

Im westlichen Nachkriegsdeutschland begrenzten andere Ausschließungsmechanismen die Lektüreauswahl. Zu Recht wurde dem Literaturunterricht in der Bundesrepublik Deutschland „anhaltende Modernitätsangst" (Hegele 1996, S. 106) bescheinigt, die bis in die 1960er-Jahre reichte und vor allem in der von dem französischen Germanisten Robert Minder initiierten Diskussion um das deutsche Lesebuch kritisch hinterfragt wurde (vgl. Helmers (Hg.) 1969). Stellvertretend für die bildungskonservative Haltung der damaligen Zeit steht die Aussage Robert Ulshöfers, des langjährigen Herausgebers der Zeitschrift *Der Deutschunterricht*, Gegenwartsliteratur solle nur dann Eingang in den Deutschunterricht finden, wenn sie geeignet sei, als Transmissionsriemen für das Verständnis „echter Dichtung" zu dienen (vgl. Ulshöfer 1952, S. 8 f.). Aus dem Kanon ausgeschlossen bleiben sollten weiterhin die „Werke der Dekadenz, des Surrealismus, des entschiedenen Naturalismus" (ebd., S. 7).

Nach 1968 kam es zur Abrechnung mit einem als traditionsfixiert kritisierten Literaturunterricht. Der Frage „Sind Klassiker etwa nicht antiquiert?" (Grünwaldt 1970), die mit dem Plädoyer für die ausschließliche Beschäftigung mit Gegenwartsliteratur im Literaturunterricht verbunden war, lag allerdings eine verkürzte Vorstellung von Aktualität zugrunde. Auch wurde dabei unterschlagen, dass zum damaligen Zeitpunkt nicht nur Klassiker der Moderne wie Brecht oder Kafka, sondern auch zeitgenössische Autoren wie Frisch, Dürrenmatt oder Böll im Deutschunterricht bereits angekommen waren. Der nach 1968 in den Lehrplänen vertretenen Auffassung, zeitgenössische Literatur gebühre als Unterrichtsgegenstand ein besonderer Rang, da sie zur Kritik und Veränderung gesellschaftlicher Zustände beitrage, erteilte Karlheinz Fingerhut zwanzig Jahre später eine deutliche Absage. Die (damals aktuelle) postmoderne Literatur, so sein Argument, habe sich vom Fortschrittsglauben der 68er-Bewegung längst verabschiedet und betreibe „Sinn-Verweigerung, wo die Lehrpläne der Literatur Botschaften, Sinn-Suche oder zumindest Sinn-Angebote abverlangen" (Fingerhut 1988, S. 234). Entsprechend lasse sich schulisches Lesen nicht mehr weltanschaulich als „Einweisung in positive oder ‚kritische' Weltdeutungen", sondern nur noch als Propädeutik eines selbstbestimmten „individuellen Lesens" (ebd.) rechtfertigen.

Die von Fingerhut erhoffte Rolle als Impulsgeberin für eine solche Propädeutik hat die Gegenwartsliteratur in den 1980er- und 90er-Jahren kaum gespielt.

So kamen eine Reihe von empirischen Untersuchungen zu dem Ergebnis, „dass die fachdidaktischen und schulischen Selektionsprozesse“ in den 1980er- und 90er-Jahren „nur wenige neuere Literatur in den Unterricht gelangen oder sich gar dort dauerhaft etablieren ließen“ (Kammler 2004, S. 174). Gefordert wurde deshalb eine „Didaktik des Experiments“ (ebd., S. 175), die den Anschluss des Deutschunterrichts an das literarische Leben der Gegenwart unterstützen sollte.

Zur Situation in Zeiten zentraler Abschlussprüfungen

Seit den späten 1990er-Jahren fand dann tatsächlich eine Öffnung des Schulkanons für die aktuelle Gegenwartsliteratur statt, die sich auch in den Lektürelisten für das Zentralabitur der meisten Bundesländer widerspiegelt (vgl. hierzu die Auswertungen der Lektürelisten in Kammler / Noack 2010 und Pieper / Zabka et al. 2014). Auf diesen Listen finden sich erfolgreiche Romane wie Christian Krachts *Faserland*, Daniel Kehlmanns *Die Vermessung der Welt* oder Juli Zehs *Corpus Delicti*. Auch Lyrik von Autoren wie Durs Grünbein oder Albert Ostermeier ist vertreten. Nur im Ausnahmefall berücksichtigt wurden dagegen neuere dramatische Texte, ebenso wichtige, aber als „schwierig“ geltende Gegenwartsautorinnen und -autoren wie z. B. Elfriede Jelinek, Heiner Müller oder Reinhard Jirgl, die zwar von Literaturwissenschaft und -kritik hochgewertet werden, deren Werke jedoch von den ministeriellen Auswahlkommissionen kaum berücksichtigt wurden.

Wohl nicht zufällig spielt die Frage der Auswahlkriterien für Gegenwartsliteratur in neueren Fachdiskussion eine wichtige Rolle. So entwickelt Sabine Pfäfflin einen umfangreichen Katalog für die Sekundarstufen I und II, wobei sie zwischen „formal-ästhetischen“ (z. B. „Polyvalenzgrad“, „stilistische Komplexität“), thematisch-inhaltlichen (z. B. „zeitdiagnostisches Potenzial“, „Grundmuster menschlicher Erfahrung“) und „didaktischen Kriterien“ (z. B. „Förderung der Identitätsentwicklung“) unterscheidet (vgl. Pfäfflin 2012, S. 18 – 56). Veranschaulicht wird die Ansatz an drei Prosatexten: Judith Hermanns *Sommerhaus später*, Uwe Timms *Am Beispiel meines Bruders* und Dirk Kurbjuweits *Zweier ohne*. Christian Dawidowski unternimmt den Versuch, das „innovative Potenzial“ der Postmoderne für den Deutschunterricht auch „in *epochentheoretische[r]* Hinsicht“ [Hervorhebung vom Verf.] stärker zu nutzen (Dawidowski 2014, S. 19). Ungeachtet der mit der Verwendung dieses Epochenbegriffs verbundenen Schwierigkeiten (s. o.) enthält der Band interessante Unterrichtsvorschläge (u. a. zu Marcel Beyer, Herta Müller und zur Gewaltproblematik in zeitgenössischer Jugendliteratur).

Literaturhinweise

Dawidowski, Christian 2014: Gegenwartsliteratur und Postmoderne im Literaturunterricht. Baltmannsweiler.

Emmerich, Wolfgang 1997: Kleine Literaturgeschichte der DDR. 2. Auflage. Leipzig.

Fingerhut, Karlheinz 1988: Die folgenlose Literatur und der pädagogische Wahn. Deutschdidaktik, Literaturunterricht und die Gegenwartsliteratur. In: Norbert Oellers (Hg.): Germanistik und Deutschunterricht im Zeichen der Technologie. Vorträge des Germanistentages Berlin 1987. Tübingen. S. 3–19

Grimminger, Rolf 1995: Aufstand der Dinge und der Schreibweisen. Über Literatur und Kultur der Moderne. In: Rolf Grimminger/Jurij Murašov/Jörn Stückrath (Hg.): Literarische Moderne. Europäische Literatur im 19. und 20. Jahrhundert. Reinbek b. Hamburg. S. 12–41.

Grünwaldt, Hans-Joachim 1970: Sind Klassiker etwa nicht antiquiert? In: Diskussion Deutsch. H. 1. S. 16–31.

Hegele, Wolfgang 1996: Literaturunterricht und literarisches Leben in Deutschland (1880–1990). Historische Darstellung – Systematische Erklärung. Würzburg.

Helmers, Hermann (Hg.) 1969: Die Diskussion um das deutsche Lesebuch. Wege der Forschung. Bd. CCLI. Darmstadt.

Kammler, Clemens 2004 [2002]: Gegenwartsliteratur im Unterricht. In: Klaus-Michael Bogdal/Hermann Korte (Hg.): Grundzüge der Literaturdidaktik. München. S. 166–167.

Kammler, Clemens/Bettina Noack 2010: Literaturgeschichte und Kanon im Zentralabitur 2008–2010. In: Der Deutschunterricht. H. 1. S. 5–12.

Müller-Michaels, Harro 1980: Positionen der Deutschdidaktik seit 1949. Königstein i. Ts.

Pfäfflin, Sabine 2012: Auswahlkriterien für Gegenwartsliteratur im Deutschunterricht. Baltmannsweiler.

Pieper, Irene/Thomas Zabka et al. 2014; Was muss man kennen? Ein Länderbericht zur Obligatorik im Zentralabitur. In: Didaktik Deutsch. H. 37. S. 62–91.

Ulshöfer, Robert 1952: Die Prosa der Gegenwart in der Schule. In: Der Deutschunterricht. H. 6. S. 5–10.

D 10 Kinderliteratur

Ulrike Preußer

Definitionsansätze Kinder- und Jugendliteratur

Unter Kinder- und Jugendliteratur wird eine adressatenorientierte Abwahl aus dem Gesamtkorpus der literarischen und pragmatischen Texte verstanden. Wenn der so näher bestimmte Terminus auf den ersten Blick klar verständlich erscheint, ist er es auf einen genaueren zweiten längst nicht mehr. Denn es wird nicht deutlich, ob darunter die Texte verstanden werden sollen, die Kinder und Jugendliche tatsächlich lesen (faktische Kinder- und Jugendliteratur) oder die, die sie lesen sollten (intendierte Kinder- und Jugendliteratur). Die hier aufgeführten Perspektiven auf den Gegenstandsbereich Kinder- und Jugendliteratur stellen nachträgliche Zuordnungen dar, die erst nach erfolgter Lektüre bzw. positiver Bewertung vorgenommen werden können. Demgegenüber können kinder- und jugendliterarische Texte aber auch im Vorhinein als solche bestimmt werden und zwar dann, wenn es sich um originäre Kinder- und Jugendliteratur handelt, die vom Verfasser des Textes mit der Intention produziert wird, sich an Kinder bzw. Jugendliche zu richten (vgl. Ewers 2012, S. 13 ff.).

Jenseits dieser Definitionsmöglichkeiten zeigt sich neuerdings zunehmend die Tendenz, dass Literaturen nicht mehr eindeutig einem erwachsenen oder kindlichen bzw. jugendlichen Adressaten zugeordnet werden können, da eine „formale, thematische und narrative Annäherung“ (Kümmerling-Meibauer 2012, S. 13) stattfindet. Im Begriff der All Age-Literatur schlägt sich eine bewusst erzeugte, generationenübergreifende Mehrfachadressierung nieder, während als Crossover-Literatur solche Texte bezeichnet werden, die aufgrund ihrer erzählerischen und sprachlichen Struktur, aber auch aufgrund des gewählten Themas und seiner Bearbeitung, nicht mehr eindeutig an eine spezifische Altersgruppe gekoppelt werden können (vgl. Kümmerling-Meibauer 2012, S. 13).

Im Folgenden wird Literatur für Kinder (→ D 10) und solche für Jugendliche (→ D 11) getrennt voneinander betrachtet (vgl. Rauch 2012, S. 18–19).

Kinderliteratur

Der Begriff Kinderliteratur (hier verstanden als intendierte und originäre Kinderliteratur) umfasst sowohl epische als auch lyrische und dramatische Texte für Kinder bis ungefähr zwölf Jahre (vgl. Daubert 2012, S. 87). Außerdem zählen pragmatische Texte in Form von Sachbüchern (vgl. Oetken / Oldenburg (Hg.) 2014) und Kinderzeitschriften (Meier 2012, S. 471–473) dazu.

Erzählen und Darstellen erfolgt in der Kinderliteratur nicht nur mithilfe von Schriftsprache, sondern auch unter Einbindung von Bildern (wie im Kinderroman

TEXTE

mit begleitenden Illustrationen oder im Bilderbuch mit visuellen Elementen, die oft erzählende Funktion einnehmen) oder Graphiken und Schaubildern (z. B. im Sachbuch zur Verdeutlichung von Modellen und Vorgängen) (→ E 1). Im weiteren Sinne fallen unter Kinderliteratur auch ihre medialen Adaptionen wie z. B. Hörmedien (→ E 6), Comics (→ E 2), Filme (→ E 3) und Computerspiele (→ E 7).

Kinderliteratur verspricht nicht nur einen in Aussicht gestellten Erlebnisgenuss (vgl. Hurrelmann 2008, S. 22), sondern erfüllt weitreichende pädagogische Funktionen. Als Sozialisationsmedium wird ihr bis heute eine „moralisch-soziale" bzw. „didaktische, erzieherische Funktion" (Gansel 2016, S. 16) zugesprochen, die durch einen immanenten Vorbildcharakter (oder auch sein Gegenteil) zum richtigen Handeln animieren und einen Einblick in gesellschaftliche Gegebenheiten vermitteln soll. Die deutliche Zunahme der All Age- und der Crossover-Literatur weist neuerdings auf eine Funktionsverschiebung hin, die die Kinderliteratur mit Aufkommen des modernen Kinderromans (vgl. Daubert 2012, S. 87) zunehmend erfährt. Die Öffnung hin zu kulturell-gesellschaftlicher Selbstreflexion (vgl. Gansel 2016, S. 16) wird vor allem durch die „zeitbedingt veränderten Wirklichkeitserfahrungen" und die „moderne[n] literarästhetische[n] Gestaltungsmittel, wie sie auch der moderne Roman für Erwachsene aufweist" (Daubert 2012, S. 87), möglich.

Kinderliteratur ist insofern als kindgemäß zu bezeichnen, als sie versucht, für die kindliche Enkulturation und Sozialisation, aber auch für entsprechende Bedürfnislagen, bedeutsame Themen in ansprechender Darstellung zu verarbeiten (Ewers 2012, S. 167–195). Für die Schule ist der Einsatz von Kinderliteratur mit vielen didaktischen Möglichkeiten verbunden, da sie die Freude am Lesen wecken und dadurch die Lesekompetenz (→ C 2) verbessern kann, da durch sie literarisches Lernen (→ D 2) befördert wird und erste Einblicke in die literarische Wertung (→ D 3) vermittelt werden können. Zudem kann mit ihrer Hilfe Bildungssprache (→ G 11) und Rechtschreibung (→ F) implizit habitualisiert werden.

Historischer Abriss – der Weg zur Kinderliteratur des 21. Jahrhunderts in Deutschland

Die Spuren erster kinderliterarischer Texte gehen bis ins Mittelalter zurück (Brunken 2008, S. 1). Zentrale Funktion der frühen Kinderliteratur, die sich u. a. aus religiösen Erbauungstexten, Sitten- und Anstandslehren, Rhetorikschulen, aber auch Märchen, Tierepen und Ritterromanen zusammensetzte, lag bis ins 18. Jahrhundert hinein in der Belehrung: Die Kinder sollten mit der Heiligen Schrift (vgl. ebd. 2008, S. 10 f.) und „mit dem richtigen Verhalten in der Welt und in ihrem Stand" vertraut gemacht werden (ebd. 2008, S. 11 f.). Die Aufklärung brachte mit der Joachim Heinrich Campe'schen Rezeption von Jean-Jacques Rousseaus *Emile* (1762) vornehmlich die Hinwendung zu kindlichen Erlebniswelten mit sich (vgl. Wild 2008, S. 61 ff.). Während aufgeklärter Kinderliteratur im Zuge der Ausrichtung am vernunftbegabten Menschen dabei die „Dämpfung der Affekte" und die „Zügelung der Einbildungskraft und der Fantasie" (Ewers 2008, S. 101) zugrunde lag, wendete sich die Romantik rigoros gegen diese Prinzipien, was sich u. a. in der Volkspoesie niederschlug (vgl. u. a. *Kinder- und Hausmärchen* (1812–1856) der Brüder Grimm).

In der Zeit des Biedermeier und des Realismus weitete sich der Buchmarkt derart aus, dass kommerzielle Interessen plötzlich mit den pädagogischen in Konflikt gerieten. Es entstand Massenliteratur für Kinder, in der sich Kommerzialisierung, Unterhaltungswert und erzieherische Ambitionen zunehmend vermischten (vgl. Kümmerling-Meibauer 2012, S. 47). Die Ausweitung der Publikationen für Kinder setzte sich auch während der Weimarer Republik fort und es entwickelte sich beeinflusst von der Neuen Sachlichkeit eine kinderliterarische Moderne, als deren Hauptvertreter Erich Kästner und Wolf Durian gelten (vgl. Kümmerling-Meibauer 2012, S. 56). Während des Nationalsozialismus erfolgte eine umfassende ideologische Indienstnahme der Kinderliteratur durch den Staatsapparat, der unerwünschte, d. h. der Gleichschaltung zuwiderlaufende Kinderliteratur verbot und außerdem die Literatur förderte, die „den Grundsätzen der NS-Literaturpolitik entsprach" (Josting 2008, S. 277). Die Kinderliteratur der unmittelbaren Nachkriegszeit war zunächst von einer gänzlich fehlenden Auseinandersetzung mit dem Nationalsozialismus und seinen Folgen geprägt und auf unpolitische und nach Möglichkeit enthistorisierte Themen gerichtet (vgl. Steinlein 2008, S. 316 f.).

Mit dem Ende der 1960er-Jahre vollzogen sich gesellschaftliche Modernisierungsprozesse, die u. a. eine Verringerung des technischen und konsumorientierten Erfahrungswissens von Erwachsenen gegenüber Kindern zur Folge hatten und die Trennung zwischen einer Phase des Kind- und des Erwachsenseins zunehmend aufweichten (vgl. Gansel 2016, S. 105). Mit einer solchen sich langsam anbahnenden Gleichberechtigung zwischen Kind und Erwachsenem ging die Notwendigkeit einher, Kinder mit den „Problem- und Konfliktfelder[n]" zu konfrontieren, „mit denen sich [auch] die Erwachsenen beschäftigen" (Gansel 2016, S. 104). U. a. die Ausbildung des modernen Kinderromans ist die Folge. Ihm lassen sich eine problemorientierte, eine psychologische, eine komische und eine phantastische Subgattung zuordnen, die sich durch je unterschiedliche Thematiken und Erzählverfahren auszeichnen (vgl. Gansel 2016, S. 109).

Kinderliteratur im Deutschunterricht

Insbesondere der moderne Kinderroman, der für Kinder bedeutsame Themen anspricht (problemorientierte Kinderliteratur), kindliche Innenwelten widerspiegelt (psychologische Kinderliteratur) und / oder Raum für Spaß, Lachen und Imagination lässt (komischer und phantastischer Kinderroman), ermöglicht einen breiten Einsatz im Deutschunterricht der Grundschule und der ersten Jahre der Sekundarstufe I (vgl. Gansel 2016, S. 91–157). Mit ihm können Kinder die ersten Erfahrungen mit der selbstständigen Lektüre von Ganzschriften machen und – begleitet von einem Lesetagebuch und von verschiedenen Schreib- und Denkaufträgen – lernen, sich einen literarischen Text zunehmend eigenständig zu erschließen.

Neben Kinderlyrik, die besonders gut dazu geeignet ist, phonologische Bewusstheit und ein metasprachliches Bewusstsein zu fördern, bietet das Bilderbuch sowohl Möglichkeiten zum Sprachlernen, als auch zum literarischen, visuellen und interkulturellen Lernen. In Vorlesegesprächen können die Texte gemeinsam erschlossen und genossen werden, in Schreibszenarien können individuell bedeutsame Eindrücke festgehalten oder weiterimaginiert werden. Kindertheater schließlich, das nicht nur Theaterstücke für Kinder umfasst, sondern auch „alle Theaterformen, bei denen Kinder [...] selbst zu Akteuren werden" (Taube 2012, S. 290), ermöglicht es, handelnd und mit Einsatz des gesamten Körpers literarisch zu lernen.

Literaturhinweise

Brunken, Otto 2008: Mittelalter und frühe Neuzeit. In: Reiner Wild (Hg.): Geschichte der deutschen Kinder- und Jugendliteratur. 3. Auflage. Stuttgart. S. 1–42.

Daubert, Hannelore 2012: Moderne Kinderromane. In: Günter Lange (Hg.): Kinder- und Jugendliteratur der Gegenwart. Grundlagen, Gattungen, Medien, Lesesozialisation und Didaktik. 3. Auflage. Baltmannsweiler. S. 87–105.

Ewers, Hans-Heino 2008: Romantik. In: Reiner Wild (Hg.): Geschichte der deutschen Kinder- und Jugendliteratur. 3. Auflage. Stuttgart. S. 96–130.

Ewers, Hans-Heino 2012: Literatur für Kinder und Jugendliche. Eine Einführung. 2. Auflage. Paderborn.

Gansel, Carsten 2016: Moderne Kinder- und Jugendliteratur. Vorschläge für einen kompetenzorientierten Unterricht. 7., aktualisierte Auflage. Berlin.

Hoffmann, Christel / Annett Israel (Hg.) 2008: Theaterspielen mit Kindern und Jugendlichen: Konzepte, Methoden und Übungen. 4. Auflage. Weinheim.

Hollstein, Gudrun / Marion Sonnenmoser 2012: 100 Bilderbücher für die Grundschule. Eine Auswahl empfehlenswerter Bilderbücher mit Unterrichtsvorschlägen. 3. Auflage. Baltmannsweiler.

Hurrelmann, Bettina 2008: Modelle und Merkmale der Lesekompetenz. In: Andrea Bertschi-Kaufmann (Hg.): Lesekompetenz, Leseleistung, Leseförderung. Grundlagen, Modelle und Materialien. Seelze. S. 18–28.

Josting, Petra 2008: Faschismus. In: Reiner Wild (Hg.): Geschichte der deutschen Kinder- und Jugendliteratur. Stuttgart. 3. Auflage. S. 276–294.

Kümmerling-Meibauer, Bettina 2012: Kinder- und Jugendliteratur. Eine Einführung. Darmstadt.

Meier, Bernhard 2012: Zeitschriften für Kinder und Jugendliche. In: Günter Lange (Hg.): Kinder- und Jugendliteratur der Gegenwart. Grundlagen, Gattungen, Medien, Lesesozialisation und Didaktik. 2. Auflage. Baltmannsweiler. S. 465–481.

Oetken, Mareile / Ines Oldenburg (Hg.) 2014: Erzählen. Darstellen. Berichten. Interdisziplinäre Perspektiven auf das Sachbuch in der Kinder- und Jugendliteratur. Baltmannsweiler.

Rauch, Marja 2012: Jugendliteratur der Gegenwart. Grundlagen, Methoden, Unterrichtsvorschläge. Seelze.

Steinlein, Rüdiger 2008: Neubeginn, Restauration, antiautoritäre Wende. In: Reiner Wild (Hrsg.): Geschichte der deutschen Kinder- und Jugendliteratur. 3. Auflage. Stuttgart. S. 312–342.

Taube, Gerd 2012: Kinder- und Jugendtheater der Gegenwart. In: Günter Lange (Hg.): Kinder- und Jugendliteratur der Gegenwart. Grundlagen, Gattungen, Medien, Lesesozialisation und Didaktik. 2. Auflage. Baltmannsweiler. S. 290–306.

Weinkauff, Gina / Gabriele von Glasenapp 2014: Kinder- und Jugendliteratur. 2. Auflage. Paderborn.

Wild, Reiner 2008: Aufklärung. In: Ders. (Hg.): Geschichte der deutschen Kinder- und Jugendliteratur. 3. Auflage. Stuttgart. S. 43–95.

D 11 Jugendliteratur

Ulrike Preußer

Literatur für Jugendliche

Jugend- wie auch Kinderliteratur stellt keine eigenständige Gattung dar. Es handelt sich dabei stattdessen um eine adressatenspezifische Korpusbezeichnung, unter der viele verschiedene Texte gefasst werden können (→ D 10).

Während die Wurzeln der narrativen Kinderliteratur im Wesentlichen in kürzeren, mündlich tradierten Erzählformen wie Legende, Sage und Märchen liegen, wird die Jugendliteratur schon seit Langem durch die Literatur für Erwachsene beeinflusst (vgl. Weinkauff / Glasenapp 2014, S. 118). Das erscheint vor dem Hintergrund, dass sich die Adressaten von Jugendliteratur zunehmend dem Erwachsenenalter annähern, plausibel. Andererseits bewirkt die Aufweichung der Generationengrenzen (vgl. Gansel 2016, S. 105) ein zunehmendes Interesse Erwachsener an Jugendliteratur, was die Etablierung von All Age- und Crossover-Literatur auf dem Buchmarkt nachhaltig belegt (vgl. Gansel 2012, S. 3 f.).

TEXTE

Zwei jugendliterarische Erzählmodelle

Seit dem 18. Jahrhundert lassen sich zwei Modelle jugendliterarischen Erzählens erfassen, die erst seit ungefähr Ende des 20. Jahrhunderts verstärkt Schnittmengen bilden und inzwischen die Tendenz aufweisen, sich zugunsten einer vielgestalten Hybridisierung aufzulösen (Weinkauff / Glasenapp 2014, S. 132–133).

Texte, die dem Abenteuermodell entsprechen, thematisieren zumeist eine Bewährungsprobe, der ein einzelner, in den meisten Fällen männlicher Protagonist jugendlichen Alters ausgesetzt ist. Ziel seines Strebens ist es, diese Herausforderung zu meistern. Dabei bleibt der Protagonist mit seinen Eigenschaften eher eindimensional und es wird ein nur umrisshafter Einblick in sein Innenleben gegeben. Gleichzeitig entsteht kein nennenswerter Konflikt zwischen dem Individuum und der Gesellschaft, die für die Herausforderung verantwortlich zeichnet. Insofern funktioniert die Bewährungsprobe als Initiationsritus, der in einer zeitlich und / oder räumlich unbestimmten oder dezidiert alltagsfernen Realität angesiedelt ist. Beispiele für Romane, die dem Abenteuermodell entsprechen, sind Tonke Dragts *Der Brief für den König* (1962) oder Wolfgang Bittners *Die Fährte des Grauen Bären* (1986). Das Abenteuermodell enthält Elemente von zahlreichen ihm nahestehenden Subgattungen und Genres, wie z. B. dem Abenteuerroman (vgl. Lange 2012a, S. 252–268), dem Reise- und Expeditionsroman, der Robinsonade und dem historischen Roman (vgl. Weinkauff / Glasenapp 2014, S. 120 ff.).

Das Adoleszenzmodell jugendliterarischen Erzählens (vgl. ebd, S. 125) weist Verbindungen zum Bildungs- und Erziehungsroman des 18. und 19. Jahrhunderts auf (vgl. Lange 2012b, S. 2 f.), aber auch Parallelen zum Schülerroman (vgl. Weinkauff / Glasenapp 2014, S. 126). Außerdem werden Einflüsse der „problemorientierten Jugendliteratur, der Jeansliteratur und der emanzipatorischen Mädchenliteratur“ (Lange 2012b, S. 2) deutlich.

Im Zentrum des Adoleszenzmodells steht das Individuum am Übergang zwischen Kindheit und Erwachsensein, das in einer alltagsnah gestalteten Umgebung sich selbst in Auseinandersetzung mit der Gesellschaft und ihren Anforderungen konturieren muss. Während in der traditionellen Variante dieses Modells die Krisenhaftigkeit der Phase des Heranwachsens zumeist in einem Scheitern des (zumeist männlichen) Protagonisten an den Anforderungen der Gesellschaft gipfelt (z. B. Hermann Hesse: *Unterm Rad*), finden sich in der modernen Variante immer häufiger Möglichkeiten zur Auflösung bestehender Konflikte. Es stehen nicht nur immer häufiger weibliche Protagonisten im Zentrum, es findet auch eine Verlagerung des Konfliktschwerpunkts statt, der nun weniger auf der übermächtigen Opposition „Individuum und Gesellschaft“, sondern stärker auf der Fokussierung einzelner Erwachsenen-Jugendlichen-Beziehungen liegt (vgl. Weinkauff / Glasenapp 2014, S. 129 f.). Zur Darstellung werden überwiegend subjektive Erzählformen gewählt, die die Intensität des Erlebens ausdrücken und über offen angelegte Romanausgänge nahelegen, dass mit dem fehlenden Schluss auch die Adoleszenz als noch nicht beendet bzw. noch nicht bewältigt betrachtet werden kann (vgl. ebd., S. 131). Beispiele für diese Modellvariante sind Ulrich Plenzdorfs *Die neuen Leiden des jungen W.* (1972) und Dagmar Chidolues *Lady Punk* (1985).

In der postmodernen Variante des Adoleszenzmodells sind Persönlichkeitsentwicklung und Abgrenzung von gesellschaftlichen Repressionen rückläufig – kohärente Selbstentwürfe bleiben zugunsten von improvisierenden Selbstinszenierungsstrategien aus. Kennzeichnend sind ein Nebeneinander verschiedener Wertevorstellungen, erzählerische Multiperspektivität, Collagetechniken und eine signifikante Aufhebung zwischen Hoch- und Unterhaltungsliteratur, die sich u. a. im Spiel mit Zitaten aus literarischen und verschiedenen medialen Quellen zeigt (vgl. Kaulen 1999, S. 4–12). Beispiele für die postmoderne Variante des Adoleszenzmodells sind Inger Edelfeldts *Kamalas Buch* (1988) und Alexa Hennig von Langes *Relax* (1997).

Auf die Herausbildung des Abenteuer- und des Adoleszenzmodells folgt eine – im Wesentlichen postmodernen Entwicklungen zugeschriebene – Hybridisierung der typischen Eigenschaften (vgl. Weinkauff / Glasenapp 2014, S. 118). Diese betrifft auch die einzelnen, im Zuge der Konsolidierung genannten, Subgattungen und Genres, deren Grenzen zunehmend durchlässiger werden und die auch untereinander vielfältige Verbindungen eingehen. So ist Wolfgang Herrndorfs *Tschick* (2010) sowohl dem Abenteuer- als auch dem Adoleszenzmodell zuzuordnen. Er weist Züge des Reiseromans, aber auch des Entwicklungsromans und des modernen wie auch des postmodernen Adoleszenzromans auf: Die vierzehnjährigen Protagonisten Maik und Tschick erleben auf einem mehr oder weniger spontanen Trip durch Ostdeutschland, der sie eigentlich zu Tschicks Opa in die Walachai führen soll, ein echtes Roadmovie, in dessen Verlauf sie mit einigen zentralen Fragen des Lebens konfrontiert werden (z. B. Liebe und Freundschaft, Kultur und Natur, Individuum und Gesellschaft, Krankheit und Tod). Schließlich kehren sie als veränderte und erstarkte Persönlichkeiten in ihre alten und doch neuen Lebenssituationen zurück. Erzählerisch ist der Text aus der Ich-Perspektive als Rückwendung konzipiert und macht zahlreiche Anleihen an verschiedenen Texten des amerikanischen Adoleszenz- (z. B. J. D. Salinger *The Catcher in the Rye*) und Abenteuerromans (z. B. Mark Twains *Tom Sawyer and Huckleberry Finn*). Außerdem werden in *Tschick* Themen aus der problemorientierten Jugendliteratur aufgegriffen, die in stets authentisch erscheinender Jugendsprache wiedergegeben und immer wieder durch Witz gebrochen werden (vgl. Rauch 2012, S. 206 f.).

Jugendliteratur im Deutschunterricht

Der Einsatz von Kinder- und Jugendliteratur im Deutschunterricht (→ D 10) wurde nicht immer so eindeutig befürwortet, wie das heute der Fall ist. Nachdem die Kritik an der fehlenden Qualität des Angebots recht schnell entkräftet werden konnte, ist eine andere Problemlage durchaus noch nachvollziehbar: Mit der Thematisierung eigentlich der Freizeitlektüre zuzuordnender Texte im Schulunterricht werden diese institutionell vereinnahmt und mit Leistungsbewertung in Zusammenhang gebracht. In einem leseförderlich ausgerichteten Unterricht (eventuell mit selbst zu bestimmenden Lektürezeiten und offen angelegten Lernformen) kann dieses Missverhältnis jedoch aufgelöst werden.

Der Einsatz von Jugendliteratur ermöglicht es, Themen in den Unterricht einzubringen, die der Lebenswelt der Schülerinnen und Schüler entsprechen und sich daher grundsätzlich motivierend auf das Leseverhalten auswirken können. Gleichzeitig bietet – insbesondere aktuelle – Jugendliteratur vielfältige Erzähl- und Darstellungsformen, die den Umgang mit komplexen literarischen Texten befördern und insofern literarisches Lernen und einen Zuwachs an Lesekompetenz ermöglichen (vgl. Rauch 2012, S. 43 ff.).

Eine Brücke zur Lyrik vermögen in Versform gesetzte Romane zu schlagen, wie z. B. Dolf Verroens *Wie schön weiß ich bin* (2005), Margaret Wilds *Jinx* (2003) oder Ellen Hopkins' *Crank* (2004). Sie lassen die Funktionsweise von Gedichten, insbesondere ihre Erzeugung eines Bedeutungsmehrwerts, auf implizite Weise erfahrbar werden, ermöglichen dabei aber gleichzeitig die Beschäftigung mit thematisch bedeutsamen narrativen Kontexten, die sich – wie in den genannten Beispielen – zu einer Auseinandersetzung mit Rassismus, Verlusterfahrungen und den Konsequenzen von Drogenkonsum eignen. Dabei greifen diese Texte häufig auf verschiedene Elemente des Adoleszenzmodells jugendliterarischen Erzählens zurück. Eine spezielle Lyrik für Jugendliche existiert im Gegensatz zur Kinderlyrik (→ D 9) nur am Rande. Der Begriff verweist eher auf Lyrik, die Jugendliche selbst verfasst haben, in denen also Selbstausdruck in Verbindung mit eigenen literarischen Erfahrungen und der jeweiligen literarischen Produktionskompetenz zum Ausdruck kommen.

Literaturhinweise

Franz, Kurt/Franz-Josef Payrhuber (Hg.) 2012: „Und dann und wann ein weißer Elefant ..." Alles Lyrik – historisch, didaktisch, medial. Baltmannsweiler.

Gansel, Carsten 2012: All-Age-Trends und Aufstörungen in der aktuellen Literatur für junge Leser. In: Der Deutschunterricht. H. 4. S. 2–11.

Gansel, Carsten 2016: Moderne Kinder- und Jugendliteratur. Vorschläge für einen kompetenzorientierten Unterricht. 7. aktualisierte Auflage. Berlin

Kaulen, Heinrich 1999: Jugend- und Adoleszenzromane zwischen Moderne und Postmoderne. In: 1000 und 1 Buch. H. 1/1999. S. 4–12.

Kümmerling-Meibauer, Bettina 2012: Kinder- und Jugendliteratur. Eine Einführung. Darmstadt.

Lange, Günter 2012a: Abenteuerliteratur. In: Ders. (Hg.): Kinder- und Jugendliteratur der Gegenwart. Grundlagen, Gattungen, Medien, Lesesozialisation und Didaktik. 2. Auflage. Baltmannsweiler. S. 252–289.

Lange, Günter 2012b: Erwachsen werden. Jugendliterarische Adoleszenzromane im Deutschunterricht. Grundlagen, Didaktik, Unterrichtsmodelle. Baltmannsweiler.

Praxis Deutsch 1997. Astrid Lindgren. H. 146.

Praxis Deutsch 2010. Kinder- und Jugendliteratur nach 2000, hg. von Dieter Wrobel. H. 224.

Praxis Deutsch 2016. Novellistische Erzählungen der Gegenwart, hg. von Clemens Kammler. H. 255

Rauch, Marja 2012: Jugendliteratur der Gegenwart. Grundlagen, Methoden, Unterrichtsvorschläge. Seelze.

Spinner, Kaspar H./Jan Standke (Hg.) 2016: Erzählende Kinder- und Jugendliteratur im Deutschunterricht. Textvorschläge – Didaktik – Methodik. Paderborn.

Thalmayr, Andreas 2014: Lyrik nervt. München.

Weinkauff, Gina/Gabriele von Glasenapp 2014: Kinder- und Jugendliteratur. 2. Auflage. Paderborn.

D 12 Sachtexte

Jürgen Baurmann

Der Umgang mit Sachtexten verdient zu Recht im Deutschunterricht eine gebührende Berücksichtigung. Schülerinnen und Schüler sind in vielen alltäglichen Situationen (etwa in Familie und Freundeskreis, Schule und Freizeit) gefordert, Sachtexte sorgfältig zu lesen, eindeutig zu verstehen und entsprechend auszuwerten. Diesen Anforderungen entsprechen auch die Bildungsstandards aller Schulstufen mit der expliziten Nennung von Zielen zum Umgang mit Sachtexten und Sachbüchern.

Während im „Primarbereich" erste Kenntnisse zu „Sach- und Gebrauchstexten", die gezielte Suche von „Informationen" und Formen einer angemessenen Texterschließung genannt werden (KMK 2004), kommen bei den Bildungsstandards für den „Mittleren Schulabschluss" anspruchsvolle Aufgaben hinzu: Die Verknüpfung der entnommenen Informationen mit dem eigenen „Vorwissen" sowie die zunehmende Vertrautheit mit „verschiedenen Textfunktionen und Textsorten" innerhalb eines „Spektrums auch längerer und komplexerer Sach- und Gebrauchstexte". Bei der Textarbeit wird von den Schülerinnen und Schülern erwartet, dass sie zunehmend „begründete Schlussfolgerungen ziehen" sowie „Information und Wertung unterscheiden" können (KMK 2003). Die Bildungsstandards für die Allgemeine Hochschulreife führen die curriculare Progression fort. Schülerinnen und Schüler sollen nun „für den eigenen Erkenntnisprozess vielschichtige, voraussetzungsreiche Sachtexte" nutzen, bis hin zu „wissenschaftsnahen und berufsbezogenen Fachtexten aus unterschiedlichen Domänen" (KMK 2012). Innerhalb der Sekundarstufe I (hier Mittlerer Schulabschluss) und in der Sekundarstufe II wird darüber hinaus die gründliche und reflektierte Auseinandersetzung mit Sachbüchern erwartet.

TEXTE

Sachtexte und Sachbuch – Funktionen, Textsorten, Sprachhandlungen

Sachtexte und Sachbuch haben vieles gemeinsam, unterscheiden sich allerdings auch. Unabhängig vom jeweiligen Umfang, erfüllen sie in ihrer Vielfalt verschiedene Funktionen, was sich in speziellen Textsorten und entsprechenden Sprachhandlungen niederschlägt (nach Brinker 2005, S. 89 ff.). Die folgende Übersicht veranschaulicht dies an Beispielen, die im Rahmen von Funktionen, Textsorten und Sprachhandlungen zu situieren sind:

Kommunikative Grundfunktionen, Textsortenklassen / Textsorten und Sprachhandlungen

Kommunikative Grundfunktion	Textsorten (Beispiele)	Sprachhandlung
Informationsfunktion	informierende Texte: Zeitungsmeldung, Sachbuch	informieren, berichten
Appellfunktion	appellierend-instruierende Texte: Horoskop, Aufruf	auffordern, raten
Obligationsfunktion	verpflichtende Texte: Schulordnung, Garantieschein	sich verpflichten, jemandem etwas versprechen
Deklarationsfunktion	bewirkende Texte: Zeugnis, Würdigung	bescheinigen
Kontaktfunktion	anteilnehmende / unterhaltende Texte: Dankesbrief, Sachbuch	Anteil nehmen, unterhalten

Allen Texten, die den Vorgaben der Tabelle entsprechen, ist gemeinsam, dass sie sich auf Gegenstände, Prozesse und Sachverhalte in der Realität beziehen. Auf welche Weise dabei Inhalte „thematisch entfaltet" werden („deskriptiv", „explikativ", „argumentativ" oder „narrativ"; vgl. Brinker 2005, S. 65 ff.), ergibt sich von Fall zu Fall. Sachbücher zeichnen sich darüber hinaus dadurch aus, dass in ihnen zwei Funktionen dominieren, nämlich das Informieren und Unterhalten. Letzteres kann so weit reichen, dass Sachbücher zu historischen Persönlichkeiten oder Ereignissen zwar weitgehend faktuale Texte sind, die wirklich Geschehenes mitteilen, doch zugleich – als Mischform – auch narrative Textteile mit „fiktiven Inhalten" bzw. „fiktionalisierenden Darstellungsweisen" enthalten (Martínez 2016, S. 6).

Was die sprachlichen Mittel (Wortwahl, Syntax) betrifft, werden insgesamt im Bemühen um Präzision Nominalisierungen, auch komplexe Attributkonstruktionen, ein vermehrter Passiv-Gebrauch sowie ein verknappter, elliptischer Satzbau bevorzugt (vgl. Baurmann / Müller 2005, Leisen 2009). Hinzu kommen weitere „textspezifische Mittel", denen Leserinnen und Leser bei Sachtexten und vor allem bei der Lektüre von Sachbüchern begegnen. Neben den kontinuierlich fortlaufenden, durchgehend schriftsprachlichen Textpassagen finden sich Listen und Aufzählungen, Karten (mit Legenden), Tabellen, Graphiken und Diagramme, Bilder und Zeichnungen (vgl. Baurmann / Müller 2005, S. 8).

Zur Lektüre von Sachtexten bei Kindern und Jugendlichen

An die bisherigen Ausführungen zu Sachtext und Sachbuch lässt sich die Frage anschließen, wie Kinder und Jugendliche mit diesem Genre umgehen. Ergebnisse der lesebiographischen Forschung (vgl. insbesondere Graf 2004, ders. 2010) verweisen darauf, dass am Ende der Kindheit eine deutliche „habituelle Sachtextpräferenz" vor allem bei Jungen zu beobachten ist (Graf 2010, S. 102 ff.). Vornehmlich Jungen erwarten, dass sie dank dieser Lektüre unter Gleichaltrigen mitreden können und folglich akzeptiert werden, und außerdem, dass Sachtexte ihnen helfen, alltägliche Aufgaben und Verpflichtungen zu meistern und auch ihr Wissen zu erweitern (vgl. Graf 2003, S. 115, Wrobel 2008, S. 337 f.).

Ein Aspekt sollte in diesem Zusammenhang nicht übersehen werden. Nach einer Studie von Becker-Mrotzek (2005, insbesondere S. 74 f.) unterscheiden sich die Texte (Textsorten), die Jugendliche in ihrer Freizeit bevorzugen, deutlich vom vergleichbaren Leseangebot im Unterricht. Die in der Freizeit so ausgiebig genutzten Internetseiten, TV- und Fernsehprogramme, Werbung, Zeitungen, Kataloge und Horoskope (alle mit über 50 % der Nennungen bei der Befragung genannt) werden – was deren Nutzung in der Schule betrifft – bedeutend seltener erwähnt (in der Regel jeweils unter 10%). Lediglich zur Lektüre von Sachbüchern gibt es ein ermutigendes Ergebnis (bei 30 % der Nennungen für den Gebrauch in der Freizeit und 34% der Voten für die Berücksichtigung in der Schule).

Folgerungen für den Unterricht

Die erwähnten lesebiographischen Daten und die Hinweise zur Nutzung von Sachtexten und Sachbüchern sprechen für eine nachhaltige, dabei reflektierte Berücksichtigung des Genres im Unterricht. Aktuelle und authentische Texte sollten dabei zumindest ab der Sekundarstufe I zunehmend den Vorrang vor sogenannten Lehrtexten erhalten, die – didaktisch motiviert – eigens für den Unterricht verfasst werden.

Oft wird es notwendig oder zumindest förderlich sein, das Lesen und Auswerten von Sachtexten und Sachbüchern mit dem Schreiben zu verbinden. Beispiele für eine solche Verknüpfung innerhalb der Kompetenzbereiche sind das materialgestützte Schreiben (→ B 10) und Ansätze, für schwächere Leserinnen und Leser die Auseinandersetzung mit Sachtexten und Sachbüchern durch geeignete Schreibverfahren zu stützen und zu fördern (vgl. Philipp 2012).

Sachtexte und Sachbücher werden nicht nur im Deutschunterricht zu berücksichtigen sein, sondern zunehmend verstärkt in weiteren Fächern. Im Deutschunterricht werden dabei gewiss grundlegende Fähigkeiten zum Umgang mit Sachtexten angebahnt, die dann zunehmend durch ein differenziertes Textangebot in Fächern wie etwa Biologie, Physik, Chemie oder Geschichte ausgebaut werden. Schülerinnen und Schüler werden von einer solchen Konstellation vor allem dann profitieren, wenn die genannten Fächer hier mit dem Fach Deutsch kooperieren. Leisen (2009) hat dazu mit Fachleitern auf überzeugende Weise lohnende Anregungen entwickelt.

Erhöhte Aufmerksamkeit und Beachtung verdient schließlich die Frage der Inhalte in Sachtexten und Sachbüchern. Generell ist davon auszugehen, dass die Schülerinnen und Schüler von sich aus beim Umgang mit Sachtexten inhaltlich Beträchtliches beizutragen wissen. Bei einigen Hobbys und Tätigkeiten werden sich einzelne Jungen und Mädchen sogar als Experten erweisen, deren Vertrautheit mit bestimmten Inhalten hier genutzt werden kann. Im Blick auf das Fach Deutsch ist darüber hinaus zu erwägen, ob nicht häufiger als bisher anspruchsvolle Themen des Faches unterrichtlich berücksichtigt werden (etwa Jugendsprache, Geheimsprache, Spracherwerb, auch Biographisches zu Autoren und Autorinnen). Vor diesem Hintergrund eröffnen sich dann auch im Sinne eines Propädeutikums Wege zur Rezeption „wissenschaftsnaher und berufsbezogene Fachtexte" zu Sprache und Literatur, die in den Bildungsstandards für die „Allgemeine Hochschulreife" ausdrücklich angesprochen werden (KMK 2012).

Literaturhinweise

Baurmann, Jürgen 2009: Sachtexte lesen und verstehen. Grundlagen, Ergebnisse, Vorschläge für einen kompetenzfördernden Unterricht. Seelze.

Baurmann, Jürgen / Astrid Müller 2005: Sachbücher und Sachtexte lesen. In: Praxis Deutsch. H. 189. S. 6–13.

Becker-Mrotzek, Michael 2005: Das Universum der Textsorten in Schülerperspektive. In: Der Deutschunterricht 57. H. 1. S. 68–77.

Brinker, Klaus 2005: Linguistische Textanalyse. 6. Auflage. Hamburg

Graf, Werner 2003: Knick oder Kick in der Lektürebiografie? Die literarische Pubertät. In: Lesen und Schreiben. Sonderheft Schüler. Seelze. S. 114–116.

Graf, Werner 2004: Sachtexte zum Fantasieren. Die männliche Variante der literarischen Sozialisation in der Jugendphase. In: Beiträge Jugendliteratur und Medien. 15. Beiheft. Weinheim u. a. S. 33–43.

Graf, Werner 2010: Lesegenese in Kindheit und Jugend. Einführung in die literarische Sozialisation. Hohengehren.

Kultusministerkonferenz (Hg.) 2003: Bildungsstandards im Fach Deutsch für den Mittleren Schulabschluss. Beschluss vom 4. 12. 2003. In: https://www.iqb.hu-berlin.de/bista/subject, recherchiert am 14.09.2016.

Kultusministerkonferenz (Hg.) 2004: Bildungsstandards im Fach Deutsch für den Primarbereich. Beschluss vom 15. 10. 2004. In: https://www.iqb.hu-berlin.de/bista/subject, recherchiert am 14. 9. 2016.

Kultusministerkonferenz (Hg.) 2012: Bildungsstandards im Fach Deutsch für die Allgemeine Hochschulreife. Beschluss vom 18. 10. 2012. In: https://www.iqb.hu-berlin.de/bista/subject, recherchiert am 14. 9. 2016.

Leisen, Josef 2009: Grundlagenteil. In: Studienseminar Koblenz (Hg.): Sachtexte lesen im Fachunterricht der Sekundarstufe. Seelze. S. 8–108.

Martínez, Matías 2016: Grenzgänger und Grauzonen zwischen fiktionalen und faktualen Texten. Eine Einleitung. In: Der Deutschunterricht. H. 4. S. 2–8.

Philipp, Maik 2012: Besser lesen und schreiben. Wie Schüler effektiver mit Sachtexten umgehen lernen. Stuttgart.

Wrobel, Dieter 2008: Individualisiertes Lernen. Leseförderung in heterogenen Lerngruppen. Theorie – Modell – Evaluation. Baltmannsweiler.

D 13 Sich mit literarischen Texten auseinandersetzen: Szenische Interpretation

Ulf Abraham

Zum Begriff der Szenischen Interpretation

Szenische Verfahren haben sich mit dem Aufkommen der Handlungs- und Produktionsorientierung durchgesetzt, v. a. im Literaturunterricht. Unter der Bezeichnung „szenische Interpretation" haben Ingo Scheller, Albrecht Schau, Marcel Kunz und andere seit den 1980er-Jahren Alternativen zur diskursiven Textinterpretation im gelenkten Unterrichtsgespräch entwickelt. Nun ist zwar auch Frontalunterrichtlich organisierte Textarbeit, eine Inszenierung gewissermaßen, aber eine dem didaktischen Brauchtum verhaftete, gelegentlich problematische. Was ihr fehlt, um von den Lernenden als eine Inszenierung erkannt zu werden, ist ein Verabredungscharakter: Bewusst übernommene Rollen, in denen Lernende in einer Szene (einem dafür abgesteckten Raum) agieren, sorgen nicht nur für Multiperspektivität der (Text-, Problem-)Wahrnehmung, sondern auch für Bewusstheit beim Einnehmen von Rollen. Die *skene* war im griechischen Theater das Wort für den die Bühne hinten begrenzenden Bau, der – von außen – Kulisse und – von innen – als Umkleide für die Darsteller diente. Sich auf diese Ursprungsbedeutung zu besinnen, hilft zu verstehen, was mit „szenisch" gemeint ist: jede auf einer Verabredung über Art und Grenzen eines Darstellungsraums (die *skene* außen) und darin zu spielende Rollen (die *skene* innen) beruhende, damit raumzeitlich begrenzte Darstellung mit aktiven und rezeptiven Teilnehmern, also Spielern und Zuschauern.

Ziele szenischer Arbeit an Texten

Es handelt sich dabei nicht um eine Textinszenierung, in der realisiert werden soll, was die Textvorlage an Dialog und Handlung vorgibt oder andeutet. Stattdessen schlüpfen Leserinnen und Leser in Rollen, aus denen heraus sie in den Text eingreifen können; das können, müssen aber nicht die Rollen der im Text selbst agierenden Figuren sein. In jedem Fall ist konzeptionelle Mündlichkeit das Ziel.

Zur Begründung wird in der Literatur immer wieder auf den Leerstellenbegriff aus der Rezeptionsästhetik verwiesen. Lernende agieren, so wird dann argumentiert, spielend etwas aus, was in der Textvorlage entweder gar nicht oder nicht so detailliert ausgeführt ist, z. B. die Gedanken zweier Dialogpartner beim Sprechen oder einen inneren Monolog, der den Gewissenskonflikt einer Figur verbalisiert. Eine rein leerstellentheoretische Begründung ist aber unzureichend: Es werden ja nicht nur Lücken im Text aufgefüllt, sondern auch Zusammenhänge zwischen

Handlungen sichtbar gemacht, Sinnhorizonte erschlossen, Perspektiven von Figuren oder Autor(en) eingenommen und verglichen, schriftliche Interpretationen vorbereitet usw. Nötig ist ein konstruktivistisches Verständnis des (literarischen) Lernens (vgl. z. B. O'Farrell 1996).

Ziel szenischer Verfahren ist im Literaturunterricht – über die sinnliche Wahrnehmung hinaus – das Gewahrwerden im Sinn aktiver Vorstellungsbildung (d. h. auch: Selektion von Wahrnehmungen). An die Stelle des Belehrens tritt das Zeigen und Sich-Zeigen-Lassen, an die Stelle der Analyse und Begriffsvermittlung treten Anschluss- und Metakommunikation über das Gezeigte. Denn szenisches Spiel ist zwar Spiel. Aber sein Sinn ist nicht nur Unterhaltung, sondern Erforschung von Problemen und möglichen Lösungen.

Einige Formen und Funktionen szenischen Interpretierens

Dem szenischen Interpretieren dient eine Vielfalt von Aufgaben (vgl. auch die Tabelle auf S. 191), z. B.

- literarische Rollenspiele, die einen Text oder eine Schlüsselstelle daraus szenisch interpretieren, ausgestalten, verändern
- Inszenierungen des Sprechens über einen literarischen Text, die sich kultureller / medialer Praxen bedienen (Interview, Auftritt in einer Talkshow, Gerichtsverhandlung gegen eine Figur oder ihren Autor usw.)
- szenisches Vorlesen (vgl. Klimant 2015 am Beispiel des Jugendromans *Tschick*)
- szenische Improvisation durch kreatives Sprechen (Abraham 2016, S. 96 f.), z. B. zu einem für den literarischen Text wichtigen Thema (z. B. Gewalt: Dieterle / Jaconis 1998)
- szenische Auseinandersetzung mit Stars, Lieblingsfiguren und Idolen aus den Kinder- und Jugendmedien.

Im Unterricht szenisch gearbeitet wird einerseits in der Umsetzung dramatischer Texte (vgl. Frommer 1995), andererseits beim szenischen Schreiben (vgl. Praxis Deutsch 2016. H. 260). In beiden Fällen zielt diese Arbeit weniger auf Reduktion und Abstraktion als auf Verkörperung auch des Abstrakten – optisch, akustisch, haptisch. Als Mittel solcher Verkörperung kommt nicht nur der eigene Körper in Frage, sondern prinzipiell jedes Medium. Von entscheidender Bedeutung ist dafür ein Methodenrepertoire, also die Beherrschung von Techniken der szenischen Improvisation (empfehlenswert: Spolin 2005), und der medialen Gestaltung. So gibt es im Internet eine mittlerweile beachtliche Tradition des Poetry Clip (vgl. auch Praxis Deutsch 2008. H. 208), in dem Jugendliche mindestens teilweise ohne Anleitung durch Lehrkräfte ihr Verständnis literarischer Texte ausdrücken, sie aktualisieren usw.

Einige szenische Verfahren im Literaturunterricht (Abraham / Kammler (Hg.) 2006, S. 7)

(Gedicht-)Text singen ▸ zu einer bekannten Melodie ▸ in eigener Vertonung	**Text sprechen** ▸ mit verteilten Rollen ▸ chorisch ▸ durch Pantomime begleitet ▸ in wechselnder Stillage / im Dialekt	**Text(teil) inszenieren** ▸ als Einakter auf einer „Bühne“ ▸ als Schattenspiel ▸ als Hörspiel
eigene Dialoge aus dem Text entwickeln ▸ Rollenspiel mit verabredeten Ergebnis spielen ▸ Rollenspiel mit offenem Ergebnis spielen ▸ Rollenspieler durch „alter ego“ steuern ▸ Spiel durch Spielleiter anhalten und Spieler ihre Gedanken / Gefühle offenlegen lassen ▸ Spiel durch „Abklatschen“ unterbrechen und Zuschauer einwechseln	Günter Kunert: Hinausschauen Wer sähe nicht gern aus dem Fenster auf die Passanten männlichen und weiblichen Geschlechts, welch letztere zur Sommerszeit äußerst bewegliches Fleisch zur Schau tragen, später in der Kälte geheimnisvolle Mäntel, darunter meist hitzig-heißes Leben vermutet wird und meist irrtümlich. Man lehnt sich bequem über Autos, Pferde, die es noch gibt, über Polizisten und Panzer, die es auch noch gibt, über Müllwagen, Elefanten (sehr selten) und Mörder, die für gewöhnlich schwer erkennbar sind. Gemütlich die Ellbogen aufs Fensterbrett gestützt, ist man sich des Unheils nicht bewußt, das hinterrücks geschieht, indem da ungeahnte Hände schon die Treppen abreißen, die Öfen, Herde, Badewannen, das ganze Haus, so daß man, noch eben über einen Spaziergänger gebeugt, plötzlich ohne Hintergrund ist, ohne festes Dach und ohne Boden unter den Füßen, eigentlich bereits in der Luft hängt und nur für die draußen auf der Straße unverändert anheimelnd aus dem Fenster sieht: Wie gefährlich das ist, ahnt keiner, der vorbeigeht. *Günter Kunert, Tagträume in Berlin und andernorts. Kleine Prosa, Erzählungen, Aufsätze. © 1972. Carl Hanser Verlag GmbH & Co. KG, München*	**Text zur „Nachricht“ umarbeiten** ▸ im „Hörfunk“ verlesen ▸ im Fernsehen verlesen und durch Bilder unterlegen **„Talkshow“ veranstalten** ▸ mit Figuren aus diesem Text und anderen Texten ▸ mit dem Autor und weiteren Autoren und Autorinnen ▸ gemischt **Figuren aus dem Text „interviewen“** ▸ sie über ihre Motive, Gedanken, Gefühle reden lassen ▸ sie eine im Text nicht dargestellte Vorgeschichte erzählen lassen ▸ sie über ihre Biographie (Kindheit, Jugend ...) befragen
eine „Gerichtsverhandlung“ spielen ▸ gegen eine Figur ▸ gegen den Autor	**Text(stellen) in Standbilder umsetzen** ▸ eine Stimmung / ein Gefühl durch eine Haltung ausdrücken ▸ das Verhältnis der Figuren zueinander räumlich, gestisch, mimisch ausdrücken ▸ einen entscheidenden Augenblick in „angehaltener Bewegung“ einfangen	**eine Parodie auf den Text** ▸ deklamieren ▸ spielen ▸ singen

Zu den Funktionen, die Szenisches Interpretieren erfüllen kann, gehören:

- das Textverstehen unterstützen: Ein rezipierter Text kann im Ganzen oder an Schlüsselstellen konkretisiert werden.
- Deutungshypothesen ausagieren und vergleichen: Lernende können entweder selbst eine bestimmte Rolle übernehmen oder als Regisseure andere in Rollen einweisen. (In diesem Sinn ist bereits der Standbildbau eine Form szenischen Interpretierens.)
- mehrperspektivisches Herangehen an Literatur fördern: Mit Hilfe inszenatorischer Verfahren (szenische Lesung, Pantomime, darstellendes Spiel) können Arbeitsgruppen sich eine eigene Interpretation erspielen, die anschließend dem Klassenplenum vorgestellt werden kann.

Literaturhinweise

Abraham, Ulf 2016: Sprechen als reflexive Praxis. Mündlicher Sprachgebrauch in einem kompetenzorientierten Deutschunterricht. 2. Auflage. Stuttgart.

Abraham, Ulf/Clemens Kammler (Hg.) 2006: Drama – Theater – Szenisches Spiel. Praxis Deutsch. Sonderheft. Seelze.

Abraham, Ulf/Ina Brendel-Perpina (Hg.) 2017: Kulturen des Inszenierens in Deutschdidaktik und Deutschunterricht. Stuttgart u. a. i. Dr.

Belgrad, Jürgen 2012: Szenisches Spiel. In: Michael Becker-Mrotzek (Hg.): Mündliche Kommunikation und Gesprächsdidaktik. 2. Auflage. Baltmannsweiler. S. 278 – 298.

Brunke, Timo 2015: Wort und Spiel im Unterricht. Vom Sprachspiel über Poetry Slam zur Rhapsodie. Seelze.

Dieterle, Christina/Uta-Ena Jaconis 1998: „Und keiner schaut hin". Szenische Zugänge zu Texten über Gewalt. Stuttgart.

Frommer, Harald 1995: Lesen und Inszenieren. Produktiver Umgang mit dem Drama auf der Sekundarstufe. Stuttgart.

Klimant, Tom 2015: „Tschick" vortragen? Den Gattungsvergleich zwischen Roman und Drama durch szenisches Vorlesen erarbeiten. In: Deutschunterricht (Westermann) 68. H. 6. S. 36 – 40.

Krämer, Felix 2006: Spiel*Film*Spiel. Szenisches Interpretieren von Film im Rahmen von Literaturdidaktik und Medienerziehung. München.

Kunz, Marcel 2010: Theatralisiert den Literaturunterricht! Unterrichtsmodelle für den Literaturunterricht der Sekundarstufe II. Baltmannsweiler.

O'Farrell, Lawrence 1996: Konstruktivistisches Lernen und szenisches Spiel. In: Klaus Müller (Hg.): Konstruktivismus. Lehren – Lernen – ästhetische Prozesse. Neuwied u. a. S. 189 –196.

Praxis Deutsch 2008. Poetry Slam & Poetry Clip, hg. von Petra Anders und Ulf Abraham. H. 208.

Praxis Deutsch 2016. Szenisches Schreiben. H. 260, hg. von Ulf Abraham.

Richhardt, Thomas 2011: Szenisches Schreiben im Unterricht. Minidramen, Szenen, Stücke selber schreiben. Seelze.

Schau, Albrecht 1996: Szenisches Interpretieren. Ein literaturdidaktisches Handbuch. Stuttgart.

Scheller, Ingo 1996: Szenische Improvisation. In: Praxis Deutsch. H. 136. S. 22 – 32.

Spolin, Viola 2005: Improvisationstechniken. Paderborn.

D 14 Interpretation (literarischer Texte)

Kaspar H. Spinner

Das Interpretieren von Texten gilt als wichtige Aufgabe des Literaturunterrichts. Allerdings gibt es unterschiedliche Auffassungen zur Frage, was unter Interpretieren genau zu verstehen sei. Nach einer Definition, die von vielen geteilt wird, kann das Interpretieren von Texten verstanden werden „als ein Sprechen und Schreiben über Texte, in dem ihnen auf methodische und argumentierende Weise Bedeutungen zugeschrieben werden" (Albrecht/Danneberg/Krämer et al. 2015, S. 1). Mit dieser Definition wird zum Ausdruck gebracht, dass

- das Interpretieren ein kommunikativer Akt ist (Sprechen und Schreiben),
- der Sprechakt des Argumentierens für das Interpretieren kennzeichnend ist,
- das Interpretieren einem methodischen Weg folgt,
- das Interpretieren als Zuschreibung von Bedeutungen auf Verstehen zielt.

Ausgehend von einer solchen Definition, kann man das Interpretieren von anderen Formen des Umgangs mit literarischen Texten abgrenzen. Von besonderer Bedeutung ist das Verhältnis von Deskription und Interpretation.

Deskription und Interpretation

Die Deskription oder Beschreibung von literarischen Texten besteht in der Anwendung von Kategorien, die in der Literaturwissenschaft entwickelt worden sind (vgl. Kindt 2015). Man beschreibt z. B. das Vermaß und die Strophenform eines Gedichtes, man beschreibt den Stil eines Textes, die Erzählperspektive in einem Roman, die gattungstypischen Merkmale bei einer Kurzgeschichte. Solche Deskriptionen werden oft auch als Analyse bezeichnet, wobei dieser Begriff allerdings auch weiter gefasst wird, manchmal bis hin zur Gleichsetzung mit dem Begriff der Interpretation. Kontrovers wird in der Interpretationstheorie diskutiert, wie sich Deskription und Interpretation zueinander verhalten. Unstrittig ist, dass Interpretationen der Beschreibung nicht widersprechen sollen. Aber ob man aus Deskription Interpretation folgern kann, wird, vor allem in der jüngeren Diskussion, eher bezweifelt.

In der Literaturdidaktik und Unterrichtspraxis taucht das Problem vor allem bei der Untersuchung von Form und Inhalt auf. In der Regel wird der Anspruch erhoben, dass formale Aspekte, z. B. die Verwendung des Trochäus in einem Gedicht, in ihrer Bedeutung für den Inhalt deutlich gemacht werden müssten. Das verführt dazu, einzelnen formalen Erscheinungen eine bestimmte semantische Funktion zuzuschreiben, dem Jambus z. B. Bewegtheit, dem Trochäus Schwermut. Aber wenn Wilhelm Busch in *Max und Moritz* dichtet: „Rums! – Da geht die Pfeife los" oder: „Knacks! – da bricht der Stuhl entzwei", wird der Trochäus gerade für die gegenteilige Wirkung eingesetzt. Man kann also nicht einfach von der Deskription formaler Aspekte auf die Interpretation schließen. Wenn es überhaupt eine Beziehung zwischen beidem gibt, handelt es sich um eine Wechselbeziehung. Erst durch den Inhalt wird der Trochäus bei den zitierten Versen von Wilhelm Busch zum Ausdruck von plötzlicher Bewegtheit.

Erleben und Interpretieren

Das Interpretieren wird immer wieder auch heftig kritisiert, z. B. von Schriftstellerinnen und Schriftstellern, aber manchmal auch von Literaturwissenschaftlern; so hat Stefan Matuschek in aller Deutlichkeit formuliert: „Ich meine, dass der verbreitete literaturdidaktische Arbeitsauftrag ‚Analysieren und interpretieren Sie den Text' falsch und schädlich ist." (Matuschek 2012, S. 67) Es komme vielmehr darauf an, die „simulierte Welt" des Textes zu erleben (ebd., S. 68). Auch Schülerinnen und Schüler haben oft den Eindruck, der Interpretationszwang verstelle den erlebenden Zugang zu einem Text. Das ist besonders dann der Fall, wenn beim Interpretieren im Unterricht der Eindruck vermittelt wird, dass Texte entschlüsselt werden müssten im Hinblick auf eine versteckte Intention des Autors oder des Textes. Dass das Interpretieren aber durchaus auch in einem engen Zusammenhang mit dem Erleben von Literatur gesehen werden kann, zeigt die bekannte Formel „begreifen, was mich ergreift", mit der Emil Staiger die Aufgabe des Interpreten beschrieben hatte. Nun ist allerdings das Erleben von Literatur nicht immer ein Ergriffensein – es kann z. B. auch in einem Vergnügen an Komik bestehen, und manchmal findet man erst durch das Interpretieren einen erlebenden Zugang zu einem Text. Es spricht sogar viel dafür, darin einen Hauptzweck des Interpretierens zu sehen, nicht nur in der Schule, sondern auch im kulturellen Alltag, wenn sich Menschen über die Lektüre eines Buches austauschen und zu vermitteln versuchen, warum ihnen ein Buch gefallen hat.

Subjektivität und Mehrdeutigkeit beim Interpretieren

Viel diskutiert wird in der Interpretationstheorie die Frage, welche Rolle die Subjektivität des Interpretierenden und die Mehrdeutigkeit literarischer Texte spielt. Weitgehende Zustimmung findet die Auffassung, dass Interpretation im Gegensatz zu Deskription und Analyse subjektive Anteile enthalten darf und soll, dass aber immer argumentativ ein Textbezug hergestellt werden müsse. Der subjektive Anteil an Interpretationen ergibt sich vor allem durch die Mehrdeutigkeit literarischer Texte und die damit verbundene unabschließbare Sinnbildung. Ferner ergeben sich unterschiedliche Interpretationsrichtungen durch die Kontexte, die man für eine Interpretation heranzieht; dafür greift man auf entsprechendes Vorwissen zurück oder recherchiert. Im Unterricht wird dazu oft Unterrichtsmaterial bereitgestellt. So kann man z. B. auf gesellschaftliche Hintergründe in der Entstehungszeit eines Werkes, auf biographische Informationen, auf literarische Strömungen und Programme oder auf die Rezeptionsgeschichte Bezug nehmen; auch Aktualisierungen im Hinblick auf Gegenwartsprobleme können vorgenommen werden. Je nach herangezogenem Kontext entstehen sehr unterschiedliche Interpretationen, die durch den Text- und den Kontextbezug argumentativ gerechtfertigt werden können.

Werkzeuge für das Interpretieren

Die Vielfalt an Interpretationsmöglichkeiten kann auf Schülerinnen und Schüler verunsichernd wirken. Es ist deshalb sinnvoll, wenn ihnen einige mögliche Interpretationswerkzeuge vermittelt werden. Bei erzählenden Texten können die folgenden Kategorien eine Hilfe sein:

- **Figurencharakterisierung:** Welche Informationen gibt der Erzähler zum Äußeren und zu den Charaktereigenschaften einer Figur? Welches Bild hat eine Figur von sich selbst, wie wird sie von anderen Figuren gesehen? Kann man von der Sprechweise, der Körperhaltung und den Gesten auf den Charakter schließen? Ist eine Figur von ihrer sozialen Stellung und Erlebnissen im sozialen Umfeld geprägt? Ist eine Entwicklung der Figur im Verlauf des Textes festzustellen? Wie gestaltet sich die Figurenkonstellation im Text?
- **Raum:** Welche Orte / Räume kommen in einem Text vor? Wie verhalten sich die Räume zueinander? Sind räumliche Gegensätze festzustellen, z. B. innen / außen, unten / oben oder konkreter: Stadt / Natur, Erde / Himmel und allgemeiner: realer Raum / phantastischer Raum, erlebter Raum / erwünschte Räume? Welche Raumgrenzen spielen eine Rolle? Welche Räume sind welchen Figuren zugeordnet? Überschreiten Figuren Raumgrenzen? Durch solche Überlegungen kann die Symbolik der Räume in einem Text verdeutlicht werden. Von Bedeutung können auch Raumatmosphären sein.
- **Erzählperspektive:** Die Frage nach der Erzählperspektive und ihrer Bedeutung für die Interpretation ist anspruchsvoll. Es gilt zu untersuchen, wie die Erzählperspektive das Verstehen lenkt. Dabei geht es vor allem um das Verhältnis von Innensicht und Außensicht und um Erzählerkommentare (die auch implizit sein können, z. B. durch Ironie).
- **Stil-Interpretation:** Die Untersuchung des Stils eines Textes ist zunächst ein Aspekt der Deskription; deshalb spricht man in der Regel auch von Stilanalyse. Für die Interpretation wird sie interessant, wenn man danach fragt, wie sich Stil und Inhalt zueinander verhalten. So hat z. B. der stilistische Unterschied zwischen einer Kalendergeschichte von Hebel und einer typischen Kurzgeschichte aus der Nachkriegszeit auch mit der jeweiligen inhaltlichen Wirkung zu tun.

Die Interpretationsaspekte können mit leichter Abwandlung auch für die Beschäftigung mit dramatischen Texten gelten. Bei ihnen können insbesondere auch die stilistischen Unterschiede in der Redeweise von Figuren interessant sein. Bei der Interpretation von Lyrik spielt die Form-Inhalt-Beziehung und die Untersuchung bildlicher Redeweise (Metaphorik, Symbolik, Parabolik) eine besondere Rolle.

Interpretationsaufgaben

Die Deutschdidaktik hat sich in den vergangenen Jahren intensiver mit der Aufgabenkultur beschäftigt, d.h. mit der Frage, wie gute Lern- und Leistungsaufgaben konzipiert und formuliert sein sollen. Das hat auch zu einer Diskussion über Interpretationsaufgaben geführt (vgl. Praxis Deutsch 2012. H. 234). Auffällig ist dabei eine Tendenz weg vom unspezifischen Auftrag „Analysieren und interpretieren Sie ..." zu Aufgaben, bei denen bestimmte Gesichtspunkte oder Teilaspekte für die Interpretation genannt werden, evtl. mit Zusatzmaterialien zum Autor, zum zeithistorischen Kontext oder zu intertextuellen Bezügen im Text. In Lehrbüchern für den Unterricht und in der didaktischen Literatur findet man heute auch häufiger den Vorschlag, bei einer schriftlichen Interpretation mit einer Interpretationsthese zu beginnen (vgl. Rödel 2016, S. 53 ff.). Das unterstützt den erforderten argumentativen Stil von Interpretationen, kann aber auch dazu verführen, den Sinn eines literarischen Textes auf eine Aussage des Autors zu reduzieren.

Literaturhinweise

Albrecht, Andrea / Lutz Danneberg / Olav Krämer / Carlos Spoerhase 2015: Einleitung. In: Andrea Albrecht / Lutz Danneberg / Olav Krämer / Carlos Spoerhase (Hg.): Theorien, Methoden und Praktiken des Interpretierens. Berlin u. a. S. 1–20.

Kindt, Tom 2015: Deskription und Interpretation. Handlungstheoretische und praxeologische Reflexionen zu einer grundlegenden Unterscheidung. In: Marie Lessing-Sattari / Maike Löhden / Almuth Meissner / Dorothee Wieser (Hg.): Interpretationskulturen. Literaturdidaktik und Literaturwissenschaft im Dialog über Theorie und Praxis des Interpretierens. Frankfurt a. M. S. 93–112.

Matuschek, Stefan 2012: Was heißt: „Literatur lesen lernen?". In: Helmuth Feilke / Juliane Köster / Michael Steinmetz (Hg.). Textkompetenzen in der Sekundarstufe II. Stuttgart. S. 63–73.

Praxis Deutsch 2012. Interpretationsaufgaben stellen, hg. von Jürgen Baurmann und Clemens Kammler. H. 234.

Rödel, Michael 2016: Interpretationsaufsätze schreiben. Ein Handbuch. Baltmannsweiler.

D 15 Literatur hören und hörbar machen

Karla Müller

Begriff und Vielfalt literarischer Hörtexte

Im Folgenden soll „literarischer Hörtext“ als Sammelbegriff verwendet werden, um literarische Texte zu bezeichnen, die aus akustischen Zeichen bestehen und auditiv, also mittels des Hörsinns, rezipiert werden. Er ist weiter gefasst als oral poetry, dem kulturellen Phänomen der mündlich tradierten, schriftlosen Sprachkunst. Hörtext (→ E 6) schließt darüber hinaus die sekundäre Oralität (Phänomene der Mündlichkeit innerhalb der literalen Schriftkultur) und die tertiäre Oralität ein, also Mündlichkeit, die durch Medien vermittelt wird und meist auf einem schriftlichen Text basiert (vgl. Frederking / Krommer / Maiwald 2012, S. 104). Es gibt in unserer Gegenwartskultur eine große Vielfalt solcher Texte, welche einer Rezeption über das Ohr zugänglich sind. Das reine Erzählen einer frei ausgedachten Geschichte, z. B. als Einschlafritual für Kinder, erfolgt ohne schriftliche Vorlage, kann aber literarische Qualitäten haben. Vielfältiger und häufiger sind sekundäre Phänomene wie das Vorlesen eines Textes face-to-face (z. B. im Rahmen einer Dichterlesung), das Vortragen eines Textes (z. B. beim Poetry Slam) oder tertiäre Phänomene wie die inszenierte Lesung auf einer CD, das Hörspiel im Radio, die mündliche Performance im Internet usw. (→ E 6). Ein literarischer Hörtext kann auch mittels nicht-sprachlicher Zeichen Bedeutung transportieren. Die lange Tradition der akustischen Dichtung kennt z. B. Geräusch-Gedichte, die sich nicht oder kaum verschriften lassen (vgl. die Lautpoesie Ernst Jandls). Auch Musik kann als akustisches Element in einer Text-Musik-Kombination zur Bedeutungsgenerierung beitragen: „Klassische Musik und Sprache erzählen“ lautet z. B. das Motto der „Edition See-Igel“ (www.see-igel.de), bei der vorgelesene Märchentexte und Musikstücke miteinander in Wechselwirkung treten.

Spezifika literarischer Hörtexte (rezeptiv und produktiv)

Im schulischen Kontext geht es überwiegend um (auch) schriftlich vorliegende Texte, die als Literatur gelten, primär aus sprachlichen Zeichen bestehen (also Lyrik, Dramatik, Epik) und nun anders kodiert, nämlich medial mündlich, präsentiert werden. Auch Hörspiele gehören hierher, obgleich mit dieser Gattungstrias nicht greifbar. Der Wechsel vom graphischen zum akustischen Kode führt zu bestimmten Spezifika eines Hörtextes, welche die Rezeption und Produktion charakterisieren und für den Unterricht bedeutsam sind. Zu diesen Merkmalen gehört, dass gesprochene Sprache durch Stimme und Sprechausdruck gekennzeichnet ist. Letzterer stützt sich hauptsächlich auf sogenannte prosodische Mittel: Tempo (Geschwindigkeit, Pausen), Dynamik (Betonung, Lautstärke), Melodie

(Tonhöhe, Tonhöhenverlauf, Tonlänge) und Artikulation (Deutlichkeit, Lautung). Prosodische Mittel haben im Wesentlichen zwei Funktionen (nach Ertmer 1996, S. 39 ff.): eine strukturierende, indem sie Text und Satz gliedern, und eine expressive, indem sie Hinweise auf Sprecher- und Situationsmerkmale geben. Stimme und Sprechausdruck erleichtern das Verstehen, weil der Hörtext bereits interpretiert ist. Umgekehrt ist es für die Hervorbringung eines Hörtextes – das Hörbar-Machen – unerlässlich, dass der (zu lesende oder vorzutragende) schriftliche Text verstanden wurde, weil sonst die prosodischen Entscheidungen (z. B. Pausen und Betonungen) nicht stimmig sind. Die Erarbeitung einer Sprechfassung (→ A 4) führt unweigerlich zu einer intensiven Auseinandersetzung mit dem Text.

Ein anderes, bei der Rezeption aber eher hinderliches, Merkmal eines Hörtextes besteht in seiner Prozesshaftigkeit und Flüchtigkeit, welches bei der Rezeption besondere Anforderungen an Konzentration und Gedächtnis stellt. In der face-to-face-Situation kann jedoch die sprechende Person (z. B. beim Vorlesen im Klassenzimmer) im Idealfall solche Verstehenshürden bemerken bzw. antizipieren und ihnen entgegenwirken (durch Wiederholungen, Pausen, Visualisierungen u. ä.). Überhaupt darf nicht vergessen werden, dass Hörtexte nicht immer in Reinform vorliegen, sondern optische Zusatzinformationen hinzutreten können, sodass sogenannte „Hör-Seh-Situationen" (Behrens / Krelle 2014, S. 90) vorliegen. Die Flüchtigkeit des Hörtextes zeitigt beim Hörbar-Machen aus schulischer Sicht sogar positive Effekte. Während man einen geschriebenen Text sehr punktuell überarbeiten und verbessern kann, verlangt die Optimierung einer Sprechfassung ein höheres Maß an Wiederholung größerer Einheiten.

Gehörte Literatur vermittelt nicht zuletzt durch die Performanzerfahrung eine wesentliche ästhetische Dimension, nämlich Klang und Rhythmus. Diese ist wiederum für das literarische Verstehen essenziell, was am Beispiel Lyrik unmittelbar einleuchtet. Beim Hörbar-Machen (Sprechen) fallen solche Besonderheiten sprachlicher Gestaltung den Schülerinnen und Schülern überhaupt erst auf.

Während genuine Hörtexte wie Hörspiele und Lautpoesie im Deutschunterricht nur eine nachgeordnete Rolle spielen, sind Vorlesesituationen und Medienverbünde häufiger anzutreffen.

Literatur hören in der Vorlesesituation face-to-face

Seit Wieler (1997) die Bedeutung des Vorlesens in der Familie für die literarisch-kulturelle Sozialisation des Kindes herausgearbeitet hat, wird immer wieder auch die besondere Wichtigkeit des Vorlesens durch die Lehrkraft hervorgehoben. Für beide Konstellationen gilt der förderliche Einfluss auf die Ausbildung von Literacy (die Befähigung, an der Schriftkultur teilzuhaben) als erwiesen: Kinder werden mit konzeptioneller Schriftlichkeit vertraut und erweitern ihren Wortschatz, sie lernen intuitiv narrative Muster kennen und gewinnen insgesamt eine positive Einstellung gegenüber Lesen und Literatur. Insbesondere die dialogische Konstruktion von Sinn in Vorlesegesprächen ist hier förderlich

(Spinner 2005). Bei dem Vorlesen nicht illustrierter Texte ist es gerade eine Stärke der auditiven Literaturbegegnung, dass die Vorstellungsbildung nicht durch Bilder beeinflusst wird. Lesen und Hören sind strukturell analog, und für leseungeübte oder leseschwache Schülerinnen und Schüler ist die hörende Begegnung mit Literatur deshalb förderlicher als das Betrachten einer Literaturverfilmung. Gleichwohl bedarf es besonderer Überlegungen und Vorbereitung seitens der vorlesenden Person, eine entsprechende Hörhaltung bei den Lernenden aufzubauen, den Vorlesevorgang zu rhythmisieren und geeignete Impulse zur Anschlusskommunikation zu geben (vgl. Müller 2012, S. 92–97). Dies gilt im erhöhten Maße bei Kindern mit Deutsch als Fremd- bzw. Zweitsprache.

Literatur hören in Medienverbünden zum literarischen Lernen

In Medienverbünde einbezogene auditive Versionen von literarischen Texten sind dem literarischen Lernen besonders zuträglich. Das gilt zum einen für die Kombination der Medien Buch und Hörmedium (→ E 6, tabellarisch: Müller 2004, S. 11 f., an Beispielen: Müller 2010, ausführlich: Müller 2012, S. 88 ff.). Es sind verschiedene Kombinationen von Hören und Lesen denkbar: Erst zu hören, dann zu lesen, kann sinnvoll sein, wenn die Schülerinnen und Schüler den Anfang einer Ganzschrift in der Hörfassung rezipieren und den weiteren Verlauf antizipieren, dann jedoch erst das Buch erhalten und selbst weiterlesen, oder wenn die Lehrkraft eine besonders spannende Stelle aus einer Hörfassung herausgreift und die Lernenden über den möglichen Kontext nachdenken, bevor sie ihn dann selbst lesen. Man kann auch ein umfangreicheres Buch passagenweise lesen und die fehlenden Stellen mit einem Hörbuch überbrücken. Einen Text zunächst vor allem hinsichtlich seines Klangs wahrnehmen, kann bei Gedichten sinnvoll sein, weil die besondere Stimmung sinnfällig wird. Es kann aber auch erst gelesen und dann gehört werden, um z. B. Interpretationen, die sich in der Sprechfassung niederschlagen, wahrzunehmen und zu diskutieren, was vor allem bei unterschiedlichen Rezitationen von Lyrik meist zu regelrechten Aha-Erlebnissen führt, oder um Kürzungen oder Erweiterungen (beispielsweise bei Hörspieladaptionen) zu bestimmen und über deren Funktion nachzudenken. Zum anderen sind symmediale (vgl. Frederking 2010) Medienverbünde, die ein und dieselbe Geschichte erzählen, gerade im Grundschulalter eine Lernchance, denn „die jeweiligen Mediennarrationen benutzen verschiedene Zeichensysteme und sprechen verschiedene Wahrnehmungskanäle an, die mit den Rezeptionsgewohnheiten der Kinder aufs engste verknüpft sind“ (Kruse 2015, S. 246). Aber es kann nicht einfach vorausgesetzt werden, dass Kinder und Jugendliche längere Zeit konzentriert und verstehend zuhören können, sodass geeignete Zuhörstrategien ebenso erlernt werden müssen wie andere Arbeitstechniken (vgl. Müller 2012, S. 92). Für Hörende mit nichtdeutscher Erstsprache gilt außerdem, dass Sprechgeschwindigkeit, Artikulation, Sprecherzahl oder Störgeräusche in der Fremd- bzw. Zweitsprache sich stärker auswirken als in der Muttersprache (vgl. Behrens / Krelle 2014, S. 99). Insgesamt kann aber festgehalten werden, dass die älteste Form der Literaturrezeption und -produktion auch in der neuesten Zeit ihre Berechtigung behalten hat.

Literaturhinweise

Behrens, Ulrike / Michael Krelle 2014: Hörverstehen – ein Forschungsüberblick. In: Didaktik Deutsch. H. 36. S. 86–107.

Ertmer, Cornelia 1996: Gestaltendes Sprechen in der Schule. Münster.

Frederking, Volker 2010: Symmedialer Literaturunterricht. In: Ders. / Axel Krommer / Christel Meier (Hg.): Literatur- und Mediendidaktik. Taschenbuch des Deutschunterrichts. Bd. 2. Baltmannsweiler. S. 515–545.

Frederking, Volker / Axel Krommer / Klaus Maiwald 2012: Mediendidaktik Deutsch. Eine Einführung. 2., neu bearb. und erw. Auflage. Berlin.

Kruse, Iris 2015: Im Gestöber der Medien entdecken, erfahren und lernen. Kinderliterarische Medienverbünde herausfordernd arrangieren. In: Mechthild Dehn / Daniela Merklinger (Hg.): Erzählen – vorlesen – zum Schmökern anregen. Frankfurt a. M. S. 244–255.

Müller, Karla 2004: Literatur hören und hörbar machen. In: Praxis Deutsch. H. 185. S. 6–13.

Müller, Karla 2010: Hören und Lesen am Beispiel von Kinder- und Jugendliteratur. In: Volker Frederking / Hans-Werner Huneke / Axel Krommer / Christel Meier (Hg.): Literatur- und Mediendidaktik. Taschenbuch des Deutschunterrichts. Bd. 2. Baltmannsweiler. S. 656–668.

Müller, Karla 2012: Hörtexte im Deutschunterricht. Poetische Texte hören und sprechen. Seelze.

Spinner, Kaspar H. 2005: Höreraktivierung beim Vorlesen und Erzählstruktur. In: Petra Wieler (Hg.): Narratives Lernen in medialen und anderen Kontexten. Freiburg i. Br. S. 153–166.

Wieler, Petra 1997: Vorlesen in der Familie. Fallstudien zur literarisch-kulturellen Sozialisation von Vierjährigen. Weinheim.

D 16 Bildlichkeit (Metaphernverstehen, Symbolverstehen)

Juliane Dube
Clemens Kammler

Der Umgang mit literarischen Texten umfasst die Rekonstruktion der inhaltlichen Ebene und des Kontextes sowie die Reflexion der sprachlichen Gestaltung. Verstärkte Aufmerksamkeit erhalten dabei bereits ab der Primarstufe sprachliche Bilder im Allgemeinen und metaphorische und symbolische Äußerungen im Besonderen. Beide Konzepte sind jedoch bei Lernenden häufig Grund für Verstehensschwierigkeiten und in der wissenschaftlichen Literatur Gegenstand zahlreicher Diskussionen.

Zum Begriff der Metapher

Die Schwierigkeit, eine Definition zu formulieren, gilt besonders für die Metapher, die als poetisches Stilmittel und konzeptuelle Konstruktion die „Schnittstelle zwischen kognitiven und ästhetischen Zugangsweisen zur Welt" (Gansen 2010, S. 417) bildet. Folglich gibt es weniger die Theorie der Metapher als vielmehr eine Zahl konkurrierender Ansätze, welche die Metapher jedoch überwiegend als eine besondere Form des nichtwörtlichen Sprachgebrauchs beschreiben (vgl. Skirl / Schwarz-Friesel 2007, S. 1). Theoretisch wird die Metapher daher als verkürzter Vergleich (Vergleichstheorie von Cicero) oder als uneigentlicher Ausdruck, der einen eigentlichen ersetzt, bezeichnet (Substitutionstheorie von Quintilian). Breiten Zuspruch hat in den letzten Jahren die Interaktionstheorie von I. A. Richards und Max Black erhalten. Folgt man den Ausführungen ihrer Vertreter, zeichnet sich die Metapher bzw. metaphorische Äußerung dadurch aus, „dass sie mindestens einen Ausdruck enthält, der in nicht-wörtlicher Weise verwendet wird. Im Minimalfall ist dies nur ein Wort, im Maximalfall werden alle in der Äußerung enthaltenen Ausdrücke metaphorisch gebraucht" (Skirl / Schwarz-Friesel 2007, S. 6). In Anerkennung dieser Doppelstruktur der Metapher ist jedoch nicht immer klar, wie wörtlicher und nicht-wörtlicher Ausdruck miteinander interagieren, sodass die jeweilige Kommunikationssituation (Ko- und Kontext) bei der Metapherninterpretation einbezogen werden muss. Mit der zunehmenden Etablierung der kognitiven Metapherntheorie von Lakoff und Johnson (1980 / 1998) gelten Metaphern inzwischen gleichfalls auch als konzeptuelle Konstrukte, die unser Denken und Handeln wesentlich beeinflussen.

Im Deutschunterricht wird die Metapher vor allem als sprachliches Phänomen in Alltagssprache und literarischen Texten thematisiert. Häufig geht es darum, sie zu erkennen und zu interpretieren bzw. sie von anderen rhetorischen Figuren (z. B. von Symbol, Metonymie, Vergleich) abzugrenzen. Bei der Auswahl geeigneter Texte hierfür bieten die von Pieper und Wieser (2012) zusammengestellten Kriterien Unterstützung. Mit dem Ziel, die Lernenden für den Zusammenhang von Sprache und Denken zu sensibilisieren, empfehlen Arbeiten zur Metapherndidaktik jedoch (vgl. Katthage 2004, ders. 2006), die Verengung der Metapher als Kategorie der Textanalyse aufzubrechen. Hierzu soll sie nicht nur als sprachlicher Ausdruck in Werbung, Presse und Sachtexten thematisiert werden, sondern auch als konzeptuelle Projektion im alltäglichen Sprachgebrauch (vgl. Der Deutschunterricht 2006. H. 6).

Metaphernverstehen

Sollen Metaphern für den Aufbau eines kohärenten Situationsmodells im Rahmen einer Textanalyse genutzt werden, müssen die Lernenden komplexe Verstehensleistungen erbringen. Vor dem Hintergrund einer interaktionistischen Metapherntheorie bedeutet dies, die Metapher als nicht wörtlichen Ausdruck („semantische Anomalie") im Text wahrzunehmen und unter Berücksichtigung ihrer Gebrauchssituation semantische Bezüge zwischen Konzepten, welche sich hinter den sprachlichen Äußerungen verbergen, aktiv zu konstruieren. Erst durch diesen Interaktionsprozess wird eine kontextgebundene Ähnlichkeit geschaffen („semantische Innovation"), anstatt eine bereits vorher existierende zu formulieren. Diese Aufgabe stellt viele Lernende jedoch – insbesondere im Umgang mit innovativen Metaphern – immer wieder vor Herausforderungen (vgl. u. a. Pieper / Wieser 2012). Um metaphorische Äußerungen wie „Wortwälder im Jagdrevier" (Rose Ausländer) interpretieren zu können, reichen sprachliches Erfahrungswissen und individuelles Weltwissen oftmals nicht aus. An die Stelle von niedrigschwelligen Verstehensleistungen müssen folglich z. B. im Kontext des literarischen Gesprächs problemlösende Interpretationsprozesse treten. Dabei steht sowohl das Verstehen des propositionalen Gehalts als auch die durch Metaphern zum Ausdruck gebrachten Stimmungen und Gefühle, die sich in ihrer Funktion als Auslöser ästhetischen Erlebens manifestieren, im Mittelpunkt.

Zum Symbolbegriff

Symbole begegnen uns in unterschiedlichen kulturellen Kontexten, zum Beispiel auch im Film oder in der Werbung. Literaturwissenschaftlich lässt sich das Symbol definieren als „sprachliche Referenz auf ein konkretes Ding, Phänomen oder auch eine Tätigkeit [...], die mit einem über die lexikalische Bedeutung hinausweisenden Sinn verknüpft ist" (Butzer / Jacob 2008, S. V). Symbolverstehen setzt also ein, „wenn sich noch eine zusätzliche Bedeutung aufdrängt" (Kurz 2004, S. 79), etwa, wenn man vermutet, dass ein Fleck auf die Schuld des Protagonisten verweisen soll. Anders als bei der Metapher, die nach Harald Weinrich eine Störung der semantischen Kohärenz darstellt (vgl. Weinrich 1967, S. 3–17), „operiert das Symbol auf der Sach- und Handlungsebene des Textes und kann daher [...]

auch ignoriert werden, ohne dass dies einen Einfluss auf die Kohärenz des Textes haben würde“ (Butzer / Jacob 2008, S. V).

Symboldeutung setzt auch eine bestimmte Art des Textgebrauchs auf Leserseite voraus. Das Symbolische ist demnach auch ein Modus der Interpretation (vgl. Eco 2009, S. 334). Allerdings müssen auf Textseite Strukturen vorhanden sein, die den Leser zur symbolischen Lektüre auffordern. Neben „textexternen Aufforderungen“ (z. B. das Vorwissen darüber, dass Venedig in der modernen Literatur oft als Todesssymbol fungiert), gibt es „textinterne“, z. B. die prominente thematische Stellung (etwa im Titel), die leitmotivische Wiederholung oder die parallele Anordnung (etwa von Naturvorgängen und Handlungen) (vgl. Kurz 2004, S. 81 ff.).

Symbolverstehen

Aus literaturdidaktischer Sicht wurden entwicklungspsychologische Stufenmodelle kritisiert, die die Fähigkeit, etwas in abstrakte Begriffe zu fassen, für die reifere Form des Symbolverstehens halten als ein analogisches Verstehen (Zabka 2004, S. 250). Hingewiesen wurde auch darauf, dass das Herstellen einer allgemeinen Bedeutung den Verstehensprozess zu einem verfrühten Abschluss bringen kann (vgl. Abraham 2004, S. 102), was dafür spricht, in Lernprozessen das Prozesshafte des symbolischen Verstehens in den Vordergrund zu stellen (vgl. ebd., S. 109). Eingeflossen sind diese Überlegungen in ein Stufenmodell des Symbolverstehens (vgl. Kammler 2012). Unterschieden werden darin folgende Aspekte:
- Erfassen der möglichen Bildlichkeit sprachlich-literarischer Elemente
- Überprüfung von Deutungshypothesen durch In-Beziehung-Setzen zu anderen Textpartien
- In-Beziehung-Setzen von Deutungshypothesen zu historischen Kontexten
- Reflektieren des Spielraums, der dem Leser bei der Konstitution der Bedeutung literarischer Symbole eingeräumt wird
- Kenntnis und kritischer Gebrauch einschlägiger Fachbegriffe (z. B. Metapher, Symbol) (vgl. ebd., S. 203 f.)

Wie früh die schulische Förderung dieser Fähigkeiten einsetzen kann, ist umstritten. Gegen die Auffassung, dass das Verstehen von Symbolen grundsätzlich höhere Kompetenzen voraussetzt als das von Metaphern (vgl. Eggert / Garbe 2003, S. 23), spricht die Beobachtung, dass intuitives Symbolverstehen schon gegen Ende der Primarstufe möglich ist (vgl. Köster 2012, S. 59). Fördermodell für die Primar- und Sekundarstufe finden sich in Praxis Deutsch 2011, H. 228.

Zur Überprüfung der Fähigkeit des Symbolverstehens haben Huber und Stückrath (2007) einen Test entwickelt, der sich an Kriterien orientiert, die sich teilweise mit den von Kammler (2012) vorgeschlagenen decken. An den mehr oder weniger geschlossenen Aufgabenformaten ihres Tests und von Tests im Allgemeinen wurde kritisiert, dass sie dazu verleiten, Symbole als isolierte Phänomene zu be-

TEXTE

trachten, während Interpretation doch „wie ein Gang durch eine Landschaft" sein sollte, „in der sich vielfältige Perspektiven auftun" (Spinner 2010, S. 64 f.).

Literaturhinweise

Abraham, Ulf 2004: Symbolisches Verstehen als unabschließbare Aufgabe einer „Lehre der Literatur". In: Volker Frederking (Hg.): Lesen und Symbolverstehen. München. S. 100 –112.
Butzer, Günter / Joachim Jacob (Hg.) 2008: Metzler Lexikon literarischer Symbole. Stuttgart u. a.
Der Deutschunterricht 2006. Metapher. H. 6.
Eco, Umberto 2009: Symbol. In: Frauke Berndt / Heinz J. Drügh (Hg.): Symbol. Grundlagentexte aus Ästhetik, Poetik und Kulturwissenschaft. Frankfurt a. M. S. 325 – 335.
Eggert, Hartmut / Christine Garbe 2003: Literarische Sozialisation. 2. Auflage Stuttgart u. a.
Huber, Ludwig / Jörn Stückrath: Was können Eingangsdiagnosen im Deutschstudium leisten? Zum Symbolverstehen von Studienanfängern am Beispiel von Wolfgang Borcherts *Nachts schlafen die Ratten doch.* In: Steffen Gailberger / Michael Krelle (Hg.): Wissen und Kompetenz. Entwicklungslinien und Kontinuitäten in Deutschdidaktik und Deutschunterricht. Festschrift für Heiner Willenberg. Baltmannsweiler. S. 74 – 96.
Kammler, Clemens 2012: Symbolverstehen als literarische Rezeptionskompetenz. In: Ders. (Hg.): Literarische Kompetenzen – Standards im Literaturunterricht. Modelle für die Primar- und Sekundarstufe. 2. Auflage. Seelze. S. 196 –213.
Katthage, Gerd 2004: Didaktik der Metapher. Perspektiven für den Deutschunterricht. Baltmannsweiler.
Katthage, Gerd 2006: Mit Metaphern lernen. Baltmannsweiler.
Köster, Juliane 2012: Von der Lebenswelt zur Literatur. Zu Erich Kästners „Fauler Zauber". In: Clemens Kammler (Hg.): Literarische Kompetenzen – Standards im Literaturunterricht. Modelle für die Primar- und Sekundarstufe. 2. Auflage. Seelze. S. 50 – 65.
Kurz, Gerhard 2004 [1982]: Metapher, Allegorie, Symbol. Göttingen.
Pieper, Irene / Dorothee Wieser 2012: Metaphernverstehen im Umgang mit lyrischen Texten: Zur Bestimmung von Interpretationsoperationen bei Schülerinnen und Schülern der Sekundarstufe I. In: Fachliches Wissen und literarisches Verstehen. Studien zu einer brisanten Relation. Frankfurt a. M. S. 171–193.
Skirl, Helge / Monika Schwarz-Friesel 2007: Metapher. Heidelberg.
Spinner, Kaspar H. 2010: Symbolisches Verstehen als Kernkompetenz des poetischen Verstehens. In: Iris Winkler / Nicole Masanek / Ulf Abraham (Hg.): Poetisches Verstehen. Literaturdidaktische Positionen – empirische Forschung – Projekte aus dem Deutschunterricht. Baltmannsweiler. S. 55 – 65.
Weinrich, Harald 1967: Semantik der Metapher. In: Folia Linguistica 1. S. 3 –17.
Zabka, Thomas 2004: Zur Entwicklung der ästhetischen Rationalität – Überlegungen anlässlich des Symbolverstehens im Literaturunterricht. In: Bodo Lecke (Hg.): Fazit Deutsch 2000. Ästhetische Bildung, moralische Entwicklung, kritische Aufklärung. Frankfurt a. M. u. a. S. 247 – 262.

D 17 Unterhaltungsliteratur (z. B. Krimi)

Dieter Wrobel

Unterhaltungsliteratur war lange als Unterrichtsgegenstand verpönt; sie galt als trivial, als niedere Schemaliteratur, die stereotype Narration wiederhole und allein daher schon zu vernachlässigen sei. Wenn sie denn überhaupt für den Literaturunterricht in Betracht gezogen wurde, dann mit dem Ziel, in wertender Perspektive an Einzeltexten ihre Nachrangigkeit darzustellen. Oder sie wurde v. a. in den 1970er-Jahren im Sinne einer (ideologie-)kritischen Literaturdidaktik genutzt, um an ihr die „kritische Erfassung der Gesellschaft der Gegenwart" (Bürger 1974, S. 8) vorzunehmen. Doch ist der zugrundeliegende Unterhaltungsbegriff nicht statisch, sondern unterliegt historischem Wandel sowie wechselnder kultureller Prägung und Reflexion (vgl. Barsch 2006, S. 189). Spätestens seit die Literaturtheorie der Postmoderne die vormals unüberwindlich geglaubte Grenze zwischen sogenannter ernster Kultur und sogenannter Unterhaltungskultur eingerissen hat und seit in der Folge in der literarischen Praxis auch die Texte der Unterhaltungsliteratur (in Teilen) an Qualität gewonnen haben, hat sich die Situation für den Literaturunterricht grundlegend verändert.

In der Literaturtheorie der Postmoderne ist die vormals unüberwindlich geglaubte Grenze zwischen sogenannter ernster Kultur und sogenannter Unterhaltungskultur eingerissen worden. Seitdem haben in der literarischen Praxis auch die Texte der Unterhaltungsliteratur (in Teilen) an Qualität gewonnen, nachfolgend hat sich die Situation für den Literaturunterricht grundlegend verändert.

Unterhaltungsliteratur ist nicht länger als Synonym für „Schund und Schmutz" bzw. für „minderwertige Literatur" zu verstehen. Als akzeptierter Gegenstand für literarisches Lernen gelten nicht mehr ausschließlich die Texte der sogenannten Höhenkammliteratur bzw. kanonisierte Literatur. Und dies ist nicht allein mit dem Anliegen der Leseförderung, die eine Ausweitung der Lektüren für den Unterricht bewirkt hat, zu erklären. Vielmehr holt der Literaturunterricht so auch die am häufigsten praktizierte Form der (außerschulischen) Lektüre ein (vgl. Hurrelmann 1998). Die Öffnung des Unterrichts anderen Medien gegenüber (bspw. Film oder Fernsehen) hat weiterhin zu dieser Entwicklung beigetragen.

Damit ist auch der Versuch, literarische Texte zu klassifizieren und auf dieser Basis für den Literaturunterricht zu empfehlen bzw. auszuschließen, in weiten Teilen hinfällig geworden. Mitte der 1960er-Jahre wurde in wertender Absicht ein hierarchisches Dreischichtenmodell vertreten, das Unterhaltungsliteratur von Hochliteratur zur einen und von Trivialliteratur zur anderen Seite hin abgrenzt (vgl. Foltin 1965). Dieser Versuch, trotz zugestandener fließender Grenzen eine mittlere Ebene zu formulieren, geht davon aus, dass sowohl Trivial- als auch Unterhaltungsliteratur mit Klischees arbeiten, diese jedoch vor allem die Trivialliteratur dominieren. Dabei ist allerdings zu bedenken, dass sich Zuordnungen und literarische Wertungen verändern: Mancher Text, der heute als hochliterarisch gilt, hat in der zeitgenössischen Rezeption eher ein Unterhaltungsbedürfnis bedient; dies trifft bspw. auf Goethes Briefroman *Die Leiden des jungen Werthers* (1774) zu. Wenn gegenwärtig solche Kategorien überhaupt noch funktionieren, dann werden mit einiger Vorsicht produktions- und rezeptionsästhetische Kriterien heranzuziehen sein. Auf dieser Basis bleibt festzuhalten, dass nach wie vor einzelne (Sub-)Genres der Unterhaltungsliteratur wenig bis gar nicht im Unterricht vertreten sind; dies gilt vor allem für Arzt-, Heimat- oder Liebesroman(-reihen), also für klassische „Heftchen-Literatur".

Dagegen haben vor allem Krimis, historische Romane, Science-Fiction sowie Reise- bzw. Abenteuerromane für alle Altersgruppen den Literaturunterricht erreicht. Sie dokumentieren auch, dass populäre Literatur bzw. Unterhaltungsliteratur hinsichtlich ihrer Stoffe oder Motive nicht trennscharf von sogenannter Höhenkammliteratur abzugrenzen ist. Vor allem der Krimi ist ein gutes Beispiel hierfür, denn die „Frage, ob der Kriminalroman zur [...] ‚Literatur' gehöre, ist ein Scheinproblem, das nur unter den Bedingungen eines elitären Literaturbegriffs diskutierbar war" (Kniesche 2015, S. 13). Diese Sichtweise überlagert vor allem jene Texte, die als „Kriminalnovellen" konzipiert, aber historisch nicht als eigenes Genre rezipiert wurden (z. B. Friedrich Schiller: *Der Verbrecher aus verlorener Ehre*, E.T.A. Hoffmann: *Das Fräulein von Scuderi*, Theodor Fontane: *Unterm Birnbaum*).

Sowohl in literaturgeschichtlicher Differenzierung wie in didaktischen Anschlüssen ist der Krimi inzwischen als ergiebiger Gegenstand für das literarische Lernen akzeptiert. Und er macht zudem einen erheblichen Anteil der jährlichen Bücherproduktion aus, dominiert damit mindestens in quantitativer Hinsicht die Gegenwartsliteratur. Schließlich ist der Krimi gegenwärtig in allen Medien präsent, ermöglicht daher auch Anschlüsse an Ziele des (inter-)medialen Lernens.

Zur Kriminalliteratur zählen einem gängigen Definitionsversuch nach: 1. der Kriminalroman, der „die Geschichte eines Verbrechens" erzählt, 2. der Detektivroman, der „die Geschichte der Aufklärung eines Verbrechens" erzählt (Alewyn 1974, S. 343) sowie 3. der Thriller. Der Detektivroman ist dadurch gekennzeichnet, dass er analytisch erzählt ist, während Kriminalroman und Thriller i. d. R. synthetisch, also chronologisch erzählt sind. Dass die Abgrenzungs- und Definitionsfragen im Einzelfall dann nicht so schematisch möglich sind, stellt Kniesche (2015, S. 8 f.) heraus. Insbesondere solche Texte, in denen zwar eher beiläufig und nicht im Zentrum der Narration ein Verbrechen thematisiert wird, die deshalb nicht als Krimi im herkömmlichen Sinn gelten können, firmieren daher neuerdings als „Beinahekrimis" (Thielking / Vogt 2014).

Mit Blick auf zahlreichen Subgenres des Krimis, die in allen Medien vertreten sind, können bspw. hard boiled-Thriller, psychologische Krimis, Frauen- bzw. feministische Krimis, historische Krimis, Regionalkrimis, Großstadtkrimis, forensische Krimis, Polizei-, Agenten- und Action-Krimis, Kinderkrimis, Rätselkrimis, Öko- bzw. Umweltkrimis, Krimi-Parodien u. a. unterschieden werden. Die Zeichnung der Ermittlerfigur hat sich dabei stark verändert und differenziert: Stand bei prominenten älteren Krimis noch der geniale Ermittler (z. B. Sherlock Holmes, Hercule Poirot), häufig unterstützt durch einen helfenden Gefährten („Watson-Figur"), im Mittelpunkt, sind gegenwärtig vielfach Ermittelnde mit spezifischem Professionswissen (z. B. als Polizisten, Pathologen, Forensiker, Journalisten, Privatermittler) am Werk. Auch die Darstellung von Ermittlerteams (v. a. in TV-Serien) sowie die Darstellung von Ermittelnden als gebrochene Figuren mit komplexem Privatleben (z. B. Henning Mankells Kommissar Wallander) sind zunehmend vertreten. Neben die Konstruktion von vertrackten, hoch komplexen Fällen ist in steigender Zahl die Ausleuchtung von sozialen Milieus getreten, nicht nur solcher, die Verbrechen begünstigen können. Gerade diese Entwicklung führt dazu, dass Krimis auch sozialkritische Züge tragen (z. B. die Fälle von Kommissar Beck von Maj *Sjöwall* und Per *Wahlöö* in den 1960er- und 1970er-Jahren oder von Donna Leons Commissario Brunetti seit den 1990er-Jahren). Dies macht die Darstellung komplexer: Verbrechen und ihre Aufklärung, Verbrecher und Ermittler werden zunehmend sozial, gesellschaftlich, politisch, aber auch psychologisch kontextuiert. Schließlich wird in der Gegenwartsliteratur der Krimi selbst fluent: Autoren wie Wolf Haas oder Jakob Arjouni durchbrechen Genregrenzen, indem sie kaum mehr auf eine abgebildete Wirklichkeit verweisen, sondern diese „spielerisch verfremdet" (Kniesche 2015, S. 105) darstellen.

Erfolgreiche Krimis sind längst nicht mehr allein an das Medium Buch gebunden; als Hörbücher bzw. Hörspiele, als Comics oder Graphic Novels und / oder in filmischen Adaptionen (v. a. für das Fernsehen) erreichen sie ein Massenpublikum. Für diesen Erfolg ist gerade auch die Serialität verantwortlich, die zugleich ein Kriterium für andere Genres der Unterhaltungsliteratur ist. Ein bekanntes Setting, bekannte Figuren, bekannte Schauplätze – das „zyklisch-serielle Erzählen" (Mielke 2006) ist zu einem prägenden Kennzeichen unterhaltungsliterarischer Texte in allen Medien geworden. Das Merkmal der Serialität trifft auf Krimis für alle Altersgruppen zu, darunter befinden sich zunehmend auch Texte, die unmittelbar an Kinder und Jugendliche adressiert (Beispiel: *Die ???*) und weniger komplex erzählt (Beispiele: *Die ??? Kids, TKKG*) sind.

Mit Blick auf den Literaturunterricht der Oberstufe sind darüber hinaus aktuelle Krimis – und hier vor allem: TV-Serienformate und Spielfilme – ein Gegenstand, die den Krimi um eine auch wertungsbezogene Dimension ergänzen, indem sie die schematische Polarität von Gut vs. Böse infrage stellen, teilweise sogar aufzuheben scheinen. Gerade hybride Figuren, die nicht mehr eindeutig einer der beiden Seiten zuzuordnen sind, fordern zur besonderen Reflexion auf und können ein didaktisch relevantes Wertungsdilemma auslösen. So erleben Zuschauende bspw. in der TV-Serie *Dexter* die Titelfigur, einen Forensik-Mitarbeiter des Miami-Metro Police Departments „zunächst als gesetzestreuen Ordnungshüter und besorgten Bruder, um dann umso schockierter zu erfahren, dass Dexter selbst ein Serienmörder ist" (Standke / Wrobel 2017, S. 10). Gerade der Widerspruch zwischen seinen Taten und deren scheinbar moralischer Legitimation

– Dexter tötet Menschen, die selbst Täter sind, aber der Justiz entkommen konnten – aktualisiert und fokussiert den Krimis auch auf Fragen der Psychologie, der Moral, der Philosophie sowie des Justizsystems.

Für die Verwendung von Krimis im Literaturunterricht legen Kammler/Wilczek (2005, S. 11 ff.) in didaktischer Perspektive neue Ansätze dar; diese Überlegungen sind zugleich als Kriterien für die Auswahl von Krimis angesichts der Fülle möglicher Texte gedacht. Demnach eignen sich Krimis lesedidaktisch für eine Vielzahl von Rezeptionsmodi, vor allem das analytisch orientierte, miträtselnde Lesen ist zu nennen. Weiterhin kann im Literaturunterricht textanalytisch den Formen der Spannungserzeugung nachgegangen werden. Krimis bieten zudem die Chance, gattungs- bzw. genrebezogenes und -historisches Wissen aufzubauen. Schließlich kann anhand von Krimis in Verfahren, Textsorten und Prozesse der literarischen Wertung eingeführt werden. All dies liegt im Korridor des literarischen Lernens, das Spinner (2006) in einer kompetenzorientierten Perspektive ausbuchstabiert hat. Vor allem ist herauszustellen, dass junge Lesende Unterhaltungsliteratur – hierbei vor allem Krimis – zum Aufbau eines selbstständigen Zugangs zur Literatur sowie zur Initiierung von Leseprozessen nutzen (vgl. Kammler/Wilczek 2005, S. 7) und schließlich auch eine eigene Wertungspraxis differenzieren lernen können.

Literaturhinweise

Alewyn, Richard 1974: Ursprung des Detektivromans. In: Ders.: Probleme und Gestalten. Frankfurt a. M. S. 341–360.

Barsch, Achim 2006: Art. Unterhaltung. In: Ralf Schnell (Hg.): Gegenwartskultur. Stuttgart u. a. S. 189–192.

Bürger, Christa 1974: Zeitgenössische Unterhaltungsliteratur. Frankfurt a. M.

Foltin, Hans Friedrich 1965: Die minderwertige Prosaliteratur. Einteilung und Bezeichnungen. In: Deutsche Vierteljahresschrift. H. 39. S. 288–323.

Hurrelmann, Bettina 1998: Unterhaltungsliteratur. In: Praxis Deutsch. H. 150. S. 15–22.

Kammler, Clemens/Reinhard Wilczek 2005: Krimi. In: Praxis Deutsch. H. 192. S. 6–14.

Kniesche, Thomas 2015: Einführung in den Kriminalroman. Darmstadt.

Mielke, Christine 2006: Zyklisch-serielle Narration. Erzähltes Erzählen von 1001 Nacht bis zur TV-Serie. Berlin u. a.

Spinner, Kaspar H. 2006: Literarisches Lernen. Basisartikel. In: Praxis Deutsch. H. 200. S. 6–16.

Standke, Jan/Dieter Wrobel 2017: Das Böse. In: Praxis Deutsch. H. 261. S. 4–11.

Thielking, Sigrid/Jochen Vogt (Hg.) 2014: ‚Beinahekrimis‘ – Beinahe Krimis!? Bielefeld.

D 18 Analytische und handlungs- und produktionsorientierte Methoden

Kaspar H. Spinner

Analytische und handlungs- und produktionsorientierte Methoden werden in der Literaturdidaktik meist als gegensätzliche Vorgehensweisen verstanden.

Analytische Verfahren

Analytisches Vorgehen ist strikt textbezogen und unterliegt dem Anspruch, objektiv nachprüfbar zu sein; es spielt bei der Untersuchung von Sachtexten und von literarischen Texten eine Rolle. Beim Umgang mit literarischen Texten werden vor allem die folgenden Analyseverfahren vermittelt (vgl. Spinner 2016, S. 86–96):

- Die Sprachanalyse bezieht sich auf die Wortwahl, den Tempus- und Modusgebrauch, die Syntax (einschließlich der Interpunktion) und die satzübergreifende Verknüpfung in Texten.
- Die Stilanalyse schließt Sprachanalyse ein; sie unterliegt jedoch zusätzlich dem Anspruch, dass Einzelbeobachtungen zusammengeführt werden im Hinblick auf den Stil eines literarischen Werkes oder sogar den Stil eines Autors oder einer literarischen Strömung (z. B. expressionistischer Stil). Meist finden dabei charakteristische rhetorische Figuren wie Metaphern, Hyperbeln, Ironie besondere Beachtung. Hilfreich für die Suche nach Stileigentümlichkeiten kann die Annahme der Abweichungsstilistik sein, nach der sich literarische Texte durch Abweichung von Normerwartungen auszeichnen, z. B. durch auffallende Wiederholungen, unvollständige Sätze, ungewöhnliche Wortwahl usw.
- In der semiotisch-strukturalistischen Analyse werden einzelne Textelemente in einem ersten Schritt isoliert und in einem zweiten einander zugeordnet. Dabei spielen in der Regel Oppositionen eine besondere Rolle, z. B. gegensätzliche Figuren, Orte, Bewegungen (vgl. Müller 2015). Ein wesentlicher Grundgedanke des semiotisch-strukturalistischen Vorgehens besteht darin, dass sich Bedeutungen in literarischen Texten durch die wechselseitige Beziehung einzelner Textelemente ergeben.
- Starke Berücksichtigung findet im Unterricht die Analyse von Gattungsmerkmalen, ausgerichtet an Leitfragen wie: „Was ist kennzeichnend für ein Märchen, eine Fabel, eine Parabel, eine Kalendergeschichte, eine Kurzgeschichte ...?“ Mischformen von Gattungen, die besonders in der modernen Literatur häufig sind, können vor dem Hintergrund entsprechenden Gattungswissens genauer analytisch erfasst werden.
- Die narrative Analyse betrifft Aspekte wie Erzähler, Erzählperspektive, Zeitstruktur, Redeformen. Auch die Handlungsanalyse, z. B. bezogen auf das

TEXTE

Grundmodell Komplikation und Auflösung, ist hier anzuführen. Wie die Kategorien der Erzählforschung in der Schule angewandt werden können, haben vor allem Leubner / Saupe (2012) gezeigt.

- Eine große Rolle spielt im Unterricht die Figurenanalyse, die auch als Teil der narrativen Analyse verstanden werden kann. Die folgenden Untersuchungsaspekte können als Suchraster dienen (vgl. Pissarek 2015):
  Explizite auktoriale Information:
  - durch die Beschreibung der Figur in der Erzählerrede bzw. in Regieanweisungen,
  - Aussagen des Erzählers zu Charaktereigenschaften der Figur
  - sprechende Namen

  Selbstdarstellung der Figur:
  - durch Selbstaussagen der Figur in Monologen und Dialogen,
  - implizit durch charakteristische Rede- und Verhaltensweisen

  Fremddarstellung:
  - durch Aussagen anderer Figuren,
  - implizit durch Reaktionen anderer Figuren

  Entwicklung einer Figur im Verlauf eines Textes:
  - äußere Entwicklung
  - innere Entwicklung
- Bei der Analyse lyrischer Strukturen geht es um Strophenformen, um Reim, Alliteration und andere Lautstrukturen, um Metrum und Rhythmus, um rhetorische Figuren und semantische sowie grammatische Auffälligkeiten.
- Auch zu Theateraufführungen können analytische Aufgaben gestellt werden; in Betracht kommen vor allem die folgenden Aspekte:
  - Bühnenbild,
  - Beleuchtung,
  - Requisiten,
  - Kostüme und Maske,
  - Körperhaltung, Bewegung und Gestik der Schauspieler (Körpersprache),
  - Sprechweise,
  - Musik, Geräusche, Phasen der Stille

Handlungs- und produktionsorientierte Verfahren

Im handlungs- und produktionsorientierten Literaturunterricht sollen die Schülerinnen und Schüler selbst produktiv tätig werden, indem sie Texte ergänzen, umschreiben, imitieren, antizipieren, szenisch umsetzen und in andere Medien transformieren durch Malen, Vertonen, Filmen (vgl. Spinner 2010, S. 220 ff.). Das handlungs- und produktionsorientierte Vorgehen wird auch mit dem Begriff des analogen Denkens in Verbindung gebracht. Dieses ist als Gegensatz zum analytischen Denken zu verstehen und bezeichnet einen Zugang zur Welt, der nicht begrifflich-abstrahierend, sondern ikonisch-abbildhaft ist. Damit kann begründet werden, warum etwa das Malen eines Bildes zu einem Gedicht oder das Schreiben nach dem Modell eines vorgegebenen Kurzprosatextes eine Form von Aneignung und Interpretation sein kann. Der Schwerpunkt des handlungs- und produktionsorientierten Ansatzes liegt auf schriftlichen Verfahren. Der einfachste Typ besteht darin, dass Teile eines Textes zusammengefügt werden sollen (z. B. die auseinandergeschnittenen Verse eines Gedichtes) oder aus vorgegebenen Varianten auszuwählen ist (z. B. drei Schlusssätzen, dem originalen, der nicht als solcher gekennzeichnet ist, und zwei von der Lehrperson ausgedachten Versionen). Man kann solche Verfahren als operativ bezeichnen. Stärker produktionsorientiert sind Aufgaben, bei denen Schülerinnen und Schüler etwas in der Textvorlage Weggelassenes ergänzen sollen: Sie denken sich z. B. einen Titel zum Text aus, sie fügen einzelne getilgte Wörter ein, sie verfassen einen fehlenden Schluss, eine ausgelassene Raum- oder Personenbeschreibung.

Umfangreicher werden die Schreibaufgaben, wenn nur einzelne Elemente eines Textes vorgegeben werden und entsprechende Ausgestaltungen vorzunehmen sind – z. B. wenn zu drei Schlagwörtern eine Kurzgeschichte zu verfassen ist oder aus einem Gedicht nur die Reimwörter für eine Eigenproduktion bekannt sind. Hierbei nähert man sich den Methoden des kreativen Schreibens. Ein weiterer Aufgabentyp ist das Umschreiben, z. B. wenn ein älterer Text in die heutige Zeit umgesetzt werden soll (mit entsprechender Veränderung inhaltlicher Elemente und sprachlicher Ausdrucksweisen) oder wenn ein Handlungsmerkmal geändert wird und die Schüler entwerfen, wie die Geschichte nun weitergehen könnte. Auch das Umschreiben in eine andere Textsorte gehört zu den häufig angewandten Verfahren: Einen Bericht zu Ereignissen aus einem Roman verfassen, eine Ballade in eine Kalendergeschichte umformulieren, ein Drehbuch zu einer Erzählung entwerfen, sind hierfür Beispiele. Sehr typisch für den produktionsorientierten Unterricht sind ferner Schreibaufgaben, die Erweiterungen eines Textes verlangen. Ein bekanntes Beispiel dafür ist der Auftrag, sich den inneren Monolog, den eine Figur an einer bestimmten Textstelle führen könnte, auszudenken. Das Schreiben von Tagebüchern, von Briefen oder Träumen der Figuren ist diesem Vorgehen verwandt. Zu den Erweiterungen gehört ferner das Ausgestalten von Szenen, die im Original raffend erzählt sind, z. B. das Formulieren von Dialogen, die im Text erwähnt, aber nicht wörtlich wiedergegeben sind. Hier einzuordnen ist auch das Verfassen von Rollenbiographien, in denen die Schülerinnen und Schüler in Ich-Form eine Figur vorstellen. Verbreitet ist ferner der Auftrag, zu einem Text eine Fortsetzung zu schreiben, z. B. wenn der originale Text mit einem offenen Schluss endet. Auf eine lange Tradition im Literatur- und Schreibunterricht geht das analoge oder imitative Schreiben zurück, bei dem nach dem Muster eines originalen Textes ein eigener verfasst werden soll. Schon seit Jahrhunderten lässt man so Schülerinnen und Schüler Fabeln schreiben.

Neben den Schreibaufgaben sind die visuellen und akustischen Verfahren zu nennen, z. B. Skizzen zu Texten erstellen, ein Gedicht musikalisch untermalen, einen Videoclip oder eine Hörszene zu einem Text gestalten. Eine Verbindung von schriftlicher und visueller Gestaltung liegt vor, wenn Plakate zu Figuren des Textes oder ein Comic gestaltet werden. Eine Vielzahl von Verfahren gibt es im Rahmen der szenischen Interpretation (vgl. Scheller 2010), vom Standbild über die Pantomime bis zum Spiel mit gesprochenen Dialogen. Schattenspiel und Spiel mit Masken ermöglichen in besonderem Maße Verfremdung, Abstraktion und Konzentration. Methoden aus dem Psychodrama wie das Doppeln (Alter-Ego-Technik, es stellt sich z. B. ein zweiter Schüler hinter den Spielenden und formuliert Gedanken der Figur) haben Eingang in den Literaturunterricht gefunden.

Verbindung von analytischen und produktionsorientierten Methoden

Analytische und produktionsorientierte Methoden stehen nicht unversöhnlich nebeneinander, sondern können auch miteinander verbunden werden. Dies ist in unterschiedlichen Konstellationen möglich:

- Bei operativen Verfahren wie der Herstellung einer Reihenfolge, beim Ausfüllen von Lücken und beim imitativen Schreiben können die Ergebnisse der Schülerinnen und Schüler mit dem Originaltext verglichen werden. Durch den Vergleich fallen besondere Merkmale eines Textes oft eher auf, als wenn man nur die Originalfassung vor sich hat. Es kann so der analysierende Blick auf Texte geschult werden.
- Beim imitativen Schreiben kann vor der Schreibphase der Ausgangstext analysiert werden. Da anschließend die Schülerinnen und Schüler selbst einen Text nach dem vorgelegten Muster schreiben sollen, erscheint die Analyse nicht als Selbstzweck, sondern als Hilfe für die Ausführung der gestellten Aufgabe.
- Anlässe zur Analyse von Stil und Textmustern bietet auch das verfremdende Schreiben, wenn z. B. ein Kurzprosatext in eine Zeitungsmeldung umformuliert oder zu einem Gedicht verdichtet werden soll.

Literaturhinweise

Leubner, Martin / Anja Saupe 2012: Erzählungen in Literatur und Medien und ihre Didaktik. 3. Auflage. Baltmannsweiler.

Müller, Karla 2015: Grundlegende semantische Ordnungen erkennen. In: Anita Schilcher / Markus Pissarek (Hg.): Auf dem Weg zur literarischen Kompetenz. Ein Modell literarischen Lernens auf semiotischer Grundlage. 3. Auflage. Baltmannsweiler. S. 87–104.

Pissarek, Markus 2015: Merkmale der Figur erkennen und interpretieren. In: Anita Schilcher / Markus Pissarek (Hg.): Auf dem Weg zur literarischen Kompetenz. Ein Modell literarischen Lernens auf semiotischer Grundlage. 3. Auflage. Baltmannsweiler, S. 135–168.

Scheller, Ingo 2010: Szenische Interpretation. Theorie und Praxis eines handlungs- und erfahrungsbezogenen Literaturunterrichts in Sekundarstufe I und II. 3. Auflage. Seelze.

Spinner, Kaspar H. 2010: Methoden des Literaturunterrichts. In: Michael Kämper-van den Boogaart / Kaspar H. Spinner (Hg.): Lese- und Literaturunterricht. Baltmannsweiler. S. 190–242.

Spinner, Kaspar H. 2016: Lesen – mit Texten umgehen. In: Jürgen Baurmann / Tilman von Brand / Wolfgang Menzel / Kaspar H. Spinner (Hg.): Methoden im Deutschunterricht. Exemplarische Lernwege für die Sekundarstufen I und II. 2. Auflage. Baltmannsweiler. S. 55–106.

D 19 Interkultureller Literaturunterricht

Dieter Wrobel

Die Formulierung eines Konzepts interkulturellen Literaturunterrichts in den 1990er-Jahren war einerseits eine unmittelbare Reaktion auf die Realität der Zusammensetzung von Lerngruppen in allen Schulformen, in denen zunehmend Schülerinnen und Schüler unterschiedlicher kultureller Herkunft und Prägung gemeinsam lernen. Gegenwärtige Zuwanderungsprozesse unterstreichen die Bedeutung dieser Überlegungen (vgl. hierzu Praxis Deutsch 2016. H. 257). Darüber hinaus bezieht sich die Diskussion um interkulturellen Literaturunterricht auch auf Phänomene der (kulturellen) Globalisierung, als deren Konsequenz ein vertieftes Nachdenken über kulturelle Wurzeln und Pluralität, kulturelles (Selbst-)Verständnis und Kulturmix dringlicher wird. Ein Umgang mit Texten aller medialen Repräsentationsformen im Unterricht will interkulturelles Lernen forcieren, das anderes und mehr ist als lediglich das Kennenlernen anderer Kulturen und ihrer Literaturen. Die Perspektive geht über die Infragestellung des Konstrukts von Nationalliteratur(en) zugunsten desjenigen von Weltliteratur hinaus. Sie bezieht eine Erweiterung des Literaturkanons für den Unterricht sowie Reflexions- und Identitätsbildungsprozesse von Lernenden mit ein. So sollen Kommunikation und Interaktion „von Menschen [...], die unterschiedlichen kulturellen Kontexten angehören" (Leskovec 2011, S. 44) reflektiert und unterstützt werden.

Im Fokus steht neben einer um Texte anderer Kulturkreise erweiterten literarischen Bildung vor allem die Auseinandersetzung des Einzelnen mit sich selbst, die im Spannungsfeld zwischen dem Eigenen und dem Anderen bzw. dem Fremden angesiedelt ist. Daher ist interkultureller Literaturunterricht keinesfalls primär an Schülerinnen und Schüler mit Migrationshintergrund adressiert, sondern an alle Lernenden, weil er auch zur Schärfung einer kulturellen Identität sowie zu „Identitätsfindung und Fremdverstehen" (Spinner 2001, S. 168 ff.) beitragen soll. Eine didaktische Zielperspektive hierbei ist die textgestützte Anbahnung der Auseinandersetzung mit kulturell bedingten Selbst- und Fremdbildern sowie der Abgleich dieser mit einer Perspektive, die durch andere kulturelle Sichtweisen eingespielt wird (vgl. Dawidowski / Wrobel 2006, S. 3 ff.). Dem liegt ein Interkulturalitätsbegriff zugrunde, der Brücken zwischen verschiedenen Kulturen bauen und Begegnungen ermöglichen will (vgl. Oomen-Welcke (Hg.) 1994). So versteht auch die KMK (2013) interkulturelle Bildung und Erziehung. Schülerinnen und Schüler sollen demnach auf „das verantwortungsvolle Handeln in einer pluralen, global vernetzten Gesellschaft" vorbereitet werden und die Fähigkeit erwerben, „sich selbstreflexiv mit den eigenen Bildern von Anderen" auseinanderzusetzen (KMK 2013, S. 2). Hierzu ist der Beitrag des Literaturunterrichts und des literarischen Lernens evident.

Wenn jüngst ein Konzept von Transkulturalität betont wird (vgl. Wintersteiner 2006), so ist dies stärker auf solche Prozesse ausgerichtet, die weniger die kulturellen Grenzen als vielmehr ihre Auflösungen thematisieren. Dies deutet an, wie weit sich der Diskurs von Überlegungen zur sogenannten Gastarbeiterliteratur seit den 1960er-Jahren (vgl. Hamm 1988) bzw. zur sogenannten Migrationsliteratur seit den 1980er-Jahren (vgl. Rösch 1992 und Schenk / Todorow / Trvrdík (Hg.) 2004) entfernt hat. Diese Konzepte waren eher darauf ausgerichtet, scheinbar authentische, d.h. auf unmittelbaren Erfahrungen basierende Schilderungen von Migration und Migrationsfolgen zu thematisieren.

Vor allem lässt sich interkulturelle Literatur – dieser Begriff ist maßgeblich von Chiellino (2000) geprägt und bspw. von Hofmann / Parut (2015) weiterentwickelt worden – nicht auf solche Texte einschränken, die von Autorinnen oder Autoren mit eigener Migrationsgeschichte stammen. Bedeutsamer ist der Text selbst, der zur Auseinandersetzung mit kulturellen Dispositionen, Prägungen oder Handlungen anregt, der Alterität und den Umgang mit ihr deutlich werden lässt oder der die eigene Kultur aus der Perspektive einer anderen Kultur zeigt und / oder kommentiert. Literarische Texte ermöglichen eine Provokation, die zwischen Identität und Alterität pendelt und die einen Blick auf die eigene Kultur aus einer Außenperspektive erlaubt. Für interkulturellen Literaturunterricht bedeutet dies: „Um Texte zu ‚verstehen', müssen Schüler/innen zwischen der eigenen Identität und dem ‚fremden' Text vermitteln, sich auseinandersetzen mit fremden Figuren, die an fremden Orten zu anderen, fremden Zeiten agierten." (Kliewer / Massingue 2006, S. 1)

Daraus folgt u.a. auch, dass im interkulturellen Literaturunterricht nicht allein Konstellationen in einer verengten Sichtweise als Problem bzw. als Konflikt eingebracht werden. Im Sinne einer anthropologisch fundierten Literaturdidaktik soll vielmehr die „Erfahrung ‚anders' zu sein und die Begegnung mit anderen" als eine „notwendige Bedingung zur Entwicklung der Ich-Identität" (Kepser / Abraham 2016, S. 46) in Lernprozessen thematisiert werden. Interkultureller Literaturunterricht verbindet Zielsetzungen des literarischen Lernens und der literarischen Bildung mit solchen des interkulturellen Lernens, die stärker im Feld der Enkulturation und der Identitätsförderung angesiedelt sind. Diese Zielsetzung wird jedoch teils kritisch diskutiert; dies vor allem mit Blick auf den Vorrang des literarischen Lernens im Literaturunterricht. Insoweit gilt es, die genannten Zielperspektiven auszutarieren, ohne dabei jedoch „Literatur zu einem bloßen Medium für erzieherische Zwecke herabzuwürdigen" (Dawidowski / Wrobel 2006, S. 9). Vielmehr ist es Anliegen und Aufgabe des interkulturellen Literaturunterrichts, die „Entwicklung der Identität und der Fähigkeit zur sozialen Interaktion in der polykulturell geprägten Gesellschaft durch Teilhabe am Handlungsfeld Literatur" (Leubner / Saupe / Richter 2016, S. 270) zu fördern.

Und interkultureller Literaturunterricht ist keinesfalls ausschließlich an Texte der sogenannten Migrationsliteratur gebunden, sondern lässt sich an nahezu allen Texten entwickeln. Letztlich ist interkultureller Literaturunterricht daher eine themenspezifische Erweiterung des herkömmlichen Literaturunterrichts. Entsprechend ist das Spektrum der in Frage kommenden Texte denkbar breit; es umfasst neben Printtexten auch Filme, Songtexte und Dramentexte, neben Texten der Gegenwartsliteratur auch ältere Texte, neben Texten der Kinderliteratur (einschl. Bilderbücher) und der Jugendliteratur auch solche, die an ein eher erwachsenes Publikum adressiert sind, neben realistischer Literatur auch phantastische Literatur. Eine interkulturelle Perspektive ist den Texten eingeschrieben bzw. für literarische Lernprozesse im Umgang mit Literatur zu aktivieren, wenn kulturell spezifisch geformte Themen verhandelt werden. Dies sind i. d. R. anthropologisch relevante, nicht selten existenzielle Themen wie Heimat und Heimatverlust, wie Flucht, Vertreibung und Exil, wie Ausgrenzung und Fremdheit, wie Zugehörigkeit zu religiösen, politischen, ethnischen oder sozialen Minderheiten. Daneben ist auch an die Verhandlung von Kulturthemen zu denken; hierzu zählen bspw. Essen, Kommunikation, Toleranz, Fremdheit, wie sie etwa im Rahmen einer Interkulturellen Germanistik (vgl. hierzu Wierlacher / Bogner (Hg.) 2003) vertreten wird. Ergänzt werden kann dies um thematische Aspekte wie bspw. das Verhältnis zwischen den Generationen, den Umgang mit Natur (-räumen), Gesundheit oder geschlechtsspezifische Rollenkonzeptionen. Da solche Themen durch unterschiedliche kulturelle Prägungen diskrepant verhandelt werden, bieten sie neben der Möglichkeit des Kennenlernens vor allem auch Reflexionsanlässe, die interkulturelles Lernen bespielen. Den Texten kommt dabei die Funktion als „Mittler zwischen Kultur" (Wrobel 2006, S. 37) zu. In diesem Fall ist dann im Umgang mit Literatur, also vor allem in der literarischen Anschlusskommunikation, bspw. auf implizite Wertesysteme einzugehen, die dann von Lernenden ausgehandelt werden.

Literaturhinweise

Chiellino, Carmine (Hg.) 2000: Interkulturelle Literatur in Deutschland. Ein Handbuch. Stuttgart u. a.

Dawidowski, Christian / Dieter Wrobel 2006: Einführung: Interkulturalität im Literaturunterricht. In: Dies. (Hg.): Interkultureller Literaturunterricht. Baltmannsweiler. S. 1–16.

Hamm, Horst 1988: Fremdgegangen – freigeschrieben. Eine Einführung in die deutschsprachige Gastarbeiterliteratur. Würzburg.

Hofmann, Michael / Iulia-Karin Parut 2015: Einführung in die Interkulturelle Literatur. Darmstadt.

Kepser, Matthis / Ulf Abraham 2016: Literaturdidaktik Deutsch. Eine Einführung. 4. Auflage. Berlin.

Kliewer, Annette / Eva Massingue (Hg.) 2006: Guck mal übern Tellerrand. Kinder- und Jugendliteratur aus den Südlichen Kontinenten im Deutschunterricht. Baltmannsweiler.

Kultusministerkonferenz (Hg.) 2013: Interkulturelle Bildung und Erziehung in der Schule. Beschluss der Kultusministerkonferenz vom 25.10.1996 i. d. F. vom 05.12.2013. In: http://www.kmk.org/fileadmin/Dateien/veroeffentlichungen_beschluesse/1996/1996_10_25-Interkulturelle-Bildung.pdf, recherchiert am: 17.03.2017.

Leskovec, Andrea 2011: Einführung in die interkulturelle Literaturwissenschaft. Darmstadt.

Leubner, Martin / Anja Saupe / Matthias Richter 2016: Literaturdidaktik. 3. Auflage. Berlin u. a.

Oomen-Welke, Ingelore (Hg.) 1994: Brückenschlag. Von anderen lernen, miteinander handeln. Stuttgart.
Praxis Deutsch 2016. Flucht, hg. von Dieter Wrobel. H. 257.
Rösch, Heidi 1992: Migrationsliteratur im interkulturellen Kontext. Eine didaktische Studie zur Literatur von Aras Ören, Aysel Özakin, Franco Biondi und Rafik Schami. Frankfurt a. M.
Schenk, Klaus / Almut Todorow / Milan Tvrdík (Hg.) 2004: Migrationsliteratur. Schreibweisen einer interkulturellen Moderne. Tübingen u. a.
Spinner, Kaspar H. 2001: Kreativer Deutschunterricht. Identität, Imagination, Kognition. Seelze.
Wierlacher, Alois / Andrea Bogner (Hg.) 2003: Handbuch Interkulturelle Germanistik. Stuttgart.
Wintersteiner, Werner 2006: Transkulturelle literarische Bildung. Die „Poetik der Verschiedenheit" in der literaturdidaktischen Praxis. Innsbruck u. a.
Wrobel, Dieter 2006: Texte als Mittler zwischen Kulturen. In: Christian Dawidowski / Dieter Wrobel (Hg.): Interkultureller Literaturunterricht. Baltmannsweiler. S. 37 – 52.

D 20 Phasierungsmodelle für den Literaturunterricht

Tilman von Brand

Eng verbunden mit einer Bestimmung möglicher Ziele von Literaturunterricht sind auch die Fragen nach Organisation und Strukturierung desselben, da diese den Lernprozess und dessen Ergebnis maßgeblich bestimmen. Spätestens seit Rezeptionästhetik und Kognitivismus den schulischen Umgang mit Literatur zu beeinflussen begannen, war dieser nicht mehr als Lehrgang zu gestalten. Vielmehr mussten die Lernenden als aktive Ko-Konstrukteure und -innen von Textsinn ernstgenommen werden. Texte werden heute also nicht mehr vermittelt, vielmehr schaffen Lehrende Lernsituationen, in denen Literatur gut erschlossen werden kann. Kepser/Abraham (2016, S. 225) sprechen hier von Inszenierungen oder Inszenierungsmustern, um deutlich zu machen, dass nicht allein die Texte selbst wirken, sondern sie vielmehr von den Lernenden ganz wesentlich über deren unterrichtliche Inszenierung wahrgenommen werden. Neben methodischen Arrangements kommt unterschiedlichen Möglichkeiten der Phasierung eine besondere Bedeutung zu, da diese wesentliche Auswirkungen auf den Leseprozess und mögliche Beeinflussungen oder Lenkungen desselben haben.

Je nach zeitlichem Umfang und Passung in Hinblick auf schulische Taktung (konkrete Stundenplanung, 45-Minutentakt), lässt sich abstrakter von Phasierungsmodellen und konkreter von Stunden- oder Unterrichtsphasierung sprechen. Während erstere im Wesentlichen die Abfolge und den inhaltlichen Zusammenhang der Phasen unabhängig vom benötigten zeitlichen Umfang betonen, ist letztere vor allem auf Praktikabilität für die Nutzung im Schulalltag ausgerichtet.

Phasierungsmodelle

Für den Literaturunterricht sind verschiedene Phasierungsmodelle vorgeschlagen worden. Das bekannteste stammt von Jürgen Kreft aus dem Jahr 1977 und sieht folgende vier Phasen vor, die der Autor schon damals ausdrücklich an den Begriff der Rezeptionskompetenz koppelt (Kreft 1982, S. 376–390, hier S. 379):

1. Phase der bornierten Subjektivität: Zunächst sollen die Schülerinnen und Schüler die Möglichkeit bekommen, sich unvoreingenommen und nicht gesteuert mit dem literarischen Text auseinanderzusetzen. Wichtig ist hier vor allem die völlige Zurückhaltung der Lehrkraft.

2. Phase der Objektivierung: Diese Phase läuft „wahrheitsbezogen, textbezogen, texttranszendierend“ (ebd., S. 379), indem nun die ersten Eindrücke am Text korrigiert, aber auch an anderen Interpreten und Interpretationen gemessen werden. Kreft bezeichnet diesen zweiten Schritt auch als Phase der Diskussion.

3. Phase der Aneignung und reflektierten Subjektivität: Die Ergebnisse dieser Objektivierung werden sodann wieder subjektiv verarbeitet, indem die eigene Interpretation korrigiert und erneuert wird.

4. Phase der Applikation: Abschließend soll eine allgemeintheoretische Applikation in Form von oder Hinblick auf eine Gesellschaftsanalyse, das Geschichtsverständnis oder die literaturwissenschaftliche Bedeutung vorgenommen werden. Denkbar wäre auch eine praktische Applikation in Form eines Rollenspiels. Auch ist die Entwicklung neuer Fragestellungen für neue Sequenzen hier vorgesehen.

Joachim Fritzsche hat diese vier Phasen 1994 begrifflich etwas vereinfacht und konkretisiert (Fritzsche 1994, S. 213–228):
1. Verhakung im Text: Was löst der Text in mir aus?
2. Rückfrage an den Text: Was steht da?
3. Aneignung: Was folgt aus dem verstandenen Text für mich?
4. Applikation: Was folgt aus dem verstandenen Text für uns?

Für das Verständnis und damit für den unterrichtlichen Einsatz hilfreich dürften die mit den Phasen verbundenen Leitfragen sein, die auch den Lernenden deutlich machen, wie die Beschäftigung mit dem Text in der Lerngruppe verlaufen soll: Zu Beginn steht eine individuelle, subjektive Textbegegnung und -wirkung, die anschließend anhand einer zweiten, genauen Lektüre erneut mit dem Text abgeglichen wird. Die Ergebnisse werden für ein vertieftes Verständnis nutzbar gemacht, das schließlich in der Lerngruppe diskutiert wird. Als problematisch erweisen sich bei Krefts Modell wie bei Fritzsches Adaption die starke Subjekt-Objekt-Rhetorik, bzw. eben die darin zum Ausdruck kommende stark kontrastive Gegenüberstellung von Text und Leserin bzw. Leser.

Speziell auf den produktionsorientierten Umgang mit Literatur ist das *Didaktische Phasenmodell literarischen Textverstehens* Günter Waldmanns ausgerichtet, welches seinem *Grundriss einer produktiven Hermeneutik* folgt (Waldmann 2004, S. 27–43, S. 87 f.) und insgesamt vier oder fünf Phasen vorsieht:

Vorphase: Spielhafte Einstimmung in literarische Texte: Bei schwer zugänglichen Texten schlägt Waldmann vor, „in einem Schreibspiel sein entscheidendes schwieriges Merkmal spielhaft zu erkunden“ (ebd., S. 28) oder auch durch Sprach- und Literaturspiele auf Phänomene vorzubereiten, bevor diese am eigentlichen Text selbst erarbeitet werden.

1. Phase: Lesen und Aufnehmen literarischer Texte: In dieser Phase soll der Text „gelesen und textgerecht aufgefasst“ (ebd., S. 30) werden. Um dies sicherzustellen, ist den Lernenden die „Gelegenheit zu geben, sich aktiv zu dem zu lesenden Text zu verhalten und sich handelnd auf ihn einzulassen“ (ebd.).

2. Phase: Konkretisierende subjektive Aneignung literarischer Texte: In dieser Phase soll eine „mit- und ausfantasierende imaginative Aneignung“ (ebd., S. 32) des Textes erfolgen. Hier sieht Waldmann den analytischen Unterricht überfordert, schließlich handle es sich doch um stark subjektive Vorgänge der imaginativen Vergegenwärtigung. An dieser Stelle seien Formen des Rezitierens, der szenischen Darstellung oder auch des Ergänzens, Ausfabulierens und Fortführens sinnvoll.

3. Phase: Textuelles Erarbeiten literarischer Texte: Ähnlich der Phase der Objektivierung sollen die Schülerinnen und Schüler nun die Literarizität literarischer Texte erkennen, indem sie die spezifisch literarische Gestalt des Textes erfassen: „ihre Inhalte, Formen und Formstrukturen, ihre Handlungen, Konflikte, Figuren, Orte, Zeiten usw.“ (ebd., S. 34).

4. Phase: Textüberschreitende Auseinandersetzung mit literarischen Texten: Auch für Waldmann soll abschließend nach der textimmanenten Beschäftigung eine Kontextualisierung vorgenommen werden, um Hintergründe, Bedingungen und Beziehungen des Textes zu erkunden. Diese Situierung soll schließlich zu einem Gesamtverständnis des Gelesenen beitragen.

Auch wenn Waldmann die genaue Arbeit am Text sehr wichtig ist, so ist sein Modell doch stark auf den produktionsorientierten Umgang mit Literatur beschränkt. Einen allgemeineren Anspruch stellen Leubner, Saupe und Richter, die – gewissermaßen als Zusammenfassung – folgende Phasierung vorschlagen: „Hinführung, Texterschließung, Wirklichkeitsbezug und Kontextualisierung“ (Leubner / Saupe / Richter 2016, S. 168).

Weniger die chronologische Abfolge als vielmehr den strukturellen Aufbau von Literaturunterricht im Zeitalter der Kompetenzorientierung nimmt Karlheinz Fingerhut (2008) in den Blick, wenn er vor der Tendenz warnt, ästhetische Wahrnehmung eher zu behindern als zu fördern. Diese Kritik richtet sich vor allem gegen die in Lehrbüchern für den Deutschunterricht geübte und durch die Bildungsadministration geforderte Praxis, lernbereichsintegrative Lehr-Lern-Arrangements zu gestalten. Literarische Texte werden dabei mit Sachtexten und Bildern unter einer lebensweltlichen Fragestellung vermengt, die dann zugleich als Kommunikations- und Schreibanlass dienen soll. Dies führe – so Fingerhut – allzu oft zu einer „Banalisierung“ (ebd., S. 14) der Literatur, deren Erschließung nicht mehr im Zentrum des Interesses stehe, sodass ihr Potenzial an „ästhetisch kodierten Erfahrungen früherer Generationen“ (ebd., S. 21) nicht mehr ausgeschöpft werde. Was also in den Phasenmodellen eingefordert wird – ein strukturierter Aufbau literarischen Lernens –, findet sich in der Praxis (zumindest der Lehrbücher) vielfach ignoriert.

Unterrichtsreihen, -einheiten und -sequenzen

Weitgehend unstrittig ist heute die Einteilung des Deutschunterrichts in zeitlich und thematisch zusammenhängende Blöcke, wie sie oftmals auch administrativ vorgegeben sind. Während Unterrichtsreihen sich meist als lose begriffliche Spangen über Viertel- oder halbe Jahre ziehen („Ich und die anderen") und von der Rechtschreibung über die Erörterung bis hin zum literarischen Werk alle Inhalte des Faches umfassen können, sind Einheiten und -sequenzen stärker gegenstandsorientiert. Im Zentrum einer literarischen Unterrichtseinheit, die etwa 8 bis 15 Stunden umfasst, stehen im Allgemeinen eine literarische Ganzschrift (Roman, Drama) sowie z. B. Texte zum (geistes-)geschichtlichen Hintergrund. Auch eine vergleichende Betrachtung zweier thematisch oder motivisch verwandter Texte wäre denkbar. Dies ist bei der Behandlung von Lyrik eher der Regelfall: Oft werden hier Gedichte einer Zeit nebeneinandergestellt, oder aber formale, motivische oder sprachlich-ästhetische Ähnlichkeiten oder Unterschiede in der Gegenüberstellung hervorgehoben. Die Kritik Fingerhuts berücksichtigend, sollten Unterrichtseinheiten zumindest einen klaren Schwerpunkt in einem Lernbereich aufweisen. Literatur-Einheiten sind dann in ihren einzelnen Sequenzen – verstanden als Abfolge funktional zusammenhängender Unterrichtsstunden im Rahmen einer Unterrichtseinheit (vgl. von Brand 2016, S. 181) – so zu gestalten, dass die Lernenden wissen, was das globale Ziel der Einheit ist und in welcher Phase der Texterschließung sie sich gerade befinden. Eine tabellarische Darstellung mittelfristiger Unterrichtsplanung würde demnach z. B. einem oben dargestellten Phasierungsschema folgen, sodass über alle Stunden hinweg ein roter Faden in der Texterschließung läge – ganz gleich, ob geschrieben, gesprochen oder gelesen würde.

Literaturhinweise

Brand, Tilman von 2016: Deutsch unterrichten. Einführung in die Planung, Durchführung und Auswertung in den Sekundarstufen. 5. Auflage. Seelze.

Dawidowski, Christian 2016: Phasenmodelle für den Literaturunterricht. In: Ders.: Literaturdidaktik Deutsch. Paderborn.

Fingerhut, Karlheinz 2008: Die didaktische Funktionalisierung literarischer Texte in kompetenzorientierten Unterrichtseinheiten integrierter Deutschbücher. In: Didaktik Deutsch. H. 24. S. 5 – 23.

Fritzsche, Joachim 1994: Zur Didaktik und Methodik des Deutschunterrichts. Bd. 3: Umgang mit Literatur. Stuttgart u. a.

Kepser, Matthis / Ulf Abraham 2016: Phasenmodelle für die Organisation von Literaturunterricht. In: Dies.: Literaturdidaktik Deutsch. Eine Einführung. 4. Auflage. Berlin. S. 230 – 240.

Kreft, Jürgen 1982: Grundprobleme der Literaturdidaktik. 2. Auflage. Heidelberg.

Leubner, Martin / Anja Saupe / Matthias Richter 2016: Literaturdidaktik. 3. Auflage. Berlin.

Waldmann, Günter 2004: Produktiver Umgang mit Literatur im Unterricht. Baltmannsweiler.

UMGANG MIT MEDIEN

E 1 Bild und Text

Ulf Abraham

Grundlagen

So wie es keine einheitliche Textwissenschaft gibt, ist auch die Bildwissenschaft weniger eine eigene Disziplin als ein transdisziplinärer Forschungsansatz (vgl. Sachs-Hombach 2013), der das Bild als ein vermeintliches „Zeichensystem niederen Rangs“ (Abraham / Sowa 2016, S. 12) zu revidieren versucht. Unter die weite Kategorie Bild fallen dabei „gemalte, kognitive, fotographische, digitale, kinematographische, skulpturale Bilder, Spiegelbilder, Traumbilder und sogar Weltbilder“ (Neumann 2008, S. 72). Die kulturellen Funktionen von Bildern sind unterschiedlich kategorisiert worden (vgl. Abraham / Sowa 2016, S. 13). Ihrem Verhältnis zur Wirklichkeit nach gibt es darstellende Bilder, Strukturbilder und reflexive Bilder: Bilder können erzählen, erklären und gedankliche Klarheit schaffen. Fragt man dagegen, was aus Bildern über die Wirklichkeit zu lernen ist, so gibt es Abbilder, die etwas wiedergeben (sollen), entwerfende Bilder, nach denen etwas hergestellt oder konstruiert werden soll, und bildliche Anleitungen, die erklären, wie etwas zu tun oder herzustellen ist.

Bilder als Medien

Im Bereich der Massenmedien wurde und wird systematisch nach der Rolle der Bilder in Texten und (umgekehrt) der Funktion von Schrifttext in der Wahrnehmung der Bilder gefragt (vgl. z. B. Doelker 2006). Intermedialität dieser Art ist in ihrer Funktion ambivalent: Einerseits können Bilder helfen, sich ein mentales Modell des im Schrifttext behandelten Sachverhalts zu machen (ein Bild im übertragenen Sinn), andererseits sind sie oft emotional aufgeladen und suggestiv. Das Bild hat seine Stärke im Räumlichen und Situativen, die Sprache hat ihre im Zeitlichen, Modalen und Kausalen. Ein Text kann, was ein Bild niemals könnte: eine Information negieren oder modalisieren (vgl. Abraham / Sowa 2016, S. 22).

Nicht nur in Schrifttexten, auch in Bildern werden auf die äußere und innere Wirklichkeit bezogene Vorstellungen auf Trägermedien verdauert. Bild-Text-Bezüge zu verstehen und zu thematisieren, ist einerseits ästhetische Kommunikation, andererseits Umgang mit Medien. Personen oder Gegenstände zu beschreiben, erfordert oft einen beträchtlichen sprachlichen Aufwand (vgl. Fege 2010), während ein Foto oder eine Zeichnung davon schnell einen ganzheitlichen Eindruck vermitteln kann. In beiden Fällen allerdings ist das Medium zu bedenken: Ist in der sprachlichen Darstellung die Wahrnehmung des Schreibers bzw. der Schreiberin und damit ein Moment der Subjektivität verarbeitet, so liegt dieses bei der fotographischen Darstellung in der Wahl der Perspektive, der Einstellungsgröße, der

Beleuchtung (usw.), bei der zeichnerischen darüber hinaus auch in der Wahl der Technik. Weder sprachlich noch bildlich liegt also objektive Abbildung vor.

Lernen mit Texten und Bildern

Bilder in Texte zu transformieren oder durch Texte zu ergänzen, hat eine lange Tradition in der kulturellen Praxis von Kunst und Literatur. Wenn Hans Magnus Enzensberger ein Gedicht (1965) zu einer *Carceri*-Radierung (1750) von Giovanni Battista Piranesi schreibt, so ist das eine Aufforderung, nicht das Gedicht für sich zu lesen, sondern gleichsam das Bild daneben zu legen. Text und Bild ergänzen, erklären und deuten einander; literarisches Lernen wird befördert. So ist das bei vielen der von Gisbert Kranz (1975) gesammelten „Gedichte auf Bilder", aber auch bei einer literarischen Indienstnahme von Fotographien, z. B. in Tucholskys satirischem Bilderbuch *Deutschland, Deutschland über alles* (vgl. Odendahl 2012). Auf der anderen Seite gibt es eine Fülle von Zeichnungen und Bildern, zu denen Künstler von literarischen Texten inspiriert worden sind, wie etwa Salvador Dalís verfremdende Aquarelle zu Dantes *Göttlicher Komödie* von 1951 (zu diesen und weiteren Beispielen vgl. Abraham / Sowa 2016, S. 30 ff.). Und schließlich gibt es multimodale Texte (im Bereich der Printmedien z. B. das Bilderbuch und den Comic und die Graphic Novel, im Bereich der analogen Medien den Film), in denen Sprache und Bild eine so enge Verbindung eingehen, dass sie symbiotisch zu nennen ist und eine getrennte Analyse von Text und Bild nicht zielführend wäre. Das gilt auch für intermedial anzutreffende Textsorten wie die Reportage, in der die Text-Bild-Symbiose obligatorisch ist, soweit das Medium es zulässt.

Bild-Text-Symbiosen sind hervorragende Lerngelegenheiten, auch wenn die derzeit gängigen Konzepte von „Lesekompetenz" und „Bildkompetenz" nur bedingt dazu taugen, die dafür zu entwickelnden Fähigkeiten Lernender zu beschreiben (zur Kritik vgl. Abraham / Sowa 2016, S. 26 ff.): Es geht sowohl in Bezug auf Text als Bild(-teile) um ästhetische Bildung im Sinn einer genauen Wahrnehmung bedeutungstragender Elemente. Einerseits werden Texte nicht nur gelesen, sondern auch gesehen; andererseits Bilder nicht nur gesehen, sondern auch gelesen. Damit ist visual literacy auch Aufgabe des Deutschunterrichts (vgl. Dehn 2008, Baum 2013), während andererseits Sprachkompetenz in ihrer Funktion für Bildwahrnehmung und -beschreibung auch die Kunstpädagogik beschäftigen muss (vgl. Glas 2006). Wo narrative Bild-Schrifttext-Kombinationen zum Gegenstand des Unterrichts werden, z. B. bei Bilderbüchern (vgl. Staiger 2014), sind beide Didaktiken gefordert.

Bild und Text im Unterricht

Bilder werden traditionell gern im Literaturgeschichtsunterricht gebraucht. Dabei sollte man aber auch dem Gespräch über das Bild Raum geben, neben der Literatur, Philosophie und Sozialgeschichte einer Epoche auch ihre künstlerischen Leistungen würdigen, und die ästhetische Wahrnehmungs- und Äußerungsfähigkeit der Schülerinnen und Schüler entwickeln. Dies gilt nicht nur für Werke der bildenden Kunst, sondern auch für Fotographien, etwa zum Leben eines Dichters oder den Verhältnissen an bestimmten Schauplätzen der Literatur. In solchen didaktischen Kontexten sollten Bilder nie nur benutzt, sondern stets – wenn auch vielleicht nur kurz – selbst zum Gegenstand des Unterrichts werden. Auch Fotographien und Gemälde oder Zeichnungen sind nicht wiedergegebene Natur, sondern gemacht, und diese Gemachtheit sollte thematisiert werden. Das Bild lediglich als Sprech- oder Schreibanlass heranzuziehen, wäre, wie Leser (2015) kritisch über entsprechende Didaktiken kreativen Schreibens sagt, die unangemessene Verzweckung eines ästhetischen Gegenstandes.

Neben der Bildrezeption ist auch an Bildproduktion oder Bildauswahl zu denken: Wird die zeichnerische oder malerische Illustration eines literarischen Textes in der Regel nur fächerverbindend zu leisten sein, so gibt es andere bildproduktive Verfahren, die sich im Deutschunterricht nutzen lassen – etwa ein Gedicht zu illustrieren, indem man eine Auswahl aus einem bereitgestellten Bildsortiment trifft. Auch Fotographieren kann in den Deutschunterricht gehören, besonders im Zusammenhang mit Schreiben (zu einem darauf abgestimmten Schnellkurs in Fotographie, vgl. Wörner / Rau / Noir 2012, S. 139–168). Sicher noch zu wenig beachtet wird im Unterricht die umgekehrte Möglichkeit: Nicht Texte mit Bildern illustrieren, sondern Bilder durch (Kurz-)Texte erklären oder kommentieren – die Bildunterschrift ist eine eigene „Mikrotextsorte" (vgl. Abraham 2015).

Unterrichtspraktische Beispiele führen Abraham / Sowa (2016, S. 82–173) aus, darunter:

- **vom Text zum Bild:** z. B. Illustrationen zur Lektüre entwickeln, Texte mit Hilfe von Strukturbildern verstehen
- **vom Bild zum Text:** z. B. Bildgespräche führen, Gedichte zu einem Bild lesen und schreiben, Bildern Titel geben
- **Text und Bild im Wechselspiel verstehen und gestalten:** z. B. ein Bilderbuch texten, Sachen zeichnen und beschreiben

Insgesamt ist zu betonen, dass das Bild trotz seiner Omnipräsenz im Alltag einerseits und seiner vielfachen Funktionalisierung in der Schule andererseits ein weithin missachtetes Basismedium ist, das Schriftlichkeit oft auf ideale Weise ergänzt. Gerade im Deutschunterricht sollte aber auch (umgekehrt) bedacht werden, dass Texte nicht selten auf Bilder angewiesen sind.

Literaturhinweise

Abraham, Ulf 2015: Mikrotexte. Die Bildunterschrift als Textsorte. In: Kunst+Unterricht. H. 395 / 396. S. 93 – 96.

Abraham, Ulf / Hubert Sowa 2012: Bilder lesen und Texte sehen. Symbiosen im Kunst- und Deutschunterricht. In: Praxis Deutsch. H. 232. S. 4 –19.

Abraham, Ulf / Hubert Sowa 2016: Texte und Bilder im Unterricht. Seelze.

Baum, Michael 2013: Bild-Text-Didaktik und -Ästhetik: Lesen und Verstehen piktorialer Texte. In: Volker Frederking / Hans-Werner Huneke / Axel Krommer / Christel Meier (Hg.): Taschenbuch des Deutschunterrichts. Bd. 2: Literatur- und Mediendidaktik. 2. Auflage Baltmannsweiler. S. 202 – 220.

Dehn, Mechthild 2008: Unsichtbare Bilder. Visual literacy als Aufgabe des Deutschunterrichts? In: Monika Plath / Gerd Mannhaupt (Hg.): Kinder – Lesen – Literatur. Baltmannsweiler. S. 1– 32.

Doelker, Christian 2006: Bild-Wort-Beziehungen in Print-Gesamttexten. In: Matthias Rath / Gudrun Marci-Boehncke (Hg.): BildTextZeichen lesen. Intermedialität im didaktischen Diskurs. München. S. 27 – 38.

Fege, Judith 2010: Kriterienorientiertes Schreiben in kooperativen Teams. Texte zu Phantombildern planen, schreiben, überarbeiten und bewerten. In: Praxis Deutsch. H. 223. S. 26 – 31.

Fix, Ulla 2008: Text und Textlinguistik. In: Nina Janich (Hg.): Textlinguistik. 15 Einführungen. Tübingen. S. 15 – 34.

Glas, Alexander 2006: Bildkompetenz und Sprachkompetenz. In: Johannes Kirschenmann / Frank Schulz / Hubert Sowa (Hg.): Kunstpädagogik im Projekt der allgemeinen Bildung. München. S. 244 – 248.

Kranz, Gisbert 1975: Gedichte auf Bilder. Anthologie und Galerie. München.

Leser, Florentine 2015: Schreiben zu Kunstwerken. Schreib-, literatur- und kunstdidaktische Perspektiven. In: Kunst+Unterricht. H. 395 / 396. S. 75 – 80.

Neumann, Birgit 2008: Bildwissenschaft. In: Ansgar Nünning (Hg.): Metzler Lexikon Literatur- und Kulturtheorie. Stuttgart u. a. S. 70 – 72.

Odendahl, Johannes 2012: „... dann fangen sie an zu sprechen“. Tucholsky satirisches Bilderbuch *Deutschland, Deutschland über alles* in produktiver Aneignung. In: Praxis Deutsch. H. 232. S. 55 – 57.

Sachs-Hombach, Klaus 2013: Das Bild als kommunikatives Medium. Elemente einer allgemeinen Bildwissenschaft. 3. Auflage. Köln.

Staiger, Michael 2014: Erzählen mit Bild-Schrifttext-Kombinationen. Ein fünfdimensionales Modell der Bilderbuchanalyse In: Julia Knopf / Ulf Abraham (Hg.): BilderBücher. Bd. 1: Theorie. Baltmannsweiler. S. 12 – 23.

Wörner, Ulrike / Tilman Rau / Yves Noir 2012: Erzählendes Schreiben im Unterricht. Werkstätten für Skizzen, Prosatexte, Fotografie. Seelze.

E 2 Comic / Graphic Novel

Dieter Wrobel

Wurde vor einigen Jahrzehnten vor der Nutzung von Comics im Unterricht noch gewarnt, galten Comics als „gefährlich“ und wurden sie als „Sprechblasen-Literatur“ (Baumgärtner 1965, S. 102) diskreditiert, sind sie inzwischen weitgehend akzeptierter Bestandteil des Literaturunterrichts. Dies gilt für die kurzen, nur wenige Bilder (= Panels) umfassenden Comic-Strips ebenso wie für längere Comic-Hefte – und jüngst erst recht für die deutlich komplexeren Graphic Novels. Dennoch stellen Kepser / Abraham (2016, S. 201) fest, dass gegenwärtig kaum ein Lehrwerk Comics thematisiere und dass das Interesse der Fachdidaktik eher marginal sei. Das ist erstaunlich, denn Nutzungsstudien belegen, dass gerade Schülerinnen und Schüler zu den eifrigsten Comic-Rezipienten zählen. Außerdem bieten Comics veritable Anschlüsse an literatur-, lese-, schreib- und mediendidaktische Aspekte. Comics und Graphic Novels sind – bei allen inhaltlichen, formalen und qualitativen Unterschieden – didaktische Allround-Gegenstände. Und in den letzten zwei Jahrzehnten hat sich das Genre Comic mit Blick auf Formen, Themen und Stoffe, Stile und Adressaten erheblich ausdifferenziert (vgl. Dolle-Weinkauf 2012, S. 307). Vor allem Graphic Novels, die aktuell boomen, lassen sich an Lernende aller Altersgruppen adressieren (vgl. Wrobel 2015). Graphic Novels sind dem Erscheinungsbild nach dem Comic vergleichbar, nutzen dessen ästhetisches und narratives Programm, erhalten ihren Eigenwert aber durch ihre „Möglichkeit zu epischem, komplexem, tiefgründigem Erzählen, zu Reflexion statt vordergründiger Aktion“ (Hangartner 2009, S. 37 f.).

Ungeachtet des Umfangs sind Comics und Graphic Novels (wie auch die aus Asien stammenden Manga) als Verbund aus Bild und Text zu kennzeichnen. Sie orientieren sich als „bildbasierte Erzählliteratur“ am „Prinzip Bildergeschichte“ (Giesa 2014, S. 66). Schrifttextfreie Comics sind eher die Ausnahme. Charakteristisch sind aufeinander bezogene Bildtext- und Schrifttextanteile sowie spezifische Layout-Elemente, durch die Bildtext und Schrifttext organisiert sind. Dies bezieht sich nicht allein auf Größe und Positionierung der Panels und auf die Funktion des weißen Raums dazwischen (= Gutter). Weiterhin beeinflussen typische Comicelemente das Verhältnis zwischen Bild- und Sprachtext wie Speedlines (Bewegungslinien), Schriftgröße, Soundwords (Geräuschwörter), Schriftgestaltung oder Piktogramme (vgl. Abel / Klein 2016, S. 77 ff.). Diese Elemente enthalten zusätzliche Informationen, die beim Lesen ergänzend zur Bildtext-Schrifttext-Relation berücksichtigt und in ein verstehendes Lesen integriert werden müssen. Bildtext und Schrifttext sind somit nur als Einheit verstehbar: „Sprache und Bild leisten etwas *füreinander*.“ (Abraham / Sowa 2012, S. 4) Hierin besteht auch die spezifische Leseherausforderung, „weil unser Verstand zwei oder drei Momentaufnahmen einer Bewegung in ganze Abläufe umsetzen, ein paar Linien als Gesichter oder deren

Ausdrücke erkennen und Schrift und Bild aufeinander beziehen können muss, um einen Comic zu ‚lesen'" (Engelns / Preußer 2016).

Comics und Graphic Novels zeichnen sich i. d. R. durch Intertextualität aus. Für Comics, vor allem für die nach wie vor in (Tages-)Zeitungen beliebten Comic-Strips wie bspw. *Hägar der Schreckliche, Calvin und Hobbes, Garfield* oder *Strizz* lässt sich dies durch ihre Serialität begründen. Ähnliches gilt auch für das Figureninventar vieler Comic-Hefte. Die meist klar, pointiert, bisweilen stereotyp charakterisierten und agierenden Figuren verhalten sich in jeder Situation, in jedem Strip, in jeder Geschichte vergleichbar, sie funktionieren wie ein Selbstzitat, das klare Leseerwartungen aufbaut und einlöst.

Viele Graphic Novels sind intertextuell konzipiert, weil sie literarische Vorlagen adaptieren und medial transferieren. Hierfür gibt es zahlreiche Beispiele zu unterschiedlichsten Referenztexten, von Erich Kästners Kinderbuchklassiker *Emil und die Detektive* (1929, Graphic Novel von Isabel Kreitz, 2012) über die bekannte Novelle *Die Entdeckung der Currywurst* von Uwe Timm (1993, Graphic Novel ebenfalls von Isabel Kreitz, 1996) bis zu Franz Kafkas Romanfragment *Der Process* (1914 / 15, Graphic Novel von David Zane Mairowitz und Chantal Montellier, 2013). Da dieser Medientransfer immer auch ein Akt der Interpretation ist, lassen sich Referenztext und Adaption nicht einfach auf der Oberfläche vergleichen, vielmehr kann der Medienverbund beim Umgang mit Texten im Unterricht erschlossen und kommentiert werden.

Auch nutzen Comics und Graphic Novels das für literarisches Lernen nicht minder relevante Konzept der Intermedialität. Dies ist grundlegend bereits durch die Kombination von Bildtext und Schrifttext gegeben. Für literaturadaptierende Graphic Novels kommt der literarische Referenztext hinzu. Weiterhin ist die deutliche intermediale Nähe von Comics und Graphic Novels zum Film zu nennen – in produktions- wie in rezeptionsästhetischer Hinsicht: Filme sowie Comics und Graphic Novels nutzen das Prinzip der Sequenzialität; sie sind, wie der Comictheoretiker Scott McCloud schreibt, „zu räumlichen Sequenzen angeordnete, bildliche oder andere Zeichen, die Informationen vermitteln und / oder eine ästhetische Wirkung beim Betrachter erzeugen" (McCloud, zit. n. Knigge 2009, S. 22). Beides – Informationsvermittlung wie ästhetische Wirkung – sind für den Literaturunterricht zentral. Denn ein wichtiges Element von visual literacy ist es, bei (gedruckten wie gefilmten) Bildfolgen diejenigen Signale erkennen und deuten zu können, die für die Konstruktion einer kohärenten Handlung erforderlich sind: Die Veränderung einer Perspektive (bspw. von der Totalen zur Naheinstellung), der Wechsel eines Schauplatzes, ein Zeitsprung – das sind solche Signale, die im Film und im Comic bzw. in der Graphic Novel genutzt werden. Für ein zunehmend kompetentes Lesen eines Filmtextes sind Comic bzw. Graphic Novel geeignete Lerngegenstände, da hier die Bildfolge statisch ist und in aller Ausführlichkeit betrachtet, beschrieben und analysiert werden kann. Daher schlägt Baum (2010, S. 212) vor, die Panelabfolge im Sinne einer intermedialen Didaktik zum „Aufbau einer propädeutischen Text-Bild-Kompetenz" zu nutzen. Dabei bleibt es nicht bei der Propädeutik: Lesende müssen sich, „um das Gelesene verstehen zu wollen, nicht nur auf die Zeichnungen einlassen, sondern [...] auch den Zusammenhang zwischen dem geschriebenen Text und der Graphik herstellen", und sie müssen „die Zeichensysteme interpretieren" (Schikowski 2014, S. 22). Insofern ist der Zwischenraum zwischen den Einzelbildern funktional mit dem Bildschnitt im Film vergleichbar: Beide erzeugen Informations- bzw. Handlungslücken, die Lesende eigenständig füllen müssen.

Für den Literaturunterricht mit Comics oder Graphic Novels kommen unterschiedliche analytische wie produktive Operationen in Frage, die zu medialem wie literarischem Lernen beitragen. So können kurze Comicstrips für junge Schülerinnen und Schüler zum Anlass für bildgebundenes Erzählen oder Schreiben werden. Dabei geraten die Bildtext- und Schrifttextanteile der einzelnen Panels ebenso wie der inhaltliche Zusammenhang zwischen den Panels in den Blick. Auf der Basis einer genauen Bildbeschreibung und -analyse können Bildfolgen bzw. die in ihnen repräsentierte Handlung auch weitererzählt oder weitergemalt werden. Aus den Sprechblasen getilgter Schrifttext kann von Schülerinnen und Schülern hinzugefügt werden, auch hierbei stehen Vollständigkeit, Variabilität und Kohärenz der erzählten Geschichte im Mittelpunkt. In den oberen Klassen der Sekundarstufe I kann in analytischer Hinsicht der Beziehung zwischen Bildtext und Schrifttext nachgegangen werden, dabei werden bspw. die Funktion von Bildperspektive, Bildaufbau (Mise en Scène) oder Raumgestaltung einbezogen; auch die Konzeption eines eigenen Comics (Storyline und bildnerische Umsetzung) kann erprobt werden. Nicht nur für ältere Schülerinnen und Schüler wird im Literaturunterricht vor allem die Graphic Novel im Stellenwert graphischer Literatur in Frage kommen. Vor allem ihre thematische Vielfalt (bspw.: Adoleszenzthemen, biographisches Erzählen, Adaptionen literarischer Referenztexte, historische Themen, Dokumentationen) ermöglicht zahlreiche Anschlussstellen für mediales Lernen, das der spezifischen Comic-Ästhetik auch an der Mediengrenze zum Film nachgeht, bzw. für literarisches Lernen. In didaktischer Perspektive kann die „eigens inszenierte Spannung zwischen Sprachlichem, Schriftlichem und Bildlichem" (Schmitz-Emans 2012, S. 8) genutzt werden, um die Komplexität des Erzählens gerade auch im Medienverbund, der Referenztext und Graphic Novel einbezieht, zu erschließen.

Literaturhinweise

Abel, Julia / Klein, Christian 2016: Leitfaden zur Comicanalyse. In: Dies. (Hg.): Comic und Graphic Novel. Stuttgart. S. 77–106.

Abraham, Ulf / Hubert Sowa 2012: Bilder lesen und Texte sehen. In: Praxis Deutsch. H. 232. S. 4–11.

Baum, Michael 2010: Bild-Text-Didaktik und -Ästhetik. In: Volker Frederking / Hans Werner Huneke / Axel Krommer / Christel Meier (Hg.): Taschenbuch des Deutschunterrichts. Bd. 2. Baltmannsweiler. S. 200–218.

Baumgärtner, Alfred Clemens 1965: Die Welt der Comics. Probleme einer primitiven Literaturform. Bochum.

Dolle-Weinkauf, Bernd 2012: Comic, Manga und Graphic Novel für Kinder und Jugendliche. In: Günter Lange (Hg.): Kinder- und Jugendliteratur der Gegenwart. Grundlagen, Gattungen, Medien, Lesesozialisation und Didaktik. 3. Auflage. Baltmannsweiler. S. 307 - 332.
Engelns, Markus / Ulrike Preußer 2016: Comic - Ein Universum für sich!? In: http://literaturkritik.de/public/rezension.php?rez_id=21493&ausgabe=201601, recherchiert am 17. 3. 2017.
Giesa, Felix 2014: Comic, Graphic Novel & Co. als bildbasierte Erzählliteratur. In: Julia Knopf / Ulf Abraham (Hg.): BilderBücher. Bd. 1: Theorie. Baltmannsweiler. S. 66 - 77.
Hangartner, Urs 2009: Von Bildern und Büchern. Comics und Literatur - Comic-Literatur. In: Heinz Ludwig Arnold / Andreas C. Knigge (Hg.): Comics, Mangas, Graphic Novels. München. S. 35 - 56.
Kepser, Matthis / Ulf Abraham 2016: Literaturdidaktik Deutsch. Eine Einführung. 4. Auflage. Berlin.
Knigge, Andreas C. 2009: Zeichen-Welten. Der Kosmos der Comics. In: Heinz Ludwig Arnold / Andreas C. Knigge (Hg.): Comics, Mangas, Graphic Novels. Text + Kritik Sonderband. München. S. 5 - 34.
Schikowski, Klaus 2014: Der Comic. Geschichte, Stile, Künstler. Stuttgart.
Schmitz-Emans, Monika 2012: Literatur-Comics. Adaptationen und Transformationen der Weltliteratur. Berlin u. a.
Wrobel, Dieter 2015: Graphic Novels. In: Praxis Deutsch. H. 252. S. 4 -14.

Online-Recherchemöglichkeiten zu Comic und Graphic Novel:
www.comicgesellschaft.de
www.comicforschung.uni-bonn.de

E 3 Film

Ulf Abraham

Filmische Gattungen und Genres

Bewegtbilder können nach technischen, ökonomischen, inhaltlichen oder ästhetischen Kriterien betrachtet werden (vgl. Fuxjäger 2015, S. 9). Für die Filmdidaktik sind besonders die beiden letztgenannten relevant. Wie in der Literatur gibt es Gattungsbegriffe für verschiedene Darstellungsmodi (Spiel- vs. Dokumentarfilm), Verwendungszwecke (Werbe-, Lehrfilm), Zielgruppen (Erwachsenen- vs. Kinderfilm), Stile (Mainstream vs. Avantgarde) und Arten der Vorlage (Literaturadaption vs. Originaldrehbuch). *Genres* als Repertoires konventionalisierter Formen können im Deutschunterricht untersucht werden (vgl. Kammerer 2009).

Für den Deutschunterricht besonders bedeutsam ist zum einen der Kinder- und Jugendfilm. Eine Einführung in dessen Analyse (Kurwinkel / Schmerheim 2013) bietet eine Mischung aus Klassikern und neueren Spielfilmen: Die Auswahl reicht von der Lindgren-Adaption *Madita* (1979) bis zur relativ aktuellen Verfilmung von Suzanne Collins' *Hunger Games*-Trilogie, damit aber vom realistischen Spielfilm für Kinder bis zur Dystopie für Jugendliche. Einen Überblick zur „verfilmten Kinderliteratur" für den Deutschunterricht legen Josting / Maiwald (Hg.) (2010) vor. Damit ist zum andern auch die zweite wichtige Gattung berührt, die sogenannte Literaturverfilmung, besser filmische Adaption. Hier gibt es alte und neue Schulklassiker, die einerseits die Verknüpfung von Literatur- und Filmunterricht erlauben (vgl. Staiger 2010a, Maiwald 2015), andererseits aber oft in einer filmdidaktisch problematischen Verengung auf den Vergleich mit der sogenannten literarischen Vorlage (die ja eigentlich das Drehbuch ist) behandelt werden.

Das Handlungsfeld Film

Ursprünglich bezeichnete „Film" den Streifen fotographischer Negative, dessen Abspielen scheinbare Bewegung erzeugt. Kulturell und ästhetisch entwickelte sich daraus ein eigenständiges Medium, das bald in Konkurrenz zu denjenigen Medien trat, denen es sich verdankte: Fotographie, Theater, Literatur und Hörfunk. Darstellungstechniken und Stoffe von diesen Medien übernehmend, schuf sich der Film ästhetisch eine eigene Sprache, ökonomisch eine eigene Industrie und kulturell eine eigene Institution (Kino). Im Zeitalter seiner fortschreitenden Digitalisierung überspringt der Film heute sowohl die Grenze zwischen Fiction und Nonfiction als auch die zwischen Real- und Animationsfilm leichter als im 20. Jahrhundert. Wenig verändert haben sich die klassischen Phasen der Filmentstehung (hier nach Klant / Spielmann 2008, S. 52 ff.):

1. Vorproduktion (Tätigkeiten vor dem Dreh): Textsorten Exposé als 2- bis 4-seitige Inhaltsangabe, Treatment von 10 bis 20 Seiten für den Produzenten, Drehbuch (ca. eine Seite pro Filmminute), schließlich Storyboard für die Lagebesprechung am Set.

2. Produktion: Kameraführung, filmischer Raum, Lichtregie, Maske, Regiearbeit und Schauspiel

3. Postproduction: Schnitt/Montage, Vor- und Abspann, Sound Design und Filmmusik

Die für die Ästhetik des Films zentrale Montage hat sich historisch ausdifferenziert in epische Montage, die im Dienst des Erzählflusses steht und selbst möglichst unsichtbar bleibt, und konstruktivistische Montage, die die Illusionswirkung des Mediums bewusst unterläuft und Kontraste erzeugt (vgl. Staiger 2010b, S. 181).

Filmsprache und filmische Mittel

Bewegtbilder haben mit der natürlichen Sprache eine Art Syntax gemein: Was zuerst zu sehen ist, wird in der Regel als Ursache des Folgenden angenommen. Diskontinuitäten zwischen Sequenzen werden meist als Orts- und/oder Zeitsprünge interpretiert. Fachdidaktiker haben den Begriff „Filmsprache" übernommen, aber auch kritisch kommentiert (vgl. Frederking/Krommer/Maiwald 2012, S. 186). Wie die natürliche Sprache wird auch diese Sprache keineswegs schon aufgrund der Kenntnis einiger Regeln der Wortbildung (beim Film: Einstellungen) und Grammatik (beim Film: Montage) beherrscht. Auch sie lernt man nur durch Enkulturation. Filmische Mittel können und müssen aber im Unterricht ebenso erarbeitet werden wie die rhetorisch-ästhetischen Ausdrucksmöglichkeiten der Literatur. Wie diese haben sie nie einen absoluten Ausdruckswert, der feststeht. Vielmehr ergibt sich ihr semiotischer Wert immer aus dem Zusammenhang und erst mit Blick auf das ästhetische Konzept der Regie. (So kann eine Person deshalb in Untersicht erscheinen, weil jemand bewundernd zu ihr aufblickt, oder deshalb, weil sie bedrohlich wirken soll.) Wegen der Kontextgebundenheit ihrer Wirkung sind filmische Mittel (z. B. Einstellungsgrößen/-perspektiven, Farben und Beleuchtung, Montageformen, Filmmusik) nur in einem auf Filminterpretation gerichteten Gespräch (nicht einem Mittel auffindenden analytischen Unterricht) zu erarbeiten.

Filmanalyse und -interpretation in einem kompetenzorientierten Unterricht

Vier Ausdrucksebenen des Films verweisen auf vier Künste, deren Symbolsysteme er nutzt:

- Sprache (Monolog, Dialog, Figurenrede, ggf. Off-Erzähler): Symbolsystem Print-Literatur
- Bild (Kameraeinstellung, -bewegung, -perspektive, Licht / Beleuchtung, Bewegung, Mimik, Gestik): Symbolsystem Fotographie
- Ton (Musik, Geräusche): Symbolsysteme Musik und Hörfunk
- Kulisse (Raumgestaltung, Gegenstände, Filmarchitektur bzw. umbauter Raum, Locations, Requisiten): Symbolsystem Theater

Daraus ergibt sich, dass Heranwachsende im Umgang mit einem ästhetisch komplexen Medium eine Reihe von Kompetenzen erwerben sollten. Neben der Fähigkeit zur Filmanalyse gehören dazu auch die für szenische Interpretation benötigte Spielkompetenz und diejenige des Umgangs mit den digitalen Medien, ohne die Arbeit an Filmen heute kaum noch denkbar ist. Der Begriff Filmbildung fokussiert hingegen eher das Wissen über und das Verständnis für Filmästhetik und -geschichte. Während das Freiburger Filmcurriculum Ziele und Inhalte der Filmbildung auf Schulfächer aufteilt (vgl. Pfeiffer 2011), legt die Länderkonferenz Medienbildung vier Kompetenzbereiche fest, indem sie vom Film als kulturellem Handlungsfeld ausgeht (vgl. Länderkonferenz Medienbildung 2015, S. 4):

- Im Bereich **Filmproduktion und Präsentation** geht es um die Herstellung eines Films als zu planendem Gruppenprozess.
- Der Bereich **Filmnutzung** fokussiert den individuellen Umgang mit dem Medium einschließlich von Geschmacksbildung und Wertungskompetenz.
- Der Bereich **Filmanalyse** nimmt Einzelaspekte und Zusammenhänge filmischer Darstellung in den Blick.
- Im Bereich **Film in der Mediengesellschaft** geht es um die Bedeutung des Films für politische Bewusstseinsbildung und kulturelles Selbstverständnis.

Kompetenzförderung im Bereich Film sollte schon auf der Primarstufe ansetzen (vgl. Möbius 2013) und neben dem Verstehen, Beschreiben und Deuten von Bildern (→ E 1) auch die akustische Ebene einbeziehen (Schmerheim / Kurwinkel 2013 nennen sie die der „Auralität“, vgl. S. 124–138).

Verfahren im Umgang mit Film

Verfahren im Umgang mit Film können an allen Phasen der Filmproduktion ansetzen (vgl. oben, *Handlungsfeld Film*), nicht nur beim fertigen Produkt. Auch ein Casting für die erst geplante Verfilmung oder Rollenspiele beim Dreh (on take) können im kompetenzorientierten Deutschunterricht Sinn haben. Handlungs- und produktionsorientierte Verfahren hat vor allem Kepser (2010) breit dargestellt. Die wichtigsten fasst Abraham (2016, S. 91–115) in folgenden Gruppen zusammen:

- Filmgespräche führen
- Schreiben zu Filmen

- Szenische Verfahren
- Arbeit mit Filmplakaten und Trailern
- Arbeit mit Standbildern (Frames)
- Arbeit mit ausgewählten Sequenzen (Clips)
- Arbeit mit DVD-Bonus-Material
- Arbeit mit der Mehrsprachigkeit (Untertitel, Synchronfassungen)
- Arbeit mit literarischen Vorlagen, Filmbüchern und Drehbüchern

Literaturhinweise

Abraham, Ulf 2013: Kurzspielfilme im Deutschunterricht. In: Praxis Deutsch. H. 237. S. 4–14.
Abraham, Ulf 2016: Filme im Deutschunterricht. 3. Auflage Seelze.
Bergala, Alain 2006: Kino als Kunst. Filmvermittlung an der Schule und anderswo. Marburg.
Frederking, Volker / Axel Krommer / Klaus Maiwald 2012: Mediendidaktik Deutsch. Eine Einführung. 2., neu bearb. u. erw. Auflage.
Fuxjäger, Anton 2015: Bewegte Bilder. Ein Klassifizierungsversuch. In: Informationen zur Deutschdidaktik. Bd. 39. H. 1. S. 8–19.
Josting, Petra / Klaus Maiwald (Hg.) 2010: Verfilmte Kinderliteratur. Gattungen, Produktion, Distribution, Rezeption und Modelle für den Deutschunterricht. München.
Kammerer, Ingo 2009: Film – Genre – Werkstatt. Textsortensystematisch fundierte Filmdidaktik im Fach Deutsch. Baltmannsweiler.
Kammerer, Ingo / Matthis Kepser 2014: Dokumentarfilm im Deutschunterricht. Eine Einführung. In: Dies. (Hg.): Dokumentarfilm im Deutschunterricht. Baltmannsweiler. S. 11–72.
Kepser, Matthis 2010: Handlungs- und produktionsorientiertes Arbeiten mit (Spiel-)Filmen. In: Ders. (Hg.): Fächer der schulischen Filmbildung. Deutsch, Englisch, Geschichte u. a. Mit zahlreichen Vorschlägen für einen handlungs- und produktionsorientierten Unterricht. München. S. 187–240.
Klant, Michael / Raphael Spielmann 2008: Grundkurs Film: Kino, Fernsehen, Videokunst. Materialien für die Sek. I und II. Hannover.
Kurwinkel, Tobias / Philipp Schmerheim 2013: Kinder- und Jugendfilmanalyse. Konstanz.
Länderkonferenz Medienbildung (Hg.) 2015: Filmbildung. Kompetenzorientiertes Konzept für die schulische Filmbildung. In: http://www.laenderkonferenz-medienbildung.de/index.php/filmbildung.html, recherchiert am 28. 10. 16.
Maiwald, Klaus 2015: Vom Film zur Literatur. Moderne Klassiker der Literaturverfilmung im Medienvergleich. Stuttgart.
Möbius, Thomas 2013: Kinderfilme sehen und verstehen. In: Ulf Abraham / Julia Knopf (Hg.): Deutsch-Didaktik für die Grundschule. Berlin. S. 221–229.
Pfeiffer, Joachim 2011: Integrative Filmdidaktik. Fächerverbindender Filmunterricht in Deutsch, Kunst und Musik am Beispiel des „Freiburger Filmcurriculums". In: Gudrun Sommer / Vinzent Hediger / Oliver Fahle (Hg.): Orte filmischen Wissens. Filmkultur und Filmvermittlung im Zeitalter digitaler Netzwerke. Marburg. S. 195–211.
Staiger, Michael 2010a: Literaturverfilmungen im Deutschunterricht. München.
Staiger, Michael 2010b: (Un-)Sichtbare Schnitte. Zur Geschichte und Didaktik der Filmmontage. In: Matthis Kepser (Hg.): Fächer der schulischen Filmbildung. Deutsch, Englisch, Geschichte u. a. Mit zahlreichen Vorschlägen für einen handlungs- und produktionsorientierten Unterricht. München. S. 163–184.

E 4 Theater

Gabriela Paule

Kulturelle Partizipation

Kinder und Jugendliche dazu zu befähigen, kompetent am kulturellen Leben teilzunehmen, ist ein wesentliches schulisches Ziel. Es umfasst auch die Heranführung an das Theater. Da es im Freizeitverhalten von Kindern und Jugendlichen eine eher geringe Rolle spielt, ist es umso wichtiger, dass Schule – gerade dort, wo Eltern das nicht leisten – auf dieses kulturelle Angebot aufmerksam macht, Zugänge schafft, aktive Teilhabe anstößt und Kompetenzen kontinuierlich ausbaut.

Von Bedeutung sind dabei mehrere Dimensionen ästhetischer Erfahrung: Rezeption (Zuschauen), Produktion (Spielen, Inszenieren) und Kommunikation (Diskutieren, Urteilen). Rezeption und Kommunikation betreffen das genaue Wahrnehmen, Beschreiben, Analysieren, Interpretieren und Beurteilen von Theaterinszenierungen und -aufführungen und finden vorrangig im Deutschunterricht statt. Die Produktion, also die Erarbeitung von Theateraufführungen, ist dagegen ausgelagert in schulische Arbeitsgemeinschaften, Wahlkurse oder ein eigenes Fach. Im Deutschunterricht dienen produktive Zugänge in Konzepten wie dem szenischen Interpretieren oder der simulierten Inszenierung (vgl. Frommer 1995) eher zur Förderung des Verstehens dramatischer Texte, der Persönlichkeitsentfaltung und punktuellen Einblicken in die Kunstform Theater.

Vielfalt theatraler Gattungen

Damit Kinder und Jugendliche im Sinne gelingender kultureller Sozialisation die Chance haben, eigene theatrale Vorlieben zu entdecken und auszubilden, wird Schulunterricht idealerweise von Anfang an kontinuierliche und vielfältige Einblicke in das je aktuelle Theaterangebot geben (vgl. Olsen / Paule (Hg.) 2015). Für Lehrerinnen und Lehrer stellt dabei gerade die Angebotsfülle eine nicht zu unterschätzende Herausforderung dar, da durch das (germanistische) Studium in der Regel nur wenig theatrale Vorbildung vorausgesetzt werden kann. Doch ausgestattet mit theaterdidaktischen Grundkompetenzen, Interesse an eigener kultureller Teilhabe und Offenheit auch unvertrauten Theaterformen gegenüber, ist die Lehrkraft in der Lage, sich berufsbegleitend weiterzubilden und mit ihren Lernenden gemeinsam Neuland zu betreten.

Kategorisieren lässt sich das Theaterangebot z. B. nach der Dominanz der jeweiligen Kunstform (Sprechtheater, Tanztheater, Musiktheater), nach der Zielgruppe (Kinder-, Jugend-, Erwachsenentheater), nach der – nicht notwendigen! – Textvorlage (Drama, Lyrik, Roman, epische Kurzformen), nach Darstellungsmodi (Personen-, Figurentheater), nach theatralen Formen (Erzähltheater, Klassenzimmertheater, Schwarzlichttheater, Schattentheater usw.) oder nach Inszenierungspraktiken und Spielweisen (dramatisches und postdramatisches Theater, Performances). Besonders hinzuweisen ist auf das breite Angebot des Kinder- und Jugendtheaters, das speziell für den Deutschunterricht mit jüngeren Schülerinnen und Schülern an Bedeutung gewinnt (vgl. Paule 2009, Barz (Hg.) 2007, Payrhuber 2012). Sowohl die für junges Publikum geschriebenen Stücke als auch die theatrale Praxis sind durch verstärkte Publikationstätigkeit der letzten Jahre fachdidaktisch zunehmend gut erschlossen.

Theatrale Ästhetik

Theater ist medial durch seinen Aufführungscharakter bestimmt: Eine Aufführung ereignet sich immer in der und durch die gleichzeitige Anwesenheit von Akteuren und Zuschauern, die wechselseitig aufeinander reagieren. Die Aufführung als Live-Veranstaltung entsteht also erst im gemeinsamen Vollzug. Demgegenüber bezeichnet der Begriff der Inszenierung das (Regie-)Konzept, nach dem die Aufführung hervorgebracht werden soll: die Planung, Erprobung und Festlegung der Verwendung theatraler Zeichensysteme (Sprache, Körper, Kostüm, Maske, Requisit, Raum, Licht, Musik usw.).

Bei der Analyse einer Aufführung lassen sich demnach eine semiotische und eine performative Dimension unterscheiden: Die semiotische Analyse fragt nach der Bedeutung der Bühnenvorgänge und versteht die Aufführung als einen theatralen Text, als einen strukturierten Zusammenhang theatraler Zeichen. Sie untersucht, welche Zeichen ausgewählt wurden, wie und nach welchen Regeln sie miteinander verknüpft sind. Aus ihrem simultanen Zusammenwirken und ihrer funktionalen Bezogenheit aufeinander resultieren Bedeutungen, die der (analysierende) Zuschauer je individuell generiert. Im Unterschied dazu rückt bei der performativen Dimension einer Aufführung deren Ereignishaftigkeit ins Zentrum der Betrachtung. Es geht um das, was sich sinnlich zwischen Darstellern und Zuschauern ereignet: die Wahrnehmung dessen, wie Körper beschaffen sind und sich bewegen, wie sich Handlungen auf der Bühne vollziehen und welche Wirkung sinnliche Qualitäten des Bühnenereignisses haben. Ein Beispiel: Der Körper des Schauspielers repräsentiert nicht nur eine Figur, sondern er ist auch leiblich, materiell anwesend. Wenn etwa extrem langsame oder vielfach wiederholte Bewegungen auf ihre Kraft und Energie aufmerksam machen, „so wird der Zuschauer sie kaum mehr als Zeichen wahrnehmen, sondern in ihrem ganz besonderen So-Sein als […] Bewegungen" (Fischer-Lichte 2001, S. 260). Beide Dimensionen, die semiotische und die performative, sind in einer Aufführungsanalyse eng aufeinander zu beziehen.

Zu klären ist weiterhin das theoretische Verhältnis von literarischem Text und Theateraufführung: Während der Text an nur eine Zeichendimension (Sprache) gebunden ist, die dem Gesetz der Sukzession unterliegt, wirken in einer Aufführung verschiedene Zeichensysteme zusammen, und zwar gleichzeitig wie auch in ihrer Abfolge. Eine Theateraufführung lässt sich also semiotisch nicht begreifen als eine bloße Übermittlung, Konkretisation oder Umsetzung eines sprachlichen Textes auf die Bühne. Es handelt sich vielmehr um einen Transformationsprozess (vgl. Hiß 1993) von einem in ein anderes Medium, der – rezeptions- und produktionsästhetisch – vom interpretierenden und eine theatrale Form gebenden Akt des Regisseurs und seines Ensembles geprägt ist.

Aufführungsanalyse im Deutschunterricht

Die Qualität des Zuschauens, also das Verstehen und der Genuss einer Aufführung, hängt entscheidend von der rezeptiven Kompetenz des Zuschauers ab. Dabei geht es zunächst darum, Lernenden den Inszenierungscharakter dessen, was sie auf der Bühne sehen, bewusst zu machen als eine intentionale Komposition mit einer eigenen theatralen Form. Sie lernen – punktuell und exemplarisch – verschiedene Elemente theatraler Zeichensysteme kennen und lesen und entschlüsseln deren funktionale Bezogenheit aufeinander als Basis für Bedeutungszuschreibungen. Rezeptive Kompetenz wird weiter durch entsprechendes Wissen über das Theater erhöht, beispielsweise durch die bewusste Wahrnehmung und Diskussion verschiedener Inszenierungsstile. Dies kann die häufig sehr traditionell anmutenden Erwartungen der Jugendlichen an Theater in Bewegung bringen. Dazu trägt auch eine Klärung des oben beschriebenen Transformations-prozesses bei, indem Lernenden etwa bewusst wird, dass eine Inszenierung nie die eigenen, beim Lesen eines dramatischen Textes entstandenen, Imaginationen abbilden kann, sondern immer Ausdruck und Ergebnis eines Rezeptionsprozesses anderer ist. All dies kann im Laufe der Schulzeit dazu beitragen, Theater als eigene Kunstform zu begreifen. Insbesondere für ältere Schülerinnen und Schüler ist dafür auch ein Einblick in die historisch bedingte Herausbildung unterschiedlicher stilbildender Theaterkonzepte hilfreich. Dies legt eine Basis für die Entwicklung differenzierterer Bewertungsmaßstäbe und führt idealerweise dazu, den Reiz des Theaters in seiner Mehrdeutigkeit als künstlerisches Produkt, als Phantasieraum, als ästhetisches Experiment schätzen zu lernen. Methodische Varianten solcher Inszenierungsanalysen sind, abgestimmt auf verschiedene didaktische Zielsetzungen, zahlreich entwickelt worden. Es finden sich z. B. Vorschläge zu Inszenierungsvergleichen, Aufführungsgesprächen, Anfertigen von Erinnerungsprotokollen, szenischen Verfahren oder Arbeiten mit Materialien zur Aufführung (Strichfassung, Plakat, Theatertrailer, Programmheft, Theaterkritik).

Zur Rezeptionskompetenz gehören aber nicht nur kognitive Aspekte, sie schließt auch die affektive Beteiligung ein: sich einzulassen auf das Theaterereignis, sich ansprechen zu lassen von seinen sinnlichen, körperlichen Komponenten, von seiner performativen Qualität. Bewegungen, Stimmen, körperliche Präsenz können als solche Aufmerksamkeit binden, zu genauem Sehen und

Hören auffordern und neue Wahrnehmungen provozieren. In der Lage zu sein, die eigene Wahrnehmung auch zu thematisieren, sich über Wahrgenommenes zu äußern, die individuelle Wirkung theatraler Zeichen zu diskutieren, ist eine weitere theaterdidaktische Zielperspektive: in ästhetische Kommunikation mit anderen zu treten, das Gespräch über Theaterkunst zu kultivieren und zwar auf kognitiver wie affektiver Ebene. Das kann gerade dann bereichernd sein, wenn Aufführungen Irritationen auslösen, die ohne gemeinsamen Austausch darüber nur Distanz oder Abwehr hervorrufen würden, die aber potenziell ästhetische Erfahrung ermöglichen. Insgesamt ist damit ein hoher theaterdidaktischer Anspruch formuliert, der den Deutschunterricht durchaus an seine Grenzen führt (vgl. Bönnighausen 2015). Sollen aber Bildungskonzepte realisiert werden, die der Kunstform Theater und der Zielsetzung kultureller Partizipation angemessen sind, wird sich der Deutschunterricht diesen Anforderungen stellen müssen.

Literaturhinweise

Barz, André (Hg.) 2007: Zeitgenössische Kinder- und Jugendtheatertexte. Theaterpädagogische Annäherungen für Schule und Unterricht. Berlin.

Bönnighausen, Marion 2015: No Education! – Theaterunterricht jenseits aller Bildungsaufträge. In: Ralph Olsen / Gabriela Paule (Hg.) 2015: Vielfalt im Theater. Deutschdidaktische Annäherungen. Baltmannsweiler, S. 10 – 26.

Fischer-Lichte, Erika 2001: Ästhetische Erfahrung. Das Semiotische und das Performative. Tübingen u. a.

Frommer, Harald 1995: Lesen und Inszenieren. Produktiver Umgang mit dem Drama auf der Sekundarstufe. Stuttgart.

Hiß, Guido 1993: Der theatralische Blick. Einführung in die Aufführungsanalyse. Berlin.

Karlsruher pädagogische Beiträge 2010. Bd. 75: Theaterrezeption.

Olsen, Ralph / Gabriela Paule (Hg.) 2015: Vielfalt im Theater. Deutschdidaktische Annäherungen. Baltmannsweiler.

Paule, Gabriela 2009: Kultur des Zuschauens. Theaterdidaktik zwischen Textlektüre und Aufführungsrezeption. München.

Payrhuber, Franz-Josef 2012: Jugendtheaterstücke der Gegenwart. Baltmannsweiler.

E 5 Intermedialität

Petra Josting

Literarisierung der Medien und Mediatisierung der Literatur

Kinder und Jugendliche wachsen in einer von Medien geprägten Welt auf, die zunehmend digitaler wird. Den regelmäßig erscheinenden repräsentativen KIM- und JIM-Studien zur Mediennutzung ist zu entnehmen, dass ein breit gefächertes Medienensemble zu ihrem Alltag gehört (vgl. u. a. Behrens / Rathgeb 2015, Orde / Durner 2016). Im Hinblick auf die literarische Sozialisation der Heranwachsenden geht dieser Wandel mit einer Erweiterung des Medienspektrums einher, mit dem sie einen literarischen Stoff kennenlernen: Waren es früher vornehmlich das gedruckte Bilder- und Kinderbuch, die in die literarische Welt einführten, so sind inzwischen E-Books, Hörbücher (Lesungen und Hörspiele), Animations- und Realfilme, Theateraufführungen, Apps / Computerspiele sowie eine große Palette von Merchandisingprodukten hinzugekommen, die gemeinsam einen Medienverbund bilden (z. B. *Der kleine Ritter Trenk* von Kirsten Boie) und somit sowohl das Wissen um einen Stoff als auch die Wahrnehmungsgewohnheiten prägen. Der Wandel hat aber auch zur Folge, dass je nach Schichtzugehörigkeit des Elternhauses Bücher einen unterschiedlichen Stellenwert besitzen. Während in sogenannten bildungsfernen Familien im Allgemeinen die Buchlektüre eine geringe Rolle spielt, stattdessen Fernsehen und elektronische Medien einen hohen Stellenwert haben, steht Schülerinnen und Schülern aus sogenannten bildungsnahen Schichten eher die gesamte Medienpalette zur Verfügung. Hinzu kommt ein weiteres Merkmal des aktuellen Wandels, das mit Medienkonvergenz beschrieben wird, wozu zwei Aspekte gehören, die auch für den Deutschunterricht relevant sind: Literarische Stoffe können über ein Endgerät rezipiert werden, d. h.: Mit dem Tablet wird das Buch gelesen, der Film gesehen, die Lesung oder das Hörspiel gehört, die App betätigt etc. Lernende werden aber auch selbst zu Produzentinnen und Produzenten, indem sie z. B. Kritiken in schriftlicher Form ins Internet stellen oder in Form eines Films auf YouTube präsentieren (vgl. Josting 2013).

Aktuelle mediendidaktische Konzepte

Auf dieses medial veränderte literarische Angebot wie auch Rezeptionsverhalten hat der Literaturunterricht in der Praxis bislang kaum reagiert, wohl aber die Literatur-, respektive Mediendidaktik. Meistens ist von Intermedialität die Rede und als Referenz wird gern Irina Rajewsky herangezogen, die seit der Jahrtausendwende die Diskussion um Intermedialität in der Literaturwissenschaft geprägt hat und von Literatur als Referenzmedium ausgeht. Sie begreift Intermedialität als „Mediengrenzen überschreitende Phänomene, die mindestens zwei konventionell als distinkt wahrgenommene Medien involvieren", wobei „potentielle Relationen zwischen sämtlichen medialen Ausdrucksformen zu erfassen" seien (Rajewsky 2004, S. 12 f.). Für den intermedial konzipierten Deutschunterricht geht es folglich darum, zu analysieren, wie ein in unterschiedlichen Medien transportierter literarischer Stoff aufgrund seiner spezifischen Trägermaterialität die jeweilige Gestaltung und ästhetische Wahrnehmung beeinflusst (vgl. Bönnighausen 2015, S. 530 ff.). Neben dem Begriff der Intermedialität hat seit einigen Jahren der der Symmedialität Einzug in die Debatten gehalten, worunter das Verschmelzen von verschiedenen medialen Formen zu einem Medium verstanden wird (z. B. Bild und Ton zum Film).

Beim symmedialen Deutschunterricht steht im Unterschied zum intermedialen nicht nur die Mediendifferenz im Vordergrund, sondern zudem das „Zusammenspiel der einzelnen Medien [...] und das dabei entstehende mediale Ganze" wie auch die „eigenaktive, produkt-kreative Verarbeitung" seitens der Schülerinnen und Schüler (Frederking 2015, S. 548 f.). Der Kulturwissenschaftler Jenkins plädierte bereits vor etlichen Jahren dafür, die durch das Internet und die digitalen Medien ermöglichte Entwicklung der Kultur mit dem Theoriekonzept der transmedia storytelling zu fassen; eine transmediale Geschichte werde in vielen Medien entwickelt und jedes neue mediale Produkt sei sowohl selbstständig als auch ein wertvoller Teil des Ganzen, jedes Erzeugnis bediene einen anderen Markt (Jenkins 2006, S. 95 f.). Quell- und Zielmedium gibt es nach dieser Auffassung ebenso wenig wie die starre Differenz zwischen Produzenten und Konsumenten, zwischen Kunst und Populärkultur oder zwischen professionellen Mitspielern und Laien. In seinem holistischen Konzept der Konvergenzkultur (convergence culture) migrieren und multiplizieren sich die Medieninhalte zu einer komplexen Geschichte, mitunter – wie er am Beispiel des Films *Matrix* exemplifiziert – zu einem vollständigen fiktionalen Universum (vgl. ebd., S. 93 ff.).

Weiterzuentwickelnde Konzepte eines Literaturunterrichts könnten angesichts dieser aktuellen Tendenzen auf Jenkins zurückgreifen. Unabhängig davon sind die Ausführungen der Mediendidaktikerin Jutta Wermke nach wie vor grundlegend, die in ihrem wegweisenden Buch *Integrierte Medienerziehung im Fachunterricht. Schwerpunkt: Deutsch* (1997) vorschlug, von Medienverbünden auszugehen und zu fragen, welches Medium als erstes auf dem Markt und damit möglicherweise leitend für die Produktion der übrigen Medien war. Ziel dieses Unterrichts ist es erstens, deutlich zu machen, dass ein literarischer Text je nach medialer Präsentation (klassisch in gedruckter Form oder als Graphic Novel, Bühnenstück, Hörspiel, Lesung, Real- oder Animationsfilm) eine medienspezifische Ästhetik und damit einen formalästhetischen Eigenwert aufweist, den es vor allem auf der Ebene der Gestaltung herauszuarbeiten gilt und auf dessen Basis das jeweilige Medium maßgeblich zu beurteilen ist. Zweitens ist nach den Unterschieden und Parallelen der einzelnen medialen Präsentationen zu fragen, insbesondere auf der Story-Ebene (Figurenkonstellationen und -konzeptionen, Handlungsverlauf, Räume), aber unter Rückgriff auf die jeweilige Medienästhetik.

Mediendidaktik in der Praxis

Konkret zielt der medienintegrative Deutschunterricht auf die Ausbildung von diversen Medienkompetenzen, wobei Fragen der *Lesekompetenz*, des *Literarischen Lernens* (vgl. Spinner 2006) sowie *Ästhetischen Lernens* integriert sind. Mindestens zwei Mediatisierungen von Literatur (z. B. Buch und Verfilmung, Buch und Graphic Novel, Drama und Bühnenfassung (auch auf DVD), Buch und Hörspiel, Buch und App / Computerspiel) sollten gleichberechtigt behandelt werden. Im Hinblick auf die Ästhetik einer medialen Präsentation stehen die spezifische Medienanalyse, Medienkritik, Mediennutzung und Mediengestaltung im Mittelpunkt, die vielfältige Formen und Themen für Anschlusskommunikationen bieten. Damit einher geht die Ausbildung bestimmter Rezeptionsweisen und Wahrnehmungskompetenzen der Schülerinnen und Schüler, die Genussfähigkeit beinhalten, aber auch die Schulung des Lesens, Sehens, Zuhörens und Navigierens (vgl. Josting 2005, S. 777 ff.). Inwieweit das Konzept der „Intermedialen Lektüre" (IML) tragfähig ist, das Kruse (2014) für die Primarstufe und den frühen Bereich der Sekundarstufe I empfiehlt, steht aufgrund des Fehlens ausreichender empirischer Befunde noch aus. Zu fragen ist, ob die intermediale Lektüre, d. h. die Einbindung von bis zu vier oder fünf Medien, die in Ausschnitten und Montage von der gesamten Klasse rezipiert werden, nicht auf zwei bis maximal drei zu reduzieren ist, um den formalästhetischen Eigenwert eines Mediums ausreichend in den Blick zu nehmen wie auch Unterschiede und Parallelen herauszuarbeiten. Die in den gemeinsamen Rezeptionsphasen ausgesparten Medien eines Verbunds würden dann nur noch in Einzel-, Partner- oder Gruppenarbeitsphasen zur Verfügung stehen.

Methodisch greift der medienintegrative Deutschunterricht, der die in den Lehrplänen genannten analytischen, kritischen, ethisch-reflexiven und produktiven Fähigkeiten gleichermaßen schult, auf bewährtes Repertoire zurück, wie die Handlungs- und Produktionsorientierung, auf theaterpädagogische Ansätze, textnahes Lesen etc. Die Berücksichtigung der Wahrnehmungsgewohnheiten der Schülerinnen und Schüler einerseits und die Einbindung von Medienverbünden bzw. Intermedialität und transmedia storytelling andererseits setzt die Bereitschaft der Lehrenden voraus, grundsätzlich alle Medien in den Unterricht einzubeziehen. Mehr Lernende können auf diese Weise erreicht und gefördert werden, besonders jene, denen Schriftwelten aufgrund ihrer sozialen Lage und / oder ihres Migrationshintergrunds fremd sind. Ein solcher Unterricht impliziert weiterhin die Möglichkeit, für Bücher Interesse zu wecken, und er verschreibt sich dem übergeordneten Ziel, einen Beitrag zur Chancengleichheit zu leisten.

Literaturhinweise

Behrens, Peter / Thomas Rathgeb 2015: JIM 2015. Jugend, Information, (Multi-)Media. Basisstudie zum Medienumgang 12- bis 19-Jähriger in Deutschland. In: https://www.mpfs.de/fileadmin/files/Studien/JIM/2015/JIM_Studie_2015.pdf, recherchiert am 21. 10. 2016.

Bönnighausen, Marion 2015: Intermedialer Literaturunterricht. In: Volker Frederking / Axel Krommer / Christel Meier (Hg.): Taschenbuch des Deutschunterrichts. Bd. 2: Literatur- und Mediendidaktik. 2. Auflage. Baltmannsweiler. S. 523 – 534.

Frederking, Volker 2015: Symmedialer Literaturunterricht. In: Ders. / Axel Krommer / Christel Meier (Hg.): Taschenbuch des Deutschunterrichts. Bd. 2: Literatur- und Mediendidaktik. 2. Auflage. Baltmannsweiler. S. 535 – 567.

Jenkins, Henry (2006): Convergence Culture. Where Old and New Media Collide. New York. In: http://gbv.eblib.com/patron/FullRecord.aspx?p=2081610, recherchiert am 18. 10. 2016.

Josting, Petra 2005: Medienkompetenz im Literaturunterricht. In: Heidi Rösch (Hg.): Kompetenzen im Deutschunterricht. Frankfurt a. M. S. 71 – 90.

Josting, Petra 2013: Medienkonvergenz im aktuellen Handlungssystem der Kinder- und Jugendliteratur. In: Gina Weinkauff / Ute Dettmar / Thomas Möbius / Ingrid Tomkowiak (Hg.): Kinder- und Jugendliteratur in Medienkontexten. Adaption – Hybridisierung – Intermedialität – Konvergenz. Frankfurt a. M. S. 233 – 252.

Kruse, Iris 2014: Brauchen wir eine Medienverbunddidaktik? Zur Funktion kinderliterarischer Medienverbünde im Literaturunterricht der Primar- und frühen Sekundarstufe. In: http://leseräume.de/wp-content/uploads/2015/10/lr-2014-1-kruse.pdf, recherchiert am 30. 10. 2016.

Orde, Heike vom / Alexandra Durner 2016: Grunddaten Kinder und Medien 2016. In: http://www.br-online.de/jugend/izi/deutsch/Grunddaten_Kinder_u_Medien.pdf, recherchiert am 21. 10. 2016.

Rajewsky, Irina O. 2004: Intermedialität – eine Begriffsbestimmung. In: Marion Bönnighausen / Heidi Rösch (Hg.): Diskussionsforum Deutsch. Bd. 15: Intermedialität im Deutschunterricht. Baltmannsweiler. S. 8 – 30.

Spinner, Kaspar H. 2006: Literarisches Lernen. Basisartikel. In: Praxis Deutsch. H. 200. S. 6 – 16.

Wermke, Jutta 1997: Integrierte Medienerziehung im Fachunterricht: Schwerpunkt: Deutsch. München.

E 6 Hörmedien

Karla Müller

Hörmedien und ihr spezifischer Hörtext

Als Hörmedien werden Medien bezeichnet, die ausschließlich akustische Zeichen zum Inhalt haben (vgl. Reißmann 2009, S. 116). Für den Deutschunterricht sind Hörmedien von Bedeutung, die vor allem sprachliche Zeichen transportieren, wobei Mischformen, die Sprache, Geräusche und Musik enthalten, häufig vorkommen, z. B. bei inszenierten Lesungen, Hörspielen oder Radiofeatures. Die Gesamtheit der akustischen Zeichen innerhalb eines Hörmediums, die Kohärenz aufweisen und Bedeutungskonstitution zulassen, bildet einen Hörtext (vgl. Müller 2014, S. 213). Sprache im Hörtext wird mittels Stimme hervorgebracht, deren Eigenschaften wesentlich die Rezeption steuern. Entscheidend für die Bedeutungskonstitution ist der Sprechausdruck, welcher sich hauptsächlich auf prosodische Mittel stützt (→ D 15). Geräusche (auch als Originaltöne) und Musik transportieren ebenfalls Bedeutung, was bei den Hörenden in der Regel akustisches Vorwissen voraussetzt. Außerdem sind für Hörmedien spezifisch audiophone Mittel konstitutiv, nämlich Blende, Schnitt, Mischung, Raumklang (Stereophonie)und elektroakustische Manipulation (vgl. Müller 2012, S. 31 f.).

Die Rezeption von Hörmedien weist einerseits strukturelle Ähnlichkeiten mit dem Lesen von gedruckten Texten auf, andererseits findet sie unter besonderen Bedingungen statt, die sie vom Lesen signifikant unterscheidet, was mit der unterschiedlichen (akustischen statt graphischen) Kodierung zusammenhängt (vgl. Müller 2012, S. 42 ff.). Prozesshaftigkeit und Flüchtigkeit erschweren das Verstehen, weil das Tempo vorgegeben und der Text unbeständig ist. Beim bloßen Hören sind die Anforderungen an das Arbeitsgedächtnis höher als beim Lesen. Hörmedien, sofern sie Speichermedien sind, konservieren zwar gesprochene Sprache und machen sie wiederholbar, was aber nichts an der prinzipiellen Flüchtigkeit ändert. Ein weiteres Merkmal der reinen Rezeption von Hörmedien, auch im Unterschied zum Zuhören in einer face-to-face-Situation, besteht darin, dass optische Zusatzinformationen (z. B. in Form von Mimik und Gestik) fehlen. In einigen Fällen können jedoch Hörmedien in Konstellationen eingebunden sein, in denen eine optische Zusatzinformation zur Verfügung steht, z. B. bei Audioguides, bei hörbuchgestütztem Lesen, bei der Vorlesefunktion im Internet und beim Gebrauch eines sogenannten Hörstifts (vgl. Müller 2012, S. 35).

Hörmedienspezifische Gattungen

Als die Hörtextgattung schlechthin gilt das Hörspiel, dessen Entstehung eng mit der Geschichte des Hörfunks verknüpft ist. Es handelt sich um eine eigenständige Kunstform, die sich nicht in das herkömmliche Gattungsraster aus Lyrik, Epik und Dramatik einordnen lässt. Blütezeiten erlebte es in der Weimarer Republik und in der Nachkriegszeit (nach 1945). In Abgrenzung zu diesem „traditionellen", „literarischen" Hörspiel wurde in den 1960er-Jahren das „Neue Hörspiel" konzipiert, das auf Illusionsbruch abzielt (vgl. Krug 2008). Die 1970er-Jahre brachten sowohl das Originaltonhörspiel hervor, das authentisches Material einbezieht, als auch die ars acustica, die keinen Bezug zur Sprache mehr haben muss (vgl. ebd.). Popularität und Verbreitungsgrad sanken dabei kontinuierlich, abgesehen vom Kinderhörspiel. Im Zeichen der Digitalisierung (s. u.) seit den 1990er-Jahren erfährt das Hörspiel wieder neues Interesse, sowohl was Originalhörspiele (als solche konzipiert), als auch was Hörspieladaptionen (von ursprünglich epischen Texten, Dramen oder sogar Filmen) betrifft.

Während für das **Hör**spiel, in Analogie zum **Schau**spiel, mehrere Personen und szenische Elemente typisch sind, gibt es bei der Lesung oft nur einen einzigen Sprecher bzw. eine einzige Sprecherin. Vielfach wird für „Lesung" die Bezeichnung „Hörbuch" verwendet, was jedoch schief ist. Nach Binczek und Mütherig (2013, S. 469) bezieht sich der Begriff in erster Linie auf das Trägermedium und stellt trotz Affinität zur Lesung keine Gattungsbezeichnung dar. In jedem Fall liegt ein Medienwechsel bzw. -transfer von der medialen Schriftlichkeit in die mediale Mündlichkeit vor, in welcher Stimme und Sprechausdruck (s. o.) den Text interpretieren. Bei inszenierten Lesungen bzw. szenischen Lesungen ist der Übergang zum Hörspiel fließend.

Neben Hörspiel und Lesung gibt es eine breite Palette radiophoner Formate wie Feature, Reportage, Interview usw., die als journalistische Stilformen auch in anderen Medien existieren.

Hörmedien im Zeitalter der Digitalisierung

Das Massen- und Distributionsmedium Hörfunk (Radio) wurde lange Zeit von Tonträger- bzw. Tonspeichermedien wie Schallplatte, Hörkassette und CD unterschieden. Im Zuge der Digitalisierung sind diese Grenzen aufgelöst. Komprimierte Audio-Informationen verschiedenartiger Urheber (Rundfunkanstalten, Verlage, Privatpersonen usw.) stehen als Dateien im Internet zur Verfügung und können entweder direkt dort oder als Download auf mobilen Endgeräten unterschiedlicher Art gehört werden: als Podcast auf MP3-Playern und deren Nachfolgern, als Apps auf Smartphones, auf Tablet Computern usw. Schon seit 2000 spricht man daher von der „Neuerfindung" des Radios aufgrund seiner „digitalen Entgrenzung" (Krug 2008, S. 10, S. 149) und etwa ab 2004 erfolgte eine „Entmaterialisierung des Hörbuchs" (Rühr 2008, S. 176), das lange CD-fixiert war. Die mobilen Endgeräte unterliegen einem schnellen technologischem Wandel, jedoch kann allgemein als (unterrichtsrelevante) Folgen der Digitalisierung festgestellt werden (vgl. Müller 2014, S. 214): Eine größere Fülle an medialen Hörtexten als je zuvor ist leicht zugänglich. Individualisiertes Arbeiten ist möglich. Insbesondere für Hörfunksendungen gilt: Sie können leicht gefunden, zeitversetzt und unabhängig von Reichweitenbeschränkungen sowie wiederholt gehört werden. Im Internet können Hörtexte mit anders kodierten Dateien verlinkt sein, also mit Bildern, schriftlichen Texten usw., und so Teil von symmedialen Rezeptionsprozesen sein. Es können relativ einfach selbst Hörtexte produziert und im Internet verbreitet werden (z. B. Podcasting) durch Aufnahmefunktion bei fast allen Geräten und kostenlose Zugänglichkeit von entsprechender Software.

Unterrichtliche Möglichkeiten

Die Digitalisierung und zahlreiche unterrichtspraktische Handreichungen erleichtern das Suchen, das Untersuchen sowie das Gestalten von Hörtexten. Der Hörbuch-Boom der 1990er-Jahre hat Hörmedien vom Geruch des Altmodischen befreit. Auch haben die Lehr- und Lernmittelverlage längst das Potenzial erkannt und bieten schulisch geeignete Audiodateien als Teil von Medienverbünden an. Dennoch und trotz langjähriger attraktiver Schulprojekte seitens Rundfunkanstalten und Stiftungen (z. B. der Stiftung Zuhören) werden auditive Medien noch immer im Deutschunterricht weniger häufig genutzt als z. B. Filme.

Das könnte sich vor dem Hintergrund neuerer Entwicklungen ändern. Der Inklusionsgedanke verlangt Ideen für die Einbeziehung von Kindern und Jugendlichen mit Einschränkung des Sehvermögens. Ihnen können Hörmedien ebenso entgegenkommen wie Schülerinnen und Schülern, deren Leseflüssigkeit – aus welchen Gründen auch immer – noch der zusätzlichen Unterstützung bedarf. Hörmedien mit paralleler Mehrsprachigkeit sind für den Unterricht mit Kindern mit Deutsch als Zweitsprache sehr ergiebig, aber sie können auch den Deutschunterricht aller im Hinblick auf Sprachbewusstheit bereichern (vgl. Müller 2013).

Generell gilt, dass vor allem die Kompetenzbereiche *Sprechen und Zuhören* sowie *Lesen – mit Texten und Medien umgehen* vom Potenzial der Hörmedien profitieren. Die Herstellung von Hörmedien bietet motivierende, weil situierte Anlässe, um sich Gedanken über gutes, d. h. angemessenes Sprechen zu machen. Dass Zuhörkompetenz im Sinne von Aufmerksamkeitslenkung und Hörverstehen mit Hörmedien gut trainiert werden kann, bedarf keiner weiteren Erläuterung. Lesekompetenz wird durch das simultane Lesen und Hören (hörbuchgestütztes Lesen) nachweislich gefördert (vgl. Gailberger 2011). Auch Literacy als die Befähigung, an der Kultur der Schriftlichkeit teilzuhaben, wird durch das wiederholte Hören konzeptionell schriftsprachlichen Inputs gefördert (→ D 15). Für das literarische Lernen sind überlegt gestaltete Lese-Hör-Kombinationen ein empfehlenswerter Weg, z. B. die Differenzerfahrung beim Vergleich von Print- und Hörtext. Der ästhetische Genuss von Literatur kann gerade durch die Erfahrbarkeit der Klanggestalt eines Textes ermöglicht werden, z. B. bei solchen Produktionen wie dem „Rilke-Projekt“ (2001 – 2010). Lebensweltlich nahe Medienarbeit findet statt, wo Kinder und Jugendliche Radio, Podcasts etc. untersuchen und gestalten.

Dabei sind die Rezeptionsbedingungen grundsätzlich günstig, wenn einige Spezifika beachtet werden. Der Gerätebesitz von Kindern und Jugendlichen ist schon jetzt so gut, dass der personalisierten Nutzung von Hörmedien im Unterricht meist nichts im Wege steht. Für den Einsatz von Hörmedien spricht auch, dass deren Image bei den Heranwachsenden positiv ist, wobei der für die Kindheit typische Hörspielkonsum später dem Radiokonsum, und hier dem Hören von Musik, weicht. Lehrkräfte müssen also bei Heranwachsenden der Vorstellung vorbeugen, Hörbücher seien etwas „für Kinder". Außerdem könnten spezifische Rezeptionsmuster (Nebenbei-Hören) aus dem Freizeitbereich anfangs hinderlich sein. Konzentriertes Hören ist für viele Schülerinnen und Schüler ungewohnt und muss erst durch gezielte Vorübungen vorbereitet und durch Aufgaben angeleitet werden. Hörmedien dienen in der Freizeit zudem häufig der Stimmungsregulation (vgl. Müller 2012, S. 38). Analyse und Reflexion verlangen dagegen kognitive Distanz. Rogge/Rogge (1999) haben außerdem herausgearbeitet, dass das kindliche Hören stark identifikatorisch und emotional besetzt ist. Deshalb ist in Hörspielen für kleine Kinder eine „Wellendramaturgie" angebracht, die nicht auf eine ständig ansteigende Spannung, sondern auf überschaubare Einheiten und einen Wechsel von Anspannung und dessen Auflösung setzt.

Literaturhinweise

Binczek, Natalie / Vera Mütherig 2013: Hörspiel / Hörbuch. In: Natalie Binczek / Till Dembeck / Jörgen Schäfer (Hg.): Handbuch Medien der Literatur. Berlin u. a. S. 467 – 474.

Gailberger, Steffen 2011: Lesen durch Hören. Leseförderung in der Sek. I mit Hörbüchern und neuen Lesestrategien. Mit Kopiervorlagen und Hörbuch „Paranoid Park" auf CD-ROM. Weinheim u. a.

Krug, Hans-Jürgen 2008: Kleine Geschichte des Hörspiels. 2. Auflage. Konstanz.

Müller, Karla 2012: Hörtexte im Deutschunterricht. Poetische Texte hören und sprechen. Seelze.

Müller, Karla 2013: Eigenes und Fremdes in mehrsprachigen kinderliterarischen Hörmedien. In: Petra Josting / Caroline Roeder (Hg.): „Das ist bestimmt was Kulturelles". Eigenes und Fremdes am Beispiel von Kinder- und Jugendmedien. München. S. 117 – 126.

Müller, Karla 2014: Auditive Medien im Deutschunterricht. In: Volker Frederking / Axel Krommer / Thomas Möbius (Hg.): Digitale Medien im Deutschunterricht. Baltmannsweiler. S. 213 – 235.

Reißmann, Wolfgang 2009: Hörmedien. In: Bernd Schorb / Günther Anfang / Kathrin Demmler (Hg.): Grundbegriffe Medienpädagogik Praxis. München. S. 116 – 118.

Rogge, Jan-Uwe / Regine Rogge 1999: Zuhören macht Spaß. Die besten Kassetten und CDs, Hörclubs für Kids, Tips zum Selbermachen. Reinbek b. Hamburg.

Rühr, Sandra 2008: Tondokumente von der Walze zum Hörbuch. Geschichte – Medienspezifik – Rezeption. Göttingen.

E 7 Digitale Spiele

Markus Engelns
Andreas Schöffmann

Da sich digitale Spiele als vergleichsweise junge Medien in einer frühen Phase ihrer Medialität befinden, sind sie gleichsam Sonderfall wie Beispiel für den medialen Wandel aller Medien. In dieser Rolle ist die Bedeutung von Computerspielen für Heranwachsende und ihre Entwicklung, die zusehends in mediatisierten und digitalen Zusammenhängen stattfindet, besonders groß. Mit steigender gesellschaftlicher Akzeptanz und dem reflektierten Einbezug in öffentliche Diskussionen, zum Beispiel durch das Feuilleton, schwinden Provokationspotenziale (vgl. Killerspiel-Debatten) des „jugendlichen" Mediums. Was bleibt, sind Möglichkeiten der kulturwissenschaftlichen Auseinandersetzung.

Maßgebend für die deutschdidaktische Perspektive auf digitale Spiele ist ein Aufsatz von Kepser (2012), in dem er das Konzept der Handlungsfelder des Literaturunterrichts auf Computerspiele überträgt und mit einem Modell für Medienkompetenz kombiniert. Demnach können digitale Spiele Gratifikationen für Schüler und Schülerinnen in den Bereichen Individuation, Enkulturation und Sozialisation anbieten. Konkret benennt Kepser erstens das Wissen über die „Produktion und Präsentation" (ebd., S. 31–34). Zweitens führt er die Kompetenzen zur „Computerspielnutzung" (ebd.) aus. Drittens nennt er die wirtschaftliche, politische oder kulturelle Rolle von digitalen Spielen „in der Mediengesellschaft" (ebd.). Die „Computerspielanalyse" (ebd.) bildet den vierten Aspekt seines Konzepts der Computerspielbildung. Durch die doppelte Anknüpfung an die Literatur- und Mediendidaktik schafft Kepser eine Integration des Mediums in den Kompetenzbereich *Sich mit Literatur- und Medien auseinandersetzen*. Die bereichsspezifische Ausformung der Auseinandersetzung mit Ästhetik, Geschichte, kulturellem Feld u. a. v. m. für den Deutschunterricht steht demgegenüber größtenteils noch aus.

Digitale Spiele als Medien

In der Forschung gelten digitale Spiele oftmals als mediale Gegenstände, die alle übrigen Medienphänomene darstellen können. Sie halten Text, Bild, Ton sowie Literatur, Kino, Radio etc. in Datenbanken bereit und rufen diese auf, wenn die Inszenierung des Spiel- bzw. Erzählprozesses dies auf der Darstellungsebene notwendig macht. Im Kontext ihrer spezifischen Medialität müssen digitale Spiele also Regeln formulieren, Problemaufwürfe konstruieren und variieren (Spielaspekt), diese Elemente in Graphik, Text und Sound umsetzen und ggf. in eine Rahmenerzählung integrieren (Erzählaspekt) (Engelns 2014, S. 154 ff.). Eine vermittelnde Verarbeitungsebene sorgt dafür, dass digitale Spiele als dynamische Textgebilde verstanden werden können, die sich nicht nur auf der Ebene der

Imagination, sondern auch auf der Ebene des textlichen Materials an die Eingaben der Spielenden anpassen und so die Steuerung als neuartiges Zeichensystem integrieren (Eingabeebene).

Schellong (2011) stellt für die Nutzungskompetenz – hier: „Spielkompetenz" – die besonderen Anforderungen an die Analysekompetenzen und die Chancen für Rahmungsprozesse im Umgang mit Fiktion und Wirklichkeit dar. Hartmann, Vorderer und Klimmt (2009) sprechen digitalen Spielen die Begünstigung eines Gefühls von Selbstwirksamkeit zu, das die psychologischen Grundbedürfnisse „Autonomie, Kompetenz und soziale Zugehörigkeit" (S. 167f.) stimuliert. Ebendiese Darstellungsmöglichkeiten können dabei genauso verwendet werden, um Formen von Inkompetenz, Ausgeliefertheit, Ausgrenzung, Fremd- und Selbstbestimmung herzustellen.

Ansätze zur Computerspieldidaktik

Von einer wirklichen Einbindung digitaler Spiele in den Deutschunterricht kann Kepser (2012, S. 34) und Boelmann (2015, S. 44) folgend nur dann die Rede sein, wenn diese dem integrativen Prinzip, also einer Verbindung der prozessorientierten und der bereichsspezifischen Kompetenzbereiche des Deutschunterrichts entspricht. Insofern bedeutet die Auseinandersetzung mit digitalen Spielen kein beliebiges Sprechen und Schreiben über Computerspiele. Die deutschdidaktische Forschung beschäftigt sich daher mit einer analytischen und produktiven Annäherung an die spezifische Medialität (vgl. Engelns 2014), dem Sprechen über Computerspiele im kulturellen Kontext (vgl. Schöffmann 2016), mit der Förderung von Medienlesekompetenz (vgl. Schöffmann 2018) sowie narrativer oder literarischer Kompetenz (vgl. Boelmann 2015). Des Weiteren stellen sich an die Nutzbarmachung von Computerspielen für die Werteerziehung ähnliche Fragen, wie dies für die Literatur, den Film und andere Medien gilt. Frühe didaktische und pädagogische Forschungsansätze setzen sich zudem mit Transfer-, Transformations- und Rahmungsprozessen innerhalb und zwischen Spiel-, Medien- und Lebenswelten (vgl. Esser/Witting 1997) sowie der Analyse der Didaktik in digitalen Spielen (vgl. Bopp 2004) auseinander, woran spätere Überlegungen zur sogenannten Gamification anschließen – also der Übertragung und Einbindung von (Computer-)Spielstrukturen beispielsweise in die Gestaltung von Unterricht.

Eine aus didaktischer Sicht dringend zu schließende Forschungslücke bildet der von Kepser benannte Bereich der *Produktion und Präsentation*, weil hierfür ein vergleichsweise hohes Maß an technischem und wirtschaftlichem Vorwissen notwendig ist. Dennoch ist gerade dieser Aspekt in Kombination mit der lebendigen Spielekultur, die im Internet, in eigenen Fernseh- und Streamingkanälen, aber auch in Zeitschriften konsequent ausgebaut wird, für ein Verständnis des kulturellen Potenzials digitaler Spiele unerlässlich. Immerhin bewegen sich die Fans unter den Schülerinnen und Schülern in eben jenen, aus der Perspektive der Schule noch unerforschten Welten.

Insbesondere die Produktion kann durch frei zugängliche Making-Offs bspw. auf YouTube, aber auch durch Anleitungen zum sogenannten Modding (Spielerinnen und Spieler greifen technisch in das Spiel ein und verändern bzw. erweitern es so) näher betrachtet werden. Spielekulturen können im Fach Deutsch über FanFictions (Spielerinnen und Spieler schreiben Geschichten über ihre Lieblingsspiele und veröffentlichen diese) erschlossen werden.

Unterrichtspraktische Ansätze

Aus der an die Unterrichtspraxis anschließenden Forschung gingen mittlerweile einige Konzepte hervor, die dieser spezifischen und kompetenzorientierten Annäherung des Deutschunterrichts an Gegenstände bzw. an Handlungsfelder folgen. So wählen Hoffmann / Lüth (2007) zur Analyse eine offene Fragestellung als Schreibanlass. Die Kinder einer Förderschulklasse sollten ihr Spielerleben schreibend wiedergeben. Anhand einer Reflexion über die dabei verwendeten Personalpronomen („Ich" / Lernende; „Er / Sie" / Helden; „Wir" / Spielende-Avatar-Team), wurde neben dem impliziten Grammatikunterricht sowohl eine Auseinandersetzung mit dem Verhältnis der Spielenden zur Doppelposition Protagonist (Erzählaspekt) / Avatar (Spielaspekt) als auch zur Anschlusskommunikation angeregt. Im Gegensatz zu diesem kombiniert schreibenden und sprechenden Erkenntnisansatz wählt Seidler (2011) das Sprechen und Schreiben, um die Spielerfahrung der Lernenden in Lösungstexte bzw. Anleitungen transformieren zu lassen und damit das epistemisch-heuristische Schreiben zu fördern.

Stärker auf das literarische Lesen und das poetische Verstehen ausgerichtet, nutzen Bauer / Hofer-Krucker Valderrama (2015) die Alterität eines literarischen Textes, um „über den Umweg der Computerspielerfahrung" zu einer präzisen Lektüre anzuregen. Sie wechseln dabei Schreibphasen mit Klassengesprächen zur wechselseitigen Durchdringung von literarischem Text und Computerspiel. Wampfler (2015) geht den umgekehrten Weg, indem er sich die Irritationsmomente einer gymnasialen Klasse beim Spielen eines digitalen Spiels zu Nutze macht. Die gemeinsame, detaillierte und vergleichende Lektüre dieses Gegenstandes mit einem literarischen Text führt zu einer Auseinandersetzung mit der Bedeutung von Entscheidungen.

Literaturhinweise

Bauer, René / Stefan Hofer-Krucker Valderrama 2015: DiscriminationPong im Literaturunterricht. In: Andreas Schöffmann / Mireya Schlegel (Hg.): Computer – Spiel – Werte. München. In: www.paidia.de/?p=6639, recherchiert am 29. 11. 2016

Boelmann, Jan M. 2015: Literarisches Verstehen mit narrativen Computerspielen. München.

Bopp, Matthias 2004: Didaktisches Design in Silent Hill 2. In: Britta Neitzel / Matthias Bopp / Rolf Nohr (Hg.): „See. I'm real ...". Multidisziplinäre Zugänge zum Computerspiel am Beispiel von „Silent Hill". Münster. S. 74 – 95.

Engelns, Markus 2014: Spielen und Erzählen. Computerspiele und die Ebenen ihrer Realisierung. Heidelberg.

Esser, Heike / Tanja Witting 1997: Transferprozesse beim Computerspiel. In: Jürgen Fritz (Hg.): Handbuch Medien: Computerspiel. Bonn.
Hartmann, Tilo / Peter Vorderer / Christoph Klimmt 2009: Medienpsychologische Erforschung von Computerspielen. In: Matthias Bopp / Serjoscha Wiemer / Rolf F. Nohr (Hg.): Shooter. Eine multidisziplinäre Einführung. Münster. S. 155–182.
Hoffmann, Thomas / Oliver Lüth 2007: Adventure: Zwischen Erzählung und Spiel. Tonning.
Kepser, Matthis 2012: Computerspielbildung. In: Jan M. Boelmann / Andreas Seidler (Hg.): Computerspiele als Gegenstand des Deutschunterrichts. Frankfurt a. M.
Schellong, Marcel 2011: Spielkompetenz. In: Paidia – Zeitschrift für Computerspielforschung. In: www.paidia.de/?p=1088, recherchiert am 29. 11. 2016.
Schöffmann, Andreas 2016: Spielenswert – Ästhetische Computerspielbildung und der öffentliche Diskurs. In: PH – Lesenswert. H. 1. S. 9–15. In: www.ph-ludwigsburg.de/12082.html, recherchiert am 29.11.2016.
Schöffmann, Andreas o. J.: Zwischen ludischem Dispositiv und Bildungsmedium – Computerspiele aus mediendidaktischer Perspektive (Arbeitstitel, Dissertationsprojekt).
Seidler, Andreas 2011: Perspektiven der Computerspielforschung für die Deutschdidaktik. In: Roland Jost / Axel Krommer (Hg.): Comics und Computerspiele im Deutschunterricht. Baltmannsweiler. S. 103–119.
Wampfler, Philippe 2015: „Ich habe in diesem Spiel keinen Reiz gefunden, …“. In: Andreas Schöffmann / Mireya Schlegel (Hg.): Computer – Spiel – Werte. München. In: www.paidia.de/?p=6657, recherchiert am: 29. 11. 2016

E 8 Internet

Tilman von Brand

Das Internet ist zunächst nichts anderes als die Vernetzung von Rechenzentren, kleineren Rechennetzwerken und zunehmend auch privaten Computern. Als Initial gilt das 1969 aus vier Rechnern bestehende Arpanet des US-Verteidigungsministeriums. Doch erst 1990 wurde das – zu der Zeit freilich schon sehr umfassende – Netzwerk auch für kommerzielle Zwecke und damit für eine größere Öffentlichkeit freigegeben, die spätestens 1993 mit dem ersten graphikfähigen Webbrowser Mosaic auch an den neuen Möglichkeiten der Nutzung und des Zugriffs auf die bereitgestellten Datenbestände partizipierte. Etwa zehn Jahre später spricht man im Zuge des Anwachsens von Social-Media-Plattformen wie Facebook und Twitter vom Web 2.0, da nun die privaten Nutzer nicht mehr nur Konsumenten von Informationen sind, sondern diese auch selbst generieren und austauschen. Das Internet ist mehr und mehr auf die Interaktivität der Userinnen und User ausgerichtet. Durch die starke Durchdringung des Alltags sind dabei wiederum Chancen und Gefahren gleichermaßen virulent.

Medienkompetenz

In Anlehnung an den bereits in den Siebzigerjahren von Dieter Baacke entwickelten und später weiter ausdifferenzierten Begriff der Medienkompetenz (vgl. Baacke 1997, S. 98 f.) ergeben sich als didaktische Herausforderung auch in Hinblick auf das Internet die Förderung der Teilfähigkeiten der Medienanalyse, Medienkritik, Mediennutzung sowie der Mediengestaltung, die es im Deutschunterricht zu fördern gilt. Ksenia Kuzminykh überträgt diese Teilfähigkeiten speziell auf die Nutzung des Internets und ergänzt Internetwissen und Internetgenussfähigkeit (vgl. Kuzminykh 2009, S. 56).

Neben diesen eher abstrakten, auf das Medium ausgerichteten Teilkompetenzen bietet das Internet speziell für den Deutschunterricht Potenziale, die sich unmittelbar auf die curricular festgeschrieben zu entwickelnden Kompetenzen beziehen. Im Zeitalter des Web 2.0 umfasst dies Rezeptions- und Produktionsprozesse gleichermaßen.

Lernen

Neben der Möglichkeit, anhand der im Internet verfügbaren Texte und multimedialen Dokumenten zu lernen, findet man eine stetig wachsende Anzahl an Webseiten, die spezielle interaktive Lern- und Übungsaufgaben integriert haben oder entsprechende Software zum Download anbieten. Das größte Angebot bezieht sich dabei auf die eher formalen Bereiche wie Rechtschreibung oder Grammatik. Der Vorteil für die Lernenden besteht vor allem darin, dass sie meist eine unmittelbare Rückmeldung zum Lernertrag bekommen und ggf. auch Hinweise auf Fehlerschwerpunkte, an denen gezielt gearbeitet werden kann (vgl. Frederking / Krommer / Maiwald 2012, S. 250 ff.).

Recherchieren

Das Internet ist heute Recherchemedium Nummer eins, was Chancen und Gefahren gleichermaßen birgt: Die Fülle an Informationen, die den Nutzern zur Verfügung stehen, wächst stetig. Dabei jedoch einerseits überhaupt den Überblick zu behalten oder erst zu gewinnen, ist ungemein schwer. Hinzu kommt andererseits, dass die Schülerinnen und Schüler stärker als früher darin geschult werden müssen, Internetquellen zu beurteilen (vgl. von Brand 2016, S. 120–122, Borrmann / Gerdzen 2001). Hier können Webquests (angeleitete Web-Recherchen, vgl. Wagner 2006) hilfreich sein, um im Deutschunterricht schrittweise die Kompetenzen zu erlangen, gewünschte Informationen zu finden, deren Gehalt zu bestimmen und schließlich die Seriosität und Vertrauenswürdigkeit zu beurteilen.

Schreiben / Publizieren

Das Schreiben oder Produzieren im bzw. für das Internet hat durch das Aufkommen von Social-Media-Plattformen wie Facebook, Google+ oder Tumblr in den vergangenen Jahren enorm an Bedeutung gewonnen. War die Möglichkeit, selbst etwas im Internet zu veröffentlichen, zu Beginn des Internets vor allem auf eigene Websites beschränkt, liefern heute Kommentarfunktionen, Blogging-Dienste (vgl. Wrobel 2007), Wikis (vgl. von Brand 2016, S. 127–129) oder Publikationsplattformen wie Wattpad oder auch YouTube einfache Möglichkeiten, selbst Geschriebenes oder selbst erstellte Videos einer größeren Öffentlichkeit zugänglich zu machen.

Lesen

Das Internet hält einen großen Fundus an Texten bereit, die man kostenlos nutzen kann. Kanonische Texte, deren Rechte nicht mehr bei den Autorinnen und Autoren bzw. deren Erbinnen und Erben liegen, findet man unter www.gutenberg.spiegel.de, der größten digitalen Volltextsammlung deutschsprachiger Literatur. Nicht nur für die Rezeption wertvoll, sondern zudem eine Anregung zur Produktion ist www.wattpad.com, die größte Online-Community zum Lesen und Publizieren von durch Nutzerinnen und Nutzer erstellte Literatur, darunter vor allem Lyrik, Prosa verschiedener Genres, wie z. B. die sehr beliebte FanFiction (vgl. Bach 2014).

Da das Lesen heute oftmals online geschieht, sind auch Veränderungen im Leseverhalten sowie der notwendigen Teilkompetenzen im Unterricht zu berücksichtigen: Das Lesen im Internet erfolgt selten linear; durch die Kombination von Text-, Graphik-, Bild- und Videosegmenten sowie die Organisation der Texte in Form von Hypertexten müssen die Lernenden gezielt darin geschult werden, Informationen zu vernetzen, bzw. vorgenommene Vernetzungen auch wahrzunehmen. Auch muss der eigene Leseprozess metakognitiv begleitet sein, um sich in der Flut der verlinkten Informationen nicht zu verlieren.

Hören und Sehen

In Bezug auf das Hören und Sehen treten vor allem wieder die Vorteile des Internets als große Datensammlung hervor: Ganz gleich ob kommerziell oder kostenlos lassen sich nach Bedarf und/oder Interesse – den entsprechend leistungsstarken Datenzugang vorausgesetzt – Hörbücher und -spiele, Filme, Fernsehsendungen, Bilder, Statistiken usw. ohne Verzögerung ansehen und/oder anhören. Dieses hohe Maß an ständiger Verfügbarkeit erlaubt bereits heute vielerorts einen flexiblen und variablen Einsatz audiovisueller Medienprodukte im Deutschunterricht.

Kommunizieren/Kooperieren

Die Veränderung der Kommunikation mittels neuer Medien steht schon länger im Fokus von Sprachwissenschaft und Sprachdidaktik: Durch Chat, Messenger, aber auch E-Mail, verwischen die Grenzen zwischen konzeptioneller und medialer Mündlichkeit und Schriftlichkeit zusehends. Die Möglichkeit, im Internet zu kommentieren, verändert aber auch die politische Kommunikation, sodass offenbar akuter Handlungsbedarf im Bereich sogenannter Hass-Postings besteht, die, aus dem Schutz vermeintlicher Anonymität veröffentlicht, nicht selten strafrechtliche Dimensionen erreichen. Hier liegen didaktische Herausforderungen in der Analyse und Beurteilung digital unterstützter Kommunikation.

Über E-Mail, Chat-Funktionen und Messenger lassen sich auf einfache Weise Informationen austauschen und z. B. Verabredungen zu Lerngruppen organisieren. Lernplattformen bzw. Learning Management Systeme (LMS) wie Moodle oder ILIAS oder Filehosting-Dienste wie Dropbox bieten darüber hinaus auch Möglichkeiten der Kooperation, indem z. B. von getrennten Computern auf dieselben Dateien zugegriffen werden kann, man gemeinsam an Dokumenten arbeiten oder sich auch in Teilgruppen organisieren kann (vgl. Frederking/Krommer/Maiwald 2012, S. 255 f.).

Virtual Reality

Das Internet bildet nicht nur Wirklichkeit ab, vielfach erzeugt es selbst eine virtuelle Realität, mit der umzugehen erlernt werden muss. Gerade im Bereich der Social Media, aber auch in der Bild- und Videogestaltung, sind die Möglichkeiten der Manipulation heute so groß, dass es Laien vielfach schwerfällt, den Wahrheitsgehalt der gegebenen Informationen zu beurteilen bzw. Fälschungen zu erkennen.

Die Grenze von virtueller und tatsächlicher Realität lässt sich – auch im Unterricht – an einem schönen Beispiel veranschaulichen: Die Schriftstellerin Juli Zeh hat zu ihrem 2016 erschienenen Roman *Unterleuten* nicht nur eine Homepage entwickelt bzw. entwickeln lassen, vielmehr gibt es Webspuren zu ganz vielen Akteurinnen und Akteuren des Romans: Der Vogelschutzbund Unterleuten hat ebenso eine eigene Website bekommen, wie der Gasthof Märkischer Landmann. Ein von Zeh im Roman mehrfach zitierter (virtueller) Autor hat ein eigenes (reales) Buch veröffentlicht, das entsprechende Bewertungen bei Buchhändlern wie Amazon erhalten hat. Sogar ein eigenes Facebook-Profil ist angelegt, das vielfältig verlinkt ist. Zeh und ihr Verlag haben dem Roman im Internet ein Eigenleben ermöglicht, das einerseits nicht mehr zu kontrollieren ist, und bei dem andererseits für den gemeinen Nutzer nicht mehr ersichtlich ist, was gesteuert war / ist, und was von der Netzgemeinde stammt.

Literaturhinweise

Baacke, Dieter 1973: Kommunikation und Kompetenz. Grundlegung einer Didaktik der Kommunikation und ihrer Medien. München.

Baacke, Dieter 1997: Medienpädagogik. Tübingen 1997.

Bach, Christiane 2014: Fanfiction im Deutschunterricht. Beispiel „Tintenherz". In: Computer + Unterricht. H. 24. S. 42.

Baurmann, Jürgen / Rüdiger Weingarten 1999: Internet und Deutschunterricht. In: Praxis Deutsch. H. 158. S. 17.

Borrmann, Andreas / Rainer Gerdzen: Recherchieren – aber richtig. In: Praxis Deutsch. H. 167. S. 6 –15.

Brand, Tilman von 2016: Umgang mit Medien. In: Jürgen Baurmann / Tilman von Brand / Wolfgang Menzel / Kaspar H. Spinner (Hg.): Methoden im Deutschunterricht. Exemplarische Lernwege für die Sekundarstufe I und II. 2. Auflage. Seelze.

Frederking, Volker / Axel Krommer / Thomas Möbius (Hg.) 2014: Digitale Medien im Deutschunterricht. Baltmannsweiler.

Frederking, Volker / Axel Krommer / Klaus Maiwald 2012: Mediendidaktik Deutsch. Eine Einführung. 2., neu bearb. und erw. Auflage. Berlin.

Kuzminykh, Ksenia 2009: Das Internet im Deutschunterricht: Ein Konzept der muttersprachlichen und der fremdsprachlichen Lese- und Schreibdidaktik. Frankfurt a. M.

Lobin, Henning 2014: Engelbarts Traum. Wie der Computer uns Lesen und Schreiben abnimmt. Frankfurt u. a.

Möbius, Thomas / Regina Wieland 2006: Was ist das für ein Film? Webseiten und Weblogs für Inhaltsangaben nutzen und erstellen. In: Praxis Deutsch. H. 197. S. 34 – 39.

Wagner, Wolf-Rüdiger 2006: WebQuests – Eine Chance und Herausforderung für den Deutschunterricht. In: Der Deutschunterricht. H. 6. S. 82 – 86.

Wrobel, Dieter 2007: Weblog – alle schreiben mit im Internet. Kommentar einer Medientextart in didaktischer Perspektive. In: Jahrbuch Medien im Deutschunterricht. S. 50 – 65.

F | RECHT-SCHREIBEN

F Rechtschreiben

Astrid Müller

Didaktischer Ort

Die Aufgabe des Rechtschreibunterrichts besteht darin, Schülerinnen und Schüler zu Rechtschreib- und Interpunktionssicherheit zu führen, sodass sie viele unterschiedliche Wörter, Sätze und Texte in verschiedenen Schreibsituationen richtig und automatisiert schreiben können (vgl. Hinney / Huneke / Müller et al. 2008, S. 121 f.). Dazu ist es notwendig, dass orthographische Lehr-Lern-Prozesse auf der Grundlage einer angemessenen Vorstrukturierung des Lerngegenstands *Schriftsystem* erfolgen, sodass Schülerinnen und Schülern das einsichtsvolle Lernen orthographischer Regularitäten möglich wird. Die im Rechtschreibunterricht erworbenen Fähigkeiten sind die Grundlage für das richtige Schreiben im Deutschunterricht und in anderen Fächern. Die Festigung der richtigen Schreibung von Wörtern und Sätzen bis hin zu einer Schreibgeläufigkeit erfolgt vorrangig in der Schreibpraxis außerhalb des Rechtschreibunterrichts. Für die orthographische Sicherung des für das Lernen in anderen Fächern notwendigen Fachwortschatzes, der häufig aus Fremdwörtern mit sehr spezifischen orthographischen Strukturen besteht, ist in erster Linie der Fachunterricht verantwortlich, der dabei auf die im Rechtschreibunterricht gelegten Grundlagen der Fremdwortschreibung (→ F 3) zurückgreifen kann.

Inhaltliche Orientierung

Leserfreundlichkeit des deutschen Schriftsystems

Die Relevanz des richtigen Schreibens ergibt sich vor allem daraus, dass in Standardschreibung verfasste Texte weitestgehend eindeutig und schnell verstanden werden können. Diese leseerleichternde Funktion richtig geschriebener Texte ist ein Grund dafür, warum Orthographie und Interpunktion einen vergleichsweise hohen Normierungsgrad besitzen. Das Deutsche verfügt über ein transparentes, aber relativ tiefes Schriftsystem (vgl. u. a. Nübling / Dammel / Duke et al. 2013, S. 211), dessen Leserfreundlichkeit sich v. a. an folgenden Merkmalen zeigt:

- an der Stamm- und Affixkonstanzschreibung, die dafür verantwortlich ist, dass Informationen des für das Deutsche prototypischen Zweisilbers i. d. R. an flektierte und wortgebildete Formen vererbt werden (du *schwimmst*, weil *schwimmen*; es *zieht*, weil *ziehen*), also phonographisch-silbische durch morphologische Regularitäten überformt werden; weitere Merkmale der Konstanzschreibung sind die Nichtberücksichtigung der Auslautverhärtung im Geschriebenen und (im Falle von Umlautungen im Gesprochenen) die Verwendung von Tremata über den so graphisch immer noch gut erkennbaren

Stammvokalbuchstaben (*Stamm–Stämme, laufen–Läufer, Ton–tönen*) sowie die Affixkonstanzschreibung (*richtig* und nicht **richtich*) (→ F 1),

- durch die Auszeichnung inhaltlich wichtiger Kerne von Nominalgruppen in Sätzen mithilfe wortinitialer Majuskeln (→ F 2),
- durch die Verwendung von Fremdgraphemen wie <c, y> und fremden Graphemverbindungen (wie <ph, th>) für die Auszeichnung von Fremdwörtern (→ F 3),
- durch die Zusammenschreibung von gebildeten Wörtern, die so von syntaktisch analysierbaren Wörtern unterschieden werden können (Er ist *vollschlank/voll schlank*) (→ F 4),
- durch eine funktionale Interpunktion, die sich u. a. in einer syntaktisch fundierten Kommasetzung zeigt (→ F 5).

Die verschiedenen graphematischen Markierungen interagieren im deutschen Schriftsystem i. d. R. so, dass die (supra-)segmentalen (also phonologischen, prosodischen, morphologischen) und syntaktischen Merkmale eines sprachlichen Ausdrucks simultan sichtbar gemacht werden (vgl. Bredel / Noack / Plag 2013, S. 214). Diese Kodierung grammatischer Informationen und, damit einhergehend, die relative Lautferne des deutschen Schriftsystems führen jedoch dazu, dass es, insbesondere aus der Perspektive des Schreibens, i. d. R. einiger sprachlich-kognitiver Anstrengung bedarf, um es sicher und zunehmend automatisiert nutzen zu können. Eine hohe Rechtschreibsicherheit ermöglicht Schreiberinnen und Schreibern aber gleichzeitig kognitive Entlastung, weil über Schreibungen im Schreibprozess nicht ständig nachgedacht werden muss. Orthographie und Interpunktion helfen zudem, den eigenen Versprachlichungsprozess zu kontrollieren und zu unterstützen (vgl. Bredel / Müller 2015).

Graphematische Grundlagen

Erkenntnisse dazu, dass und wie Orthographie und Interpunktion das Lesen steuern, sind vor allem Forschungen der Graphematik zu verdanken (vgl. z. B. Eisenberg 2013), die seit Röber (1993) und Hinney (1997) eine intensive schriftsprachdidaktische Rezeption erfahren und zu einer grundlegenden orthographiedidaktischen Neuorientierung (s. u.) geführt haben.

Die Graphematik ist die sprachwissenschaftliche Disziplin, die sich mit der Erforschung des Schriftsystems und seiner Regularitäten beschäftigt. Orthographiedidaktisch relevant sind in diesem Zusammenhang u. a. Klärungen zum Verhältnis von System und Norm (vgl. Mesch / Noack (Hg.) 2016) und damit zu einer deskriptiven versus präskriptiven Sicht auf die Schriftsprache. Die Graphematik versucht, die dem Schriftsystem zugrundeliegenden Gesetzmäßigkeiten bzw. Regularitäten zu beschreiben, geht also deskriptiv vor. Regularitäten gelten für den Kernbereich des Schriftsystems. Sie ermöglichen es, auch den weniger systematisch strukturierten Peripheriebereich zu erfassen und zu beschreiben (vgl. Abb. 1). Von Regeln wird hingegen gesprochen, wenn es um die „mit der Kodifizierung des Standards“ (Maas 2015, S. 12) zusammenhängenden Festlegungen auf der Ebene der orthographischen Norm (und damit häufig um eine präskriptive Sicht) geht.

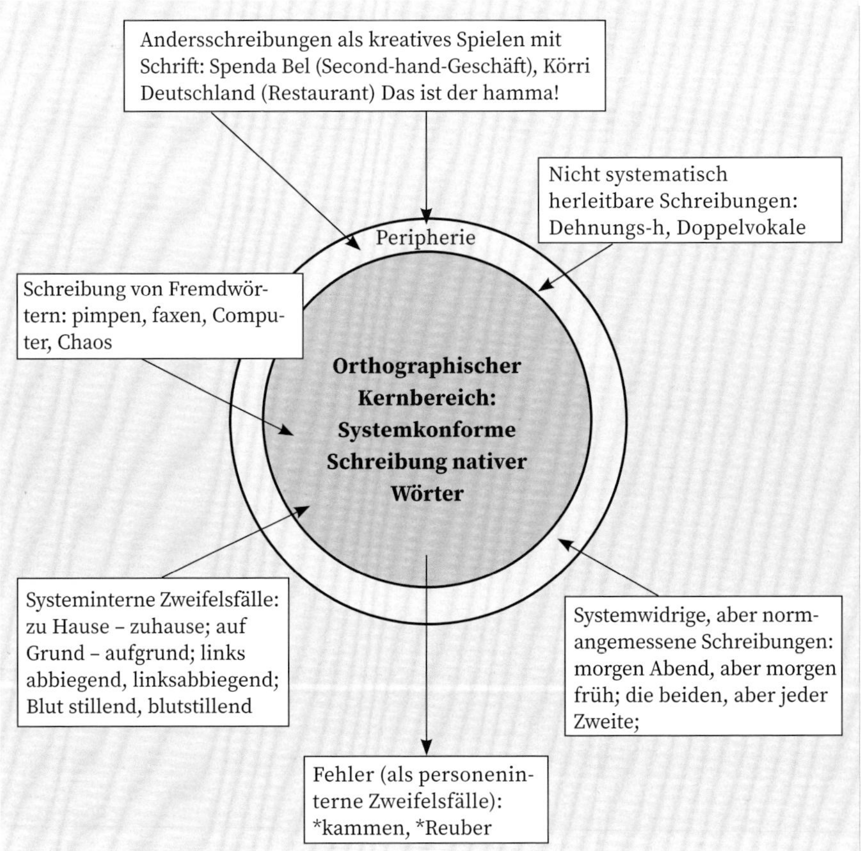

Abb. 1: Kern und Peripherie des deutschen Schriftsystems (Müller 2014, S. 7)

Unterrichtliche Leitlinien

Die Orientierung an Erkenntnissen der Graphematik äußert sich in einer Reihe von didaktisch-methodischen Vorschlägen, die Schülerinnen und Schülern Einsicht in grundlegende Regularitäten des deutschen Schriftsystems ermöglichen und zu Rechtschreibsicherheit führen können. In den letzten Jahren ist zu beobachten, dass diese orthographiedidaktische Umorientierung die Gestaltung von Materialien und Aufgaben in Schulbüchern und Handreichungen zunehmend beeinflusst. In vielen aktuellen Materialien ist jedoch noch ein stark phänomen-orientierter bzw. kasuistischer Zugang zur Orthographie feststellbar.

Orthographiedidaktische Konzeption: Kasuistisches Rechtschreiblernen
Die orthographiedidaktische Tradition ist aus verschiedenen Gründen stark einer eher kasuistischen Orientierung verpflichtet. Da vor der Etablierung der Graphematik als sprachwissenschaftlicher Disziplin (beginnend mit Eisenberg 1983) Schrift vor allem ausgehend von der Lautseite der Sprache betrachtet wurde, galt die deutsche Orthographie lange als eine verunglückte Lautschrift, die von zahlreichen Ausnahmen geprägt sei. Diese Tradition geht u. a. auf Arbeiten von Ferdinand de Saussure zu Beginn des 20. Jahrhunderts zurück, der Schrift (im Verhältnis zur gesprochenen Sprache) als sekundäres Zeichensystem betrachtete. Die daraus resultierende Dependenztheorie geht von einer starken Abhängigkeit des Geschriebenen vom Gesprochenen aus, die von der Bezeichnung schrifttypischer Merkmale durch phonologische Begriffe (Umlaut, Zwielaut) bis hin zu didaktischen Konzeptionen, die das genaue standardnahe Hören und Sprechen als Grundlage für das richtige Schreiben betrachten, reicht.

Die an der Lautanalyse ansetzende und in allen Stufenmodellen für den Schriftspracherwerb ausgewiesene „alphabetische Phase" geht von der dependenzorientierten Vorstellung aus, dass Wörter sich in eine geordnete Folge abgrenzbarer Einzellaute untergliedern lassen (segmentale Orientierung). Alles, was von dieser Zuordnung abweicht und das Schreiben nach dieser Sicht erschwert, wird in die „orthographische Phase" verschoben und soll erst später gelernt werden können (vgl. Bredel 2015, S. 255 ff.). Aus dieser abbildtheoretischen Perspektive sollen Kinder zu Beginn des Schriftspracherwerbs die Laut-Buchstaben-Zuordnung lernen, und zwar häufig an sogenannten lauttreuen Wörtern, die eine 1:1-Zuordnung von Lauten zu Buchstaben suggerieren. Grundlage dafür sind i. d. R. Anlaut- oder Buchstabentabellen. Die grundlegende Strategie lautet in dieser Phase: Schreib, wie du sprichst. Es wird dabei unterstellt, dass die Orientierung an den kleinsten phonologischen bzw. graphematischen Einheiten (Phonemen und Graphemen) das einfach zu Fassende sei. Schreibungen wie **KINT, *KINDA* bleiben in dieser Zeit unkorrigiert, da die Kinder lernen sollen, Laut- in Buchstabenfolgen zu übersetzen.

Diese für das kasuistische Rechtschreiblernen typische Orientierung an Einzellauten und ihrer Zuordnung zu Buchstaben verkennt jedoch, dass das, was ein Buchstabe leistet, erst ermittelt werden kann, wenn man seine Position und seine Umgebung im konkreten Wort berücksichtigt (suprasegmentale Orientierung). So ist der Buchstabe *r* in *raten* (['ʀɑːtən]) mit einem anderen Lautwert verknüpft als in Karte ['kaɐ̯tə], denn in dieser Position wird das *r* vokalisiert. In *Kinder* wird *r* zusammen mit *e* als unbetonter Reduktionsvokal [ɐ] gelesen. In *zerren* wird der Buchstabe zwei Mal geschrieben, aber nur ein Mal ['ʦɛʀ̣ən] gelesen.

In der herkömmlichen Sichtweise gilt all das, was nicht hörbar ist oder was auch durch Überlautung nicht hörbar gemacht werden kann, als Abweichung von der Phonem-Graphem-Korrespondenz und muss deshalb in der „orthographischen Phase" mit Hilfe von Regeln gelernt werden. Es ist zu vermuten, dass ein Teil der Schülerinnen und Schüler an diesem Strategiewechsel – vom Mitsprechen und

RECHTSCHREIBEN

Hören (alphabetische Strategie) zur Anwendung von Regeln (orthographische Strategie) – scheitert. Gerade Kinder mit ungünstigen sprachlich-kognitiven Voraussetzungen versuchen immer wieder, die ursprüngliche, mühsam gelernte Strategie (Mitsprechen und Hören) weiterhin beizubehalten.

Regeln finden die Schülerinnen und Schüler dann ab Klasse 3 oft in wenig aussagekräftigen und z. T. fehlerhaften Merksätzen wieder (vgl. Bredel 2015). Alles, was nicht in Merksätze passt, müssen sich Schülerinnen und Schüler darüber hinaus als Einzelschreibung und -festlegung („Wörter mit ie, ih und ieh", „Wörter mit v, x, ck") merken. In der Sekundarstufe I finden sich dann neben der Festlegung von Regeln und Ausnahmen für die Wortschreibung auch solche für weitere Einzelphänomene (Nominalisierung von Infinitiven, Partizipien, Adjektiven, Komma bei Konditional- und Relativsätzen usw.), sodass die vorrangigen orthographiebezogenen Lernformen im Üben und Merken bestehen müssen, da es um das Einprägen einer großen Anzahl von Einzelschreibungen und -festlegungen geht. Das Einprägen erfolgt zwar durch variantenreiche methodische Formen (wie Dosen-, Lauf-, Schleich-, Partner- und Abschreibdiktate), der Erfolg dieser Bemühungen steht jedoch in keinem Verhältnis zu dem hohen Zeitaufwand, der in und nach dem Unterricht mit dem Rechtschreiblernen verbunden ist. Ein solcher Rechtschreibunterricht kann folglich eine Reihe von Lernschwierigkeiten produzieren, mit deren Folgen ein Großteil der Schülerinnen und Schüler ein Leben lang zu kämpfen hat (→ F 7).

Da diese Vorstellung einer strikten Abhängigkeit des Geschriebenen vom Gesprochenen eine systemangemessene Rekonstruktion des Schriftsystems nicht erlaubt, muss die deutsche Orthographie aus der Sicht der Lernenden, aber auch der Lehrenden, die durch ihren oft unreflektierten schriftlastigen Blick immer wieder darauf vertrauen, dass man hören kann, was man eigentlich sieht, als schwer lernbar erscheinen. Erschwerend kommt hinzu, dass die leserunterstützende Funktion der Orthographie wegen der Konzentration auf das Schreibenlernen nahezu ausgeblendet wird.

Orthographiedidaktische Konzeption: Schriftstrukturell orientiertes Rechtschreiblernen

Die Graphematik hat hingegen in den letzten Jahrzehnten gezeigt, dass wir „der Schrift vertrauen" (Bredel 2010) können, wenn wir sie nicht als „Abbildung der Lautung" betrachten, sondern als „Abbildung von Grammatik" (Bredel / Fuhrhop / Noack 2017, S. 22) mit eigenen, von der gesprochenen Sprache unabhängigen, Gesetzmäßigkeiten. Nach dieser der Interdependenztheorie verpflichteten Sicht auf das Schriftsystem lassen sich schriftrelevante grammatische Strukturen auf Wort-, Satz- und Textebene durch die Untersuchung der Orthographie selbst entdecken, „die dem Leser diejenigen Einheiten vor Augen führt, die er für die grammatische Analyse und damit für sein Leseverstehen braucht" (Bredel 2014, S. 169). Entsprechende didaktisch-methodische Ansätze finden sich in den Kapiteln F 1 bis F 5 i. d. B.

Schriftstrukturbezogene Ansätze zum Erwerb schriftsprachlicher Kompetenzen setzen auf entdeckendes, einsichtsvolles Lernen und ermöglichen sprachbetrachtende und -strukturierende Lernaktivitäten. In solchen Rechtschreibstunden wird vom orthographischen Kernbereich (bei der Wortschreibung z. B. von prototypischen trochäischen Zweisilbern, → F 1) ausgegangen, deren Regularitäten durch kognitive Operationen wie Sammeln, Ordnen, Vergleichen, Systematisieren erschlossen werden. Es gibt Gespräche über die Schreibung von Wörtern und Sätzen, die helfen, Grundlegendes, Systematisches und damit Übertragbares an der Schreibung von Wörtern, Wortgruppen und Sätzen zu entdecken. Auf dieser Grundlage (der Phase des Wissenserwerbs) kann einsichtsvolles Üben erfolgen (Phase der Wissenskompilierung), das die Grundlage für die Automatisierung von Schreibungen (Phase der Wissensoptimierung) bildet (vgl. Hinney 1997, S. 51 ff.).

Gliederung des Lernbereichs

Die durch die Graphematik mögliche Umorientierung betrifft alle in den Abschnitten F 1 bis F 5 aufgeführten Lernbereiche. Sie spielen, wenn auch mit unterschiedlichen Schwerpunktsetzungen, in allen Klassenstufen eine Rolle. Wie mit diesen Lernbereichen didaktisch-methodisch im Unterricht gearbeitet werden kann, wird in den entsprechenden Beiträgen i. d. B. und u. a. in Müller (2014, S. 14 ff.), thematisiert.

Lernbereich	Lerninhalte im Kernbereich	Lerninhalte im Peripheriebereich
Wortschreibung, einschließlich Fremdwortschreibung	Prototypische, also einen trochäischen Zweisilber bildende oder auf ihn zurückführbare Wörter der Silbenstrukturtypen 1 bis 4	Wörter mit Dehnungs-h und Doppelvokalen Fremdwörter
Groß- und Kleinschreibung	Großschreibung von Satz- und Textanfängen, von Eigennamen, von Anredepronomen, satzinterne Großschreibung	Großschreibung von nichterweiterbaren Kernen von Nominalgruppen (im Folgenden, im Großen und Ganzen, außer Acht lassen)
Getrennt- und Zusammenschreibung	Wortgebildete Wörter werden zusammengeschrieben, Wörter in Wortgruppen getrennt	systeminterne Zweifelsfälle, in denen nicht entschieden werden kann, ob es sich um ein Wort oder ein Syntagma handelt: zugrunde_liegen, kennen_lernen, auf Grund / aufgrund
Interpunktion	syntaktische, kommunikative und defektanzeigende Zeichen mit ihren spezifischen Funktionen	Kommasetzung bei Partizipialgruppen (Die Folgen nicht bedenkend(,) trat er an den Felsvorsprung)

Literaturhinweise

Bredel, Ursula 2010: Der Schrift vertrauen. Wie Wörter und ihre Strukturen entdeckt werden können. In: Praxis Deutsch. H. 221. S. 14–21.

Bredel, Ursula 2014: Grammatik und Literalität. In: Hildegard Gornik (Hg.): Sprachreflexion und Grammatikunterricht. Baltmannsweiler. 2. Auflage. S. 160–173.

Bredel, Ursula 2015: Der Aufbau von elementarem Wissen über die Systematik der Orthographie deutscher Wörter. In: Christa Röber / Helena Olfert (Hg.): Schriftsprach- und Orthographieerwerb: Erstlesen, Erstschreiben. Baltmannsweiler. S. 255–279.

Bredel, Ursula 2015: Merksätze – Die Relation zwischen orthographischem Können und orthographischem Wissen. In: Dies. / Tilo Reißig (Hg.): Weiterführender Orthographieerwerb. 2., korr. Auflage. Baltmannsweiler. S. 409–421.

Bredel, Ursula / Christina Noack / Ingo Plag 2013: Morphologie lesen: Stammkonstanzschreibung und Leseverstehen bei starken und schwachen Lesern. In: Carmen Scherer / Martin Neef (Hg.): Die Schnittstelle von Morphologie und geschriebener Sprache. Berlin. S. 211–249.

Bredel, Ursula / Astrid Müller 2015: Interpunktion. In: Praxis Deutsch. H. 256. S. 4–13.

Bredel, Ursula / Nanna Fuhrhop / Christina Noack 2017: Wie Kinder lesen und schreiben lernen. 2., überarbeitete Auflage. Tübingen.

Eisenberg, Peter 1983: Orthographie und Schriftsystem. In: Klaus B. Günther / Hartmut Günther (Hg.): Schrift und Schriftlichkeit. Tübingen. S. 41–68.

Eisenberg, Peter 2013: Grundriss der deutschen Grammatik. Das Wort. Unter Mitarbeit von Nanna Fuhrhop. 4., aktualisierte und überarbeitete Auflage. Stuttgart u. a.

Hinney, Gabriele 1997: Neubestimmung von Lerninhalten für den Rechtschreibunterricht. Ein fachdidaktischer Beitrag zur Schriftaneignung als Problemlöseprozeß. Frankfurt a. M.

Hinney, Gabriele 2014: Lesen- und Schreibenlernen mit der Silbe – ein sprachdidaktischer Fortschritt? In: Dieter Wrobel / Astrid Müller (Hg.): Bildungsmedien für den Deutschunterricht. Vielfalt – Entwicklungen – Herausforderungen. Bad Heilbrunn. S. 143–169.

Hinney, Gabriele / Hans-Werner Huneke / Astrid Müller / Swantje Weinhold 2008: Definition und Messung von Rechtschreibkompetenz. In: Didaktik Deutsch. Sonderheft. S. 107–126.

Maas, Utz 2015: Zur Geschichte der deutschen Orthographie. In: Ursula Bredel / Tilo Reißig (Hg.): Weiterführender Orthographieerwerb. 2., korr. Auflage. Baltmannsweiler. S. 10–47.

Mesch, Birgit / Christina Noack 2016 (Hg.): System, Norm und Gebrauch – drei Seiten einer Medaille? Orthographische Kompetenz und Performanz im Spannungsfeld zwischen System, Norm und Empirie. Baltmannsweiler.

Müller, Astrid 2014: Herausforderung Rechtschreiben. Über Schreibungen nachdenken und sprechen. In: Praxis Deutsch. H. 248. S. 4–13.

Nübling, Damaris / Antje Dammel / Janet Duke / Renata Szczepaniak 2013: Historische Sprachwissenschaft des Deutschen. Eine Einführung in die Prinzipien des Sprachwandels. 4., komplett überarbeitete und erweiterte Auflage. Tübingen.

Röber, Christa 1993: Die Schriftsprache entdecken. Rechtschreiben im offenen Unterricht. Weinheim u. a.

F 1 Wortschreibung

Gabriele Hinney

Das Deutsche hat eine leserfreundliche Orthographie, d. h. die Wortschreibung zeigt im Kernbereich Baumuster bzw. Strukturen, die vor allem für das Lesen funktional sind. Demzufolge ist es auch im Rechtschreibunterricht sinnvoll, das orthographische Lesen zu fördern. Werden die prototypischen Baumuster der Wortschreibung von den Schülerinnen und Schülern eigenständig entdeckt, erhalten sie die Basis für die grundlegenden Schreibregularitäten. Damit das im Unterricht erreicht werden kann, müssen Lehrende die angemessenen Wörter des Kernbereichs auswählen. Um die Funktion der Wortschreibung als Leseerleichterung zu verstehen, müssen die Regularitäten also aus Sicht des Lesers verstanden werden. Wichtig ist dabei, dass deutlich zwischen Laut- und Schriftebene unterschieden wird: Die Sprechsilbe ist eine Kategorie des Gesprochenen, die Schreibsilbe eine des Geschriebenen; die Bezeichnung Vokal bzw. Konsonant bezieht sich auf die gesprochene, die Bezeichnung Vokalbuchstabe bzw. Konsonantbuchstabe bezieht sich auf die geschriebene Ebene.

Die deutsche Wortschreibung beruht auf zwei Prinzipien, die den Kernbereich der Wortschreibung in Abgrenzung zum Peripheriebereich verlässlich regeln. Das sind: 1. das phonographisch-silbische Prinzip und 2. das morphologische Prinzip (vgl. Eisenberg 2013; Hinney 1997; Müller 2010).

Phonographisch-silbische und morphologische Schreibungen sind aufeinander bezogen:
1. Schritt: Die Basisform der Wortschreibung ist die Schreibsilbe im prototypischen Zweisilber (Trochäus mit betonter Hauptsilbe und unbetonter Reduktionssilbe; vgl. Abb. 2 und Tabelle Spalte 1 und 2). Sie ist die musterbildende Wortstruktur für die phonographisch-silbischen Regularitäten. Schreibsilben verhalten sich zu Sprechsilben wie Phoneme zu Graphemen: Es gibt Beziehungen zwischen ihnen, sie sind aber nicht deckungsgleich. Die phonologische Bezugsgröße für die Wortschreibung ist die Explizitlautung als Ergebnis des Schriftspracherwerbs (vgl. Eisenberg 2013).
2. Schritt: Die relevanten Merkmale der Schreibsilbe bleiben auch bei Flexion, Stammveränderungen und in Ableitungen und Wortbildungen erhalten und können durch die Langformbildung (das zweisilbige Schlüsselwort) wieder sichtbar werden (morphologisches Prinzip) (vgl. Tabelle, Spalten 3 und 4).

Zu 1.: Die musterbildende Wortstruktur der Schreibsilbe lässt sich wie folgt zusammenfassen: Ausgangsbasis sind immer einfache Wörter (Simplizia) der Wortklassen Nomen, Verben, Adjektive und Adverbien.

RECHTSCHREIBEN

Hauptsilbe, betont			Reduktionssilbe, unbetont		
Ar	K	Er	Ar	K	Er
H	o		s	e	n
L	a	m	p	e	n

Ar: Anfangsrand
K: Kern
Er: Endrand } Reim
Silbengrenze

Abb. 2: Die Schreibsilbe als musterbildende Wortstruktur (vgl. Hinney 2014, S. 162)

- Die Schreibsilbe (vgl. Abb. 2) weist jeweils in Haupt- und Reduktionssilbe drei Positionen auf: den Anfangsrand (Ar), den Kern (K) und den Endrand (Er). Mit Ausnahme des Kerns müssen die Positionen nicht immer besetzt sein (vgl. Eisenberg 2013).
- Vokalbuchstaben (-grapheme) und Konsonantbuchstaben (-grapheme) besetzen unterschiedliche Positionen in der Schreibsilbe. Für die Hauptsilbe gilt: Alle Vokalbuchstaben und Schreibdiphthonge können den Kern (K) besetzen wie z. B. *ho-len, Kin-der, Lam-pen, En-te, lie-ben, Eu-le*. In der Reduktionssilbe besetzt der Vokalbuchstabe *e* immer allein den Silbenkern. Er wird in der Regel nicht artikuliert, wie z. B. *mal***e***n* [*ˈmaln*]. Die Reduktionssilbe zeigt überdies viele grammatische Informationen wie Numerus, Person u. a. an, z. B.: **ich** lauf**e**, **wir** lauf**en**.
- Konsonantbuchstaben können Anfangs- und Endränder besetzen wie z. B. *ma-***l***en, Kin-der*. Der Anfangsrand (Ar) in der Hauptsilbe muss im Gegensatz zur Sprechsilbe nicht immer mit einem Konsonantbuchstaben besetzt sein wie z. B. *Ente* / [ˈʔɛntə].
- Der Endrand in der Hauptsilbe gibt wichtige Informationen über die Funktion des Vokalbuchstabens: Wird der Endrand der Hauptsilbe nicht durch einen Konsonantbuchstaben besetzt (die Silbe ist offen), so wird die Silbe mit einem langen, gespannten Vokal artikuliert wie z. B. *Ha-se, le-ben, gro-ße, le-sen*. Zu dieser Basisform der offenen Silbe gehört auch die Graphie <ie>, weil sie die reguläre Verschriftung ist. Wörter wie *Biber, Fibel* gehören nicht zum Kernbereich und gelten als Merkwörter (Baumuster I). Wird der Endrand der Hauptsilbe durch einen Konsonantbuchstaben besetzt (die Silbe ist geschlossen), so wird die Silbe mit einem kurzen, ungespannten Vokal artikuliert wie z. B. *Hun-de, Kin-der*. Diese Silbenstruktur bildet die Basisform für die geschlossene Silbe (Baumuster II). Wörter wie *Gurke, Dörfer* sind aus Sicht des Lesens geschlossene Silben. Sie werden im Norden Deutschlands jedoch nicht mit einem kurzen Vokal, sondern diphthongisiert artikuliert (vokalisiertes r; vgl. Tabelle).

Auf der Grundlage dieser Basisformen erwerben die Schülerinnen und Schüler die Einsicht in die Regularitäten der orthographisch markierten Baumuster wie die Silbengelenkschreibung für die geschlossene Silbe (Baumuster III), das silbeninitiale h für die offene Silbe (Baumuster IV) und für Schreibungen im Peripheriebereich:

- Silbengelenkschreibung (Baumuster III): Von einem Silbengelenk wird gesprochen, wenn in der gesprochenen Sprache ein Konsonant sowohl zur Hauptsilbe als auch zur Reduktionssilbe gehört wie z. B. bei *kommen* /ˈkɔmən/. Gelenke werden mit einem doppelten Konsonantbuchstaben notiert. Würde man den Buchstaben für den Konsonanten nicht verdoppeln, müsste man den Vokalbuchstaben aufgrund der offenen Silbe lang und gespannt sprechen. Für die Verdoppelung von <k> und <z> schreibt man <ck> und <tz> wie z. B. *lecker, Katze.* Ein besonderer Bereich dieses Strukturtyps sind die Mehrgraphen. Stehen sie für ein Gelenk, so werden sie nicht verdoppelt wie z. B. <sch> *Tische,* <ng> *Hunger* und <ch> *Küche.*
- Das silbenintiale h, auch silbentrennende h genannt, steht im Anfangsrand der Reduktionssilbe, z. B. *Flö-he, se-hen, frü-he, zie-hen.* In vielen Rechtschreibmaterialien wird in der Tradition des herkömmlichen Rechtschreiblernens davon ausgegangen, das <h> werde gesprochen und sei hörbar. Es handelt sich um eine falsche Begründung für die Regularität. Das silbeninitiale <h> wird gesetzt, weil der Leser durch das <h> die Silbengrenze zwischen Vokalbuchstaben der Hauptsilbe und <e> der Reduktionssilbe sofort erkennt: statt **seen: se-hen.* Gleichwohl sind die Vokalbuchstaben der Hauptsilbe mit silbeninitialem <h> immer lang zu lesen, da der Endrand der Hauptsilbe dieser Wörter grundsätzlich unbesetzt ist. Nach Schreibdiphthongen wie <au> *(rau)* <ei> *(schreien, Feuer)* steht das silbenintiale <h> in der Regel nicht. Ausnahmsweise kann es nach dem Schreibdiphthong <ei> stehen: *leihen, Reihe, Reiher, weihen.* Diese Wörter müssen als Merkwörter gelernt werden.
- Das Dehnungs-h (Randbereich): Die Bezeichnung Dehnungs-h ist irreführend, da es für die Markierung der Vokallänge nicht notwendig ist. Würde man statt <Foh-len> *<Fo-len> oder statt <loh-nen> *<lo-nen> schreiben, wäre der Vokal aufgrund der Silbenregularitäten (hier der unbesetzte Endrand) auch ohne das Dehnungs-h lang zu lesen. Das Dehnungs-h steht nur vor den Sonorantenbuchstaben <l>, <m>, <n>, <r> *(hohl, nehmen, lehnen, Lehrer)* und in Wörtern mit einfachen Anfangsrändern bis auf ungefähr zwanzig Ausnahmen wie *Strahl, Drohne, Pfahl.* Ob ein Wort ein Dehnungs-h enthält oder nicht, lässt sich also nicht systematisch erklären; deshalb gehören diese Wörter zu den Merkwörtern.
- Wörter mit Doppelvokalschreibungen wie *Haare, Seen* u. a. sind Ausnahmeschreibungen und sind ebenfalls Merkwörter.

Zu 2.: Die Eigenschaften der Schreibsilbe werden an formenverwandte Wörter vererbt. Die morphologischen Regularitäten dienen der graphischen Kennzeichnung eines Morphems ungeachtet phonologischer Abwandlungen durch

Flexion und Wortbildung, d. h. ein Morphem wird möglichst gleich geschrieben, selbst wenn es anders ausgesprochen wird. Die graphische Konstanz dient der leichten Sinnerfassung semantischer Einheiten beim Lesen (vgl. Tabelle, Spalten 3 und 4). Dazu gehört auch:

- das schriftliche Sichtbarmachen morphematischer Zusammenhänge bei der Auslautverhärtung: *Kind* (und nicht **Kint*), wegen *Kinder*; *Los* wegen *Lose, aber Fuß* wegen *Füße*,
- morphematische Zusammenhänge durch die Umlautgrapheme: *Häuser* wegen *Haus, Räder* wegen *Rad, länger* wegen *lang*,
- die deutliche Sichtbarmachung der Morphemgrenze: *zerreißen, enttäuschen*.

Relevante Baumuster für offene und geschlossene Silben

	Schreibsilbe, Schlüsselwörter	Ableitungen beim einfachen Wort, Einsilber	Ableitungen bei komplexen Wörtern; Derivat, Kompositum
Baumuster I (unmarkiert; offene Silbe) alle Vokalbuchstaben, Schreibdiphthonge und <ie>	malen, lieben, schreien, Töne	er malt, liebt, schreit, Ton	Malschule, Liebling Schreihals, Tonkunst
Baumuster II (unmarkiert; geschlossene Silbe); <r> wird vokalisiert	Winter, Kante, Helme, kalte Gurke, starke, arme	Helm stark, arm	Helmpflicht, Kaltspeise, Starkstrom
Baumuster III (markiert; geschlossene Silbe) doppelter Konsonantbuchstabe als Notation eines Silbengelenks, auch ck und tz Mehrgraphen werden nicht verdoppelt: <ng> <sch> <ch>	Betten, kommen backen, kratzen Hunger, Fische, Küche	Bett, er kommt, backt, kratzt er fischt, kocht	Bettbezug Backstube, Kratzbürste Fischstube, Kochstube
Baumuster IV (markiert; offene Silbe): silbeninitiales h	Rehe, gehen, flehen, frühe	Reh, er geht, fleht, früh	Rehkitz, Gehstock, Frühstück, Frühling
Randbereich: Dehnungs-h	Lehrer, lehnen	sie lehrt, er lehrt	Lehrbuch, Lehnstuhl

Schülerinnen und Schüler lernen die Wortschreibung nicht durch stures Üben oder Auswendiglernen, sondern durch entdeckendes und wissensgeleitetes Lernen. Wer z. B. das zugrundeliegende Baumuster von *kommen* verstanden hat, kann es auf *nennen*, *Hammer* und *essen* übertragen. Mit diesem Wissen ausgestattet, können die Lernenden sowohl ihre Schreibungen begründen als auch ihre Fehler erkennen und korrigieren. Wichtig ist somit ein Unterricht, der durch die Auswahl der grundlegenden Baumuster des Kernwortschatzes die Systematik des Kernwortschatzes auch für Lernende sichtbar macht. Wörter aus dem Randbereich werden in den Merkwortbereich eingeordnet und gesondert untersucht.

Für die methodische Umsetzung des schriftstrukturellen Rechtschreiblernens liegen verschiedene Modelle vor (vgl. Bredel 2010, Müller 2010, Praxis Deutsch 1994. H. 124, Praxis Deutsch 2001. H. 170, Praxis Deutsch 2010. H. 221, Praxis Deutsch 2014. H. 248).

Literaturhinweise

Bredel, Ursula 2010: Der Schrift vertrauen. Wie Wörter und ihre Strukturen entdeckt werden können. In: Praxis Deutsch. H. 221. S. 14–21.

Eisenberg, Peter 2013: Grundriss der deutschen Grammatik. Das Wort. Unter Mitarbeit von Nanna Fuhrhop. 4., aktualisierte und veränderte Auflage. Stuttgart u. a.

Hinney, Gabriele 1997: Neubestimmung von Lerninhalten für den Rechtschreibunterricht. Ein fachdidaktischer Beitrag zur Schriftaneignung als Problemlöseprozeß. Frankfurt a. M.

Hinney, Gabriele 2014: Lesen- und Schreibenlernen mit der Silbe – ein sprachdidaktischer Fortschritt? In: Dieter Wrobel / Astrid Müller (Hg.): Bildungsmedien für den Deutschunterricht. Vielfalt – Entwicklungen – Herausforderungen. Bad Heilbrunn. S. 143–169.

Müller, Astrid 2010: Rechtschreiben lernen. Die Schriftstruktur entdecken – Grundlagen und Übungsvorschläge. Seelze.

Praxis Deutsch 1994. Schreiben: Rechtschreiben, hg. von Peter Eisenberg, Gudrun Spitta und Gerhard Vogt. H. 124.

Praxis Deutsch 2001. Rechtschreiben erforschen, hg. von Peter Eisenberg und Helmut Feilke. H. 170.

Praxis Deutsch 2010. Schriftstrukturen entdecken, hg. von Nanna Fuhrhop und Astrid Müller. H. 221.

Praxis Deutsch 2014. Herausforderung Rechtschreiben, hg. von Astrid Müller. H. 248.

F 2 Groß- und Kleinschreibung

Iris Rautenberg

Definition

Im deutschen Schriftsystem werden, wie in anderen Alphabetsprachen, bestimmte Ausdrücke durch Großschreibung ausgezeichnet (vgl. Eisenberg 2013, S. 327). Dazu zählen Satzanfänge, Anredepronomina und Eigennamen. Im Deutschen existiert darüber hinaus die satzinterne Großschreibung, die traditionell an die Wortart Substantiv gebunden wird. So lautet die Duden-Grundregel (K 67): „Substantive schreibt man groß." (Dudenredaktion (Hg.) 2009, S. 57) Hinzu kommen noch die sogenannten Substantivierungen, also alle Adjektive, Partizipien (K 72), Pronomen (K 76), Bruchzahlen, Ordnungszahlen (K 80), Adverbien, Präpositionen, Konjunktionen, Interjektionen (K 81) sowie Infinitive (K 82), die als Substantive gebraucht werden. In dieser Perspektive ist für das Verständnis der Großschreibung zentral, wie der Begriff des Substantivs gefasst wird.

Merkmale von Substantiven

Prototypische Substantive zeichnen sich morphologisch durch Flexion hinsichtlich Kasus und Numerus aus (vgl. Eisenberg 2013). Zu ihren kategorialen Merkmalen gehört ihr festes Genus. Semantisch sind sie durch ihre Kennzeichnungsfunktion charakterisierbar. Sie referieren, bezeichnen also etwas Konkretes oder Abstraktes (vgl. Ossner 2010). Eine wichtige syntaktische Eigenschaft ist ihre Artikelfähigkeit (vgl. Bredel 2006b). Darüber hinaus bilden sie Kerne von Nominalgruppen und sind als solche durch Attribute erweiterbar (vgl. Eisenberg 2013, Fuhrhop 2015). Prototypische Substantive weisen alle genannten Eigenschaften auf. Je weniger Kriterien zutreffen, umso mehr Zweifel entstehen an der Zuordnung zur Wortart Substantiv und somit auch an der Großschreibung (vgl. Bredel 2006b).

Didaktik der Groß- / Kleinschreibung

Während die satzinterne Großschreibung das stille Lesen durch die Gliederung des Textes erleichtert (vgl. u. a. Eisenberg 2013, S. 329; kritisch dazu Günther / Gaebert 2011, S. 96), stellt sie für Schreibende eine der Hauptfehlerquellen dar (vgl. u. a. Bos / Hornberg / Arnold et al. 2008), obwohl sie ab dem zweiten Schuljahr regelmäßig Gegenstand des Rechtschreibunterrichts ist. Dieses Ergebnis ist Anlass, den traditionellen Orthographieunterricht als mitverursachend in den Blick zu nehmen.

Der wortartbezogene Ansatz

In der Grundschule wird die satzinterne Großschreibung in der Regel wortartbezogen und in einer gestuften Reihenfolge unterrichtet (vgl. Bredel 2006a). Sie wird in Klasse 2 auf semantische Eigenschaften prototypischer Substantive zurückgeführt. Die Kinder lernen, dass Namenwörter / Nomen Menschen, Tiere und Gegenstände bezeichnen (vgl. Bredel / Fuhrhop / Noack 2017, Günther / Gaebert 2015). Zur Identifikation von Substantiven werden häufig Regeln wie: „Namen für Dinge, die man sehen oder anfassen kann, schreibt man groß“ im Unterricht vermittelt. Zudem wird die Kleinschreibung von Verben und Adjektiven explizit thematisiert. Auch dabei werden semantische Kriterien zur Wortartbestimmung angeführt. Verben und Adjektive sind als „Tu(n)-Wörter“ bzw. „Wie-Wörter“ kleinzuschreiben (vgl. ebd.). Ab der zweiten Klasse lernen die Schüler auch den definiten Artikel als sogenannten Begleiter von Substantiven kennen. Im vierten Schuljahr wird der Substantivbegriff dann auf Abstrakta (z. B. Gefühlsbezeichnungen) ausgeweitet. Erst in der Sekundarstufe werden sogenannte Substantivierungen / Nominalisierungen Thema des Unterrichts. Die entsprechende Regel lautet nun, dass auch Wörter, die wie Substantive verwendet werden, großgeschrieben werden (vgl. ebd.).

Dieses Vorgehen ist in vielerlei Hinsicht problematisch. So wird beispielsweise die Artikelprobe, die als satzbezogene Probe für die grammatische Analyse hilfreich sein kann (vgl. Ossner 2010), auf isolierte Wortformen angewandt. Dies führt in die Irre, da auch Wörter anderer Wortarten einen Artikel tragen können (z. B. *das Fressen*) und die Formen von Artikeln auch als Pronomina vorkommen können (z. B. *Der spinnt doch!*) (vgl. Röber-Siekmeyer 1999). Durch die Fixierung auf den Artikel als Substantivmerkmal schlechthin kommt es zu Falschschreibungen wie der Großschreibung von Adjektiven, die zwischen Artikel und Substantiv stehen (z. B. **der Kleine hund*) oder der Kleinschreibung von Substantiven ohne vorangestellten definiten Artikel (z. B. **in eile*). Ein weiteres Problem ergibt sich aus der semantischen Klassifikation von Substantiven (vgl. Günther / Gaebert 2015). Die häufig im Anfangsunterricht vermittelte Seh- und Anfassregel führt zu Fehlschreibungen wie **das Grüne Hemd* („Man kann sehen, dass es grün ist“) oder **zeit* („Man kann sie nicht sehen / anfassen“).

Die Vermittlung von Kleinschreibregeln („Tun-Wörter und Wie-Wörter schreibt man klein“) führt zu besonders großen Schwierigkeiten. So ist nicht nur die Eingrenzung auf Tätigkeitsverben problematisch. Die Regel verliert spätestens in der Sekundarstufe ihre Gültigkeit, wenn im Rahmen der Einführung sogenannter Substantivierungen nun auf einmal auch Wörter anderer Wortarten großgeschrieben werden sollen. An diesem Widerspruch scheitert die Mehrzahl der Schüler (vgl. Betzel 2015).

Insgesamt scheint die Festlegung der Großschreibung auf prototypische Substantive die Lernenden zur Bildung falscher Hypothesen zu verleiten, die später mit großem Aufwand revidiert werden müssen (vgl. Bredel 2006b).

Der syntaxbezogene Ansatz

Eine Alternative stellt der syntaxbezogene Ansatz (vgl. Maas 1992) dar, bei dem die orthographische Markierung leserorientiert modelliert wird. Aus einer satzinternen Majuskel folgt für den Leser die Information, „daß das großgeschriebene Wort als *Kern einer nominalen Gruppe* fungiert" (ebd., S. 156 [Hervorhebung i. O.]). Die Regel für die satzinterne Großschreibung lautet, dass der Kern einer attributiv erweiterbaren Nominalgruppe großgeschrieben wird. Er kann durch ein Wort beliebiger Wortart repräsentiert sein. Die Nominalgruppe zeichnet sich dadurch aus, dass sie in der Regel durch Adjektivattribute, aber auch durch andere Attribute (Präpositionalphrasen, Genitivattribute, Relativsätze, Appositionen) erweiterbar ist. Trotz einiger Ausnahmen kann durch die syntaktische Modellierung der Kernbereich der Großschreibung in analytischer Hinsicht einfach rekonstruiert werden (Maas 1992).

Röber-Siekmeyer (1999) entwickelte ein syntaxbezogenes didaktisches Konzept, das u. a. von Noack (2006) aufgegriffen wurde. Die Kinder lernen zunächst, Nominalgruppen zu erkennen und deren Kerne zu identifizieren. Begonnen wird mit der Gliederung von einfachen Sätzen, die aus einer nicht erweiterten Nominalgruppe und einer Präpositionalgruppe bestehen (z. B. *Das Kind spielt mit dem Ball*, vgl. Röber-Siekmeyer 1999). Die Lernenden entdecken durch die Umstellprobe, dass sich die Gruppen als Ganzes verschieben lassen. Anschließend erkennen die Kinder beispielsweise anhand von Treppengedichten (oder besser: Treppentexten), dass die Gruppe durch Adjektive erweitert werden kann, der großzuschreibende Ausdruck dabei am Ende der Gruppe stehen bleibt und immer weiter nach rechts rückt. In einem weiteren Schritt wird die Flexion von Adjektiven thematisiert.

das Krokodil
das grüne Krokodil
das grüne, schläfrige Krokodil
lebt
im Nil
im warmen Nil
im warmen, breiten Nil

Röber-Siekmeyer 1999, S. 124 f.

Ein weiterer Vorschlag zur syntaxbezogenen Vermittlung stammt von Funke (1995), der an der Adjektivflexion als zentralem Kriterium ansetzt und mit Testwörtern (*große/schöne*) als Indikatoren für das Vorliegen von Großschreibung arbeitet.

Empirische Befunde sprechen dafür, dass eine syntaxbezogene Vermittlung in der Grundschule zu mindestens gleich guten, in Teilen auch deutlich besseren Ergebnissen führt als ein wortartbezogener Unterricht (vgl. z. B. Nünke / Wilhelmus 2002, Wahl / Rautenberg / Helms 2017).

Der syntaxbasierte Ansatz wurde mehrfach praktisch erprobt. Eine Beschreibung des Vorgehens im Unterricht, z. T. mit konkreten Materialien, findet sich u. a. in Röber-Siekmeyer (1999), Noack (2006) und Günther und Nünke (2005) für die Grundschule und in Noack (2015) und Müller (2010) für die Sekundarstufe. Mit Rautenberg / Wahl / Helms et al. (2016) liegt ein Unterrichtshandbuch mit umfangreichem Praxismaterial für das zweite Schuljahr vor.

Literaturhinweise

Betzel, Dirk 2015: Zum weiterführenden Erwerb der satzinternen Großschreibung. Eine leistungsgruppendifferenzierte Längsschnittstudie in der Sekundarstufe I. Baltmannsweiler.

Bos, Wilfried / Sabine Hornberg / Karl-Heinz Arnold / Gabriele Faust / Lilian Fried / Eva-Maria Lankes / Knut Schwippert / Renate Valtin (Hg.) 2008: IGLU-E 2006. Die Länder der Bundesrepublik Deutschland im nationalen und internationalen Vergleich. Münster.

Bredel, Ursula 2006a: Die Herausbildung des syntaktischen Prinzips in der Historiogenese und in der Ontogenese der Schrift. In: Dies. / Hartmut Günther (Hg.): Orthographietheorie und Rechtschreibunterricht. Tübingen. S. 139 – 164.

Bredel, Ursula 2006b: Orthographische Zweifelsfälle. In: Praxis Deutsch. H. 198. S. 6 – 15.

Bredel, Ursula / Nanna Fuhrhop / Christina Noack 2017: Wie Kinder lesen und schreiben lernen. 2., überarbeitete Auflage. Tübingen.

Dudenredaktion (Hg.) 2009: Duden. Die deutsche Rechtschreibung. Mannheim u. a.

Eisenberg, Peter 2013: Grundriss der deutschen Grammatik. Das Wort. Unter Mitarbeit von Nanna Fuhrhop. 4. Auflage. Stuttgart u. a.

Fuhrhop, Nanna 2015: Orthografie. 4. Auflage. Heidelberg.

Funke, Reinold 1995: Das Heben des Wortartschatzes. Nomen im Kontext sehen. In: Praxis Deutsch. H. 129. S. 57 – 60.

Günther, Hartmut / Ellen Nünke 2005: Warum das Kleine großgeschrieben wird, wie man das lernt und wie man das lehrt. Duisburg.

Günther, Hartmut / Désirée-Kathrin Gaebert 2015: Das System der Groß- und Kleinschreibung. In: Ursula Bredel / Tilo Reißig (Hg.): Weiterführender Orthographieerwerb. Baltmannsweiler. 2., korr. Auflage. S. 96 – 106.

Maas, Utz 1992: Grundzüge der deutschen Orthographie. Tübingen.

Müller, Astrid 2010: Rechtschreiben lernen. Die Schriftstruktur entdecken – Grundlagen und Übungsvorschläge. Seelze.

Noack, Christina 2006: Aber Wie-Wörter schreibt man doch klein! In: Praxis Deutsch. H. 198. S. 36 – 43.

Noack, Christina 2015: Die Entdeckung der Großschreibung. In: Ursula Bredel / Tilo Reißig (Hg.): Weiterführender Orthographieerwerb. 2., korr. Auflage. Baltmannsweiler. S. 585 – 600.

Nünke, Ellen / Christiane Wilhelmus, 2002: ‚Wandern' ist ein Wiewort und Wiewörter werden großgeschrieben. In: Christa Röber / Doris Tophinke (Hg.): Schrifterwerbskonzepte. Baltmannsweiler. S. 202 – 225.

Ossner, Jakob 2010: Orthographie. System und Didaktik. Paderborn.

Rautenberg, Iris / Stefan Wahl / Stefanie Helms / Miriam Nürnberger 2016: Syntaxbasierte Didaktik der Großschreibung ab Klasse 2. Einführung, Methodensammlung, Kopiervorlagen. Offenburg.

Röber-Siekmeyer, Christa 1999: Ein anderer Weg zur Groß- und Kleinschreibung. Leipzig.

Wahl, Stefan / Iris Rautenberg / Stefanie Helms 2017: Evaluation einer syntaxbasierten Didaktik zur satzinternen Großschreibung. In: Didaktik Deutsch. H. 42, S. 32 – 52.

F 3 Fremdwortschreibung

Astrid Müller

Definition

Für die Orthographiedidaktik hat sich ein synchroner Fremdwörterbegriff etabliert, der Fremdwörter im Vergleich zu nativen Wörtern des Kernbereichs (→ F 1) beschreibt. Danach ist ein Wort ein Fremdwort des Deutschen, „wenn es Eigenschaften hat, die es von den Wörtern des Kernwortschatzes unterscheidet" (Eisenberg 2012, S. 29). Eine einzige Eigenschaft, die „phonologischer, morphologischer oder orthographischer Natur" (ebd., S. 27) sein kann, reicht aus, damit wir ein Wort als Fremdwort erkennen. Nach dieser Definition ist es unwichtig, ob das betreffende Wort überhaupt in einer anderen Sprache vorkommt – wie z. B. *Handy, Oldtimer, Frisör,* die es nur im Deutschen gibt.

Fremdwörter, das zeigen diese wenigen Beispiele, sind also nicht zwangsläufig im Gebrauch „fremd", i. S. von ungewöhnlich, selten (wie Fremdwörter wie *Jeans, T-Shirt, Smartphone, joggen* zeigen). Zwar besteht der Fachwortschatz in vielen Fällen aus Fremdwörtern (bevorzugt lateinisch-griechischen Ursprungs), aber im Alltagswortschatz kommen Fremdwörter ebenfalls zahlreich und häufig vor.

Fremdwörter sind Wörter des Deutschen, denn sie nehmen in vielen Fällen Eigenschaften an, die typisch für das deutsche Sprachsystem sind. Substantive, die die größte Gruppe der Fremdwörter des Deutschen bilden, werden z. B. sofort großgeschrieben und erhalten relativ problemlos eine eindeutige Genuszuweisung, bei der sich die Sprachverwender entweder an entsprechenden deutschen Wörtern (*die Mail – die Nachricht; das Baguette – das Brot; die App – die Anwendung*) und/oder an der grammatischen Form (*die Garage – die Brille, der Computer – der Rechner*) (vgl. Bär 2001, S. 126) orientieren. Die vor allem im Alltagswortschatz anzutreffenden Verben, die aus dem Englischen einwandern, nehmen ebenfalls schnell einzelne Eigenschaften des Deutschen an. Verben wie *posten, twittern, streamen* haben typische deutsche Verbendungen und werden wie schwache Verben des Deutschen konjugiert. Adjektive verhalten sich wie native Adjektive, d. h. sie passen sich in attributiver Verwendung in Genus, Kasus und Numerus dem substantivischen Bezugswort an: *die kaputte Hose, der smarte Mann, die coolen Fotos.* Andere Eigenschaften (wie die Pluralformen bei Substantiven: *die Autos, die Apps*), phonologische und orthographische Besonderheiten (*Computer, Jeans, Garage, Theater*) ermöglichen es jedoch, diese Wörter als Fremdwörter zu identifizieren.

Ob und wie sich weitere Integrationsprozesse, also Angleichungen an das native System, bei einzelnen Fremdwörtern vollziehen, kann nicht vorhergesagt werden. Es ist davon auszugehen, dass das Deutsche mit seinem relativ tiefen Schriftsystem in der Lage ist, fremde Schreibungen und damit v. a. fremde Phonem-Graphem-Korrespondenzen beizubehalten – und dass dies üblicherweise auch geschieht. In Einzelfällen kann es zu graphematischen Angleichungen kommen, die dazu dienen, die fremdsprachliche Aussprache weitestgehend beizubehalten (*Büro, Schock, Soße, Joga, Streik*). Zu einigen Fremdwörtern existiert auf der anderen Seite eine an das native phonologische System angeglichene Leseaussprache, sodass es Artikulationsvarianten zu Wörtern wie *Festival, Intrige, Elan, Stop* gibt (vgl. Munske 1997, S. 98 f., Fuhrhop 2015).

Eigenschaften von Fremdwörtern des Deutschen

Für die Didaktik der Fremdwortschreibung ist es wichtig, dass die Eigenschaften, die Fremdwörter von nativen Wörtern unterscheiden, bekannt sind. Dazu gehören:

- **phonologische Eigenschaften**, die vor allem aus der Perspektive des Lesens relevant sein können, wie: das Vorkommen von fremden Lauten, Lautverbindungen und von Lauten an ungewöhnlichen Positionen, z. B.:
  - [ʒ]: *Regie, Garage, Orangen*
  - [s] im Anlaut: *Sandwich, Single, City*
  - [æ]: *Banker, Band, Cash*
  - [ɜ:]: *Burger, Girlie*
  - Lautverbindungen wie [pn]: *Pneumologie*; [io]: *Aktion*; [ei]: *Baby*
  - [sp], [st], [ps] im Wortanlaut: *Spleen, Spot, Star, Steak, Psychologie, pseudo*
  - ungewöhnliche Akzente, wie z. B. nicht stammsilbenbetonte Wörter: *Balkon, Karussell, Allee*
  - ungewöhnliche Silbenzahl in Simplizia: *Ananas, Krawatte*
- **graphematische Eigenschaften**, die vor allem für das Schreiben relevant sind:
  - Fremdgrapheme wie <y> (*Physik, Yoga*) und <c> (*Cello, City*), da <c> nicht in Graphemkombinationen wie <ch, sch> auftritt, sowie diakritische Zeichen wie in *Café*
  - ungewöhnliche Graphemverbindungen wie <zz> (*Pizza*) und <kk> (*Sakko*), <rh> (*Rhesus*), <th> (*Theater, Thriller*), <ou> (*Tour*), <oi> (*Toilette*)
- **morphologische Eigenschaften,** dazu gehören ungewöhnliche Pluralbildungen wie in *Autos, Cafés* und Stammflexion wie in *Konto-Konten, Zyklus-Zyklen*

(vgl. ausführlich: Fuhrhop / Müller 2012, S. 10 ff.)

Die Beziehungen zwischen dem nativen Kernbereich deutscher Wörter und peripheren Phänomenen im nativen und fremden Bereich verdeutlicht die Graphik auf der nächsten Seite.

Das Lernpotenzial von Fremdwörtern

Fremdwörter als Thema des Deutschunterrichts laden in erster Linie zu sprachbetrachtendem und sprachreflexivem Arbeiten auf unterschiedlichen Ebenen

RECHTSCHREIBEN

ein (vgl. Praxis Deutsch 2012. H. 235). Bislang spielen im Deutschunterricht Fragen danach, warum, wann und in welchen Fällen Wortschatzerweiterung und -differenzierung durch Fremdwörter erfolgt, wie wir als Sprachverwenderinnen und -verwender mit eingewanderten Wörtern auf grammatischer und lexikalischer Ebene umgehen und wie Fremdwörter das Sprachsystem verändern und den Sprachwandel beeinflussen, kaum eine Rolle (vgl. Fuhrhop/Müller 2012, S. 4).

Die Beschäftigung mit den orthographischen Strukturen dieser Gruppe von Wörtern hat im Deutschunterricht zwar eine längere Tradition, aber es herrschen nach wie vor Lernformen wie Merken bzw. Einprägen von Listen vor. Orthographisch interessant werden Fremdwörter zum einen im Vergleich zum nativen Kernbereich der deutschen Wortschreibung und zum anderen im Vergleich zum Lesen. Diese Perspektiven ermöglichen einsichtsvolles Lernen und Entdecken von Regularitäten.

Die Grundlage für schriftsprachliche Lernprozesse bilden die Strukturen, wie wir sie im nativen Kernwortschatz finden (→ F 1). Je sicherer Schülerinnen und Schüler Regularitäten des nativen Systems kennen und beherrschen, desto besser sind sie auf die Entdeckung der Besonderheiten in der Fremdwortschreibung und -lesung vorbereitet (vgl. Bredel 2015, S. 371). Dann können Regularitäten der Fremdwortschreibung entdeckt und beschrieben werden: Warum sind Wörter wie *rosa, Vase, Baby, Paket, Kamel, Tiger, Karton, Konto, Lokal, Pizza, Radio, Safe, shoppen, chillen, Studie* Fremdwörter? Welche Eigenschaften im Hinblick auf ihre Aussprache, Schreibung und/oder Flexion unterscheiden sie von Wörtern wie *groß, Dose, Laden, packen, Falter*? Solche Vergleiche können zu sprach-

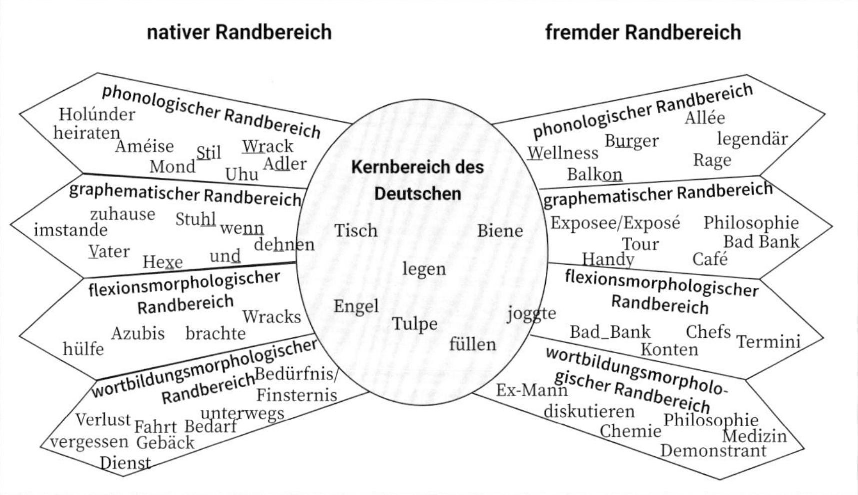

Abb. 3. Aus: Fuhrhop/Müller 2012, S. 5

bewusstem und sprachaufmerksamem Handeln führen und die Grundlage für die Auseinandersetzung mit orthographischen Besonderheiten von Fremdwörtern bilden. Das Erkennen besonderer orthographischer Muster ist für das Schreiben ebenso relevant wie für das Lesen, denn die Mustererkennung ermöglicht es, dass wir Fremdwörter in Texten schnell identifizieren können und Hinweise für die Bedeutungszuweisung und Aussprache erhalten.

In Wörtern wie *Musik, Physik* fallen z. B. die jambische Struktur (im Vergleich zur regelhaften trochäischen im nativen Bereich) und das Fehlen der Dehnungsgraphie bei [iː] auf. Bei vokalisch auslautenden Jamben (*Chemie, Magie*) erscheint hingegen eine Dehnungsgraphie. Fremdwörter wie *Kino, Klima, Liga* haben zwei Vollsilben, was im nativen System äußerst selten ist (*Uhu*). Auch dreisilbige Simplizia (*Rosine, Maschine, Gardine*) kommen häufig im Fremdwortbereich vor, im nativen System sind sie sehr selten (*Holunder, Ebene*). Bestimmte Buchstaben, die zwar geschrieben, aber in der Aussprache nicht realisiert werden, geben ebenfalls Hinweise auf den Fremdwortstatus des entsprechenden Wortes: Das <t> in *Debüt, Budget, Trikot* wird nicht gesprochen, gibt aber einen Hinweis auf die Betonung und kann als besonderes Dehnungszeichen interpretiert werden. Ähnliche Besonderheiten gibt es auch im nativen System. So wird das <e> in der Reduktionssilbe häufig nicht gesprochen (*wollen, haben*), das <r> wird in der Position nach Vokalbuchstaben vokalisiert gelesen (*Karte, Gurke*). Das <h> ist in nativen Wörtern nur am Wortanfang hörbar (*Hase, Haus*), nicht jedoch im Wortinneren, wenn es sich um Simplizia handelt. In dieser Position zeigt es entweder den Silbenschnitt in Wörtern mit offener Silbe an und verhindert, dass der Silbenanfangsrand der zweiten Silbe unbesetzt ist (*gehen, ziehen*), oder markiert die offene Silbe (*fahren, Zahlen*). Auch in Fremdwörtern findet sich das <h> in Graphemkombinationen, in denen es nicht gelesen wird (*Theater, Rhythmus, Rheuma, Rhesus*), oder in Kombinationen, die eine ungewöhnliche Korrespondenz zu Phonemen aufweisen (*Shirt, shoppen*). Solche Untersuchungen auf synchroner Ebene im Vergleich zum nativen Schriftsystem können helfen, grundlegende Einsicht in das System der Fremdwortschreibung und -lesung im Deutschen zu erlangen und zu nutzen.

RECHTSCHREIBEN

Literaturhinweise

Bär, Jochen A. 2001: Fremdwortprobleme. Sprachsystematische und historische Aspekte. In: Der Sprachdienst. H. 4. S. 121–133 und H. 5. S. 169–182.

Bredel, Ursula 2015: Didaktik der Fremdwortschreibung. In: Dies. / Tilo Reißig (Hg.): Weiterführender Orthographieerwerb. 2., korr. Auflage. Baltmannsweiler. S. 355–373.

Eisenberg, Peter 2012: Das Fremdwort im Deutschen. 2. Auflage. Berlin.

Fuhrhop, Nanna 2015: Fremdwortschreibung. In: Ursula Bredel / Tilo Reißig (Hg.): Weiterführender Orthographieerwerb. 2., korr. Auflage. Baltmannsweiler. S. 145–163.

Fuhrhop, Nanna / Astrid Müller 2012: Fremdwörter der deutschen Sprache. In: Praxis Deutsch. H. 235. S. 4–13.

Munske, Horst Haider 1997: Orthographie als Sprachkultur. Frankfurt a. M.

Praxis Deutsch 2012. Fremdwörter., hg. von Nanna Fuhrhop und Astrid Müller. H. 235.

F 4 Getrennt- und Zusammenschreibung

Nanna Fuhrhop

Die Getrennt- und Zusammenschreibung gilt im Rechtschreibunterricht auf der einen Seite als schwieriges Gebiet, auf der anderen Seite ist sie keine Hauptfehlerquelle. Der Erwerb der Getrennt- und Zusammenschreibung beginnt bereits mit der ersten Begegnung mit der Schrift, zunächst durch das Lesen, das Schreiben folgt etwas später: Es geht bei der Getrennt- und Zusammenschreibung nämlich in erster Linie um das Sehen und das Setzen von Leerzeichen. In den nachzuweisenden Kompetenzen (beispielsweise für die Realschule in Niedersachsen) taucht sie jedoch erst für das Ende der 8. Klasse auf. Entsprechend wird das Thema nicht wesentlich früher in den Schulbüchern behandelt, und dann vorrangig in Zusammenhang mit bekannten Zweifelsfällen (*Rad_fahren, kennen_lernen, sitzen_lassen*). Diese Fälle sind für das System des Deutschen aber marginal; sie gehören zur Peripherie der Getrennt- und Zusammenschreibung. Der Kernbereich sind zusammengesetzte Substantive (*Haustür, Schreibtisch, Buntstift*); diese werden durchaus thematisiert, aber kaum unter dem Schlagwort Getrennt- und Zusammenschreibung – und das völlig zu Unrecht. Leerzeichensetzung erscheint uns so selbstverständlich, dass sie kaum noch ins Bewusstsein rückt.

Versuchensiemaldiesentextzulesenundkorrigierensiegegebenfallsfehler.

Ein solcher Satz ohne Leerzeichen ist deutlich schwerer zu lesen als einer mit Leerzeichen, bei längeren Texten wird es immer schwerer. Zwei Dinge sind festzustellen: Während wir uns Texte ohne Interpunktion und ohne (satzinterne) Großschreibung vorstellen können und sie durchaus schon gelesen haben, ist das bei fehlender Getrenntschreibung schwierig. Es ist auch schwierig, einen solchen Text zu schreiben – irgendwann stutzt jeder Schreiber und überlegt, ob er ein Wort, ein Morphem, einen Buchstaben schon geschrieben hat, er wird dann zum Leser des eigenen Textes und muss große Mühe aufwenden, um Überarbeitungsprozesse in Gang zu setzen. Wir können uns ein Lesen und Schreiben ohne Leerzeichen nicht vorstellen.

Grundprinzipien der Getrennt- und Zusammenschreibung

An folgenden Beispielen sind die Grundprinzipien gut zu zeigen:
1 a. Ich kaufe an der Autobahn Honig.
1 b. Ich kaufe Autobahnhonig.

Eine jeweils andere Schreibung würde zu anderen Interpretationen führen bzw. zur Ungrammatikalität:

2 a. *Ich kaufe an der Autobahnhonig.
2 b. *Ich kaufe Autobahn Honig.

Zwei Prinzipien liegen dem zugrunde – ein morphologisches (Wortbildungsprinzip) und ein syntaktisches (Relationsprinzip):

> (1) Wortbildungsprinzip: Verbindungen aus zwei oder mehr Stämmen können zusammengeschrieben werden, wenn sie aufgrund einer Wortbildung miteinander verbunden sind.
>
> (2) Relationsprinzip: Einheiten, die syntaktisch analysierbar sind, das heißt insbesondere, die in syntaktischer Relation zu anderen Einheiten in einem Satz stehen, sind syntaktisch selbständige Wörter. Sie werden getrennt geschrieben.
>
> Fuhrhop/Peters 2013, S. 257

Das Wortbildungsprinzip gibt Möglichkeiten für die Schreibung vor, das syntaktische wählt daraus aus: *Autobahnhonig* ist ein mögliches Kompositum, Zusammenschreibung ist nach dem Wortbildungsprinzip möglich. Aber auch die einfachen Stämme *Auto, Bahn, Honig* und das Kompositum *Autobahn* sind mögliche Schreibungen. Das Relationsprinzip fragt nach dem Kontext – (2 b) ist aus verschiedenen Gründen nicht interpretierbar: Zum Beispiel bräuchte *Autobahn* hier einen Artikel, da es ein zählbares Substantiv ist und im Singular steht (*ich kaufe die Autobahn/eine Autobahn*), dann wäre diese Nominalgruppe direktes Objekt zu *kaufen*, aber *Honig* wäre nicht zu interpretieren. Als ein Wort *Autobahnhonig* (1 b) ist es hier zu interpretieren, es ist direktes Objekt zu *kaufen*: Getrenntschreibung ergibt keinen Sinn, Zusammenschreibung schon. Anders ist das bei (1 a) – hier ist *an der Autobahn* lokale adverbiale Bestimmung zu dem ganzen Satz, während *an der Autobahnhonig* (2 a) nicht zu interpretieren wäre, schon allein wegen des Genus' (*an dem Autobahnhonig*). Ein Blick ins Wörterbuch, wie oft geraten wird, ist nicht hilfreich: Erstens steht das Wort *Autobahnhonig* vermutlich in keinem Wörterbuch. Das Deutsche hat eine produktive Komposition und auch neue Komposita werden zusammengeschrieben. Zweitens können nebeneinanderstehende Wörter/Stämme offenbar mal ein Wort sein (1 b) und mal nicht (1 a). So hilft dieser Rat auch nicht bei Wörtern, die im Wörterbuch stehen.

Die Beispiele unter 1 und 2 sind zwar konstruiert, aber trotzdem wissen wir genau, wie ein solcher Satz geschrieben werden müsste. Das scheint ein Grund dafür zu sein, dass der Kernbereich der Getrennt- und Zusammenschreibung kaum Thema des Unterrichts ist.

Adjektive in der Getrennt- und Zusammenschreibung

Zum Kernbereich gehören neben Zusammensetzungen mit nominalen Erstgliedern auch solche mit adjektivischen und verbalen Erstgliedern. Bei adjektivischen hilft häufig die Flexion als Probe, ob zusammen- oder getrenntgeschrieben werden muss, also die syntaktische Analyse:

er trinkt Grüntee vs. *er trinkt grünen Tee*

In anderen Fällen kann die Umstellprobe als syntaktisches Analyseinstrument hinzugezogen werden:

Jetzt macht er doch aus Jogurt glatt Eis (vs. *Glatteis*): *Jetzt macht er doch glatt aus Jogurt Eis. Heute Morgen war Glatteis.*

Auch Komposita mit adjektivischen Zweitgliedern finden sich im Kernbereich – häufig recht analog zu substantivischen Komposita: *himmelblau, altklug* und *waschecht.* Allerdings sind Adjektiv-Adjektiv-Verbindungen von der Struktur her uneindeutig: So kann das erste Adjektiv das zweite Adjektiv als Attribut (*schön blöd*) oder als Kompositionserstglied (*höchstwahrscheinlich*) modifizieren. In keinem der Fälle wird das erste Adjektiv flektiert – einen formalen Unterschied gibt es dann nicht. Dennoch ist der Bedeutungsunterschied mitunter groß wie in *vollschlank* (dick) vs. *voll schlank* (sehr schlank). Ein formaler Unterschied tritt insbesondere auf, wenn das erste Adjektiv modifiziert wird wie in *leichter verdaulich* – diese Fälle sind nicht doppeldeutig (vgl. Amtliche Regelung 2006). Ohne eine solche Erweiterung sind auch hier strukturell zwei Schreibungen zugelassen. Grundsätzlich können an dieser Stelle auch Adverbien stehen wie *sehr schlank*; insbesondere *nicht* kann auch ein Kompositionserstglied sein: *nicht_öffentlich.* Hier ist der Unterschied über die Reichweite von *nicht* zu fassen / zu erkennen: *er singt nichtöffentlich,* immerhin singt er, *er singt nicht öffentlich,* vielleicht singt er auch gar nicht. Bei *das nicht_öffentliche Singen* kann der Bedeutungsunterschied irrelevant sein.

Verben in der Getrennt- und Zusammenschreibung

Während verbale Erstglieder unproblematisch sind, da sie in der Stammform auftreten (*Backformen, Hupkonzert, Schreibtisch*), sind verbale Zweitglieder geradezu der Prototyp der Peripherie. Verben sind häufig trennbar. Vorbild sind dabei die trennbaren Partikelverben: *er fängt mit dem Schreiben an.* Sie werden nur dann zusammengeschrieben, wenn sie nebeneinander stehen: *Er wird mit dem Schreiben anfangen.* Diese Verben sind zahlreich im Deutschen; als Gruppe aber etwas Besonderes. Es ist zwar umstritten, ob sie Komposita oder Derivationen sind, syntaktisch ist in diesen Verbindungen aber typisch, dass sich die Präpositionen *an, auf, zu* usw. syntaktisch nicht wie solche verhalten, also kein Nominal regieren. Damit gibt das Relationsprinzip vor, dass sie, wenn möglich, nicht getrennt geschrieben werden. Die Zweifelsfälle in diesem Zusammenhang sind aber nicht die klassischen Partikelverben, sondern ähnliche Konstruktionen, typischerweise mit substantivischem Erstglied wie *R/rad_fahren, E/eis_laufen.* In diesen Konstruktionen verhalten sich die Substantive syntaktisch nicht wie prototypische Substantive. Sie sind nicht Kerne von potenziellen Nominalgruppen, denn genau diese können nicht gebildet werden:

*wir fahren Rad – *wir fahren ein grünes Rad – wir kaufen ein grünes Rad*
**ich laufe ein glattes Eis – ich kaufe ein leckeres Eis*

Auch das eigentlich pluralfähige Substantiv *Rad* ist in diesem Kontext nicht pluralfähig: *Wir fahren Rad/ *Räder,* obwohl sicherlich mehrere Räder gemeint sind. An diesen Beispielen ist deutlich zu erkennen, dass diese Konstruktionen nicht einfach Verb-Objekt-Verbindungen sind. *Rad* und *Eis* sind in den gegebenen Konstruktionen nicht syntaktisch interpretierbar. Andere Vorkommen dieser Wörter sind dabei völlig unabhängig, das besondere Verhalten zeigen sie ausschließlich in diesen Konstruktionen. Semantisch ist es eine besondere Art des Fahrens / Laufens, also eigentlich ein typisches Determinativkompositum.

Die Amtliche Regelung (2006) regelt die Einzelfälle eindeutig: *Rad fahren, eislaufen*. Es ist eine willkürliche Grenze. An diesen Fällen kann man die Getrennt- und Zusammenschreibung nicht verstehen, sondern man kann die einzelnen Fälle nur auswendig lernen. Verstehen kann man sie aber gut an *Auto_bahn_honig*. Deshalb gehört vor allem der Kernbereich der Getrennt-Zusammenschreibung in den Unterricht. Am Vergleich von Beispielen, wie den hier aufgeführten (und weiteren, vgl. Fuhrhop 2006, Mesch 2010, Becker / Mesch 2013), lässt sich gut zeigen, wie wichtig das so unscheinbare Leerzeichen für die Interpretation von geschriebenen Äußerungen ist. Dazu können leerzeichenlose Texte oder solche, in denen die Wortzwischenräume nicht nach den heute gültigen Konventionen markiert sind (z. B. Textauszüge aus mittelalterlichen Schriften oder von Schreibanfängern, vgl. Mehlem 2009) untersucht und bearbeitet werden und Sätze untersucht werden, in denen das Leerzeichen eine Bedeutungsveränderung bewirkt: *Er ist voll schlank/ vollschlank. Sie sind im Fußball Weltmeister/ sie sind Fußballweltmeister* (vgl. Fuhrhop 2006). Die Zweifelsfälle hingegen sollten als solche betrachtet werden und Schülerinnen und Schüler nicht zum Befolgen einer nicht nachvollziehbaren Regelung gezwungen werden.

RECHTSCHREIBEN

Literaturhinweise

Amtliche Regelung 2006: Deutsche Rechtschreibung. Regeln und Wörterverzeichnis. In: http://www.rechtschreibrat.com, recherchiert am 10. 6. 2016.

Deutsch 5–10 2013. Getrennt oder zusammen?, hg. von Susanne Becker und Birgit Mesch. H. 36.

Fuhrhop, Nanna 2006: Erfolg versprechend oder erfolgversprechend? In: Praxis Deutsch. H. 198. S. 48 – 53.

Fuhrhop, Nanna / Jörg Peters 2013: Einführung in die Phonologie und Graphematik. Stuttgart u. a.

Mehlem, Ulrich 2009: Die Erfindung der Wortzwischenräume. In: Praxis Deutsch. H. 215. S. 36 – 44.

Mesch, Birgit 2010: „Das Weiße zwischen den Wörtern" – Vom Nutzen der Getrennt- und Zusammenschreibung für das Lesen. In: Praxis Deutsch. H. 221. S. 22 – 27.

F 5 Interpunktion

Ursula Bredel

Gegenstandsbereich Interpunktion

Interpunktionszeichen sind schriftsprachliche Mittel zur Strukturierung von Texten für den Leser (vgl. Bredel 2008, dies. 2011). Zum Inventar gehören 12 Zeichen: <. , ; : ? ! ( ) „“ – … - ‘>. Sie bilden drei Gruppen:

Gruppe 1: Syntaktische Zeichen. <. , ; :> zeigen dem Leser die grammatische Gliederung von Sätzen und Teilsätzen.

Gruppe 2: Kommunikative Zeichen. <? ! „“ ( )> zeigen dem Leser die kommunikative Funktion (Frage- und Ausrufezeichen) bzw. die kommunikative Situierung (Anführungszeichen und Klammern) von Äußerungen.

Gruppe 3: Defektanzeigende Zeichen. < - – … ‘> zeigen dem Leser den Abbruch einer Äußerung (der Divis in seiner Funktion als Trennstrich, Ergänzungsbindestrich und als Bindestrich sowie der Gedankenstrich) oder das Fehlen von Informationen (Auslassungspunkte, Apostroph); auch der Abkürzungspunkt gehört hierher.

In Bredel (2008, dies. 2011) wird die Auffassung vertreten, dass Interpunktionszeichen den Leseprozess in systematischer und strukturierter Weise steuern. Am Beispiel der syntaktischen Zeichen soll gezeigt werden, was damit gemeint ist.

Normalerweise werden Wörter, die in linearer Folge stehen, zu einer syntaktischen Struktur verrechnet. Dafür werden die vorliegenden syntaktischen Merkmale (z. B. Kasus, Finitheit, Reihenfolge) und die semantische Struktur (z. B. Valenz) ausgewertet:

Im Satz *Karl steht auf Betty* gilt *steht auf* (in der Bedeutung *auf jmdn. stehen*) als verbales Zentrum mit einer zweiwertigen Struktur: Der zuerst genannte *Karl* (Nominativ) ist Subjekt, *Betty* (Akkusativ) ist Objekt. Die Finitheit von *steht (auf)* sorgt dafür, dass der infragestehende Satz als autonomer Hauptsatz ausgewertet werden kann.

Interveniert ein Komma (*Karl steht auf, Betty*), muss der Leser umsteuern: Weil *Betty* nicht mehr als Objekt interpretiert werden kann, gilt als verbales Zentrum nun *steht auf* (in der Bedeutung *sich erheben*) mit dem Subjekt *Karl. Betty* ist herausgestellt und fungiert als eine Art Vokativ (i. S. v. *Betty, hör mal, Karl steht auf*).

Die vier syntaktischen Zeichen gehen bei der Art der Umsteuerung arbeitsteilig vor: Der Punkt beendet die gesamte syntaktische und semantische Weiterverarbeitung. Die Wortkette vor dem Punkt muss als syntaktisch und semantisch abgeschlossen gelten. Das Resultat ist in der Regel ein abgeschlossener Satz, aber auch alle anderen Konstruktionen müssen, sobald der Punkt interveniert, als syntaktisch abgeschlossen interpretiert werden (z. B. *Schlafen auch* in der Konstruktion *Sport hilft. Schlafen auch.*).

Der Doppelpunkt zieht eine syntaktische Grenze, lässt die Weiterführung der semantischen Struktur aber weiter zu; wenn der Doppelpunkt innerhalb eines Satzes auftritt, ist das Resultat eine Herausstellungsstruktur (*Nur: Dort gab es keine Feuerlöscher*).

Das Semikolon ist das Spiegelbild des Doppelpunktes. Es storniert die semantische Weiterverarbeitung, lässt aber die Auswertung von syntaktischen Merkmalen weiter zu; das Resultat ist eine Koordinationsstruktur („*Unser Proviant bestand aus gedörrtem Fleisch, Speck und Rauchschinken; Ei- und Milchpulver; Reis, Nudeln und Grieß.*“ Dudenredaktion (Hg.) 2013, S. 90, K 158).

Das Komma schließlich kann an allen drei Positionen (Satzgrenze, Herausstellung, Koordination) intervenieren (vgl. Primus 1993), zieht aber jeweils eine schwächere Grenze. Während Punkt, Doppelpunkt und Semikolon irreversible und permanente Grenzen ziehen, ist die Grenze, die das Komma zieht, reversibel und temporär (vgl. Bredel 2011).

Im Überblick ergibt sich folgendes Bild, das zugleich zeigt, dass mit den vier syntaktischen Interpunktionszeichen alle logischen Möglichkeiten der syntaktischen Verrechnung abgedeckt sind:

Syntaktische Interpunktionszeichen (Tabelle aus Bredel / Müller 2015, S. 9)

	Syntaktischer Abschluss	**Semantischer Abschluss**
Punkt Satzgrenzenkomma	ja	ja
Doppelpunkt Herausstellungskomma	ja	nein
Semikolon Aufzählungskomma	nein	ja
kein Interpunktionszeichen	nein	nein

Wie am oben angeführten Beispiel (*Karl steht auf* [,] *Betty*) gezeigt wurde, kann die An- und Abwesenheit eines Interpunktionszeichens Bedeutungsunterschiede auslösen. Dasselbe gilt wegen ihrer verschiedenen Instruktionspotenziale für die Wahl verschiedener Interpunktionszeichen an derselben interpunktionsrelevanten Stelle:

a. Die Politiker denken. Das gefällt dem Volk.
b. Die Politiker denken: Das gefällt dem Volk.

Weil der Punkt die semantische und die syntaktische Weiterarbeit verbietet, ist das Verb *denken* in a. einwertig; eine Konsequenz ist, dass das Pronomen *das* als Anapher fungiert, die den Satz *Die Politiker denken* aufgreift und zum Subjekt des Folgesatzes macht. Wir wissen also, was dem Volk gefällt. Das ist anders in Satz b. Der Doppelpunkt instruiert den Leser, die Valenz von *denken* aktiv zu halten; *den-*

RECHTSCHREIBEN

ken ist zweiwertig, die Valenzstelle wird durch den Folgesatz (*das gefällt dem Volk*) gesättigt, das Pronomen *das* bleibt ungesättigt. Wir wissen jetzt zwar, was die Politiker denken; was dem Volk gefällt, wissen wir aber nicht.

Auch wenn hier die Funktionsweise der Interpunktionszeichen nur angedeutet werden konnte (zur lesesteuernden Funktion der kommunikativen und der defektanzeigenden Zeichen, vgl. Bredel 2008, dies. 2011), zeigen die Beispiele doch, dass Interpunktionszeichen nicht einfach „Komfortsignale“ (Gallmann 1985, S. 24), sondern funktional für die Konstruktion und die Interpretation schriftsprachlicher Einheiten sind.

Interpunktionskompetenz

Unter Interpunktionskompetenz kann ganz allgemein die Fähigkeit verstanden werden, das Inventar der Interpunktionszeichen zielsprachennah nutzen zu können. Dabei können eine produktive und eine rezeptive Interpunktionskompetenz unterschieden werden:

Produktive Interpunktionskompetenz weist auf, wer das Inventar der Interpunktionszeichen für die Strukturierung und Gestaltung seiner Texte beim Schreiben so nutzen kann, dass die syntaktischen und die kommunikativen Strukturen zum Ausdruck kommen und Textdefekte ausgewiesen werden. Dabei zeigt sich als produktiv interpunktionskompetent derjenige, der diese Markierungen nicht nachträglich einfügt, sondern während des Schreibens setzt. Wie Müller (2007) ermittelt hat, korreliert die produktive Interpunktionskompetenz mit der allgemeinen orthographischen Kompetenz.

Rezeptive Interpunktionskompetenz weist auf, wer die Interpunktionszeichen beim Lesen so auswerten kann, dass er die syntaktische und die kommunikative Zielstruktur erfasst und Textdefekte als solche identifiziert. Die Auswertung der Interpunktionszeichen erfolgt beim rezeptiv interpunktionskompetenten Lesen nicht nachträglich, sondern während des Lesens (vgl. Esslinger 2014). Dabei korreliert die rezeptive Interpunktionskompetenz mit der allgemeinen Lesekompetenz (vgl. ebd.).

Forschungsfeld Interpunktionserwerb

Der Schwerpunkt der Erforschung des Interpunktionserwerbs liegt auf dem Kommaerwerb. Im Zentrum steht die produktive Kommakompetenz (vgl. z. B. Afflerbach 1997, Müller 2007, Sappok 2011). Esslinger (2014) nimmt alle syntaktischen Zeichen (s. o. Gruppe 1) unter der Perspektive der rezeptiven Interpunktionskompetenz in den Blick. Über den Erwerb aller anderen Interpunktionszeichen liegen nur Spontanbefunde vor (vgl. Nottbusch / Jonischkait 2015).

Die brisantesten Forschungsergebnisse liegen mit Studien vor, die das Resultat des schulischen Interpunktionserwerbs dokumentieren: Die produktive Interpunktionskompetenz bleibt bis über das Ende der Schulzeit hinaus instabil.

Knapp die Hälfte aller Orthographiefehler bei Abiturienten und Abiturientinnen sind Interpunktionsfehler, 90% davon Kommafehler (vgl. Pießnack / Schübel 2005). Von den Studierenden des Faches Deutsch (Lehramt) werden rund 20% der erforderlichen Kommas nicht gesetzt (vgl. Krafft 2016).

Die Interpunktion in Bildungsstandards und Kerncurricula

Die Gründe für misslingende Interpunktionsbiographien müssen im Einzelnen rekonstruiert werden. Monokausale Erklärungen gibt es vermutlich nicht. Es kann aber gezeigt werden, dass die Interpunktion und ihr Erwerb weder in den Bildungsstandards noch in Lehrwerken gegenstands- und lernangemessen modelliert sind (vgl. im Überblick Bredel 2016).

Die curriculare Gegenstandsbestimmung erweist sich als unvollständig (nur die Hälfte der Interpunktionszeichen werden in der Schule überhaupt thematisiert; es entsteht so kein Gesamtbild), unsystematisch (es liegt keine erkennbare Interpunktionstheorie zugrunde), am Einzelfall ausgerichtet (statt am System) und inkonsistent, teilweise sogar fehlerhaft.

Der Lernprozess wird in den curricularen Vorgaben ausschließlich an der Produktion ausgerichtet, zielt einseitig auf normgerechte Verwendung der Interpunktionszeichen statt auf ein Verständnis ihrer Funktion und ist, statt am Prozess des Schreibens (und des Lesens) ausgerichtet zu sein, von dem methodisch überholten Konzept geprägt, demzufolge die korrekte Interpunktionsverwendung auf Regelkenntnis und darauffolgender Regelanwendung beruht.

Alternativen

Die nachfolgend vorgestellten Alternativmodelle unterscheiden sich in den folgenden Merkmalen vom curricularen Brauchtum: Sie sind system- statt einzelfallorientiert und zielen auf einen verständigen statt normativen Interpunktionsgebrauch. Die meisten der genannten Beiträge finden sich in den folgenden drei Heften: Praxis Deutsch 2005, H. 191; Deutsch 5–10 2012, H. 31 und Praxis Deutsch 2015, H. 254.

Syntaktische Zeichen

Einen wichtigen Ansatz für eine moderne Kommadidaktik haben Lindauer / Sutter (2005) vorgelegt. Sie stellen ein Unterrichtsmodell vor, bei dem das Komma zwischen Sätzen, ansetzend an einem verbzentrierten Satzbegriff, systematisch und ohne eine Zersplitterung in Einzelfälle eingeübt werden kann (vgl. dazu auch Lindauer / Schönenberg 2012).

Bredel / Hlebec (2015) setzen an dieser Idee an, orientieren sich methodisch aber am Prozess des Schreibens: Die Lernenden werden durch eine bewusste Beachtung des Verbs während des Schreibens für die Kommatierung von Satzgrenzen sensibilisiert.

Esslinger (2015) stellt ein Modell zur Ermittlung der Funktion des Punktes vor. Zentral ist das Interpunktionsgespräch, das Raum für die Herausbildung einer verständigen statt normativen Zugangsweise auf die Interpunktion bietet (vgl. hierzu auch Esslinger 2016). Auch die Modelle von Elsässer/Volz (2012) und Schönenberg (2012) zeigen Wege auf, das Komma und den Punkt funktional zu interpretieren. Durch diese Zugriffsweisen wird auch ein Beitrag zum Aufbau der rezeptiven Interpunktionskompetenz geleistet.

Ein anwendungsorientiertes Modell zur Stärkung der funktionalen Kommasensibilität hat Gorschlüter (2001) vorgelegt: Sie lässt die Lernenden einen Kommakrimi schreiben, in dem verschiedene Kommastellen zu verschiedenen, krimirelevanten Sachverhalten führen.

Empfehlenswerte Unterrichtsmodelle zum Doppelpunkt und zum Semikolon müssen noch entwickelt werden.

Kommunikative Zeichen

Laser/Riegler (2015) haben ein Modell vorgelegt, das die Lernenden ermutigt, das Ausrufezeichen zu erproben und seine Wirkung zu erkunden. Sie nähern sich damit einer funktionalen Perspektive auf das Ausrufezeichen und stärken sowohl die produktive als auch die rezeptive Interpunktionskompetenz.

Für die Anführungszeichen liegen mit den Beiträgen von Bredel (2005) zwei Modelle vor, die das Setzen und Interpretieren der Anführungszeichen in direkten Redezügen und im sogenannten modalisierenden Gebrauch *(Er ist ein „Künstler“)* stützt.

Zielführende Unterrichtsmodelle zum Fragezeichen liegen m. W. bisher nicht vor. Zur Herausarbeitung seiner kommunikativen Funktion wären vergleichende Beobachtungen von Sätzen mit Punkt und Fragezeichen fruchtbar (*Max schläft.* vs. *Max schläft?*).

Die Klammer wird bei Fuhrhop/Schreiber (2015, s. u.) thematisch.

Defektanzeigende Zeichen

Fuhrhop/Schreiber (2015) stellen ein Modell zur Erkundung des Unterschiedes zwischen dem Gedankenstrich, der Klammer und dem Komma als mögliche Markierungen von Parenthesen vor. Die Lernenden gewinnen einen Einblick in die Varianz und in die interpretative Leistung der Zeichensetzung jenseits der Norm.

Das Modell von Mesch (2015) gibt den Lernenden Gelegenheit, die Funktion der Auslassungszeichen in literarischen Texten zu ermitteln und die gewonnenen Erkenntnisse für die Textinterpretation zu nutzen.

Im Modell zum Divis in seiner Funktion als Bindestrich von Bredel (2013) erhalten die Lernenden Einblick in die Funktionen der wortinternen Gliederung und experimentieren mit orthographischen Schreibvarianten.

Zum Abkürzungspunkt hat Buchmann (2015) einen Unterrichtsvorschlag vorgelegt, der auf die Struktur der Abkürzungseinheiten orientiert.

Empfehlenswerte Unterrichtsmodelle zum Apostroph liegen m. W. bislang nicht vor. Auch zielführende Modelle zu den weiteren Divisfunktionen (s. o.) sind bisher nicht erkennbar.

Der spielerische Interpunktionsgebrauch findet in den Lehrplänen und auch oft im Unterricht keinen Platz. Die Modelle von Tophinke (2015) und von Müller (2015) stellen Möglichkeiten eines einzelzeichenübergreifenden, experimentierenden Umgangs mit der Interpunktion vor.

Literaturhinweise

Afflerbach, Sabine 1997: Zur Ontogenese der Kommasetzung vom 7. bis zum 17. Lebensjahr: Eine empirische Studie. Frankfurt a. M.

Bredel, Ursula 2005: Spricht wer? Wer spricht? Die Anführungszeichen bei der direkten Rede. In: Praxis Deutsch. H. 191. S. 20 – 27.

Bredel, Ursula 2005: Warum ein „Künstler" kein Künstler ist. Die unterschiedlichen Funktionen des Anführungszeichens. In: Praxis Deutsch. H. 191. S. 48 – 51.

Bredel, Ursula 2008: Die Interpunktion des Deutschen. Ein kompositionelles System zur Online-Steuerung des Lesens. Tübingen.

Bredel, Ursula 2011: Interpunktion. Heidelberg.

Bredel, Ursula 2013: Turbulenzen in Wörtern. In: Deutsch 5–10. H. 36. S. 18–20 u. Materialien.

Bredel, Ursula 2016: Interpunktion: System und Erwerb. In: Ralph Olsen / Christiane Hochstadt / Simona Colombo-Scheffold (Hg.): Ohne Punkt und Komma ... Beiträge zu Theorie, Empirie und Didaktik der Interpunktion. Berlin. S. 18–51.

Bredel, Ursula / Hrvoje Hlebec 2015: Kommasetzung im Prozess. In: Praxis Deutsch. H. 254. S. 36 – 43.

Bredel, Ursula / Astrid Müller 2015: Interpunktion. In: Praxis Deutsch. H. 254. S. 4–13.

Buchmann, Franziska 2015: Abkürzungen „entkürzeln". In: Praxis Deutsch. H. 254. S. 26 – 29.

Deutsch 5 –10 2012: Zeichensetzung. Punkt und Komma, hg. von Susanne Becker und Stephanie Schönenberg. H. 31.

Deutsch 5–10 2013. Getrennt oder zusammen?, hg. von Susanne Becker und Birgit Mesch. H. 36.

Dudenredaktion (Hg.) 2013: Duden. Die deutsche Rechtschreibung. Mannheim u. a.

Elsässer, Janina / Steffen Volz 2012: Der Kuchen schmeckt. Schrecklich. Süß. Punkte als Lesehilfe erkennen. In: Deutsch 5–10. H. 31. S. 4 – 7.

Esslinger, Gesine 2014: Rezeptive Interpunktionskompetenz. Eine empirische Untersuchung zur Verarbeitung syntaktischer Interpunktionszeichen beim Lesen. Baltmannsweiler.

Esslinger, Gesine 2015: „Jetzt passt's". Grundschulkinder erkunden den Punkt. In: Praxis Deutsch. H. 254. S. 14 –19.

Esslinger, Gesine 2016: Zum didaktischen Mehrwert von Interpunktionsgesprächen in der Grundschule – dargestellt am Beispiel des Punktes. In: Iris Rautenberg / Stefanie Helms (Hg.): Der Erwerb schriftsprachlicher Kompetenzen: empirische Befunde, didaktische Konsequenzen, Förderperspektiven. Baltmannsweiler.

Fuhrhop, Nanna / Niklas Schreiber 2015: Hauptgleis – Nebengleis – Weiche. Wie wir Einschübe sichtbar machen können. In: Praxis Deutsch. H. 254. S. 48 – 53.

Gallmann, Peter 1985: Graphische Elemente der geschriebenen Sprache. Grundlagen für eine Reform der Orthographie. Tübingen.

Gorschlüter, Sabine 2001: Wir bitten die Zuschauer nicht zu fotografieren. In: Praxis Deutsch. H. 170. S. 44 – 46.

Krafft, Andreas 2016: „Einfach nach Gefühl ..." Zur Interpunktionskompetenz von Lehramtsstudierenden am Beispiel des Kommas. In: Ralph Olsen / Christiane Hochstadt / Simona Colombo-Scheffold (Hg.): Ohne Punkt und Komma ... Beiträge zu Theorie, Empirie und Didaktik der Interpunktion. Berlin. S. 138 –157.

RECHTSCHREIBEN

Laser, Björn / Susanne Riegler 2015: Achtung, Ausrufezeichen! In: Praxis Deutsch. H. 254. S. 20 - 25.
Lindauer, Thomas / Elisabeth Sutter 2005: Könige, Königreiche und Kommaregeln. Eine praxisnahe Vereinfachung des Zugangs zur Kommasetzung. In: Praxis Deutsch. H. 191. S. 28 - 35.
Lindauer, Thomas / Stephanie Schönenberg 2012: Von Königen, Untertanen und Königreichen. Zugang zur Kommasetzung finden. In: Deutsch 5 - 10. H. 32. S. 12 - 17.
Mesch, Birgit 2015: „Ach, Luise, lass ... das ist ein zu weites Feld“. Auslassungspunkte in literarischen Texten verstehen. In: Praxis Deutsch. H. 254. S. 54 - 60.
Müller, Astrid 2015: Mit Zeichen spielen. In: Praxis Deutsch. H. 254. S. 30 - 35.
Müller, Hans-Georg 2007: Zum „Komma nach Gefühl“. Implizite und explizite Kommakompetenz von Berliner Schülerinnen und Schülern im Vergleich. Frankfurt a. M.
Nottbusch, Guido / Julia Jonischkait 2015: Einzeluntersuchungen zur GKS, GZS und Interpunktion. In: Ursula Bredel / Tilo Reißig (Hg.): Weiterführender Orthographieunterricht. Baltmannsweiler. 2., korr. Auflage. S. 164 - 187.
Pießnack, Christian / Adelbert Schübel 2005: Untersuchungen zur orthographischen Kompetenz von Abiturientinnen und Abiturienten im Land Brandenburg. In: LLF-Berichte 20. S. 50 - 72.
Praxis Deutsch 2005. Zeichen setzen, hg. von Peter Eisenberg, Helmuth Feilke und Wolfgang Menzel. H. 191.
Praxis Deutsch 2015. Interpunktion, hg. von Ursula Bredel und Astrid Müller. H. 254.
Primus, Beatrice 1993: Sprachnorm und Sprachregularität: Das Komma im Deutschen. In: Deutsche Sprache 3. S. 244 - 263.
Sappok, Christopher 2011: Das deutsche Komma im Spiegel von Sprachdidaktik und Prosodieforschung. Forschungslage - „Parsing vs. Phrasing“ - Experimente. Münster.
Schönenberg, Stephanie 2012: Satzzeichen als „Verständlichmacher“. In: Deutsch 5 - 10. H. 31. S. 31 - 33.
Tophinke, Doris 2015: !nterpunkt!onsze!chen anders :-). Mit Interpunktionszeichen gestalten und strukturieren. In: Praxis Deutsch. H. 254. S. 44 - 47.

F 6 Rechtschreibleistungen beurteilen

Astrid Müller

Wozu Rechtschreibleistungen erfassen

Das Ziel der Erfassung von Rechtschreibleistungen besteht in erster Linie darin, den Erfolg von orthographischen Lehr-Lern-Prozessen zu veranschaulichen und nächste Lernschritte für einzelne Schülerinnen und Schüler oder für Lerngruppen bzw. ganze Klassen abzuleiten. Gleichzeitig hat die Ermittlung der Rechtschreibleistung häufig eine weitere Funktion, denn die Orthographieleistung dient vielerorts immer noch als Selektionskriterium. Das zeigt sich v. a. darin, dass Unterschiede in den Rechtschreibleistungen von Schülerinnen und Schülern „die Entscheidungsprozesse hinsichtlich weiterführender Schularten mehr beeinflussen als Unterschiede in der Intelligenz" (Schneider 2008, S. 148). Aus mindestens diesen beiden Gründen ist eine orthographietheoretisch fundierte und mit großer Sorgfalt getroffene Einschätzung darüber, ob und wie eine Schülerin / ein Schüler oder eine Gruppe / Klasse eine bestimmte orthographische Leistung (als Ergebnis von unterrichtlichen Lehr-Lern-Prozessen) erbracht hat, von maßgeblicher Bedeutung für das weitere Lernen.

Verfahren für die Erfassung der Rechtschreibleistung

Für die Überprüfung der Rechtschreibleistung gibt es eine Reihe von standardisierten Testverfahren und von nicht-standardisierten Verfahren und Möglichkeiten zur Lernstandsfeststellung und zur Beobachtung der Lernentwicklung (→ H 8). Die Qualität dieser Verfahren lässt sich nur vor dem Hintergrund ihrer fachlichen Fundierung und der Einhaltung von Testgütekriterien (Validität, Reliabilität, Objektivität; → H 8) einschätzen, denn es scheint nur auf den ersten Blick (v. a. wegen des hohen Normierungsgrades der Orthographie) einfach zu sein, orthographische Leistungen gegenstandsadäquat zu erfassen.

Standardisierte Verfahren

Allen verfügbaren standardisierten Tests (für den Überblick: vgl. Frahm / Blatt 2015) muss bescheinigt werden, dass sie hinsichtlich der orthographietheoretischen Fundierung nicht dem aktuellen Kenntnisstand der graphematischen Forschung entsprechen. Das macht sich einerseits im verwendeten Wortmaterial, andererseits in der Kategorisierung der zu erbringenden Leistungen bemerkbar. Das soll am Beispiel der Hamburger Schreibprobe 5 – 9 (vgl. May 2010) für die Testung der Basisanforderungen gezeigt werden. Die Hamburger Schreibprobe 5–9, die zu den geläufigsten standardisierten Rechtschreibtests gehört, ist als Wort-

RECHTSCHREIBEN

und Satzdiktat konzipiert und ermöglicht eine schnelle Durchführ- und Auswertbarkeit und, berücksichtigt man ausschließlich die Anzahl der Graphemtreffer, einen aussagekräftigen Vergleich der individuellen Testleistung mit einer repräsentativen Stichprobe auf Klassenstufen- und Schulformebene. Hinsichtlich des Wortmaterials fällt auf, dass auch für die Leistungsmessung jüngerer Schülerinnen und Schüler (ab Klasse 5) Wörter aus dem Peripheriebereich (Fremdwörter, Wörter mit Dehnungs-h) verwendet werden, bei denen nicht davon ausgegangen werden kann, dass damit zusammenhängende Regularitäten bereits im Unterricht thematisiert worden sind.

Den Auswertungskategorien liegt zudem das revisionsbedürftige Stufenmodell des Schriftspracherwerbs zugrunde, bei dem sich die orthographische Phase an die alphabetische Phase anschließt.

Gleiches trifft für den ebenfalls geläufigen, jedoch anders konzipierten Rechtschreibtest AFRA (vgl. Herné / Naumann 2016) zu. Das Wortmaterial dieses Tests ist flexibel wählbar, kann also aus anderen Testformaten oder aus freien Schreibungen der Schülerinnen und Schüler gewonnen werden. Die AFRA zugrundeliegenden Auswertungskategorien sind auf der Basis des herkömmlichen Modells des Schriftsystems generiert worden, das von einer linearen Wortstruktur ausgeht. So wird zwischen einer phonologischen Ebene und einer Vokalquantitätsebene unterschieden, ohne dass die entsprechenden phonographisch-silbischen Zusammenhänge der Wortschreibung (→ F 1) in der Kategorisierung der Fehlschreibungen berücksichtigt werden.

Nichtstandardisierte Verfahren

Rechtschreibtests werden jedoch i. d. R. nur punktuell (z. B. im Zusammenhang mit administrativen Vorgaben) im Unterrichtsalltag eingesetzt. Die übliche Form der Leistungsbeurteilung erfolgt auf der Grundlage von nichtstandardisierten Erhebungsformen:

(1) Einblicke in das Rechtschreibkönnen geben vor allem Schülertexte, wie sie im und für den Unterricht geschrieben werden. Mit solchen Texten kann erfasst werden, in welchen Bereichen Schreiberinnen und Schreiber bereits etwas können und welche individuellen Fehlerschwerpunkte ihre Texte prägen. Die Erfassung der individuellen Rechtschreibleistung verlangt von der Lehrkraft, schriftsystemkonforme Analysekategorien auswählen zu können.

(2) Außerdem bieten sich Formen der Lernstandserhebung an, in denen es um orthographische Teilbereiche geht, die im Mittelpunkt des vorangegangenen Unterrichts standen (satzinterne Großschreibung z. B.). Eine effektive Form dafür sind Lückentexte, die die Konzentration auf einzelne orthographische Bereiche erlauben.

(3) Textverbesserungen von fehlerhaften Fremdtexten (→ H 8) können als Möglichkeit zur Leistungsbeurteilung eingesetzt werden, wenn es nicht nur um die Überprüfung des Rechtschreibkönnens geht, sondern auch um die Einschätzung, über welche metakognitiven Wissensbestände und Problemlösestrategien Schülerinnen und Schüler verfügen und welches deklarative Wissen sie bei der Problembearbeitung nutzen können, denn bei Textverbesserungen müssen Schreibzweifel formuliert und Verbesserungsvorschläge gemacht werden.

(4) Gespräche über eigene und fremde Schreibungen können ebenfalls ein guter Anlass sein, um das deklarative und metakognitive Wissen und die Problemlösestrategien der Schülerinnen und Schüler zu beobachten. Auch hierfür ist ein solides diagnostisches Wissen der Lehrkraft, das auf schrifttheoretischer Expertise aufbaut, notwendig.

(5) Diktate sind ein ökonomisches Mittel, um zu vergleichbaren Texten zu gelangen, deren orthographische Schwierigkeiten im Voraus festgelegt werden können. Sie sollten aber nur selten und nur als eine unter anderen Formen zur Lernstandserhebung herangezogen werden. Wenn das Diktatschreiben mit der Möglichkeit verbunden ist, Varianten aufzuschreiben und Schreibzweifel anzumelden (z. B. durch das Setzen eines Punktes unter die zweifelhafte Stelle), kann es einen Blick auf kognitive Prozesse ermöglichen. Als Lern- und Übungsinstrument sind klassische Diktate hingegen vollkommen ungeeignet. Das weitverbreitete Üben für Diktate kann einzig die Vorstellung fördern, Rechtschreibung sei eine Ansammlung von Wörtern, die man sich irgendwie und möglichst dauerhaft einprägen muss.

Nur auf den ersten Blick erscheinen Diktate als eine objektive Form der Leistungsbewertung. Hinreichend bekannt ist inzwischen, dass Fehler nicht gleich Fehler ist. Die Groß- und Kleinschreibung ist z. B. sehr komplex und fehleranfällig – werden entsprechende Fehler in Diktaten deshalb anders bewertet als Fehler bei der Zusammenschreibung von komplexen Wörtern? Zählen Verstöße gegen die Markierung des Silbengelenks in morphologisch komplexen Formen (**er schwimt, *er nimt*) als ein oder zwei Fehler? Werden sie in Klasse 3 weniger schwer gewichtet als in Klasse 6? Diese Fragen sollen verdeutlichen, dass Leistungen im Diktat keineswegs einfach zu ermitteln sind und dass die Einteilung der Wort- und Satzschreibung in richtig und falsch nur scheinbar objektiven Maßstäben genügt.

Ergebnisse aus Leistungsstudien

Dass die Rechtschreibleistungen der Schülerinnen und Schüler nicht den Erwartungen entsprechen und kaum den hohen Zeitaufwand rechtfertigen, der für das Rechtschreiblernen investiert wird, zeigen Ergebnisse aus Leistungsüberprüfungen im Bereich der orthographischen Kompetenz von der Grundschule (vgl.

z. B. Steinig / Betzel 2014 für Viertklässler) über die Sekundarstufe I und II (vgl. z. B. IQB 2012 für Klasse 9 und 10 und Pießnack / Schübel 2005 für Abiturientinnen und Abiturienten) bis hin zu Erwachsenen (vgl. Grotlüschen / Riekmann 2012). Auch wenn einige dieser Studien nicht repräsentativ sind, verweisen sie doch auf den dringenden orthographiedidaktischen Handlungsbedarf. So fallen bei den 2002 und 2012 getesteten Viertklässlern (vgl. Steinig / Betzel 2014) als herausragende Fehlerquellen im Bereich der Wortschreibung die (Nicht-)Kennzeichnung der Vokalquantität und die hohe Fehlerzahl im Bereich der satzinternen Großschreibung auf. Bei den Abiturientinnen und Abiturienten ist es vor allem das fehlende Satzgrenzenkomma (vgl. Pießnack / Schübel 2005), das einen hohen Anteil an der Gesamtfehlerzahl ausmacht. Für diese und weitere Bereiche (→ F 1 bis F 5) können wir inzwischen auf überzeugende didaktische Modelle zurückgreifen, sodass es zukünftig mehr Schülerinnen und Schülern gelingen sollte, gute Rechtschreibleistungen zu erreichen.

Literaturhinweise

Frahm, Sarah / Inge Blatt 2015: Rechtschreibtests. In: Ursula Bredel / Tilo Reißig (Hg.): Weiterführender Orthographieerwerb. 2., korr. Auflage. Baltmannsweiler. S. 546 – 567.

Grotlüschen, Anke / Wibke Riekmann 2012: Funktionaler Analphabetismus in Deutschland. Ergebnisse der ersten leo. – Level-One Studie. Münster u. a.

Herné, Karl-Ludwig / Carl Ludwig Naumann 2016: Aachener Förderdiagnostische Rechtschreibfehler-Analyse – AFRA. Systematische Einführung in die Praxis der Fehleranalyse mit Auswertungshilfen zu insgesamt 33 standardisierten Testverfahren als Kopiervorlagen. 5. Auflage. Aachen.

Institut für Qualitätssicherung im Bildungswesen (IQB) 2012: Kompetenzstufenmodell zu den Bildungsstandards im Kompetenzbereich Rechtschreiben. In: http://www.iqb.hu-berlin.de/bista/ksm, recherchiert am: 20. 3. 2017.

May, Peter 2010: HSP 1 – 9. Diagnose orthografischer Kompetenz. Zur Erfassung der grundlegenden Rechtschreibstrategien mit der Hamburger Schreib-Probe. Hamburg.

Pießnack, Christian / Adelbert Schübel 2005: Untersuchungen zur orthographischen Kompetenz von Abiturientinnen und Abiturienten im Land Brandenburg. In: http://opus.kobv.de/ubp/volltexte/2006/833/pdf/llh20_Piessnack_Schuebel.pdf, recherchiert am: 20. 3. 2017.

Schneider, Wolfgang 2008: Entwicklung und Erfassung der Rechtschreibkompetenz im Jugend- und Erwachsenenalter. In: Wolfgang Schneider / Harald Marx / Marcus Hasselhorn (Hg.): Diagnostik von Rechtschreibleistungen und -kompetenz. Göttingen. S. 145 – 157.

Steinig, Wolfgang / Dirk Betzel 2014: Schreiben Grundschüler heute schlechter als vor 40 Jahren? Texte von Viertklässlern aus den Jahren 1972, 2002 und 2012. In: Albrecht Plewnia / Andreas Witt (Hg.): Sprachverfall? Dynamik – Wandel – Variation. Berlin u. a. S. 353 – 371.

F 7 Rechtschreibschwierigkeiten

Cordula Löffler

Definition

Ungefähr 15% aller Kinder haben Schwierigkeiten im Schriftspracherwerb. Bei vielen von ihnen treten Rechtschreibschwierigkeiten in Kombination mit Leseschwierigkeiten auf. Die Abgrenzung der Lese-Rechtschreibschwierigkeiten von der Lese-Rechtschreibstörung bzw. -schwäche (LRS/Legasthenie) ist nach wie vor umstritten. Lese-Rechtschreibschwierigkeiten werden als vorübergehend und erklärbar, z.B. mit kognitiven Einschränkungen, psychosozialen Belastungsfaktoren oder unangemessener Beschulung, eingestuft (vgl. Schulte-Körne 2014). Bei einem geringen Prozentsatz der Kinder zeigt sich eine erhebliche und überdauernde Beeinträchtigung im Schriftspracherwerb, die aus medizinischer Perspektive als Lese-Rechtschreibstörung betrachtet wird. Nach der internationalen statistischen Klassifikation der Krankheiten und verwandter Gesundheitsprobleme in ihrer 10. Revision, German Modification (DIMDI, 2015) wird die Lese-Rechtschreibstörung bei den „umschriebenen Entwicklungsstörungen schulischer Fertigkeiten (F81)“ aufgeführt. Dort (F81.0) wird sie wie folgt definiert:

> Das Hauptmerkmal ist eine umschriebene und bedeutsame Beeinträchtigung in der Entwicklung der Lesefertigkeiten, die nicht allein durch das Entwicklungsalter, Visusprobleme oder unangemessene Beschulung erklärbar ist. Das Leseverständnis [...] und Leistungen, für welche Lesefähigkeit nötig ist, können sämtlich betroffen sein. Bei umschriebenen Lesestörungen sind Rechtschreibstörungen häufig und persistieren oft bis in die Adoleszenz, auch wenn einige Fortschritte im Lesen gemacht werden. Umschriebenen Entwicklungsstörungen des Lesens gehen Entwicklungsstörungen des Sprechens oder der Sprache voraus. Während der Schulzeit sind begleitende Störungen im emotionalen und Verhaltensbereich häufig.
>
> DIMDI, 2015

Definiert wird neben der kombinierten Lese-Rechtschreibstörung auch eine isolierte Rechtschreibstörung (F81.1), bei der die Beeinträchtigung der Rechtschreibkompetenz ohne vorhergehende Lesestörung auftritt. Man geht also bei der Lese-Rechtschreibstörung davon aus, dass zunächst eine Sprachstörung vorhanden ist, die sich auf das Lesenlernen und in der Folge auf das Rechtschreibenlernen auswirkt. Die schwachen Lese- und Rechtschreibfähigkeiten werden als nicht erklärbar betrachtet, sondern als eine dauerhafte, isolierte Störung im (schrift-)sprachlichen Bereich. Seit den 1950er-Jahren wird das Kriterium der Diskrepanz zwischen Intelligenzquotient und Lese- bzw. Rechtschreibleistung diskutiert. Im „Diagnostischen und statistischen Manual zur Klassifikation psychischer Störung DSM 5“ von 2013 wurde dieses Intelligenz-Diskrepanz-Kriterium zur Diagnosestellung aufgegeben (Schulte-Körne 2014, S. 139). Auch der Ausschluss schwacher Leistungen in anderen Schulfächern wird inzwischen als überholt angesehen.

Aus didaktischer Perspektive ist die Abgrenzung nicht hilfreich. Grundsätzlich ist eine qualitative Diagnostik erforderlich, die aufzeigt, wie Unterricht und Förderung individuell auf die Fähigkeiten und Schwierigkeiten der Lernenden abgestimmt werden müssen.

Ursachen

Klicpera / Schabmann / Gasteiger-Klicpera (2010, S. 184 ff.) betrachten den vorschulischen Spracherwerb als einen der stärksten Prädiktoren für eine Lese-Rechtschreibstörung (LRS). Untersuchungen zeigen, dass Kinder mit Spracherwerbsstörungen häufiger LRS entwickeln als Kinder mit unauffälligem Spracherwerb (z. B. Schneider / Marx / Weber 2002). Zudem liegt das Risiko für die Entstehung von LRS bei Kindern, die vor der Einschulung Probleme hinsichtlich der phonologischen Bewusstheit zeigen, deutlich höher als bei unauffälligen Kindern (vgl. Moll / Wallner / Landerl 2012). Auch das Arbeitsgedächtnis hat für die Entstehung von LRS eine besondere Bedeutung. Die Kapazität des Arbeitsgedächtnisses ist vor allem für das Lesenlernen (vgl. Mähler / Schuchardt 2014) und den Grammatikerwerb (vgl. Motsch 2010, S. 58 ff.) relevant. Nicht zuletzt kann davon ausgegangen werden, dass es für die Entwicklung von LRS eine genetisch bedingte Disposition gibt (vgl. Klicpera / Schabmann / Gasteiger-Klicpera 2010, S. 167 ff.). Zudem sollte nicht außer Acht gelassen werden, dass fehlende Schrifterfahrung den Schriftspracherwerb erschweren kann; zum einen, weil die Vertrautheit mit Schriftelementen fehlt, zum anderen, weil das Erleben der Schriftnutzung die Motivation stärkt.

Erscheinungsbild

Lernende mit Rechtschreibschwierigkeiten – im Folgenden soll keine Differenzierung zwischen Schwierigkeiten und Störung erfolgen, weil sie aus didaktischer Perspektive nicht erforderlich ist – zeigen grundsätzlich denselben Erwerbsverlauf wie Lernende, die sich die Schriftsprache ohne Schwierigkeiten aneignen (vgl. May 1990). Ihre Schreibprodukte weisen auch keine anderen Fehler auf, sondern lediglich eine höhere Anzahl (vgl. Herné / Löffler 2014). Lernende mit Rechtschreibschwierigkeiten zeigen länger Probleme mit der vollständigen Verschriftung von (Reduktions-)Silben. Auch Konsonantencluster bereiten Probleme – hier lässt sich eine Parallele zum Spracherwerb aufzeigen (vgl. Füssenich / Löffler 2008). Die Markierung gespannter / ungespannter Vokale sowie das Erkennen und Markieren morphologischer Zusammenhänge gelingen ebenso mühsam wie die Groß- und Kleinschreibung. Grundsätzlich fällt es Lernenden mit Rechtschreibschwierigkeiten schwer, (Schrift-)Sprachstrukturen zu erkennen und orthographische Regularitäten abzuleiten. Sie benötigen dafür besondere Unterstützung.

Didaktische Konsequenzen

Im Rechtschreibunterricht sollten von Anfang an Lernbeobachtungen und Testverfahren eingesetzt werden, die Rechtschreibschwierigkeiten früh erkennen lassen. Es geht bei dieser Diagnostik nicht um die Anzahl der Fehler, sondern um eine qualitative Betrachtung der Zugänge zur Schrift, die Rückschlüsse auf den Erwerbsprozess zulassen. Auf dieser Basis muss der Rechtschreibunterricht bzw. die individuelle Förderung konzipiert werden. Gerade bei Lernenden mit Rechtschreibschwierigkeiten sollte erst der orthographische Kernbereich, dann die Peripherie (→ F Überblicksbeitrag) erarbeitet werden. Für die Förderung bei Rechtschreibschwierigkeiten muss das Wortmaterial so strukturiert sein, dass ein entdeckendes Lernen orthographischer Regularitäten ermöglicht wird. Dagegen sind schematisch lösbare Aufgaben mit zu geringem kognitivem Aktivierungspotenzial zu vermeiden, weil sie weniger zu Einsichten führen (vgl. Pracht / Löffler 2011). Insgesamt kann die individuelle Förderung also den Prinzipien eines guten Rechtschreibunterrichts folgen, sie muss jedoch kleinschrittiger und übungsintensiver mit noch stärker strukturiertem Wortmaterial sein, sodass sich auch prozedurales Wissen sicher erwerben lässt. Hier zeigt sich eine Parallele zur Sprachtherapie: Wie auch bei der Therapie zur Überwindung lautlicher Ersetzungsprozesse werden bei Grammatikstörungen die zu erwerbenden Strukturen gehäuft angeboten und in zahlreichen Übungen angewandt. Dabei wird die Schriftsprache nach Möglichkeit genutzt, um Strukturen sichtbar zu machen. Die Förderung orientiert sich an der normalen Erwerbsreihenfolge, das Wortmaterial wird entsprechend strukturiert (vgl. Motsch 2010). Die Orientierung an Erwerbsmodellen hebt auch Mannhaupt (2006) als entscheidenden Faktor für die Wirksamkeit einer Förderung bei LRS hervor. Als Ergebnis seiner Interventionsforschung benennt Mannhaupt (2006) zudem die Fokussierung von Schreibstrategien als Wirksamkeitsfaktor und betont die Notwendigkeit einer differenzierten, qualitativen Diagnostik, auf deren Basis ein individueller Förderplan zu erstellen sei.

Die systematische Betrachtung der Schrift sollte jedoch ergänzt werden durch implizites Lernen über sinnstiftende Schreibaufgaben, die den kommunikativen Aspekt der Schriftsprache in den Fokus rücken (vgl. Fay 2015). Die eigenaktive Auseinandersetzung mit der Schriftstruktur beim Schreiben von Texten ermöglicht es zum einen, die gewonnenen Einsichten weiter zu vertiefen, zum anderen stärkt die Anwendung der Schriftsprache in unterschiedlichen Handlungskontexten die Motivation.

Literaturhinweise

Deutsches Institut für Medizinische Dokumentation und Information DIMDI 2015: ICD-10-GM Vorabfassung 2016. Entwicklungsstörungen (F80-F89). In: http://www.dimdi.de/static/de/klassi/icd-10-gm/kodesuche/onlinefassungen/htmlgm2016/block-f80-f89.htm, recherchiert am 03.10.2016.

Fay, Johanna 2015: Möglichkeiten und Grenzen des Freien Schreibens für den Rechtschreiberwerb. In: Christa Röber / Helena Olfert (Hg.): Schriftsprach- und Orthographieerwerb: Erstlesen, Erstschreiben. Deutschunterricht in Theorie und Praxis (DTP). Bd. 2. Baltmannsweiler. S. 309 - 324.

Füssenich, Iris / Cordula Löffler 2008: Schriftspracherwerb. Einschulung, erstes und zweites Schuljahr. 2. Auflage. München.

Herné, Karl-Ludwig / Cordula Löffler 2014: LRS: Schwierigkeiten erkennen – Fähigkeiten fördern. Ein Praxishandbuch für Lehrende der Klassen 1–6. Seelze.

Klicpera, Christian / Alfred Schabmann / Barbara Gasteiger-Klicpera 2010: Legasthenie – LRS. Modelle, Diagnose, Therapie und Förderung. 3. Auflage. München.

Mähler, Claudia / Kirsten Schuchardt 2014: Die Bedeutung des Arbeitsgedächtnisses für den Schriftspracherwerb. In: Gerd Schulte-Körne (Hg.): Legasthenie und Dyskalkulie: Neue Methoden zur Diagnostik und Förderung. Bochum. S. 77– 86.

Mannhaupt, Gerd 2006: Ergebnisse von Therapiestudien. In: Waldemar von Suchodoletz (Hg.): Therapie der Lese-Rechtschreib-Störungen. 2.,überarbeitete Auflage. Stuttgart. S. 91–107.

May, Peter 1990: Kinder lernen rechtschreiben: Gemeinsamkeiten und Unterschiede guter und schwacher Lerner. In: Hans Brügelmann / Heiko Balhorn (Hg.): Das Gehirn, sein Alfabet und andere Geschichten. Konstanz. S. 245 - 253.

Moll, Kristina / Reinhild Wallner / Karin Landerl 2012: Kognitive Korrelate der Lese-, Leserechtschreib- und der Rechtschreibstörung. In: Lernen und Lernstörungen 1,1. S. 7–19.

Motsch, Hans-Joachim 2010: Kontextoptimierung. Evidenzbasierte Intervention bei grammatischen Störungen in Therapie und Unterricht. 3. Auflage München.

Pracht, Henrike / Cordula Löffler 2011: Analyse des kognitiven Aktivierungspotentials von Aufgaben zum Orthografieerwerb. In: Anja Ballis / Ann Peyer (Hg.): Lehr- und Lernmedien im Deutschunterricht. Konzepte und Analysen. Bad Heilbrunn. S. 49 - 67.

Schneider, Wolfgang / Peter Marx / Jutta Weber 2002: Auffälligkeiten in der Sprachentwicklung. Risikofaktoren für Lese-Rechtschreib-Schwierigkeiten. In: Kinderärztliche Praxis 73,3. S. 186 -194.

Schulte-Körne, Gerd 2014: Aktuelle Entwicklungen zur Klassifikation und Definition der Lese-, der Rechtschreib- und der Lese-Rechtschreib-Störung. In: Gerd Schulte-Körne / Günther Thomé (Hg.): LRS – Legasthenie: interdisziplinär. Oldenburg. S. 137–149.

G

SPRACHE UNTERSUCHEN

G Sprache und Sprachgebrauch untersuchen

Astrid Müller

Didaktischer Ort

Der Lernbereich *Sprache und Sprachgebrauch untersuchen* zeichnet sich hinsichtlich seiner Ziel-, Aufgaben- und Inhaltsbeschreibung durch eine wechselvolle Geschichte und eine Vielzahl fachdidaktischer Kontroversen aus, die sich bereits an den unterschiedlichen Benennungen für den Lernbereich zeigen: Grammatikunterricht, Nachdenken über Sprache, Sprachbetrachtung, Reflexion über Sprache. Gleichzeitig offenbart dies, wie vielfältig der Gegenstandsbereich ist, der im Mittelpunkt des Lernens in diesem Bereich steht (vgl. die Abschnitte *Inhaltliche Orientierung* und *Gliederung des Lernbereichs*). Darüber hinaus geht es in der aktuellen fachdidaktischen Diskussion nicht nur um das Was, sondern ebenso um das Wie, das Wo und das Wann grammatischer Lehr-Lern-Prozesse.

In den Bildungsstandards für die Primar- und die Sekundarstufe I (vgl. KMK 2003, 2004) ist der Lernbereich querliegend zu allen anderen konzipiert, worin sich seine besondere Stellung im Vergleich zu allen anderen Aufgabenfeldern des Deutschunterrichts verdeutlicht: „Grammatisches Lernen“ (vgl. Feilke / Tophinke 2016) findet nämlich im Idealfall in allen sprachlichen Handlungssituationen inner- und außerhalb des Deutschunterrichts statt: So erfolgen Wortschatz-erweiterung (→ G 2) und der Erwerb bildungssprachlicher Kompetenzen (→ G 11) in sehr unterschiedlichen Sprachlernsituationen, die nicht nur an das Lernen im Fach Deutsch gebunden sein müssen. Solcherart „Grammatisches Lernen“ ist *„erwerbsorientiert, kommunikativ motiviert* und zielt auf *prozedurale Fähigkeiten*“ (Feilke / Tophinke 2016, S. 7), also vorrangig auf die Entwicklung sprachlichen Könnens in den entsprechenden Lernkontexten und Handlungssituationen.

Grammatisches lernen bzw. Grammatik lernen können Schülerinnen und Schüler hingegen vorrangig in den Unterrichtsstunden, die auf die explizite Beschäftigung mit grammatischen Begriffen, sprachlichen Strukturen (in Wörtern, Wortgruppen, Sätzen und Texten), sprachlichen Gebrauchskontexten, Sprachvarietäten (→ G 9) sowie Sprachwandelprozessen (→ G 9, G 10, vgl. Peyer 2014, S. 246) ausgerichtet sind. Hier steht die Vermittlung grammatischen Wissens als Basis für die Untersuchung von Sprache und Sprachgebrauch, also für sprachreflexive Prozesse, im Mittelpunkt.

Die begriffliche Trennung in Grammatisches Lernen und Grammatik lernen ist ebenfalls deshalb notwendig und wichtig, da nicht davon ausgegangen werden kann, dass das Grammatiklernen sich positiv auf die (Schrift-)Sprachentwicklung auswirkt. Immer deutlicher zeigt sich, dass für das Grammatische Lernen eine explizite Unterweisung in grammatische Kategorien weder notwendig noch wünschenswert ist, denn das „sprachliche Reflektieren erwächst aus dem sprachlichen Tun bzw. Können – nicht umgekehrt" (Pohl 2014, S. 246).

Selbst für orthographische Lernprozesse reicht ein „Wissen in Funktion" (Funke 2005, S. 307) aus. Im Extremfall verhindern die bekannten expliziten Unterweisungen wie: „Tu-Wörter schreibt man klein" sogar gegenstandsangemessene orthographische Lernprozesse. Exemplarisch steht dafür Stefans (Klasse 7) Begründung für seine Kleinschreibung von „weinen" in der Konstruktion „[...] hörte das Weinen des Jungen": „Das tut man ja [...] kann man nicht anfassen" (vgl. Müller 2014, S. 8).

Die Unterscheidung zwischen Grammatischem Lernen und Grammatik lernen ist bedeutsam für die Beantwortung der Frage nach dem didaktischen Ort des Lernbereichs *Sprache und Sprachgebrauch untersuchen*. Mindestens ebenso bedeutsam ist sie für Entscheidungen, wann das explizite Grammatiklernen im Unterricht erfolgen sollte.

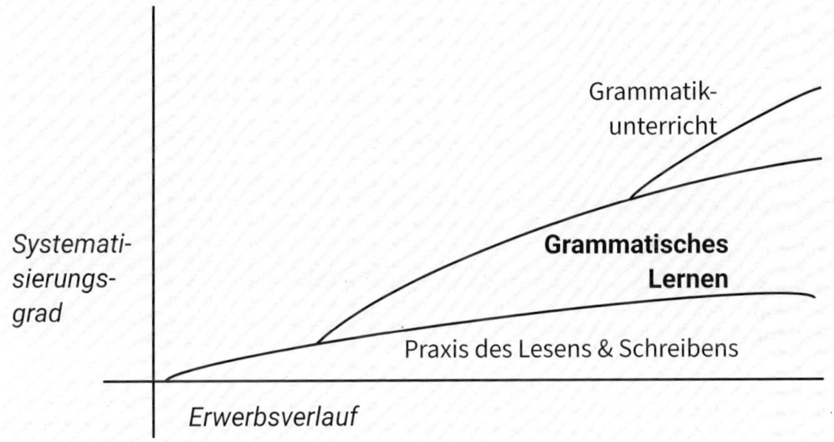

Abb. 1: Kompetenzerwerb und Grammatisches Lernen (Feilke / Tophinke 2016, S. 7)

Die Graphik verdeutlicht, dass die Praxis des Grammatikunterrichts idealerweise einsetzen sollte, wenn er traditionell fast schon keine Rolle mehr spielt: Nachdem sich Schülerinnen und Schüler, vorrangig durch das Schreiben und Lesen, mit dem eigenen sprachlichen Können und seiner Entwicklung sowie mit dem Sprachgebrauch anderer und dem Sprachgebrauch in unterschiedlichen medialen und situativen Kontexten reflektiert auseinandergesetzt haben, wenn sie so durch Beobachtung und Reflexion eine erste Vorstellung von der Vielfalt und Komplexität sprachlicher Phänomene gewonnen haben und wenn sie in der Lage sind, diese ersten Beobachtungen begrifflich differenziert zu fassen. In der Konsequenz würde dies bedeuten, dass das Grammatiklernen vorrangig in der Sekundarstufe I und II stattfindet. Es sind also nicht nur fachdidaktische, sondern ebenso bildungspolitische Anstrengungen notwendig, um den Grammatikunterricht für Lernende und Lehrende attraktiver und erfolgreicher zu gestalten. Bisherige administrative Vorgaben (vgl. KMK 2003, 2004) und die damit verbundene Kultur der Leistungsermittlung (→ G 12) verhindern bislang jedoch entsprechende Konsequenzen.

Inhaltliche Orientierung

Das Ziel des Lernens im Arbeitsbereich *Sprache und Sprachgebrauch untersuchen* kann demnach nicht vordergründig in der Erweiterung des (schrift-)sprachlichen Könnens liegen, sondern zum einen in der Vermittlung von fachlichem Wissen als Grundlage für die Verständigung über Sprache, über Texte und über Kommunikation, sodass dieses Wissen „zu Erklärungs- und Entscheidungszwecken im Zusammenhang sprachlichen Handelns" (Ossner 2010, S. 145) zur Verfügung steht. Deklaratives Wissen und Begriffswissen sind die Grundlage für den reflexiven Umgang mit Sprache. Sprachreflexives Lernen schließt deshalb zum anderen die Beschäftigung mit der Angemessenheit eines bestimmten Ausdrucks in einer konkreten Kommunikationssituation, die Auseinandersetzung mit sprachlichen Varietäten wie Jugend- und Fachsprachen (→ G 8), die Untersuchung sprachlicher Phänomene, die mit Sprach- und Medienwandelprozessen einhergehen (→ G 9 und 10), sprachvergleichendes Arbeiten (vgl. Jeuk 2013; Knapp 2014; → G 7) oder das Aufspüren grammatischer Zweifelsfälle (vgl. Müller / Szczepaniak 2017) ein.

Damit ist das Aufgabenfeld weiter gesteckt und anders konturiert als in einem Grammatikunterricht, in dem fast ausschließlich deklaratives Wissen, verbunden mit dem Ziel, dass Schülerinnen und Schüler die „Leistungen von Sätzen und Wortarten kennen und für Sprechen, Schreiben und Textuntersuchung nutzen" (KMK 2003, S. 16), im Mittelpunkt steht. Diese schulische Tradition manifestiert sich in entsprechenden Schulbucheinheiten, in denen insbesondere in den ersten Lernjahren gelernt werden soll, sprachliche Formen (Wortarten; → G 3 und G 4) und Funktionen (Satzglieder; → G 5) zu benennen. Die Folge ist halbverstandenes, träges Wissen, für dessen Aufbau sehr viel Lernzeit verwendet werden muss. Darüber hinaus bleibt trotz dieser langen schulischen Tradition unklar, über welche Begriffsinhalte im Zusammenhang mit diesen Kategorien die Schülerinnen und Schüler verfügen sollten (vgl. Gornik / Granzow-Emden 2008, S. 128). Vorschläge, diese Tradition zu überwinden, bieten u. a. an, Wörter nicht, wie bislang üblich, kategorial zu ordnen, sondern sie in ihrer Relation zu anderen Wörtern und in konkreten Verwendungszusammenhängen zu untersuchen. So kann ihre tatsächliche Leistung für die Kommunikation erfahrbar werden. Solcherart relationale Perspektive (vgl. Granzow-Emden 2014, S. 10 ff.) spielt aber derzeit im Grammatikunterricht kaum eine Rolle, obwohl die Unzulänglichkeit fester Wortkategorien auf der Hand liegt, wie an folgenden Beispielen deutlich wird:

(1) das wissen alle Schülerinnen und Schüler

(2) das Wissen aller Schülerinnen und Schüler

In (1) liegt mit der Wortform *wissen* ein Vollverb vor, das ein Subjekt und ein Akkusativobjekt regiert, sodass ein transitiver Satz entsteht. Da alle notwendigen Stellen besetzt sind, haben wir es weiterhin mit einem vollständigen Satz zu tun. In (2) wird die Wortform *wissen* hingegen nominal gebraucht und rechts mit einem Genitivattribut erweitert. Da sich kein Verb anschließt, bildet die Phrase keinen vollständigen Satz, sondern eine Wortgruppe. Die Orthographie (die Großschreibung) hilft im Deutschen, diesen Unterschied sichtbar zu machen. Ähnliches kann man an der Wortform *das* in diesen Wortfolgen untersuchen, die unterschiedliche syntaktische Funktionen übernimmt. Es zeigt sich, dass sich die Funktion von Wörtern erst „im Zusammenspiel mit anderen Einheiten" (Granzow-Emden 2014, S. 14) ergibt und sich eine (zumindest für einen Teil der Wörter mögliche) kategoriale Zuordnung eher anschließen als den Ausgangspunkt der Untersuchung bilden kann.

Wenn der Ausgangspunkt von sprachbetrachtenden und sprachreflexiven Aktivitäten also nicht das Wort, sondern die Wortgruppe und der Satz sind (→ G 5), können sie nicht hauptsächlich im schriftsprachlichen Anfangsunterricht stattfinden. Für viele scheinbar unabdingbare und deshalb möglichst früh notwendige grammatische Betrachtungen, die die Funktion haben, andere, z. B. Zweitsprachlernprozesse oder orthographische Lernprozesse, zu unterstützen, gibt es inzwischen überzeugende und tragfähige didaktisch-methodische Konzepte, die sich eher durch ein Operieren mit sprachliche Strukturen (Sammeln, Ordnen, Vergleichen, Verändern) und weniger durch das Verwenden von Fachtermini auszeichnen. Beispielhaft sei auf die Vermittlung der satzinternen Großschreibung verwiesen. Für das Erlernen dieser Besonderheit des deutschen Schriftsystems braucht es keine naiv-semantischen Vorstellungen von Nomen (*alles, was ich sehen und anfassen kann, schreibe ich groß*), sondern eine Vorstellung von der Funktion der Wörter im Satz und Handlungsmöglichkeiten (wie die Erweiterungsprobe), um den großzuschreibenden Kern einer Nominalgruppe zu ermitteln (→ F 2).

An dem Beispiel unter (1) zeigt sich ebenso die Problematik der eingeschränkten Perspektive auf die für die Satzbildung zentrale Kategorie des Verbs: Bei „wissen" handelt es sich um ein gebrauchshäufiges Zustandsverb, das sich kaum unter den in Schulbüchern immer noch gebräuchlichen Terminus des „Tu-Wortes" subsummieren lässt. Gleiches gilt für eine große Zahl anderer hochfrequenter Verben: Die am häufigsten vorkommenden Verben sind Hilfs- und Modalverben wie *sein, werden, haben, können, müssen, wollen* (vgl. Granzow-Emden 2014, S. 23). Sie sind für den Unterricht vor allem im Satzzusammenhang und hier besonders im Hinblick auf ihr Zusammenwirken mit dem Vollverb, mit dem sie häufig eine satzstrukturierende Klammer bilden, interessant. Didaktische Ansätze, die das Verb und seine satzbildende Funktion, abseits von angeblich kindgemäßen Erklärungsversuchen, betrachten, liegen inzwischen vor (vgl. z. B. Mesch/Rothstein (Hg.) 2015, Praxis Deutsch 2011. H. 226, Praxis Deutsch 2013. H. 242). Mit solcherart inhaltlicher Orientierung beim Grammatiklernen an Satz- und Textstrukturen, die dann auf die Form und Funktion von Wörtern verweisen, könnte die Arbeit in diesem Lernbereich tendenziell erfolgreicher gestaltet werden als bisher.

Unterrichtliche Leitlinien

Über die verschiedenen Konzepte von Grammatikunterricht ist aus gutem Grund viel geschrieben worden, denn sie wirken in unterschiedlichem Ausmaß auf die Praxis des Deutschunterrichts im Lernbereich *Sprache und Sprachgebrauch untersuchen*, und zwar in Bezug auf die methodischen Ansätze, die Auswahl und die inhaltliche Gewichtung der Lerngegenstände sowie die Zieldimensionen des Unterrichts. Keines dieser Konzepte (systematischer Grammatikunterricht, situative Sprachbetrachtung, integrativer Grammatikunterricht, funktionaler Grammatikunterricht, Grammatikwerkstatt; vgl. z. B. Bredel 2007, S. 226 ff., Hoffmann 2013, S. 122 ff., Peyer 2014, S. 346 ff.) kommt jedoch im konkreten Unterricht ausschließlich vor, sondern Elemente einzelner Konzepte finden sich vielfach in unterschiedlichen methodischen Formen und nehmen einen wichtigen Platz im Unterricht ein: Wenn Schülerinnen und Schüler z. B. durch die Vorfeld- oder Umstellprobe ermitteln, was in einem Satz zusammengehört, oder mit der Ersatzprobe nach einem alternativen Ausdruck suchen, kann dieses Operieren mit und an sprachlichen Einheiten der Grammatikwerkstatt zugeschrieben werden. Führen diese Verfahren dazu, dass Schülerinnen und Schüler bestimmte sprachliche Mittel begrifflich fassen können, haben wir es eher mit einem dem systematischen Grammatikunterricht verhafteten Vorgehen zu tun. Wenn Schülerinnen und Schüler untersuchen, was Abtönungspartikeln in einem Satz / Text bewirken, betrachten sie die Funktion sprachlicher Mittel. Geschieht dies in konkreten Sprachhandlungssituationen, also beim Schreiben eines Textes, kann von situativem oder integrativem Vorgehen gesprochen werden – und damit eher von Grammatischem Lernen. Grammatik lernen oder Sprachbetrachtung bzw. -reflexion geschieht hingegen viel stärker handlungsentlastet, damit sich die Aufmerksamkeit auf sprachliche Strukturen und ihre konkrete Funktion richten kann. Der berechtigten Kritik an einem unfruchtbaren Benennunterricht werden heute Formen entdeckenden Lernens entgegengesetzt (vgl. z. B. Müller / Szczepaniak 2017), in denen Schülerinnen und Schüler methodische Möglichkeiten zur Erforschung des eigenen und fremden Sprachgebrauchs kennenlernen (Befragungen, Textuntersuchungen usw.). Mit solcherart Lernerorientierung ist eine „Verschiebung vom Lehren zum Lernen" (Peyer 2014, S. 346) verbunden.

Gliederung des Lernbereichs

Als ein wichtiges Lernziel für die Arbeit im Lernbereich *Sprache und Sprachgebrauch untersuchen* zeichnet sich folglich die Anbahnung einer metasprachlich expliziten Begriffsbildung ab, die in ihrem Anspruch nicht zu unterschätzen ist, da sie hohe Abstraktionsfähigkeiten verlangt und das Systematisieren und Klassifizieren von sprachlichen Phänomenen auf Wort-, Wortgruppen-, Satz- und Textebene einschließt. Grundlage dafür ist zunächst einmal die Entwicklung von Sprachbewusstheit, die eng mit der Fähigkeit verbunden ist, Sprache gezielt und willentlich „zum Gegenstand der Aufmerksamkeit zu machen und somit die eigene Bewusstseinstätigkeit gezielt steuern zu können" (Andresen / Funke 2006, S. 444). Sprachliches Handeln muss dazu kritisch und reflektiert wahrgenommen werden – und dies erfolgt i. d. R. nicht in der aktuellen Sprachhandlungssituation, sondern muss aus ihr herausgelöst werden. Auf dieser Grundlage können sprachliche Strukturen erkannt werden und Wissen über die Verwendungsweisen bestimmter sprachlicher Mittel entstehen.

Als inhaltliche Schwerpunkte für die reflektierte Beschäftigung mit Sprachstrukturen ergeben sich für die einzelnen Schulstufen beispielhaft die folgenden Themen:

Primarstufe und Beginn der Sekundarstufe I:

- Arbeit am Wortschatz (→ G 2): Verwendung von Wörtern in Abhängigkeit von bestimmten kommunikativen Situationen, Möglichkeiten für die Erschließung und Erklärung von Wörtern, „schwierige" und „leichte" Wörter, Wortbildung (→ G 3) im Deutschen im Vergleich zu anderen Sprachen, Sprachwandelphänomene am Beispiel des Bedeutungswandels von Wörtern entdecken, dialektale und herkunftssprachliche Einflüsse auf den eigenen Sprachgebrauch untersuchen (→ G 8); Einflüsse des medialen Wandels (→ G 10) untersuchen; soziale Einflüsse auf den Sprachgebrauch beobachten (→ G 8)
- Beschäftigung mit sprachlichen Formen: Welche Wörter können in Sätzen unterschiedliche Formen bilden? Welche Wörter verändern sich hingegen nicht? Wie bilden die Wörter, die sich verändern können, Pluralformen? Hier können Schülerinnen und Schüler erste Vorstellungen von der Veränderbarkeit / Nichtveränderbarkeit einer Gruppe von Wörtern in Abhängigkeit von ihrer syntaktischen Umgebung entwickeln
- Ermittlung der formalen Besonderheiten von Verben mithilfe der du-Probe und die Untersuchung, wo finite Verben in Sätzen stehen können (Verberst-, Verbzweit-, Verbletztsätze); Sätze als *Verben mit Ergänzungen* betrachten; Untersuchen der obligatorischen und fakultativen Bindungsmöglichkeiten von Verben und Entwicklung erster Vorstellungen von Satzgliedern; Erproben, wie möglichst lange und möglichst kurze Sätze aussehen können, Untersuchen, wie sie sich (außer in der Länge) unterscheiden
- Untersuchen von Sätzen mit synthetischen und analytischen Verbformen als Grundlage, um die Klammerstruktur als konstituierend für Sätze im Deutschen zu erfahren, vor allem auch im Vergleich mit anderen Sprachen und als Grundlage für den Erwerb der Satzstrukturen im Deutschen aus der Perspektive des Zweit- und Fremdsprachenlernens

Mitte der Sekundarstufe I und Sekundarstufe II

- Auf- und Ausbau der grammatischen Terminologie und Differenzierung dieser hinsichtlich verschiedener grammatischer Kategorien
- Satzglieder: ihre Formen und Funktionen

- Untersuchen komplexer Satzstrukturen hinsichtlich ihrer Felderstruktur und Weiterentwicklung des Satzbegriffs
- Propädeutisches Vorgehen: Kennenlernen unterschiedlicher Modelle zur Beschreibung sprachlicher Strukturen und Handlungen
- Untersuchung von Texten unterschiedlicher Textsorten / Textformen und Vergleich der Textstrukturen und der verwendeten sprachlichen Mittel i. S. von „Prozedurausdrücken“ (vgl. Feilke / Tophinke 2016)
- Aufgreifen und Vertiefen des syntaktischen Zugangs auf Wörter und Wortgruppen, wie z. B. Valenz, Klammerbildung

Als relevante Arbeitsformen für alle Jahrgangsstufen kommen sprachvergleichendes Arbeiten (mündlich-schriftlich, Wörter und Sätze in verschiedenen Sprachen, Dialekt-Standardsprache, Wörter früher und heute) in Betracht sowie unterschiedliche Formen des Operierens mit Sätzen und Texten (vgl. Ossner 2010).

Literaturhinweise

Andresen, Helga / Reinold Funke 2006: Entwicklung sprachlichen Wissens und sprachlicher Bewusstheit. In: Ursula Bredel / Hartmut Günther / Peter Klotz / Jakob Ossner / Gesa Siebert-Ott (Hg.): Didaktik der deutschen Sprache. Bd. 1. 2. Auflage. Paderborn.
Bredel, Ursula 2007: Sprachbetrachtung und Grammatikunterricht. Paderborn.
Feilke, Helmuth / Doris Tophinke 2016: Grammatisches Lernen. In: Praxis Deutsch. H. 256. S. 4–11.
Funke, Reinold 2005: Sprachliches im Blickfeld des Wissens. Grammatische Kenntnisse von Schülerinnen und Schülern. Tübingen.
Gornik, Hildegrad / Matthias Granzow-Emden 2008: Sprachthematisierung und grammatische Begriffe. In: Didaktik Deutsch. Sonderheft. S. 127–138.
Granzow-Emden, Matthias 2014: Deutsche Grammatik verstehen und unterrichten. 2. Auflage. Tübingen.
Hoffmann, Ludger 2013: Grammatikmethodik. In: Björn Rothstein / Claudia Müller (Hg.): Kernbegriffe der Sprachdidaktik Deutsch. Ein Handbuch. Baltmannsweiler. S. 122–132.
Jeuk, Stefan 2013: Deutsch als Zweitsprache in der Schule. Grundlagen – Diagnose – Förderung. 2. Auflage. Stuttgart.
Kultusministerkonferenz (Hg.) 2003: Bildungsstandards im Fach Deutsch für den Mittleren Schulabschluss.
Kultusministerkonferenz (Hg.) 2004: Bildungsstandards im Fach Deutsch für den Primarbereich.
Mesch, Birgit / Björn Rothstein (Hg.) 2015: Was tun mit dem Verb? – Über die Möglichkeit und Notwendigkeit einer didaktischen Neuerschließung des Verbs. Berlin.
Müller, Astrid 2014: Herausforderung Rechtschreiben. Über Schreibungen nachdenken und sprechen. In: Praxis Deutsch. H. 248. S. 4–13.
Müller, Astrid / Renata Szczepaniak 2017: Grammatische Zweifelsfälle. In: Praxis Deutsch. H. 264. S. 4–13.
Ossner, Jakob 2010: Sprachdidaktik Deutsch. Eine Einführung für Studierende. 2. Auflage. Paderborn.
Peyer, Ann 2014: Methodische Konzepte der Sprachreflexion im Unterricht. In: Hildegard Gornik (Hg.): Sprachreflexion und Grammatikunterricht. 2. Auflage. Baltmannsweiler. S. 343–364.
Pohl, Thorsten 2014: Sprachreflexion und Texte verfassen. In: Hildegard Gornik (Hg.): Sprachreflexion und Grammatikunterricht. 2. Auflage. Baltmannsweiler. S. 242–265.
Praxis Deutsch 2011. Verben in Sätzen, hg. von Astrid Müller und Doris Tophinke. H. 226.
Praxis Deutsch 2013. Sätze gestalten, hg. von Astrid Müller und Ann Peyer. H. 242.

G 1 Wortbildung

Melanie Bangel

Die Bildung neuer Lexeme aus vorhandenem Sprachmaterial (*Haus* + *Tür* = *Haustür, ver* + *laufen* = *verlaufen*) gehört neben Prozessen der Entlehnung (*Saison, Konto, legal*) zu den wichtigsten Verfahren des Sprachausbaus (vgl. Römer 2015, S. 6). Ein Blick in die *Wortwarte,* einer tagesaktuellen Sammlung von Wortneuschöpfungen, verdeutlicht dies (vgl. www.wortwarte.de). Neben Wortbildungen wie *Lächeltag* oder *Anfassbildschirm,* die sich ausschließlich aus nativen Einheiten zusammensetzen, finden sich dort ebenso aus fremden Einheiten gebildete Wörter wie *Retrostyling* oder *Handyvideo* sowie Mischformen wie *Morgenbriefing* oder *Vergenderung*. Die große Anzahl an komplexen Wörtern im deutschen Wortschatz macht Wortbildung zu einem wichtigen und interessanten Lerngegenstand im Deutschunterricht.

Die Grundtypen der deutschen Wortbildung

Zu den Grundtypen der deutschen Wortbildung gehören die Komposition (*Hundeleine, Hochstuhl*) die Derivation (*beleuchten, freundlich*) und die Konversion (*das Singen, salzen*):

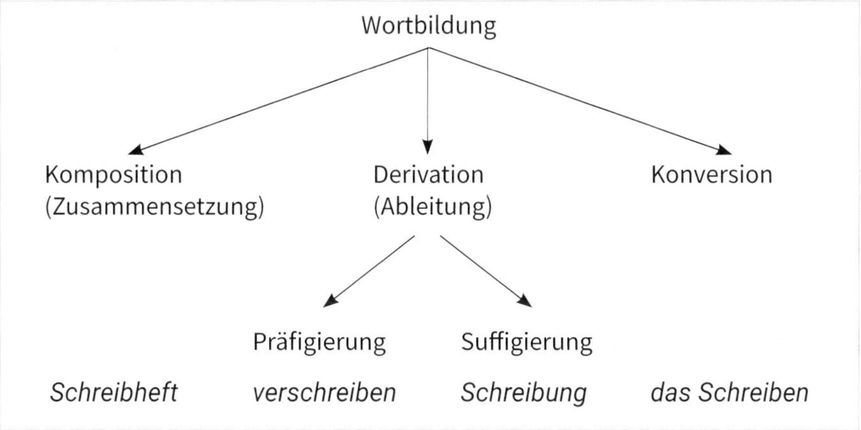

Abb. 2: Die Grundtypen der deutschen Wortbildung

Die im Deutschen besonders häufig vorkommenden Wortbildungstypen Komposition und Derivation weisen eine binäre Struktur auf, d.h. die ihnen zugehörigen komplexen Wörter lassen sich in zwei unmittelbare Konstituenten zerlegen. Die unmittelbaren Konstituenten können ein einfacher Wortstamm (*Lern|vertrag*), ein komplexer Wortstamm (*Lern|vertrag*), ein Präfix (*un|sichtbar*) oder ein Suffix (*Besprech|ung*) sein (vgl. Fleischer / Barz 2012, S. 83). Diese stellen die Bezugsgröße für die Formulierung von Wortbildungsregularitäten und damit auch für die Zuordnung zu den Wortbildungstypen dar (*Lern|vertrag* = Kompositum, *un|sichtbar* = Präfigierung, *Besprech|ung* = Suffigierung). Vor allem aus didaktischer Perspektive erscheint es sinnvoll, auch die unmittelbaren Konstituenten der komplexen Stämme zu bestimmen, um einfache Wortstämme von Affixen (Prä- und Suffixen) unterscheiden zu können:

Präfix|kompl. Stamm	kompl. Stamm|Suffix	Präfix|einf. Stamm
un|verträglich	→ verträg|lich	→ ver|trag(en)

Die Komposition kann als produktivstes Wortbildungsverfahren im Deutschen bezeichnet werden. Ca. 68% der Wortbildungen in der deutschen Gegenwartssprache sind Komposita (vgl. Römer 2015, S. 8), also komplexe Lexeme mit zwei Wortstämmen als unmittelbare Konstituenten (*Kopf|kissen, Fußball|platz*). Das Zweitglied (Grundwort) ist das semantische Zentrum des Wortes und legt die grammatische Kategorie (Wortart, Genus) fest. Das Erstglied (Bestimmungswort) modifiziert die Bedeutung des Zweitglieds, wobei die Bedeutungsrelation zwischen Erst- und Zweitglied sehr unterschiedlich sein kann (*Holztisch* = Tisch aus Holz vs. *Küchentisch* = Tisch, der in der Küche steht). Am verbreitetsten ist das Substantivkompositum. Während das Zweitglied in diesem Fall stets ein Substantiv ist, kann die Wortart des Erstglieds variieren (*Haustür, Schreibtisch, Großstadt*). Die Bildung von Komposita unterliegt nur wenigen Restriktionen, was z. T. zu sehr langen Wörtern führen kann (*Krankenversicherungsänderungsgesetz, Eierschalensollbruchstellenverursacher*). Einzige Bildungsbeschränkung stellt das Einfügen von Fugenelementen dar (*Heizungskessel, Schmerzensgeld*) (vgl. Eisenberg 2013, S. 217).

Durch Derivation werden neue Wörter aus bereits bestehenden Wortstämmen abgeleitet. Hier wird zwischen Präfigierung und der Suffigierung unterschieden. Die Präfigierung stellt einen hochproduktiven Wortbildungstyp für Verben dar, die durch Linkserweiterung eines Wortstammes durch ein Präfix (*be-, er-, ver-*) bzw. eine Verbpartikel (*ab-, an-, auf-*) entstehen (*beschreiben, aufschreiben*). Die grammatische Unterscheidung von Präfixen und Verbpartikeln besteht in ihrer morphologischen (1) und syntaktischen (2) Trennbarkeit vom Wortstamm (vgl. ebd., S. 243 ff.):

(1) Sie hat ihm den Weg beschrieben. vs. Sie hat ihm den Weg aufgeschrieben.
(2) Sie beschreibt ihm den Weg. vs. Sie schreibt ihm den Weg auf.

Bei der Suffigierung wird der Wortstamm durch das Hinzufügen eines Suffixes nach rechts erweitert (*freundlich, Buchung*). Die Suffigierung ist hochproduktiv für die Überführung eines Wortstammes in eine andere Wortart. Das gilt vor allem für Adjektive und Nomen. Durch Konversion wird ein Wortstamm in eine andere Kategorie (Wortart) überführt, ohne dass ein Kompositionsglied oder ein Affix hinzugefügt werden (*das Lesen, filmen*) (vgl. ebd., S. 201 f.).

Wortbildungsstruktur und Bedeutung

Für jedes komplexe Wort lässt sich eine Motivationsbedeutung ermitteln, die sich aus den Einzelbedeutungen sowie der Reihenfolge der Konstituenten und der semantischen Relation zwischen den Konstituenten ergibt (vgl. Fleischer / Barz 2012, S. 44). Die Motivationsbedeutung wird zumeist als Paraphrase angegeben (*Obstverkäufer* = Person, die Obst verkauft, *unglaublich* = nicht zu glauben), wobei vor allem bei Komposita i. d. R. unterschiedliche Interpretationen bezüglich der Bedeutungsrelation der Konstituenten möglich sind (*Holzkäfer* = Käfer im Holz oder Käfer aus Holz). Ein Vergleich zwischen der Motivationsbedeutung und der lexikalischen Bedeutung eines Wortes gibt Auskunft über dessen morphosemantischen Motiviertheitsgrad. In der Regel wird zwischen voll motiviert, teilmotiviert und demotiviert unterschieden. Als voll motiviert gelten komplexe Wörter, deren lexikalische Bedeutung mit der Motivationsbedeutung übereinstimmt (*Schreibheft, missdeuten*). Als teilmotiviert werden Wörter bezeichnet, bei denen die Analyse der Konstituentenstruktur lediglich zu einer Annäherung an die lexikalische Bedeutung führt, diese aber noch weitere semantische Merkmale aufweist, die sich nicht aus der Motivationsbedeutung ergeben (*Kühlschrank, entkräften*). Demotivierte Wortbildungen sind solche, deren lexikalische Bedeutung sich nicht (mehr) aus der Motivationsbedeutung erschließen lässt (*erfahren, Augenblick*) (vgl. ebd., S. 44 ff.).

Die Schreibung von komplexen Wörtern

Das für das deutsche Schriftsystem konstitutive Prinzip der Morphemkonstanz stellt vor allem für komplexe Wörter eine ausgesprochene Leseerleichterung dar: Durch die graphische Konstanthaltung von Wortstämmen können Bedeutungsverwandtschaften schnell erkannt werden (*fallen: er fällt, Fallschirm* und nicht *er *felt, *Falschirm*). Die Konstantschreibung von Affixen erleichtert die Analyse der morphologischen Struktur (vgl. Fuhrhop / Peters 2013, S. 244 ff.). Diese „führt zur Identifizierung des Stammes und diese wiederum zur Identifizierung der zugrundeliegenden Silben- und Akzentstruktur, aus der auch die für die Identifikation der lexikalischen Struktur zentrale Qualität der Vollvokale abgeleitet werden kann“ (Bredel / Noack / Plag 2013, S. 216). Darüber hinaus führt das Zusammenwirken von Affix- und Stammkonstanz zur orthographischen Konservierung der Morphemgrenzen in Wörtern wie *errechnen* oder *enttäuschen*.

Wortbildung als Lerngegenstand im Deutschunterricht

Das Lernpotenzial der Auseinandersetzung mit gebildeten Wörtern ist vielfältig. Im Rahmen der Wortschatzarbeit können Schülerinnen und Schüler die Produktivität von Wortbildungsverfahren durch eigenes Experimentieren entdecken (vgl. Unterrichtsmodelle in Praxis Deutsch 2006. H. 201). Hierfür lohnt es sich z. B., literarische Texte im Hinblick auf Wortneuschöpfungen zu untersuchen (z. B. *Fundnudel* in *Rico, Oskar und die Tieferschatten*). Darüber hinaus ermöglicht die Arbeit an komplexen Wörtern den Lernenden, Einsicht in den Zusammenhang zwischen morphologischer Struktur und Bedeutung von komplexen Wörtern zu gewinnen, um diese für das Erschließen von Wortbedeutungen nutzen zu können (vgl. Bangel 2012). Die damit verbundene morphologische Analyse kann Schülerinnen und Schüler außerdem dabei unterstützen, ihre Lese- und Rechtschreibfähigkeiten zu verbessern. Das Erkennen von Morphemen kann vor allem schwächeren Leserinnen und Lesern helfen, größere, bedeutungstragende Einheiten beim Lesen schneller zu verarbeiten und damit den Worterkennungsprozess zu beschleunigen (vgl. Bangel / Müller 2015). Die Entdeckung der Morphemkonstanz ist zentraler Bestandteil der Rechtschreibentwicklung und damit ein wichtiger Lerngegenstand im Rechtschreibunterricht. Um sich die Schreibung von komplexen Wörtern eigenständig herleiten zu können, bietet es sich an, den Schülerinnen und Schülern Rechtschreibstrategien (Wortbausteine segmentieren, Silbenprobe, Verlängern, Ableiten) an die Hand zu geben (vgl. Bangel 2014). Im Grammatikunterricht kann das unterschiedliche Verhalten von Präfix- und Partikelverben im Satz zum Gegenstand der Betrachtung werden (vgl. Bangel 2011).

Literaturhinweise

Bangel, Melanie 2011: Wie neue Verben entstehen. Unterrichtsanregung zur Präfigierung des Verbs. In: Praxis Deutsch. H. 226. S. 25 – 29.

Bangel, Melanie 2012: Was ist es? Spielerische Unterrichtsanregungen zum Erklären von Komposita. In: Praxis Deutsch. H. 233. S. 29 – 35.

Bangel, Melanie 2014: Warum Pilz und nicht Piltz? Spielerisch über Schreibungen reflektieren. In: Praxis Deutsch. H. 248. S. 31 – 35.

Bangel, Melanie / Astrid Müller 2015: Einsichten in morphologische Strukturen als Grundlage für die Entwicklung der Dekodierfähigkeit. In: Iris Rautenberg / Tilo Reißig (Hg.): Lesen und Lesedidaktik aus linguistischer Perspektive. Frankfurt a. M. S. 17 – 54.

Bredel, Ursula / Christina Noack / Ingo Plag 2013: Morphologie lesen. Stammkonstanzschreibung und Leseverstehen bei starken und schwachen Lesern. In: Carmen Scherer / Martin Neef (Hg.): Die Schnittstelle von Morphologie und geschriebener Sprache. Berlin. S. 211 – 249.

Eisenberg, Peter 2013: Grundriss der deutschen Grammatik. Das Wort. Unter Mitarbeit von Nanna Fuhrhop. 4., aktualisierte und überarbeitete Auflage. Stuttgart u. a.

Fleischer, Wolfgang / Irmhild Barz 2012: Wortbildung der deutschen Gegenwartssprache. Berlin.

Fuhrhop, Nanna / Jörg Peters 2013: Einführung in die Phonologie und Graphematik. Stuttgart.

Praxis Deutsch 2006. Wortbildung, hg. von Thomas Lindauer. H. 201.

Römer, Christine 2015: Entwicklungen im aktuellen deutschen Wortschatz. In: Jörg Kilian / Jan Eckhoff (Hg.): Deutscher Wortschatz – beschreiben, lernen, lehren. Beiträge zur Wortschatzarbeit in Wissenschaft, Sprachunterricht, Gesellschaft. Frankfurt a. M. S. 5 – 20.

G 2 Wortschatz

Melanie Bangel

Der Wortschatz gilt als Schaltstelle sprachlichen Wissens und Lernens (vgl. Steinhoff 2009). Sowohl Sprechen und Zuhören als auch Lesen und Schreiben erfordern situations- und gegenstandsangemessene Wortschatzkenntnisse und stellen gleichzeitig Gebrauchskontexte dar, die zur Wortschatzerweiterung und -vertiefung einladen.

Schulischer Wortschatzerwerb

Der Schuleintritt ist ein wichtiger Meilenstein in der Wortschatzentwicklung. Der produktive Wortschatz umfasst bei der Einschulung ca. 5.000 Wörter, der rezeptive ca. 15.000 (vgl. Feilke 2009, S. 5). Schülerinnen und Schüler lernen zwischen dem 7. und 16. Lebensjahr durchschnittlich 10 bis 15 neue Wörter pro Tag kennen (vgl. Steinhoff 2009, S. 13). Mit dem Beginn dieses „Wortschatzmarathons“ (ebd., S. 14) ist eine neue Dimension sprachlichen Lernens verbunden: In der Auseinandersetzung mit geschriebenen Texten begegnen Schülerinnen und Schüler zunehmend einem schriftsprachlich geprägten, elaborierten Wortschatz, der auch als „literate lexicon“ (Nippold 2007, S. 25) bezeichnet wird. Im Hinblick auf eine auf Sprachhandlungskompetenz ausgerichtete Wortschatzbasis spielt neben Umfang und Art (rezeptiv vs. produktiv) des Wortschatzes auch die Qualität des Wortwissens eine entscheidende Rolle. Um Wörter und Wendungen in unterschiedlichen Gebrauchskontexten flexibel einsetzen und verstehen zu können, muss das Wortbedeutungswissen mit verschiedenen Domänen sprachlichen Wissens verknüpft werden. Steinhoff (2009) unterscheidet hier zwischen Struktur- und Funktionswissen:

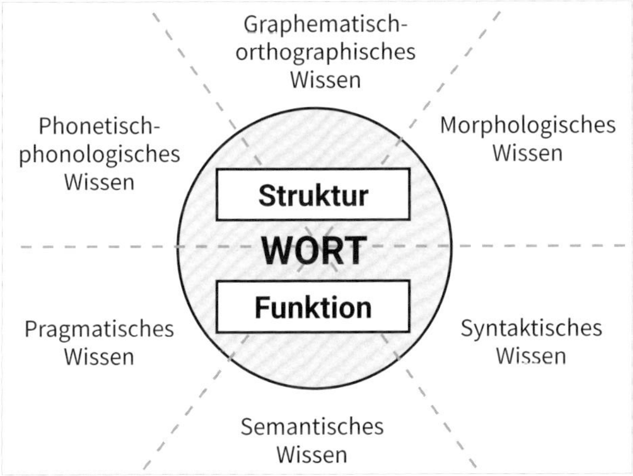

Abb. 3: Wortwissen: Struktur- und Funktionswissen (Steinhoff 2009, S. 22)

Das wortspezifische Struktur- und Funktionswissen bildet die Grundlage für die Vernetzung der unterschiedlichen Einträge im inneren Wortschatzspeicher, dem mentalen Lexikon.

Das mentale Lexikon als Wortschatzspeicher

Unser gesamtes Wortwissen ist in einem mehrdimensionalen Netzwerk, dem mentalen Lexikon, gespeichert und auf verschiedenen Wegen miteinander verknüpft. Die Anzahl und Stärke der Verbindungen zwischen den Einträgen im mentalen Lexikon spielen eine wichtige Rolle im Sprachverarbeitungsprozess: Je mehr Verbindungen ein Wort zu anderen Wörtern aufweist und je stabiler diese Verbindungen sind, desto umfassender ist das wortbezogene Wissen. Dies wirkt sich positiv auf einen flexiblen kontextabhängigen Abruf des jeweils passenden Bedeutungsausschnitts aus (vgl. Apeltauer 2014, S. 242).

Die Verbindungstypen können in zwei Gruppen eingeteilt werden:
Gruppe 1: Verbindungen, die die Bedeutungsseite von Wörtern betreffen
Gruppe 2: Verbindungen, die sich auf die Formseite von Wörtern beziehen

Die semantische Organisation (Gruppe 1) beinhaltet Verbindungen zwischen Wörtern eines semantischen Feldes. Hier wird zwischen syntagmatischen und paradigmatischen Beziehungen unterschieden. Syntagmatische Beziehungen zeichnen sich dadurch aus, dass sie in koordinierter Form im Satz vorkommen können und nicht gegeneinander austauschbar sind (z. B. *Apfel – essen: Tim isst einen Apfel.*) Paradigmatische Beziehungen beruhen auf einer Entweder-Oder-Relation und sind durch prinzipielle Austauschbarkeit gekennzeichnet (z. B. *Apfel – Birne: Tim isst einen Apfel. Tim isst eine Birne*) (vgl. Ulrich 2011b, S. 35). Ergebnisse aus Assoziationsexperimenten sowie Analysen von Versprechern und aphasischen Fehlproduktionen lassen darauf schließen, dass die folgenden semantischen Ordnungsprinzipien besonders dominant sind (vgl. Aitchison 1997, S. 108):

(a) Syntagmatische Beziehungen
- Kollokation (Gebrauchszusammenhänge, Assoziationen): *Apfel – essen –pflücken*

(b) Paradigmatische Beziehungen
- Superordination (Ober- und Unterbegriffe): *Apfel – Obst*
- Koordination (Nebenordnungen): *Apfel – Birne – Banane*
- Synonymie: *essen – speisen – verzehren*

Die stärksten semantischen Verbindungen weisen Verknüpfungen zwischen benachbarten Unterbegriffen und kollokative Verbindungen (Wörter, die oft zusammen auftreten) auf. Die semantischen Ordnungskriterien sind eng mit syntaktischen Kriterien wie z. B. Wortart oder Argumentstruktur verknüpft. Darüber hinaus spricht vieles dafür, eine Vernetzung von Wörtern in sogenannten Frames oder Skripts anzunehmen (vgl. ebd., S. 150 ff.). Kühn (2007, S. 159) spricht in diesem Zusammenhang auch von „lexikalischen Schemata", in denen sich „unsere lebensweltlichen Wahrnehmungen, Erfahrungen und Interpretationen über Personen und Personenkonstellationen sowie über Sachkonstellationen und Handlungsabläufe [widerspiegeln]".

In Bezug auf die „Formseite" des Wortes (Verbindungstypen der Gruppe 2) scheinen Anlaut und (etwas weniger stark ausgeprägt) Endlaut sowie prosodische Eigenschaften von Wörtern wichtige Verbindungstypen zu sein. Anders ausgedrückt: Wörter, die ähnlich klingen, liegen dicht beieinander (vgl. Aitchison 1997, S. 174 ff.).

Die Schnittstelle zwischen bedeutungs- und wortformbezogenen Ordnungsprinzipien bilden Verbindungen nach wortbildungsmorphologischen Kriterien (Wortstämme: *verschreiben – Schreibschrift – Schreibung*; Affixe: *verschreiben – verlaufen – verirren*) (vgl. Aitchison 1997, S. 158 ff.).

Der wortschatzdidaktische Dreischritt

Nach Kühn (2007) erfordert ein auf die Wortschatzerweiterung ausgerichtetes didaktisches Vorgehen drei Teilschritte: Semantisierung, Vernetzung und Reaktivierung. Feilke (2009) hat diesen didaktischen Dreischritt folgendermaßen auf die Lernbereiche des Deutschunterrichts übertragen:

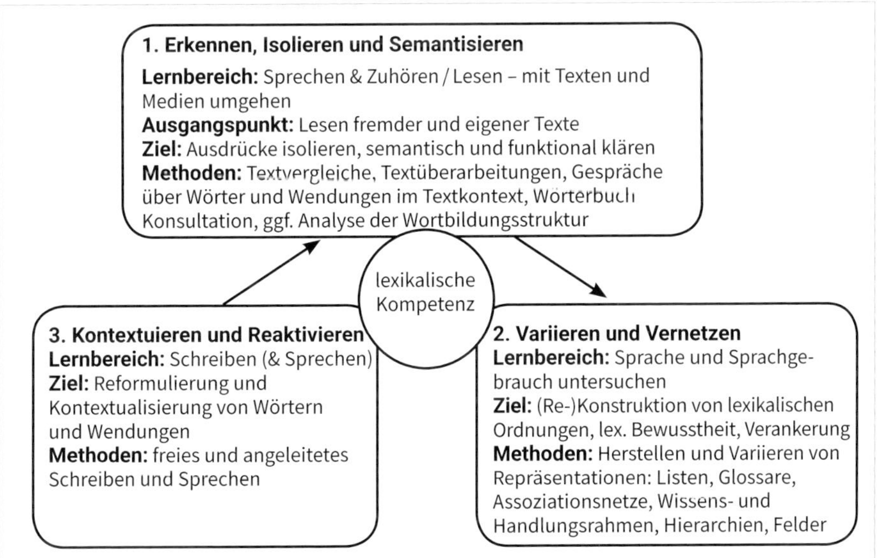

Abb. 4: Der wortschatzdidaktische Dreischritt (vgl. Feilke 2009, S. 10 f.)

Das Isolieren und Semantisieren neuer, unbekannter Wörter erfolgt in schulischen Kontexten überwiegend aus gelesenen Texten heraus. Unbekannte, für das Textverständnis wichtige Wörter müssen erkannt und die entsprechenden Bedeutungen durch angemessene Strategien erschlossen werden. Da das langfristige Ziel dieses Prozesses eine stabile Verankerung neuer Wörter bzw. Bedeutungsmerkmale im mentalen Lexikon darstellt, spielt die Eigenständigkeit der Schülerinnen und Schüler beim Semantisieren eine wichtige Rolle: „Wir wissen heute, dass Lerner, die Wortbedeutungen eigenständig erschließen, diese auch tiefer verarbeiten und stärker vernetzen, als wenn ihnen Bedeutungen […] vorgegeben werden." (Apeltauer 2014, S. 246) Neben dem Nachschlagen im Wörterbuch sollten Schülerinnen und Schüler auch dazu angeregt werden, nach Bedeutungshinweisen im Text sowie (bei wortgebildeten Wörtern) im Wort selbst zu suchen und unterschiedliche Bedeutungshypothesen zu vergleichen (vgl. Mudrak 2009).

Das Variieren und Vernetzen dieses Wortmaterials erfolgt durch sprachuntersuchende Zugriffe. Wörter und Wendungen sollen auf unterschiedliche Weise repräsentiert, geordnet und variiert werden (vgl. Spiegel 2009). Dabei sollten auch die Ordnungskriterien, nach denen Einträge im mentalen Lexikon vernetzt sind, berücksichtigt werden, denn „[w]er die semantischen Strukturen, die inhaltliche Ordnung und Vernetzung seines inneren Lexikons durchschaut, sie sich bewusst gemacht hat, ist viel besser in der Lage, neue Lexeme an der passenden Stelle im Netzwerk einzuordnen und dort bei Bedarf schnell und sicher abzurufen" (Ulrich 2011a, S. 182). Diese Vertiefung des Wortwissens lässt sich auch spielerisch umsetzen (vgl. Bangel 2012).

Um das neue Wortwissen auch für weitere Kontexte verfügbar zu machen, muss in einem letzten Schritt seine Reaktivierung und Verwendung erfolgen. Dies kann nach Feilke (2009) in Form von eigenen Produktionsaufgaben umgesetzt werden.

Weitere Unterrichtsanregungen zur Umsetzung des wortschatzdidaktischen Dreischritts finden sich in Praxis Deutsch (2009. H. 218).

Insgesamt muss Wortschatzerweiterung als integrative Aufgabe schulischen Lernens angesehen werden und lernbereichs- und fächerübergreifend erfolgen. Die Aufgabe des Sprachunterrichts besteht vordergründig darin, Verfahren kennenzulernen, um sich die Bedeutung von (neuen) Wörtern erschließen zu können und sie durch sprachreflexive Betrachtungen in bereits bestehende Wissensstrukturen einordnen zu können.

Literaturhinweise

Aitchison, Jean 1997: Wörter im Kopf. Eine Einführung in das mentale Lexikon. Tübingen.

Apeltauer, Ernst 2014: Wortschatzentwicklung und Wortschatzarbeit. In: Bernt Ahrenholz/Ingelore Oomen-Welke (Hg.): Deutsch als Zweitsprache. Baltmannsweiler. 3. Auflage. S. 239–252.

Bangel, Melanie 2012: Was ist es? Spielerische Unterrichtsanregungen zum Erklären von Komposita. In: Praxis Deutsch. H. 233. S. 29 – 35.

Feilke, Helmuth 2009: Wörter und Wendungen. Basisartikel. In: Praxis Deutsch. H. 218. S. 4 –13.

Kühn, Peter 2007: Rezeptive und produktive Wortschatzkompetenzen. In: Heiner Willenberg (Hg.): Kompetenzhandbuch für den Deutschunterricht. Auf der empirischen Basis des DESI-Projekts. Baltmannsweiler. S. 159 –167.

Mudrak, Andreas 2009: Wortschatz und literarischer Stil. Naturschilderungen in Theodor Storms Novelle *Der Schimmelreiter* und anderen Erzähltexten. In: Praxis Deutsch. H. 218. S. 34 – 40.

Nippold, Marilyn A. 2007: Later Language Development. School-Age Children, Adolescents, and Young Adults. 3. Auflage. Austin, TX.

Praxis Deutsch 2009. Wörter und Wendungen, hg. von Helmuth Feilke. H. 218.

Praxis Deutsch 2012. Bildungssprache, hg. von Helmuth Feilke. H. 233.

Spiegel, Ute 2009: Wörter erkunden. Anregungen zur Wortschatzarbeit im frühen Deutschunterricht. In: Praxis Deutsch. H. 218. S. 14 –19.

Steinhoff, Thorsten 2009: Wortschatz – eine Schaltstelle für den schulischen Spracherwerb? Siegener Papiere zur Aneignung sprachlicher Strukturformen. H. 17.

Ulrich, Winfried 2011a: Bewusstmachung semantischer Strukturen des mentalen Lexikons und darauf aufbauender Wortschatzarbeit. In: Klaus-Michael Köpcke / Christina Noack (Hg.): Sprachliche Strukturen thematisieren. Sprachunterricht in Zeiten der Bildungsstandards. Baltmannsweiler. S. 178 –195

Ulrich, Winfried 2011b: Begriffsklärungen: Wort, Wortschatz, Wortschatzarbeit. In: Inge Pohl / Winfried Ulrich (Hg.): Deutschunterricht in Theorie und Praxis. Wortschatzarbeit. Baltmannsweiler. S. 29 – 45.

G 3 Inhaltswörter als Lerngegenstand: Form und Funktion

Doris Tophinke

Der Wortschatz wird in Inhaltswörter und Funktionswörter unterteilt, wobei den Inhaltswörtern die Nomen, Adjektive und Verben zugerechnet werden und den Funktionswörtern alle nichtflektierbaren Wörter sowie die Artikel und Pronomen. Diese Unterteilung basiert auf ihren semantischen Eigenschaften: So haben Funktionswörter eine schematische, grammatische Bedeutung, die sich nur im Satz- und Textkontext entfaltet (→ G 4). Inhaltswörter besitzen demgegenüber eine stärker selbstständige, lexikalische Bedeutung, die auch außerhalb eines Satzzusammenhangs bestimmt werden kann (Granzow-Emden 2014, S. 11). Sie entspricht dem „Wortkonzept" (Rickheit / Weiss / Eikmeyer 2010, S. 50 ff.), das die Inhaltswörter aufrufen. Aufgrund dieser Eigenschaften werden sie auch als „Autosemantika" bezeichnet (Böttcher 2009, S. 38).

Die Inhaltswortarten bilden offene Klassen. Es kommen neue Wörter hinzu, andere Wörter werden ungebräuchlich und gehen verloren. Den Hintergrund bilden sozio-kulturelle und technologische Entwicklungen, die die Bezeichnungsbedarfe verändern. Der Inhaltswortschatz spiegelt diese Entwicklungen (→ G 9). Gleichzeitig gilt, dass mit dem Wortschatzerwerb nicht nur Wortkenntnis entsteht, sondern lexikalisches Wissen als Teil des sozio-kulturellen Wissens (Dudenredaktion (Hg.) 2009, S. 1134).

Die Inhaltswörter lassen sich nicht strikt, sondern nur graduell von den Funktionswörtern abgrenzen. So besitzen die Inhaltswörter zwar eine stärker selbstständige, kontextunabhängige Bedeutung. Trotzdem bestimmt auch der Satzzusammenhang über ihre Bedeutung mit. Dies gilt besonders für Adjektive, deren Bedeutung je nach Nomen, das sie spezifizieren, variiert und sich deshalb nur in der Nominalgruppe bzw. im Satzkontext konkretisiert (vgl. *der kleine Elefant* vs. *die kleine Maus*). Außerdem gibt es Funktionswörter, die den Inhaltswörtern stark ähneln. Dies gilt etwa für Adverbien, die sich aus Inhaltswörtern entwickelt haben und bei denen die Semantik der Ursprungswörter noch nicht verblasst ist (*morgens, morgen, abends*). Adverbien werden deshalb teilweise zu den Inhaltswörtern gerechnet (Dudenredaktion (Hg.) 2009, S. 569).

Nomen

Nomen rufen als Wortkonzepte allgemeine Vorstellungen von Objekten (*Tisch, Stuhl*), Personen (*Frau, Junge*), Lebewesen (*Schnecke*) oder Prozessen (*Geschäftseröffnung, Bekanntmachung*) hervor. Lexikalisches Wissen zu besitzen und ein Wort zu kennen, bedeutet zu wissen, auf welche Klasse von Objekten, Personen, Lebewesen oder Sachverhalten sie sich beziehen. Im Satzzusammenhang ist ihre Funktion das Referieren. Es entsteht eine referenzielle Bedeutung, die das Gemeinte in einer realen oder fiktiven Wirklichkeit, auf die Bezug genommen wird, identifizierbar macht. Dieses Potenzial entfalten Nomen als Kern einer Nominalgruppe, und zwar im Zusammenspiel mit Artikelwörtern, quantifizierenden und spezifizierenden Elementen (*die zwei grünen Mäntel, sein gelber Pullover*). Flexionskategorien des Nomens sind Genus, Numerus und Kasus, wobei das Genus in der Regel fest ist. Während der Kasus v. a. die syntaktische Funktion markiert, liefert der Numerus semantische Informationen und zeigt ggf. an, dass es sich nicht um ein Einzelobjekt handelt. In semantischer Hinsicht lassen sich Konkreta (*Tisch, Buch*) und Abstrakta (*Glück, Sinn*) unterscheiden. Innerhalb der Konkreta können die Appellativa, die Gattungen bezeichnen (*Tisch, Blume*), und die Kollektiva, die sich auf Gruppen beziehen (*Herde, Mannschaft*), unterschieden werden. Eine weitere Gruppe bilden Stoffbezeichnungen (mass nouns), die nicht zählbare Stoffe benennen (*Reis, Mehl*) und die deshalb zumeist auch keine Pluralform besitzen. Eine besondere Gruppe bilden Namen, da sie sich auf Individuen beziehen (vgl. Nübling / Fahlbusch / Heuser 2012).

Verben

Die zentrale Aufgabe von Verben ist das Prädizieren. Sie machen Aussagen über Mitspieler (*Jörn schläft*) oder bringen mehrere Mitspieler – Personen, Lebewesen, Dinge – in einen prozessualen Zusammenhang (*Nadine liest ein Buch*). Darauf beruht ihre herausragende Rolle im Satz (vgl. Müller / Tophinke 2011, dies. 2015, Bredel / Töpler 2007, S. 865, Eisenberg 2013, S. 65 ff.). Als Prädikate verbinden sie sich bei der Satzbildung entsprechend ihrer Valenz mit referierenden Nominalgruppen, die die Mitspieler identifizieren. Diese Aufgabe leistet das Verb in Verbindung mit grammatischen Mitteln, der Flexion und den Funktionswörtern. Die Flexion etwa erzeugt Kongruenz zwischen dem Prädikat und dem Mitspieler, der als grammatisches Subjekt fungiert, und markiert so deren engen Bezug. Sie dient aber auch dem Temporalisieren und Modalisieren (*(sie) mach-t, (sie) mach-te, (sie) woll-e*). Adverbien (*gestern, heute, vielleicht*) und auch Modalverben (*er kann / möchte lesen*) unterstützen dies. Der Sachverhalt, den ein Satz darstellt, wird auf diese Weise mit grammatischen Mitteln zeitlich situiert und im Hinblick auf seinen Status als real, irreal, gewünscht, vermutet usw. markiert. Verben spielen auch beim Satzbau eine zentrale Rolle. Finite und infinite Verben, die zusammen das Prädikat bilden, oder das finite Verb und dessen trennbare Bestandteile bilden eine Verbalklammer (*Sie hat das Buch gelesen, Sie holt die Pakete ab*). Diese lässt Felder entstehen, in die die Wortgruppen des Satzes eingeordnet werden (vgl. Müller / Tophinke 2011).

Adjektive

Adjektive bilden eine Wortart, die in ihrer lexikalischen Semantik Eigenschaften oder Qualitäten von Phänomenen aufrufen. Sie beziehen sich stets auf etwas.

SPRACHE

Ihre Aufgaben im Satz bestehen einmal darin, den Referenten der Nominalgruppen (Personen, Lebewesen, Objekte, Sachverhalte ...) Eigenschaften zuzuweisen. In diesem Fall erscheinen sie als Attribut (*der neue Mantel*) und kongruieren mit dem Kopf der betreffenden Nominalgruppe in Genus, Kasus und Numerus. Auch haben sie eine feste Position in der Nominalgruppe, stehen zwischen Artikelwort und Nomen (vgl. Dudenredaktion (Hg.) 2009, S. 338). Zum anderen modifizieren sie den Prozess, den das Verb prädiziert, und haben dann adverbiale Funktion (*Der neue Bus fährt schnell/langsam/gut/ruhig*). Weiter können Adjektive in prädikativer Funktion erscheinen (*Der Bäcker ist nett/aufmerksam*). Sowohl in adverbialer als auch in prädikativer Funktion werden Adjektive nicht flektiert, können aber gesteigert werden (*Der Bäcker ist/singt besser*). Die Steigerbarkeit unterscheidet sie von den Adverbien, denen sie teilweise ähneln. Viele Adverbien sind von Adjektiven abgeleitet (*seltsamerweise, glücklicherweise, schnellstens*).

Sachverhalte mit Inhaltswörtern gestalten

Inhaltswörter beziehen sich auf Außersprachliches, und zwar jeweils in spezifischer Weise. Nomen referieren auf Gegenstände (*Tisch, Haus*), Lebewesen (*Tier, Mensch*) oder auch gedankliche Gegenstände (*Freude, Glück*). Verben machen Prozesse, d. h. Ereignisse oder Handlungen sprachlich präsent. Sie prädizieren diese Prozesse, d. h. schreiben sie Mitspielern zu (*Timo backt einen Kuchen, Sandra liest*). Adjektive sind auf Eigenschaften (*schnell, langsam, hell*) bezogen.

Die Inhaltswörter – Nomen, Verben, Adjektive – sind jedoch nicht einfach Bezeichnungen für außersprachliche Phänomene, sondern sie wirken selbst „gestaltend“ (Böttcher 2009, S. 37). Nomen machen Außersprachliches „dinghaft“, machen es zu einem „Etwas“ (Hentschel / Weydt 2013, S. 134). Verben gestalten Außersprachliches „prozesshaft“ (Bybee 2000, S. 795), Adjektive machen Außersprachliches zu „Qualitäten“. Im Falle von Nomen wie „Tisch“ und „Haus“ ist die Dinghaftigkeit schon in der außersprachlichen Wirklichkeit gegeben, in anderen Fällen aber keineswegs. Wenn es etwa darum geht, sprachlich darzustellen, dass sich Personen freuen, so bietet die deutsche Sprache mehrere Möglichkeiten: Möglich ist ein Satz, in dem das finite Verb als Prädikat diese Gegebenheit ausdrückt (*Sie freuen sich*), aber auch eine Konstruktion mit einem Nomen (*Sie haben Freude*). Schließlich lässt sich der Sachverhalt auch durch ein prädikatives Adjektiv ausdrücken (*Sie sind freudig*). Diese Konstruktionen sind einander semantisch ähnlich, aber die gewählte Inhaltswortart gestaltet das Phänomen jeweils etwas anders. Böttcher (2009, S. 37) spricht hier von einer „*Wortart*-Bedeutung“.

Wortbildung der Inhaltswörter

Dass es Wortbildungsverfahren wie die Konversion und die Derivation gibt (→ G 1), die sich auf Inhaltswortarten beziehen, findet vor diesem Hintergrund eine Erklärung. Die Wortbildungsverfahren erzeugen nicht nur neue Wörter und erweitern so den Wortschatz, sondern sie schaffen neue sprachliche Gestaltungsmöglichkeiten. Ein Nomen, das durch Konversion aus einem Infinitiv oder einem Verbstamm entsteht, bietet die Möglichkeit, einen Prozess in der Sprache zu einem Ding zu machen (*bauen* > *(das) Bauen, rufen* > *(der) Ruf*). Umgekehrt schaffen Verben wie „schälen", „wässern", „geigen", die von Nomen abgeleitet sind, die Möglichkeit, die Handlungen, die man mit den entsprechenden Objekten (Schale, Wasser, Geige) vollzieht, einer Person zuzuschreiben, d. h. diese Handlungen verbal zu prädizieren (*Timo schält/wässert/geigt*).

Ein nominalisiertes Adjektiv (*(die) Helligkeit, (das) Gelb*) macht eine Eigenschaft sprachlich zum Ding, auf das man sich beziehen kann (*Die Helligkeit blendet mich; das Grün ist schön*). Die Bildung von Nomen aus Adjektiven kann durch Konversion (*grün* > *(das) Grün*) oder durch Derivation (*dunkel* > *(die) Dunkelheit*) erfolgen. Auch Verben lassen sich aus Adjektiven bilden (*begrünen, verschönern, aufhübschen, aufhellen, trocknen*). Diese Verben benennen den Prozess, der eine bestimmte Eigenschaft hervorruft oder verstärkt (*Die Blumen verschönern den Park*).

Inhaltswörter im Unterricht

Der schulische Zugang zu den Inhaltswortarten ist zumeist semantisch bestimmt. Das liegt nahe, jedoch gibt es viele Fallstricke. So können Handlungen und Ereignisse eben nicht nur durch Verben, sondern auch durch Nomen (*(das) Rascheln, (das) Schreiben*) ausgedrückt werden. Es ist deshalb notwendig, im Unterricht formale Operationen zur Identifizierung von Nomen, Verben und Adjektiven anzubieten: Nomen lassen sich etwa leicht erkennen, wenn man überprüft, ob sich ein Adjektivattribut ergänzen lässt. Bei Verben kann man mit der Du-Probe arbeiten (vgl. Bredel 2007, S. 263). Im Falle der Adjektive lässt sich prüfen, ob das betreffende Wort steigerbar ist.

Unterricht sollte aber über ein reines Identifizieren der Inhaltswortarten, das „tote[s] Kategorisierungswissen" (Hoffmann 2007, S. 936) erzeugt, hinausgehen. Es ist ein Verständnis für die Funktionalität von Wortarten zu entwickeln. Dazu ist es sinnvoll, sich den Wortarten vom Schreiben her zu nähern, wie es im Ansatz des Grammatischen Lernens (vgl. Feilke/Tophinke 2016) geschieht. Dies kann im Rahmen der Suche nach guten Formulierungen geschehen, etwa bei der Suche nach Verben, die ein Geschehen präzise fassen lassen, oder nach Adjektiven, die beim Beschreiben hilfreich sind. Eine weitergehende und vertiefte Thematisierung von Inhaltswörtern, die auch ein Verständnis für ihre spezifische Funktionalität und ihr Zusammenwirken bei der Satzbildung weckt, kann darauf aufbauen. Die Möglichkeiten sind vielfältig. Es lassen sich morphologische, syntaktische oder semantische Aspekte in den Blick nehmen: die Nominal- und Verbalflexion, die Wortbildung, der Aufbau der Nominalgruppe oder die Rolle von Verben im Satz. Ausgehend von Schreibaufgaben, erhält die Auseinandersetzung mit Inhaltswortarten auf diese Weise eine praktische Fundierung, was dazu beitragen mag, dass auch ein stärker systematisierendes grammatisches Wissen auf die eigene Sprachpraxis bezogen und für das eigene Schreiben produktiv werden kann.

Literaturhinweise

Böttcher, Wolfgang 2009: Grammatik verstehen. Bd. 1: Wort. Tübingen.
Bredel, Ursula 2007: Sprachbetrachtung und Grammatikunterricht. Paderborn.
Bredel, Ursula / Cäcilia Töpler 2007: Das Verb. In: Ludger Hoffmann (Hg.): Handbuch der Wortarten. Berlin u. a. S. 823 - 901.
Bybee, Joan 2000: Verb. In: Geert Booij / Christian Lehmann / Joachim Mugdan (Hg.): Morphologie. Ein internationales Handbuch zur Flexion und Wortbildung. Berlin u. a. S. 794 - 808.
Dudenredaktion (Hg.) 2009: Die Grammatik. Mannheim u. a.
Eisenberg, Peter 2013: Grundriss der deutschen Grammatik. Bd. 2: Der Satz. Stuttgart.
Feilke, Helmuth / Doris Tophinke 2016: Grammatisches Lernen. In: Praxis Deutsch. H. 256. S. 4 -13.
Granzow-Emden, Matthias 2014: Deutsche Grammatik verstehen und unterrichten. 2. Auflage. Tübingen.
Hentschel, Elke / Harald Weydt 2013: Handbuch der deutschen Grammatik. 4. Auflage. Berlin.
Hoffmann, Ludger 2007: Didaktik der Wortarten. In: Ders. (Hg.): Deutsche Wortarten. Berlin.
Müller, Astrid / Doris Tophinke 2011: Verben in Sätzen. In: Praxis Deutsch. H. 226. S. 4 -11.
Müller, Astrid / Doris Tophinke 2015: Verben als Lerngegenstand in der Sekundarstufe I: Was wissen Schülerinnen und Schüler - und was können sie wissen? In: Birgit Mesch / Björn Rothstein (Hg.): Was tun mit dem Verb. Über die Möglichkeit und Notwendigkeit der didaktischen Neuerschließung des Verbs. Berlin. S. 45 - 78.
Nübling, Damaris / Fabian Fahlbusch / Rita Heuser 2012: Namen. Tübingen.
Rickheit, Gert / Sabine Weiss / Hans-Jürgen Eikmeyer 2010: Kognitive Linguistik. Tübingen.

G 4 Funktionswörter als Lerngegenstand: Formen und Funktionen

Doris Tophinke

Betrachtet man den Wortschatz einer Sprache, so lassen sich grob zwei Gruppen unterscheiden. Die eine Gruppe bilden die Inhaltswortarten, denen Substantive, Verben und Adjektive zugerechnet werden (→ G 3), und die andere Gruppe die Funktionswortarten, zu denen Pronomen, Artikel, Konjunktionen, Subjunktionen, Präpositionen, Adverbien und Partikeln gehören (vgl. Tophinke 2013). Inhaltswörter besitzen eine stärker kontextunabhängige, lexikalische Bedeutung, Funktionswörter besitzen eine stärker grammatische Bedeutung, die sich im Satzkontext entfaltet. Eine strikte Unterscheidung ist nicht möglich. Funktionswörter haben in ihrer grammatischen Funktion und Bedeutung Gemeinsamkeiten mit Flexions- und Wortbildungselementen. So lässt sich zu dem Satz *Ich steige auf den Turm* eine Formulierungsalternative ohne Präposition, aber mit abgeleitetem Verb finden (*Ich besteige den Turm*). Funktionswörter sind in diesem Sinne im Schnittbereich von Wortschatz und Grammatik zu verorten (vgl. Abb. 5).

Wortschatz
Inhaltswörter
Hund, Sommer, schreiben ...

Funktionswörter
flektierbar
Artikelwort: der/mein/dieser Tisch ist neu
Pronomen: der/er/dieser ist neu
nicht flektierbar
Präposition: auf/unter dem Tisch
Konjunktion: aber/und/denn er ist neu
Subjunktion: ..., weil/da er neu ist
Adverb: hier/dort/da steht der Tisch
Partikel: er ist wohl/aber neu

Grammatik
Flexionselemente
Worbildungselemente
Flexion: *-te, -e, ...*
Wortbildung: *be-, -bar, -keit ...*

Abb. 5: Funktionswörter zwischen Wortschatz und Grammatik

Die grammatische Bedeutung der verschiedenen Funktionswortarten besteht in der spezifischen Funktion, die sie im Satz- und Textkontext erfüllen (vgl. Tophinke 2013). Die nichtflektierbaren Funktionswortarten (Präposition, Adverb, Konjunktion, Subjunktion, Partikel) dienen ganz allgemein dazu, semantische Beziehungen herzustellen. Sie wirken relationierend: Präpositionen stellen Zeit- und Raumrelationen her (das Regal *neben/hinter/an der Tür, der Spaziergang nach dem Essen*). Konjunktionen und Subjunktionen setzen Sachverhalte in eine semantische Beziehung, wobei dies bei den Konjunktionen nebenordnend (*Ich trage eine Mütze. Denn es ist kalt*), bei den Subjunktionen unterordnend geschieht (*Ich trage eine Mütze, weil es kalt ist*). Die flektierbaren Funktionswörter teilen die

Eigenschaft, dass sie verweisende Aufgaben erfüllen. Sie unterstützen die „Referenzrezeption“ (Rickheit / Weiss / Eikmeyer 2010, S. 75) und zeigen den Bezug von Nominalgruppen an. Die Funktionswortarten tragen in ihrer Funktionalität in jeweils spezifischer Weise zur Satz- und Textbildung bei.

Funktionen im Satz

Die einzelnen Funktionswortarten haben jeweils spezifische Funktionen im Satz. Artikel stützen die Referenzrezeption, indem sie in der Nominalgruppe anzeigen, ob es um ein neues oder um ein bekanntes bzw. vorerwähntes Bezugsobjekt geht (Hoffmann 2013, S. 112, Böttcher 2009, S. 80 f.). Der unbestimmte Artikel signalisiert, dass es ein neu eingeführtes Referenzobjekt ist. Der bestimmte Artikel zeigt demgegenüber an, dass das Referenzobjekt in der Situation oder allgemein bekannt ist (*[Das Buch] habe ich schon gelesen*). Auch liefern sie Kasusinformationen, die Subjekt und Objekt(e) erfassen lassen.

Adverbien und Präpositionalgruppen dienen der räumlichen und zeitlichen Spezifizierung, machen Angaben zum „Wo“, „Wann“, „Wie“, „Warum“ usw. Dies kann sich in adverbialer Funktion auf den Prozess, den das Verb ausdrückt, beziehen (*Timo spielt dort/im Garten*) oder in attributiver Funktion auf die Mitspieler des Verbs (*Das Fest gestern/am Samstag war sehr schön*).

Auch Partikeln spielen eine wichtige Rolle im Satz. Sie sind keineswegs redundant (vgl. Dudenredaktion (Hg.) 2009, S. 594 ff.). Abtönungspartikeln „relativieren“ und bringen die Einstellungen von Sprecherin und Sprecher bzw. Schreiberin und Schreiber ins Spiel (*Das ist wirklich unglaublich*). Auch Gradpartikeln, die die besondere Intensität von Eigenschaften anzeigen, drücken oft ebenfalls eine Einstellung aus (*Das ist echt/wirklich/aber interessant*). Fokuspartikeln lenken die Aufmerksamkeit auf Satzelemente, neben denen sie platziert werden (*Sogar das Wetter war gut, wir haben sogar getanzt*). Die gesprochene Sprache kennt spezielle Gesprächspartikeln (vgl. Schwitalla 2002).

Funktionen im Text

Funktionswortarten besitzen aber auch textbildende und textorganisierende Funktionen (Tophinke 2013). Textbildende Funktion erfüllen sie dort, wo sie dazu beitragen, dass aus einer Satzfolge ein Text wird. Textbildung geschieht entweder durch Satzverknüpfung oder durch Verweisen auf vorangehende oder folgende Sätze. Konjunktionen sind reine Satzverknüpfer, die eine semantische Beziehung zwischen Sachverhalten herstellen (*Es ist warm und die Sonne scheint*). Pronomen wirken textbildend, indem sie vor- oder zurückverweisen (*Hanna hat eine Tasche bekommen. Sie hat sich sehr gefreut*).

Adverbien haben teils verweisende, teils verknüpfende Funktion. Es lassen sich verweisende (Pro-Adverbien) und verknüpfende Adverbien unterscheiden. Verweisende Adverbien ähneln den Pronomen. Sie beziehen sich auf (Zeit-)Räume, Zeitpunkte, Orte oder auch auf Objekte, die im vorhergehenden oder im nachfolgenden Satz benannt werden (*Wir waren in Italien. Dort/da war es schön*). Adverbien können aber auch als Verknüpfer dienen und wie die Konjunktionen eine semantische Beziehung (kausal, konditional, temporal, ...) herstellen (*Es regnet stark. Deshalb nehmen wir den Bus*).

Neben dem textbildenden Verweisen und Verknüpfen dienen Funktionswörter auch der Textorganisation. Ihr Geltungsbereich reicht dann auch über die Satzfolge hinaus, umfasst Absätze oder den Text insgesamt. Dies gilt etwa für Adverbien wie „erstens", „zweitens", „drittens", die die inhaltliche Gliederung des Textes verdeutlichen. Sie werden auch als „Textadverbien" (Dudenredaktion (Hg.) 2009, S. 573) bezeichnet und spielen vor allem in der Schriftlichkeit eine zentrale Rolle.

Funktionswörter im Sprachvergleich

Funktionswörter sind für das Funktionieren der Sprache(n) unerlässlich. Alle Sprachen der Welt besitzen Funktionswörter, wobei sich Anzahl und Art der Funktionswörter von Sprache zu Sprache unterscheiden. Hier eröffnen sich Möglichkeiten für den Sprachvergleich. Im Türkischen etwa werden zeitliche und räumliche Situierungen zumeist nicht durch Präpositionen, sondern durch eine spezielle Kasusendung (*-da*), eine Lokativendung, die „befindlich an dem Ort" bedeutet, ausgedrückt *tiyatroda* (im Theater), *suda* (im Wasser) (vgl. Hoffmann 2013, S. 561). Dies erklärt die Unsicherheiten, die Schülerinnen und Schüler mit der Erstsprache Türkisch zeigen können. Hier bedarf es spezifischer Angebote, die die Grammatik der Präpositionen im Deutschen erfassen lassen.

Entstehen von Funktionswörtern

Funktionswortarten gibt es schon in den Texten, die zu Beginn der schriftlichen Überlieferung des Deutschen im 8. Jahrhundert entstehen. Die Anzahl der Funktionswortarten sowie die Funktionswörter, die den Funktionswortarten angehören, ist allerdings geringer als in der Gegenwart, und die Funktionswortarten lassen sich weniger gut unterscheiden. Zudem sind die Funktionswörter teilweise noch mehrdeutig. Das althochdeutsche Wort *thanne* etwa – der Vorläufer unseres Temporaladverbs *dann* – kann im Althochdeutschen *deswegen, denn* oder *aber* bedeuten (Schützeichel 2012, S. 67). Definiter und indefiniter Artikel sowie auch Subjunktionen entstehen erst im weiteren Verlauf der Sprachgeschichte (Szczepaniak 2009). Neue Funktionswörter entwickeln sich aus Wörtern, die schon existieren (Tophinke 2013, S. 6). Dies geschieht durch „Grammatikalisierung" (Diewald 2000, Szczepaniak 2009, Nübling / Dammel / Duke et al. 2013, S. 271 ff.): Sie verlieren ihre lexikalische Bedeutung und ihre formalen Eigenschaften (z. B. die Flektierbarkeit) und nehmen eine grammatische Bedeutung an. So ist das Indefinitpronomen *man* aus dem Substantiv *Mann* entstanden, das Adverb *weg* geht auf das Substantiv *Weg* zurück. Der Grammatikalisierungsprozess lässt sich zumeist gut rekonstruieren und erklären, so etwa für das Adverb *weg*: Die Ausgangsform ist hier nicht das Substantiv allein, sondern die Präpositionalgruppe *in weg* („auf dem Weg"). Ist jemand „auf dem Weg", so ist er nicht mehr anwesend. Die Präpositionalgruppe *in weg* verschmilzt zunächst zur Form *enweg*, die im Weiteren dann zu *weg* gekürzt wird.

Grammatisches Lernen

Unterrichtliche Angebote, die darauf zielen, Funktionswortarten nur zu identifizieren und zu benennen, sind problematisch. Denn sie erreichen die Schülerinnen und Schüler kaum: Weder verbessert sich so ihr Können, noch entwickeln sie ein Verständnis dafür, was Funktionswörter in Satz und Text leisten. Sinnvoll sind unterrichtliche Angebote, die Möglichkeiten bieten, Funktionswörter in ihrer Funktionalität in Handlungskontexten wie dem Erzählen, Berichten, Argumentieren kennenzulernen. Im Sinne des grammatischen Lernens (vgl. Feilke / Tophinke 2016) ist die Praxis des Lesens und Schreibens ein geeigneter Ausgangspunkt. Beim Arbeiten an einem Bericht, an einer Erzählung oder etwa an einem argumentativen Text kann durch entsprechende unterrichtliche Verfahren eine erste Sprachaufmerksamkeit für solche Funktionswörter entstehen, die für diese Texthandlungen wichtig sind. Dieses Verfahren bietet sich im Falle der Funktionswörter ganz besonders an. Denn Texthandlungen, wie das Argumentieren, Erzählen, Berichten, sind durch spezifische Funktionswörter und Funktionswortkonstruktionen gekennzeichnet. Das Herstellen von Aufmerksamkeit für diese Funktionswörter führt gleichzeitig in das Schreiben hinein, denn es macht Formulierungsmuster verfügbar, mit denen sich die Texthandlungen realisieren lassen.

In argumentativen Texten dienen Adverbien wie *einerseits / andererseits* oder *zum einen / zum anderen* dazu, Argumente vorzubringen und abzuwägen. In erzählenden Texten finden sich viele Funktionswörter, die die zeitliche Relation der Ereignisse und Handlungen darstellen, etwa Temporaladverbien wie *danach, zuvor, dann,* aber auch temporale Subjunktionen (*nachdem, als*). Bei räumlichen Verortungen, wie sie in Beschreibungen vorkommen, sind Präpositionen unerlässlich (*hinter der Kirche / an der Schule muss man rechts abbiegen*). Auch bei der Bildbeschreibung werden sie benötigt, um die Position einzelner Bildelemente in Relation zu anderen Bildelementen zu verdeutlichen (*Die Figur befindet sich oberhalb / unterhalb / rechts / innerhalb der zentralen Figur*).

Angebote, die es den Schülerinnen und Schülern erlauben, die satz- und textbezogenen Gestaltungsmöglichkeiten, die Funktionswörter bieten, kennenzulernen und zu erproben, zielen darauf, das grammatische Können zu entwickeln. Es geht noch nicht um grammatisches Wissen (vgl. Feilke / Tophinke 2016). Um den Aufbau grammatischen Wissens über die Funktionswörter kann es dann im Rahmen einer weitergehenden Auseinandersetzung gehen, die sich unabhängig von der Praxis des Schreibens und Lesens den Funktionswörtern zuwendet und auf grammatische Systematisierung und metasprachliche Begriffsbildung zielt. Ihr Ort ist der Grammatikunterricht in den Sekundarstufen I und II. Dabei ist es auch im Rahmen einer stärker systematisierenden Betrachtung der Funktionswörter wichtig, diese „in Funktion", d. h. im Satz- und Textkontext, zu betrachten. Denn nur dann kann die Funktionalität der Funktionswörter erfasst werden und sich ein echtes grammatisches Verständnis entwickeln.

Literaturhinweise

Böttcher, Wolfgang 2009: Grammatik verstehen. Bd. 1: Wort. Tübingen.
Diewald, Gabriele 2000: Grammatikalisierung. Wie entsteht die Grammatik? Sprachwandel – Vom Sprechen zur Sprache. In: Der Deutschunterricht. H. 52 (3). S. 28 – 40.
Dudenredaktion (Hg.) 2009: Die Grammatik. Mannheim u. a.
Feilke, Helmuth / Doris Tophinke 2016: Grammatisches Lernen. In: Praxis Deutsch. H. 256. S. 4 – 13.
Hoffmann, Ludger 2013: Deutsche Grammatik. Grundlagen für Lehrerausbildung, Schule, Deutsch als Zweitsprache und Deutsch als Fremdsprache. Berlin.
Nübling, Damaris / Antje Dammel / Janet Duke / Renata Szczepaniak 2013: Historische Sprachwissenschaft des Deutschen. Eine Einführung in die Prinzipien des Sprachwandels. 3. Auflage. Tübingen.
Rickheit, Gert / Sabine Weiss / Hans-Jürgen Eikmeyer 2010: Kognitive Linguistik. Tübingen.
Schützeichel, Rudolf 2012: Althochdeutsches Wörterbuch. 7. Auflage. Berlin.
Schwitalla, Johannes 2002: Kleine Wörter. In: Jürgen Dittmann / Claudia Schmidt (Hg.): Über Wörter. Grundkurs Linguistik. Freiburg i. Br. S. 259 – 282.
Szczepaniak, Renata 2009: Grammatikalisierung im Deutschen. Tübingen.
Tophinke, Doris 2013: Kleine Wörter. In: Praxis Deutsch. H. 238. S. 4 – 14.

G 5 Wortgruppen und Sätze als Lerngegenstand: Form und Funktion

Ann Peyer

Verschiedene Perspektiven auf Sätze

Sind Sätze interessant?

> Ich finde Sätze sehr interessant. Man kann damit Bilder erstellen, die es gar nicht gibt. [...]. Man hat völlige Freiheit beim Schreiben. Es tun sich Welten, die man beim Lesen erlebt, auf, die man in Wirklichkeit nie erleben kann. Und das finde ich sehr spannend. (Sarah, 16)
>
> Sätze sind interessant!!! Sie vermitteln uns allerhand von Dingen, die uns andere Mitmenschen mitteilen wollen. Sie können uns glücklich oder traurig machen, uns trösten, erniedrigen und vieles mehr [...]. (Marianne, 16)
>
> Komische Frage. Der Sinn des Satzes kann interessant sein, die Grammatik weniger (Geschmackssache). (Adi, 16)
>
> Ein Satz (→ einfacher Satz oder → Satzgefüge) ist sowohl ein hierarchisches als auch ein lineares Gebilde, das eine illokutive Bedeutung hat. „Hierarchisch" bedeutet, dass im Zentrum des Satzes das Prädikat steht, das mindestens ein Verb enthalten muss. [...] Das Vollverb des → Prädikats legt die im aktuellen Kontext geforderten Ergänzungen fest (→ Valenz). „Linear" bedeutet, dass die Anordnung der Bestandteile des Satzes (→ Konstituente) bestimmten Regeln folgt (→ Feldermodell).
>
> Grammatische Terminologie 2013, Terminus 1.1

Der Satz ist eine zentrale Einheit für die Beschreibung sprachlicher Strukturen und zentral für sprachliches Handeln: informieren, fragen, argumentieren, andere beeinflussen – all das können wir mit Sätzen tun. Die Definition greift beide Aspekte auf, die Jugendlichen (s. o.) dagegen interessiert die inhaltliche und handlungsbezogene Seite von Sätzen (vgl. Peyer 1998). Etwas aufgefächert, lässt sich die Einheit Satz unter folgenden Gesichtspunkten untersuchen (vgl. Peyer 2011, S. 15).

Sätze als hierarchisch strukturierte Einheit

Die hierarchische Struktur des Satzes erschließt sich vom Verb / Prädikat aus. Jedes Verb hat eine bestimmte Valenz, d. h. es eröffnet Leerstellen für Ergänzungen (i. W. Objekte) in einer bestimmten Form. Weitere Satzglieder (sogenannte Angaben) können dazukommen, um die Inhalte auszudifferenzieren (vgl. Müller / Tophinke 2011, Peyer 2011). Jedes dieser Satzglieder kann durch Attribute erweitert werden, sodass sich auch sogenannte einfache Sätze mit nur einem Verb als Zentrum großzügig ausbauen lassen (vgl. Peyer 2011).

Du / hast / unseren Gästen / die Stadt / gezeigt.
Gestern nach ihrer Ankunft am späten Vormittag/ **hast / du / unseren** *lieben, reiselustigen* **Gästen** *aus Ungarn/ bei einem gemütlichen Spaziergang entlang dem Fluss/* **die** *pittoreske* **Stadt** *mit ihren frisch restaurierten, hübschen Fachwerkhäusern/* **gezeigt**.

Das Verb und seine Valenz können Schülerinnen und Schüler auch ohne abstrakte Analyse von Satzgliedbeziehungen erforschen; sie gewinnen dabei „wichtige Einsichten in den Aufbau von Sätzen" (Müller / Tophinke 2011, S. 4). Wenn wir die hierarchische Struktur untersuchen, haben wir jedoch nur einen einzelnen, isolierten Satz im Blick. Lesen oder schreiben wir Sätze in Texten, sehen wir zuerst nicht diese Struktur, sondern eine Anreihung von Wörtern.

Sätze als lineare Einheit

Deutsch gehört zu den Sprachen, die einen gewissen Spielraum für die Reihenfolge der Satzglieder kennen. Verbformen sind oft zweiteilig, sodass die sogenannte Verbalklammer den Raum absteckt für Vorfeld, Mittel- und Nachfeld (vgl. Müller / Peyer 2013). Für die Besetzung der Felder, v. a. für die Reihenfolge der Wortgruppen / Satzglieder im Mittelfeld, gibt es Regularitäten: So steht das Thema (unakzentuiert) vor dem Rhema (akzentuiert), kürzere Satzglieder stehen vor längeren, Adverbiale der Zeit vor solchen des Ortes etc.

Feldermodell (nach Müller / Peyer 2013, S. 10)

	Vorfeld (VF)	Linke Klammer (LK)	Mittelfeld (MF)	Rechte Klammer (RK)	Nachfeld (NF)
1	Du	hast	gestern beim Konzert in der Sporthalle ganz wunderbar	gesungen.	
2	Beim letzten Lied	konnten	fast alle	mitsingen,	weil es ein bekannter Hit ist.
3	Dass du so viel Talent hast,	beeindruckt	mich immer wieder.		

Grundstruktur im Aussagesatz	Gestaltungsmöglichkeiten
Verbklammer; LK an zweiter Stelle	Bei mehrteiligen Verbformen sind LK und RK (1, 2) besetzt, bei einfachen Verbformen ist nur die LK besetzt (3).
VF: muss mit (nur) einem Satzglied besetzt sein	Das Vorfeld ist häufig mit dem Subjekt besetzt (1), es kann aber auch (nur) ein anderes Satzglied im Vorfeld stehen (2); im VF können auch Nebensätze stehen (3)

SPRACHE

NF: oft nicht besetzt, nicht mehr als ein Satzglied	Wenn das Nachfeld besetzt ist, steht dort häufig ein langes und/oder inhaltlich wichtiges Satzglied. Oft finden sich im Nachfeld Nebensätze (2).
MF: enthält beliebig viele Satzglieder; dabei gibt es für die Anordnung grundlegende Tendenzen.	Im Mittelfeld besteht etwas Spielraum bei der Reihenfolge der Satzglieder (u.a. kommunikative Gewichtung).

Insbesondere Schülerinnen und Schüler mit Deutsch als Zweitsprache müssen in diesem Bereich intensiv üben und Rückmeldungen bekommen, da das Zusammenspiel der Regeln komplex ist und vieles „nach Gefühl" konstruiert wird (Müller / Peyer 2013).

Das topologische Satzmodell oder Feldermodell dient auch zur Beschreibung von Sätzen, die eine andere Struktur haben als die sehr häufigen Verbzweitsätze; diese Varianten werden sinnvollerweise neutral aufgrund der Stellung des finiten Verbs als Verberst-, Verbzweitsatz und Verbletztsatz bezeichnet, nicht nach ihrer typischen kommunikativen Funktion, Frage, Befehl, Aussage oder Nebensatz (vgl. Müller / Tophinke 2011, Peyer 2011).

Sätze als Einheit des Handelns

Sätze übernehmen bestimmte illokutive Funktionen beim sprachlichen Handeln, was sich wiederum auf ihre Struktur auswirken kann. Wichtig ist, v. a. bei gesprochener Sprache, zu trennen zwischen Satz als struktureller Einheit und Äußerung als kommunikativer Einheit. Äußerungen können, müssen aber nicht, die Form von Sätzen haben, und es ist oft angemessen, nicht mit ganzen Sätzen zu handeln, z. B. zu fragen oder zu antworten. Äußerungen sind jedoch häufig Sätze, und es gibt typische Zuordnungen zwischen Satzstruktur und kommunikativer Funktion. So ist ein Verberstsatz oft eine Entscheidungsfrage (Ja-Nein-Frage), ein Verbletztsatz (eingeleitet mit Konjunktion oder Pronomen) ein Nebensatz etc. Abweichungen sind jedoch möglich, formal korrekt und kommunikativ unproblematisch (vgl. Peyer 2011).

Einfache und zusammengesetzte Sätze

Zu unserem sprachlichen Alltag gehören auch zusammengesetzte Sätze wie: *Peter hat sich wahrscheinlich erkältet, denn er hustet dauernd. Er nimmt Tabletten, die rezeptfrei erhältlich sind. Wenn es schlimmer wird, muss er zum Arzt gehen.*

Werden zwei Teilsätze, die syntaktisch und illokutiv selbstständig sind, kombiniert, sprechen wir von einer Satzverbindung. Besteht dagegen eine Abhängigkeit, resp. sind die Teilsätze strukturell nicht selbständig und bilden sie zusammen eine einzige illokutive Einheit, handelt es sich um ein Satzgefüge aus Haupt- und Nebensatz. Dabei ist der Nebensatz meist ein Satzglied des Hauptsatzes, formal ist er meist ein Verbletztsatz. Entsprechend lassen sich Nebensätze nach ihrer Form und ihrer Satzgliedfunktion klassifizieren; bei Adverbialsätzen wird zudem der Inhalt der Beziehung bestimmt: temporal, konditional, kausal etc. (vgl. Peyer 2011). Die begriffliche Bestimmung von Nebensätzen ist anspruchsvoll und im Unterricht selten sinnvoll. Wichtiger ist es, dass Schülerinnen und Schüler ihr Repertoire an Nebensatzmustern beim Schreiben und Lesen auf- und ausbauen und dass sie, je nach Textsorte, auch anhand von Mustern Nebensätze für die Textgestaltung nutzen (vgl. ebd.).

Sätze schreiben und lesen: Grammatik lernen und grammatisches Lernen

Die schulische Tradition im Umgang mit Sätzen ist problematisch: Erstens wird häufig nur der Hierarchie-Aspekt aufgegriffen: Satzglieder werden bestimmt nach Form und Funktion im Verhältnis zum Verb (z. B. adverbiale Präpositionalgruppe, Akkusativobjekt etc.), ohne dass dabei die besondere Rolle des Verbs herausgearbeitet wird. Mit den sogenannten Satzarten wird zwar der Handlungsaspekt thematisiert, aber oft nur formal und ohne Differenzierung – begrifflich erfasst wird also nur ein Teil dessen, was an der Einheit Satz wichtig ist.

Zweitens zeigen Leistungsvergleiche, dass nicht nur Fachbegriffe generell, sondern vor allem das eher abstrakte Satzglieder-Konzept viele Schülerinnen und Schüler überfordert (vgl. Oomen-Welke / Bremerich-Vos 2014). Dagegen kann man nachweisen, dass sich Schreibleistungen verbessern, wenn die Schülerinnen und Schüler in konkreten Schreibprojekten dabei unterstützt werden, gezielt auf syntaktische Strukturen zu achten und ihr Repertoire auch mit Hilfe von Mustern auszubauen (Klotz 1996, Myhill et al. 2012).

Das spricht dafür, dass Kinder sich vor allem handelnd bewusst mit Sätzen befassen sollen, damit sie früh lernen, Sätze vielfältig zu strukturieren und die Verbalklammer inkl. Felderstruktur bewusst wahrzunehmen, v. a. wenn sie Deutsch als Zweitsprache lernen. Gezielt erarbeiten müssen sie Strukturen, wie sie typisch sind für konzeptionelle Schriftlichkeit, die ja u. a. durch komplexere Syntax und spezifische Konnektoren gekennzeichnet ist (→ G 11). Dies lernen Kinder aber nicht über die begriffliche Analyse von (isolierten) Sätzen, sondern indem sie eigene Texte gezielt mit dem Fokus auf den Satz überarbeiten (div. Modelle in Praxis Deutsch 1998, 2002, 2011, 2013, Peyer 2011, AB 7 – 13). Gezielte Übungen vermitteln ihnen Sicherheit im Umgang mit Strukturen wie dem Satzglied (zuerst ohne Benennung), sind jedoch kein Selbstzweck (vgl. Peyer 2011, AB 2 – 6, 16 – 48).

Sätze spielen auch beim Lesen eine Rolle: fortlaufend wird die lokale (wort- und satzbezogene) und die globale (absatz- und textbezogene) inhaltliche Kohärenz hergestellt. Geübte Lesende tun dies automatisiert, jüngere und schwächere jedoch brauchen Unterstützung, um flüssig zu lesen und den Inhalt eines Texts zu verstehen. Beim Lesen setzen sich Schülerinnen und Schüler demnach immer, wenn auch nicht immer bewusst, mit der Einheit Satz auseinander; ein Signal dafür ist beim Vorlesen die Leseflüssigkeit, v. a. Segmentierungsfähigkeit und Betonung (vgl. Rosebrock / Nix / Rieckmann et al. 2011). Bei anspruchsvollen fachsprachlichen oder literarischen Texten kann die Gestaltung der Sätze thematisiert werden, sei es mit Strategien zum Verstehen, z. B. im Umgang mit langen

Satzgliedern, Nominalisierungen oder spezifischen Konnektoren, sei es mit einem Fokus auf die Wirkung von Sätzen in Texten (vgl. Lischeid 2014, Gschwend 2013, Mudrak 2013, Gschwend / Peyer 1998).

Bei diesem Zugang zu Grammatik, verbunden mit Schreiben und Lesen, erwerben Schülerinnen und Schüler die nötigen Operationen und Fachbegriffe (→ G Überblicksbeitrag, vgl. Feilke / Tophinke 2016), ihr Wissen ist jedoch nicht nur deklarativ, sondern auch prozedural und problemlösend (vgl. Ossner 2006), und Sprachwissen wird verbunden zu Sprachbewusstheit.

Für das grammatische Curriculum folgt daraus, dass Sätze und Wortgruppen schon früh Thema sind, dass aber die spezifischen Fachbegriffe und abstraktere Fragestellungen deutlich später angesetzt werden (vgl. Müller / Tophinke 2011, Peyer 2011). So kann das grundsätzliche Interesse, das Schülerinnen und Schüler für Sätze aufbringen, erhalten und ausdifferenziert werden.

Literaturhinweise

Feilke, Helmuth / Doris Tophinke 2016: Grammatisches Lernen. In: Praxis Deutsch. H. 256. S. 4 – 11.

Grammatische Terminologie 2013. In: http://www.grammatischeterminologie.de/dateien/Grammatische_Terminologie_Einfacher_Satz_2013.pdf, recherchiert am 13. 10. 2016.

Gschwend, Ruth / Ann Peyer 1998: Sätze zum Frühstück. In: Praxis Deutsch H. 147. S. 42 – 46.

Gschwend, Ruth 2013: Wieso erzählt der so? Sätze untersuchen im Jugendroman „Tschick". In: Praxis Deutsch. H. 242. S. 35 – 41.

Klotz, Peter 1996: Grammatische Wege zur Textgestaltungskompetenz. Theorie und Empirie. Tübingen.

Lischeid, Thomas 2014: Grammatische Sprachreflexion und elaboriertes Textverstehen. In: Hildegard Gornik (Hg.): Sprachreflexion und Grammatikunterricht. Baltmannsweiler. 2. Auflage. S. 282 – 298.

Mudrak, Andreas 2013: Der Einstieg in die fiktionale Welt. Satzgestaltung in literarischen Erzähleingängen. In: Praxis Deutsch. H. 242. S. 50 – 59.

Müller, Astrid / Doris Tophinke 2011: Verben in Sätzen. In: Praxis Deutsch. H. 226. S. 4 – 11.

Müller, Astrid / Ann Peyer 2013: Sätze gestalten. In: Praxis Deutsch. H. 242. S. 4 – 13.

Myhill, Debra A. / Susan Jones / Helen Lines / Annabel Watson 2012: Re-thinking Grammar: the Impact of Embedded Grammar Teaching on Students' Writing and Students' Metalinguistic Understanding. In: Research Papers in Education. 27(2). S. 139 – 166.

Oomen-Welke, Ingelore / Albert Bremerich-Vos 2014: Sprache und Sprachgebrauch untersuchen. In: Ulrike Behrens / Albert Bremerich-Vos / Michael Krelle / Katrin Böhme / Susanne Hunger (Hg.): Bildungsstandards Deutsch: Konkret. Sekundarstufe I: Aufgabenbeispiele, Unterrichtsanregungen, Fortbildungsideen. Berlin. S. 215 – 246.

Ossner, Jakob 2006: Kompetenzen und Kompetenzmodelle. In: Didaktik Deutsch. H. 21. S. 5 – 19.

Peyer, Ann 1998: Sätze. In: Praxis Deutsch. H. 147. S. 12 – 22.

Peyer, Ann 2011: Sätze untersuchen. Lernorientierte Sprachreflexion und grammatisches Wissen. Seelze.

Praxis Deutsch 1998. Sätze, hg. von Ann Peyer. H. 147.

Praxis Deutsch 2002. Die Stellung der Wörter im Satz, hg. von Peter Eisenberg und Wolfgang Menzel. H. 172.

Praxis Deutsch 2011. Verben in Sätzen, hg. von Astrid Müller und Doris Tophinke. H. 226.

Praxis Deutsch 2013. Sätze gestalten, hg. von Astrid Müller und Ann Peyer. H. 242.

Rosebrock, Cornelia / Daniel Nix / Carola Rieckmann / Andreas Gold 2011: Leseflüssigkeit fördern. Lautleseverfahren für die Primar- und Sekundarstufe. Seelze.

G 6 Texte, Verknüpfungsmittel in Texten

Ann Peyer

Kohäsion und Kohärenz im Text

Gerade weil wir uns sprachliches Handeln ohne Texte kaum vorstellen können, ist die Definition dieser sprachlichen Einheit schwierig. Ähnlich wie Sätze werden Texte entweder als strukturelle oder als funktionale Einheiten wahrgenommen (vgl. Feilke 2000, Peyer 2010). Zentral ist auf jeden Fall, dass Kohärenz und Kohäsion (inhaltliche und sprachliche Verknüpfung) den Text verstehbar machen, was im Folgenden genauer herausgearbeitet werden soll.

> In der russischen Stadt Dimitrowgrad wollten zwei Männer Computer stehlen. Sie überwältigten und fesselten den Nachtwächter und begannen, ihre Beute zu verpacken. Es war zu dunkel. Einer der Männer wollte das Licht anschalten und drückte den Alarmknopf. Die Polizei kam und nahm die beiden fest.

Dieser kleine Text ist zwar verständlich, aber die folgende Originalfassung entspricht eher unseren Erwartungen:

> In der russischen Stadt Dimitrowgrad wollten zwei Männer Computer stehlen. Die maskierten Ganoven überwältigten und fesselten den Nachtwächter. Dann begannen die beiden, ihre Beute zu verpacken. Da sie in der Dunkelheit nicht genug sahen, wollte einer der Verbrecher das Licht anschalten … und drückte versehentlich den Alarmknopf. Drei Minuten später stand die Polizei vor der Tür und nahm die beiden fest. Reader's Digest

Wo liegen Unterschiede? Der zweite Text gibt mehr explizite Hinweise, wie die einzelnen Bausteine zu verknüpfen sind, er enthält mehr sogenannte Kohäsionsmittel. Texte schaffen auf zwei Ebenen Zusammenhänge: inhaltlich (Kohärenz) und sprachlich (Kohäsion). Mit Kohärenz ist gemeint, dass wir beim Lesen den Inhalt des Texts rekonstruieren können. Ob und wie diese Rekonstruktion gelingt, hängt nicht nur vom Text als sprachliches Gebilde ab, sondern auch von unserem Vorwissen bezüglich Thema und Handlungskontext (Peyer 2011, dies. 2010). Wenn der Text außerdem angemessene sprachliche Signale zur Verknüpfung (sogenannte Kohäsionsmittel) enthält, gelingt beim Verstehen die Konstruktion eines mentalen Modells leichter und sicherer (vgl. Linke / Nussbaumer / Portmann 2004; Gansel / Jürgens 2007; Janich (Hg.) 2008).

Verweis auf Bekanntes (Rekurrenz und Substitution)

Wörter (meistens Nomen / Substantive) können wiederholt, mit Synonymen variiert oder mit stellvertretenden Pronomen ersetzt werden, sodass im Text ein Netz von Verweisen entsteht: *... zwei Männer ... die maskierten Ganoven ... die beiden ... ihre (Beute) ... sie ... einer der Verbrecher ... die beiden.*

In einem weiteren Sinn gehört zu dieser Ebene der Verknüpfung auch die Gliederung des Texts in Thema (i. W. Bekanntes) und Rhema (neue Information, vgl. Feilke 2000, Peyer 2010).

Signale für inhaltliche Verknüpfung (Konnektoren)

Verschiedene Konnektoren (in: Peyer 2011, S. 68 f. Abb. 19)

	Aufzählung	**Zeit temporal**	**Bedingung konditional**	**Grund kausal**	**Folge konsekutiv**	**Absicht final**	**Einwand konzessiv**	**Mittel instrumental, modal**
Konjunktion mit Nebensatz		*als, während, solange, nachdem, seitdem, sobald, bevor*	*wenn, falls*	*weil, da*	*..., so dass, so..., dass, ohne dass*	*um zu* (+ Infinitiv), *damit*	*obwohl, wenn auch/ auch wenn, obgleich, obschon*	*indem, dadurch, dass wobei, ohne dass ohne zu* (+ Infinitiv)
Konjunktion mit Hauptsatz	*und oder*			*denn*			*aber*	
Adverb im Hauptsatz	*außerdem überdies, folglich*	*dabei, dann, danach, nachher, davor, vorher, bisher, seitdem*	*..., dann, dabei, sonst*	*deshalb, deswegen, also, darum*	*folglich, also, somit, infolgedessen*	*dazu, dafür*	*trotzdem dennoch immerhin doch*	*dadurch, damit*
Partikel im Hauptsatz				*nämlich, ja*			*jedoch*	
Präposition		*während, nach, vor, bis, seit*	*bei ohne* (= wenn nicht)	*wegen, aufgrund, infolge*	*zu* (z. B. *zu seinem Erstaunen ...*)	*für* (z. B. *für den Erfolg...*)	*trotz, entgegen, ungeachtet*	*mit, durch*

Sätze und Textabschnitte können mit Operatoren inhaltlich explizit verknüpft werden: *... zwei Männer ... überwältigten* **und** *fesselten den Nachtwächter.* **Dann** *begannen die beiden, ...* **Da** *sie ... nicht genug sahen, wollte einer...* **und** *drückte ...* **Drei Minuten später** *stand die Polizei ...* **und** *nahm die beiden fest.*

Die Palette an Ausdruckmitteln reicht von *und* über diverse Konnektoren wie *als, dann, deshalb, weil, denn, obwohl, trotzdem, aber* etc. bis zu *desungeachtet, in der Absicht, zu…, im Unterlassungsfalle.* Die funktionale Bezeichnung „Konnektor" ist sinnvoll, da die Verknüpfungsmittel unterschiedlichen Wortarten angehören und für ihre Kohäsionsleistung nicht die Wortart, sondern der Inhalt und evtl. die stilistische Angemessenheit ausschlaggebend sind.

Orientierung für die Verknüpfung von Textteilen geben auch textgliedernde Elemente und Strukturierungssignale, wie sie v. a. in (fachsprachlichen) Gebrauchstexten üblich sind (vgl. Linke / Nussbaumer / Portmann 2004; Baurmann 2009).

Text und Verknüpfungsmittel im Grammatikunterricht?

In der traditionellen Schulgrammatik wird das Thema Verknüpfungsmittel resp. Verknüpfung im Text verschiedentlich gestreift, aber nicht systematisch bearbeitet (vgl. Tophinke 2013, Peyer 2011):

- Bei den Wortarten stehen sog. Funktionswörter im Schatten von Verben, Nomen und Adjektiven. Sie werden zwar klassifiziert, aber meist ohne dass ihre spezifische Funktion als Kohäsionsmittel im Text zur Sprache kommt (vgl. Tophinke 2013).
- In der Syntax werden beim Untersuchen des einfachen Satzes (u. a.) Adverbiale bestimmt und inhaltlich klassifiziert. Später im Curriculum, und oft ohne Bezug zum einfachen Satz, werden Nebensätze inhaltlich klassifiziert, dabei wird jedoch nicht thematisiert, dass es in Texten zahlreiche andere Möglichkeiten gibt, temporale oder kausale Beziehungen explizit zu machen.
- Beim Formulieren wird oft geraten, Satzanfänge und generell Nomen / Substantive zu variieren, aber auch hier fehlt der Blick auf den Text als Ganzes und die Anforderungen der jeweiligen Textsorte (vgl. Pohl 2014).

Selten jedoch wird der Blick grundsätzlich auf die Einheit Text gerichtet und gefragt, wie denn Texte funktionieren, wie die Verknüpfung von Textelementen klappt resp. wie man beim Schreiben sicherstellt, dass Wörter und Sätze beim Lesen einen Sinn ergeben. Dies ist nicht zuletzt deshalb paradox, weil Grammatikunterricht teilweise mit „besserem Schreiben" gerechtfertigt wird. Die aktuellen Bildungsstandards unterstützen diese Sicht, indem Begriffswissen für die Arbeit am Text nutzbar gemacht werden soll (vgl. z. B. KMK 2003a, KMK 2003b, Peyer 2011).

Texte schreiben, lesen und strukturieren

Für Schülerinnen und Schüler sind nicht textlinguistische Begriffe, sondern Sprachbewusstheit und die praktische, aber gezielte Arbeit an Beispielen wichtig. Das Konzept der Schreibprozeduren resp. Textroutinen bietet hierfür einen guten Rahmen (vgl. Feilke 2012, Bachmann / Feilke (Hg.) 2014, Feilke / Tophinke 2016). Der Fokus liegt auf dem textuellen Handeln, also auf dem Schreiben, Besprechen und Überarbeiten von Texten (vgl. Feilke 2000). Die Schülerinnen und Schüler lernen, dass sie z. B. für einen Beschwerdebrief verschiedene Handlungsschritte angemessen versprachlichen müssen und dass sich dafür verschiedene Ausdrucksmittel (u. a. Verknüpfungsmittel) eignen. Der Text wird nicht anhand allgemeiner Stilvorgaben („keine Wiederholungen") formuliert und beurteilt, sondern spezifisch für die jeweilige Textsorte im Hinblick auf seine kommunikative Angemessenheit und Verständlichkeit. Schreibprozeduren tragen dazu bei, dass Schülerinnen und Schüler ihr Repertoire im Bereich der konzeptionellen Schriftlichkeit ausbauen können. Der Fokus liegt dabei nicht ausschließlich, aber durchaus auch auf der Verknüpfung zwischen einzelnen Handlungsschritten und Sätzen (vgl. Pohl 2014). Sinnvoll ist auch die Untersuchung von textuellen Strukturen und Verknüpfungsmitteln beim Hören / Lesen von Texten, sei es spezifisch, z. B. mit Blick auf Pronomen (vgl. Lange 2013), oder allgemein als Frage nach der Einheit Text (vgl. Lindauer 2000).

Um die Auswahlmöglichkeiten zwischen verschiedenen Konnektoren generell sichtbar zu machen, helfen Listen mit einer Auswahl an Verknüpfungsmitteln (s. o.), verschiedene Varianten zu formulieren und das eigene Repertoire zu erweitern. Wenn Schülerinnen und Schüler (evtl. mit Deutsch als Zweitsprache) Strukturen noch nicht sicher beherrschen, z. B. den Unterschied zwischen koordinierenden und subordinierenden Konnektoren (mit Verbzweit- oder Verbletztsatz) oder die richtigen Fälle nach Präpositionen, helfen ihnen Beispielsätze zur Orientierung (vgl. Tophinke 2013; Topalović / Tophinke / Uhl 2013, zur Arbeit mit Bild oder Bildergeschichte vgl. Peyer 1998, dies. 2011)

Verknüpfungsmittel: mehr ist nicht besser!

Im Lauf ihrer Schreibentwicklung lernen Kinder, explizite Verknüpfungssignale zu setzen und zu variieren, z. B. mit Pronomen statt Wiederholung von Nomen, temporalen und kausalen Konnektoren etc. Parallel dazu bauen sie ihr Repertoire in punkto Textsorten und Schriftlichkeit aus: Anleitende und argumentative (etc.) Texte verlangen mehr und andere Signale als (einfache oder schematische) narrative Texte. Es gilt aber nicht die Maxime, dass mehr in jedem Fall besser ist. Der Text muss insgesamt im Hinblick auf die Situation und das (angenommene) Vorwissen der Lesenden hin optimal strukturiert sein; die eigentlichen Verknüpfungsmittel sind dabei nur ein Oberflächenphänomen. Dies spiegelt sich auch in der Schreibentwicklung: Je besser Kinder und Jugendliche die Leserperspektive einnehmen können, desto gezielter setzen sie in ihren Texten Verweis-, Verknüpfungs- und Strukturierungsmittel ein (vgl. Feilke 2000, Bachmann 2002). Dies gelingt ihnen, wenn sie einen Text nicht als absolute Größe verstehen, sondern als ein Element in einer Situation von Informationsaustausch und Verständigung – über Inhalte, aber auch über Kontexte und die Gestaltung von Texten, ihrer Gliederung und das Aufzeigen von Zusammenhängen (vgl. Feilke 2000).

Literaturhinweise

Bachmann, Thomas 2002: Kohäsion und Kohärenz: Indikatoren für Schreibentwicklung. Zum Aufbau kohärenzstiftender Strukturen in instruktiven Texten von Kindern und Jugendlichen. Innsbruck u. a.
Bachmann, Thomas / Helmuth Feilke (Hg.) 2014: Werkzeuge des Schreibens. Beiträge zu einer Didaktik der Textprozeduren. Stuttgart.
Baurmann, Jürgen 2009: Sachtexte lesen und verstehen. Grundlagen, Ergebnisse, Vorschläge für einen kompetenzfördernden Unterricht. Seelze.
Feilke, Helmuth 2000: Wege zum Text. In: Praxis Deutsch. H. 161. S. 14 - 22.
Feilke, Helmuth 2012: Was sind Textroutinen? Zur Theorie und Methodik des Forschungsfeldes. In: Feilke, Helmuth / Katrin Lehnen (Hg.): Schreib- und Textroutinen. Frankfurt a. M.
Feilke, Helmuth / Doris Tophinke 2016: Grammatisches Lernen. In: Praxis Deutsch. H. 256. S. 4 -11.
Gansel, Christina / Frank Jürgens 2007: Textlinguistik und Textgrammatik. Eine Einführung. Göttingen.
Janich, Nina (Hg.) 2008: Textlinguistik. 15 Einführungen. Tübingen.
Kultusministerkonferenz (Hg.) 2003a: Bildungsstandards im Fach Deutsch für den Mittleren Schulabschluss.
Kultusministerkonferenz (Hg.) 2003b: Bildungsstandards im Fach Deutsch für den Hauptschulabschluss.
Lange, Carsten 2013: Wenn Pronomen etwas verschweigen. Die Funktion der Pronomen im Rap-Song *Die da.* In: Praxis Deutsch. H. 238. S. 38–43.
Lindauer, Thomas 2000: Was ist ein Text? In: Praxis Deutsch. H. 161. 38–43.
Linke, Angelika / Markus Nussbaumer / Paul Portmann 2004: Studienbuch Linguistik. 5. Auflage. Tübingen.
Peyer, Ann 1998: Sätze verknüpfen: *und? als? wegen?* In: Praxis Deutsch. H. 151. S. 47– 54.
Peyer, Ann 2010: Texttheorie. In: Michael Kämper-van den Boogaart / Kaspar H. Spinner (Hg.): Lese- und Literaturunterricht Teil 1. Baltmannsweiler. S. 238 - 266.
Peyer, Ann 2011: Sätze untersuchen. Lernorientierte Sprachreflexion und grammatisches Wissen. Seelze.
Pohl, Thorsten 2014: Sprachreflexion und Texte verfassen. In: Hildegard Gornik (Hg.): Sprachreflexion und Grammatikunterricht. 2. Auflage. Baltmannsweiler. S. 242 - 265.
Ruf, Urs 2000: Spannend erzählen. Eine Textwerkstatt im dialogischen Unterricht. In: Praxis Deutsch. H. 161, S. 46 - 52.
Reader's Digest. In: http://readersdigest.de/de/unterhaltung/lachen/item/duemmer-als-die-polizei-erlaubt?category_id=195, recherchiert am 10.10.2016.
Tophinke, Doris 2013: Kleine Wörter. In: Praxis Deutsch. H. 238. S. 4 -14.
Topalovi´c, Elvira / Doris Tophinke / Benjamin Uhl 2013: Kleine Wörter - große Wirkung. Texte schreiben mit und, trotzdem und weil. In: Praxis Deutsch. H. 238. S. 22 - 31.

SPRACHE

G 7 Sprachvergleich I: Mehrsprachigkeit (Herkunfts- und Fremdsprachen)

İnci Dirim

Begriffliche Vorklärung

Zu den Bildungsstandards für das Fach Deutsch gehört im Bereich *Sprache und Sprachgebrauch untersuchen*, dass Schülerinnen und Schüler Gemeinsamkeiten von und Unterschiede zwischen Sprachen wahrnehmen bzw. entdecken können (vgl. u. a. KMK 2005, S. 13). Dabei geht es auch darum, dass Fremdsprachen und nicht deutsche lebensweltliche Sprachen der Schülerinnen und Schüler für die Vergleiche fruchtbar gemacht werden.

In den Dokumenten der Kultusministerkonferenz ist von den „Muttersprachen der Kinder mit Migrationshintergrund" (ebd.) die Rede; allerdings ist zu beobachten, dass auch das Deutsche in die Kommunikation in Lebensgemeinschaften, in denen Migrationssprachen gesprochen werden, aufgenommen wird (vgl. Reich 2009), beispielweise wenn Kinder zu Hause ihre deutschsprachigen Hausaufgaben erledigen und ihre kleinen Geschwister dadurch den einen oder anderen Ausdruck des Deutschen aufschnappen. Aus der Perspektive eines Muttersprachenbegriffs, der sich nicht wörtlich an der Person der Mutter und auch nicht an Ethnie und Herkunft orientiert, gehört für viele Kinder und Jugendliche auch das Deutsche zum festen Bestandteil des (erst-)sprachlichen Repertoires. Daher wäre es angebracht, auch bei solchen Sprachbiographien vom „bi- oder multilingualen Erstspracherwerb" (vgl. Tracy 2007) zu sprechen – und dies nicht nur bei Kindern aus sogenannten „binationalen Elternhäusern". Das ist vor allem dann naheliegend, wenn Schülerinnen und Schüler von klein an in Deutschland aufwachsen (vgl. KMK 2005). In diesem Fall würden sich Sprachvergleiche auf verschiedene Bestandteile des sogenannten muttersprachlichen Repertoires beziehen. Bei der Identifizierung einer Erst- bzw. Muttersprache als Ressource ist Vorsicht geboten. Manche Schülerinnen und Schüler sind in ihrem Herkunftsland bereits in ihrer Zweitsprache beschult worden und können eher auf diese Sprache als schriftsprachliche Ressource zurückgreifen als auf ihre Erstsprache. Dies ist z. B. bei Schülerinnen und Schülern der Fall, die bereits in Syrien zur Schule gegangen sind, wo als Schulsprache Arabisch, zu Hause aber als Familiensprache Kurdisch gesprochen wurde.

Die Migrationssprachen werden zudem nicht nur von Kindern und Jugendlichen gesprochen, in deren Familien eine internationale Migration stattgefunden hat, bzw., die selbst migriert sind, sondern werden in urbanen mehrsprachigen Regionen in peer groups an Freunde weitergegeben (vgl. Dirim/Auer 2004).

Untersuchungen zeigen darüber hinaus, dass die Migrationssprachen aufgrund des Sprachkontakts zum Deutschen und zu anderen Sprachen einen spezifischen Wandel aufweisen, der zumindest im mündlichen Bereich beobachtbar ist, aber auch Schreibprodukte beeinflusst (vgl. Dirim 2009). Das heißt, dass damit gerechnet werden kann, dass Kinder auf eine Frage wie „Wie heißt ‚Gedicht' auf Dari?" nicht unbedingt mit einem Wort auf Dari antworten, wenn dieser schulsprachliche Begriff auf Deutsch in ihr Dari aufgenommen wurde – dies ist vor allem in solchen Sprachbiographien erwartbar, die sich ohne sogenannten herkunftssprachlichen Unterricht entwickeln. Zudem ist zu berücksichtigen, dass auch die Migrationssprachen miteinander verschränkte dialektale Varietäten, soziolektale, ideolektale, bildungs- und fachsprachliche sowie weitere Register umfassen, die nach sozioökonomischer Lage der Lebensgemeinschaften, der Sprache(n) und Sprachgebrauchsweisen ihrer Mitglieder, Aufenthalten in unterschiedlichen sprachlichen Umgebungen, Besuch von Bildungssystemen verschiedener Staaten und den Bildungsangeboten in den Migrationssprachen äußerst divers sein können.

Auch die Fremdsprachen, mit denen das Deutsche verglichen wird, sind keine homogenen Entitäten; aber die Migrationssprachen und das multilingualhybride Register, das der Vorstellung von „Muttersprachen der Kinder mit Migrationshintergrund" entspricht, sind von einer vergleichsweise großen Vielfalt gekennzeichnet, die explizit zum Gegenstand des Vergleichs mit dem Deutschen gemacht werden kann. Implizit werden die vielfältigen Sprachkontaktphänomene stets einen Einflussfaktor darstellen, sodass es angebracht erscheint, sie im Sinne der Entwicklung eines Bewusstseins von „(Mehr-)Sprachigkeit" (vgl. Busch 2013, S. 7 f.) in die Vergleiche einzubeziehen.

Ziele des Sprachvergleichs

Der Vergleich der Sprachen der Kinder und Jugendlichen mit dem Deutschen kann mit verschiedenen Zielen verbunden sein. Einige zentrale Ziele wären:

- Ermöglichung einer sprachlichen Bildung mit besonderem Fokus auf die Sprache Deutsch: Dieses Ziel entspricht dem Bildungsziel, Kenntnis über die deutsche Sprache zu erwerben; deren Aufbau und Gebrauch wird im Kontrast zu anderen Sprachen begreifbar(er).
- Ermöglichung einer allgemeinen sprachlichen Bildung als Bestandteil des Deutschunterrichts, indem die Sprachen der Schülerinnen und Schüler durch sprachvergleichendes Arbeiten in ihrer Struktur und ihren Gebrauchsweisen kognitiv erfassbar(er) werden
- Einbezug der sprachlichen Vielfalt in den Deutschunterricht, um ein Bewusstsein für die gesellschaftliche Mehrsprachigkeit und für die prinzipielle Gleichheit der Sprachen (im Sinne von Regelsystemen und Instrumenten für die Kommunikation) zu schaffen

- Eröffnung von Erfahrungsräumen für die Sprachigkeiten (vgl. Busch 2013, S. 7f.) der Schülerinnen und Schüler; damit wäre der Deutschunterricht gleichzeitig ein „Unterricht der Sprachenvielfalt“ (Oomen-Welke 2010a, S. 482).
- Unterstützung von Schülerinnen und Schülern in der Aneignung des Deutschen als Zweitsprache, u. a. dadurch, dass die „Stolpersteine des Deutschen“ (vgl. Rösch 2008, Kopiervorlage 30), wie z. B. die Adjektivdeklination, durch den Vergleich mit den Sprachen der Kinder und Jugendlichen kognitiviert werden

Anlässe für den Sprachvergleich

Anlässe für einen Vergleich des Deutschen mit den Sprachen der Kinder und Jugendlichen sind vielfältig und ergeben sich über die gesamte Schullaufbahn hinweg. Der Sprachvergleich kann in der Grundschule im Zusammenhang mit der Alphabetisierung begonnen werden. Hier bietet sich z. B. an, Buchstaben in verschiedenen Sprachen zu vergleichen, um (typo-)graphische Ähnlichkeiten und Unterschiede herauszufinden. Ein Ergebnis des Vergleichs könnte sein, dass herausgearbeitet wird, dass das <i> im türkischen Alphabet auch existiert, dass es aber auch den Buchstaben <ı> gibt, der einen anderen Laut repräsentiert. In der Sekundarstufe I können Besonderheiten des Deutschen Anlass sein, den Blick auf die Sprachen der Jugendlichen, seien es Fremdsprachen oder Migrationssprachen, zu richten, um vergleichend semantische, syntaktische und weitere Gemeinsamkeiten und Unterschiede herauszuarbeiten. Im Zusammenhang mit Stilmitteln des Deutschen z. B., die typischerweise in Märchen vorkommen, könnte am Ende des Vergleichs die Erkenntnis stehen, dass es im Türkischen eine Erzählendung (-miş) gibt, die im Deutschen und in der Fremdsprache Englisch nicht existiert. Die Erzählendung des Türkischen wird in anderen schriftlichen oder mündlichen Genres im Sinne der indirekten Rede des Deutschen eingesetzt, und wenn etwas Unglaubhaftes wiedergegeben wird. In diesem Fall kann sie auch verdoppelt werden. Die Schülerinnen und Schüler könnten auch diese Unterschiede herausarbeiten. Wenn das Thema „Registervielfalt“ lautet, kann herausgearbeitet werden, welche sozialen oder dialektalen Register in anderen Sprachen erkennbar sind (→ G 8), was ein relativ anspruchsvolles Unterfangen für höhere Klassenstufen ist. Allerdings hätten die Schülerinnen und Schüler bei diesem Thema die Möglichkeit, die Migrationssprachen mit ihren informellen Registern, die ihnen vertraut sind, aufzugreifen. Dabei könnten – wie auch in den oben gegebenen Beispielen – verschiedene Sprachen einbezogen werden. Aber auch die Konzentration auf den Vergleich des Deutschen mit einer bestimmten Sprache wäre möglich.

Grenzen des sprachvergleichenden Arbeitens

Der Sprachvergleich kann oft nur auf einer oberflächlichen Ebene realisiert werden, weil

- Sprachen zu vergleichen, fehleranfällig ist, vor allem je komplexer die zu vergleichenden Phänomene sind,
- Lehrkräfte zumeist wenig Kenntnis der anderen Sprachen als Deutsch in ihrer Klasse haben,
- Schülerinnen und Schüler und deren Erziehungsberechtigte i. d. R. keine umfassenden metasprachlichen Kompetenzen besitzen, sodass sie nur bedingt komplexe Sprachphänomene entschlüsseln und miteinander vergleichen können.

Um die genannten Problemquellen zu reduzieren, empfiehlt es sich, auf veröffentlichte Sprachvergleiche (vgl. u. a. Colombo-Scheffold / Fenn / Jeuk et al. 2011) zurückzugreifen und mit Lehrkräften des herkunftssprachlichen Unterrichts zu kooperieren.

Prinzipien des Sprachvergleichs

Sprachen zu vergleichen, ist nicht ganz einfach, vor allem dann nicht, wenn sehr spezifische Phänomene in den Blick genommen werden. Folgende Regeln könnten helfen, einen gewinnbringenden Sprachvergleich zu realisieren:

- Einsatz von bekannten Analyseverfahren wie Sammeln, Ordnen, Vergleichen
- Verfahren des freien bzw. schülermoderierten Gesprächs zum vergleichenden Reflektieren der Sprachen durch Sprechen über Sprache: „Sprachvorstellungen werden dabei geäußert und kooperativ weiterentwickelt, die Lernenden erfahren, dass es dabei um sie und um ihr Denken und Lernen geht, sie werden sozusagen ‚aufgeschlossen‘ und erleben Bedeutsamkeit.“ (Oomen-Welke 2010b, S. 74)
- Arbeit mit den Methoden des „Language Awareness”-Konzepts (ebd., S. 56), indem die Lehrkräfte in den Äußerungen der Schülerinnen und Schüler eine keimende Sprachaufmerksamkeit erkennen, diese im Sinne von impliziten Vorschlägen aufgreifen und für die Entwicklung von Wissen über Sprache(n) nutzen

Grundsätzlich ist zu berücksichtigen, dass Schülerinnen und Schülern keine Sprachen zugeschrieben bzw. aufgezwungen werden („Wie ist das in deiner Sprache?“), sondern ihre Interessen, Kenntnisse, Fragen unter Berücksichtigung ihrer kognitiven und wissensbezogenen Möglichkeiten aufgegriffen und weiterentwickelt werden. Dabei sind die sprachlichen Ressourcen der Schülerinnen und Schüler heranzuziehen, die ihnen tatsächlich zur Verfügung stehen und auf die sie zurückgreifen möchten – nicht die, die ihnen aufgrund ihrer (angenommenen) Herkunft zugeschrieben werden.

Literaturhinweise

Boeckmann, Klaus-Börge / Eija Aalto / Andrea Alve / Terry Lamb 2011: Die Mehrheitssprache im vielsprachigen Umfeld. Straßburg u. a.

Busch, Brigitta 2013: Mehrsprachigkeit. Stuttgart.

Colombo-Scheffold, Simona / Peter Fenn / Stefan Jeuk / Joachim Schäfer 2011: Ausländisch für Deutsche. Sprachen der Kinder – Sprachen im Klassenzimmer. Freiburg i. Br.

Dirim, İnci o.J.: Die Stolpersteine der deutschen Sprache und das Türkische. In: http://ganztag-blk.de/ganztagsbox/cms/upload/sprachfrderung/BS_4/BS_4_d/Die_Stolpersteine_der_dt._Sprache_und_das_Trkische_Inci_Dir.pdf, recherchiert am 13. 12. 2016.

Dirim, İnci 2009: „Ondan sonra gine schleifen yapiyorsunuz“: Migrationsspezifisches Türkisch in Schreibproben von Jugendlichen. In: Ursula Neumann / Hans H. Reich (Hg.): Erwerb des Türkischen in einsprachigen und mehrsprachigen Situationen. Münster. S. 129 – 146.

Dirim, İnci / Peter Auer 2004: Türkisch sprechen nicht nur die Türken – über die Unschärfebeziehung zwischen Sprache und Ethnie in Deutschland. Berlin.

Kultusministerkonferenz (Hg.) 2005: Bildungsstandards im Fach Deutsch für den Primarbereich. Beschluss vom 15. 10. 2004. In: https://www.kmk.org/themen/qualitaetssicherung-in-schulen/bildungsstandards.html#c2604, recherchiert am 10. 12. 2016.

Oomen-Welke, Ingelore 2010a: Didaktik der Sprachenvielfalt. In: Bernt Ahrenholz / Ingelore Oomen-Welke (Hg.): Deutsch als Zweitsprache. Hohengehren. S. 479 – 492.

Oomen-Welke, Ingelore 2010b: Sprachförderung durch Erkunden von Sprachen. Präkonzepte und Selbststeuerung, Reflexion und Kompetenzerwerb durch Sprachvergleich. In: Der Deutschunterricht 6, 62. S. 69 – 80.

Reich, Hans H. 2009: Zweisprachige Kinder. Münster.

Rösch, Heidi 2009: Deutsch als Zweitsprache. Sprachförderung in der Sekundarstufe 1. Grundlagen, Übungsideen, Kopiervorlagen. Braunschweig. S. 29 – 30.

Tracy, Rosemarie 2007: Wie Kinder Sprachen lernen. Und wie wir sie dabei unterstützen können. Tübingen.

G 8 Sprachvergleich II: Dialekte und Soziolekte

Doris Tophinke

Innere Mehrsprachigkeit: Varietäten

Die deutsche Sprache gibt es nicht. Vielmehr gibt es eine Vielzahl an Varietäten, die miteinander verwandt sind und zusammen die deutsche Sprache bilden. In varietätenlinguistischen Arbeiten ist auch von „innere[r] Mehrsprachigkeit“ (Debus 1999, S. 52) die Rede.

Es lassen sich die geographische und die soziale Dimension der Variation unterscheiden. Die geographische Variation, die auch als diatopische Variation bezeichnet wird, wird darin erkennbar, dass sich Sprechweisen finden, die auf bestimmte geographische Räume begrenzt sind. Sie verdanken sich Lebensverhältnissen mit begrenzter räumlicher Mobilität und begrenztem Kommunikationsradius. Die soziale Dimension betrifft situations- und gruppenspezifische Formen der Variation. Die sozial-situative Variation zeigt sich darin, dass Sprechweisen von der sozialen Situation abhängig sind. Im Bewerbungsgespräch spricht man anders als in einem Einkaufsgespräch. Die gruppenspezifische Variation besteht darin, dass soziale Gruppen vielfach durch eigene Sprechweisen gekennzeichnet sind, die auch Ausdruck ihrer Identität sind. Jugendliche etwa bilden eigene Sprechweisen aus.

Variation im geographischen Raum

Dialekte sind dadurch bestimmt, dass sie in einem spezifischen geographischen Raum vorkommen. Entsprechend sind auch die Dialektbezeichnungen (Schwäbisch, Bairisch, Westfälisch, Brandenburgisch u. a.; vgl. die Karte in Lameli 2010, S. 389) von Landschaftsbezeichnungen (Toponymen) abgeleitet. Im Hinblick auf die Verortung im geographischen Raum lässt sich zwischen kleinräumig variierenden Basisdialekten sowie den Regiolekten und (regionalen) Umgangssprachen, die sich in größeren geographischen Räumen finden, unterscheiden. Der Standard ist die Varietät mit der größten geographischen Ausdehnung. Aber auch er variiert geographisch. Dies zeigt sich im Vergleich des süddeutschen und norddeutschen Raumes und insbesondere auch, wenn man die Schweiz und Österreich mit in den Blick nimmt (vgl. Ammon/Bickel/Lenz (Hg.) 2016, Dürscheid/Elspaß/Ziegler 2011).

Es lässt sich ein vertikales Standard-Dialekt-Spektrum konstruieren, das vom Basisdialekt als maximal standardferner Varietät bis zur Standardsprache als maximal dialektferner Varietät reicht:

geographischer Raum	Varietät	geographische Variation
groß	Standard	gering
	↕	
	Umgangssprache	
↕	↕	↕
	Regiolekt	
	↕	
klein	Basisdialekt	groß

Was die Unterteilung dieses Spektrums, seine „Schichtung“ (Macha 1991, S. 8) sowie die Bezeichnungen für die Varietäten betrifft, so gibt es unterschiedliche Modellierungen. In der Graphik wird zwischen der Umgangssprache und dem Regiolekt unterschieden. Teilweise wird der gesamte Bereich zwischen dem Basisdialekt und dem Standard als „Umgangssprache“ bezeichnet (Mihm 2000, S. 2107). „Nonstandard“ oder „Regionalsprache“ sind Bezeichnungen für den gesamten Bereich des Standard-Dialekt-Spektrums unterhalb des Standards.

Das Standard-Dialekt-Spektrum ist in den verschiedenen geographischen Regionen des deutschen Sprachraums unterschiedlich gestaltet. Im süddeutschen Raum ist die geographische Variation bis in den standardnahen Bereich markanter als im norddeutschen Raum. Gut wahrnehmbar ist etwa, dass in der Umgangssprache im Süden bestimmte Funktionswörter reduziert ausgesprochen werden ([i:] (ich), [a] (ein), [e:] (ehe), [a:] (auch)) oder Wörter einen stimmlosen *s*-Anlaut besitzen ([so:] statt [zo:] (so)) (Mihm 2000, S. 2120). Die Kennzeichen der Umgangssprachen im Norden sind weniger markant, aber doch vorhanden. Einsilbige Wörter bewahren den alten Kurzvokal ([tsʊx] (Zug), [ʁat] (Rad)); der Verschlusslaut [g] im Auslaut wird spirantisiert ([tax] (Tag), [tsʊx] (Zug)) (Mihm 2000, S. 2113).

In diesen sprachlichen Merkmalen spiegelt sich die historische Zweiteilung in einen nieder- und einen hochdeutschen Raum entlang der sogenannten Benrather Linie wider, einer Sprachgrenze, die auf der Höhe von Benrath von Westen nach Osten verlief (vgl. die gefettete Linie auf der Karte in Lameli 2010, S. 389). Sie ist im frühen Mittelalter dadurch entstanden, dass bestimmte Lautwandelprozesse vom Süden her nur bis auf die Höhe der Benrather Linie vorgedrungen sind (sogenannte „Zweite Lautverschiebung“; vgl. Wegera / Waldenberger 2012, S. 128 f.). Im Niederdeutschen, das die Lautwandelprozesse nicht mitgemacht hat, heißt es *Pund* (Pfund) und *Perd* (Pferd) mit dem Plosiv [p] am Wortanfang. Im Hochdeutschen ist der Plosiv [p] zu [pf] geworden (*Pfund, Pferd*). Heute ist das Niederdeutsche, auch „Platt(deutsch)“ genannt, weitgehend verschwunden. Seine Geschichte gibt ein Beispiel dafür, dass Sprachen ihre Bedeutung verlieren und aussterben können: Bis in das 16. Jahrhundert existierte das

Niederdeutsche als voll entwickelte Sprache neben dem Hochdeutschen. In der Gegenwart sind zumeist nur noch Relikte fassbar. An die Stelle des Niederdeutschen ist eine hochdeutsche Umgangssprache getreten, die teilweise durch das Niederdeutsche geprägt ist.

Variation in sozialer Funktion

Bei der sozial-situativen und der gruppenspezifischen Variation handelt es sich um Formen sozialräumlicher Variation. In der sozial-situativen Variation lässt sich zwischen formelleren und informelleren Sprechweisen unterscheiden, die als Register bezeichnet werden (Löffler 2010, S. 147 ff.). Sprechweisen, die stärker gruppenspezifisch sind, werden als Soziolekte gefasst (Löffler 2010, S. 113 ff.). Die Terminologie ist allerdings nicht einheitlich.

Sprecherinnen und Sprecher verfügen über einen „Varianz- und Möglichkeitsraum" (Macha 1991, S. 5). Im Idealfall ist dieser so groß, dass es möglich ist, in den formellen und informellen sozialen Gesprächssituationen des Alltags flexibel und angemessen zu agieren, Gruppenzugehörigkeit und sozialen Status anzuzeigen. Sozial-situative, gruppenspezifische und geographische Variationsmerkmale verbinden sich dabei.

Untersuchungen zeigen, dass die Sprecherinnen und Sprecher funktional zwischen Varietäten wechseln, d. h. ein code-shifting stattfindet. Auer (1986, S. 99 f.) zeigt für oberdeutsche Antiquitätenhändler, dass der Übergang zu einer stärker standardnahen Varietät dazu dient, die Relevanz der Äußerung zu markieren. Eine Bewegung in Richtung Dialektpol dient demgegenüber vor allem der sozialen Beziehungspflege. Macha (1991, S. 201 ff.) hat den Sprachgebrauch rheinischer Handwerksmeister untersucht und gezeigt, dass sie kompetent zwischen der Standardsprache und dem Dialekt wechseln, wobei sie den Dialekt u. a. einsetzen, um den sozial niedrigen Status des Adressaten zu markieren.

Dialekt und Schule

Dialekte sind in der Geschichte der Dialektologie immer wieder als Bildungshindernis begriffen worden. Dies gilt besonders für die Sprachbarriere-Diskussion der 1960er- und 70er-Jahre (vgl. Elspaß 2005, S. 307 f., Niebaum / Macha 2014, S. 232). Angenommen worden ist u. a., dass der Dialekt zu Rechtschreibschwierigkeiten führen könne. Die empirischen Nachweise eines negativen Einflusses auf Schulleistungen, die vorgelegt wurden (vgl. Löffler 2003, S. 36 f.), sind allerdings kritisch zu betrachten und nur bedingt belastbar (vgl. Elspaß S. 2005, S. 308). Dies liegt u. a. daran, dass es große regionale Unterschiede gibt, insbesondere dann, wenn man die Schweiz und Österreich einbezieht: „Dialektalität, auch kindliche Dialektalität liegt in den einzelnen geographischen Zonen unterschiedlich stark an" (vgl. Niebaum / Macha 2014, S. 233).

Varietäten im Unterricht

Die Lehrpläne sehen eine Auseinandersetzung mit dem Dialekt von der Grundschule bis zur Sekundarstufe II vor (vgl. die Übersicht in Niebaum / Macha 2014, S. 239 ff.). Dies ist nicht zuletzt darauf zurückzuführen, dass Dialekte mittlerweile als kulturelles Erbe begriffen werden. Die Varietäten des Deutschen bieten vielfältige Ansatzpunkte für Sprachbetrachtungen, die jeweils an die Klassenstufen anzupassen sind. In einer vergleichenden Perspektive lassen sich lexikalische Unterschiede (*Kartoffel* vs. *Erdapfel*), Unterschiede in Redewendungen (*Grüß Gott* vs. *Guten Tag*), Ausspracheunterschiede (etwa zwischen dem Bairischen und dem Westfälischen), aber auch grammatische Unterschiede (*der Mann, wo hier war vs. der Mann, der hier war*) zum Thema machen. Dazu können regionale Wörterbücher und Sprachatlanten herangezogen werden. Einige der Werke liegen mittlerweile in digitalisierter Form vor und sind auch für die Schülerinnen und Schüler gut zugänglich: Eine Übersicht der digital verfügbaren Karten bietet REDE (www.regionalsprache.de / atlanten-und-karten.aspx). Interessant ist auch der *Atlas der deutschen Alltagssprache*, der das geographische Vorkommen von Wörtern und Redewendungen zeigt (www.atlas-alltagssprache.de). Das Internet bietet auch Zugang zu Tondaten. So bietet der *Sprechende Sprachatlas von Bayern* die Möglichkeit, sich Tonaufnahmen der Dialekte in Bayern vergleichend anzuhören (https://sprachatlas.bayerische-landesbibliothek-online.de). Ähnliche Möglichkeiten bieten der Siegerländer Sprachatlas *SiSal* (http://www.mundart.sisal.uni-siegen.de) oder der Interaktive Sprachatlas des Westfälischen Platt *ISA* (http://www.lwl.org/LWL/Kultur/komuna/isa/infos).

Ein Zugang zur Variation kann sich auch ausgehend von der Norm ergeben. Die Schülerinnen und Schüler können ihre eigene Aussprache mit den Beschreibungen der Aussprachewörterbücher vergleichen. Das Aussprachewörterbuch von Krech / Stock / Hirschfeld et al. (2009) bietet auch Hörproben, die einen auditiven Eindruck von der normativen Zielform vermitteln. Es entsteht auf diese Weise Aufmerksamkeit für die Norm, aber auch für die Variation im standardnahen Bereich. Schülerinnen und Schüler entdecken, dass eine „dialektneutral[e] Standardaussprache“ (ebd., S. 7), wie sie die Aussprachewörterbücher definieren, in der Realität nicht vorkommt. Mit Blick auf die soziale Dimension der Varia-tion lassen sich jugend- und szenesprachliche Sprechweisen thematisieren. Als Ausgangsmaterial können Jugendsprache-Lexika dienen, die im Hinblick auf ihre Aktualität und Richtigkeit einer kritischen Analyse unterzogen werden. Es kann deutlich werden, dass solche Lexika nicht die aktuellen Sprechweisen abbilden. Auch der Sprach- bzw. Schriftgebrauch in den sozialen Medien eröffnet vielfältig Möglichkeiten für vergleichende Analysen von situations- und gruppenspezifischer Variation. Dabei kommt auch zum Ausdruck, dass die Abweichungen von der Rechtschreibnorm, wie sie sich in den sozialen Medien finden, vielfach mit sozialen Funktionen verbinden. Sie erzeugen ein informelles Register in der Schriftlichkeit.

Literaturhinweise

Ammon, Ulrich / Hans Bickel / Alexandra N. Lenz (Hg.) 2016: Variantenwörterbuch des Deutschen. Berlin.
Auer, Peter 1986: Konversationelle Standard-Dialekt-Kontinua (Code-Shifting). In: Deutsche Sprache 14. S. 97–124.
Debus, Friedhelm 1999: Entwicklungen der deutschen Sprache: in der Gegenwart, und in der Zukunft? Stuttgart.
Dudenredaktion (Hg.) 2009: Die Grammatik. Mannheim u. a.
Dürscheid, Christa / Stephan Elspaß / Arne Ziegler 2011: Grammatische Variabilität im Gebrauchsstandard – das Projekt „Variantengrammatik des Standarddeutschen". In: Marek Konopka / Jacqueline Kubczak / Christian Mair / Frantisek Sticha / Ulrich Hermann Waßner (Hg.): Grammar & Corpora / Grammatik und Korpora. Tübingen. S. 123–140.
Elspaß, Stephan 2005: Zum sprachpolitischen Umgang mit regionaler Variation in der Standardsprache. In: Dudenredaktion (Hg.): Sprache und Politik: Deutsch im demokratischen Staat. Mannheim u. a. S. 294–313.
Krech, Eva-Maria / Eberhard Stock / Ursula Hirschfeld / Lutz-Christian Anders (Hg.) 2009: Aussprachwörterbuch des Deutschen. Berlin.
Krech, Eva-Maria / Eberhard Stock / Ursula Hirschfeld / Lutz-Christian Anders / Walter Haas / Ingrid Hove 2009: Die Standardaussprache in Deutschland. In: Eva-Maria Krech / Eberhard Stock / Ursula Hirschfeld / Lutz Christian Anders (Hg.): Aussprachewörterbuch des Deutschen. Berlin. S. 6–228.
Lameli, Alfred 2010: Deutsch in Deutschland: Standard, regionale und dialektale Variation. In: Hans-Jürgen Krumm / Christian Fandrych / Britta Hufeisen / Claudia Riemer (Hg.): Handbuch Deutsch als Fremd- und Zweitsprache. Berlin. S. 385–398.
Löffler, Heinrich 2003: Dialektologie. Eine Einführung. Tübingen.
Löffler, Heinrich 2010: Germanistische Soziolinguistik. Berlin.
Macha, Jürgen 1991: Der flexible Sprecher. Untersuchungen zu Sprache und Sprachbewusstsein rheinischer Handwerksmeister. Köln.
Mihm, Arend 2000: Die Rolle der Umgangssprachen seit der Mitte des 20. Jahrhunderts. In: Werner Besch / Anne Betten / Oskar Reichmann / Stefan Sonderegger (Hg.): Sprachgeschichte. Ein Handbuch zur Geschichte der deutschen Sprache und ihrer Erforschung. 2. Teilbd. 2. Auflage. Berlin. S. 2107–2137.
Niebaum, Hermann / Jürgen Macha 2014: Einführung in die Dialektologie des Deutschen. Berlin.
Wegera, Klaus-Peter / Sandra Waldenberger 2012: Deutsch diachron. Eine Einführung in den Sprachwandel des Deutschen. Berlin.

G 9 Sprachwandel

Doris Tophinke

Natürliche Sprachen unterliegen einem kontinuierlichen Wandel. Ein Indiz des Wandels ist ihre Variabilität (vgl. Wegera / Waldenberger 2012, S. 22). Neben alten sprachlichen Formen entstehen neue Varianten mit ähnlicher Bedeutung oder Funktion. Im Falle der deutschen Sprache zeigt sich dies an Dubletten wie *wegen des Schnees/ wegen dem Schnee, diesen Jahres/ dieses Jahres* oder *Konten/ Kontos*. Auch entwickeln sich Formen mit ganz neuen Funktionen und Bedeutungen, die das Inventar an Ausdrucksmöglichkeiten weiter ausdifferenzieren (vgl. Nübling / Dammel / Duke et al.2013, Tophinke 2009). Ein Beispiel geben Präpositionen wie *kraft* oder *dank*, die sich aus Nomen entwickelt haben.

Dass sich Sprachen wandeln, zeigt sich auch im historischen Rückblick. So lassen sich die althochdeutschen Texte des 8. Jahrhunderts ohne spezielles sprachhistorisches und paläographisches Wissen nicht lesen. Probleme bereiten nicht nur die fremden Buchstabenformen, sondern auch die andere Grammatik. Syntax und Flexion des Althochdeutschen folgen anderen Mustern als das Neuhochdeutsche der Gegenwart. In der Gebetsformel „Vater unser" etwa hat sich eine Wortstellung erhalten, die heute ungrammatisch wirkt, die aber im Althochdeutschen möglich war. Das Possessivpronomen und auch attributive Adjektive konnten nachgestellt werden. Auch der Wortschatz ist anders. Es finden sich Wörter, die es im Gegenwartsdeutschen nicht mehr gibt, etwa das althochdeutsche Adverb *bluogo* (schüchtern, furchtsam) oder das Verb *pirnan* (trösten). Wörter, die wir heute noch verwenden, können in den historischen Texten noch eine andere Bedeutung besitzen. So bezieht sich das Substantiv *vrouwa* (Frau) im Mittelalter zunächst nur auf die sozial hochstehende Frau. Auffällig ist auch die Variabilität der Schreibung. Das althochdeutsche Verb *quedan* etwa, das *erzählen, sagen* oder *sprechen* bedeuten kann, kennt eine ganze Reihe von Schreibvarianten, in denen sich auch dialektale Unterschiede (→ G 8) spiegeln: *quedan, quaedan, quethan, quedhan, qhuedan, ghwedan, chwettan, chedin* (vgl. Schützeichel 2006).

Die Mitglieder einer Sprachgemeinschaft sind Beobachter und Akteure des Sprachwandels zugleich. Als Beobachter registrieren sie den Sprachwandel. Er irritiert das Sprachgefühl und führt zur Unsicherheit darüber, ob eine Form akzeptabel ist oder nicht. Als Kommunikanten, die an der sozialen Sprachpraxis teilhaben, sind sie Akteure des Sprachwandels, ohne sich dessen bewusst zu sein. Denn es sind die Sprecher, die zumeist unbeabsichtigt eine Innovation hervorbringen, und es ist die soziale Sprachpraxis, in der sich entscheidet, ob die Innovation übernommen wird und sich verbreitet (vgl. Tophinke 2009, S. 4).

Ursachen des Sprachwandels

Eine wichtige Ursache des Wandels ist, dass Sprache wichtiges Medium sozialer Kommunikation ist und von gesellschaftlichen Veränderungen stets miterfasst ist. Sprachwandel und gesellschaftlicher Wandel sind eng verbunden. So führt etwa die Industrialisierung im 20. Jahrhundert zur Auflösung ländlich-dörflicher Arbeitswelten und hat u. a. zur Folge, dass auch die Bezeichnungen, die sich auf ländliche Arbeitspraktiken und Gegenstände beziehen, an Bedeutung verlieren. Gleichzeitig entstehen neue Bezeichnungsbedarfe. Einen guten Eindruck vom lexikalischen Wandel vermittelt das Buch *Versunkene Wortschätze* (vgl. Dudenredaktion 2016). Es versammelt Wörter, die in jüngerer Zeit verloren gegangen sind.

Eine weitere Ursache des Sprachwandels ist der mediale Wandel (→ G 10), der den „kommunikativen ‚Haushalt'" (Luckmann 1986, S. 206) und konkreter die „sprachlich[en] und kommunikativen Praktiken" (Deppermann / Feilke / Linke 2016) einer Gesellschaft verändert. Der erste wichtige mediale Wandel ereignet sich bereits im Mittelalter und betrifft die zunehmende Nutzung des Mediums Schrift in verschiedenen Bereichen der Gesellschaft (Handel, Recht, Verwaltung). Es entstehen nicht nur neue Wörter, sondern es verändert sich auch die Grammatikalität. Die Schrifttexte werden zunehmend für das Lesen und Schreiben optimiert. Es entwickeln sich neue, strukturell komplexere und semantisch verdichtende Ausdrucksmöglichkeiten (vgl. Tophinke 2016, S. 308, Giesecke 1992, S. 290 ff.). Im 20. Jahrhundert hat das Aufkommen massenmedialer Kommunikationstechnologien (Radio, Fernsehen, Telefon, Internet ...) die Sprache verändert (vgl. Polenz 1999, S. 77 ff.). Es entstehen neue, auch multimodale Kommunikationsformate, die sich zu „medialen Gattungen" (Ayaß 2011, S. 286 ff.) verfestigen können. Manche medialen Gattungen, etwa die Talkshow oder die Fernsehdiskussion, sind von Gattungen der face-to-face-Kommunikation abgeleitet. Auch entwickeln sich in der Nutzung dieser Technologien neue sprachlich-kommunikative Praktiken, so etwa das Fernsehschauen und Telefonieren. Sprache transportiert nicht nur Informationen, sondern hat immer auch sozial-kommunikative und sozial-psychologische Funktionen. Sie dient der Herstellung und Bestätigung sozialer Beziehungen, dem Ausdruck sozialer und individueller Identität. Auch dies kann Sprachwandelprozesse anstoßen. Ein Beispiel geben jugend- und szenekulturelle Sprechweisen. Sie dienen der Stilisierung sowie der sozialen Distanzierung, etwa von der Elterngeneration.

Entlehnung, Metaphorisierung, Grammatikalisierung

Am Anfang eines jeden Sprachwandels steht eine Innovation (vgl. Wegera / Waldenberger 2012, S. 24 f.). Wörter oder Ausdrücke werden variierend ausgesprochen oder sie werden grammatisch oder semantisch verändert gebraucht. Zu den semantischen Veränderungen gehören etwa die Bedeutungsverengung oder -erweiterung sowie die Metaphorisierung (vgl. Nübling / Dammel / Duke et al. 2013, S. 115 ff.). Ein anderes, wichtiges Sprachwandelphänomen ist die Grammatikalisierung. Dies ist ein Prozess, in dem ein Wort mit lexikalischer Bedeutung, ein Substantiv, Adjektiv oder ein Verb, seine lexikalische Bedeutung verliert und zu einem Funktionswort, d. h. zu einem Wort mit grammatischer Bedeutung wird (vgl. Diewald 2000, Nübling / Dammel / Duke 2013). So hat sich vom Vollverb *haben* mit der lexikalischen Bedeutung *besitzen* ein Hilfsverb abgespalten, das zur Bildung des Perfekts dient (*Sie hat gelesen*). Die lexikalische Bedeutung (*besitzen*) hat das Hilfsverb nicht mehr.

Eine Innovation kann auch die Entlehnung aus anderen Sprachen sein, wie sie in der gesamten Sprachgeschichte des Deutschen stattgefunden hat. Zu den Sprachen, aus denen Wörter in die deutsche Sprache übernommen worden sind, zählen u. a. Latein, Griechisch, Französisch, Italienisch, Niederländisch, Englisch. Aufschlussreich ist hier ein Blick in die etymologischen Wörterbücher (vgl. etwa Kluge 2011, Dudenredaktion 2014).

Eine wichtige Lehnsprache ist das Lateinische. Im 1. bis 5. Jahrhundert, in germanischer Zeit, kommt es zu Entlehnungen durch den Kontakt zwischen Römern und Germanen. Die Römer besitzen kulturelle Techniken und Objekte, die von den Germanen mit den lateinischen Bezeichnungen übernommen werden. So gelangen Substantive aus den Bereichen Bautechnik (*Ziegel, Mauer, Keller, Fenster* ...), Nahrungsmittel(-zubereitung) (*Küche, Knolle, Pfeffer* ...) sowie Handel und Verkehr (*Kaufmann, Pfund, Münze, Zoll, Zins* ...) in die deutsche Sprache (vgl. Besch / Wolf 2009, S. 88 f.). Handelt es sich zunächst um Fremdwörter (vgl. Fuhrhop / Müller 2012), gehören diese heute zum Kernwortschatz. Sie als Fremdwörter oder Latinismen zu bezeichnen, ist nicht mehr gerechtfertigt.

Bewertungen des Sprachwandels

Manche Phänomene des Sprachwandels werden in den öffentlichen Medien und in der populärwissenschaftlichen Ratgeberliteratur als Sprachverfall gedeutet. Dies entspricht der Vorstellung, es gebe einen (historischen) Idealzustand, etwa die Sprache der Weimarer Klassik, die Sprache Schillers oder Goethes, den es zu bewahren bzw. wiederherzustellen gelte. Diese Vorstellung ist wissenschaftlich nicht haltbar (vgl. Nübling / Dammel / Duke 2013, S. 1 f.). Auch die Phänomene, die als vermeintliche Anzeichen des Verfalls gedeutet werden, etwa die Dativ-Rektion der Präpositionen *trotz* oder *wegen* oder die *weil*-Sätze mit Verbzweitstellung (vgl. Günthner 2008) erweisen sich als gewöhnliche Veränderungen und Umgestaltungen der Grammatik, die die Sprache keineswegs schlechter machen (vgl. Denkler / Günthner / Imo et al. (Hg.) 2008). So ist für Präpositionen der Wechsel von der Genitiv- zur Dativrektion der Normalfall und dieser ist vielfach belegt (vgl. Dudenredaktion 2009, S. 602). Das Adverb *trotzdem* lässt dabei erkennen, dass dieser Wechsel im Falle der Präposition *trotz* historisch sogar schon vollzogen war. Was die *weil*-Sätze mit Verbzweitstellung anbetrifft, so besitzen sie eine besondere Semantik. Anders als *weil*-Sätze mit Verbendstellung können sie nicht nur kausale Relationen darstellen. Sie bieten etwa eine neue Möglichkeit, darzustellen, warum jemand glaubt, dass etwas der Fall ist. So beantwortet der Satz *Die Mieter sind nicht da, weil es öffnet niemand* nicht die Frage nach dem Grund für die Abwesenheit der Mieter, sondern er gibt an, warum der Sprecher glaubt, dass die Mieter abwesend sind. Das ist semantisch etwas ganz anderes.

Sprachwandel im Unterricht

Die Thematisierung des Sprachwandels gehört ganz allgemein in den Kontext der Sprachreflexion, der Untersuchung von Sprache und Sprachverwendung, wie es in den Bildungsplänen für die Primarstufe sowie die Sekundarstufe I und II vorgesehen ist. Schülerinnen und Schüler erfassen die Lebendigkeit und Geschichtlichkeit von Sprache, werden sich dabei ihrer Rolle als Akteure und Beobachter des Sprachwandels bewusst.

Es sind vielfältige Zugänge möglich (vgl. auch die Unterrichtsmodelle im Praxis Deutsch-Heft *Sprachwandel* (2009. H. 215). Eine Möglichkeit besteht darin, aktuelle Sprachwandelprozesse zu identifizieren und genauer zu untersuchen. Schülerinnen und Schüler können dabei erkennen, dass Wandel nicht Verfall bedeutet und dass auch kodifizierte Normen sich wandeln. Erarbeitet werden kann weiter, dass in unterschiedlichen sprachlich-sozialen Situationen unterschiedliche Normen existieren. Die Normreflexion, die sich in Internet-Foren sowie Weblog-Texten findet, kann Ausgangspunkt der unterrichtlichen Auseinandersetzung sein.

Die Auseinandersetzung mit grammatischen Sprachwandelerscheinungen bietet auch gute Ansatzpunkte für die grammatische Reflexion. Der Nachvollzug von grammatischen Wandelprozessen (z. B. Entwicklung des Artikels aus Demonstrativpronomen, Aufkommen des Subjektpronomens, vgl. Nübling / Dammel / Duke et al. 2013) ermöglicht ein vertieftes Verständnis von Grammatik und erlaubt Einsichten in die Funktionalität von Grammatik.

Literaturhinweise

Ayaß, Ruth 2011: Kommunikative Gattungen, mediale Gattungen. In: Stefan Habscheid (Hg.): Textsorten, Handlungsmuster, Oberflächen. Berlin. S. 275 – 295.

Besch, Werner / Norbert Richard Wolf 2009: Geschichte der deutschen Sprache. Längsschnitte – Zeitstufen – Linguistische Studien. Berlin.

Denkler, Markus / Susanne Günthner / Wolfgang Imo / Jürgen Macha / Dorothee Meer / Benjamin Stoltenburg (Hg.) 2008: Frischwärts und unkaputtbar. Sprachverfall oder Sprachwandel im Deutschen. Münster.

Deppermann, Arnulf / Helmuth Feilke / Angelika Linke 2016: Sprachliche und kommunikative Praktiken: Eine Annäherung aus linguistischer Sicht. In: Arnulf Deppermann / Helmuth Feilke / Angelika Linke (Hg.): Sprachliche und kommunikative Praktiken. Berlin u. a. S. 1 – 24.

SPRACHE

Diewald, Gabriele 2000: Grammatikalisierung. Wie entsteht die Grammatik? Sprachwandel – Vom Sprechen zur Sprache. In: Der Deutschunterricht. H. 52. S. 28–40.
Dudenredaktion (Hg.) 2009: Die Grammatik. Mannheim u. a.
Dudenredaktion (Hg.) 2014: Herkunftswörterbuch. Etymologie der deutschen Sprache. Mannheim u. a.
Dudenredaktion (Hg.) 2016: Versunkene Wortschätze. Berlin.
Fuhrhop, Nanna / Astrid Müller 2012: Fremdwörter der deutschen Sprache. Praxis Deutsch. H. 235. S. 4–13.
Giesecke, Michael 1992: Sinnenwandel. Sprachwandel. Kulturwandel. Frankfurt a. M.
Giesecke, Michael 2007: Die Entdeckung der kommunikativen Welt. Frankfurt a. M.
Günthner, Susanne 2008: „weil - es ist zu spät". Geht die Nebensatzstellung im Deutschen verloren? In: Markus Denker / Susanne Günthner / Wolfgang Imo / Jürgen Macha / Dorothee Meer / Benjamin Stoltenburg (Hg.): Frischwärts und unkaputtbar. Sprachverfall oder Sprachwandel im Deutschen. Münster. S. 103–128.
Kluge, Friedrich 2011: Etymologisches Wörterbuch der deutschen Sprache. Berlin u. a.
Luckmann, Thomas 1986: Grundformen der gesellschaftlichen Vermittlung des Wissens: Kommunikative Gattungen. In: Kölner Zeitschrift für Soziologie und Sozialpsychologie. H. 27. S. 191–211.
Nübling, Damaris / Antje Dammel / Janet Duke / Renata Szczepaniak 2013: Historische Sprachwissenschaft des Deutschen. Eine Einführung in die Prinzipien des Sprachwandels. 3. Auflage. Tübingen.
Polenz, Peter von 1999: Deutsche Sprachgeschichte vom Spätmittelalter bis zur Gegenwart. Bd 3. 19. und 20. Jahrhundert. Berlin u. a.
Praxis Deutsch 2009. Sprachwandel, hg. von Doris Tophinke. H. 215.
Schützeichel, Rudolf 2012: Althochdeutsches Wörterbuch. 7. Auflage. Berlin.
Tophinke, Doris 2009: Sprachwandel. In: Praxis Deutsch. H. 215. S. 4–13.
Tophinke, Doris 2016: Nähe, Distanz und Sprachgeschichte. In: Helmuth Feilke / Mathilde Hennig (Hg.): Zur Karriere von „Nähe und Distanz". Rezeption und Diskussion des Koch-Oesterreicher-Modells. Berlin u. a. S. 299–331.
Wegera, Klaus-Peter / Sandra Waldenberger 2012: Deutsch diachron. Eine Einführung in den Sprachwandel des Deutschen. Berlin.

G 10 Medialer Wandel

Doris Tophinke

Die Geschichte der deutschen Sprache ist eine Geschichte des medialen Wandels. Sie beginnt mit dem Aufkommen erster Texte in althochdeutscher bzw. altniederdeutscher Sprache im 8. Jahrhundert. Das Medium Schrift wird für die Volkssprache(n) erschlossen und ist nicht mehr dem Lateinischen vorbehalten. Von der Mitte des 14. Jahrhunderts an, im Zuge der Stadtentwicklung des Spätmittelalters, gewinnt die Schriftlichkeit zunehmend an Bedeutung, erfasst weite Bereiche des städtischen Alltagslebens (vgl. Polenz 2000, S. 114 ff.). In Verwaltung, Recht und Handel wird Schrift unentbehrlich. Dies wird unterstützt durch technologische Entwicklungen wie der Erfindung der Brille sowie durch das Aufkommen von Papier als Beschreibmedium (vgl. Polenz 2000, S. 116 ff.). Im Bereich der Literatur werden neben religiösen Inhalten zunehmend unterhaltende, weltliche und fachliche Inhalte wichtig.

Das nächste wichtige Ereignis der Mediengeschichte ist die Erfindung beweglicher Lettern durch Johannes von Gutenberg im 15. Jahrhundert. Sie vereinfacht den Buchdruck (vgl. Giesecke 2007, S. 198 ff.), erleichtert die Vervielfältigung und Verbreitung von Texten und kommt so dem seit dem 14. Jahrhundert gewachsenen Interesse an Lesetexten nach (vgl. Maas 1985). Neben dem handschriftlichen Schreiben, der Manuskriptkultur, etabliert sich eine Kultur des Herstellens und Lesens gedruckter Texte und Bücher, die neue Formen sprachlicher Gestaltung mit sich bringt (vgl. Giesecke 2007, S. 89 ff.), etwa auch eine Vereinheitlichung der Wortschreibungen. Eine weitere mediale Entwicklung stellt das Aufkommen von Zeitungen im 17. Jahrhundert dar, die eine – wenn auch zunächst nur kleine – Öffentlichkeit adressieren und den Anfang öffentlicher Kommunikation markieren (vgl. Burger / Luginbühl 2014, S. 41 ff.).

Das 20. Jahrhundert ist mediengeschichtlich äußerst ereignisreich. Es gibt eine ganze Reihe von technologischen Innovationen, die neue sprachlich-kommunikative Möglichkeiten schaffen: Dies sind das Telefon und vor allem die audiovisuellen Massenmedien Hörfunk, Film und Fernsehen (→ G 9). Es entwickeln sich nicht nur neue *mediale Gattungen* (Ayaß 2011) wie die Rundfunkreportage, sondern es entstehen auch medienspezifische sprachlich-kommunikative Praktiken mit besonderen räumlich-situativen Settings: das Telefonieren mit dem stationären Telefon oder das gemeinsame Schauen einer Fernsehsendung vor dem Fernsehgerät (zum Praktikenbegriff vgl. Deppermann / Feilke / Linke 2016).

Die jüngere Mediengeschichte bis in das 21. Jahrhundert ist durch den Computer und das Internet bestimmt. Der Computer hat sich zum multifunktionalen Instrument entwickelt. Programme ermöglichen es nicht nur, Bilder, Filme, Tondokumente und Schrifttexte zu speichern, zu präsentieren, zu bearbeiten und

SPRACHE

zusammenzuführen (vgl. Frederking / Krommer / Maiwald 2012, S. 52). Sie erzeugen auch virtuelle Räume für sozial-kommunikative Aktivitäten; dies gilt vor allem für die Social Media.

Das Medium Schrift

Wenn im 8. Jahrhundert die deutsche Sprache in Schrifttexten greifbar wird, hat die Schrift schon eine lange Geschichte hinter sich. Erfunden wird sie dabei nicht als Kommunikationsmedium, sondern als Mnemotechnik. Sie ist ein externer Speicher für erinnerungswürdige Informationen (vgl. Koch 1997). Sie entlastet nicht nur das menschliche Gedächtnis, sondern erweitert die Speichermöglichkeiten weit über das menschliche Gedächtnis hinaus. Schriftlichkeit als Mnemotechnik hat eine Schlüsselrolle im Rahmen der historischen Entwicklung gesellschaftlicher Bereiche gespielt, in denen die Speicherung von Informationen wichtig ist (vgl. Ong 2002). Dies gilt im Spätmittelalter für die Verwaltung der wachsenden Städte und auch für den Handel, der sich erst mit der Buchführung und dem schriftbasierten bargeldlosen Zahlungsverkehr entfalten konnte (vgl. Tophinke 2016, S. 315 ff.).

Seit dem Aufkommen erster deutscher Schrifttexte hat sich die deutsche Sprache stark verändert. Dies ist wesentlich eine Folge der Schriftlichkeit bzw. ihrer Verschriftlichung. Das Schreiben ist langsamer, kann unterbrochen und in Phasen zerlegt werden. Beim Schreiben bestehen keine interaktiven Zwänge. Der schriftliche Text ist dauerhaft fixiert, kann überarbeitet und mit Blick auf seine Funktion und die Textadressaten optimiert werden. Diese besonderen Bedingungen des Schreibens führen dazu, dass die Sprache grammatisch ausgebaut wird: Die Texte sind expliziter und stärker situationsentbunden verfasst. Sie weisen semantisch verdichtende Konstruktionen auf, so etwa Nominalisierungen (*Die Ware wurde teurer. Dies ärgerte die Kunden > Die Verteuerung der Ware ärgerte die Kunden*), Kompositabildungen (*der Kauf des Buches > Buchkauf*), Präpositionalgruppen (*unter Angabe, aufgrund der Vermehrung*) oder Partizipialattribute (*die bereits gestern zu einem guten Preis verkaufte Ware*).

Dialogisches Schreiben

In den digitalen Medien – in Chats, Foren, soziale Netzwerken – ist eine öffentliche, für (fast) jedermann sichtbare, dialogische Schriftlichkeit entstanden (vgl. Tophinke 2012). Basiert mündliche Dialogizität typischerweise auf der körperlichen und / oder stimmlichen Kopräsenz der Dialogpartner, so ist es in den digitalen Medien die computertechnisch hergestellte zeiträumliche Kopräsenz der Schrifttexte. Zum einen erreichen Dialogbeiträge die Adressaten, sofern sie online sind, sofort. Zum anderen bleiben sie in vielen Fällen in ihrem Nach- und Nebeneinander im Internet sichtbar. Es ergibt sich so eine dauerhafte Kopräsenz der Texte, die es ermöglicht, einen Dialog – auch nach längerer Zeit – fortzuführen. Formen dialogischer Schriftlichkeit gibt es auch außerhalb des Internets. Ein Beispiel ist der Brief. Bei diesem liegt aber immer ein zeiträumlicher Bruch vor, denn Briefpartner bzw. die Briefe befinden sich stets in verschiedenen Zeiträumen.

Das interaktive Schreiben dient oft der Herstellung und Pflege sozialer Beziehungen. Die besonderen Schreibungen, die umgangssprachliche und dialektale Formen aufgreifen (→ G 8), Varietäten und Andersschreibungen, die sich in den digitalen Texten finden, tragen dazu bei, diese Beziehungen informell auszugestalten.

Räumliche Mobilität

Befürchtet worden ist in der frühen Phase der digitalen Medien, dass die Möglichkeiten der virtuellen Beziehungspflege reale Versammlungsorte überflüssig machen (vgl. Virilio 2012). Diese Befürchtung hat sich nicht bestätigt. Aber die digitalen Medien haben den realen öffentlichen Raum erobert. Die Nutzung digitaler Technologien, das Telefonieren, das Schreiben / Lesen von Textbotschaften auf Mobilcomputern und auch deren Sound, die Telefongespräche und Klingelgeräusche, prägen den öffentlichen Raum mit. Elektronische Tafeln und Bildschirme, die fortlaufend wechselnde und auch filmische Informationen bieten, sind omnipräsent. Veränderungen haben sich vor allem durch das Aufkommen mobiler Minicomputer – Smartphones, Tablets, Uhren – ergeben (vgl. Rauterberg 2013, S. 45 ff.). Diese erlauben es, im virtuellen Raum konstant präsent zu sein und dort soziale Beziehungen zu pflegen, während man sich im realen öffentlichen Raum aufhält und auch dort in ein sozial-kommunikatives Geschehen eingebunden ist. Während die kommunikativen Aktivitäten im realen Raum Anfang und Ende haben, ist die Messenger-Kommunikation ein kontinuierliches Geschehen, das mit neuen Nachrichten kontinuierlich befeuert wird. Der Blick auf das Display des Smartphones und die Nachrichteneingabe sind Praktiken, mit denen Zeiten des Verweilens und Wartens gefüllt werden.

Medialer Wandel im Unterricht

Der mediale Wandel bietet viele Ansatzpunkte für die Sprachreflexion sowie die Untersuchung der Sprache und des Sprachgebrauchs. In historischer Perspektive bietet sich das Medium der Schriftlichkeit an. Denkbar sind Unterrichtsprojekte, die den historischen Wandel des Schreibens als Kulturtechnik und der Schrifttexte vergegenwärtigen und nachvollziehen. Hierzu gehören die Veränderungen der Beschreibstoffe und Schreibgeräte, der Schrifttypen, das Aufkommen des Buchdrucks, die Alphabetisierung der Bevölkerung oder der historische Lese- und Schreibunterricht. Dies lässt sich verbinden mit einem Archivbesuch, in dem historische Handschriften und Drucke im Original betrachtet werden und auf diese Weise die historische Manuskriptkultur greifbar wird.

Mit Blick auf die Gegenwart sind die digitalen Medien das zentrale Thema. Sie sind in mehrfacher Hinsicht schulisch relevant: Sie sind einmal Spielräume für das sprachliche Handeln, das Erzählen, Argumentieren, Beschreiben, Berichten und bieten gute technische Voraussetzungen für dialogisch-kooperative Formen des Schreibens. Dies lässt sich didaktisch vielfältig nutzen. Smartphones eröffnen mobile Möglichkeiten der fotographischen und filmischen Dokumentation und der Informationsrecherche (vgl. von Brand / Knopf 2017). Die digitalen Medien sind zum anderen eine Fundgrube für Texte, die die Sprachreflexion anregen können. Dies betrifft insbesondere das Andersschreiben (vgl. Tophinke 2010). Die oft sehr kreativen normabweichenden Schreibungen, wie sie in Foren, Blogs und sozialen Netzwerken produziert werden, lassen sich in ihren grammatischen, textuellen und orthographischen Formen sowie in ihren Funktionen thematisieren.

Literaturhinweise

Ayaß, Ruth 2011: Kommunikative Gattungen, mediale Gattungen. In: Stefan Habscheid (Hg.): Textsorten, Handlungsmuster, Oberflächen. Berlin u. a. S. 275–295.
Brand, Tilman von / Julia Knopf (2017): Deutsch per Smartphone. Praxis Deutsch. H. 265.
Burger, Harald / Martin Luginbühl 2014: Mediensprache. Eine Einführung in Sprache und Kommunikationsformen der Massenmedien. Berlin u. a.
Deppermann, Arnulf / Helmuth Feilke / Angelika Linke 2016: Sprachliche und kommunikative Praktiken: Eine Annäherung aus linguistischer Sicht. In: Arnulf Deppermann / Helmuth Feilke / Angelika Linke (Hg.): Sprachliche und kommunikative Praktiken. Berlin u. a. S. 1–24.
Frederking, Volker / Axel Krommer / Klaus Maiwald 2012: Mediendidaktik Deutsch. Eine Einführung. 2., neu bearb. und erw. Auflage. Berlin.
Giesecke, Michael 2007: Die Entdeckung der kommunikativen Welt. Frankfurt a. M.
Koch, Peter 1997: Graphé. Ihre Entwicklung zur Schrift, zum Kalkül und zur Liste. In: Peter Koch / Sybille Krämer (Hg.): Schrift, Medien, Kognition. Über die Exteriorität des Geistes. Tübingen. S. 43–81.
Maas, Utz 1985: Lesen – Schreiben – Schrift. Die Demotisierung eines professionellen Arkanums im Spätmittelalter und in der frühen Neuzeit. Zeitschrift für Literaturwissenschaft und Linguistik. H. 59. S. 55–81.
Ong, Walter Jackson 2002: Orality and Literacy. The Technologizing of the World. London.
Polenz, Peter von 1994: Deutsche Sprachgeschichte vom Spätmittelalter bis zur Gegenwart. Bd. 2. 17. und 18. Jahrhundert. Berlin u. a.
Polenz, Peter von 2000: Deutsche Sprachgeschichte vom Spätmittelalter bis zur Gegenwart. Bd. 1. Einführung, Grundbegriffe. 14. bis 16. Jahrhundert. 2., überarbeitete und ergänzte Auflage. Berlin u. a.
Rauterberg, Hanno 2013: Wir sind die Stadt! Urbanes Leben in der Digitalmoderne. Berlin.
Tophinke, Doris 2010: „Sooo schön". Andersschreiben untersuchen. Praxis Deutsch. H. 221. S. 32–38.
Tophinke, Doris 2012: Schreiben 2.0. Schriftlinguistische Beobachtungen und schriftdidaktische Perspektiven. In: Germanistische Mitteilungen. H. 38. S. 67–90.
Tophinke, Doris 2016: Nähe, Distanz und Sprachgeschichte. In: Helmuth Feilke / Mathilde Hennig (Hg.): Zur Karriere von „Nähe und Distanz". Rezeption und Diskussion des Koch-Oesterreicher-Modells. Berlin u. a. S. 299–331.
Virilio, Paul 2012: Die Auflösung des Stadtbildes. In: Jörg Dünne / Stephan Günzel (Hg.): Raumtheorie. Grundlagentexte aus Philosophie und Kulturwissenschaften. Frankfurt a. M. S. 261–273.

G 11 Bildungssprache

Helmuth Feilke

Was ist Bildungssprache?

„Wenn Kinder Sprache lernen, dann geht es nicht darum, daß sie sich dabei mit einer Form des Lernens unter anderen beschäftigen, sondern es geht um den Erwerb der Fundamente des Lernens selbst." (Halliday 1993, S. 93) Dieses Zitat des englischen Linguisten Halliday weist auf die zentrale Rolle sprachlicher Kompetenzen für alle Lern- und Bildungsprozesse hin. Das Konzept Bildungssprache bezieht sich auf die sprachlichen Formate und Prozeduren einer auf Texthandlungen wie Beschreiben, Vergleichen, Erklären, Analysieren, Erörtern etc. bezogenen Sprachkompetenz, wie man sie im schulischen und akademischen Bereich findet (vgl. Schleppegrell 2010, Vollmer/Thürmann 2010, Feilke 2012). Für das schulische Lernen wird einerseits die Beherrschung bildungssprachlicher Formen und Funktionen stillschweigend vorausgesetzt. Andererseits aber ist die Bildungssprache kein Thema im Unterricht. Dieses Missverhältnis hat dem Konzept eine hohe öffentliche Aufmerksamkeit verschafft. Bildungssprache ist bildungspolitisch brisant, denn von ihr hängt der Schulerfolg im Ganzen ab. „Auf der normativen Ebene ist mit Bildungssprache dasjenige Register bezeichnet, dessen Beherrschung von ‚erfolgreichen Schülerinnen und Schülern' erwartet wird", schreiben Gogolin/Lange (2011, S. 111). Dieser normative Aspekt ist kritisch im Blick zu behalten, denn die Sprachprobleme können auch Schüler ausschließen, die sehr wohl lernfähig und kompetent sind. Allerdings ist es ein Gewinn der neueren Fachdiskussion, dass Bildungssprache nicht in erster Linie als Bildungsbarriere, sondern kommunikativ und kognitiv als sprachliche Ressource des Lernens verstanden wird. Bildungssprache ist kommunikativ auf vorwiegend schriftliche Situationen bezogen, auch wenn sie zugleich medial mündlich im Gebrauch ist. Damit verbunden sind Sprachformen, die eine vom Situationskontext weitgehend abgelöste Verständigung ermöglichen und insofern von den Sprechern auch kognitiv ein abstrahierendes Sprachdenken verlangen (vgl. Donaldson 1982, Koch/Oesterreicher 2007).

So sind etwa in Passivkonstruktionen (der Quark *wird* unter Rühren langsam *erhitzt*), in Partizipialattributen (die *verflüssigte Masse* mit Salz würzen) und in Komposita (*Kochkäse*) jeweils komplexe Aussagen „eingepackt": Das Passiv „wird ... erhitzt" sagt nichts dazu, wer, wann und wo rührt, auch, weil das für den Sachverhalt unwichtig ist; es hat eine sogenannte „generische", verallgemeinernde Funktion. Das Partizipialattribut „verflüssigt" setzt ein Passiv voraus, das Kompositum „Kochkäse" schließlich enthält gleich mehrere mögliche Aussagen, z. B. „Der Käse wurde gekocht" oder „Der Käse dient zum Kochen" oder „Den Käse isst der Koch am liebsten" usw. Hier wird für das Verstehen jeweils schon ein

Verständnis vorausgesetzt. Wenn die Formen auf abstrakte, etwa mathematische Sachverhalte, bezogen werden, wird das Verstehen zusätzlich schwieriger, z. B.: Die Summe *wird multipliziert mit …*, die *resultierende Differenz, …* die *Schnittmenge.* Abb. 6 zeigt, wie die Leistungen der Bildungssprache durch grammatische Mittel gestützt werden: Das Explizitmachen und Erläutern ist wichtig für das Verstehen. Komplementär dazu stellt die Bildungssprache aber auch Mittel zur Verdichtung, zum Verpacken von Aussagen zur Verfügung. Die Bildungssprache stützt sprachlich das Verallgemeinern: Der Satz „Die Katze frisst Mäuse" bezieht sich nicht auf eine bestimmte Katze und bestimmte Mäuse und auch nicht auf ein Hier und Jetzt. Er gilt vielmehr für das Verhältnis von Katzen und Mäusen generell. Der Artikelgebrauch ist generisch, ebenso wie das Präsens als Zeitform, das hier eben nicht Gegenwart bedeutet. Während das Verallgemeinern Sicherheit des Wissens signalisieren soll, kann wiederum komplementär durch Konjunktiv und Modalkonstruktionen signalisiert werden, dass Aussagen nur eingeschränkt gelten und diskussionsbedürftig sind.

Schon an den grammatischen Mitteln sieht man: Die Bildungssprache ist keine Fach- oder Wissenschaftssprache. Als „Verkehrssprache der Öffentlichkeit" schafft sie Voraussetzungen dafür, dass Mitglieder der Gesellschaft „sich mit den Mitteln der allgemeinen Schulbildung ein Orientierungswissen verschaffen können" (Habermas 1981, S. 345).

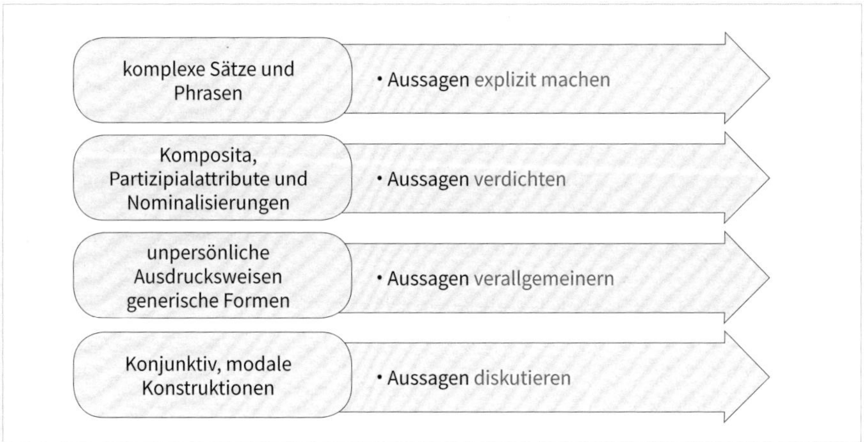

Abb. 6: Grammatische Formen und bildungssprachliche Funktionen (vgl. Feilke 2012, S. 8 f.)

Herausforderungen im Erwerb

Am Beispiel des Verstehens von mathematischen Textaufgaben zeigen Gogolin / Kaiser / Roth et al. (2004), dass Schüler nichtdeutscher Muttersprache vergleichsweise größere Schwierigkeiten haben; aber dies ist eine von der Herkunftssprache unabhängige Herausforderung: Auch muttersprachlich deutsche Lerner haben hier oft große Probleme (vgl. Siebert-Ott 2001, Gogolin / Kaiser / Roth et al. 2004, Eckhardt 2008). Müller / Dittmann (2007) heben hervor, dass sich für einsprachige wie für mehrsprachige Schüler das „schulsprachliche Selbstvertrauen" als eine ausschlaggebende Größe zeige. Dieses Selbstvertrauen wird nicht zuletzt durch die unterrichtlichen Spracherfahrungen geprägt und bestimmt. Ein Problem für den schulischen Erwerb der Bildungssprache ist, dass die sprachlichen Mittel nicht einfach wie Vokabeln gelernt werden können. Ihr Erwerb ist an bildungssprachliche „Praktiken" (vgl. Morek / Heller 2012) gebunden, z. B. eine Untersuchungsfrage stellen, einen Begriff definieren, ein Konzept strukturieren, einen Text zusammenfassen usw. Solche Praktiken müssen auch schulisch erst gelernt werden, wenn Grammatik und Wortschatz der Bildungssprache ein Fundament im Erwerb haben sollen. Zum Kapital kann die bildungssprachliche Münze nur für die werden, die eine Idee davon haben, wozu und wie sie eingesetzt werden kann. Ortner (2009, S. 2230) spricht deshalb sehr zutreffend von einem „bildungssprachlichen Handlungssystem". Für die Kompetenz kommt es darauf an, die bildungssprachlichen Werkzeuge passend verwenden zu können. Eine explizite Vermittlung muss deshalb didaktisch an entsprechende Handlungskontexte und Funktionen angebunden werden (vgl. Ahrenholz 2009).

Sprachdidaktische Aspekte

Abb. 7 versucht, in stark vereinfachender Weise die in der Diskussion für die Förderung bildungssprachlicher Fähigkeiten immer wieder herausgestellten Aufgaben des Unterrichts im Zusammenhang darzustellen und miteinander zu verbinden.

- Koordination: Diagnostik (vgl. Gantefort / Roth 2010) und Förderung bildungssprachlicher Kompetenzen sind eine Aufgabe der gesamten Schulzeit in allen Fächern. Dies fasst das Prinzip der sogenannten durchgängigen Sprachbildung (vgl. Gogolin / Lange 2011) durch fächerübergreifende (horizontale) und schulstufenübergreifende (vertikale) Kooperationen. Die Idee des content and language integrated learning (CLIL) setzt die Erkenntnis um, dass das Verstehen und Bearbeiten von Aufgaben in allen Fächern nicht nur vom fachlichen Wissen, sondern auch vom sprachlichen Können abhängig ist (vgl. Michalak / Lemke / Goeke 2015).
- Wie kann ein situierter Lernkontext geschaffen werden, der die Förderung bildungssprachlicher Praktiken stützt? Es sollten Kontexte konstruiert werden, in denen der Formengebrauch ebenso wie deren Reflexion pragmatisch motiviert ist. Das können auch Szenarios, Spiele und Simulationen sein. Anzustreben ist eine funktionale Einbettung; zu vermeiden ist die Isolierung bildungssprachlicher Formen nach dem Muster: „Wir kommen jetzt mal zum Passiv."
- Welche Handlungen (z. B. Beschreiben, Erklären, Argumentieren) sind hier wichtig, und welche sprachlichen Mittel werden mit diesen Handlungen ver-

SPRACHE

bunden? Wie kann Sprachaufmerksamkeit dafür erzeugt werden? Wie können die Mittel durch die Schüler geordnet und für weitere Anwendungen zur Verfügung gestellt werden? (vgl. Bachmann / Feilke (Hg.) 2014)

- Wie können in Kooperationen bildungssprachlich stärkere Schüler die schwächeren stützen?
- Wie kann die Mittelanwendung modelliert und gezeigt werden? Lehrer oder auch Schüler sollten exemplarisch Problemlösungen inszenieren und vorspielen.
- Welche Lernaufgaben bieten den Schülerinnen und Schülern geeignete Anlässe, die gewonnenen Mittel auszuprobieren und wieder in eigene Produktionen einzubetten?

Abb. 7: Teilaufgaben der Förderung bildungssprachlicher Kompetenzen

Literaturhinweise

Ahrenholz, Bernt 2009: Vom Nutzen der Zweitspracherwerbsforschung für die Ausbildung von Lehrerinnen und Lehrern. In: Zeitschrift für Literaturwissenschaft und Linguistik. H. 153. S. 26 – 38.

Bachmann, Thomas / Helmuth Feilke (Hg.) 2014: Werkzeuge des Schreibens. Beiträge zu einer Didaktik der Textprozeduren. Stuttgart.

Donaldson, Margaret 1982: Wie Kinder denken. Intelligenz und Schulversagen. Bern.

Eckhardt, Andrea G. 2008: Sprache als Barriere für den schulischen Erfolg. Potentielle Schwierigkeiten beim Erwerb schulbezogener Sprache für Kinder mit Migrationshintergrund. Münster.

Feilke, Helmuth 2012: Bildungssprachliche Kompetenzen – fördern und entwickeln. In: Praxis Deutsch. H. 233. S. 4–13.
Gantefort, Christoph / Hans-Joachim Roth 2010: Sprachdiagnostische Grundlagen für die Förderung bildungssprachlicher Fähigkeiten. In: Zeitschrift für Erziehungswissenschaften. H. 13. S. 573 - 591.
Gogolin, Ingrid / Gabriele Kaiser / Hans-Joachim Roth / Astrid Deseniss / Britta Hawighorst / Inga Schwarz 2004: Mathematiklernen im Kontext sprachlich-kultureller Diversität (DFG Go 614 / 6). Abschlussbericht. Hamburg.
Gogolin, Ingrid / Imke Lange 2011: Bildungssprache und durchgängige Sprachbildung. In: Sara Fürstenau / Mechthild Gomolla (Hg.): Migration und schulischer Wandel. Wiesbaden. S. 107 - 129.
Habermas, Jürgen 1981: Umgangssprache, Wissenschaftssprache, Bildungssprache. In: Kleine politische Schriften I - IV. Frankfurt a. M. S. 340 - 363.
Halliday, Michael A. K. 1993. Towards a Language-Based Theory of Learning. In: Linguistics and Education 5 / 2. S. 93–116.
Koch, Peter / Wulf Oesterreicher 2007: Schriftlichkeit und kommunikative Distanz. In: Zeitschrift für germanistische Linguistik 35.3. S. 346 - 375.
Michalak, Magdalena / Valerie Lemke / Marius Goeke 2015: Sprache im Fachunterricht. Tübingen.
Morek, Miriam / Vivien Heller 2012: Bildungssprache: Kommunikative, epistemische, soziale und interaktive Aspekte ihres Gebrauchs. In: Zeitschrift für Angewandte Linguistik. H. 57. S. 67 - 101.
Müller, Romano / Nora Dittmann-Domenichini 2007: Die Entwicklung schulisch-standardsprachlicher Kompetenzen in der Volksschule. Eine Quasi-Längsschnittstudie. In: Linguistik-Online 32 / 3. S. 71 - 93.
Ortner, Hanspeter 2009: Rhetorisch-stilistische Eigenschaften der Bildungssprache. In: Ulla Fix / Andreas Gardt / Joachim Knape (Hg.): Rhetorik und Stilistik. Bd. 2. Berlin. S. 2227- 2240.
Schleppegrell, Mary. J. 2010 [2004]: The Language of Schooling. A Functional Linguistics Perspective. New York.
Siebert-Ott, Gesa 2001: Frühe Mehrsprachigkeit. Tübingen.
Vollmer, Helmut Johannes / Eike Thürmann 2010: Zur Sprachlichkeit des Fachlernens. In: Bernt Ahrenholz (Hg.): Fachunterricht und Deutsch als Zweitsprache. Tübingen. S. 107 - 132.

G 12 Lernerfolgskontrollen im Lernbereich Sprache und Sprachgebrauch untersuchen

Astrid Müller

Leistungserfassung im Lernbereich Sprache und Sprachgebrauch untersuchen

In Leistungssituationen sollen Schülerinnen und Schüler zeigen können, was sie im vorangegangenen Unterricht gelernt haben. Die Leistungserfassung kann Lehrpersonen darüber hinaus helfen, den durch Lehr-Lern-Prozesse bedingten Lernerfolg zu verdeutlichen und nächste Lernschritte für einzelne Schülerinnen und Schüler oder für Lerngruppen bzw. ganze Klassen abzuleiten. Die in solchen Situationen erbrachte Leistung als Ergebnis von unterrichtlichen Lehr-Lern-Prozessen (die nicht zwangsläufig in einer Notengebung enden muss) ist folglich von Bedeutung für das weitere Lernen.

Für den Lernbereich *Sprache und Sprachgebrauch untersuchen* stellt sich dabei das Problem, wie mit der Zweiteilung des sprachreflexiven Lernens (in einen „reflexionsorientierten Schreibunterricht“ und einen propädeutischen „Grammatikunterricht“; Pohl 2014, S. 253) in Leistungssituationen umgegangen werden kann. Grammatisches Lernen erfolgt stark lernbereichsübergreifend, Grammatik lernen (→ G Überblicksbeitrag) nicht und vor allem nicht in den ersten Lernjahren als isoliertes Einüben von Begriffen, sondern in unterrichtlichen Kontexten, die ein reflektiertes Entdecken von Form-Funktions-Zusammenhängen ermöglichen. Dafür sind häufig Texte in kommunikativen Handlungssituationen die Basis.

Angemessene Möglichkeiten und Formen von Lernerfolgskontrollen sind demnach immer davon abhängig, von welchen Zielen und Inhalten des Lernbereichs Lehrkräfte ausgehen (können / müssen / sollen). Nimmt man die derzeitigen Bildungsstandards (vgl. KMK 2003, 2004) als Grundlage für Überlegungen zu Zielen und Inhalten des Lernens und den daraus resultierenden Leistungsaufgaben, so wird deutlich, dass die geforderte integrative Ausrichtung der Lernbereiche (vgl. ebd., S. 6) keine Leistungsaufgaben hervorbringen darf, die auf das Abfragen von Termini und insgesamt auf das isolierte Erfassen von deklarativem Wissen (Kennen und Benennen) ausgerichtet sind. So wird in den Bildungsstandards u. a. gefordert: „Die grammatische Terminologie wird nicht im Sinne eines isolierten Begriffswissens, sondern stets im funktionalen Zusammenhang angewandt“ (ebd., S. 9). Aufgaben dieses Typs (z. B. *Unterstreiche alle Verben; Bestimme alle Nebensätze*) zeichnet jedoch ein großes Beharrungsvermögen in der grammatikdidaktischen Aufgabenkultur aus – häufig in Ermangelung alternativer Formate. Sie finden sich u. a. in den Leistungsaufgaben wieder, die für die länderübergreifenden Vergleichsarbeiten (VERA) konzipiert wurden. Diese länderübergreifenden Arbeiten sind u. a. darauf ausgerichtet, die Erfüllung der Bildungsstandards zu überprüfen. Dass die für den Lernbereich *Sprache und Sprachgebrauch untersuchen* formulierten Aufgaben diesen Ansprüchen nicht genügen können, liegt auf der Hand, denn es geht hier häufig um das Abfragen von Begriffswissen und nicht darum, zu überprüfen, ob Schülerinnen und Schüler mithilfe bestimmter operativer Verfahren die Leistung sprachlicher Formen untersuchen können. Das zeigt beispielhaft die folgende Aufgabe:

Wie heißt das, was unterstrichen ist?
Ordne jeweils den richtigen Buchstaben zu! Drei Buchstaben bleiben übrig.

Hier Buchstaben eintragen ▼	
	Weil er seine Bewerbungsunterlagen nicht rechtzeitig abgegeben hatte, konnte seine Bewerbung nicht mehr berücksichtigt werden.
	Die Bewerbung wird nur dann berücksichtigt, wenn die Unterlagen vollständig sind.
	Der Lebenslauf, ein Teil der Bewerbungsunterlagen, sollte nicht zu umfangreich sein.

A: Apposition	D: Kausalsatz
B: Relativsatz	E. Finalsatz
C: Konditionalsatz	F: Infinitivsatz

Abb. 8: VERA-Aufgabe für Klasse 8, 2009. Quelle: https://www.iqb.hu-berlin.de/vera/aufgaben/de1

Leistungsaufgaben, die hingegen stärker auf das Erfassen des sprachlichen bzw. grammatischen Könnens ausgerichtet sind (*Setze die Verben in der richtigen Form ein*), sind häufig ebenso wenig geeignet, um das zu ermitteln, was im Lernbereich *Sprache und Sprachgebrauch untersuchen* tatsächlich gelernt werden soll. Sprachversierte Lernerinnen und Lerner können solche Aufgaben auf der Grundlage ihres impliziten, außerhalb des Unterrichts erworbenen Sprachkönnens zumeist problemlos lösen. Exemplarisch sei dazu noch einmal auf Aufgaben aus dem VERA-Aufgabenpool für die 3. bzw. 8. Klasse, die das IQB für die Vergleichsarbeiten 2012 bzw. 2009 entwickelt hat, verwiesen:

Im folgenden Text wird beschrieben, wie der Reisbrei zubereitet wird.

Setze die Verben in der richtigen Form ein.

Beispiel: Zuerst ***stellst*** (stellen) du alle Zutaten bereit.

Dann ____________________ (schütten) du die Milch in einen Topf.

Danach ________________ (geben) du Butter und Salz hinzu.

Nun ____________________ (erhitzen) du die Milch.

Jetzt ___________________ (rühren) du den Reis mit einem Schneebesen hinein.

Abb. 9: VERA 3, 2012: Aufgabe 3. Quelle: https://www.iqb.hu-berlin.de/vera/aufgaben/dep

Du wartest in der Kassenschlange im Supermarkt, willst nur einen Artikel kaufen und hast es eilig. Die Person vor dir hat einen vollen Einkaufswagen.

Formuliere eine höfliche Frage, die dazu führen könnte, dass man dich vorlässt.

✍ ____

____

____

____

Abb. 10: VERA 8, 2009: Aufgabe „Höflich“. Quelle: https://www.iqb.hu-berlin.de/vera/aufgaben/de1

Die aktuelle Situation, die sich für die Leistungsüberprüfung auf der Grundlage von zentral gestellten Aufgaben und von Aufgaben, die sich aus dem Unterricht in der einzelnen Klasse ergeben, beschreiben Gornik/Granzow-Emden (2008) so: „Abgefragt wird überproportional häufig […], ob die Schüler(innen) grammatische Fehler korrigieren oder grammatische Formen ergänzen, ob sie grammatische Termini Sprachbeispielen zuordnen können oder umgekehrt Sprachbeispiele grammatischen Termini. […] Wenn es um das Ergänzen oder Korrigieren von Formen geht, ist die grammatische Richtigkeit im Fokus.“ (S. 133)

Alternative Leistungsaufgaben

Mit Kühn (2014) sollten Leistungsaufgaben im Lernbereich *Sprache und Sprachgebrauch untersuchen* „auf das Sprachhandeln der Schülerinnen und Schüler“ und

„auf Text(sorten) bezogen“ und „lernerorientiert, konstruktiv und kreativ ausgerichtet sein“ (ebd., S. 491). Leistungsaufgaben, die diesen Anforderungen entsprechen, liegen bislang nur exemplarisch für einzelne sprachliche Phänomene vor. Sie können als Anregungen verstanden werden, wie die bisherige Wissens-Abfrage-Aufgabenpraxis überwunden werden kann.

So können Leistungsaufgaben dazu anregen, bestimmte grammatische Formen in Sätzen und Texten hinsichtlich ihrer Funktion zu untersuchen: Aufgaben, in denen es um die schwierige Unterscheidung zwischen präpositionalen Objekten und adverbialen Bestimmungen geht bzw. um den Unterschied zwischen Subjekten und Akkusativobjekten, finden sich z. B. bei Gornik / Weise (2009). Was Modalverben in Texten leisten und wie man sie verwenden kann, wird in dem Aufgabenvorschlag von Karrasch (2011) thematisiert. Hier geht es zudem um das Erfassen von Leistungen in verschiedenen Anforderungsbereichen: Reproduzieren, Analysieren, Anwenden, sodass es Möglichkeiten zur leistungsbezogenen Differenzierung gibt. Differenzierungsmöglichkeiten sind in dem Modell von Peyer (2009) so angelegt, dass Schülerinnen und Schüler bei der Bearbeitung der Aufgaben zur Verwendung von sprachlichen Mitteln zur direkten und indirekten Rede selbst einschätzen können, welche Anforderungen sie bereits erfüllen können.

Um das Ergänzen von Texten mit entsprechenden Verknüpfungsmitteln und um die Satzveränderungen, die durch das Einsetzen von Subjunktionen, Konjunktionen oder Adverbien bedingt sind, geht es in dem Vorschlag von Topalovic / Tophinke / Uhl (2013), aus dem sich entsprechende Leistungsaufgaben entwickeln lassen. Die Untersuchung gewaltverschleiernden Sprachgebrauchs steht im Mittelpunkt des Vorschlags von Müller (2014). Um integrative Formen der Leistungsüberprüfung geht es bei Rödel (2016) – hier müssen die Schülerinnen und Schüler Überarbeitungsvorschläge zu Redewiedergaben entwickeln und Begründungen für ihre Vorschläge nennen. In dem Modell von Mudrak (2013) sollen (literarische) Texte unter grammatischen Gesichtspunkten analysiert und verglichen werden. Diese Aufgaben eint, dass sie als Ausgangspunkt Texte bzw. Sätze wählen, neben implizitem Sprachwissen Reflexion, z. B. in Form von Begründungen, gefordert ist.

Aufgabenformate, die darauf ausgerichtet sind, sprachbetrachtende Aktivitäten (wie Ordnen, Analysieren, Vergleichen, Begründen) bei der Untersuchung von einzelnen Wörtern und Sätzen zu überprüfen, haben bereits einen Platz im Unterricht, wenn ermittelt werden soll, ob die Schülerinnen und Schüler komplexe Wörter in ihre Bestandteile zerlegen können. Die morphologische Analyse kann nämlich sowohl die Dekodier- als auch die Rechtschreibfähigkeit unterstützen helfen (→ G 1). Dazu eignen sich z. B. Aufgaben, die verlangen, in vorgegebenen komplexen Wörtern die Wortstämme zu identifizieren oder aus vorgegebenen Wörtern das Wort zu streichen, das nicht in die Reihe passt („Einer raus“). Die Wortreihe kann dabei semantische, wortbildungsmorphologische oder flexionsmorphologische Kriterien (→ G 2) berücksichtigen. Darüber hinaus können die

SPRACHE

Schülerinnen und Schüler aufgefordert werden, ihre jeweilige Entscheidung zu begründen. Aufgaben, in denen ein Wort nach dem in den vorgegebenen Wörtern erkennbaren Wortbildungsmuster zu ergänzen ist, erfüllen ebenfalls die Forderung, lernerorientiert, konstruktiv und kreativ Leistung zu überprüfen. Mithilfe von Aufgaben, die auf das Anwenden grammatischer Operationen ausgerichtet sind (Vorfeldprobe oder Umstellprobe durchführen; vgl. Ossner 2008, S. 231 ff.), kann überprüft werden, ob die Schülerinnen und Schüler diese für die Satzanalyse wichtigen Verfahren sicher anwenden können. Solche Aufgaben sind gleichzeitig darauf ausgerichtet, in Leistungssituationen zu lernen und das Ergebnis solcher (nicht notengebundenen) Leistungsüberprüfungen für metakognitive Reflexionen zu nutzen (→ H 8).

Literaturhinweise

Gornik, Hildegard / Matthias Granzow-Emden 2008: Sprachthematisierung und grammatische Begriffe. In: Didaktik Deutsch. Sonderheft 2. S. 127–138.

Gornik, Hildegard / Anja Weise 2009: „Da steckt immer ‚wem' drin, wer was kriegt." Den Begriff Objekt entwickeln. In: Praxis Deutsch. H. 214. S. 18–25.

Institut für Qualitätsentwicklung im Bildungswesen (Hg.) o. J.: VERA-Beispielaufgaben Deutsch. In: https://www.iqb.hu-berlin.de/vera/aufgaben/dep, recherchiert am 21. 3. 2017.

Karrasch, Günter 2011: „Die können sollen, müssen wollen dürfen". Modalverben in Sätzen. In: Praxis Deutsch. H. 226. S. 46–52.

Kühn, Peter (2014): Leistungsaufgaben zu grammatischem Wissen. In: Hildegard Gornik (Hg.): Sprachreflexion und Grammatikunterricht. 2. Auflage. Baltmannsweiler. S. 473–495.

Kultusministerkonferenz (Hg.) 2003: Bildungsstandards im Fach Deutsch für den Mittleren Schulabschluss.

Kultusministerkonferenz (Hg.) 2004: Bildungsstandards im Fach Deutsch für den Primarbereich.

Mudrak, Andreas 2013: Der Einstieg in die fiktionale Welt. Satzgestaltung in literarischen Erzähleingängen. In: Praxis Deutsch. H. 242. S. 50–59.

Müller, Karla 2014: Gewaltverschleiernder Sprachgebrauch im Nationalsozialismus. In: Praxis Deutsch. H. 246. S. 31–39.

Ossner, Jakob 2008: Sprachdidaktik Deutsch. Eine Einführung für Studierende. Paderborn.

Peyer, Ann 2009: Leistungsaufgaben differenziert stellen. Direkte und indirekte Rede in eigenen Texten anwenden. In: Praxis Deutsch. H. 214. S. 26–33.

Pohl, Thorsten 2014: Sprachreflexion und Texte verfassen. In: Hildegard Gornik (Hg.): Sprachreflexion und Grammatikunterricht. 2. Auflage. Baltmannsweiler. S. 242–265.

Rödel, Michael 2016: Möglichkeiten der Redewiedergabe bei Textinterpretationen. In Texten auf Texte und Materialien Bezug nehmen. In: Praxis Deutsch. H. 256. S. 50–58.

Topalovic Elvira / Doris Tophinke / Benjamin Uhl 2013: Kleine Wörter – große Wirkung. Texte schreiben mit und, trotzdem und weil. In: Praxis Deutsch. H. 238. S. 22–25.

ÜBERGREIFENDE THEMEN | H

H 1 Curriculare Vorgaben

Tilman von Brand

Eine viel rezipierte Studie zur Akzeptanz und Wirkung von Lehrplänen in der Sekundarstufe (vgl. Vollstädt / Tillman / Rauin et al. 1999) brachte Bemerkenswertes zutage: Mehr als ein Drittel der befragten Lehrkräfte hatte das letzte Mal vor zwei Jahren oder sogar vor noch längerer Zeit in die für die eigenen Fächer gültigen Vorgaben geschaut. Die Mehrheit gab sogar an, über keine guten oder sehr guten Kenntnisse derselben zu verfügen (ebd., S. 81). Dies erstaunt insofern, als die Rahmenrichtlinien / (Kern-)Lehrpläne / Rahmenpläne / Bildungspläne / Kerncurricula der Bundesländer den normativen Rahmen für die Unterrichtsinhalte und -gestaltung vorgeben, an dem sich alle Lehrkräfte verbindlich zu orientieren haben.

Auch wenn es seit Gründung der Ständigen Konferenz der Kultusminister der Länder (KMK) 1948 beständig Bestrebungen gab, Vereinheitlichungen im Bildungssektor herbeizuführen, ist es doch erst in Folge der ersten PISA-Studie zur Formulierung national geltender „Bildungsstandards zur Entwicklung und Vergleichbarkeit der Qualität schulischer Bildung im föderalen Wettbewerb der Länder" durch die KMK (2004) gekommen. Diese gelten seit dem Schuljahr 2016 / 17 bundesweit und für alle allgemeinbildenden Schulformen.

Die curricularen Vorgaben sind prinzipiell hierarchisch gegliedert: Oben stehen dabei die Bildungsstandards, die für die gesamte Republik gelten, auf der mittleren Ebene die Rahmenpläne der einzelnen Bundesländer und ganz unten schließlich die Curricula der einzelnen Schulen. Hierarchisch heißt nun einerseits, dass die Vorgaben einer niedrigeren denen einer höheren Ebene nicht widersprechen dürfen und dass das Maß an Konkretion nach unten hin immer weiter zunimmt.

Nationale Bildungsstandards

In den national geltenden Bildungsstandards haben sich die Bundesländer auf kompetenzorientierte Standards geeinigt, die „definieren, welche auf Wissen basierenden Fähigkeiten und Fertigkeiten Schülerinnen und Schüler zu bestimmten Zeitpunkten in der Bildungslaufbahn entwickelt haben sollen" (Becker-Mrotzek / Stanat / Hoffmann 2015, S. 10). Als Regelstandards formuliert, geben sie durchschnittliche Leistungserwartungen an und bilden damit einen verbindlichen Orientierungsrahmen für alle schulischen Bildungsprozesse. Für das Fach Deutsch liegen Bildungsstandards seit 2003 für den Mittleren Schulabschluss (Jahrgangsstufe 10), seit 2004 für den Hauptschulabschluss (Jahrgangsstufe 9) sowie den Primarbereich (Jahrgangsstufe 4) vor. 2012 verabschiedete die KMK schließlich noch Bildungsstandards für die Allgemeine Hochschulreife, die auf den bereits 2002 beschlossenen Einheitlichen Prüfungsanforderungen für die Abiturprüfung (EPA) aufbauten. Jene sind seit dem Schuljahr 2016/17 bundesweit gültig, sodass nun für alle Schulabschlüsse verbindliche Vorgaben gelten.

Die Bildungsstandards greifen die Grundprinzipien des Faches auf und bauen dabei immer noch auf der von Herrmann Helmers 1966 erstmals vorgenommenen Einteilung in – heute vier – Lernbereiche auf. Dabei zielen sie „auf systematisches und vernetztes Lernen und folgen so dem Prinzip des kumulativen Kompetenzerwerbs" und „beschreiben Leistungen im Rahmen von Anforderungsbereichen" (KMK 2004, S. 8). Aufgrund ihres großen Maßes an Abstraktion werden die Standards grundsätzlich durch Aufgabenbeispiele ergänzt, mit denen veranschaulicht werden soll, wie eine konkrete Umsetzung im Rahmen des schulischen Unterrichts gestaltet werden könnte.

Die Einführung der kompetenzorientierten Bildungsstandards stellte einen bildungspolitischen Paradigmenwechsel von der Input- zur Output- oder auch Outcome-Orientierung dar. Das heißt, dass die curricularen Vorgaben nicht mehr primär die Lerngegenstände benennen und anordnen sollten, sondern vielmehr festlegen, was zum Ende eines Bildungsabschnitts von den Schülerinnen und Schülern zu leisten ist. Eng hiermit verbunden ist die Einführung von Vergleichsarbeiten (VerA) in verschiedenen Jahrgangsstufen, mit deren Hilfe Lernstände systematisch erfasst und verglichen werden sollen, womit zugleich die gesetzten Standards evaluiert werden (→ H 6, H 8). Der Verzicht auf verbindliche Unterrichtsinhalte ist dabei nicht unproblematisch, wie Kämper-van den Boogaart feststellt, denn der „Verzicht auf ein Beschreiben der Inhalte nötigen Wissens lässt Standards vage und bezuglos erscheinen" (Kämper-van den Boogaart 2014, S. 32).

Rahmenpläne der Bundesländer

Trotz der Einigung auf national verbindliche Vorgaben konkretisieren die Rahmenpläne der einzelnen Bundesländer die Bildungsstandards in sehr unterschiedlicher Weise und bringen damit die Kulturhoheit der Länder stark zum Ausdruck. Schon die terminologischen Unterschiede fallen schnell auf (von Lehrplan bis Kerncurriculum) und lassen erahnen, welch unterschiedlichen Vorstellungen normativer Gestaltungsmacht die jeweiligen Kommissionen gefolgt sind (vgl. von Brand 2016, S. 24–30). Während beispielsweise in Niedersachsen in den erlassenen Kerncurricula die Bildungsstandards nur mäßig konkretisiert und auch nur Kompetenzziele im Zweijahresrhythmus aufgestellt wurden, geben die sächsischen Lehrpläne für alle Schuljahre sogar den Stundenumfang vor, in welchem die einzelnen Kompetenzbereiche zu unterrichten sind, und legen konkrete Inhalte hierzu fest. Trotz der Einteilung in Lernbereiche, die sich auch in allen Vorgaben der Bundesländer fortsetzt, gilt bundesweit die Forderung nach Lernbereichsintegration, also nach Vernetzung von Teilkompetenzen und Lerninhalten unterschiedlicher Bereiche. So sollen insbesondere Grammatik und Rechtschreibung nicht als isolierte Phänomene betrachtet, sondern im Kontext konkreter Sprachverwendung beispielsweise im Bereich *Schreiben* oder aber im *Umgang mit Texten* verortet werden.

Die Rahmenpläne neuerer Generation sind zudem spiralcurricular aufgebaut: Die geforderten Kompetenzen in den einzelnen Lernbereichen finden sich über die Jahre immer wieder aufs Neue genannt und werden so durch Wiederholung, Anknüpfung und Progression im Laufe der Schulzeit kontinuierlich ausgebaut.

Stärker noch als den nationalen Bildungsstandards kommen den Rahmenplänen der Bundesländer Legitimationsfunktionen zu (vgl. Kämper-van den Boogaart 2014, S. 19), da hier kodifiziert steht, welche Aufgaben die Schulen im Auftrag des Staates zu erfüllen haben. Ein wichtiges Instrument zur Stärkung dieses Anspruchs ist die in der Verantwortung der Länder liegende Gestaltung der Stundentafel, also der Festlegung des Umfangs, in welchem die Fächer in den einzelnen Jahrgangsstufen unterrichtet werden. Auch finden sich hier meist Vorgaben zur Anzahl und Art der Klassenarbeiten / Leistungsüberprüfungen. Daher sind Rahmenpläne immer auch politische Dokumente, die sich beispielsweise daraufhin diskutieren lassen, ob das Maß an literarischer Bildung noch zur Individuation, Enkulturation und Sozialisation der Lernenden genügt, oder „ob das durch sie repräsentierte Bildungsprofil den gegenwärtigen und zukünftigen Erfordernissen des qualifizierten Berufslebens bzw. den Rekrutierungsinteressen der Industrie entspricht“ (ebd., S. 17).

Schulinterne Curricula

Schulinterne Curricula sind nicht unbedingt vorgeschrieben, aus schulorganisatorischen Gesichtspunkten aber meist unerlässlich. In ihnen wird in aller Regel die Verteilung der Unterrichtsgegenstände und -inhalte über das Jahr hinweg organisiert. Darum werden sie vielfach auch – entgegen der aktuellen Tendenz zur Entwicklung von Kompetenzen – als Stoffverteilungspläne bezeichnet. In denjenigen Bundesländern, deren Rahmenpläne in Zweijahresrhythmen gegliedert sind (mittlerweile die Mehrzahl), muss darüber hinaus eine feinere Verteilung auf die einzelnen Schuljahre vorgenommen werden, um z. B. Wiederholenden oder Schülerinnen und Schülern, die die Schule wechseln, gerecht zu werden. Zudem wird in den schulinternen Curricula meist die genaue Abfolge einzelner Unterrichtsreihen oder -einheiten festgelegt, damit z. B. für Förderkurse oder aber auch Vergleichsarbeiten sichergestellt werden kann, dass alle Lernenden eines Jahrgangs in etwa zeitgleich an denselben Gegenständen arbeiten. Dies steht oft in engem Zusammenhang mit den im Unterricht zu schreibenden Klassenarbeiten, deren Schwerpunkt hier ebenfalls festgelegt wird. So kann dann beispielsweise für alle achten Klassen einer Schule um die Herbstferien als erste Leistungsüberprüfung ein erörternder Text zu verfassen sein, dem u. a. einige Stunden zum Diskutieren sowie zum schriftlichen Aufbau einer Argumentation vorgelagert sind.

Literaturhinweise

Becker-Mrotzek, Michael / Petra Stanat / Lars Hoffmann 2015: Vorwort. In: Michael Becker-Mrotzek / Michael Kämper-van den Boogaart / Juliane Köster / Petra Stanat / Gabriele Gippner (Hg.): Bildungsstandards aktuell: Deutsch in der Sekundarstufe II. Braunschweig.

Brand, Tilman von 2016: Deutsch unterrichten. Einführung in die Planung, Durchführung und Auswertung in den Sekundarstufen. 5. Auflage. Seelze. S. 23 – 30.

Freudenberg, Ricarda 2013: Das standardisierte Abitur – Anmerkungen zu den Bildungsstandards für die Allgemeine Hochschulreife im Fach Deutsch. In: Helmuth Feilke / Juliane Köster / Michael Steinmetz (Hg.) Textkompetenzen in der Sekundarstufe II. Freiburg. S. 97 –110.

Kämper-van den Boogaart, Michael 2014: Der Deutschunterricht des Staates. In: Ders. (Hg.): Deutschdidaktik. Praxishandbuch für die Sekundarstufe I und II. Berlin. 5. Auflage. S. 12 – 44.

Kultusministerkonferenz (Hg.) 2004: Bildungsstandards der Kultusministerkonferenz. Erläuterungen zur Konzeption und Entwicklung. Neuwied. In: http://www.kmk.org/fileadmin/Dateien/veroeffentlichungen_beschluesse/2004/2004_12_16-Bildungsstandards-Konzeption-Entwicklung.pdf, recherchiert am 16. 10. 2016.

Vollstädt, Witloff / Klaus-Jürgen Tillmann / Udo Rauin / Katrin Hohmann / Andrea Tebrügge 1999: Lehrpläne im Schulalltag. Eine empirische Studie zur Akzeptanz und Wirkung von Lehrplänen in der Sekundarstufe I. Opladen.

H 2 Deutschunterricht und berufliche Bildung

Christian Efing

Einleitung

Lange Zeit galt der Deutschunterricht als ein allgemein und die Persönlichkeit bildendes Fach par excellence; und da allgemeine und berufliche Bildung ebenso lange Zeit als Widerspruch angesehen wurden, schloss sich damit die Zielsetzung der beruflichen Bildung für den Deutschunterricht weitgehend aus – selbst an berufsbildenden Schulen. Thematisiert wurde aus beruflicher Sicht maximal das übliche Thema Bewerbungsschreiben/-gespräch. Nachdem im Zuge der ersten PISA-Studie sprachliche und kommunikative Fähigkeiten stark unter dem literacy- bzw. Kompetenz-Ansatz und damit unter einem funktionalen Aspekt fokussiert wurden, erlebte die Debatte einen neuen Aufschwung: Nicht mehr allgemeine vs. berufliche Bildung wurden gegenübergestellt, sondern das Konzept der (Allgemein-)Bildung vs. das Konstrukt der Kompetenzen. Dabei kam dem qualitativen und quantitativen Stellenwert des Literaturunterrichts im Rahmen des Deutschunterrichts eine diskussionsbestimmende Rolle zu. Die humanistisch argumentierenden Gegner der Kompetenzorientierung und der Integration berufsbildender Elemente in den Deutschunterricht befürchten bis heute die Instrumentalisierung und Funktionalisierung von Deutschunterricht, d. h., dessen Degradierung zum reinen Dienstleister für die Wirtschaft im Rahmen einer Zweckrationalisierung von Bildung. Schule und Deutschunterricht gerieten unter das neoliberale Diktat der Ökonomisierung von Bildung. Die Lernenden würden auf diese Weise zu Humankapital herabgewürdigt und der Persönlichkeitsbegriff werde im Rahmen der Kompetenzorientierung auf Aspekte der Verwertbarkeit und Nützlichkeit reduziert.

Im vorliegenden Beitrag wird gezeigt, dass weder allgemeine gegen berufliche Bildung noch Bildung gegen Kompetenz gegeneinander ausgespielt werden sollten, sondern dass sie sich komplementär ergänzen, statt auszuschließen. Berufliche Bildung ist ein legitimes und – angesichts vorhandener empirischer Ergebnisse der Kompetenzdiagnostik und Anforderungsermittlung (s. u.) – auch sinnvolles und nötiges Teilziel von Deutschunterricht. Dies gilt sowohl für allgemeinbildende Schulen (im Sinne einer Ausbildungs- und Berufsvorbereitung) als auch für berufsbildende Schulen (im Sinne einer Ausbildungs- und Berufsbegleitung). So decken neben den PISA-Studien, die mit den getesteten 15-Jährigen angehende Auszubildende in den Blick nehmen und deren Defizite (insbesondere von Hauptschülern und Hauptschülerinnen) nachweisen, verschiedenste Studien speziell zur Lesekompetenz von Berufsschülern und Berufsschülerinnen gravierende Mängel in deren Leseverstehen auf (etwa ULME I-III und VOLI). Demnach liegen z. B. laut ULME ca. 30% der ehemaligen Hauptschüler und

Hauptschülerinnen unter dem Durchschnitt für Klasse 7. Dabei fällt nicht nur die Leseleistung (insbesondere bei anspruchsvolleren Verständnis- und Dekodierungsleistungen), sondern auch das metakognitive Wissen um Textverarbeitungsstrategien (insbesondere bei Berufsschülerinnen und -schülern im Übergangssystem) deutlich unterdurchschnittlich aus. In ULME II gelingt es lediglich 25% der Schüler und Schülerinnen in den Abschlussklassen der teilqualifizierenden Berufsfachschulen mit hinreichender Sicherheit, „Sachverhalte aus einem Text [zu] rekonstruieren, bei denen Textinformation und Wortlaut der Frage sprachlich unterschiedlich formuliert sind und ein textbezogenes Interpretieren zur Lösung der Aufgabe erforderlich ist" (Rexing / Keimes / Ziegler 2013, S. 49). In einem Lesetest im Rahmen des Kölner Modellversuchs Leseförderung in der Berufsbildung erreichten 61% der Probanden (Eingangsklassen des Bau- und Ausbaugewerbes) nicht einmal die unterste Kompetenzstufe I, weitere 32% kamen über Kompetenzstufe I nicht hinaus; damit verfügen sie „über eine Lesekompetenz, die im Kontext beruflicher Anforderungssituationen vermutlich nicht ausreichend oder zumindest als problematisch einzuschätzen ist" (ebd., S. 51).

Die Vermittlung zwischen den sich scheinbar unverträglich gegenüberstehenden Positionen allgemeiner vs. beruflicher Bildung liegt in der Definition des Begriffs der beruflichen Bildung: Deutet man ihn eng gefasst und rein bedarfsorientiert in berufs- oder gar fachspezifischer Hinsicht, liegt der Widerspruch zur Allgemeinbildung nahe; fasst man ihn hingegen im Sinne einer berufsübergreifenden, allgemein berufsweltbezogenen Bildung auf, sind die Tore geöffnet für eine Integration in ein Konzept allgemeiner Persönlichkeitsbildung.

Im Folgenden wird daher zunächst die berufliche Bildung als Teilziel von Deutschunterricht legitimiert, ehe in Differenzierung nach allgemeinbildender vs. berufsbildender Schule aufgezeigt wird, wie solch ein beruflich bildender Deutschunterricht aussehen kann.

Berufliche Bildung als Teilziel des Deutschunterrichts – eine Legitimation

Nicht für die Schule, sondern für das Leben – und damit für den Beruf als zentralem Teil des Lebens – sollen wir und wollen Schüler und Schülerinnen lernen (vgl. zum Folgenden ausführlich Efing 2013a). Darin steckt, wenn man den Blick von den Lernenden auf die Institution richtet, auch die Forderung: Die Schule soll auf das (Berufs-)Leben vorbereiten. Das heißt, schulisch vermittelte Bildung und Inhalte sollen im außerschulischen Kontext praxisrelevant sein; Wissen und Bildung dürfen nicht zum Selbstzweck werden, sondern haben die Anschlussfähigkeit von Schulbildung am Übergang in das Berufsleben zu sichern. Die aktuelle Kontroverse um den Bildungs- und Kompetenzbegriff wird viel zu häufig so geführt, als schlössen sich beide Begriffe und Konzepte aus, da sie Gegensätze seien. Doch so wenig, wie die Schule ein abgekapseltes System außerhalb der Lebenswelt ist, so wenig, wie Schule und Leben Gegensätze sind, so wenig unvereinbar sind die Konzepte von klassischer Bildung (im Humboldt'schen Sinn) und von Kompetenz.

Die Forderungen der Arbeitgeber an die mitgebrachten sprachlich-kommunikativen Kompetenzen der Abgänger von allgemeinbildenden Schulen sind dabei weder so hoch noch so (berufs-)spezifisch, wie man eventuell meinen könnte. Ein Blick in den Kriterienkatalog zur Ausbildungsfähigkeit im Rahmen des Nationalen Paktes für Ausbildung (vgl. Bundesagentur für Arbeit (Hg.) 2006) zeigt eine hohe Übereinstimmung der dort gestellten sprachlich-kommunikativen Anforderungen an Ausbildungsplatzbewerber mit den schulischen Bildungsstandards; und auch empirische Untersuchungen zu den realen sprachlich-kommunikativen Anforderungen einer Ausbildung (vgl. Efing 2014b) zeigen, dass die kommunikativen Kompetenzen, die eine Ausbildung verlangt, in großen Teilen deckungsgleich mit denen sind, die ein Individuum im Alltag und für eine allgemeine gesellschaftliche Handlungsfähigkeit und Persönlichkeitsentfaltung benötigt. Im Bereich der Schriftlichkeit betrifft dies ein hohes Maß an Entsprechung der Text- und Darstellungsformen zwischen Ausbildung / Beruf und Alltag. Außerhalb der Schule müssen oft formularhafte oder stichwort- und listenartige Texte (Steuererklärung, Überweisungsträger, Einkaufs-, Merkzettel, To-do-Liste) sowie pointierte Kurztexte (Kurznachrichten auf Post-its etc.) geschrieben werden, die sich in Funktion und Struktur deutlich von typischen schulischen Textsorten (Erörterung, Erzählung …) unterscheiden. Und es ist ein Trugschluss, dass man das Schreiben solch komprimierter, syntaktisch reduzierter Kurztexte nicht lernen muss oder automatisch durch das Schreiben von kontinuierlichen, schultypischen Textsorten mitlernt. Selbst das außerschulische Briefeschreiben als gesellschaftliches Handeln dürfte eine völlig andere Art Brief betreffen (Anschreiben, Begleitschreiben, kurze Kündigung etc.), als die in der Schule gängigen Briefformen (abgesehen vom Bewerbungsschreiben; vgl. zur fehlenden Passung von Textsorten in Schule und Alltag auch Becker-Mrotzek 2005).

Inwieweit schulische und Ausbildungs-Praxis im Bereich Schreiben derzeit auseinanderklaffen, zeigt exemplarisch die folgende Tabelle:

Textsorten in Schule und Ausbildung im Vergleich (vgl. Efing 2013a, S. 28)

	Schule	**Ausbildung und Beruf**
Situierung	künstliche Schreibsituation, fiktiver Schreibanlass, fehlende kontextuelle und soziale Einbettung, kaum Hilfsmittel	Situationsgebundenheit / Empraxie, Arbeitsbezug, kontextuelle Verankerung, Möglichkeit des Rückgriffs auf Hilfsmittel
Textsorten	schulspezifische Textsorten	beruflich relevante, authentische Textsorten
Adressat	zumeist ein (fiktiver) Adressat	Mehrfachadressierung ist gängig
Autorschaft	oft alleinige Autorschaft; individueller Stil	oft kooperatives Schreiben; hoher Grad an Standardisierung: Formulierungsroutinen, corporate wording (firmeneinheitliche Verwendung bestimmter Wörter) …

Textmerkmale	Entfaltung von (z. T. fiktiven) Themen, Ideen, Argumenten; Text als lineare, kohärente, vertextete Einheit	Kürze, Prägnanz, Pointiertheit, Abstraktion, fakten- und ergebnisgebunden; syntaktisch rudimentäre Vertextung (Listen, Tabellen, Formulare), multikodale Konglomerate aus Graphiken, Diagrammen, mathematischen Formeln, Fotos usw. (vgl. Efing 2014b)
Faktor Zeit	lange Schreibphase, ggf. ausführliche Überarbeitung	Schreiben als die nonverbale Arbeit begleitende Tätigkeit, unter Zeitdruck
Ziel	Schreiben als Ziel (Selbstzweck, Schreibförderung)	Schreiben als Mittel zur kommunikativen Lösung eines real vorhandenen, außersprachlichen Problems (Problemlöseprozess)

Der für Alltag und Beruf angemessene Textbegriff entspricht damit nicht dem linguistischen und schulischen eines linearen, kohärenten, kontextreduzierten und auf Tradierung angelegten Textes. Denn in Ausbildung und Beruf werden – zumindest in den Berufen für niedriger Qualifizierte – vor allem empraktisch eingebundene, diskontinuierliche Stichwort-Texte geschrieben; hierbei müssen Formulare ausgefüllt oder Arbeitsabläufe in wenigen Worten zusammengefasst und dokumentiert werden.

Eine aktuelle amerikanische Studie (Cohen/White/Cohen 2011) bestätigt dieses Bild: Demnach besteht berufliches Schreiben, rein vom Zeitaufwand her betrachtet, vor allem im Verfassen von diskontinuierlichen Texten (Listen, Formulareinträge etc.) bzw. Mischformen von kontinuierlichen und diskontinuierlichen Texten. Dabei gibt es allerdings Unterschiede nach Bildungsabschluss: Je höher der formale Ausbildungsgrad, desto mehr kontinuierliche Texte schrieben die Befragten. Hiermit ähneln berufliche Texte alltagssprachlichen, nicht aber schulischen. Auch im Hinblick auf das Lesen erleben Auszubildende eine große Diskrepanz zwischen Beruf und Alltag einerseits und allgemeinbildender Schule andererseits. Im Alltag (Busfahrpläne, Fußballergebnisse usw.) werden oft, wie im Beruf, nicht-kontinuierliche Texte wie Listen und Tabellen rezipiert. Die linearen Texte, die im Alltag und in der Ausbildung gelesen werden, erfordern dabei die Lesehaltung eines „funktionalen Lesens" (Ziegler/Balkenhol/Keimes et al. 2012): Das Gelesene soll in einem konkreten Handlungskontext umgesetzt werden (Bedienungsanleitungen zielen z. B. auf prozedurales Wissen). Im (allerdings auch berufs-)schulischen Kontext hingegen ist das Lesen vor allem ein „studierendes Lesen" im Lernkontext, das nicht auf ein umsetzendes Handeln, sondern auf einen Zuwachs an deklarativem Wissen und ein Behalten von Wissensbeständen abzielt.

Für den Bereich der Mündlichkeit kann festgehalten werden, dass die beruflich relevanten Diskursarten und Interaktionsformen, wie etwa das Informieren, Darstellen (eines Problems, Sachverhalts), Erklären, Anleiten, Diskutieren, Begründen, Moderieren etc., Gesprächsfähigkeiten sind, die ebenfalls im Alltag hochrelevant sind. Am Beispiel des Erklärens lässt sich zudem zeigen, dass die Ausprägung der jeweiligen kommunikativen Praktik im beruflichen Bereich eher dem alltäglichen als dem schulischen Kontext vergleichbar ist. Während in der allgemeinbildenden Schule Erklärungen oft auf ein abstraktes, kausales Erklären-WARUM (deklaratives Wissen) abzielen, haben in Beruf und Alltag WIE-Erklärungen (prozedurales Wissen) einen viel prominenteren Stellenwert.

Darüber hinaus konnten in den letzten Jahren verschiedene Untersuchungen zur beruflichen Kommunikation zeigen, dass die Bedeutung von Fachsprache im Beruf bislang weit überschätzt wurde und stattdessen die Beherrschung einer weitgehend fach- und berufsunabhängigen Berufssprache, die der Allgemeinsprache nähersteht, von Relevanz für eine berufliche Handlungsfähigkeit ist (vgl. Efing 2014a). Ausbildungs- und Berufsvorbereitung scheint also problemlos berufsunabhängig möglich, da die Anforderungen, auf die vorbereitet werden muss, nicht hochgradig spezifisch, sondern so grundlegend und verallgemeinerbar sind, dass bereits allgemeinbildende Schulen eine Anbahnung dieser Kompetenzen übernehmen können und sollten.

Ausbildungsvorbereitung im Deutschunterricht an allgemeinbildenden Schulen (Sekundarstufe I und II)

Die Bildungspolitik sieht den Deutschunterricht an allgemeinbildenden Schulen schon seit geraumer Zeit in der Pflicht, auf Ausbildung und Beruf vorzubereiten. So weisen die nationalen Bildungsstandards der Hauptschule dem Fach Deutsch im Rahmen „der Vorbereitung der Schülerinnen und Schüler auf den Übergang in das Berufsleben" explizit die Aufgabe zu, „vor allem die für die Anforderungen der Berufsausbildung notwendigen sprachlichen und methodischen Kompetenzen" zu fördern (KMK 2005, S. 6). Doch auch weitere Hintergründe und Fakten lassen es wünschenswert erscheinen, dass bereits der Deutschunterricht an allgemeinbildenden Schulen auf Ausbildung und Beruf vorbereitet.

Einerseits nehmen die Klagen der Arbeitgeber(-verbände) und Medien, aber auch der (empirischen) Bildungsforschung und Deutschdidaktik über mangelnde sprachlich-kommunikative Kompetenzen von Auszubildenden zu. Andererseits steigen ganz offensichtlich die kommunikativen Anforderungen an Auszubildende aller Berufe im mündlichen wie im schriftlichen Bereich und deren berufliche Handlungsrelevanz kontinuierlich immer weiter an. Diese beiden gegenläufigen Entwicklungen evozieren das Bild einer immer weiter auseinandergehenden Schere zwischen Kompetenzen und Anforderungen. Die erste Folge dieser Entwicklung für die Jugendlichen: Statt einen Ausbildungsplatz im dualen System zu erhalten, münden sie im sogenannten Übergangssystem bzw. zweiten oder dritten Ausbildungsmarkt aus institutionell (nach-)qualifizierenden Berufsbildungsgängen, die als stigmatisierende Warteschleife und reine Überbrückungsmaßnahme gelten und weder die Chance auf einen späteren Ausbildungsplatz steigen lassen noch die sprachlichen Basiskompetenzen messbar weiter fördern. Eine andere, nicht bessere Variante: Jugendliche, die einen Ausbildungsplatz bekommen haben, brechen ihre Ausbildung (z. T. aufgrund sprachlich-kommunikativer Überforderung) ab oder fallen aufgrund sprachlicher Defizite durch die theoretische Abschlussprüfung. Eine weitere Konsequenz dieser mangelnden Passung von sprachlicher Vorbereitung und sprachlichen Anforderungen an der Übergangsstelle von allgemeinbildender Schule und Ausbildung ist die notwendig gewordene projektbezogene Nachqualifizierung von Haupt- und Realschul-Absolventen und Absolventinnen in zahlreichen Förderprojekten und Modellversuchen der letzten 15 Jahre. Alle diese Maßnahmen kosten (Lebens-)Zeit und Geld. Junge Berufstätige klagen oft über eine mangelnde oder falsche Vorbereitung auf die Anforderungen der Arbeitswelt im Rahmen der allgemeinen Schulzeit. Individuelle wie gesellschaftliche Gründe sprechen dafür, durch frühe Prävention in den allgemeinbildenden Schulen eine spätere Intervention überflüssig zu machen. Hier setzt das Konzept eines ausbildungsvorbereitenden Deutschunterrichts an (vgl. Efing 2013a):

1. Das Ziel des ausbildungsvorbereitenden Deutschunterrichts ist die Vorbereitung auf die realen sprachlich-kommunikativen Anforderungen einer (generell jeder) Ausbildung (und im Alltag). Damit ist solch ein Deutschunterricht nicht spezifisch berufs- oder fachbezogen, sondern vermittelt solche funktionalen und pragmatischen Kommunikationsfähigkeiten, die Lernende mit einer berufsweltbezogenen kommunikativen Kompetenz ausstatten. Dies bedeutet eine Schwerpunktsetzung des Deutschunterrichts bei kommunikativen Aspekten (Sprachhandlungskompetenz). Gegenstand eines solchen ausbildungsvorbereitenden Deutschunterrichts sind ausbildungsrelevante Text- und Diskursarten bzw. kommunikative Praktiken, Kommunikationsformen und Register (s. o.).
2. Da der ausbildungsvorbereitende Deutschunterricht auf eine gelingende Gestaltung des Übergangs zwischen allgemeinbildender Schule und dualer Ausbildung und damit auf eine Verzahnung der vermittelten und geforderten Kompetenzen abzielt, benötigt er ein empirie-gestütztes (nicht empirie-legitimiertes!) Curriculum. Das heißt, dass die empirisch feststellbaren sprachlich-kommunikativen Anforderungen einer Ausbildung ein (aber nicht der einzige!) Bezugspunkt für den Deutschunterricht werden. Der ausbildungsvorbereitende Deutschunterricht ist dabei berufs(-feld)unabhängig und bereitet lediglich auf die sprachlich-kommunikativen Kompetenzen vor, die generell für eine Ausbildungsphase typisch sind.
3. Der ausbildungsvorbereitende Deutschunterricht ist nur ein Teil des allgemeinen Deutschunterrichts an allgemeinbildenden Schulen, d. h., dass er die bisherigen Ziele (z. B. der zweckfreien Persönlichkeitsentwicklung), didaktischen Konzeptionen, Inhalte und Methoden nicht ablöst und ersetzt, sondern ergänzt.
4. Da der ausbildungsvorbereitende Deutschunterricht als berufs(-feld)unabhängig und für die Sekundarstufe I konzipiert ist, kann er kaum authentische Texte der Ausbildung einsetzen; allerdings will er auch nicht mit fiktiven, sondern mit möglichst realitätsnahen und vor allem realitätsrelevanten Text- und Diskursarten arbeiten.

5. Doch ein ausbildungsvorbereitender Deutschunterricht definiert sich nicht allein durch seine Inhalte und Ziele, sondern auch durch seine Methoden, Sozialformen und Aufgabenformate. Da der ausbildungsvorbereitende Deutschunterricht auf Sprachhandlungskompetenz in konkreten Situationen vorbereiten will, setzt er auf Aufgabenformate, die selber bereits real situiert und durch sozial relevante Interaktion gerahmt sind. Idealerweise schafft er es auch, durch fächerübergreifendes Arbeiten, Projektorientierung sowie regelmäßiges kooperatives Arbeiten im Team auf Arbeits- und Lernformen der Ausbildung vorzubereiten. Hier scheinen sich komplexere handlungsorientierte Lehr-Lern-Arrangements wie z. B. das Arbeiten in Lern- bzw. Handlungsfeldern und mit dem Szenario-Ansatz (als komplexe, zukunftsrelevante Handlungs- und Kommunikationssituationen), mit Fallstudien, Planspielen oder Übungsfirmen anzubieten, die die Kommunikation in übergeordnete zusammenhängende Handlungsprozesse einbetten. Dass es nicht nur die Themen, sondern auch die Methoden und Aufgabenformate sind, die den Erfolg eines ausbildungsvorbereitenden Deutschunterrichts garantieren, legt eine Schulbuchanalyse nahe (vgl. Efing 2013b). Diese kann zeigen, dass in Deutschbüchern der Sekundarstufe I durchaus die ausbildungsrelevanten Textsorten und kommunikativen Praktiken in den Blick genommen werden, dass die dazugehörigen, oft reine Reproduktion verlangenden Aufgabenstellungen allerdings nicht angemessen und zielführend sind; insbesondere leiten diese Aufgaben viel zu selten reflexive Prozesse an. Denn die Reflexion sprachlichen Handelns im Beruf ist ein Aspekt, der zu den spezifischen Aufgaben des Deutschunterrichts gehören muss, da er in den Betrieben keine Rolle spielt.

Ein ausbildungsvorbereitender Deutschunterricht ist damit keineswegs gleichzusetzen mit einem utilitaristischen, instrumentalisierten Deutschunterricht, und er impliziert auch keine Reduzierung des Individuums auf seine wirtschaftliche Brauchbarkeit oder Nützlichkeit. Wenn im Zusammenhang des ausbildungsvorbereitenden Deutschunterrichts von Verwertbarkeit geredet wird, dann kann das so verstanden werden, dass es ihm um die Verwertbarkeit und Nutzbarkeit schulisch vermittelter Kompetenzen für die Jugendlichen geht. Das erhoffte Ergebnis eines ausbildungsvorbereitenden Deutschunterrichts wäre die Verbesserung der individuellen Chancen der Schulabsolventen auf dem Ausbildungsmarkt durch eine Reduzierung der o. a. sprachlich-kommunikativen Defizite, die Schulabgänger und Schulabgängerinnen der Sekundarstufe I derzeit offensichtlich haben.

Ausbildungsbegleitung im Deutschunterricht an berufsbildenden Schulen

In der Post-PISA-Zeit der letzten 15 Jahre lag der Fokus der sprachdidaktischen Bemühungen an berufsbildenden Schulen – zumindest bei den zahlreichen berufsschulbezogenen didaktischen Projekten – zunächst deutlich auf der Lesediagnostik und (strategieorientierten sowie textentlastenden) Leseförderung bei Sach- und Fachtexten sowie auf der Förderung von Zweitsprachlern, ehe in den letzten Jahren nun auch die Schreib- und Gesprächsförderung sowie die Förderung von Erstsprachlern vermehrt Aufmerksamkeit erlangen. Quer liegend zu diesen sprachlichen Dimensionen und Zielgruppen werden nun Registerfragen diskutiert: In diesem Zusammenhang wird deutlich, dass die Relevanz von Fachsprache(n) und damit die Relevanz der Fachsprachendidaktik heutzutage geringer eingeschätzt wird als früher, zumal man aus empirischen Untersuchungen weiß, dass Auszubildende, auch Zweitsprachler, weniger Probleme mit der Aneignung der Fachsprache, zumindest der Fachtermini, haben als bislang gedacht.

Die Vermittlung der Register der Bildungssprache sowie der Berufssprache wird aktuell als zentraler erachtet (vgl. Efing 2014a). Im Kontext der Leseförderung wie der Registervermittlung gilt die Aufmerksamkeit aus didaktisch-methodischer Warte dabei seit einigen Jahren nun Ansätzen der Handlungsorientierung und des integrierten Fach- und Sprachlernens (z. B. Sprachsensibler Fachunterricht). Dies liegt zum einen daran, dass die Sachfächer ein natürliches, authentisches Umfeld für viele kommunikative Anforderungen bilden, die auch in Ausbildung und Beruf relevant sind (z. B. Versuchs- und Ergebnisprotokolle schreiben); zum anderen wird in den Sachfächern deutlicher, dass Sprachverwendung hier, wie im Beruf, ein Mittel zum Zweck, echte Sprachhandlungskompetenz ist. Damit erfüllen Handlungsorientierung und integriertes Fach- und Sprachlernen zentrale Bedingungen, die sich in Evaluationen von Sprachfördermaßnahmen im Bereich der beruflichen Bildung als wirksam herausgestellt haben (vgl. Efing 2013c). Als Erklärung der Effizienz dieser Bedingungen sei kurz auf die Rahmenbedingungen von Deutschunterricht an berufsbildenden Schulen eingegangen: Die oftmals sehr heterogene Schülerschaft in Klassen des berufsbildenden Schulsystems zeichnet sich dadurch aus, dass sie auf den Beruf orientiert, d. h. an ihm und damit an Praxis interessiert ist und oft wenig Interesse und Einsicht in die Relevanz von allgemeinbildenden Fächern (einschließlich des weiteren Deutschunterrichts) zeigt. Zudem befinden sich in diesen Klassen oft Lernende mit einer missglückten Bildungsbiographie und einem negativen Selbstkonzept. Beides verstärkt die geringe Motivation für schulischen, zumal allgemeinbildenden Unterricht. Diese Ausgangsbedingungen, ergänzt um den institutionellen Aspekt, dass das Fach Deutsch / Kommunikation oft nur einen sehr geringen Stundenumfang hat, lassen es sinnvoll bzw. sogar notwendig erscheinen, Deutsch – im Sinne von Sprachunterricht – lebensweltlich / beruflich an die Sachfächer anzubinden bzw. (partiell) in den Fachunterricht zu integrieren. Ein weiterer Vorteil besteht dann darin, dass Sprachförderung quasi nebenbei stattfindet, wodurch mögliche motivationale Hemmnisse gegenüber einem geläufigen Deutschunterricht umgangen werden. Spätestens in Klassen des dualen Ausbildungssystems, bei denen Lernende bereits parallel einen konkreten Beruf erlernen, wird in solchen integrierten Settings dann auch eine berufs- und fachspezifische Sprachförderung ermöglicht. Da in diesen Fällen Sprachlernprozesse in reale Situationen bzw. authentische Handlungszusammenhänge (Szenarien) eingebettet sind, erhöht sich der Lernertrag beträchtlich und Lernschwächere profitieren zudem davon, dass sich das Lernen nicht abstrakt, sondern auf einer konkret-anschaulichen Ebene des Denkens vollzieht. Zudem erlangen alle Lerner einen Einblick in die Anwendbarkeit und Verwertbarkeit des sprachlichen Wissens und Könnens.

Literaturhinweise

Bundesagentur für Arbeit (Hg.) 2006: Nationaler Pakt für Ausbildung und Fachkräftenachwuchs – Kriterienkatalog zur Ausbildungsreife. o. O.

Becker-Mrotzek, Michael 2005: Das Universum der Textsorten in Schülerperspektive. In: Der Deutschunterricht. H. 57, 1. S. 68 – 77.

Cohen, Dale J. / Sheida White / Steffaney B. Cohen 2011: A Time Use Diary Study of Adult Everyday Writing Behavior. Written Communication. H. 28 (1). S. 3 – 33.

Efing, Christian 2013a: Ausbildungsvorbereitender Deutschunterricht an allgemeinbildenden Schulen? – Legitimation und Definition. In: Ders. (Hg.): Ausbildungsvorbereitung im Deutschunterricht der Sekundarstufe I. Sprachlich-kommunikative Facetten von „Ausbildungsfähigkeit". Frankfurt a. M. S. 11 – 38.

Efing, Christian 2013b: (Wie) Bereitet der bisherige Deutschunterricht auf die Ausbildung vor? Eine Schulbuchanalyse. In: Ders. (Hg.): Ausbildungsvorbereitung im Deutschunterricht der Sekundarstufe I. Sprachlich-kommunikative Facetten von „Ausbildungsfähigkeit". Frankfurt a. M. S. 239 – 256.

Efing, Christian 2013c: Sprachförderung in der Sekundarstufe II. In: Hansjakob Schneider / Michael Becker-Mrotzek / Afra Strum / Simone Jambor-Fahlen / Uwe Neugebauer / Christian Efing / Nora Kernen: Wirksamkeit von Sprachförderung. Expertise, erstellt von der Pädagogischen Hochschule FHNW, Zentrum Lesen und der Universität zu Köln sowie dem Mercator Institut für Sprachförderung und Deutsch als Zweitsprache im Auftrag der Bildungsdirektion des Kantons Zürich (Hg.). Zürich. S. 75 – 81. In: http://www.mercator-institut-sprachfoerderung.de/fileadmin/user_upload/Expertise_Sprachfoerderung_Web_final_03.pdf, recherchiert am 1. 11. 2016.

Efing, Christian 2014a: Berufssprache & Co.: Berufsrelevante Register in der Fremdsprache. Ein varietätenlinguistischer Zugang zum berufsbezogenen DaF-Unterricht. In: InfoDaF. H. 4. S. 415 – 441.

Efing, Christian 2014b: „Wenn man sich nicht sprachlich ausdrücken kann, kann man auch keine präziseren, qualifizierteren Arbeiten ausführen." – Stellenwert von und Anforderungen an kommunikative(n) Fähigkeiten von Auszubildenden. In: leseforum.ch. H. 1. In: http://www.leseforum.ch/myUploadData/files/2014_1_Efing.pdf, recherchiert am 1. 11. 2016.

Kulturministerkonferenz (Hg.) 2005: Bildungsstandards im Fach Deutsch für den Hauptschulabschluss (Jahrgangsstufe 9). Beschluss vom 15.10.2004. In: http://www.kmk.org/fileadmin/veroeffentlichungen_beschluesse/2004/2004_10_15-Bildungsstandards-Deutsch-Haupt.pdf, recherchiert am 4. 9. 2009.

Rexing, Volker / Christina Keimes / Birgit Ziegler 2013: Lesekompetenz von BerufsschülerInnen – Befunde und Konsequenzen. In: Christian Efing (Hg.): Ausbildungsvorbereitung im Deutschunterricht der Sekundarstufe I. Sprachlich-kommunikative Facetten von „Ausbildungsfähigkeit". Frankfurt a. M. S. 41 – 63.

Ziegler, Birgit / Aileen Balkenhol / Christina Keimes / Volker Rexing 2012: Diagnostik „funktionaler Lesekompetenz". In: bwp@ 22. http://www.bwpat.de/ausgabe22/ziegler_etal_bwpat22.pdf, recherchiert am 7. 10. 2016.

H 3 Schulischer Zweitspracherwerb (Deutsch als Zweitsprache)

Stefan Jeuk

Deutsch ist für viele Schülerinnen und Schüler die zweite oder dritte Sprache. Dabei ist es keineswegs so, dass es eine eindeutige Trennung der Sprachen in der Lebenswelt der Kinder und Jugendlichen gibt, vielmehr werden in vielen Familien die Herkunftssprachen der Eltern und Großeltern zusammen mit Deutsch gesprochen.

Deutsch als Zweitsprache ist, im Gegensatz zu Deutsch als Fremdsprache, kein eigenständiger didaktischer Arbeitsbereich, da die mehrsprachigen Kinder und Jugendlichen in der Regelklasse gemeinsam mit den einsprachigen Kindern und Jugendlichen unterrichtet werden. Deutsch als Zweitsprache spielt folglich vor allem dann eine Rolle, wenn die mehrsprachigen Lerner besondere Unterstützung bei der Aneignung der (schulisch relevanten) Zweitsprache Deutsch benötigen. Andererseits wird vonseiten einer interkulturellen Deutschdidaktik betont, dass Mehrsprachigkeit eine Bereicherung für den Deutschunterricht darstellt, die entsprechend für alle Schülerinnen und Schüler nutzbar gemacht werden muss.

In dem folgenden Beitrag werden zunächst wichtige Eckpunkte der Einwanderung nach Deutschland skizziert. Anschließend werden einige Aspekte des Zweitspracherwerbs unter Migrationsbedingungen aufgezeigt. In einem letzten Schritt werden Ansätze zum Unterricht und zur Förderung angedeutet.

Einwanderung von Kindern und Jugendlichen

Die Zahl der mehrsprachig aufwachsenden Kinder und Jugendlichen in den deutschsprachigen Ländern nimmt seit den 1960er-Jahren kontinuierlich zu, nach dem Mikrozensus 2014 hatten mehr als 20% der Schülerinnen und Schüler in Deutschland einen Migrationshintergrund. Da die Kategorie „Migrationshintergrund" nur die Einwanderungsgeschichte der Schülerinnen und Schüler oder ihrer Eltern erfasst, nicht aber ihren Sprachgebrauch, ist anzunehmen, dass die Zahl der mehrsprachigen Schülerinnen und Schüler in Deutschland deutlich höher ist. Für das Jahr 2015 geht das Mercator-Institut davon aus, dass 100.000 Kinder und Jugendliche neu nach Deutschland eingewandert sind (vgl. Massumi / Dewitz / Grießbach et al. 2015).

Trotz des seit Mitte der 1980er-Jahre zu beobachtenden Trends zu höherer Bildungsbeteiligung gehören Schülerinnen und Schüler ausländischer Herkunft in Deutschland nach wie vor zu den Bildungsbenachteiligten. „Ein hoher Migrantenanteil ist in der Regel verbunden mit einem Übergewicht von Schülerinnen und Schülern aus Familien mit niedrigem Sozialstatus. Hier fallen dann verschiedene Problemlagen zusammen, ergänzen oder verstärken sich wechselseitig. Soziale Segregation und sogenannte ethnische Segregation sind in Deutschland eng aneinandergekoppelt und stellen eine wichtige Herausforderung für die Bildungspolitik dar" (Konsortium Bildungsberichterstattung (Hg.) 2006, S. 161). Mehrsprachige Jugendliche schneiden in der PISA-Studie 2003 nicht schlechter ab als einsprachig deutsche Jugendliche, wenn man sie mit den einsprachigen Jugendlichen vergleicht, sich in einer vergleichbaren sozialen Lage befinden. Das bedeutet, dass Bildungsbenachteiligung vor allem ein Problem der sozialen Herkunft ist. Anders ausgedrückt: Migrantenkinder, die aus sogenannten bildungsnahen Elternhäusern kommen, fallen kaum als Bildungsverlierer auf. An den hier genannten Befunden hat sich in jüngerer Zeit wenig geändert (vgl. Beauftragte der Bundesregierung (Hg.) 2014).

Konzeptionen für neu eingewanderte Kinder und Jugendliche sehen vor, dass die Schülerinnen und Schüler nach einem Jahr intensiver Unterstützung beim Erwerb der deutschen Sprache in eine Regelklasse kommen und dann gemeinsam mit einsprachig deutschen und mit schon länger in Deutschland lebenden mehrsprachigen Schülerinnen und Schülern lernen. Der Unterricht in Vorbereitungsklassen und Sprachfördergruppen ist somit eine Vorbereitung auf den Regelunterricht und muss anschlussfähig an diesen sein. Ein Jahr intensiven Deutschlernens reicht jedoch nicht aus, um zu den einsprachigen Peers aufzuschließen, eine Unterstützung beim Zweitspracherwerb und beim Unterricht in der Zweitsprache muss weit darüber hinausgehen. Hier sind z. B. Konzeptionen eines sprachsensiblen Fachunterrichts (vgl. Kniffka / Roelcke 2016) zu nennen, die der Tatsache Rechnung tragen, dass Zweitspracherwerb in allen Fächern und über die gesamte Schulzeit hinweg unterstützt werden muss.

Zweitspracherwerb

Die Zweitspracherwerbsforschung hat in den letzten Jahren einige wichtige Erkenntnisse zutage gebracht. Zum einen gibt es Unterschiede zum Erstspracherwerb, denn die Kinder und Jugendlichen erwerben die Zweitsprache vor dem Hintergrund bereits erworbener Kompetenzen in ihrer Erstsprache: Nach einer vergleichsweise kurzen Zeit des Einhörens werden Mehrwortäußerungen beherrscht und nach einem Jahr in Deutschland können viele mehrsprachige Jugendliche in der mündlichen Alltagskommunikation in der Zweitsprache kommunizieren. Insbesondere beim Wortschatz- und Bedeutungserwerb können sie auf Konzepte aus der Erstsprache zurückgreifen (vgl. Kalkavan-Aydın (Hg.) 2015, S. 29).

Grießhaber (2010) zeigt in Bezug auf Aneignungsschritte in der Verbstellung (sogenannte Profilstufen), wie sich Sprachaneignung in der Zweisprache vollziehen kann. Dabei sind die Profilstufen als Indikatoren zu verstehen, gemeinsam mit den syntaktischen Strukturen werden phonologische, morphologische, lexikalische, semantische und pragmatische Mittel erworben.

Profilstufen nach Grießhaber (2010, auch Kalkavan-Aydın 2015)

Profilstufe	Weitere Aspekte	*Beispiele*
Profilstufe 0: bruchstückhafte Äußerung	eingeschränkter Wortschatz, Zweiwortäußerungen, Verben häufig nicht konjugiert, diese Phase ist im Zweitspracherwerb häufig relativ kurz	*katze miau* *katze weinen*
Profilstufe1: Verbzweitstellung	einfach Wortstellung Subjekt-Verb-Objekt bzw. Adverbial, Genus und Kasus sind noch unsicher	*vogel fliegt auf baum*
Profilstufe 2: Verbklammer	Die für das Deutsche charakteristische Trennung von finitem Verb und infiniten Verbteilen wird erworben, es zeigen sich erste korrekte Kasusmarkierungen, vor allem im Nominativ.	*die katze hat im baum geblieben* *vogel ist runter gefliegt*
Profilstufe 3: Inversion	Wenn Adverbiale vorangestellt werden, folgt die Inversion (Wechsel der Position) von Subjekt und Verb. Genus und Kasus sind teilweise korrekt.	*dann fliegt er runter* *dann geht er auf den baum*
Profilstufe 4: Verbendstellung	Die Endstellung des konjugierten Verbs in Nebensatzstrukturen ist erworben, der Wortschatz ist differenzierter. Akkusativ- und Dativformen sind zunehmend korrekt.	*… weil er im Baum war* *… weil sie nicht runter kann.*
Profilstufe 5: Insertion eines Nebensatzes	Nebensätze werden in den Satz eingefügt. Dies wird in der Regel erst in schriftlichen Texten und bei fortgeschrittenen Lernern beobachtet.	*Eva hat das Buch, das ihr so gefiel, gelesen.*
Profilstufe 6: erweitertes Partizipialattribut	Auch das erweiterte Partizipialattribut wird erst in schriftlichen Texten beobachtet.	*Eva hat das von Peter empfohlene Buch gelesen.*

Wenn man von solchen Erwerbsstufen ausgeht, zeigt sich, dass Zweitspracherwerbsprozesse relativ unabhängig vom Alter in einigen Aspekten durchaus untereinander vergleichbar sowie vergleichbar mit dem Erwerb des Deutschen als Erstsprache sind. Das bedeutet nicht, dass sie identisch ablaufen. In welchen zeitlichen Abständen diese Schritte vollzogen werden, hängt vom Kontaktalter, der Kontaktintensität, der Struktur der Erstsprache sowie von soziokulturellen und individuellen Faktoren ab. Insbesondere bei schriftlichen Texten kann auf der Grundlage der Profilanalyse relativ schnell im Rahmen einer Lernstandserhebung der Stand der Sprachaneignung bei mehrsprachigen Kindern und Jugendlichen eingeschätzt werden (vgl. Schäfer 2015). Für die Erfassung mündlicher Sprachkompetenzen sind Spontansprachdaten notwendig, hier gibt es für die Grundschule Verfahren wie *Der die das* (Jeuk 2011) und das Verfahren nach Heilmann (2012). Für die Sekundarstufe I gibt es das Verfahren von Reeb-Ramos / Jeuk (2015).

Ähnlich wie beim Erstspracherwerb, gibt es Stolpersteine, denen sich alle Lerner der deutschen Sprache stellen müssen. Auf der grammatischen Ebene zeigen sich z. B. Schwierigkeiten im Bereich von präpositionalen Gruppen. Präpositionen als Funktionswörter sind semantisch kaum zu bestimmen: *in* kann auf eine Richtung, einen Ort oder eine Zeitspanne verweisen. Aufgrund der Rektion kommen weitere Schwierigkeiten in Bezug auf Genus und Kasus hinzu, was sich z. B. bei sogenannten Wechselpräpositionen zeigt (*ich klettere auf den Baum, ich bin auf dem Baum*). Eine weitere Schwierigkeit zeigt sich in der Morphologie nominaler Gruppen, insbesondere im Hinblick auf Genus und Kasus, die an Artikeln, Pronomen, Adjektiven und Nomen markiert werden, sowie in Bezug auf die Adjektivdeklination. Auch der Formenbestand unregelmäßiger Verben gehört zu den Schwierigkeiten der deutschen Sprache. Hinsichtlich des schriftlichen Sprachgebrauchs kommen komplexe Sätze, Konjunktivformen und differenzierte Tempusformen hinzu.

Eine grammatische Progression im Sprachförderunterricht kann sich an dem Modell der Profilstufen nach Grießhaber (s. o.) orientieren. Die genannten Stolpersteine müssen jedoch durchgängig und spiral-curricular berücksichtigt und thematisiert werden (vgl. Jeuk 2015, S. 68 ff.). Hier hat sich das Konzept der Lernersprachen bewährt: Kinder und Jugendliche bilden beim Zweitspracherwerb Lernersprachen aus, die als Zwischenstände angesehen werden. Sie enthalten Merkmale der Zweitsprache und erwerbsbedingte Übergangsfehler, aber auch Merkmale der Erstsprache oder idiosynkratrische Merkmale, die z. B. aus Übungsübergeneralisierungen bestehen können. Für die Praxis bedeutet dies, dass nichtzielsprachliche Äußerungen nicht vorschnell als Fehler bewertet werden dürfen. Es muss, so weit möglich, eingeschätzt werden, ob Formen und Strukturen dem Stand der Sprachaneignung entsprechen oder nicht (vgl. Kalkavan-Aydın 2015, S. 22).

Bildungssprache

Im Hinblick auf konzeptionelle Schriftlichkeit kommen Aspekte der sogenannten Bildungssprache (→ G 11) hinzu, die in der Schule besonderer Unterstützung bedürfen. Dazu gehören „ein großer Anteil sprachlicher Formen, deren Beherrschung die Schule für das Lernen selbstverständlich voraussetzt, deren Gebrauch sie aber gar nicht lehrt" (Feilke 2012, S. 4). Bildungssprache ist ein Register, das in Schulbüchern und zum Teil in der Unterrichtskommunikation durch unterschiedliche Formen konzeptioneller Schriftlichkeit charakterisiert wird. Es geht dabei sowohl um die sprachliche Wohlgeformtheit bei der Produktion und Rezeption längerer Texte als auch um den Einsatz fachsprachlicher Mittel. Beispiele für bildungssprachliche Mittel sind (vgl. Ahrenholz 2012):

- Nominalisierungen (*das Herstellen von Zusammenhängen, die Herstellung der Waren*)
- Komplexe Komposita (*Blutkreislauf, Taschenklappen*)
- Redewendungen wie Funktionsverbgefüge: *zur Gerinnung bringen* (statt *gerinnen*), *Hilfe leisten* (statt *helfen*), *Nachricht geben* (statt *benachrichtigen*)

- Passivkonstruktionen (*es wird erwartet, dass...*)
- Komplexe Attribute: (*die dritte Gruppe Blutzellen, der von der Bundesversammlung gewählte Bundespräsident*)

Folgerungen für den Unterricht und die Förderung

In einigen Spracherwerbstheorien wird das soziale Umfeld, in dem die Sprachaneignung stattfindet, als der entscheidende Erwerbsfaktor gesehen (vgl. Tomasello 2011). Die Aneignung der Zweitsprache ist demnach ein dialogisches Geschehen, an dem die Bezugspersonen einen ebenso großen Anteil haben wie die Lerner selbst. Um die Aneignung der Zweitsprache in schulischen Kontexten zu unterstützen, müssen alle Lehrpersonen ihr sprachliches Verhalten bewusst gestalten, denn alle Lehrkräfte sind Sprachvorbilder für die Schülerinnen und Schüler. Die Unterrichtskommunikation sollte in einer standardnahen Varietät erfolgen, da die Schulsprache zugleich Bestandteil der konzeptionell schriftlichen Bildungssprache ist, deren Beherrschung von den Lernern zum Erreichen von Bildungsabschlüssen erwartet wird.

Dazu gehört auch, langsam und deutlich zu sprechen, durch Nachfragen und Erklären inhaltliches Interesse zu signalisieren, Mimik und Gestik unterstützend einzusetzen und grammatikalisch korrekt zu sprechen (vgl. Jeuk 2015, S. 30). Ein Element kann z. B. das Verbalisieren von Handlungen sein: Beim gemeinsamen Frühstück, beim Einkaufen und bei Rollenspielen gibt es viele Möglichkeiten, Sprache zu gestalten, wenn man die Förderung der (Zweit-)Sprache ausdrücklich als Teil der schulischen Aufgaben sieht. Explizite Korrekturen können in Einzelfällen hilfreich sein, müssen aber mit Bedacht und unter Berücksichtigung der kommunikativen Gegebenheiten eingesetzt werden. Insbesondere ältere Lerner fordern explizite Korrekturen auch ein. Bei sprachlichen Formen, die noch nicht der Zielsprache entsprechen, ist es auf jeden Fall sinnvoll, die Äußerungen der Lerner aufzugreifen und in der richtigen sprachlichen Form wiederzugeben.

Wortschatz- und Bedeutungserwerb

Sprachliche Entwicklungen können wir im Hinblick auf Aneignungsschritte in der Syntax gut beobachten (s. o.), die Basis des Zweitspracherwerbs sind jedoch die Wörter und ihre Bedeutungen. Wörter beziehen sich nicht nur auf eine sprachliche Form, sondern auf die damit verbundenen geistigen Vorstellungen, die Konzepte. Das lexikalische Lernen bezieht sich auf das Verständnis und den Gebrauch von Wörtern und ihren Bedeutungen, auf die verschiedenen Wortformen, die Bedeutungsvarianten, die Wortbildungsmöglichkeiten, die Kategorienbildung, Wortfamilien und semantische Felder sowie auf den Erwerb von Metaphern und Phraseologismen (→ G 1, → G 2). Konkreta sind in einem ersten Schritt nicht zuletzt aufgrund der guten Abbildbarkeit leichter zu erwerben. Dem Erwerb von Verben kommt aufgrund ihrer syntaktischen Funktion eine besondere Relevanz zu. Besondere Beachtung verdienen Funktionswörter, denn ihnen kommt zumeist nur grammatische Bedeutung zu (s. o.).

Grundsätzlich gibt es zwei Möglichkeiten, Wörter zu lernen: „explizite Vermittlung" und „beiläufige Vermittlung" (Apeltauer 2017, S. 320). Im Grundschulalter lernen Kinder eher beiläufig-intuitiv. Schätzungen gehen davon aus, dass ein Lerner ein Wort und seine Bedeutung bis zu 40 Mal hören, verarbeiten und erproben muss, bevor es dieses sicher eigenständig gebrauchen kann. Folglich müssen die Wörter und ihre Bedeutungen in vielfältigen, relevanten und kommunikativ hochwertigen Situationen angeboten werden. Wichtige Begriffe müssen in dem jeweiligen Verwendungskontext gelernt werden. Je älter die Lerner sind, desto eher sind systematisch-gesteuerte Methoden zur Unterstützung des Lexikonerwerbs geeignet (vgl. Praxis Deutsch 2009. H. 218).

Grammatische Progression und Stolperstellen

Legt man das Modell von Grießhaber (s. o.) zugrunde, kann gezeigt werden, wie sich mehrsprachige Kinder und Jugendliche in der Regel die Satzmuster der deutschen Sprache aneignen. Es handelt sich um Bereiche der Grammatik, die regelhaft sind und deshalb mit Zeit sowie guten Kommunikationsbedingungen – und wenn keine Sprachbehinderung vorliegt – relativ leicht zu erwerben sind. Die meisten mehrsprachigen Kinder und Jugendlichen erwerben die beschriebenen Satzmuster (Verbzweitstellung, Verbklammer, Inversion, Verbendstellung) auch ohne systematische Unterstützung im Rahmen einer gut strukturierten und an die Möglichkeiten der Lerner angepassten Alltagskommunikation. Zu Beginn des Zweitspracherwerbs, insbesondere in Klassen für neu eingewanderte Kinder, ist das Üben von Satzmustern dennoch sinnvoll, hier geht es allerdings eher um formelhafte Äußerungen, Redemittel und kommunikative Muster für den Einstieg in den Erwerb der Zweitsprache. Die oben genannten Bereiche jedoch, die einzelheitlich gelernt werden müssen, wie z. B. die Nominalflexion, bedürfen der ständigen, spiralcurricularen Unterstützung. Grammatische Merkmale wie Genus kann man nicht einmalig isoliert üben, vielmehr müssen sie von Beginn systematisch und im Sprachgebrauch vermittelt, geübt und angewendet werden.

Wertschätzung und Einbezug der Erstsprachen

Aus der Zweitspracherwerbsforschung ist bekannt, dass Bezüge zur Erstsprache effektiv für die Aneignung der Zweitsprache genutzt werden können. Im Kontext einer integrativen interkulturellen Pädagogik wird die Erziehung zur Mehrsprachigkeit und zu einem bewussten Umgang mit sprachlicher Vielfalt ein Lernziel für alle Schülerinnen und Schüler. Insbesondere Language Awareness-Ansätze greifen dies auf (vgl. Oomen-Welke 2015), und in den Bildungsstandards ist die

Wertschätzung, die Einbeziehung und der bewusste Umgang mit den Herkunfts- und Familiensprachen der Lerner in den Kompetenzen des Deutschunterrichts verankert. Wann immer möglich, soll den Kindern und Jugendlichen angeboten werden, das Wissen aus ihrer Erstsprache einzubringen und Sprach- oder Kulturvergleiche anzustellen. Schader (2013) und Oomen-Welke (2015) machen hierzu eine Reihe höchst praktikabler Vorschläge, von denen auch in einer Regelklasse alle Schülerinnen und Schüler profitieren können.

Lesen und Schreiben

Wie in den Ausführungen zur Bildungssprache (→ G 11) deutlich wurde, muss von Anfang an auch der Blick auf bildungs- und fachsprachliche Anforderungen und somit auf die Fähigkeiten des Lesens und des Schreibens gerichtet werden. Schwierigkeiten beim Lesen sind gerade bei den Lernenden zu erwarten, die wenig Leseerfahrungen (in der Erst- oder Zweitsprache) in die Schule mitbringen. In Bezug auf das Lesen sind Methoden der Textentlastung wichtige Mittel, um Jugendliche an komplexe Texte heranzuführen (vgl. Neugebauer / Nodari 2012, S. 43). Eine Hilfe ist dabei, den für einen Lesetext benötigten Wortschatz explizit und nachhaltig zu erarbeiten.

Hierbei stellen Bilder eine wichtige Unterstützung dar. Im Hinblick auf die Erzählstruktur muss z. B. jedoch beachtet werden, dass sich mündliche Erzählungen von schriftlichen unterscheiden und dass diese Unterschiede mit den Schülerinnen und Schülern herausgearbeitet werden müssen.

In Bezug auf den Schriftspracherwerb muss zunächst geklärt werden, ob und in welcher Sprache die Lerner alphabetisiert sind. Wenn Lerner ohne Schrifterfahrung in der Erstsprache an die Schule kommen, kann die Alphabetisierung im Wesentlichen analog zur Alphabetisierung einsprachiger Kinder erfolgen. Hat der Schüler oder die Schülerin bereits eine Schrift gelernt, muss zunächst das lateinische Alphabet mit der deutschen Orthographie eingeführt werden. Hier ist es von erheblicher Bedeutung, ob die Lerner eine lateinische Schrift (Türkisch, Spanisch), eine lateinähnliche Schrift (Russisch, Griechisch, Serbisch), eine andere Alphabetschrift (Arabisch, Farsi) oder eine logographemische Schrift (Chinesisch) gelernt haben. Nicht wenige Jugendliche aus dem arabischen Sprachraum können allerdings Englisch lesen und schreiben, was den Erwerb der deutschen Schrift sehr vereinfacht.

Mehrsprachige Lernende bedürfen der besonderen Unterstützung bei der Planung, der Textproduktion sowie der Textüberarbeitung. Hier kommt der Auswahl der Schreibanlässe besondere Bedeutung zu, denn der Aufbau einer Schreibmotivation und Einsichten in die kommunikative Funktion der Schrift haben die höchste Priorität (vgl. Schäfer 2015). Methodische Hilfen für die Textplanung sind z. B. Listen für Satzanfänge, Mindmaps und Cluster sowie das Zusammenstellen von Wortfeldern und Wortfamilien. Bei der Textproduktion sind Nachschlagewerke, z. B. auch mehrsprachige Wörterbücher und Bildwörterbücher, eine wichtige Hilfe. Schreibkonferenzen und Angebote der Schreibberatung können die Überarbeitung unterstützen.

Literaturhinweise

Ahrenholz, Bernt 2012: Sprache im Fachunterricht untersuchen. In: Charlotte Röhner / Britta Hövelbrinks (Hg.): Fachbezogene Sprachförderung in Deutsch als Zweitsprache. Weinheim. S. 87–98.
Apeltauer, Ernst 2017: Wortschatzentwicklung und Wortschatzarbeit. In: Bernt Ahrenholz / Ingelore Oomen-Welke (Hg.): Deutsch als Zweitsprache. 4., überarb. und erw. Auflage. Baltmannsweiler. S. 306–326.
Beauftragte der Bundesregierung für Migration, Flüchtlinge und Integration (Hg). 2014: 10. Bericht der Beauftragten der Bundesregierung für Migration, Flüchtlinge und Integration über die Lage der Ausländerinnen und Ausländer in Deutschland. Berlin u. a.
Feilke, Helmuth 2012: Bildungssprachliche Kompetenzen – fördern und entwickeln. In: Praxis Deutsch. H. 233. S. 4–13.
Grießhaber, Wilhelm 2010: Spracherwerbsprozesse in Erst- und Zweitsprache. Duisburg.
Heilmann, Beatrix 2012: Diagnostik und Förderung leicht gemacht. Stuttgart.
Jeuk, Stefan 2011: Sprachstandsbeobachtung für *der-die-das* 1 / 2. Berlin.
Jeuk, Stefan 2015: Deutsch als Zweitsprache in der Schule. Stuttgart.
Kalkavan-Aydın, Zeynep (Hg.) 2015: Deutsch als Zweitsprache – Didaktik für die Grundschule. Berlin.
Kniffka, Gabriele / Thorsten Roelcke 2016: Fachsprachenvermittlung im Unterricht. Paderborn.
Konsortium Bildungsberichterstattung (Hg.) 2006: Bildung in Deutschland. Ein indikatorengestützter Bericht mit einer Analyse zu Bildung und Migration. Bielefeld.
Massumi, Mona / Nora von Dewitz / Johanna Grießbach / Henrike Terhart / Katarina Wagner / Kathrin Hippmann / Lale Altinay 2015: Neu zugewanderte Kinder und Jugendliche im deutschen Schulsystem. Köln.
Neugebauer, Claudia / Claudio Nodari 2012: Förderung der Schulsprache in allen Fächern. Zürich.
Oomen-Welke, Ingelore 2015: Mehr Sprachen im regulären Deutschunterricht – Potenziale erkennen, schätzen und nutzen. In: Zeynep Kalkavan-Aydın (Hg.): Deutsch als Zweitsprache – Didaktik für die Grundschule. Berlin. S. 79–113.
Praxis Deutsch 2009. Wörter und Wendungen, hg. von Helmuth Feilke. H. 218
Reeb-Ramos, Irene / Stefan Jeuk 2015: Mündliches Erzählen. In: Alexandra Junk-Deppenmeier / Stefan Jeuk (Hg.): Praxismaterial Förderdiagnostik. Freiburg. S. 79–105.
Schader, Basil 2013: Sprachenvielfalt als Chance. Troisdorf.
Schäfer, Joachim 2015: Schriftliches Erzählen und Schreibgespräch. In: Alexandra Junk-Deppenmeier / Stefan Jeuk (Hg.): Praxismaterial Förderdiagnostik. Freiburg. S. 107–158.
Tomasello, Michael 2011: Die Ursprünge der menschlichen Kommunikation. Frankfurt a. M.

H 4 Inklusiver Deutschunterricht

Jürgen Baurmann
Astrid Müller

Definition

Die bildungspolitische, allgemeinpädagogische und fachdidaktische Diskussion in Deutschland wird seit Inkrafttreten der UN-Behindertenkonvention im Jahr 2008 entscheidend durch die Forderung nach inklusiver Bildung geprägt. Das pädagogische Konzept der Inklusion geht von der Wertschätzung und Anerkennung der Diversität bzw. Vielfalt von Menschen in unterschiedlichsten Dimensionen (vgl. Abb. 1) aus und betrachtet die Berücksichtigung von Diversität in Lehr-Lern-Prozessen als Chance zur individuellen Entwicklung in und der sozia-len Teilhabe an Bildungsprozessen. Im Unterschied zum Konzept der Integration, das davon ausgeht, dass eine Gruppe in eine andere aufgenommen wird (Zwei-Gruppen-Theorie, vgl. Textor 2015, S. 29), sieht das Konzept der Inklusion gemeinsames Lernen in heterogener Gruppe vor (Ein-Gruppen-Theorie, vgl. ebd.). Die aktuelle Debatte wird häufig auf die Frage verengt, wie Schülerinnen und Schüler mit sonderpädagogischem Förderbedarf an Regelschulen wie Hauptschule, Realschule, Gymnasium oder Gesamtschule unterrichtet werden könnten (vgl. dazu auch Baurmann / Müller 2016). Diese Verengung wird i. d. R. damit erklärt, dass gerade diese Schülerinnen und Schüler bislang oftmals institutionell und damit offiziell exkludiert (in Förderschulen und -zentren) wurden (vgl. Textor 2015, S. 28). Die Grenzen dieses Blicks werden deutlich, wenn man sich die tatsächlich in einer Schulkasse anzutreffende Vielfalt an Merkmalen und Bedingungen unterschiedlicher Prägung verdeutlicht (vgl. Abb. 1). In der Übersicht (vgl. Tabelle, S. 387) wird Diversität in einer inneren und äußeren Dimension dargestellt, wobei der innere Ring relativ „konstante“, der äußere hingegen „veränderbare“ Größen meint (Becker 2016, S. 4).

Gemeinsam lernen – die Situation an unseren Schulen

Die Aufgaben, die sich aus der Entscheidung zugunsten des inklusiven Lernens für Bildungspolitik, Forschung und Lehrerbildung, Didaktik und Deutschunterricht ergeben, sind beträchtlich. Nach der bildungsstatistischen Analyse von Klemm (2013 und 2014) sind allerdings die damit verbundenen Herausforderungen in den einzelnen Bundesländern bei weitem noch nicht erfüllt, zumal sich die Vorgehensweisen in einzelnen Bundesländern deutlich unterscheiden. Tragfähige Ansätze fehlen ebenso wie überzeugende inhaltlich-fachliche Vorgaben. Angesichts dieser Sachlage kann gegenwärtig noch nicht von einem Konzept zu einem inklusiven Deutschunterricht gesprochen werden. Für Lehrkräfte und die

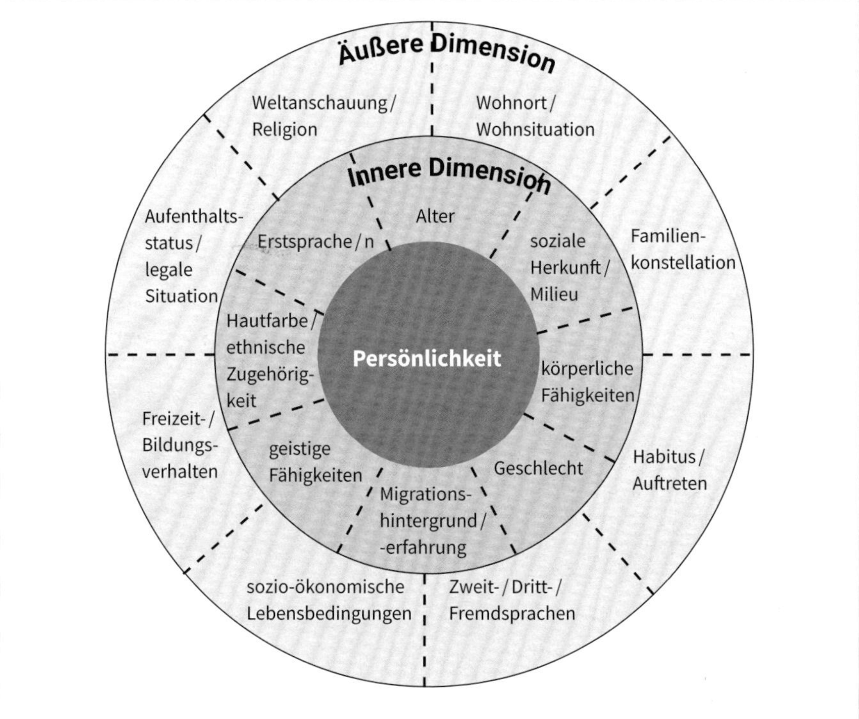

Abb. 1: Dimensionen der Vielfalt (aus Kappus / Kummer-Wyss 2015, S. 21)

Deutschdidaktik zeichnet sich allenfalls „der Weg zu einer inklusiven Deutschdidaktik" ab (vgl. Untertitel von Hennies / Ritter 2014). Einige seiner Wegmarken lassen sich unter der Leitidee „Gemeinsam lernen – Umgang mit Vielfalt" fassen und beschreiben (vgl. den Titel zu Baurmann / Müller 2016).

Die Situation an deutschen Schulen hat sich im Ganzen kaum verändert. Nach wie vor ist das Schulsystem durch starke Homogenisierungstendenzen geprägt, die sich in der Existenz verschiedener Schularten mit unterschiedlichen Abschlüssen bis hin zu Jahrgangsklassen zeigt. Forschungsergebnisse zu Chancen und Schwierigkeiten für heterogene bzw. homogene Lerngruppen – etwa hinsichtlich der Leistungen im Unterricht (lediglich ein Kriterium!) – fallen eher uneinheitlich aus. Tillmann / Wischer (2006, S. 46) liefern dazu ein differenziertes Resümee:

> Im allgemeinen Schulwesen werden in heterogenen Lerngruppen vor allem dann gute Leistungsergebnisse erzielt, wenn der Unterricht hinreichend differenziert angelegt ist. Negative Auswirkungen stellen sich vor allem dann ein, wenn leistungsschwache und sozial belastete Kinder zu homogenen Gruppen am „unteren Ende" zusammengefasst werden. Die Integration „lernbehinderter" Kinder bremst den Erfolg der übrigen Kinder

> nicht; ob und unter welchen Bedingungen die beeinträchtigten Kinder zu besseren Lernergebnissen kommen, ist allerdings nicht ganz eindeutig geklärt. Es spricht allerdings einiges dafür, dass der soziale Vergleich in heterogenen Gruppen einen Belastungsfaktor für leistungsschwächere Schüler(innen) darstellt. Tillmann / Wischer 2006, S. 46

Wie sich die Berücksichtigung heterogener Lernbedingungen auf Dimensionen außerhalb der Leistung wie etwa auf die Entwicklung eines positiven Selbstwirksamkeitskonzepts, auf die Entwicklung von Interessen oder die soziale Kompetenz auswirkt, ist – da empirisch weniger gut prüfbar – entsprechend selten belegt.

Studien, die die Einstellung von Lehrpersonen zur Inklusion untersuchen, kommen ebenfalls zu einem eher uneinheitlichen Bild: Grundsätzlich stehen Lehrerinnen und Lehrer inklusivem Lernen zwar positiv gegenüber; diese positive Einstellung bedeutet jedoch nicht, dass Lehrpersonen auch gewillt sind, unter inklusiven Bedingungen zu arbeiten. Die Bereitschaft, in inklusiven Settings zu arbeiten, hängt u. a. davon ab, wie kompetent sich Lehrpersonen von Regelschulen diesbezüglich fühlen. Darüber hinaus nehmen Lehrpersonen das Spannungsfeld zwischen Individualisierung und Standardisierung (im Zusammenhang mit zentralen Abschlüssen usw.) als beachtlich und widersprüchlich wahr (vgl. zusammenfassend Textor 2015, S. 74 ff.).

Bildungspolitische Bemühungen müssen sich folglich darauf richten, die Teilhabe aller Schülerinnen und Schüler an gemeinsamen Bildungsprozessen und als barrierefreies Lernen zu ermöglichen. Der bildungspolitische Diskurs über eine *Schule für alle* hat in diesem Zusammenhang Chancen und Risiken beim Umgang mit Vielfalt auszuloten (vgl. z. B. Pompe 2015, Speck-Hamdan 2015). Ein Blick in andere Länder verdeutlicht, dass inklusives Lernen, insbesondere unter Berücksichtigung von Kindern mit sonderpädagogischem Förderbedarf, selbstverständlich sein kann. In Italien gibt es seit 1977 Erfahrungen mit einer Schule für alle. Hier stellt sich nicht die Frage, ob, sondern wie alle Schülerinnen und Schüler gemeinsam lernen können. Grundlage dafür sind individualisierte Bildungspläne, die regelmäßig aktualisiert werden (vgl. Textor 2015, S. 110 f.). In Norwegen haben alle Kinder und Jugendliche seit 1987 das Recht auf gemeinsamen Unterricht. Zur Unterstützung der Unterrichtspraxis gibt es landesweit Beratungs- und Betreuungsangebote (vgl. ebd., S. 111). Eine entsprechende Untersuchung zur „nachschulischen Entwicklung" von inklusiv Unterrichteten im Vergleich zu in Sonderschulen geförderten Schülerinnen und Schülern in Norwegen kam 2006 zu dem Ergebnis, dass „fast 60% der inklusiv Unterrichteten das (erwartete) Kompetenzniveau der Sekundarstufe II [erreichten], während die übrigen dies nur zu 35%" taten (Werning / Avci-Werning 2015, S. 28).

Gemeinsames Lernen im Deutschunterricht – didaktische Zugänge

Obwohl die Inklusionsdebatte in Deutschland erst seit einigen Jahren intensiv geführt wird, gibt es schon jetzt brauchbare, auch anregende Zugänge für ein gemeinsames Lernen im Deutschunterricht; sie lassen sich einordnen in eine seit Jahren fruchtbare Diskussion, die sich innerhalb der „Integrationspädagogik" entwickelt hat: Gemeinsames Lernen kann demnach vom Gegenstand her entwickelt werden (vgl. Feuser 2009; siehe (a)) oder in Lernsituationen unterschiedlicher Integrationsdichte organisiert werden (vgl. Wocken 1998, siehe (b)). Wie beide Konzepte das gemeinsame Lernen zu befördern vermögen und „Formen der Lernreflexion" dazu beitragen, dass gemeinsames Lernen von den Schülerinnen und Schülern reflektiert und zunehmend routinierter genutzt werden kann, wird unter (c) skizziert (nach Baurmann / Müller 2016, S. 7 ff.).

(a) Der Lerngegenstand als Ausgangspunkt. Ziele und Methoden von Lerngegenständen her zu entwickeln, hat im Deutschunterricht eine lange Tradition. Gemeinsames Lernen im Sinne des Umgangs mit der Vielfalt wird dann begünstigt, wenn für den jeweils gegebenen Lerngegenstand drei Bedingungen gegeben sind. Der Lerngegenstand sollte

- eine gewisse **Komplexität** aufweisen, die es Schülerinnen und Schülern ermöglicht, sich verschiedene Aspekte des Gegenstandes anzueignen,
- unterschiedliche **Lernwege** (→ H 7) bei dessen Bearbeitung und Aneignung eröffnen und
- ermöglichen, dass Schülerinnen und Schüler erreichte **Ergebnisse** sachangemessen **einordnen** können (vgl. Baurmann / Müller 2016).

Für viele Inhalte und Kompetenzbereiche des Deutschunterrichts sind diese Prämissen gegeben. Dies betrifft z. B. den Umgang mit literarischen Texten (und deren entsprechende mediale Umsetzungen), da literarische Texte per se eine „Pluralität der Verstehensmöglichkeiten" bieten (Zabka 2006, S. 83). Sinnkonstitutionen beim Lesen literarischer Texte beruhen stets auf individuellen Zugängen, die aus unterschiedlichen kulturellen, ethnischen, religiösen und familiären Prägungen ebenso resultieren wie aus den sprachlich-kognitiven Fähigkeiten und literalen Erfahrungen von Schülerinnen und Schülern. Gleiches gilt für das Verfassen von Texten, wenn die Schreibaufgaben über eine bestimmte Komplexität und Offenheit verfügen und so zu vielfältigen Texten herausfordern (→ H 6). Gemeinsames Lernen an einem Gegenstand bedeutet somit nicht gleichschrittiges Lernen, sondern reicht dann auf vielfältige Weise darüber hinaus.

(b) Lernsituationen zum gemeinsamen Lernen. In seiner „Skizze zu einer Theorie des gemeinsamen Unterrichts" (→ B 8) relativiert Wocken (1998) die unter (a) beschriebene gegenstandsorientierte Sicht, indem er für den Unterricht von Lernsituationen unterschiedlicher Integrationsdichte ausgeht (siehe oben). Es sind vier Arten (nach Wocken 1998, S. 42 ff.), die sich in einer Übersicht so darstellen lassen.

Lernsituationen unterschiedlicher Integrationsdichte (nach Wocken 1998)

Bezeichnung der Lernsituation (Wocken 1998)	Merkmale	Beispiele
koexistent	lediglich „raumzeitliche Gemeinsamkeit“ beim Lernen (Wocken 1998, S. 42)	Formen der Freiarbeit, freies Schreiben (→ B 8)
kommunikativ	informelle Kommunikationen und Interaktionen, die soziales Lernen durchaus fördern und für weitere Lernsituationen bereithalten	(spontane) Gespräche auf dem Schulweg, in den Pausen
subsidiär	(asymmetrisches) Von- und Miteinander-Lernen von Experten und Anfängern (ggf. auch mit Rollentausch)	Schreibberater, Lesetandem (→ C 1), auch reziprokes Lehren und Lernen (vgl. Baurmann / Müller 2002)
kooperativ	Lernen innerhalb eines „verbindlichen Zusammenhangs“, dessen Ziele nur kooperativ zu realisieren sind (Wocken 1998, S. 48)	Rechtschreibgespräch, Gestaltung einer Klassenzeitung als Projekt, Formen des kooperativen Lernens (vgl. Brüning / Saum 2006, Baurmann 2007)

Aus der Wahl des jeweiligen Konzepts (Lerngegenstand oder Lernsituationen) resultieren zweifellos Unterschiede in Planung und Durchführung des Unterrichts. Dort, wo alle Schülerinnen und Schüler einer Lerngruppe Relevantes zur Konstituierung eines Lernzusammenhangs beizutragen wissen, wird der Gegenstand Dreh- und Angelpunkt des Unterrichts sein. Wo diese Ausrichtung lediglich begrenzt möglich ist oder reichlich konstruiert wirken muss, bieten sich unterschiedliche Lernsituationen an. Im Deutschunterricht werden dabei subsidiäre und kooperative Lernsituationen im Vordergrund stehen – vorbereitet durch kommunikative und gelegentlich ergänzt durch koexistente Lernsituationen. Dass sich koexistente Lernsituationen (etwa bei der Freiarbeit, insbesondere beim Wochenplan) verselbstständigen können, sollte bedacht werden. Entgegen den Intentionen des gemeinsamen Lernens kann es nämlich im ungünstigen Fall dazu führen, dass einzelne Schülerinnen und Schüler auf diese Weise in eine verhängnisvolle Isolierung geraten.

(c) Formen der Lernreflexion beim gemeinsamen Lernen. Mit zunehmenden Fortschritten beim gemeinsamen Lernen kommt dem „Wissen über das eigene Denken und Lernen“ zunehmend Bedeutung zu (Guldimann 2012, S. 111). Es ist deshalb für alle Schülerinnen und Schüler förderlich, im Deutschunterricht beschrittene Lernwege und erzielte Ergebnisse regelmäßig auszutauschen und zu reflektieren. „Zur Unterstützung der Lernreflexion" (ebd., S. 113), die sich als differenzierte Antworten auf das Lernen bewährt haben, bieten sich folgende Möglichkeiten an (vgl. Baurmann / Müller 2016, S. 9 ff.):

- das Führen von Lese- oder Lerntagebüchern, die prozessbegleitend oder im Blick auf bereits Geleistetes angelegt werden
- die Einrichtung von Lernpartnerschaften oder die Arbeit mit einem Lesepaten
- die Verbindung von lautem Denken und Handeln etwa beim Rechtschreiben oder beim Verfassen von Texten

Auf diesen Möglichkeiten gründende Rückmeldungen zu Aneignungsprozessen begünstigen nachhaltig das Lernen insgesamt. So konnte in einer Studie zum Lesen im dritten und vierten Schuljahr ermittelt werden, dass Schülerinnen und Schüler der untersuchten Gruppe, deren Lehrkräfte angeben, leistungsschwächeren Schülerinnen und Schülern häufiger individuelles Feedback zu erteilen, über signifikant bessere Leseleistungen verfügen als Kinder, deren Lehrpersonen seltener über individuelle Rückmeldungen an leistungsschwächere Kinder berichten (vgl. Hoya / Hellmich 2014, S. 270). Für leistungsstärkere Schülerinnen und Schüler besteht in diesem Kontext allerdings kein signifikanter Zusammenhang zu den jeweils erbrachten Leseleistungen. Das lesebezogene Selbstkonzept aller untersuchten Schülerinnen und Schüler wurde hingegen nicht durch individuelle Rückmeldungen sichtbar beeinflusst.

Fazit

Die Diskussion über den Umgang mit Vielfalt in Schule und Unterricht wird zweifelsohne die bildungspolitische und fachdidaktische Diskussion auch künftig prägen. In diesem Zusammenhang sind Vorschläge, die nach gründlicher didaktischer Überlegung vom Lerngegenstand oder von Lernsituationen ausgehen, als ermutigende „Angebote zu einem diversitätssensiblen Lernen" zu verstehen (Baurmann / Müller 2016, S. 10).

Wo bieten sich im Deutschunterrichts nun attraktive Möglichkeiten für einen inklusiv orientierten Deutschunterricht an? Erste Ansätze und Beispiele zeigen sich in allen Kompetenzbereichen. Bei Hennies / Ritter (2014) sind entsprechende Ansätze und Anregungen unter Mündlichkeit und Schriftlichkeit, Schreibdidaktik sowie Lese- und Literaturdidaktik versammelt. Die Modelle in Praxis Deutsch 2016, H. 258 weisen eine vergleichbare Bandbreite auf.

Insbesondere für die Literaturdidaktik hat Becker (2016) zudem vor Kurzem tragfähige Möglichkeiten fundiert: Für den Literaturunterricht sind danach Textgattungen wie Bilderbücher (auch Graphic Novels → E 2), lyrische Texte (→ D 4), Kinder- und Jugendliteratur (→ D 10 bzw. D 11) einschließlich deren Verfilmung (→ E 3) besonders geeignet, literarisches Lernen für alle Schülerinnen und Schüler zu ermöglichen (vgl. Becker 2016, S. 8 ff.).

Dass selbst einzelne Dimensionen der Vielfalt (siehe Abb. 1) im Deutschunterricht explizit thematisiert und konkret dargestellt werden können, zeigt Schüllers (2016) multimedialer Zugang zu Andreas Steinhöfels *Rico, Oskar und die Tieferschatten* (Buch und Film als DVD), die Geschichte über die Freundschaft eines Hoch- und eines „Tiefbegabten". Für ältere Schülerinnen und Schüler kann ein solcher Ansatz ausgebaut und vertieft werden – etwa durch die Graphic Novels von Boulet/Bagieu (2013) und Schreiter (2014). Während bei Boulet/Bagieu (2013) der Identitätsverlust der Protagonistin und deren Kampf dagegen angesprochen werden (vgl. dazu auch das Modell von Seemann/Frerichs 2016), stellt Daniela Schreiter (2014), selbst Asperger-Autistin, aus der Ich-Perspektive prägnant, dabei ohne Selbstmitleid, für jugendliche Leser dar, welchen Schwierigkeiten Menschen mit Asperger-Autismus alltäglich ausgesetzt sind.

Literaturhinweise

Baurmann, Jürgen 2007: Kooperatives Lernen. Basisartikel. In: Praxis Deutsch. H. 205. S. 6–11.

Baurmann, Jürgen/Astrid Müller 2002: Experten und Anfänger lernen gemeinsam. Lesen und Verstehen von Sachtexten durch wechselseitiges Lehren und Lernen. In: Praxis Deutsch. H. 176. S. 44–47.

Baurmann, Jürgen/Astrid Müller 2016: Gemeinsam lernen. Der Umgang mit Vielfalt im Deutschunterricht. Basisartikel. In: Praxis Deutsch. H. 258. S. 4–11.

Becker, Maria 2016: Inklusion. In: Kurt Franz/Franz-Josef Payrhuber (Hg.): Kinder und Jugendliteratur. Ein Lexikon. 59. Ergänzungslieferung. Meitingen. S. 1–15.

Booth, Tony/Mel Ainscow 2003: Index für Inklusion – Lernen und Teilhabe in Schulen der Vielfalt entwickeln. Übersetzt, für deutschsprachige Verhältnisse bearbeitet und herausgegeben von Ines Boban und Andreas Hinz. In: http://www.eenet.org.uk/resources/docs/Index%20German.pdf, recherchiert am 17.03.2017.

Boulet/Pénélope Bagieu 2013: Wie ein leeres Blatt. Übersetzt von Ulrich Pröfrock. Hamburg.

Brüning, Ludger/Tobias Saum 2006: Erfolgreich unterrichten durch Kooperatives Lernen. Strategien zur Schüleraktivierung. Essen.

Feuser, Georg 2009: Momente entwicklungslogischer Didaktik einer Allgemeinen (integrativen) Pädagogik. In: Hans Eberwein/Sabine Knauer (Hg.): Handbuch Integrationspädagogik. 7. Auflage. Weinheim. S. 280–294.

Guldimann, Titus 2012: Lernen verstehen und eigenständiges Lernen fördern. In: Alois Buholzer/Annemarie Kummer Wyss (Hg.): Alle gleich – alle unterschiedlich! Zum Umgang mit Heterogenität in Schule und Unterricht. 2. Auflage. Seelze. S. 109–121.

Hennies, Johannes/Michael Ritter 2014: Zur Einführung: Deutschunterricht in der Inklusion. In: Dies. (Hg.): Deutschunterricht in der Inklusion. Auf dem Weg zu einer inklusiven Deutschdidaktik. Stuttgart. S. 7–17.

Hoya, Fabian/Frank Hellmich 2014: Individuelles Feedback in heterogen zusammengesetzten Lerngruppen im Leseunterricht der Grundschule – Befunde aus einer empirischen Studie. In: Daniel Blömer/Michael Lichtblau/Ann-Kathrin Jüttner/Katja Koch/Michaela Krüger/Rolf Werning (Hg.): Gemeinsam anders lehren und lernen – Perspektiven auf inklusive Bildung. Wiesbaden. S. 267–272.

Kappus, Elke-Nicole/Annemarie Kummer-Wyss 2015: Inklusion in der Regelschule. In: Anja Pompe (Hg.): Deutsch inklusiv. Gemeinsam lernen in der Grundschule. Baltmannsweiler. S. 15–28.

Klemm, Klaus 2013: Inklusion in Deutschland – eine bildungsstatistische Analyse. In: http://de.slideshare.net/Vielfalt_Lernen/inklusion-in-deutschland-eine-bildungsstatistische-analyse, recherchiert am 7. 6. 2016.

Klemm Klaus 2014: Update Inklusion – Datenreport zu aktuellen Entwicklungen. In: http://de.slideshare.net/BertelsmannStiftung/2014-bst-datenreport-inklusion?related=3, recherchiert am 7. 6. 2016.
Pompe, Anja 2015: Inklusion. In: Dies. (Hg.): Deutsch inklusiv. Gemeinsam lernen in der Grundschule. Baltmannsweiler. S. 1–14.
Praxis Deutsch 2016: Gemeinsam lernen – Umgang mit Vielfalt im Deutschunterricht, hg. von Jürgen Baurmann und Astrid Müller. H. 258.
Rico, Oskar und die Tieferschatten (DVD). Regie: Neele Vollmar. Frankfurt a. M.
Schreiter, Daniela 2014: Schattenspringer. Wie es ist, anders zu sein. Stuttgart.
Schüller, Liane 2016: Film und inklusive Bildung. Medienreflexiver Unterricht mit *Rico, Oskar und die Tieferschatten*. In: Praxis Deutsch. H. 258. S. 22–27.
Seemann, Florian / Derk Frerichs 2016: Auf der Suche nach der eigenen Identität. Gemeinsames und kooperatives Lernen mit der Graphic Novel *Wie ein leeres Blatt*. In: Praxis Deutsch. H. 258. S. 48–51.
Speck-Hamdan, Angelika 2015: Inklusion: der Anspruch an die Grundschule. In: Daniel Blömer / Johannes Lichtblau / Ann-Kathrin Jüttner / Katja Koch / Michaela Krüger / Rolf Werning (Hg.): Perspektiven auf inklusive Bildung. Gemeinsam anders lehren und lernen. Wiesbaden. S. 13–22.
Steinhöfel, Andreas 2008: Rico, Oscar und die Tieferschatten. Hamburg.
Textor, Annette 2015: Einführung in die Inklusionspädagogik. Bad Heilbrunn.
Tillmann, Klaus-Jürgen / Beate Wischer 2006: Heterogenität in der Schule. Forschungsstand und Konsequenzen. In: Pädagogik, Jg. 59, H. 3, S. 44–48.
Werning, Rolf / Meltem Avci-Werning 2015: Herausforderung Inklusion in Schule und Unterricht. Grundlagen, Erfahrungen, Handlungsperspektiven. Seelze.
Wocken, Hans 1998: Gemeinsame Lernsituationen. Eine Skizze zur Theorie des gemeinsamen Unterrichts. In: Anne Hildeschmidt / Irmtraud Schnell (Hg.): Integrationspädagogik. Auf dem Weg zu einer Schule für alle. München. S. 37–52.
Zabka, Thomas 2006: Typische Operationen literarischen Verstehens. Zu Martin Luther „Vom Raben und Fuchs“ (5. / 6. Schuljahr). In: Clemens Kammler (Hg.): Literarische Kompetenzen – Standards im Literaturunterricht. Seelze. S. 80–101.

H 5 Lernmethoden im Deutschunterricht: Elemente und Konzepte

Jürgen Baurmann

Zur Ausgangslage

Zweifelsohne kommt gegenwärtig dem Thema Methoden im Deutschunterricht und in der Fachdiskussion erhebliche Bedeutung zu. Handbuchbeiträge, Handreichungen und Lehr-Lern-Materialien belegen diese Feststellung ebenso wie die Bildungsstandards, die für jeden Kompetenzbereich in der Sekundarstufe I ein Teilkapitel *Methoden und Arbeitstechniken* aufweisen. Die Bildungsstandards für die Allgemeine Hochschulreife im Fach Deutsch setzen dies auf erheblichem Niveau fort, wenn dort u. a. die Einführung „wissenschaftlicher Methoden", die „Sicherheit im Umgang mit Fachsprache und -methoden" und der Einsatz von „Methoden der Textanalyse und -interpretation" gefordert werden (KMK 2012, S. 35 sowie mehrere Stellen ab S. 50). Schon diese knappe Skizze verdeutlicht, dass hinsichtlich des Aspekts Methode „begriffliche und substanzielle Heterogenität" und „Unübersichtlichkeit" vorherrscht (nach Terhart 2005, S. 7 f.). So wird weder deutlich zwischen Lernmethoden und wissenschaftlichen Methoden unterschieden noch das Verhältnis zwischen Arbeitstechniken und Methoden geklärt (vgl. dazu Baurmann / von Brand / Menzel et al. 2016, S. 8). Dies ist jedoch notwendig, wenn eine Intention der Bildungsstandards eingelöst werden soll, nämlich ein kontinuierliches Methodenlernen vornehmlich in der Sekundarstufe I und II.

Zur begrifflichen Klärung

Methode meint zunächst nach einer weithin anerkannten Definition Folgendes:

> Unterrichtsmethoden sind die Formen und Verfahren, in und mit denen sich Lehrer und Schüler die sie umgebende natürliche und gesellschaftliche Wirklichkeit unter institutionellen Rahmenbedingungen aneignen.
>
> Meyer 1994, S. 45.

Nach dieser Definition besteht also zwischen den fachlichen Inhalten im Unterricht und jeweils sachangemessenen Formen und Verfahren ein Zusammenhang. Für Lehrpersonen ergeben sich daraus in der Praxis anzuwendende Lehrmethoden; für Schülerinnen und Schüler Lernmethoden, die sie als „spezifische Handlungsmuster" mit einer „konkreten Zielperspektive auszuwählen und zunehmend selbstständig zu nutzen wissen" (von Brand 2011, S. 1). Auf diese Weise sichern Lernmethoden jene Prozesse, in denen „neues Wissen ... in die vorhandenen Wissensstrukturen eingebaut ... wird" (Mandl 2006, S. 29).

Lassen sich Lernmethoden nun noch präziser beschreiben? Das ist möglich, auch notwendig, denn häufig werden Ausdrücke wie Lernwege, Arbeitstechniken und Strategien beliebig als gleichbedeutend verwendet (vgl. zum Folgenden Baurmann / von Brand / Menzel et al. 2016, S. 9 f.). Als Lernwege werden hier sowohl im Unterricht vermittelte Handlungsfolgen als auch von Schülerinnen und Schülern eigenständig entdeckte Vorgehensweisen bezeichnet, die sich auch als Umwege oder Sackgassen herausstellen können (vgl. Ziener / Kessler 2012, S. 10 ff.). Arbeitstechniken werden hingegen als „einzelne, sehr konkret bestimmte Arbeitsschritte" mit deutlich handwerklicher Ausrichtung aufgefasst (von Brand 2011, S. 1). Hinsichtlich der Verwendung des Begriffs Strategie spricht einiges dafür, diese Bezeichnung differenziert zu gebrauchen, unterscheidet doch Wolff (1992, S. 110 ff.) zu Recht „Lernstrategien" und „Sprachverarbeitungsstrategien". Nach Wolff kommt Lernstrategien hauptsächlich die Funktion zu, einfache und überschaubare „Fertigkeiten zu steuern und zu kontrollieren". Neben dieser Auffassung von Strategie gibt es allerdings auch eine andere, nämlich „psychologische" Zuschreibung. Strategie als „Sprachverarbeitungsstrategie" fasst in diesem Sinne dann jene „mentalen Operationen" zusammen, die das Sprechen und Hören, Schreiben und Lesen leiten und überwachen. Das folgende Beispiel zum Verstehen von Texten veranschaulicht die nützliche Unterscheidung von Lern- und Sprachverarbeitungsstrategien.

Einen Text zu verstehen erfordert, neues Wissen auf vielfältige Weise mit dem eigenen Vorwissen zu verknüpfen (= Elaborationsstrategie als Sprachverarbeitungsstrategie). Lernstrategien, die diesen wichtigen, anspruchsvollen Teilprozess bewirken, sind dann etwa das Paraphrasieren einzelner Textteile oder das Anlegen von Diagrammen als Übersichten (vgl. Baurmann 2009, S. 46 f.).

Aus diesen Erläuterungen zu Lernwegen, Lernstrategien und Arbeitstechniken lassen sich folgende Zwischenergebnisse ableiten:

- Lernmethoden sind – nach Brand (2011, S. 1) – „(mehr oder weniger) geregelte, wiederholbare und transferable (also übertragbare) Abläufe und Verfahren ... mit einer Zielperspektive" (siehe oben).
- Lernmethoden lassen sich weiter auffächern in Lernwege und Arbeitstechniken. Lernwege und Lernstrategien sind Handlungsfolgen, die Schülerinnen und Schülern vermittelt werden und die sie sich aneignen, zunehmend eigentätig anwenden, ggf. auch variieren. Arbeitstechniken sind dagegen vorgegebene, zunehmend den Schülerinnen und Schülern vertraute Arbeitsschritte.

Die folgende Abbildung veranschaulicht das Gesagte:

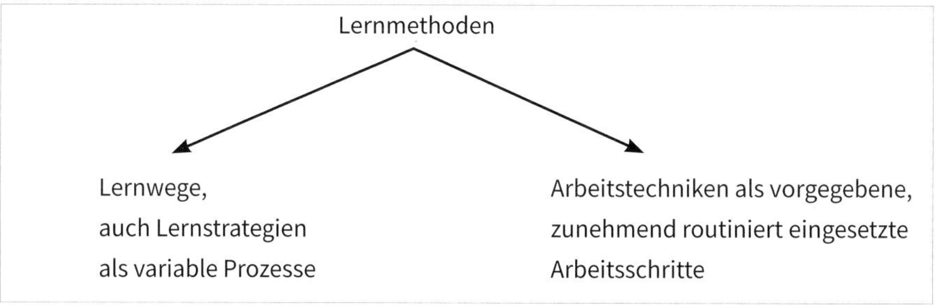

Abb. 2: Lernmethoden – Übersicht (vgl. Baurmann / von Brand / Menzel et al. 2016, S. 10)

Konkrete Ziele und Inhalte geben nicht zwingend die Wahl einer bestimmten Methode vor. Die Bezüge zwischen Aufgaben und Lernmethoden können sich in konkreten Fällen zwischen relativ festgelegt bis reichlich offen bewegen. Relativ fest ist beispielsweise der Einsatz der Verschiebeprobe, wenn Satzglieder zu ermitteln sind, wohingegen das Erfassen der Figurenkonstellation in einem literarischen Text nicht ausschließlich über den Einsatz von Standbildern erfolgen wird.

Lernmethoden sind im Deutschunterricht zumeist nicht an einen Kompetenzbereich gebunden. So eignen sich Verschiebeproben nicht nur dazu, Glieder im Satz zu ermitteln. Beim Schreiben von Texten kann diese Sprachprobe helfen, einzelne Äußerungen (etwa Sätze) enger aufeinander zu beziehen, oder beim Umgang mit Texten den Wert stilistisch bewusster Überstrukturierung zu erkennen (etwa die kalkulierte Wiederholung eines Ausdrucks am Satzanfang).

Lernmethoden: Elemente und Komplexe

Bei Lernmethoden lassen sich nicht nur im Rahmen einer reflektierten Unterrichtsplanung Lernwege, Lernstrategien und Arbeitstechniken unterscheiden. Lernmethoden weisen darüber hinaus eine Binnenstruktur auf, deren Berücksichtigung die Hinführung zum Methodenlernen sichert und insgesamt erheblich erleichtert. Nach Schulz (1985, S. 53 ff.) ist festzuhalten, dass sich Lernmethoden in ihrer Komplexität unterscheiden, doch auch zugleich – wegen bestehender Ähnlichkeiten – einem methodischen Zusammenhang zuordnen lassen. Die Fragelawine beim Überarbeiten von Texten ist beispielsweise weniger komplex als die Schreibkonferenz. Doch beide Lernmethoden gehören zum Bereich Texte überarbeiten. Fragelawine und Schreibkonferenz sind so gesehen methodische Elemente eines methodischen Konzepts.

Im Blick auf ein curricular fundiertes Methodenlernen stellt das gewählte Beispiel (Texte überarbeiten) einen Glücksfall dar: In der Praxis hat sich eine ganze Reihe von methodischen Elementen bewährt, die alle mehr oder minder das in der Revisionsforschung akzeptierte Grundmuster erfüllen: Auffälligkeiten in Texten entdecken, diese diagnostizieren und Überarbeitungen vornehmen. Texte überarbeiten gelingt dann überzeugend, wenn Schreiberinnen und Schreiber dieses Grundmuster des Überarbeitens anwenden können. Die folgende Graphik stellt das Zusammenspiel methodischer Elemente im Rahmen des methodischen Konzepts dar:

Abb. 3: Methodische Elemente des methodischen Konzepts Texte überarbeiten

Auf den ersten Blick lassen sich für die Praxis einige Schlussfolgerungen ableiten, die weiter unten durch Ergebnisse der Revisionsforschung gestützt werden:

- Schon einfache methodische Elemente wie die Fragelawine (schriftlich) oder die Lektorenrunde (mündlich) führen dazu, dass in Texten Auffälligkeiten entdeckt werden.
- Lernwege, die allein (Textlupe) oder gemeinsam mit anderen vollzogen werden (Überarbeiten im Dialog) fördern den Austausch über alternative Lösungen.

- Komplexere, auf vorangegangenen Lernerfahrungen basierende Vorgehensweisen wie das Text-Hand-Verfahren (Leßmann 2012) oder der Überarbeitungsplan (Baurmann 2017, S. 110 ff.) regen nachdrücklich dazu an, festgestellte Auffälligkeiten erst zu diagnostizieren und ggf. dann zu revidieren (siehe oben, das Grundmuster).
- Und schließlich: Abb. 3 (siehe oben) spricht dafür, die Schreibkonferenz als anspruchsvolles und ergiebiges methodisches Element nicht zu früh im Unterricht zu berücksichtigen, sondern einfachere methodische Elemente vorzuschalten (vgl. Baurmann 2016a, S. 89 f.). Die Schülerinnen und Schüler sind dann in der Lage, die vielfältigen Anforderungen an alle Beteiligten (Schreiber / Schreiberin, beratende Schülerinnen und Schüler) zu meistern (vgl. dazu Fix 2006, S. 172 ff., Lehnen 2014, S. 420 zu Formen des Feedbacks). Wenn in der Schreibkonferenz dann auch festgestellte Auffälligkeiten gemeinsam diagnostiziert werden, dann reicht der Lernertrag – für die Schülerinnen und Schüler überzeugend – bis in den Kompetenzbereich *Sprache und Sprachgebrauch untersuchen* hinein.

Weitere methodische Elemente lassen sich beim Schreiben als Verfassen von Texten anschließen und den methodischen Konzepten Planen oder Formulieren zuweisen (vgl. Baurmann 2016b, S. 147 ff.). Der Band *Methoden im Deutschunterricht* (Baurmann / von Brand / Menzel et al. 2016) entwickelt – orientiert an den Bildungsstandards so auch für weitere Bereiche methodische Konzepte beim *Lesen – Umgang mit Texten* (*Lesekompetenz verbessern, Sachtexte verstehen und nutzen* sowie *Literarische Texte untersuchen und verstehen*) (Spinner 2016, S. 55 ff.). Für die Aufgabenfelder *Sprechen und Zuhören, Umgang mit Medien* (von Brand 2016a, S. 16 ff. bzw. 2016b, S. 108 ff.) sowie *Sprache und Sprachgebrauch untersuchen – Rechtschreiben* (Menzel / Baurmann 2016, S. 176 ff.) bietet es sich ebenso an, methodische Elemente zu methodischen Konzepten zu bündeln.

Insgesamt haben diese Zusammenstellungen von methodischen Konzepten den Vorteil, eine Fülle von methodischen Elementen unterschiedlicher Komplexität zu zeigen, die Lehrpersonen und zunehmend auch Schülerinnen und Schülern im konkreten Fall die Methodenwahl zu erleichtern. Schließlich wird dadurch auf vielfältige Weise zum kontinuierlichen Methodenlernen beigetragen. Der Beginn mit einfacheren methodischen Elementen, das anschließende Bemühen um eine überlegte curriculare Progression sowie die Berücksichtigung ausgewählter methodischer Elemente als Unterrichtsgegenstand (etwa die Schreibkonferenz oder weniger bekannte grammatische Proben, vgl. Gallmann 2009) sind tragfähige, auch attraktive Möglichkeiten auf dem Weg zu einer entwickelten Methodenkompetenz.

Literaturhinweise

Baurmann, Jürgen 2009: Sachtexte lesen und verstehen. Grundlagen, Ergebnisse, Vorschläge für einen kompetenzfördernden Unterricht. Seelze.

Baurmann, Jürgen 2016a: Lehren im Kontext von Schreibkonferenzen: Insgesamt vielfältig, häufig subtil, selten spektakulär. In: Friedrich Jahresheft „Lehren". S. 89 - 91.

Baurmann, Jürgen 2016b: Schreiben als Verfassen von Texten. In: Ders./Tilman von Brand/Wolfgang Menzel/Kaspar H. Spinner (Hg.): Methoden im Deutschunterricht. Exemplarische Lernwege für die Sekundarstufe I und II. 2. Auflage. Seelze. S. 145 -173.

Baurmann, Jürgen 2017: Schreiben - Überarbeiten - Beurteilen. Ein Arbeitsbuch zur Schreibdidaktik. 5. Auflage. Seelze.

Brand, Tilman von 2011: Methoden & Arbeitstechniken. Klassenstufen 8 -10. Seelze.

Brand, Tilman von 2016a: Sprechen und Zuhören. In: Jürgen Baurmann/Tilman von Brand/Wolfgang Menzel/Kaspar H. Spinner (Hg.): Methoden im Deutschunterricht. Exemplarische Lernwege für die Sekundarstufe I und II. 2. Auflage. Seelze. S. 15 - 53.

Brand, Tilman von 2016b: Umgang mit Medien. In: Jürgen Baurmann/Tilman von Brand/Wolfgang Menzel/Kaspar H. Spinner (Hg.): Methoden im Deutschunterricht. Exemplarische Lernwege für die Sekundarstufe I und II. 2. Auflage. Seelze. S. 107 -144.

Fix, Martin 2006: Texte schreiben. Schreibprozesse im Deutschunterricht. Paderborn.

Gallmann, Peter 2009: Grammatische Proben. In: Dudenredaktion (Hg.): Duden - Die Grammatik. 8. Auflage. Mannheim u. a. S. 139 -145.

Kultusministerkonferenz 2003 ff. (Hg.): Themen - Deutsch - Bildungsstandards. In: https://www.kmk.org/themen/allgemeinbildende-schulen/unterrichtsfaecher/deutsch.html, recherchiert am 9. 10. 2016.

Lehnen, Katrin 2014: Gemeinsames Schreiben. In: Helmuth Feilke/Thorsten Pohl (Hg.): Schriftlicher Sprachgebrauch - Texte verfassen. Deutschunterricht in Theorie und Praxis. Bd. 4. Baltmannsweiler. S. 414 - 431.

Leßmann, Beate 2012: Überarbeiten lernen in authentischen Schreibkontexten - mit der Text-Hand. Grundlagen - Beobachtungen - Leitlinien. In: Christoph Bräuer/Petra Hüttis-Graf (Hg.): Überarbeiten lernen - Überarbeiten als Lernen. Stuttgart. S. 289 - 305.

Mandl, Heinz 2006: Wissensaufbau aktiv gestalten. Lernen aus konstruktivistischer Sicht. In: SCHÜLER 2006. Lernen. S. 28 - 30.

Menzel, Wolfgang/Jürgen Baurmann 2016: Sprache und Sprachgebrauch. In: Jürgen Baurmann/Tilman von Brand/Wolfgang Menzel/Kaspar H. Spinner (Hg.): Methoden im Deutschunterricht. Exemplarische Lernwege für die Sekundarstufe I und II. 2. Auflage. Seelze. S. 175 - 231.

Meyer, Hilbert 1994: Unterrichtsmethoden I: Theorieband. 6. Auflage. Frankfurt a. M.

Schulz, Wolfgang 1985: Methoden der Erziehung und des Unterrichts unter der Perspektive der Mündigkeit. In: Gunter Otto/Wolfgang Schulz (Hg.): Methoden und Medien der Erziehung und des Unterrichts. Stuttgart. S. 53 - 73.

Spinner, Kaspar H. 2016: Lesen - mit Texten umgehen. In: Jürgen Baurmann/Tilman von Brand/Wolfgang Menzel/Kaspar H. Spinner (Hg.): Methoden im Deutschunterricht. Exemplarische Lernwege für die Sekundarstufe I und II. 2. Auflage. Seelze. S. 55 -106.

Terhart, Ewald 2005: Lehr-Lern-Methoden. Eine Einführung in Probleme der methodischen Organisation von Lehren und Lernen. 4. Auflage. Weinheim u. a.

Wolff, Dieter 1992: Zur Förderung der zweitsprachlichen Schreibfähigkeit. In: Wolfgang Börner/Klaus Vogel (Hg.): Schreiben in der Fremdsprache. Prozeß und Text, Lehren und Lernen. Bochum. S. 110 -134.

Ziener, Gerhard/Matthias Kessler 2012: Kompetenzorientiert unterrichten - mit Methode. Methoden entdecken, verändern, erfinden. Seelze.

H 6 Lernaufgaben – Leistungsaufgaben

Juliane Köster

Der Rahmen

Unter Aufgaben sind situationsbezogen formulierte Anforderungen zu verstehen. Die Lernsituation ist durch Erarbeitung, Übung und Transfer bestimmt, die Leistungssituation durch Überprüfung des Gelernten. Deshalb ist es unbedingt erforderlich, zwischen Lern- und Leistungsaufgaben zu unterscheiden. Denn der Erwerb von Wissen und Können folgt anderen Gesetzen als deren *Überprüfung*. Diese Unterscheidung von Aufgaben ist populär, seit der Lernforscher Franz E. Weinert (1999) als Ergebnis von ihm betreuter Längsschnittstudien auf die „völlig unterschiedlichen psychologischen Gesetzmäßigkeiten" von „Lernen und Leisten" verwiesen hat, auch wenn „Leistungen in der Regel vom vorhergehenden Lernen abhängen" (Weinert 1999, S. 33).

Lernaufgaben zielen auf den Erwerb und den Ausbau von Wissen und Kompetenzen, Leistungsaufgaben sollen das Erworbene aktivieren und darstellbar machen (vgl. Schmellentin 2012, S. 117), dienen also der Lernerfolgskontrolle. Deshalb folgen Lernaufgaben anderen Regeln als Leistungsaufgaben. Weinert (1999, S. 33) zufolge braucht lernwirksamer Unterricht sowohl „viele entspannte Gelegenheiten zum intensiven Lernen" als auch „genügend anspruchsvolle Leistungssituationen" und beides müsse für die Lernenden deutlich unterscheidbar sein.

Lernaufgaben sind oft und zu Recht Aufgaben, die aufeinander aufbauen. In der Leistungssituation ist die Reihenfolge der Aufgabe nach steigendem Schwierigkeitsgrad jedoch ungünstig. Denn wer die erste Aufgabe nicht lösen kann, der hat keine ausreichende Grundlage für die Weiterarbeit an den Folgeaufgaben. Hingegen hat die Untergliederung komplexer Aufgaben Vorzüge, weil sie den Lösungsprozess bereits zerlegt. Während gute Lernaufgaben meist darauf angelegt sind, dass die Ergebnisse im Unterrichtsgespräch verhandelt werden und die Lehrperson wirksam – auch durch die Bereitstellung von Hilfen – intervenieren kann, geht es in der Leistungssituation um Einzelarbeit ohne unmittelbare Möglichkeit zur Anschlusskommunikation. Folglich kommt in der Leistungssituation alles auf die präzise Bestimmung des Überprüfungsgegenstands und auf klare Instruktionen an. Eng damit verbunden ist die Frage nach dem Fokus der Aufgabe. Welchen Lernertrag soll sie erzielen? Was genau soll mit Hilfe der Aufgabe erworben oder überprüft werden? Geht es um Sprach- bzw. Textwissen oder um Problemlösungsprozesse? Geht es um die Einübung von Techniken und Verfahren oder geht es um Selbstregulation in Form von selbstständiger Entwicklung von Lösungswegen. Hier ist jeweils zu entscheiden, welche Aufgabenmerkmale jeweils dem beabsichtigten Ziel dienlich sind.

Lernaufgaben

Bei den Lernaufgaben muss zwischen verschiedenen Aufgabenfunktionen unterschieden werden. Das heißt: Die Lerner brauchen Einsicht in die Zielstellung der Aufgabe und haben Anspruch auf die Präsentation und Diskussion der Ergebnisse. Diese Unterscheidungen sollen im folgenden Teil entfaltet werden.

Erarbeitungsaufgaben

Der Bereich der Erarbeitungsaufgaben ist durch eine Reihe unterschiedlicher Konzepte bestimmt. Diese reichen von projektartigen Vorhaben bis zu eng begrenzten Ermittlungsaufträgen. Für alle Erarbeitungsaufgaben gilt jedoch, dass sie einen klaren Fokus setzen, denn sie konfrontieren die Schüler mit einem neuen Wissensbereich oder einem neuen Verfahren.

Um übertragbares Wissen zu erwerben, sollten zunächst Gegenstände gewählt werden, die das Neue in ausgeprägter Weise repräsentieren, sodass aus den Ergebnissen der Erschließungsarbeit verallgemeinerbares, d. h. übertragbares Wissen gewonnen werden kann. Zur Erschließung der gewählten Texte bieten sich Prozeduren an, die die Wahrnehmung der Schüler auf das zu erwerbende Wissen bzw. die zu erwerbenden Strategien richten.

Im Rahmen der Erarbeitung von etwas Neuem sind Orientierung und Werkzeuge (tools) in besonderem Maß geboten – unter Berücksichtigung erwartbarer kognitiver Aktivierung. Entscheidend ist, dass die lernerseitigen Voraussetzungen geklärt sind und das, was neu erworben werden soll, klar konturiert ist. Pro Aufgabe eignen sich am besten ein bis zwei Erwerbsaspekte. Wenn z. B. gelernt werden soll, einen Textabschnitt zusammenzufassen, dann muss der Akzent auf verschiedenen Reduktionsstrategien liegen.

Dekontextualisierungsaufgaben

Im Lernbereich *Umgang mit Texten* sind kompetenzorientierte Anforderungen nicht nur auf das Besondere eines Textes gerichtet, sondern darüber hinaus auch auf die **Übertragbarkeit** des Gelernten. Deshalb zielt Kompetenzorientierung häufig auf das Allgemeine und Regelhafte, weil darin übertragbares Wissen besteht. Kompetenzorientierung bevorzugt Wissen mit hohem Transferpotenzial (vgl. Felten / Stern 2012). Das bedeutet, dass das Verallgemeinerbare aus dem Erwerbskontext gelöst werden muss. Josef Leisen (2015) bezeichnet diesen Schritt als Dekontextualisierung.

Übungs- und Transferaufgaben

Übungsaufgaben dienen sowohl der Festigung fachlichen Wissens als auch der Prozeduralisierung bzw. der Automatisierung von Strategien. Übungsaufgaben sind vielgestaltig und eröffnen – ebenso wie Transferaufgaben – nicht nur die Möglichkeit zur Differenzierung, sondern auch Freiraum für Entdeckungs- und Überprüfungsprozeduren. Je näher Übungsaufgaben am Gegenstand des Neuerwerbs sind, desto mehr sind sie zur Festigung bzw. Automatisierung geeignet.

Transferaufgaben verlangen eine Anpassung sowohl des fachlichen Wissens als auch der Strategien an veränderte Zusammenhänge. Sie können unterschiedlich anspruchsvoll sein und bieten ein großes Spektrum an Differenzierungsmöglichkeiten. Das gilt sowohl für den Grad der geforderten Selbstständigkeit als auch für die Komplexität der Aufgaben. Transferaufgaben sind umso schwieriger, je mehr sich ihre Anforderung vom bereits Gelernten unterscheidet. Wer Erzähltexte mit einem einzigen Handlungsstrang wiedergeben kann, könnte bei Erzähltexten mit mehreren Handlungssträngen durchaus Schwierigkeiten haben. Auch Schreibkompetenzen wie Wiedergeben und Beschreiben haben nur begrenztes Transferpotenzial, denn sie sind in hohem Maß durch den Gegenstand, die Situation und den Adressaten bestimmt.

Umgekehrt gilt: Je höher das Transferpotenzial des Gelernten, desto weniger Anpassungen sind in der Regel erforderlich. Je formaler das Wissen, desto höher ist das Transferpotenzial. Wer die Merkmale zentraler Gedichtformen kennt, wird dieses Wissen ohne großen Anpassungsaufwand vom Barocksonett auf Rilkes *Sonette an Orpheus* übertragen können.

Leistungsaufgaben

Leistungsaufgaben sollen feststellen, welcher Leistungsstand von Schülerinnen und Schülern erreicht wurde. Darüber hinaus können sie den individuellen Förderbedarf ermitteln. „Um hinreichende Genauigkeit (Messfehler-Reduzierung) und Aussagekraft (Validität) bei Leistungsaufgaben zu erreichen, müssen prinzipiell ähnliche Anforderungen wie an Testaufgaben erfüllt werden – wenn auch reduziert." (Reisse 2008, S. 319 f.)

Gemeinsam ist allen Leistungsaufgaben im Bereich des Lese- und Schreibunterrichts, dass sie mündliche oder schriftliche Texte zum Gegenstand haben. Leseaufgaben wiederum sind auf eine bestimmte Textverstehensleistung ausgerichtet. Sie beziehen sich auf unterschiedliche Ebenen und Merkmale eines Textes. Konsens besteht wohl darin, zwischen drei Arten von Verstehensleistungen zu unterscheiden: (1) Leistungen, die sich auf die Prozessebene des Lesens beziehen. Das sind Leistungen im Bereich der Wort- und Satzerkennung und der Etablierung lokaler Kohärenz einerseits sowie Leistungen im Bereich der Etablierung globaler Kohärenz und der Identifikation bzw. Integration von Superstrukturen und Darstellungsstrategien andererseits (vgl. Rosebrock/Nix 2012). (2) Leistungen, die unterschiedliche Formen von Anschlusskommunikation integrieren. Dazu gehört auch die explizite Verknüpfung des Ausgangstextes mit Vergleichstexten oder bestimmten Wissensbeständen. (3) Leistungen, die die motivationale und affektive Beteiligung des Lesers einbeziehen. Individuelle

Faktoren wie z. B. die Fähigkeit, „lebendige Vorstellungen beim Lesen und Hören literarischer Texte [zu] entwickeln" (KMK 2004, S. 11), lassen sich nur schwer oder gar nicht messen. Umfang und Format hängen jeweils vom Einsatz der Leistungsaufgabe ab.

Einsatz von Leistungsaufgaben

Vor diesem Hintergrund lassen sich drei Gruppen von Leistungsaufgaben hinsichtlich ihres Einsatzes unterscheiden:
- Aufgaben für Klassenarbeiten und Klausuren zur Überprüfung des Unterrichtserfolgs
- Aufgaben für zentrale Prüfungen zur Zertifizierung von Abschlüssen
- normierte Testaufgaben für Assessments zur Bilanzierung von Lernergebnissen

Während wir über Aufgaben für Klassenarbeiten wenig wissen, da jedes Bundesland eigenen Traditionen folgt und die Aufgaben sich auch nach Schulformen unterscheiden, sind für schriftliche zentrale Prüfungen fünf Aufgabenarten festgelegt (vgl. KMK 2003, S. 22):
- einen Text untersuchen, analysieren, interpretieren
- von einer Textgrundlage ausgehend, informieren, argumentieren, erörtern
- eine Problemstellung erörtern
- einen Text umformen oder weiterschreiben
- von einer Textgrundlage ausgehend einen Text gestalten, entwerfen

Für die Allgemeine Hochschulreife sehen die Bildungsstandards das materialgestützte Verfassen informierender und argumentierender Texte vor. Dabei ist nicht nur von einer Textgrundlage auszugehen, sondern es werden Materialien vorgelegt, die aus mehr als drei Texten bestehen und unterschiedliche Textsorten abbilden, z. B. lineare und nichtlineare Texte, kürzere und längere Texte, populärwissenschaftliche, journalistische, literarische und – im Schwierigkeitsgrad angemessene – wissenschaftliche Texte (vgl. IQB 2015). Während die Materialien das für die Bewältigung der Aufgabe erforderliche *Wissen* ergänzen, muss die Aufgabenstellung Hinweise auf die *Funktion* des zu schreibenden Textes und auf die vom Schreiber erwartete *Interaktion* in einem sozialen Kontext liefern.

Testaufgaben zum Monitoring

Lesekompetenztests wie PISA, PIRLS und DESI prüfen das Textverstehen auf der Prozessebene. Kompetenzen, die auch die Ebenen des Subjekts berühren, entziehen sich weitgehend der Messung. Mit anderen Worten: Leistungen, die in Abhängigkeit von Lesemotivation, Lesefreude, Interesse erbracht werden, lassen sich über die genannten Modelle nicht verlässlich erfassen.

Im Bereich der Testaufgaben sind Aufgaben für individualdiagnostische Tests von Aufgaben für Assessments zur Bilanzierung von Lernergebnissen zu unterscheiden. Immer aber ist die Entwicklung dieser Aufgaben psychometrisch geleitet und unterwirft die von Deutschlehrkräften auf der Basis der KMK-Bildungsstandards generierten domänenspezifischen Aufgaben (Lesen, Schreiben, Zuhören) einer strikten Pilotierungs- und Bewertungsprozedur, sodass offene Aufgaben häufig verworfen werden.
Zu den geschlossenen Formaten gehören:
(1) Richtig-/Falsch-Items (Kreuze an, ob die folgenden Aussagen richtig oder falsch sind)
(2) Multiple-Choice-Items (Welche andere Überschrift passt von den folgenden zur Fabel? Kreuze die richtige Antwort an)
(3) Zuordnungs-Items (Ordne den Tieren die dargestellten Handlungen zu)
(4) Umordnungs-Items (Ordne die folgenden Handlungsabschnitte so an, wie sie im Text erscheinen. Schreibe die Nummern von 1 bis 7 in das jeweils passende Kästchen)

Als halb offen gelten Kurzantwort-Items und Lückentexte.

Wovon hängt die Option für ein bestimmtes Format ab? Geschlossene und halb offene Formate haben den Vorteil hoher Auswertungsobjektivität. Das heißt, dass die Übereinstimmung der Kodierer bzw. Korrektoren sehr hoch ist und der zeitliche Aufwand gering. Bei geschlossenen Items kann die Korrektur auch maschinell bzw. rechnergestützt erfolgen. Aber nicht alle Verstehensebenen lassen sich gleich gut über geschlossene bzw. halboffene Formate überprüfen (→ H 8). Lesetests mit wenig oder gar keinen offenen Items bieten oft nur wenig Gelegenheit, die Etablierung globaler Kohärenz oder Deutungsleistungen zu überprüfen.

Aufgabenmerkmale

Ob diese unterschiedlichen Funktionen in konkreten Situationen mit konkreten Schülern erfüllt werden, ist eine Frage der jeweiligen Aufgabenmerkmale. Sie werden durch die Pole Offenheit vs. Geschlossenheit und Komplexität vs. Einfachheit sowie durch die geforderten Lerneraktivitäten bestimmt. Dementsprechend verlangen die Bildungsstandards für die Allgemeine Hochschulreife, dass die Formulierung einer Prüfungsaufgabe „die Art der geforderten Leistung eindeutig erkennen lassen“ muss (KMK 2012, S. 26). Darüber hinaus verknüpfen die Bildungsstandards für alle schulischen Abschlüsse die unterschiedlichen kognitiven Tätigkeiten mit drei Anforderungsbereichen, die ggf. auch in einzelnen Teilaufgaben zu kombinieren sind. Dabei erhalten problemlösendes und entdeckendes Lernen einen besonders hohen Stellenwert, sodass den Merkmalen „Komplexität“ und „Offenheit“ ein prominenter Rang zugesprochen wird.

Was offene Aufgaben sind, ist gut definiert: Es wird eine Information in Form einer Frage oder eines Auftrags gegeben, ohne Antwortmöglichkeiten zu nennen und ohne eine bestimmte Antwort zu erwarten (vgl. Rütter 1973). „Die Aufgabenstellung soll aus wenigen Arbeitsanweisungen bestehen, um Kleinschrittigkeit zu vermeiden. Sie sollte stets auf ein Darstellungsganzes zielen. Mehrteilige Aufgaben können Operatoren wie ‚informieren', ‚analysieren', ‚interpretieren', ‚erklären', ‚erörtern' spezifizieren und dadurch Hilfe bei der Strukturierung der Arbeit leisten." (KMK 2012, S. 26)

Was aber sind komplexe Aufgaben? Der Begriff wird in den Bildungsstandards undefiniert verwendet. Folgt man der sozialwissenschaftlichen Definition, dann wird die Komplexität einer Aufgabe durch die Zahl der zu verknüpfenden Variablen und deren internen Verknüpfungsgrad (vgl. Funke 2006, Jonassen 2000) bestimmt. Das gilt für Aufgaben in allen Kompetenzbereichen des Fachs. Wichtig ist in diesem Zusammenhang allerdings, dass die Komplexität einer Aufgabe keineswegs an deren Offenheit gebunden ist (vgl. Groeben 2005). Umgekehrt sind offene Aufgaben nicht notwendig komplex.

Aufgaben lassen sich also im folgenden Koordinatensystem platzieren:

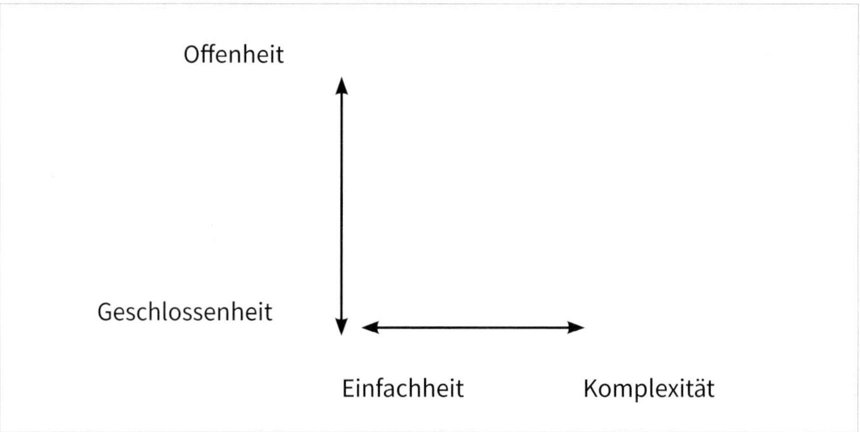

Abb. 4: Koordinatensystem von Aufgabenmerkmalen

Lerneraktivitäten

Es steht fest, dass der Komplexitätsgrad einer Aufgabe von der geforderten Lernertätigkeit abhängt. Dass Aufgaben weitgehend durch Operatoren geleitet sind, resultiert aus bildungsadministrativen Vorgaben. Die Schulministerien bestimmen Zahl und Beschaffenheit der Lerneraktivitäten. Operatoren wie „bestimmen", „erklären", „zusammenfassen" signalisieren einen höheren Komplexitätsgrad als z. B. „(be-)nennen" oder „zitieren". Das gilt erst recht für Makro-Operatoren wie „analysieren" und „erörtern", die eine ganze Reihe von Operatoren integrieren. Denn wer analysiert, muss „wiedergeben", „gliedern", „herausarbeiten", „unterscheiden", „schlussfolgern" etc.

Die meisten der gelisteten Operatoren beziehen sich auf geistige Tätigkeiten, die unsichtbar und unhörbar sind. Zusätzlich genannt werden können: begründen – belegen – bewerten – charakterisieren – einordnen – erschließen – gliedern – herausarbeiten – interpretieren – Stellung nehmen – unterscheiden – untersuchen – vergleichen. Alle diese Tätigkeiten können ausgeführt werden, ohne dass sie für jemanden wahrnehmbar sind. Weil das so ist, enthalten die Operatorenlisten und Prüfungsaufgaben auch „Wahrnehmbarkeitsanzeiger" wie „darstellen" – „formulieren" – „präsentieren" – „skizzieren" – „visualisieren" – „gestalten". Zu diesen exekutiven Tätigkeiten gehören auch „Zeichen" wie „ankreuzen" oder „unterstreichen", auch „Verbindungslinien ziehen" (bei Zuordnungsaufgaben). Diese Operatoren machen die geistigen Tätigkeiten für andere wahrnehmbar und damit auch kommunizierbar. Sie sagen aber nichts über das jeweilige Niveau der geistigen Tätigkeit aus, die wahrnehmbar gemacht wird. Denn Ankreuzen ist keine geistige Tätigkeit. So sind es unterschiedliche geistige Leistungen, ob zur Lösung einer Multiple-Choice-Aufgabe gelerntes Faktenwissen aktiviert werden muss, oder ob die Lösungsangebote auf einen Text zu beziehen sind, der für die Lerner neu ist. Hinsichtlich der geforderten geistigen Leistung ist auch zu unterscheiden, ob die Lösungsangebote nah an den Formulierungen des Textes oder nur implizit im Text enthalten sind, sodass Schlussfolgerungen gezogen oder auch textexterne Wissensbestände berücksichtigt werden müssen.

Exekutive Tätigkeiten – Sichtbarkeitsindikatoren

Kennzeichnen	Darstellen	Ändern
ankreuzen markieren unterstreichen einkreisen	nonverbal mündlich schriftlich skizzieren antworten notieren zeichnen vortragen einen Beitrag verfassen eine Tabelle anlegen	streichen / löschen ausschneiden zusammensetzen einfügen ersetzen

Gelungene Aufgaben wecken das Interesse, eine Frage zu beantworten, ein Problem zu lösen, etwas herauszufinden. Sie begrenzen das Arbeitsfeld so, dass eine situationsangemessene Problemstellung entsteht. Das heißt: Die Vorgaben sind so zu dimensionieren, dass sie bei möglichst vielen Schülern – und nicht nur bei den besonders leistungsfähigen – Produktivität anstoßen. Dafür bietet die Kombination von mittlerer Offenheit und mittlerer Komplexität günstige Bedingungen, denn sie eröffnet vielfältige Lern- und Leistungsmöglichkeiten für viele Schülerinnen und Schüler.

Selbstdifferenzierende Aufgaben

Das Interesse an selbstdifferenzierenden Aufgaben ist Folge der großen Herausforderungen durch heterogene Lerngruppen (→ H 4). Aufgabenmerkmale wie Lebensweltbezug, Offenheit und individuelle Passung sollen dazu führen, dass sowohl das Interesse möglichst vieler Schüler geweckt wird als auch vielfältige Tätigkeiten auf unterschiedlichen Niveaus denkbar sind. Vor allem soll eigenen, d. h. individuellen Lern- bzw. Lösungswegen Raum gegeben werden. Damit das funktioniert, ist Mehrdimensionalität als ein weiteres Aufgabenmerkmal erforderlich. Das bedeutet, dass nicht nur mehrere Lösungen möglich sind, sondern dass die Schüler einzelne Aufgaben auch abwandeln können (vgl. Rehle 2009, S. 206). Praxis Deutsch (2016. H. 258) bietet Unterrichtsvorschläge und Aufgaben, die die Vielfalt der Schülerinnen und Schüler im Blick haben. Es geht sowohl um lebensnahe Themen wie z. B. Identitätssuche im Rahmen der Lektüre einer Graphic Novel (Frerichs / Seemann 2016), den Austausch über unterschiedliche Wahrnehmungen des eigenen Wohnorts mithilfe eines Weblogs (Gebele / Zepter 2016) als auch um Anregungen zum mehrsprachigen Lernen (Magdeburg / Peyer 2016) und zu diversifizierten Verfahren zur Erschließung literarischer Texte (Geist 2016, Schüller 2016, Dannecker 2016).

Je nach Tätigkeit führt solche Differenzierung jedoch zu unterschiedlichen Zielen bzw. zu durchaus unterschiedlichen Kompetenzen. Darüber hinaus finden sich in diesem Heft auch Angebote zur Kommunikation über die jeweils entstandenen Lösungen (Baurmann / Müller 2016). Das ist vor allem auch deshalb bedeutsam, weil Lern- und Leistungsaufgabe als Einheit gedacht werden müssen.

Literaturhinweise

Baurmann, Jürgen / Astrid Müller 2016: Gemeinsam lernen. Der Umgang mit Vielfalt im Deutschunterricht. Basisartikel. In: Praxis Deutsch. H. 258. S. 4 – 11.

Dannecker, Wiebke 2016: Sich dem gesellschaftlichen und individuellen Erinnern widmen. In: Praxis Deutsch. H. 258. S. 55 – 61.

Felten, Michael / Elsbeth Stern 2012: Lernwirksam unterrichten: Im Schulalltag von der Lernforschung profitieren. Berlin.

Frerichs, Florian / Derk Seemann 2016: Auf der Suche nach der eigenen Identität. In: Praxis Deutsch. H. 258. S. 48 – 54.

Funke, Joachim 2006: Komplexes Problemlösen. In: Joachim Funke (Hg.): Denken und Problemlösen. Enzyklopädie der Psychologie C 2.8. Göttingen u. a. S. 375 – 445.

Gebele, Diana / Alexandra L. Zepter 2016: Wir sind [Köln]! – ein Blogprojekt. In: Praxis Deutsch. H. 258. S. 43 – 47.

Geist, Barbara 2016: Gemeinsam reisen. In: Praxis Deutsch. H. 258. S. 18 – 21.

Groeben, Norbert 2005: Auf dem Weg zu einer deutsch-didaktischen Unterrichtsforschung? In: Jörn Stückrath / Ricarda Strobel (Hg.): Deutschdidaktik empirisch. Beiträge zur Überprüfbarkeit von Lernfortschritten im Sprach-, Literatur- und Medienunterricht. Baltmannsweiler. S. 7 – 33.

Institut zur Qualitätsentwicklung im Bildungswesen (2015): Erläuterung zur Aufgabenkonstruktion im Fach Deutsch – materialgestütztes Verfassen informierender und argumentierender Texte. In: https://www.iqb.hu-berlin.de/bista/abi/deutsch/aufgaben, recherchiert am 25. 4. 2017.

Jonassen, David H. 2000: Toward a Design Theory of Problem Solving. In Educational Technological Research & Development. 48, 4. S. 63 – 85.

Kultusministerkonferenz (Hg.) 2003: Bildungsstandards im Fach Deutsch für den Mittleren Schulabschluss. In: http://www.kmk.org/fileadmin/Dateien/veroeffentlichungen_beschluesse/2003/2003_12_04-BS-Deutsch-MS.pdf, recherchiert am 16.03.2017.

Kultusministerkonferenz (Hg.) 2004: Bildungsstandards im Fach Deutsch für die Allgemeine Hochschulreife. In: http://www.kmk.org/fileadmin/Dateien/veroeffentlichungen_beschluesse/2004/2004_10_15-Bildungsstandards-Deutsch-Primar.pdf, recherchiert am 16. 3. 2017.

Kultusministerkonferenz (Hg.) 2012: Bildungsstandards im Fach Deutsch für die Allgemeine Hochschulreife. In: http://www.kmk.org/fileadmin/Dateien/veroeffentlichungen_beschluesse/2012/2012_10_18-Bildungsstandards-Deutsch-Abi.pdf, recherchiert am 16. 3. 2017.

Köster, Juliane 2016: Aufgaben im Deutschunterricht. Wirksame Lernangebote und Erfolgskontrollen. Seelze.

Leisen, Josef 2015: Kontextualisierung – Dekontextualisierung – Rekontextualisierung. In: http://www.josefleisen.de, recherchiert am 12.10.2016.

Magdeburg, Gesine / Ann Peyer 2016: Sprichwörter und Redensarten gemeinsam erforschen. In: Praxis Deutsch. H. 258. S. 30 – 37.

Praxis Deutsch 2016. Gemeinsam lernen, hg. von Jürgen Baurmann und Astrid Müller. H. 258.

Rehle, Cornelia 2009: Das Geheimnis der Aufgabenstellung oder: Wie findet man für jedes Kind das richtige Niveau? In: Pius Thoma / Cornelia Rehle (Hg.): Inklusive Schule. Leben und Lernen mittendrin. Bad Heilbrunn. S. 203 – 209.

Reisse, Wilfried 2008: Kompetenzorientierte Aufgabenentwicklung. Köln.

Rosebrock, Cornelia / Daniel Nix 2012: Grundlagen der Lesedidaktik und der systematischen schulischen Leseförderung. 5. Auflage. Baltmannsweiler.

Rütter, Theodor 1973: Formen der Testaufgabe. München.

Schmellentin, Claudia 2012: Kompetenzorientierung im Deutschunterricht: Auswirkungen auf Aufgaben im Bereich Grammatik. In: Stefan Keller / Ute Bender (Hg.): Aufgabenkulturen. Fachliche Lernprozesse herausfordern, begleiten, reflektieren. Seelze. S. 113 –127.

Schüller, Liane 2016: Film und inklusive Bildung. Medienreflexiver Unterricht mit *Rico, Oskar und die Tieferschatten*. In: Praxis Deutsch. H. 258. S. 22–27.

Weinert, Franz E. 1999: Die fünf Irrtümer der Schulreformer. In: Psychologie heute. H. 7. S. 28 – 34.

H 7 Differenzierung, Individualisierung

Tilman von Brand

Spätestens seit Ende der Siebziger-, Anfang der Achtzigerjahre des vergangenen Jahrhunderts durch Kognitivismus und Konstruktivismus das Lernen weniger als Verhaltensänderung denn als aktiver Prozess der Lernenden begriffen wurde, steht das Individuum stärker im Zentrum didaktischer Überlegungen. Durch den bildungspolitischen Paradigmenwechsel hin zur Kompetenzorientierung, die verbreitete Tendenz zur Zusammenlegung von Haupt- und Realschule sowie die gesetzliche Vereinbarung zur Inklusion im Bildungswesen erlebt diese Perspektive unter dem Stichwort Umgang mit Heterogenität seit einigen Jahren erneut Dynamik.

Im Deutschunterricht sind ganz unterschiedliche Lernvoraussetzungen und Heterogenitätsmerkmale von besonderer Bedeutung für die Unterrichtsgestaltung. Im Rahmen der ersten PISA-Untersuchung sind beispielsweise das männliche Geschlecht, die Zugehörigkeit zu bildungsfernen Schichten sowie Migrationshintergrund als Risikofaktoren (nicht nur) für das Lesen identifiziert worden (vgl. Baumert / Artelt / Klieme et al. 2000, www.mpib-berlin.mpg.de). Darüber hinaus spielen mehr oder weniger stabile Persönlichkeitsmerkmale eine bedeutende Rolle: Kognitive Grundfähigkeit, Begabung, Selbstkonzept(e), Interessen, Hobbies, Motivation, Stimmungen, soziale Integration etc. (→ H 5). Nicht nur beeinflussen derartige Faktoren das Lernen der Schülerinnen und Schüler, sie lassen sich auch gezielt nutzen, um den Unterricht ansprechender zu gestalten.

Begegnet wird der Herausforderung, ganz unterschiedlichen Lernvoraussetzungen innerhalb von Lerngruppen gerecht zu werden, seit langem vor allem durch zwei Prinzipien: Individualisierung und Differenzierung. Mit beiden Maßnahmen lassen sich dabei jeweils unterschiedliche Zielsetzungen verfolgen: Da wäre zunächst die Perspektive, „Kenntnisse und Erkenntnisse, Fertigkeiten und Fähigkeiten bei möglichst allen Schülerinnen und Schülern entsprechend ihren individuellen Möglichkeiten zu fördern" (Baurmann 1991, S. 11), was in aller Regel einen zieldifferenten Unterricht zur Folge hat: Für unterschiedliche (Gruppen von) Schülerinnen und Schülern werden verschiedene Ziele festgesetzt. Hier vergrößern sich Leistungsunterschiede tendenziell eher als dass sie sich verkleinern. Oder aber man versucht z. B., „[n]ach Lernrückständen aufgetretene Lücken [zu] schließen" (ebd.) oder stellt Schülerinnen und Schülern unterschiedliche Materialien oder Lernwege zur Verfügung, damit alle am Ende dieselben Lernerfolge einfahren. Dies wäre dann ein zielgleicher Unterricht (alle Schülerinnen und Schüler sollen dieselben Lernziele erreichen, vgl. von Brand / Brandl 2017, S. 37 ff.). Im Zuge der Verwirklichung von inklusivem Deutschunterricht (→ H 4) wird dem zieldifferenten Unterricht, der heute im Widerspruch zum Prinzip der Bildungsstandards steht, eine größere Bedeutung zukommen.

Individualisierung

Individualisierung kann zweierlei bedeuten: Einerseits ist sie als Grundkonzept von Unterricht zu verstehen, die den einzelnen Lernenden möglichst viel Freiraum in der Gestaltung des eigenen Lernprozesses lässt. Diese Freiheiten können sich auf alle Formen und Dimensionen der im nächsten Abschnitt dargestellten Differenzierung beziehen. Beispiele für individualisierten Unterricht dieser Art wären etwa Werkstattunterricht, Planarbeit, Handlungs- und Produktionsorientierung, entdeckendes Lernen etc. Solche Lehr-Lernformen können modelliert und in Lerngruppen eingesetzt werden, die man noch nicht oder wenig kennt, und dennoch wird man auf diese Weise unterschiedlichen Lernvoraussetzungen gerecht.

Andererseits kann Individualisierung aber auch die extremste Form der Differenzierung darstellen, indem jedem und jeder Lernenden ein passendes Lehrangebot offeriert / gemacht / unterbreitet wird. Diese Variante ist im Unterrichtsalltag eher unrealistisch, da sie bedeuten würde, dass man für alle Lernenden einzeln plant. Gleichwohl kann phasenweise tatsächlich für einzelne Schülerinnen und Schüler in dieser Form individualisiert werden, wenn beispielsweise Lernrückstände geschlossen werden sollen oder ganz gezielt individuell gefördert werden muss.

Auch wenn Individualisierung sich grundsätzlich gut für den Unterricht in heterogenen Lerngruppen eignet, darf doch nicht übersehen werden, dass der Nutzen der größeren Freiheit in der Organisation des eigenen Lernprozesses auch erlernt werden muss. Gerade lernschwache Schülerinnen und Schüler tun sich hier oftmals schwer und brauchen in offenen Unterrichtssituationen eine besondere Unterstützung in Form konkreter Hilfestellungen oder Arbeitsanweisungen.

Differenzierung

Differenzierung beruht immer auf einer Form von Diagnostik als – ganz weit gefasst – Erhebung von relevanten Daten zur Optimierung von Lehr-Lernprozessen (vgl. von Brand / Brandl 2017, S. 85 ff.). Die Palette für den Deutschunterricht relevanter Merkmale der Diagnostik ist dabei lang und je nach Merkmal unterschiedlich stabil. Sie reicht vom Verhältnis der Geschlechter zueinander über die Interessen der Lernenden, kognitive Grundfähigkeiten, Leistungen, kulturellen Hintergründe bis hin zu besonderem Förderbedarf. Leistung, die bereits das bestimmende Kriterium für die äußere Differenzierung (Differenzierung nach Schulformen, Klassen etc.) darstellt, erscheint für die Binnendifferenzierung / innere Differenzierung (Differenzierung innerhalb einer Lerngruppe, Klasse) als eine eher problematische Kategorie (vgl. Baurmann 1991, S. 12).

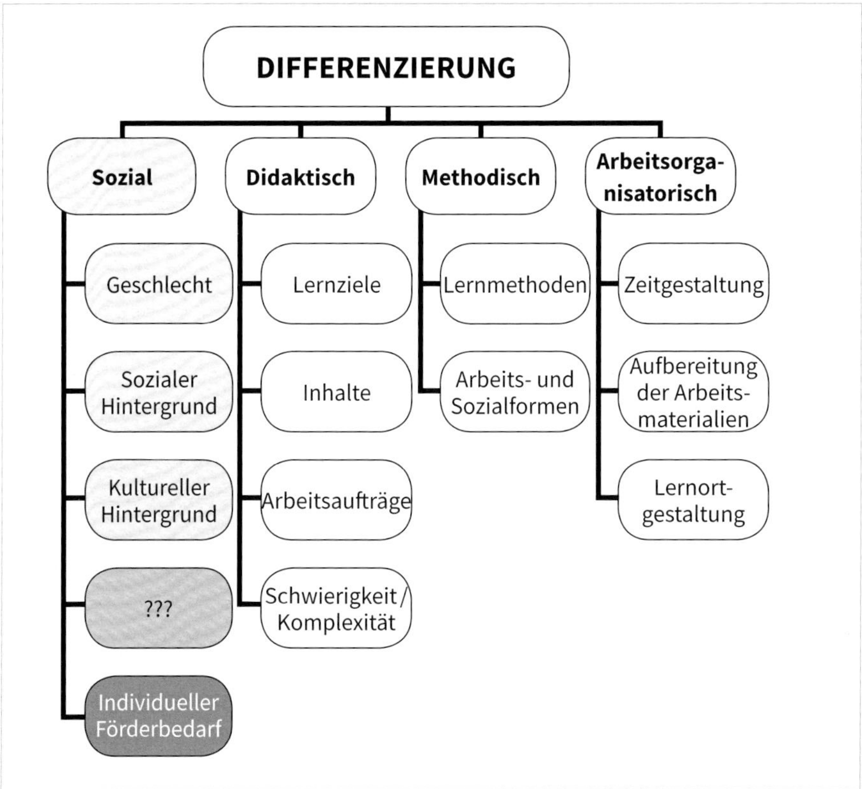

Abb. 5: Formen der Differenzierung (in: von Brand / Brandl 2017, S. 44)

Formen der Differenzierung

Für den Deutschunterricht lassen sich vier Kategorien von Differenzierungsformen unterscheiden: soziale, didaktische, methodische und arbeitsorganisatorische (vgl. Abb. 5), die mit unterschiedlichen Maßnahmen verbunden sind. Dabei bedeutet Differenzierung nicht zwingend die (sichtbare) Einteilung von Binnengruppen innerhalb eines Klassenverbandes oder einer sonstigen Lerngruppe. Auch eine merkmalssensible Aufbereitung von Materialien oder Prozessen kann eine Differenzierungsmaßnahme sein. Dies ist gerade bei sozialer Differenzierung von Bedeutung, wo es schnell zu Stigmatisierungen kommen kann. Die Bereitstellung von auf die Lernenden abgestimmten Gegenständen (z. B. Texte, Beispielsätze etc.) oder Aufgabenstellungen, aus denen die gesamte Lerngruppe wählen kann, würde dem etwa entgegenwirken. Die soziale Differenzierung korrespondiert von daher stark mit Maßnahmen in den anderen Bereichen, sodass etwa bei starker sozialer oder ethnischer Heterogenität vor allem über Inhalte, Arbeitsaufträge oder auch die Lernmethoden und Arbeits- und Sozialformen differenziert wird. Individueller Förderbedarf wiederum führt neben anderen Maßnahmen meist zu arbeitsorganisatorischer Differenzierung, indem je nach Schwerpunkt unterschiedliche Hilfsmittel bereitgestellt werden oder der Lernort entsprechend angepasst wird.

Die häufigsten Differenzierungsmaßnahmen werden im Deutschunterricht vor allem in den Feldern Inhalte (Teilgruppen arbeiten mit unterschiedlichen Texten und Materialien), Schwierigkeit / Komplexität (es werden meist Aufgaben / Texte in drei Schwierigkeitsstufen angeboten), Aufgabenstellungen (unterschiedliches Maß an Hilfestellungen / erläuternden Teilaufgaben / verschiedene Aufgaben zur Auswahl) und Lernmethoden (z. B. analytischer, szenischer, diskursiver, produktiver Zugang zur Auswahl) durchgeführt. Die Auswahl kann dabei durch die Lehrkraft erfolgen oder aber von den Schülerinnen und Schülern selbst vorgenommen werden.

Während die Unterrichtsgestaltung genügend Spielraum zur Individualisierung und Differenzierung lässt, treten Schwierigkeiten durchaus im Entwickeln und Nutzen differenzierender Leistungsaufgaben (→ H 6) sowie dem Beurteilen und Bewerten der schulischen Leistungen an sich auf (→ H 8). Ohne Unterschiede im Anforderungsniveau vorzunehmen, ließe sich beispielsweise den Lernenden eine größere Anzahl verschiedener Aufgaben zur Auswahl vorlegen (inhaltliche oder methodische Differenzierung). Denkbar wäre aber auch, durch Hilfestellungen (z. B. in Form erläuternder, kleinschrittiger Teilaufgaben) oder durch Ausgleichsmaßnahmen bei besonderem Förderbedarf (z. B. mehr Zeit, weniger Text, technische Hilfsmittel) im Schwierigkeitsgrad zu differenzieren. Schließlich lässt sich auch hier – analog zur Individualisierung – durch die Offenheit der Aufgaben / Leistungsformate ein größerer Spielraum für die Lernenden erwirken, um ihre Leistungsfähigkeit unter Beweis zu stellen. Infrage kommen hier z. B. Port-folios, Präsentationen, szenische oder mediale Darstellungen usw.

Literaturhinweise

Baumert, Jürgen / Cordula Artelt / Eckhard Klieme u. a. (Hg.) 2002: PISA 2000 – Die Länder der Bundesrepublik im Vergleich.

Baurmann, Jürgen 1991: Differenzieren – Individualisieren. Basisartikel. In: Praxis Deutsch. H. 108. S. 10–16.

Baurmann, Jürgen / Astrid Müller 2016: Gemeinsam lernen. Der Umgang mit Vielfalt im Deutschunterricht. Basisartikel. In: Praxis Deutsch. H. 258. S. 4–11.

Brand, Tilman von 2011: Differenzierung im Deutschunterricht. In: Maria Eisenmann / Thomas Grimm (Hg.): Heterogene Klassen – Differenzierung in Schule und Unterricht. Baltmannsweiler. S. 37–58.

Brand, Tilman von / Florian Brandl 2017: Deutschunterricht in heterogenen Lerngruppen. Individualisierung – Differenzierung – Inklusion in den Sekundarstufen. Seelze.

H 8 Beurteilen und Bewerten im Deutschunterricht

Jürgen Baurmann

Ausgangslage

Zweifelsohne gehört das Beurteilen und Bewerten zu den relevanten Themen des Deutschunterrichts. Die damit verbundenen, häufig komplexen Aufgaben verlangen von Lehrpersonen als Beurteilern erhebliche fachliche, pädagogische und diagnostische Fähigkeiten, ein hohes Maß an Verantwortungsbewusstsein und Einfühlungsvermögen. Geeignete Anregungen und Hilfen zum Beurteilen und Bewerten ergeben sich aktuell aus der vertrauten Beurteilungspraxis und aus Vorschlägen, die der Diskussion über eine „neue Lernkultur" zu entnehmen sind (vgl. den Titel bei Winter 2016).

Der Rahmen

Für Beurteilungen und Bewertungen sind Lehrpersonen an Vorgaben gebunden. Aus den allgemein geltenden Bildungsstandards (Primarbereich, Mittlerer Schulabschluss und Allgemeine Hochschulreife) sind in den einzelnen Bundesländern Bildungs- bzw. Rahmenpläne entwickelt worden. Die Bewertung (in Noten bzw. Punkten) im Laufe eines Schuljahres wird – je nach Bundesland unterschiedlich – an eine begrenzte Anzahl von Aufsätzen, ggf. auch Überprüfungen des Rechtschreibens und / oder von Grammatikkenntnissen gebunden. Regelmäßig durchgeführte „internationale Schulleistungsuntersuchungen (wie PISA)", „nationale Schulleistungsstudien (KMK-Ländervergleiche)" und jährlich angebotene „Lernstandserhebungen (sog. Vergleichsarbeiten)" kommen für bestimmte Schuljahre hinzu (vgl. Institut zur Qualitätsentwicklung im Bildungswesen 2016).

Der hier skizzierte Rahmen mit „Leistungsaufgaben" (standardisierte Tests, „zentrale Aufgaben" und „informelle Tests") ist allerdings nicht isoliert zu sehen, sondern kann und sollte mit Lernaufgaben verknüpft werden (vgl. Abraham / Müller 2009, Köster 2016). Dass dabei im Sinne einer angemessenen Förderung und der Entwicklung von Mündigkeit Fremdbeurteilungen zunehmend durch Selbstbeurteilungen ergänzt werden, liegt nahe.

Begriffliche Klärungen

Häufig werden die Bezeichnungen *Beurteilen, Bewerten* und *Benoten* undifferenziert verwendet. Zumindest im Blick auf das Benoten (siehe unten) ist eine Präzisierung angebracht. Der Terminus *Beurteilen* erfasst dabei am ehesten mehrere Aspekte – vom fördernden bis zum prüfenden Beurteilen. Förderndes Beurteilen bezieht sich dabei auf den jeweils erreichten oder anzustrebenden Lernfortschritt des einzelnen Schülers, der einzelnen Schülerin (dem entspricht die individuelle Bezugsnorm). Prüfendes Beurteilen orientiert sich an den Leistungen der Klasse bzw. eines Kurses (kriteriale bzw. soziale Bezugsnorm). In der Praxis steht häufig (bei Klassenarbeiten, mündlichen Prüfungen) die Ausrichtung an der kriterialen Bezugsnorm im Vordergrund; sie wird jedoch durch die beiden übrigen Normen flankiert (vgl. Sacher 2014, S. 84 ff.). Insbesondere die Bewertung von Aufsätzen, aber auch die kompetenzorientierte Beurteilung des „gestaltenden Sprechens“ (Müller 2012, S. 138 ff.) sind in diesem Fall Beispiele einer angemessenen Beachtung der kriterialen Bezugsnorm (→ B Überblicksbeitrag).

Aktuelle Ansätze der „Leistungsbewertung“ im Sinne einer „neuen Lernkultur“ problematisieren die genannten Normen (insbesondere die kriteriale), da sie den Blick auf das jeweilige Ergebnis verengen und dabei zumeist das Verstehen des Geleisteten aus dem Blick verlieren (Winter 2016, S. 61 ff.). Konkretisierungen der curricularen Vorgaben, begleitende Verbalbeurteilungen, die Thematisierung des Beurteilens im Unterricht, Beurteilungsgespräche mit Schülerinnen und Schülern vermögen die erwähnte Kritik zumindest zu mildern. Resümierend ist folglich festzuhalten, dass Beurteilen als Bezeichnung am weitesten greift (siehe oben) und von Fall zu Fall auf unterschiedliche Weise an den genannten vertrauten Bezugsnormen orientiert wird.

Lernleistungen werden häufig über Noten vorgenommen, die in Deutschland auf einer sechsstufigen Notenskala basieren. Einer befriedigenden Leistung entspricht dann die Note 3 oder eine Punktzahl (z. B. 8 von 15 Punkten). Diese Kennwerte können differenziert werden als voll oder knapp befriedigend (= 9 oder 7 Punkte). Die sechsstufige Skala, die in Deutschland verwendet wird, ist übrigens von der Konstruktion her nicht optimal, da sie weder eine eindeutige Mitte aufweist noch symmetrisch angelegt ist (Vier Noten im positiven Bereich stehen zwei Noten im negativen Bereich gegenüber).

Eine fünfstufige Aufteilung wie in Frankreich, Großbritannien oder ehemals in der DDR erfüllt hingegen die genannten Anforderungen. Die für die Sekundarstufe II in Deutschland eingeführte Punkteskala tendiert zumindest zu den Merkmalen (klare Mitte, Symmetrie), indem insgesamt 15 Punkte auf fünf Notenstufen verteilt werden und die Note 6 auf 0 Punkte begrenzt wird. Die Benotung auf der Grundlage von insgesamt 15 Punkten kann außerdem überdurchschnittlich sehr gute Leistungen durch die Vergabe von 15 Punkten herausstellen (entspricht „voll sehr gut“).

Und schließlich: Der Gebrauch des Wortes messen sollte bei schulischen Leistungen eher vermieden werden, wird durch einen solchen Wortgebrauch doch eine Exaktheit nahegelegt, der bei Beurteilungen in der Schule nicht zu erreichen ist. Leistungen im Unterricht lassen sich wegen ihrer Komplexität und Mehrdimensionalität lediglich annähernd schätzen.

Funktionen des Beurteilens und Bewertens

Beurteilungen und Bewertungen werden unterschiedliche Funktionen zugeschrieben; sie überlappen sich, können gelegentlich auch miteinander kollidieren. Zu mildern sind die unvermeidbaren Dilemmata dadurch, dass bei Beurteilungen „primär die Förderung" von Schülerinnen und Schülern Priorität erhält (vgl. hierzu und zum Folgenden Sacher 2014, S. 223f.). Einem solchen Ansatz entspricht es dann auch, dass Beurteilungen selbst zum Lerngegenstand werden. Weitere, häufig genannte Funktionen sind dann aus pädagogischer Sicht nachgeordnet: Die Zertifizierung als Bescheinigung von Versetzung, Schulabschluss ebenso wie ein wirksamer Aufbau von Motivation und Selbstdisziplin bei Schülerinnen und Schülern.

Gütekriterien der Beurteilung im Deutschunterricht

Fachgerechtes Beurteilen und Bewerten sollte beachten, was insbesondere Schülerinnen und Schüler in diesem Zusammenhang erwarten: Zu Recht gehen Schülerinnen und Schüler davon aus, dass verschiedene Beurteiler ein und dieselbe Schülerarbeit annähernd gleich beurteilen (= Objektivität), dass Lehrpersonen innerhalb eines Schuljahres (und darüber hinaus) ihre Beurteilungsmaßstäbe stabil beibehalten (= Reliabilität) und dass Lehrpersonen wirklich das beurteilen, was durch die jeweilige Aufgabe gefordert wird (= Validität); beim schriftlichen Erörtern sollen z. B. vorrangig inhaltlich-sprachliche Aspekte und nicht formale Aspekte wie die Handschrift für die Beurteilung ausschlaggebend sein. Dass Lehrpersonen solchen Erwartungen selbst bei der so anspruchsvollen Beurteilung von Aufsätzen weitgehend entsprechen (→ B Überblicksbeitrag), belegen Ergebnisse der empirischen Forschung (gemessen als Korrelationen mit einem theoretischer Maximalwert $r = 1.0$). Für die Objektivität werden – je nach Beurteilungsverfahren – Werte von $r = .50$ bis .80 erreicht, für die Reliabilität Übereinstimmungen von .63 bis .72 (vgl. Grzesik/Fischer 1985, S. 241). Zum Vergleich: Bei sorgfältig erarbeiteten, mehrfach überprüften standardisierten Tests durch Expertenteams werden für die Objektivität und Reliabilität höchstens Werte um $r = .90$ erreicht.

Formate zur Beurteilung in einzelnen Kompetenzbereichen

Zur Beurteilung für die Kompetenzbereiche des Deutschunterrichts eignen sich unterschiedliche Formate. Zur Überprüfung des Rechtschreibens gibt es Möglichkeiten und Verfahren, die an anderer Stelle dargestellt werden (→ F 6) und die sich teilweise in Abwandlungen auf den Bereich *Sprache und Sprachgebrauch untersuchen* übertragen lassen.

Beurteilungen zum Schreiben als Verfassen von Texten werden seit langem innerhalb der Beurteilungsforschung äußerst lebendig erörtert und überprüft (siehe oben, → B Überblicksbeitrag). Für die Beurteilung von Aufsätzen haben sich sowohl ganzheitlich als auch an Einzelheiten orientierte Beurteilungsverfahren als aussagekräftig erwiesen, die sich sowohl auf begrenztere Schreibaufgaben als auch umfangreiche Facharbeiten übertragen lassen (→ B Überblicksbeitrag). Dass selbst die Überarbeitung von (vorgegebenen) Mängeltexten beim Beurteilen berücksichtigt werden kann, wird noch zu selten erprobt (vgl. Baurmann 2014, S. 264 ff.).

Selbst geschlossene und halb offene Aufgaben wie beim Antwort-Auswahl-Verfahren (Multiple-Choice) oder knappe Antworten auf gezielte Fragen eignen sich im Deutschunterricht zur Beurteilung bestimmter Teilleistungen. Das gilt etwa dann, wenn grammatische Kenntnisse oder das Verstehen von Gehörtem beurteilt wird (→ A Überblicksbeitrag).

Als umstritten gilt der Einsatz eng umrissener Aufgaben bei der Beurteilung innerhalb des Kompetenzbereichs *Umgang mit Texten und Medien*. Dass die Bearbeitung anhand geschlossener und halb offener Aufgaben zu Leistungen im Lesen (→ C 1 – C 7), bei der Rezeption von Sachtexten (→ D 12) und teilweise auch zum Thema *Sich mit Medien auseinandersetzen* beurteilt werden kann, mag noch einleuchten. Die Ergebnisse und Auswertung von Lesetests und internationalen Studien belegen dies. Doch wie verhält es sich mit solchen Standardisierungen bei der Auseinandersetzung mit literarischen Texten? Innerhalb der Literaturdidaktik überwiegen die Stimmen, die der Überprüfung und Beurteilung von Interpretationsleistungen kritisch, wenn nicht prinzipiell ablehnend gegenüberstehen. Literarische Texte lassen es nicht zu, Interpretationsversuche in Gänze nach richtig / falsch oder angemessen / nicht angemessen zu beurteilen, denn – so diese Auffassung – „schulisches Interpretieren [...] schöpft keinesfalls das Potential literarischer Texte aus“ (vgl. Baurmann / Kammler 2012, S. 4). Dass diese Einschätzung zumindest partiell zu überdenken ist, zeigen die Bildungsstandards, werden doch dort u. a. Teilkompetenzen zur Analyse literarischer Texte genannt, die sehr wohl bei der Beurteilung über standardisierte Verfahren zu erfassen sind. Für den Primarbereich gilt dies etwa für Teilkompetenzen wie *Zentrale Ausgaben eines Textes erfassen und wiedergeben* oder Aussagen mit Textstellen belegen. Ausgewählte curriculare Vorgaben für den Mittleren Schulabschluss lassen sich in ähnlicher Weise für Beurteilungen nutzen (z. B. Figuren, Raum- und Zeitdarstellung, Konfliktverlauf).

Die Bildungsstandards im Fach Deutsch für die Allgemeine Hochschulreife führen die genannten Ziele weiter, wenn sie von Schülerinnen und Schülern fordern, „Inhalt, Aufbau und sprachlicher Gestaltung literarischer Texte zu analysieren“ oder „relevante Motive, Themen und Strukturen ... zu vergleichen und in ihre Texterschließung einzubeziehen“ (vgl. KMK 2012). Wie dies konkret über geschlossene, halb offene und offene Aufgaben gelingen kann, belegt ein Beispiel aus den Materialien zu den Vergleichsarbeiten für Klasse 8, die das Institut zur Qualitätsentwicklung im Bildungswesen gemeinsam mit Didaktikern, Lehrkräften und testtheoretisch versierten Fachleuten entwickelt hat (vgl. dazu und zum Folgenden Institut zur Qualitätsentwicklung im Bildungswesen 2016). Ausgangspunkt ist in diesem Fall der Anfang des Romans *Der Königsmacher* von F. C. Delius. Dieser Textteil zeichnet sich vor allem durch eine prägnante Darstellung, auch von Raum und Zeit, aus, wobei hier der Zeitsprung, die Wortwahl und der Satzbau insgesamt jugendlichen Leserinnen und Lesern einiges abverlangt. In welchem Maße Schülerinnen und Schüler den gestellten Anforderungen entsprechen, wird über drei geschlossene und dreizehn halb offene Aufgaben ermittelt. Die gedanklich keineswegs anspruchslose Aufgabe, aus vorgegebenen Alternativen durch Ankreuzen und knappe schriftliche Formulierungen intersubjektiv nachvollziehbare Lösungen zu wählen, gewährleistet hier eine empirisch fundierte Lernstandserhebung. Der überzeugende „aufgabenbezogene Kommentar“ mit präzisen Hinweisen zur jeweils überprüften Teilkompetenz, zu „Kompetenzstufe“ und „Anforderungsbereich“, zudem ergänzt durch „Anregungen für den Unterricht“, runden das brauchbare Angebot ab (vgl. Institut zur Qualitätsentwicklung im Bildungswesen 2016). Im umfassenderen Zusammenhang werden diese und vergleichbare Vorschläge durch eine überlegte Aufgabenreflexion gefördert. In diesem Rahmen (vgl. dazu Köster 2016, insbes. S. 48 ff.) ist es so möglich, die von Schülerinnen und Schülern konkret geforderten „geistigen und ausführenden Aktivitäten“ mit Aufgaben zu verbinden, die – da an Operatoren orientiert – verständlich formuliert werden. Die Zuordnung der daraufhin ermittelten Lösungen eröffnet dann Möglichkeiten, den jeweiligen Schwierigkeitsgrad der konkret gestellten Anforderungen zum literarischen Lernen nachprüfbar zu belegen.

Weiterführende Vorschläge

Über den erreichten Stand des Beurteilens im Deutschunterricht hinaus werden gegenwärtig Vorgehensweisen angeregt, die zweifelsohne das Beurteilen im Deutschunterricht weiter bereichern. Nach Winter (2016, S. 224 ff. bzw. 236 ff.) können solche weiterführenden Vorschläge an „Beobachtungen der Schüler“, auf Kriterien gestützte „Selbstbeobachtungen“ oder Beobachtungen durch Lehrpersonen ansetzen. Alle diese Formen tragen dazu bei, Lernen im Deutschunterricht gezielt zu beobachten und miteinander zu besprechen. Von dort aus ergeben sich dann Möglichkeiten, vermehrt Selbstbeurteilungen vorzunehmen und sich auf wechselseitige Beurteilungen einzulassen. Wechselseitiges Beurteilen vermag Lernpartnerschaften zu stärken. Der Einsatz von Lerntagebüchern und Portfolios wird auf solchen Erfahrungen aufbauen. Teile aus Vorzeigeportfolios, Entwicklungsportfolios, Prüfungsportfolios oder Bewertungsportfolios (nach Winter 2016, S. 192) eignen sich zudem zu Präsentationen im Unterricht – auch über die einzelne Klasse hinaus.

Zusammenfassung

Hinsichtlich des Beurteilens und Bewertens stehen Lehrpersonen gegenwärtig vor zwei Aufgaben: Schülerinnen und Schüler in ihren Lernfähigkeiten zu fördern und zugleich durch Bewertungen die Chancengerechtigkeit für alle zu gewährleisten. Die bewährte Beurteilungspraxis leistet dies in vielen Fällen – unbeschadet der Erfahrung, dass die Beurteilung schulischer Leistungen keineswegs exakt gemessen, sondern nur über geeignete Verfahren geschätzt werden kann. „Die Leistungsbewertung ... in den Prozess des Lernens, des Korrigierens und Beratens einzubinden" (Flitner bei Winter 2016, S. 67) erfordert allerdings in jedem Fall ein Beurteilungskonzept, dass für jede Schule von einem Team entwickelt, unter allen Beteiligten konkret vereinbart, schriftlich fixiert, gemeinsam vertreten und von Zeit zu Zeit überprüft wird (vgl. dazu das Beispiel bei Sacher 2014, S. 264 f. für eine Schweizer Primar- und Realschule).

Literaturhinweise

Abraham, Ulf / Astrid Müller 2009: Aus Leistungsaufgaben lernen. Basisartikel. In: Praxis Deutsch. H. 214. S. 4–12.

Baurmann, Jürgen 2014: Schulisches Schreiben. In: Michael Kämper van den Boogaart (Hg.): Deutschdidaktik. Leitfaden für die Sekundarstufe I und II. 5. Auflage. Berlin. S. 251–267.

Baurmann, Jürgen / Clemens Kammler 2012: Interpretationsaufgaben stellen – Interpretationen bewerten. Basisartikel. In: Praxis Deutsch. H. 234. S. 4–12.

Grzesik, Jürgen / Michael Fischer 1985: Was leisten Kriterien für die Aufsatzbeurteilung? Theoretische, empirische und praktische Aspekte des Gebrauchs von Kriterien und der Mehrfachbeurteilung nach globalem Ersteindruck. Opladen.

Institut zur Qualitätsentwicklung im Bildungswesen: Vergleichsarbeiten. In: http://www.iqb.hu-berlin.de, recherchiert am 30. 6. 2016.

Köster, Juliane 2016: Aufgaben im Deutschunterricht. Wirksame Lernangebote und Erfolgskontrollen. Seelze.

Kultusministerkonferenz (Hg.) 2003 ff.: Themen – Deutsch – Bildungsstandards. In: https://www.kmk.org/themen/allgemeinbildende-schulen/unterrichtsfaecher/deutsch.html, recherchiert am 9.7.2016.

Kultusministerkonferenz (Hg.) 2012: Bildungsstandards im Fach Deutsch für die Allgemeine Hochschulreife. In: https://www.kmk.org/themen/allgemeinbildende schulen/unterrichtsfaecher/deutsch.html, recherchiert am 9. 7. 2016

Müller, Karla 2012: Hörtexte im Deutschunterricht. Poetische Texte hören und sprechen. Seelze.

Sacher, Werner 2014: Leistungen entwickeln, überprüfen und beurteilen. Bewährte und neue Wege für die Primar- und Sekundarstufe. Bad Heilbrunn.

Winter, Felix 2016: Leistungsbewertung. Eine neue Lernkultur braucht einen anderen Umgang mit den Schülerleistungen. 7. Auflage. Baltmannsweiler.

Register

L

ÜBERGREIFEND